# 张家港保税区年鉴

ZHANGJIAGANG FREE TRADE ZONE YEARBOOK

2024

江苏省张家港保税区管理委员会　编

南京出版传媒集团
南京出版社

**图书在版编目（CIP）数据**

张家港保税区年鉴. 2024 / 江苏省张家港保税区管理委员会编. -- 南京：南京出版社, 2025. 4.
ISBN 978-7-5533-5132-2

Ⅰ. F752.853.4-54

中国国家版本馆CIP数据核字第2024XX5947号

**书　　名**　张家港保税区年鉴（2024）
**编　　者**　江苏省张家港保税区管理委员会
**出版发行**　南京出版传媒集团
　　　　　　南 京 出 版 社
**社　　址**　南京市太平门街53号
**邮　　编**　210016
**联系电话**　025-83283873、83283864（营销）　025-83112257（编务）

**责任编辑**　程　瑶
**责任印制**　杨福彬

**排　　版**　南京凯德印刷有限公司
**印　　刷**　南京凯德印刷有限公司
**开　　本**　787毫米×1092毫米　1/16
**印　　张**　32.5　　插页20
**字　　数**　749千字
**版　　次**　2025年4月第1版
**印　　次**　2025年4月第1次印刷
**书　　号**　ISBN 978-7-5533-5132-2
**定　　价**　180.00元

# 《张家港保税区年鉴（2024）》编纂委员会

主　　任　陆崇珉

常务副主任　黄晓伟

副 主 任　季　峰　顾卫彬　陆定峰　陈雪明　钱晓锋　杨　波

委　　员　奚卫明　李刚强　王苏嘉　肖　锋　张卫星　翟　宁
孙朝枫　刘忠华　缪　飞　龚锦乾　张　俊　施　靖
赵　敏　王卫东　闻　炯　孟菁菁　袁达新　李　田
周国新　樊建兵　谭　军　瞿　震　陈　立　孙　亮

# 《张家港保税区年鉴（2024）》编辑部

主　　编　肖　锋

副 主 编　徐卫凤　柏　杨　倪　军　周凯燕

执　　编　王　佩　蔡英杰　邱亚峰　周雨歆　金　良　丁桂兴
邱晓华　季诵华　陈　洋

学术指导　张家港市委党史地方志办公室

# 序



## 鉴往知来　砺行致远
## 凝心聚力续写高质量发展的瑰丽篇章

“志者，志一方之事也，一邑之典章文物，皆系于志。”在全体编纂人员的共同努力下，《张家港保税区年鉴(2024)》顺利梓行，这是贯彻落实习近平总书记关于地方志工作重要论述的实际行动，也凝聚着保税区广大干部群众的关心期许。作为时代变迁的忠实记录者，这本年鉴汇聚起过去一年保税区经济社会发展的点点滴滴，既是对奋斗历程的全面回顾，更是对未来征途的深情寄望。

历史长河奔腾不息，时代大潮浩浩荡荡。2023年是全面贯彻党的二十大精神的开局之年，也是保税区“而立之年再出发”的奋进之年。在这殊为重要的一年，保税区认真贯彻落实新发展理念，与时俱进弘扬张家港精神，在时代浪潮中奋勇争先，于百舸争流中砥砺前行，经济指标再攀新高，改革创新深入推进，营商环境更加优越，民生事业全面进步，全年实现地区生产总值977.25亿元，完成一般公共预算收入60.5亿元，多项实绩在全省、全市领先，以昂扬奋进的拼搏姿态续写了高质量发展的华彩篇章，成为“强富美高”新江苏建设的一个生动缩影。

以史为鉴，可以知兴替。翻开这本厚重的书卷，一段段文字娓娓道来，一幅幅照片历历在目，可圈可点的发展成就跃然纸上，唯实唯干的奋斗身影呼之欲出，善作善成的攻坚韧劲曲尽其妙，深度镌刻了保税区一年来的发展足迹，充分彰显了保税区的地位作用，生动展示了广大干部群众的精神风貌。本书作为“一方之编年史”，可以为领导决策提供必要的参谋借鉴，也非常有助于社会各界深入了解保税区，能够起到推介保税区、宣传保税区的重要现实作用，更具有存史、资政、育人的独特文献价值。

当前，变局加速演进，机遇稍纵即逝。保税区人深知，唯有以“敢为天下先”的胆识破局，以“一张蓝图绘到底”的定力前行，才能在扬子江畔续写新的发展传奇，更好以一隅之光为全局添彩。我们坚信，在党的二十大精神指引下，跨过而立之年的保税区，必将以更开阔的视野融入全局战略，以更务实的举措推动高质量发展，以更深情的笔触描绘共同富裕图景，让“改革前沿、开放高地”的魅力历久弥新。《张家港保税区年鉴（2024）》的编纂，凝聚了建设者的智慧与汗水，承载着保税区的光荣和梦想。愿此书成为见证历史的镜鉴、启迪未来的指南，激励我们以永不懈怠的奋斗之姿，共同书写属于保税区的瑰丽篇章！

张 家 港 市 委 常 委
张家港保税区党工委副书记、管委会副主任
陆尚双

经济建设

2月21日，天齐锂业氢氧化锂生产基地项目签约

3月13日，保税区农村集体经济发展推进会召开

3月18日，保税区招商体制改革动员会召开

5月23日，张家港保税区高端装备推介会在深圳召开

6月21日，陶氏张家港生产基地有机硅下游产品扩建项目奠基仪式举行

6月30日，苏州润邦半导体材料科技有限公司二期半导体光刻胶项目奠基仪式举行

7月5日，保税区民营经济高质量发展联盟成立

7月6日，北尔旗物流（张家港）有限公司开业仪式举行

7月28日，三金锂电一期工程竣工投产仪式举行

9月22日，“金秋好丰景，奋进正当时”重大项目开竣工系列活动启动仪式暨海虹老人特性涂料项目开业仪式举行

9月26日，瓦克化学有机硅乳液和硅油产品扩建项目开工仪式举行

9月27日，杜邦（张家港）有限公司开业仪式举行

10月20日，张家港保税区半导体材料专题推介会举行

10月24日，保税区企业科技创新推进会召开

10月24日，丰田合成（张家港）科技有限公司二十周年庆典仪式举行

10月27日，大塚化学张家港基地产能扩建项目竣工仪式举行

11月3日，江海粮油集团二期项目投产仪式举行

11月7日，ICL张家港食品配料工厂项目启动仪式举行

11月21日，江苏美阳年产10万吨集成电路用高纯化学品项目开工仪式举行

11月28日，张家港保税区商会成立大会暨第一次会员大会召开

绿色生态

保税港务码头

江苏扬子江国际化学工业园获评2023年中国高质量发展化工园区

金港文化中心

南横套河生态景观

滨江新城

张家港湾

香山景区

江村落日

3月15日，“优化消费环境，提振消费信心” 主题活动在中骏世界城举办

3月27日，苏州市教育学会 “儿童本位，课程育人” 主题研修活动在张家港市金港中心幼儿园举行

4月3日，金港街道清明诗词大会举办

4月10日，保税区基层青年医生能力提升培训班开班仪式举行

4月16日，张家港市第八届体育运动会马拉松赛暨2023张家港长江四分马系列赛(保税区站)在张家港湾开赛

5月1日，“沙洲喜市”非遗文化游园会暨2023年后塍“三月十四庙会”活动上人头攒动

9月，文昌小学竣工投用

9月12日，保税区法治文化节暨“全民反诈在行动”主题活动启动

10月13日，保税区最美文明实践站、项目互评互学展示活动举办

10月14日，“我家住在长江边” 德积街道首届全民运动会开幕式在德积小学举行

10月20日，第二十一届苏州市民间艺术节暨张家港保税区"'莲' 通美好、'艺' 起有约"首届民间艺术节开幕式举行

10月25日，保税区"民生面对面"活动在朝南村举办

11月13日，“长江大保护，共饮一江水”主题摄影展在金港文化中心美术馆举办

12月，保税区市场监督管理局对“生鲜灯”使用情况进行排查

1月18日，保税区、街道年度工作会议召开

2月18日，保税区、大新镇年轻干部交流座谈会召开

5月19日，保税区“520·我爱廉”廉政宣传走馆访廉活动举办

5月21日，“寻红色足迹，聚初心力量”货车司机暖心行主题党日活动举办

6月9日，保税区巡察反馈问题整改推进会暨廉洁开发区建设动员大会召开

6月25日，保税区领导干部廉政警示教育活动举办

6月30日，保税区庆祝中国共产党成立102周年座谈会暨专题党课召开

7月5日，保税区民营经济高质量发展联盟成立仪式暨民营经济协会联合党委“学思想，建新功”主题党日活动举办

9月21日，保税区党风廉政建设专题讲座举办

12月22日，保税区"书记项目秀"展评会活动举办

# 编辑说明

一、《张家港保税区年鉴（2024）》坚持以马克思列宁主义、毛泽东思想、邓小平理论、“三个代表”重要思想、科学发展观、习近平新时代中国特色社会主义思想为指导，坚持辩证唯物主义和历史唯物主义的立场、观点和方法，实事求是记载2023年张家港保税区（金港街道、后塍街道、德积街道）经济建设、政治建设、文化建设、社会建设、生态文明建设等各方面的基本情况和发展实绩，为各界人士了解、研究张家港保税区（金港街道、后塍街道、德积街道）提供基本信息资料，为编修地方综合志书积累材料。

二、张家港保税区年鉴是由张家港保税区党工委、管委会主办，金港街道、后塍街道、德积街道参与，保税区党政办史志档案科组织编纂的地方综合年鉴。《张家港保税区年鉴（2024）》为第一卷，主体记述时限为2023年1月至12月。

三、张家港保税区年鉴采用条目式记事体，分类编纂。主体分为保税区卷、金港街道卷、后塍街道卷、德积街道卷4个部分，卷首宣传画页、媒体聚焦、大事记、概览及卷末人物·先进集体、附录为区街合一，不分项编纂。

四、《张家港保税区年鉴（2024）》内容、数据、照片、荣誉等材料，均由相关部门提供，并经单位分管领导审定。文中所列数据，以统计部门统计为准，统计部门无数据的，以主管部门数据为准。部分数据因统计口径不同而有所差异，请读者在引用时加以注意。少数分项数据之和不等于总量数据的，是由于数值修约误差所致，未作机械调整。

五、根据行文实际需要，《张家港保税区年鉴（2024）》部分表述使用简称。文中“年初”“年内”“年末”指2023年年初、2023年年内、2023年年末。直接写某月未标明年份的即为2023年月份。上年指2022年。“省”指江苏省，“市”指张家港市，“保税区”指“张家港保税区”，“区街”指张家港保税区及金港街道、后塍街道、德积街道。

六、《张家港保税区年鉴（2024）》数字用法、标点符号用法分别采用国家标准《出版物上数字用法》（GB/T 15835—2011）、《标点符号用法》（GB/T 15834—2011），计量单位采用国家技术监督局1993年12月发布的《量和单位》系列国家标准。

七、《张家港保税区年鉴（2024）》卷首有总目和详细的中文目录，卷末有按汉语拼音顺序排列的主题分析索引，各篇有该篇分目提示，文中信息可由目录、索引、书眉等获得。

审图号：图苏E审（2024）061号　　所　江苏图博地理信息科技有限公司 编制

审图号：图苏E审（2024）061号　　苏州吴文化地名研究所　江苏图博地理信息科技有限公司 编制

# 目 录

## 媒体聚焦



## 大 事 记



## 概 览

## 张家港保税区篇

# 金港街道篇

## 后塍街道篇

## 德积街道篇

## 人物·先进集体



## 附　录



## 索　引

# 媒体聚焦

MEITIJUJIAO

滨江新城风貌

张家港保税区争分夺秒抓项目、促投资；
拼招商、抢落地；强创新、快转型——
改革开放“试验田”创新转型争先锋
张家港保税区：“红色分子链”擘画
扬子江畔产业胜景
张家港保税区：优化出口退税服务
为外贸企业增添“税动力”

张家港保税区年鉴（2024）

## 张家港保税区争分夺秒抓项目、促投资；拼招商、抢落地；强创新、快转型——

# 改革开放“试验田”创新转型争先锋

9月，总投资11.4亿元的海虹老人特性涂料项目在张家港保税区竣工开业，这是海虹老人集团迄今为止全球最大的研发、生产基地，对张家港保税区深入推进新材料产业强链补链延链具有重要意义。

作为全国首家内河港型保税区，张家港保税区是张家港以港兴市的“起锚地”，也是改革开放的“试验田”，更是高质量发展排头兵、改革创新先行军。

在“现代化建设先锋年”，张家港保税区争分夺秒、奋力拼抢，全力以赴抓项目、促投资；拼招商、抢落地；强创新、快转型，以“走在前、做示范”的自觉追求，扛牢“龙头板块”的责任使命，干出“敢为先锋”的过硬实绩，在加快推进“强富美高”新江苏现代化建设张家港实践的新征程中彰显“硬核”担当。

**项目建设加速跑，“245”激活强引擎**

金秋时节，走进张家港保税区的大族激光华东区域总部基地项目施工现场，机器声隆隆，工程车来回穿梭，工人们加班加点推进厂房建设，预计到2023年底，该项目一期主体厂房就能完成封顶。

2022年6月，总投资超100亿元的大族激光华东区域总部基地在张家港保税区动工开建，项目建成后，该基地的产能将达到大族激光总产能的60%至70%，成为世界一流的激光产业基地。

“落户张家港一年多来，保税区给予项目建设极大的帮助，目前大族控股集团在建的7个项目中，张家港项目进展是最顺利的。”项目建设负责人说。

瓦克化学有机硅乳液和硅油产品扩建项目开工、杜邦张家港一体化生产基地竣工、海虹老人涂料（张家港）有限公司开业、长华化学18万吨POP项目投产……2023年9月份以来，张家港保税区的重大项目建设频频传来好消息，开竣工项目总投资额超120亿元。

重大项目强势推进的“密码”是什么？张家港保税区给出三个数字——“245”：全生命周期、全信息化两项管理，开工率、纳统率、竣工率、投产率四个指标，储备选取、包抓推进、要素保障、协同服务、督查考核五大机制。

“目标更加明确，机制也更加优化，贯通了项目服务推进的‘一条龙’。”保税区党工委委员、管委会副主任黄晓伟介绍，张家港保税区7位党工委、管委会领导均定点挂钩联系重大项目、重点企业，深入一线走访调研，靠前站、靠前干，对于重大项目企业反映的问题，实行分级快速处理流程，责任部门能解决的立马解决，需要管委会或市级层面解决的，保税区层面专题会商会办。

2023年以来，张家港保税区连续多次召开联席会议，保税区发改局会同招商、科技人才、物贸、规建、安环、国土、企管、审批等相关局室，针对问题现场研究解决方案，推动项目建设跑出“加速度”。

截至11月，张家港保税区22个计划新开工三级重大项目三季度已全部开工，36个计划竣工项目已竣工投产22个。

张家港市委常委、保税区党工委副书记、管委会副主任陆崇珉说，将围绕项目全生命周期管理，全方位多维度提高审批速度、服务深度、政策温度，全力推动重大项目早落地、早开工、早投产、早见效，为经济高质量发展积蓄新动能。

### 以营商促“赢商”，“大招商”引来项目潮

10月23日，百胜（中国）苏南供应链运营中心项目在张家港保税区奠基开工。

作为中国最大的餐饮企业，百胜（中国）将依托张家港保税区临江达海的区位优势，在这里打造从华东辐射全国的整合支点，以促进食品行业的发展和产业结构的升级。

该项目的落地开工，是张家港保税区深化供应链创新与应用、推动产业迭代升级创新实践，更是全力以赴“大招商、招大商”的生动注脚。

招商是项目的源头，没有招商就没有项目，没有项目就没有未来。在当前经济下行压力较大，企业投资信心不足的大背景下，如何实现招商的“大突破”？

作为改革开放的“试验田”，张家港保税区创新作为，向改革要效益。

张家港保税区在张家港市率先实施招商体制改革试点，全面调动招商队伍积极性。仅8月份，保税区招商小分队就出访29次，拜访50余家企业，带回大量有效项目信息。前三季度，张家港保税区成功引进天齐锂业、博腾医药等龙头型、旗舰型项目，总投资超90亿元，科技招商项目累计完成320项。

四季度，张家港保税区还将举办半导体材料、高端装备、汽车零部件三场专场推荐会，全力招引符合保税区“四新”产业定位的优质项目。

新项目纷至沓来，“老朋友”也持续加码。

9月26日，瓦克化学有机硅乳液和硅油产品扩建项目在张家港保税区奠基开工，该项目总投资11亿元，是瓦克化学自2004年落户张家港以来单笔投资最大的项目。

无独有偶，6月，美国陶氏公司有机硅下游产品扩建项目奠基开工，这家在张家港保税区深耕21年的世界500强企业，用实际行动逐步兑现着5年增资3亿美元承诺，更成就了一段“平均每18个月就上1个新项目”的佳话。

企业的托付与信任是对一座城市的营商环境的最高褒奖。

近年，张家港保税区推进落实“拿地即开工审批”，不断简化审批流程，精简材料、精简环节，压缩工程建设项目审批时限，缩短审批流程85%以上，切实提升服务效能，为项目建设开辟绿色通道。

瞄准企业和群众办事的痛点、堵点、难点，张家港保税区通过打破信息壁垒、流程优化再造，整合330项服务事项为69个“一件事”套餐服务事项，实现“多表合一、一表申请”“一套材料、一次提交”，平均办理环节减少83.5%、办理材料减少54.2%。

张家港保税区还在政务服务中心设立“一件事”服务专区，配有5个专窗综合收件，实现“一件事主题叫号、前台一窗受理、后台分类审批、窗口统一出件”的运行模式，相比于事项分次办理，平均办理时间减少53.9%、跑动次数减少83.5%，服务效能大幅提升。

### “好生态”+“硬支撑”，打造创新发展先行区

走进中集圣达因低温装备有限公司生产车间，一个白色的“大家伙”特别引人注目，这是

公司自主研发的国内首台40英尺液氦罐式集装箱。

“该产品的成功研制，打破了国外技术壁垒，实现大型液氦储运装备的国产化高端制造，同时也证明我们公司在低温深冷领域的顶尖研发实力。”张家港中集圣达因低温装备有限公司副总经理程雄波说。

作为国内最大的低温贮运装备生产企业，多年来，张家港中集圣达因低温装备有限公司先后投入近千万元，建设江苏省低温储运装备工程技术研究中心，与浙江大学、上海交大、西安交大、南京理工等高校建立长期协同创新关系，其中与南京理工联合研发的项目更是得到省科技成果转化专项立项，获得1000万元省级经费支持。

企业是科技创新的主力军。推动企业持续加大科技创新力度，既要有“好生态”，更要有“硬支撑”。

前不久，张家港保税区发布2022年度科技人才创新成果奖励名单，其中科技创新成果奖励300项、人才项目专项奖励47项、招才引智专项奖励41项，奖励金额共计1279.67万元。

除了拿出“真金白银”支持企业科技创新，张家港保税区还实施高企培育三年行动计划，锚定“四新”产业，聚焦头部企业，全力招引行业领军企业、标杆企业和成长性好的科技型企业，同时加强企业走访调研，定期举办“企业创新沙龙”“技术需求揭榜挂帅”等活动，常态化遴选创新先锋企业，力争到“十四五”期末，实现有效高新技术企业超400家的目标。

张家港保税区还将以“中华路、华达路、香山北”三大转型带为统领，加快苏州扬子江高端装备产业园规划落地，推进保税物流园区东区转型，发挥化工中试基地、泛半导体产业园、科创园、南科大张家港联合创新中心、南工大张家港产业学院等载体平台优势，支持重点村级载体落地科创项目，以优质的载体平台承接创新企业扎根发展。

“十四五”期间，张家港保税区将累计新增规模以上工业企业研发投入100亿元，建设苏州市级以上企业研发机构不少于100家，支持企业累计引进博士创新人才不少于100名，打造内涵丰富、功能完备、动能充沛的创新发展高地。

陆崇珉表示，要当好企业创新的服务员，统筹推动创新链、人才链、政策链和产业链“四链”系统匹配、深度融合，凝聚各方资源、各类要素为企业科技创新营造良好环境、创造有利条件，加快把张家港保税区打造成为更有实力、更具活力、更富竞争力的创新发展先行区。

（摘自2023年11月2日《苏州日报》）

# 张家港保税区：“红色分子链”擘画扬子江畔产业胜景

作为国家长江经济带转型升级示范区、全国首批生态示范工业园区，张家港保税区近年来聚焦高分子新材料龙头产业优势，通过党建“聚合”、人才“裂变”、服务“加成”等举措，将组织、企业、社会多方发展资源优化整合，打造“红色分子链”党建品牌，不断推动产业升级革新，辐射带动链上82家企业抱团发展，年产值超700亿元。2023年，南山、长能、泰柯棕化、华昌等20多个重点项目开工建设，杜邦、海虹老人等19个项目竣工投产。

### 筑牢党建链　凝聚企业发展合力

位于张家港保税区扬子江国际化学工业园的陶氏基地是一家专业研制及生产有机硅等产品的世界500强企业，作为园区高分子新材料首批链长企业，通过高分子新材料产业链联合党委牵线搭桥，与链上另一家企业瓦克化学签订了合作协议，实现了优势互补。

“陶氏有着全国最大的有机硅生产基地，他们的产品正是瓦克硅橡胶生产的主要来源，而我们的产品、副产物同时也销售至链上其他相关企业，这样不仅形成了上下游完整产业链，还实现了副产物综合循环利用的产业生态体系，从产业互补到合作共赢，让我们在能源共享、物流共配上享受到了党建红利。”瓦克化学党支部书记、高级工程师傅晓峰说。

2023年张家港保税区出台基层党建规范化体系，根据机关职能服务和企业业务关联特点，通过调优配强管理班子、优化联建共建体系等，进一步延长高分子新材料产业链条，形成了保税区党工委领导结对联系、机关部门驻链服务、链长企业具体负责、成员企业共同执行的产业链党委运行体系。为进一步提升企业参与主动性和责任度，产业链党委实行链长轮值制度，由链上企业轮流牵头主持工作，已召开联席会议8次，现场研究安全生产、科研技术等重点课题，累计收集日常管理等方面意见建议23条。同时，以保税区安环局、发改局为主抽调14名党员骨干成立“益企同行”行动支部，对链上企业开展“立体式”调研和“保姆式”服务100余次，变“企业找政策”为“政策找企业”，不断为高分子新材料产业链注入红色动能。

### 赋能人才链　激发企业更大动能

为对链上人才发展提供更多支撑，张家港保税区结合企业职工年轻化、学历高特点，打造“1+2+X”党建服务阵地，以1个园区“高分子新材料产业集群”党群服务中心为主阵地、2家链上企业党建服务阵地为分中心、多处服务站为站点，共同辐射周边企业，形成多点支撑全面覆盖的“10分钟党建服务圈”。

“依托党建阵地，我们为链上企业提供党建指导、人才联络、志愿帮扶等‘一站式’综合服务，人才需求在哪，我们的服务就跟进在哪。”张家港保税区组织人事局副局长、保税区非公党工委书记、总工会主席李云表示。

同时张家港保税区安环局作为驻链服务单位，积极组建包含企业注册安全工程师、高级职称人员等在内的高端人才俱乐部，重点培养、打造规模适当、布局合理、结构优化、素质优良的高端人才队伍。

着眼链上企业人才需求，保税区科技局创新出台人才新政“创九条”，以政策活力形成产业链引才聚才“虹吸效应”，引进链上创新人才。立足更好地发挥高校人才和技术优势，长华化学与苏州大学强强联合共建研究院，树立了园区产学研合作新典范。通过成立党员示范班组、先锋车间，引导党员在产业发展前沿积极作为，链上先后孵化PPG、杜邦等一批企业党组织。

### 优化服务链　筑起发展全新高地

围绕“企业要什么、我们有什么、工作做什么”，张家港保税区党工委进一步选派党建专员走进产业链开展工作，每人挂靠一家或多家链上企业，从政策需求侧、供给侧“双向发力”，动态推出问题清单、资源清单、服务清单。在产业链党委组织协调下，张家港保税区企管局定期举办“红领带·先锋益企”服务，通过支部结对、现场座谈积极将政策宣贯、申报辅导等送进企业。

为进一步优化干部作风、提高办事效率，让

营商环境成为保税区最亮的金字招牌，张家港保税区打造了“亲清话坊”政企服务党建品牌，定期以产业链为单位，组织相关机关部门和企业“一把手”面对面处理发展难题。

“保税区依据产业链发展实际，因链制宜、因势利导，可以说，产业链企业与园区、职能部门之间零距离沟通，形成了‘链链共赢 心心相印’的链条效应，企业在抱团发展中联系更紧、合力更强、质量更高。”张家港保税区组织人事局局长、机关党委书记肖锋表示。

（摘自2023年9月27日“人民日报”客户端江苏频道）

# 张家港保税区：优化出口退税服务为外贸企业增添“税动力”

从“无纸化退税”到“非接触式”办理，从分类管理到容缺受理，从退税提速到服务提质，国家税务总局张家港保税区税务局全面落实出口退税服务监管新机制要求，聚焦外贸企业“急难愁盼”，靠前服务、精准对接、简化流程、压缩时限，推动优惠政策直达快享，为外贸企业增添“税动力”。

## 服务提效　助力企业开拓新市场

作为全国第三批二手车出口试点企业，江苏国泰华博进出口有限公司于近期将30台二手车出口至中东地区，并顺利拿到出口退税款60万元。在顺利、便捷退税的背后，是张家港保税区税务部门的靠前服务的有力支持。据国泰华博公司财务经理周显荣介绍：“2023年6月，公司获批二手车出口试点企业后，因为从来没有做过这块业务，对二手车出口的税务处理，我们财务上没什么底气。”在试着拨打12366热线并讲明企业的问题后，张家港保税区税务部门立即启动“专家坐席”及时跟进支持，负责出口退税业务的工作人员联系周经理，详细讲解二手车出口相关税收政策、办理流程和所需的表证单书，“手把手”指导国泰华博进行网上申报，并及时进行退税受理、审核、退库，退税款一个工作日就退到了企业账上。

据了解，为适应出口退税服务监管新机制需要，张家港保税区税务局抽调相关业务部门的骨干组建了出口退税专家服务团队，以走访调研、调查问卷和线上沟通等方式，问计问需于纳税人，把脉辖区外贸企业经营动态，提供出口退税全流程服务，全面提升出口退税管理专业化、个性化服务水平。

## 退税提速　推动税费优惠政策直达快享

谈及张家港保税区税务部门的服务，张家港保税区思凯国际贸易有限公司总经理苏伟用“非常满意”来表达。作为深耕张家港保税区的外贸企业，成立于2008年的思凯国际贸易对出口退税服务的优化感触非常大。据苏伟介绍，出口退税需要提交的资料越来越少，并实现了全程“无纸化”办理，出口退税流程越来越精简，退税的速度越来越快，是他多年来对出口退税的最大印象。作为一家有机化学原料出口企业，思凯国际贸易业务范围遍布东亚、东南亚、南美等地区。因为化工品总价高、运输期长等因素，公司对资金周转的需求较高，出口退税的不断提速，到账时间的不断缩短，及时有效地缓解企业的资金周转压力。

据介绍，2023年以来，张家港保税区税务局充分发挥税收大数据优势，精准筛选优惠政策目标受众，自动生成“红利账单”并“点对点”推动，提醒企业及时享受，实现了“人找政策”向“政策找人”转变。同时，在出口退税“受理—审核—退库”等关键环节，加强内外部统筹协调，建立出口退税联动机制，加快出口退税从“纸面数据”向“账上资金”转化速度，及时缓解企业资金压力，助力外贸企业“轻装快跑”。

### 监管提质　推动外贸企业平稳发展

2023年以来，张家港保税区税务局着眼外贸行业行稳致远，打出一系列“组合拳”。对内，在日常监管、风险分析应对、风险预警等环节，强化部门协作、细化岗位协助、优化信息协同，构建“多兵种”合成作战，实现内外部风险一体防控。

对外，推出出口退税“套餐式”服务，将出口退税相关法律法规政策、税收优惠、操作指引、风险提醒等实务内容整合成“一码通”，供企业学习、了解，确保企业懂政策、享红利、能操作、稳发展。实施企业进行分类管理，推行以“信用+风险”差别化退税管理机制，在出口退税领域实行“容缺受理+告知承诺”，营造外贸企业遵守信用的良好氛围。

同时，积极与外贸综合服务企业探索合作电子单证备案的共享平台，对外贸企业特别是经由外贸综合服务企业代理申报的企业探索实施视频、图片、地理位置和物流轨迹等“多位一体”的监管新模式，最大程度上方便企业申请退税。

下一步，张家港保税区税务局将持续深入落实各项税费优惠政策，扎实开展调查研究，主动对接纳税人需求，优化流程、简化资料，提升出口退税服务质效，助力提升外贸企业竞争力和获得感，以“税动力”为外贸企业“扬帆远航”保驾护航。（摘自2023年10月19日“光明网”）

# 大事记

DASHIJI

1月10日，保税区重点骨干企业新春联谊会活动举办

张家港保税区年鉴（2024）

## 1月

1日　苏州市委副书记、市长吴庆文到长江润发集团有限公司（长江村家风馆）调研，市（保税区）领导韩卫、陆崇珉，金港街道主要负责人陪同调研。

10日　保税区重点骨干企业新春联谊活动举办。

10日　保税区2023年重点商贸企业新春座谈会召开。

10日　保税区党工委委员、管委会副主任陈雪明带领相关部门负责人督察保税区、街道安全生产工作。

12日　保税区“书记项目秀”展评会举办。

16日　保税区领导陆崇珉、季冬、季峰、顾卫彬、刘东兴、沈琳、陆定峰、陈雪明分别带队走访慰问金港街道、后塍街道、德积街道生活困难群众。

17日　市委常委、保税区党工委副书记、管委会副主任陆崇珉带队针对辖区重点企业、建筑工地、集贸市场、卫生服务中心等开展节前安全生产和健康服务工作督察。

17日　2023年一季度保税区安委会、消委会全体会议召开。

18日　保税区、街道年度工作会议召开。

18日　保税区党工委2022年度民主生活会召开。

22日　市（保税区）领导韩卫、蔡剑峰、陆崇珉、季峰、沈琳分别走访慰问长江润发集团有限公司、长江村原书记郁全和、陶氏（张家港）有限公司及部分连续生产企业。

29日至31日　保税区、各街道分别召开“现代化建设先锋年”动员大会暨作风建设会议。

29日　市委常委、保税区党工委副书记、管委会副主任陆崇珉带领相关部门负责人，到张化机（苏州）重装有限公司了解企业生产经营等情况。

## 2月

1日　十二届张家港市委第64次常委会会议暨专题调研保税区、大新镇工作会议召开。

6日　保税区党工委委员、管委会副主任季峰带队督察春季开学工作。

9日　保税区一季度重大项目开工推进会召开。

15日　保税区党工委委员、管委会副主任陈雪明带领相关部门负责人对金港街道、后塍街道、德积街道开展企业消防通道整治工作专项督察。

16日　保税区高端装备制造产业发展推进会召开。

17日　保税区一季度科技招商集中签约仪式举行，签约科技招商项目10项。

18日　长华化学科技股份有限公司与苏州大学战略合作签约暨长华化学—苏州大学离子液体产业技术研究院揭牌仪式举行。

21日　天齐锂业股份有限公司氢氧化锂生产基地项目签约仪式举行，总投资18.5亿元。

21日　博腾股份创新药研发生产一体化基地项目签约仪式举行，总投资50亿元，其中一期项目投资25亿元。

21日　德积街道召开落实“四敢”精神、推动“地方敢闯”村级集体经济发展推进会。

23日　保税区消防安全暨“331”治理工作会议召开。

25日　长江国际大酒店餐饮部获评全国巾帼文明岗。

28日　2023年中国棉花（张家港）论坛在华芳金陵酒店举办。

## 3月

2日　保税区科技创新政策宣讲会（台资台企专场）举办。

4日　保税区“健全国资监管，推动国企规范运行”工作部署会议召开。

6日　保税区“现代化建设先锋年”重点工作推进会召开。

8日　长江文化走廊·张家港湾文旅产业融合提升项目入选2023年江苏省重点文化和旅游产业项目名录。

10日　保税区党工委委员、管委会副主任陈雪明带领相关部门负责人，对后塍综合市场、香山批发市场、金港农贸市场开展督察。

10日　后塍街道“党建引领、基层治理”推进会暨“塍新港湾”启动仪式举行。

10日　江苏省总工会党组书记、副主席徐大勇一行到中粮东海粮油工业（张家港）有限公司调研产业工人队伍建设改革和劳动领域政治安全等工作。

10日　“党的声音进万家”学习宣传贯彻党的二十大精神文明实践基层行暨“党音民声·‘典’亮德积”学习接力主题活动在德积街道举行。

13日　保税区农村集体经济发展推进会召开。

16日　保税区“立足转型新起点，吹响招商冲锋号”专业市场转型动员会召开。

16日　金港街道新联会成立。

18日　保税区、街道组织开展“洁美港城”同创共建活动。

18日　金港街道文学艺术界联合会成立。

20日　保税区党工委委员、管委会副主任季峰带队督察区街殡葬服务机构清明祭扫服务保障等工作。

20日　金港街道柏林村农家书屋获评江苏省五星级示范农家书屋。

21日　保税区党工委委员、管委会副主任季冬带领后塍街道及保税区机关相关局室负责人，到新塍村开展“民生面对面”活动。

22日　苏州市委常委、组织部部长祁松到保税区调研基层党建工作。

25日　张家港保税区高端装备推介会在北京召开。

27日　江苏省产品缺陷与安全管理标准化技术委员会在保税区召开专题会议。

28日　市委常委、保税区党工委副书记、管委会副主任陆崇珉带队开展文明创建工作督察。

29日　市委副书记、市长蔡剑峰会见霍尼韦尔高级副总裁兼首席财务官刘克瑞一行。保税区领导陆崇珉、顾卫彬参加会见。

29日　巩留县委书记熊瑞率党政代表团到保税区交流考察。

## 4月

8日　后塍街道“串朱晨联”红色联盟启动仪式暨融塍共治“六个一”行动计划发布。

8日　金港街道长山村获评2022年度江苏省生态宜居美丽示范村（社区）。

10日　苏州市委第一联动巡察组向保税区党工委反馈巡察情况。

12日　保税区汽车零部件跨国企业高管沙龙在双山岛举办。

12日　市政府主要领导督察三级重大项目一季度推进情况。

12日　保税区新联会成立。

14日　江苏奥洁生物科技有限公司仿生项目投产仪式举行，总投资2亿元。

14日　德积消防救援站揭牌仪式暨2023年张家港市“乡村振兴、消防伴行”活动启动仪式举行。

16日　张家港市第八届体育运动会马拉松赛暨2023年张家港长江四分马系列赛（保税区站）在张家港湾开赛。

16日至23日　保税区招商小分队到瑞士、德国进行商务考察，拜访默克集团、北尔旗集团、瑞士芬美意集团等客户，并在瑞士苏黎世举办张家港（瑞士）外商投资推介会。

19日　保税区党工委委员、管委会副主任季峰带队督察区街学校、医院和养老机构环境整治和安全工作。

26日　市委书记韩卫会见默克电子科技半导体事业部全球总裁阿南德·南比亚尔一行。保税区领导陆崇珉、顾卫彬参加会见。

27日　保税区领导沈琳、陈雪明带队开展五一节前安全生产、消防安全专项督察。

27日　“燃青春、更敢为”张家港市纪念五四运动104周年主题团日活动暨“带‘敢’青年”事迹分享会在金港文化中心举行。

## 5月

1日　后塍街道举办“沙洲喜市”非遗文化游园会暨2023年后塍“三月十四庙会”活动。

6日　市委书记韩卫带队到保税区走访调研挂钩企业和项目。

8日　市委副书记、市长蔡剑峰带队到保税区走访调研挂钩企业和项目。

8日　保税区党工委委员、管委会副主任沈琳带领金港街道及保税区机关相关局室负责人，到中德社区开展“民生面对面”活动。

9日　保税区党工委委员、管委会副主任季峰带队检查保税区防汛备汛工作并召开防汛抗旱工作会议。

11日　市委常委、保税区党工委副书记、管委会副主任陆崇珉会见英国伊科尼克技术有限公司首席执行官基斯·维金斯一行。

12日　市委书记韩卫带队到保税区走访调研挂钩企业项目。

16日　市委常委、保税区党工委副书记、管委会副主任陆崇珉会见润英联集团全球CEO特雷弗·拉塞尔一行。

16日　德积街道市民广场改造工程竣工投用。

17日　市委副书记、政法委书记邵军民，市委常委、保税区党工委副书记、管委会副主任陆崇珉会见瓦克化学中国总裁胡文涛一行。

22日　保税区党工委委员、管委会副主任陈雪明带领相关职能部门负责人到德积高端纺织产业园走访调研。

22日　保税区在深圳举办“聚能港城、共享未来”深圳菁英企业家恳谈会。

23日　保税区高端装备（深圳）推介会在深圳举行。

26日　江苏省化工园区认定复核通过第一批名单公布，扬子江国际化学工业园通过省政府认定复核。

30日　保税区党工委委员、管委会副主任陈雪明带队开展氨纶纱企业消防安全专项督察。

31日　市委常委、市政府常务副市长常征带队到保税区调研二季度经济运行情况。

31日　市委常委、保税区党工委副书记、管委会副主任陆崇珉带队到区街部分学校慰问学生和教师。

## 6月

1日　保税区党工委委员、管委会副主任黄晓伟带领金港街道及保税区机关相关局室负责人，到港西村开展“民生面对面”活动。

2日　保税区、街道特种设备领域“安全生产月”系列活动启动仪式暨起重机械事故专项应急救援演练在张家港富瑞重型装备有限公司举办。

3日　市委常委、保税区党工委副书记、管委会副主任陆崇珉带队调研金港街道、后塍街道、德积街道。

5日　2023年度保税区“安全生产月”活动启动。

5日　保税区党工委委员、管委会副主任季峰带队检查高考备考工作。

5日　保税区重点项目推进会召开。

6日　保税区召开国家食品安全示范城市创建推进会暨保税区食品安全工作会议。

6日　金港街道长山村少先队长风中队、金港中心小学六（1）中队获评2023年度全国红领巾中队。

7日　市委常委、保税区党工委副书记、管委会副主任陆崇珉会见海虹老人集团首席执行官迈克尔·汉森一行。

7日　江苏灿勤科技股份有限公司获首届江苏专利奖银奖，系张家港市唯一获银奖单位。

9日　保税区巡察反馈问题整改推进会暨廉洁开发区建设动员大会召开。

14日　保税区南沙工业集中区环境综合整治“百日攻坚”推进会召开。

15日　保税区党工委委员、管委会副主任季峰带队检查指导中考考务准备等工作。

16日　保税区、大新镇区域联动签约仪式在大新镇举行。

17日　苏州市副市长张桥到保税区督导食品安全“两个责任”落实情况。

19日　德积街道乡村融合发展中心开工奠基。

20日　市委书记韩卫会见陶氏大中华区总裁朱成怡一行，市（保税区）领导陆崇珉、翁羽人、刘东兴、黄晓伟参加会见。

21日　美国陶氏公司有机硅下游产品扩建项目奠基仪式举行。

21日　保税区“红运海棠”货运司机党群服务中心启用仪式暨货运司机技能比武竞赛在张家港中远海运金港化工物流有限公司举行。

21日　2023年第一季度“中国好人榜”发布，张家港港务集团有限公司港埠分公司的黄强获评“敬业奉献类”中国好人。

25日　保税区开展领导干部廉政警示教育活动。

27日　保税区开展“七一”走访慰问。

28日　张家港保税区暨江苏扬子江国际化学工业园危险化学品泄漏应急处置综合演练在张家港攀华集团有限公司举行。

28日　张家港“江海第一湾”乡村振兴片区协同发展规划发布会在金港文化中心举行。

28日　张家港港务集团有限公司港埠分公司的黄强入选首届“长三角大工匠”。

30日　保税区庆祝中国共产党成立102周年座谈会暨专题党课召开。

30日　南山（华东区）全球汽车零部件及新媒体电商供应链总部基地项目奠基，总投资1亿美元。

30日　市委常委、保税区党工委副书记、管委会副主任陆崇珉会见润英联集团全球商业执行副总裁克里斯·洛克一行。

30日　保税区党工委委员、管委会副主任季峰一行到新疆巩留县落实对口援建工作要求，开展结对帮扶工作。

30日　德积街道永兴村入选苏州市第二批红色地名名录重大事件发生地。

## 7月

1日　市委书记韩卫带队到保税区开展“七一”走访慰问、参加开放式主题党日活动。

5日　保税区民营经济高质量发展联盟成立仪式暨民营经济协会联合党委主题党日活动在金港文化中心举办。

5日 苏州菲镭泰克激光技术有限公司的“精准焦斑连续可调的4D动态聚焦系统”获评2023年中国激光金耀奖——“新产品”。

6日 北尔旗物流（张家港）有限公司开业，总投资3500万美元。

12日 保税区召开领导干部会议，传达学习习近平总书记考察江苏重要讲话精神，落实省、苏州市和张家港市领导干部会议要求，对区街学习宣传贯彻工作进行动员部署。

13日 市委副书记、市长蔡剑峰带队到保税区专题调研重点水利工程及重点项目建设情况。

17日 省委编办市县行政机构编制处处长刘为民到保税区调研中国式现代化县域治理等工作。

18日 市委副书记、市长蔡剑峰会见默克执行董事会成员兼电子科技首席执行官毕康明一行。市委常委、保税区党工委副书记、管委会副主任陆崇珉参加会见。

21日 保税区领导分组带队深入重点企业、市政单位、在建工地开展夏季高温慰问活动。

24日 苏州市政协副主席姚林荣率苏州市政协常委组成人员100人到保税区督察长江十年禁渔、推动生态保护修复情况。

25日 保税区党工委委员、管委会副主任季峰带队督察动迁和夏季过渡房安全管理等工作。

26日 保税区领导陆崇珉、季冬、季峰等分别带队开展“八一”拥军慰问。

28日 三金锂电年产5万吨高镍三元前驱体一期工程竣工仪式暨超级爆品全球首发活动在保税区举行，总投资15亿元。

## 8月

1日 保税区学习传达市委十二届五次全会精神。

3日 长华化学科技股份有限公司在深圳证券交易所创业板挂牌上市。

3日 保税区召开区街城市精细化管理暨生活垃圾分类工作专题推进会。

5日 “风华竞秀——江苏省青年人物画作品展”在金港文化中心美术馆开幕。

7日 市委副书记、市长蔡剑峰带队调研保税区重点企业。

7日 保税区绩效考核指标半年度分析会召开。

8日 保税区重点项目动迁工作推进会召开。

18日 后塍街道举办2023年张家港市第八届体育运动会老年组太极拳比赛、张家港市全民健身大展示（太极拳）暨后塍街道首届武术文化节启动仪式。

22日 市委书记韩卫率境外招商小分队到澳大利亚开展项目洽谈。市委常委、保税区党工委副书记、管委会副主任陆崇珉参加活动。

22日 江苏省统计局宣传处薛松一行到保税区调研指导第五次全国经济普查工作。

26日 保税区党工委委员、管委会副主任季冬带领德积街道及保税区机关相关局室负责人，到福民村开展“民生面对面”活动。

29日 保税区环境综合整治暨垃圾分类现场推进会召开。

30日 市委常委、保税区党工委副书记、管委会副主任陆崇珉带队到张家港保税科技（集团）股份有限公司、张家港港新重装码头港务有限公司调研。

## 9月

4日 保税区举行“爱满港城”慈善募捐活动。

6日 保税区举行“追光而遇，目有繁星”

庆祝第39个教师节活动。

6日　张家港保税区与嘉里物流（中国）投资有限公司进行战略合作签约，总投资5亿元。

12日　2023年保税区法治文化节暨"全民反诈在行动"主题活动启动。

12日　张家港保税区民营经济协会第六届第一次会员代表大会召开。

12日　中国儿童福利好人收养中心儿童社会工作部主任王翠萍、联合国儿童基金会驻华办事处儿童保护处项目官员张厚奇及部分省、市未保中心代表调研金港街道未成年人保护工作。

14日　保税区党工委委员、纪工委书记陆定峰走访调研科创园三期载体建设和人才企业。

15日　保税区党工委委员、管委会副主任陈雪明带队走访慰问台资企业。

15日　保税区党工委委员、管委会副主任季峰带领德积街道及保税区机关相关局室负责人，到元丰社区开展"民生面对面"活动。

19日　保税区党工委委员、管委会副主任顾卫彬带领金港街道及保税区机关相关局室负责人，到中南社区开展"民生面对面"活动。

19日　德积街道"江畔研习社"开班。

19日　张家港港务集团港盛分公司设备保障部获评第21届全国"青年文明号"集体。

20日　2023年中国社区学习中心非物质文化遗产保护传承能力提升工作坊在保税区开班。

21日　保税区党风廉政建设专题讲座举办。

22日　2023年"金秋好丰景，奋进正当时"重大项目开竣工系列活动启动仪式暨海虹老人涂料（张家港）有限公司开业典礼在保税区举行，总投资120.51亿元的15个项目开竣工。

25日　张家港市第五次全国经济普查领导小组常务副组长、市委常委、市政府常务副市长常征带队到保税区开展经济普查工作督察。

26日　瓦克化学有机硅乳液和硅油产品扩建项目开工，总投资11亿元。

26日　市委常委、保税区党工委副书记、管委会副主任陆崇珉带队，到庄信万丰（张家港）贵金属材料科技有限公司、张家港保税区长源热电有限公司等开展安全生产专项督察。

27日　杜邦张家港一体化生产基地开业典礼举行，总投资10.5亿元。

27日　保税区召开区街城市精细化管理、垃圾分类暨城管委三季度例会。

28日　金港街道金都社区成为张家港市唯一入选团中央"伙伴计划"示范项目实施社区。

## 10月

8日　保税区"决战决胜四季度，勇挑大梁作贡献"工作推进会召开。

8日　保税区党工委委员、管委会副主任陈雪明带队督察各街道消防安全专项治理工作。

9日　江苏省科学技术协会公布2023年度江苏省海智计划基地评估结果，张家港金港海智基地获评优秀海智基地，实现该荣誉"三连冠"，为张家港市唯一。

10日　市委书记韩卫带队到保税区调研科技人才工作。

12日　沙洲优黄文化园入选2023年国家工业旅游示范基地名单，成为苏州市唯一入选的工业旅游区。

17日　保税区、街道第五次全国经济普查工作推进会召开。

20日　"共赴金秋之约，共赢产业未来"2023年张家港市金秋经贸周分会场活动保税区半导体材料专题推介会举行。

20日　第二十一届苏州市民间艺术节暨张家港保税区"'莲'通美好、'艺'起有约"首届民间艺术节在金港文化中心开幕。

20日　保税区领导陆崇珉、季峰开展重阳节走访慰问活动。

23日　百胜（中国）苏南供应链运营中心项目奠基开工，总投资6亿元。

23日　丰田合成（张家港）科技有限公司成立二十周年庆典活动举行。

24日　保税区企业科技创新推进会召开。

24日　金港街道获评中国计生协会2023年计生家庭维权项目点执行单位。

25日　保税区党工委委员、管委会副主任黄晓伟带领德积街道及保税区机关相关局室负责人，到朝南村开展“民生面对面”活动。

25日　金港街道举办第三届民俗运动会。

27日　大塚化学张家港基地产能扩建项目竣工仪式举行，总投资1.05亿元。

27日　后塍街道“青橙领航计划”启动。

27日　2023年“长三角”全民健身大联动传统体育项目展示暨“金港杯”石锁邀请赛在香山湖畔开赛。

31日　省委常委、苏州市委书记刘小涛结合主题教育，到张家港湾开展调研。

## 11月

1日　德积街道永兴村朱家埭、永兴村沙泥圩、朝南村苏三堂、朝南村定心圩获评2023年度苏州市特色田园乡村（特色精品乡村）。

2日　金港街道长江村第三批获评全国乡村治理示范村。

3日　江海粮油集团二期项目投产仪式举行，总投资12亿元。

4日　保税区、街道建设更高水平全国文明城市工作推进会召开。

5日　ICL张家港新建食品配料工厂项目开工，总投资7000万元。

8日　张家港保税区纺织原料市场和江苏化工品交易中心分别入选中国商品市场综合百强榜第26名和第40名。

10日　金港街道“香山石锁”入选第五批省级非物质文化遗产代表性项目名录。

13日　“长江大保护·共饮一江水”主题摄影展在金港文化中心开幕。

13日　金港片区水质净化厂开工奠基仪式在江苏扬子江国际化学工业园举行。

14日　张家港保税区科学技术协会第七次代表大会召开。

16日　保税区党工委委员、纪工委书记陆定峰带领后塍街道及保税区机关相关局室负责人，到高桥村开展“民生面对面”活动。

16日　保税区、街道“上下文明，‘梯’升幸福”文明电梯建设专项行动启动仪式在金都社区举行。

17日　保税区党工委委员、管委会副主任黄晓伟带领后塍街道及保税区相关局室负责人，到塍德社区开展党员干部“民生面对面”活动。

17日　区街高层住宅建筑消防安全专项检查部署会在保税区召开。

21日　江苏美阳10万吨集成电路用高纯化学品项目奠基仪式举行。

21日　区街城市精细化管理、垃圾分类暨城管委11月现场推进会在保税区召开。

22日　保税区开展区街重点骨干企业集中走访调研活动。

23日　市委常委、保税区党工委副书记、管委会副主任陆崇珉带队，到昆山高新区、太仓高新区、苏州高新区、江阴高新区学习考察。

25日　2023年度张家港市文明楼道展示交流暨首届后塍街道社区文化节启动。

28日　张家港保税区商会成立大会暨第一次会员大会召开。

28日　港务集团获评2023年度智慧江苏重点工程。

28日　后塍街道社会治理综合服务中心启用。

29日　市委常委、保税区党工委副书记、管委会副主任陆崇珉带领相关部门负责人，到张家港市双阳氨纶纱纺织有限公司、张家港市周氏纺织有限公司、金港大润发超市等开展消防安全专项督察。

29日　市委常委、保税区党工委副书记、管委会副主任陆崇珉走访调研保税区部分企业、村（社区）。

30日　金港街道马桥社区文明实践站获评江苏省“在你身边”文明实践巾帼志愿阳光站。

## 12月

1日　市委书记韩卫到后塍街道塍德社区开展“千村万企、千家万户”走访。

4日　德积街道永兴村朱家埭、沙泥圩入选省级绿美村庄榜单。

14日　市委副书记、市长蔡剑峰会见默克中国候任总裁何慕麒一行。市委常委、保税区党工委副书记、管委会副主任陆崇珉，保税区党工委委员、管委会副主任顾卫彬参加会见。

16日　保税区第二期“菁英创造营”暨第三期“青年学堂”开班仪式举行。

19日　保税区、街道低温雨雪冰冻灾害防范应对工作会议召开。

20日　2023年张家港保税区外资企业联谊活动在上海举行。

20日　苏州华昌道特化学工程技术研发中心揭牌成立。

22日　《江苏张家港：美美永兴，与长江和鸣》获评“学习强国”学习平台发起的2023年航拍“我的美丽家乡”短视频征集活动优秀作品。

25日　江苏华屹检测技术有限公司与中国计量大学战略合作签约暨挂牌仪式举行。

27日　《德积街道军人军属优待礼遇办法》发布。

28日　包芯纱与家纺产业融合发展研讨会在保税区召开。

28日　金港街道长山村六圩里、冯家埭入选2023年度苏州市特色康居乡村。

29日　保税区召开党工委（扩大）会议，学习贯彻市委十二届六次全会暨市委经济工作会议精神。

12月　泛半导体产业园全面投用。

# 概览

GAILAN

夕阳下的香山景区

自然地理
建置区划
人文风情
经济与社会发展

张家港保税区年鉴（2024）

## 自然地理

【地理位置】 张家港保税区(金港街道、后塍街道、德积街道)位于张家港市西北部，是张家港港和张家港保税港区所在地。地理坐标为北纬31°57′，东经120°24′。东连经开区(杨舍镇)、大新镇，南接江阴市周庄镇，西邻江阴市城东街道办事处，北濒长江。地处经济发达的长江三角洲要地，交通便捷。锡通高速公路、沿江高速公路、锡澄高速公路分别从境域东侧、南侧、西侧穿过；张杨公路、晨丰公路、港丰公路、沿江公路、长江中路横穿境域东西；港华路、中华路、金港路、江海路、香山路以及张家港运河纵贯境域南北；长江航道位于境域北侧。

【地质地貌】 境内主要是第四系沉积物覆盖，地质上受中生代燕山运动影响断裂沉陷。其中张杨公路南部为古陆，东部和东南部为平地，面积18平方千米，占境域总面积的13.68%；西部和西南部有巫山、长山、香山、凤凰山和稷山等小山丘，属丘陵地带，为中生代燕山运动中残留在断块上的茅山余脉，面积34平方千米，占境域总面积的25.83%；张杨公路北部为新陆，自唐代至清代受长江流水夹带泥沙沿岸沉积形成平坦沙田，由石头沙、雷沟沙、东江沙、巫山沙、天台沙、善港沙、正兴沙、北阴沙、卵子沙和拦门沙等20个沙田组成，面积79.62平方千米，占境域总面积的60.49%。地势南北地面高程相差较大，西自长山村的高峰，沿张杨公路向东至经开区(杨舍镇)的闸上村一线以南地区，地势较高，高程为5米至8米；这一线以北地区则由江中沙洲和边滩淤积而成，地势低平，高程为3.5米至5米。境域河港密布，纵横交错，鱼、蟹等水产资源丰富，是长江南岸典型的鱼米之乡。

【沿江岸线】 800余年前，古长江岸线形成后，一直比较稳定。直至宋朝以后，随着沙洲积涨，岸线开始北移。到清初继续北移，境内出现岸线。清咸丰七年(1857年)，南沙并陆后，境内岸线在长山、张家港、洋滩港一线。民国时期，中沙、北沙并陆，岸线向北发展并向东北部推进。此后，西北部大量坍失，东部继续推进，至1950年岸线从长江经中兴镇至巫山一线。1974年，岸线从江阴市交界的长山北麓鸡婆湾，经张家港闸、中兴五节桥闸、十字港闸直至与德积洋滩港交界处。境内沿江岸线总长22.8千米(不含双山岛)。根据岸线功能不同，分为港口岸线、过江通道岸线和自然生态岸线3类，其长度分别为14千米、0.8千米、8千米。

【气候物候】 境内地处亚热带季风性湿润气候，季风环流是支配当地气候的主要因素。境域气候四季分明，光照充足，雨量丰沛，无霜期长。每年初春，上空冷暖气团活动频繁，天气时寒时暖，变化不定，时有强冷空气侵袭，降雨日和雨量都显著增加。春夏之交，常会出现冰雹、龙卷风等灾害性天气。夏季大体上自6月初至9月初(日平均温度在22摄氏度以上)，历期90天左右。每年约在6月16日进入梅雨期，7月7日左右出梅，然后进入盛夏。这期间，一般炎热多雨。6月至8月多雷阵雨。每10年有5次左右的伏旱天气。一般情况下7月为全年最热月。秋季大体上自9月初至11月初(日平均温度在10摄氏度至22摄氏度)，历期60天左右。一般情况下，初秋9月，是秋季连绵阴雨的集中期。中后期，冷空气日渐加强，秋高气爽，风小雨少，多日照，易形成秋旱。

光照　全年日照时数2235.6小时，比上年多3.3小时，比常年(1991年至2020年平均，下同)平均日照1807.2小时偏多428.4小时；年日照百分率(相对日照)为51%。日照时数最多的月份是8月，为229.3小时，占月可照时数的

56%；月日照时数最少的月份是2月，为119.8小时，占月可照时数的39%。

气温　全年平均气温17.6摄氏度，与上年持平，比常年16.5摄氏度高1.1摄氏度，气温偏高，为1966年境域内气象站建站以来与2022年并列第二。年内，12月气温较常年偏低，其余月份气温均比常年偏高。7月是全年最热的月份，月平均气温为29.2摄氏度。年极端最高气温37.7摄氏度，出现在7月5日。全年达到35摄氏度的高温日数16天，分别在5月到8月出现，比常年15天多1天，比上年少26天，其中7月11日至14日出现连续高温。1月是全年最冷的月份，月平均气温为5.3摄氏度。年极端最低气温零下7.6摄氏度，出现在1月25日。全年日最低气温低于0摄氏度的低温日数27天，比上年多7天。

降水　全年降水量1295.3毫米，比上年多149.6毫米，与常年1192毫米相比多103.3毫米，年降水量略偏多。全年降水分布不均，10月降水量最少，月降水量16.4毫米；6月降水量最多，月降水量364.9毫米。与常年同期相比，9月降水量205.1毫米异常偏多，6月降水量364.9毫米，较常年明显偏多；10月降水量16.4毫米，较常年明显偏少。4月至9月汛期降水量1041.4毫米，与常年同期842.2毫米相比偏多199.2毫米。全年有3个暴雨日，其中6月18日和6月19日连续大暴雨天气，降水量分别为140.5毫米和105.4毫米；7月21日降水量为52.6毫米。梅雨期自6月17日至7月10日，入梅、出梅接近常年，梅雨期长24天，总梅雨量463.8毫米，比常年276.2毫米偏多。梅雨期呈现过程强度偏强、区域分布不均、降雨间隙有短暂高温天气等特征。

霜、雪、风、霾、雾及台风等灾害性天气　2023年度初霜日为2022年11月16日，终霜日为3月4日，霜期109天，全年无霜期254天，与常年232天相比偏多22天。全年降雪日数5天，比上年少3天。年平均风速每秒1.9米，与上年相同，8级以上大风1次。受东北冷涡影响，4月15日出现强对流天气，最大风力8级及以上，最大风力11级（每秒29.5米）；6月10日强对流天气造成最大风力8级及以上，最大风力10级（每秒25米），部分地区出现3毫米小冰雹，小面积未成熟的葡萄和梨、蔬菜大棚受损。全年有35个霾天气，与上年相比增加6天，全年出现2次连续多日霾天气过程，分别为1月5日至9日、12月4日至7日。全年出现大雾12天，比上年多1天，其中12月28日出现最小能见度42米的特强浓雾，能见度为全年最低。年内受第5号台风“杜苏芮”（强台风级）外围影响，出现8级（每秒17.8米）大风。12月20日至26日，受冷空气持续影响，气温明显下降，最低气温均在零度以下，其中22日最低气温达零下6.3摄氏度，有严重冰冻。

## 建置区划

**【建置沿革】**　境内历史上长期属江阴县（今江阴市）管辖。1957年，江阴县实行撤区并乡，境内有后塍、南沙、中兴、德积4个乡。1958年，实行以乡建社、政社合一，境内4个乡建成4个人民公社。1962年，建沙洲县时，境内的后塍人民公社、南沙人民公社、中兴人民公社、德积人民公社从江阴县划出归新成立的沙洲县管辖。1963年5月，建后塍镇，为县直属镇。1982年9月，中兴人民公社双山沙的6个大队划出，成立双山人民公社。1983年，实行政社分设，境内有后塍镇、后塍乡、南沙乡、中兴乡、德积乡、双山乡。1986年3月，后塍乡并入后塍镇。1986年12月，南沙乡、中兴乡、双山乡合并设立港区镇。1988年4月，港区镇重新划建为1个镇3个乡，恢复中兴乡、南沙乡、双山乡。1991年6月，南沙乡撤乡设镇。1992年10月16日，保税区获国务院批准设立。同年12月，德积乡撤乡设镇。是月20日，张家港保税区成立大会召开。1993

年12月，中兴乡、双山乡撤乡设镇。1999年8月，中兴镇并入港区镇。2000年7月，双山镇并入港区镇，同时设立双山街道办事处。2002年9月，南沙镇并入港区镇，同时设立南沙街道办事处。2003年8月，港区、后塍、德积3个镇合并，设立金港镇，原晨阳镇的晨阳、长埭、晨西、新村、高科5个村同时并入，同时设立后塍街道办事处、德积街道办事处。2004年8月，设立张家港保税物流园区。是月，张家港保税区、金港镇实行"区镇合一"管理机制，称张家港保税区（金港镇）。11月，设立张家港保税港区。2011年12月，双山街道办事处从金港镇划出，成立张家港双山岛旅游度假区。2021年5月，撤销金港镇，成立金港街道、后塍街道、德积街道。

【行政区划】 3月，金港街道成立金康社区。至2023年年末，金港街道有10个行政村，23个社区（其中9个为"村社合一"体制，分别为长江、巫山、安利、金桥、滩上、镇山、香山、马桥、长欣社区）；后塍街道有8个行政村，6个社区（其中3个为"村社合一"体制，分别为金丰社区、文昌社区、善政社区）；德积街道有8个行政村，3个社区（其中北荫社区为"村社合一"体制）。

【消亡自然村】 2023年，因"三优三保"环境保护项目、后塍工业园建设，金港街道柏林村范家坝消亡，后塍街道封庄村吴家住基消亡，德积街道小明沙村小阴沙埭消亡。至年末，金港街道有自然村57个，后塍街道有自然村105个，德积街道有自然村30个。

## 人文风情

【人口】 张家港保税区含保税港区、扬子江化工园、扬子江装备园、环保新材料产业园等多元载体。2022年起，按照"区街一体"模式代管金港、后塍、德积3个街道，总管理区域面积131.6平方千米，至2023年年末，境内有户籍63642户，比上年少382户；户籍人口177035人，比上年少862人；另有外来暂住人口148538人，比上年少4725人。

【方言】 境内语言主要有澄东（澄要）话和老沙话两种，一般以南横套为界。套南为澄东（澄要）话，分布在金港街道和后塍街道的绝大部分，且略有不同；套北为老沙话，分布在德积街道的绝大部分，金港街道、后塍街道的小部分。

【地方名人】 境内人杰地灵，名人荟萃。有抗金名将同知枢密院事丘密，精通岐黄之术的郁三省，用出售祖传18亩家产田所得之资来建校办学的殷念乔，创办易进出版社的郁祖同，中国语言学家、现代文学家刘半农，中国作曲家、民族乐器演奏家、音乐教育家刘天华，张家港境内第一位中共党员孙逊群，担任中央财政部副部长的范醒之，中国化学化工学会创始人的王箴，组织农民暴动的农运先烈茅学勤，任政协苏州市第五届至第七届副主席、第七和第八次全国人民代表大会代表的瞿芑丰，中国二胡演奏家、作曲家、教育家刘北茂，免费为家乡人看病、赴京为叶剑英夫人曾宪植治病的郁祖祺，任中国天主教爱国会副主席兼秘书长、全国政协第六和第七届委员汤履道，任第五和第六届浙江省政协副主席、获浙江大学教师最高荣誉"竺可桢奖"、享受国务院政府特殊津贴的王承绪，曾任中国基督教协会第一至第三届副会长、浙江省基督教协会会长、全国政协第六届委员、第七和第八届常委的蔡文浩，著名无机非金属材料科学家、中国混凝土科学技术先驱和奠基人的中国工程院院士吴中伟，获中华人民共和国二级独立勋章、二级解放勋章及中央军委授予的独立功勋荣誉章的陈伊，曾任驻匈牙利大使馆政务参赞及中华人民共和国驻爱尔兰大使的邢忠修，还有2021年11月当选中国工程院院士的吴剑旗，2022年11月当选俄罗斯工程院外籍院士的薛伟。

【地方特产】 高峰茶叶 茶叶产于长山村境内。茶园地处长江南岸、坡势平缓、水汽充足、气候湿润，远离“三废”（废水、废气、废渣），适宜茶叶生长。因有女婴被鹿叼入山中吸鹿奶长大的传说，故所产茶叶取名高峰“鹿液”牌系列茶。高峰“鹿液”牌系列茶主要有白莲茶、暨阳雁翎茶、名毫茶和烘炒青茶四个品种，其中前三种为精制名茶，后一种为大宗茶。白莲茶采用清明前一芽一叶初展、谷雨前一芽一叶鲜叶为原料精制而成，外形卷曲、条索紧细，白毫满披，冲泡后清香四溢，沁人心脾。暨阳雁翎茶同样采用清明或谷雨前的一芽一叶初展或一芽一叶鲜叶为原料，精细加工而成。名毫茶采用谷雨前一芽一叶鲜叶为原料，精制加工而成，条索紧细、茸毫满披、碧色诱人、气香味醇。烘炒青茶以一芽二叶、一芽三叶鲜叶为原料，加工后条索紧结、色泽青绿，口感、香气，耐冲泡程度较好。高峰鹿液茶春季采摘，以谷雨前采摘的茶叶质量最佳。采下的茶叶由高峰茶场自己焙炒。2023年，茶场占地面积80公顷，其中茶树种植基地面积25.33公顷。年产新鲜茶叶9吨，加工“鹿液”牌系列成品茶2吨。2005年，“鹿液”牌茶叶经农业部食品质量监督检测中心检测，符合绿色食品质量标准要求，被认定为绿色食品。2008年，高峰茶场使用的“鹿液”牌商标被苏州市工商行政管理局认定为苏州市知名商标，并通过QS质量安全认证。2012年，高峰茶叶获评苏州市名牌产品。2016年，获江苏省第十七届“陆羽杯”名特茶一等奖。2017年，获第十二届“中茶杯”全国名优茶一等奖。2021年，获“中茶杯”第十一届国际鼎承茶王赛金奖。

香山毛竹笋 每年农历四月前后，香山竹海的毛竹笋破土而出，星星点点，漫山遍野，谓之春笋。春笋生长快速，一天一个样，特别是春雨一浇，迅速崛起，高出地面30余厘米。出土的毛竹笋茸毛满披，呈浅褐色，大的超1.5千克，小的也有0.5千克，皮薄肉厚，肉质白嫩，味道鲜美，是香山地区人们常食的蔬菜之一。到了冬季，毛竹笋的芽体再次膨大为笋，称为冬笋。冬笋颜色比春笋略浅，个头较小，但味道更加鲜美，价格更高。香山毛竹笋的食用方法较多，毛竹笋炒鸡蛋、毛竹笋炒雪菜、毛竹笋炒碎肉、毛竹笋骨头汤已成为境内传统美食。

后塍羊肉 后塍羊肉历史悠久，其中最著名的有“袁家桥羊肉”和“高桥羊肉”。袁家桥羊肉有百年历史，方圆百里有名，其肉质鲜嫩，味道极佳，健脾强身，舒筋活血。在袁家桥，有“冬天羊肉补，明春打老虎”之说。高桥羊肉驰名江南，肉嫩、味美。高桥村农民有“春苗夏瓜秋白菜，冬天杀羊捞外快”的说法。每到冬季，后塍袁家桥、高梧庄、陈家码头、沙唐家巷等一些老杀羊的农民，三五个合伙到集镇上租房杀羊。锅子上放一只圆形蒸桶，将杀好的羊放进锅里煮上半天，将羊脚、羊腿、羊头、羊眼、羊肝、羊肚、羊腰子等一一拆出，雪白的瓷碗里，倒入“羊汤”，将羊腿斩成鸡蛋大小的肉块，堆在瓷盘中，让客人蘸着佐料享用。

后塍梅花糕 后塍梅花糕的形状像一只上

梅花糕

大下小的四面形小杯，上面的红绿丝像一簇梅花，故名梅花糕。制作后塍梅花糕时，先将面粉用冷水调匀，倒入加热的器具中，再将预先准备好的馅心（有甜、咸两种）加入面粉内，继续加热。等到面粉快熟时，再在豆沙上浇一薄层面粉，并放些红绿丝，将铁盖盖上。待到梅花糕熟后，拿开铁盖，取出梅花糕。后塍梅花糕色香味俱全，深受民众喜爱。

沙洲优黄　沙洲优黄（后塍黄酒）始酿于清光绪年间，已有100余年历史。原料选用优质大米。其制作需要经过过筛、浸渍、蒸饭、摊冷、落缸、发酵、压榨、澄清、勾兑、煎酒、装坛等十几道工序，工艺精细。所酿黄酒具有色泽金黄、酒体协调、清亮透明、醇厚爽口等特点，不仅营养丰富，而且在文化、工艺、保健和药用等方面有重要价值。产品历经江苏张家港酿酒有限公司数十年开发，已形成沙洲优黄、江南印象、吉星高照、太湖之星、老阊门等系列150余种黄酒产品，酒龄有2年、3年、5年、6年、7年、10年、15年、20年等不同规格，沙洲优黄被誉为中国半甜型黄酒的典范。产品深受上海、苏州等地消费者欢迎，还远销海外。“沙洲优黄”商标被认定为中国驰名商标。2023年，沙洲优黄西洋参黄酒获中国酒业协会青酌奖。

沙洲优黄文化园中的陈年酒库

蟛蜞豆腐　蟛蜞是螃蟹的一种，头胸甲略呈方形，胸前长有二螯，用于进食和自卫，足上有毛，生活在水边泥穴中。蟛蜞可以食用，食用方法有红烧蟛蜞和蟛蜞豆腐两种。红烧蟛蜞虽然味道鲜美，但不如螃蟹肉多，比较精明的吃法是做蟛蜞豆腐。蟛蜞豆腐是境内传统特色菜，具体做法是：选活的蟛蜞洗净去脐、剥壳，放在容器中，用工具捣烂，然后装入纱布袋中，使劲压挤纱袋，让其鲜汁从纱布眼中流出，盛于锅中，加入适量的清水和佐料烧煮。待烧熟煮透，揭开锅盖，颜色微紫，味道鲜美的蟛蜞豆腐就煮成了。

“小明沙”牌猪肉　“小明沙”牌猪肉由位于德积街道长江东路153号的小明沙养殖有限公司生产。公司采取自繁自养自产自销一体化模式，采用发酵床养殖，猪从小到大都生活在经过特殊设计的生物菌床上，床上有机垫料厚度70厘米至90厘米，松软舒适，内含有益菌种，形成像蘑菇一样的菌体作为猪的食料，不发病，不用药，对周围环境没有污染。猪肉色泽红艳，肉质鲜嫩，味道醇厚，营养丰富，口感极佳，是老少皆宜的安全食品。2012年4月，国家商标局批准注册“小明沙”牌猪肉。是年，获评苏州市“名牌产品”。2014年至2023年，在海峡两岸（张家港）农业博览会上，“小明沙”牌猪肉成为最受欢迎的品牌农产品之一。2023年，公司占地面积2公顷，建筑面积7000平方米，养殖健康猪3000头，母猪存栏56头。

“双山岛”牌野茭白　“双山岛”牌野茭白是一种有机食品，野生，为多年生水生植物，是普通茭白的野生种，分布在双山岛四周666.67公顷的江滩上，利用长江水涨潮自然灌溉，无污染，茂盛的芦苇叶落在江滩上，腐烂后成为野茭白的天然养分来源，不用人工施肥，没有寄生病菌。野茭白细嫩微甜，富含人体必需的氨基酸和多种微量元素，营养丰富，是一种新型保健蔬菜。“双山岛”牌野茭白由当地农户上滩采集，主要区域集中在大伯墩，占地面积333.33公顷。农户采摘后，将小茭白分开3至4片老叶，折断苔管20厘米处，用刀切除上端叶片，再将20厘米长的小茭白切除3至4片叶根，取其嫩心，与禽蛋调和，可炒、可烧汤，味鲜无比。

雷沟大布　雷沟大布是古雷沟地区生产的一种土布，已有400余年历史，而古雷沟地区即现在的后塍、南沙地区。宋元年间，雷沟地区民间广泛植棉、纺纱、织布。到明清期间，雷沟大布成为江南一绝，享誉海内外。北京的“瑞蚨祥”、南京的“恒源大”、扬州的“老协升”等布庄均畅销雷沟大布，并远销到东南亚一带。雷沟大布的传统工艺比较讲究，要经过剥籽、弹花、卷棉条、纺纱、戽纱、经纱、浆纱、染色、晾晒、做筒管、上盘头、穿综、织布等十几道工序。雷沟大布以纯棉织造，质地紧密，布身厚实，柔软耐磨，保暖性好，吸汗性强，花色多样，广泛用于服装、鞋袜、帽子、手套、头巾、围裙、床单、包袱等制作，深受百姓喜爱。新中国成立后，雷沟大布得到很好的传承和发展，村村巷巷有织机，大多农户会纺纱。1958年，组建后塍、南沙等棉织社，各大队（村）相继办织布厂。1974年，一部分技术骨干和管理人员从棉织社分流出来，利用16台织布机，建立后塍第三化纤厂。1997年，后塍第三化纤厂更名为张家港市金陵纺织有限公司，为保存雷沟大布的工艺价值和历史，对旧时的雷沟大布及其织染工具进行搜集、保存，并建立雷沟大布纺织工艺、工具陈列室。张家港市金陵纺织有限公司成为雷沟大布染织工艺的传承基地。

【名胜古迹】 境内有全国重点文物保护单位东山村遗址，江苏省文物保护单位香山石室土墩群，承载从新石器时代以来丰富厚重的人文历史文化。东山村遗址以马家浜和崧泽时期文化遗址为主，是长江下游重要的史前文化遗址，是目前国内发现等级最高、保存最完整的崧泽文化遗址，入选2009年度“全国十大考古新发现”。AAAA级旅游景区香山景区胜迹众多，有梅花堂、桃花涧、圣过潭、藏军洞、香山寺等十八景，其中梅花堂由宋代大文豪苏东坡题写匾额，明代地理学家徐霞客曾在堂内小住并写下6首诗、2篇序文。沙洲优黄文化园是一个集工业旅游、文化传承和体验于一体的综合性园区，占地面积5.53公顷，建筑面积3万平方米，是国家AAA级旅游景区和国家工业旅游示范基地。年内，永兴村入选江苏省乡村旅游重点村。

【非物质文化遗产】 境内历史悠久，文化底蕴深厚。2023年，搿石锁（香山石锁）、手工弹棉絮技艺列入省级非物质文化遗产项目，苏州道教音乐（香山正一道教音乐）、后塍梅花糕制作技艺列入苏州市级非物质文化遗产项目，淡水珍珠加工技艺列入张家港市级非物质文化遗产项目。至年末，江苏省级非物质文化遗产项目有后塍黄酒酿造技艺、后塍竹编、雷沟大布制作技艺、搿石锁（香山石锁）、手工弹棉絮技艺。苏州市级非物质文化遗产项目有苏州道教音乐（香山正一道教音乐）、后塍梅花糕制作技艺。张家港市级非物质文化遗产项目有香山庙会、香山山歌、香山宝卷、香山俗语、香山小曲、云灯舞、马灯舞、香山算盘制作技艺、戴定光传说、张家港老沙话、淡水珍珠加工技艺。

【东山村遗址】 东山村遗址位于原南沙镇政府，西距香山500米，北距长江2.5千米。1989年3月，因村镇建设，在基建中发现红烧土块、陶片等大量古文化遗存。经苏州博物馆、张家港市文物管理委员会于1989年、1990年两次抢救性发掘和试掘，发现原始房址7座，出土文物104件，还有稻谷、灰坑等遗迹遗存。2008年7月至11月和2009年3月至2010年1月，经国家文物局批准，由南京博物院主持，张家港市文广局、张家港博物馆等单位两次对东山村遗址进行抢救性考古发掘，发现有马家浜文化和崧泽文化遗存，出土器物有陶罐、鼎、壶、盘、豆、杯、钵、石锛、凿、斧、刀、砺石、玉镯、璜等。东山村遗址入选中国社科院公布的2009年度“全国十大考古新发现”。2013年5月，东山村遗址被国务院确定为第七批全国重点文物保护单位。2023年，由南京博物院、苏州市考古研究院、张家港博物馆联合发掘，面积500平方米，发掘大型红烧土堆积1处，墓葬23座，房址1座、灰坑21座，灰沟2条，水井1口、柱洞2个。（陈莲萍）

**【革命传统纪念地】** 境内是一片浸润着革命烈士鲜血的红色沃土，在战火纷飞的革命战争年代，境内人民在中国共产党领导下，发动沙洲农民暴动起义，开展抗日救国运动，积极配合渡江作战，建立人民民主政权。2023年，境内重要的纪念设施有张家港市烈士陵园、巫山渡江战役登陆纪念碑、学勤广场。重要革命机构旧址有蔡悲鸿办公旧址、地下交通站、情报总站旧址。重要历史事件纪念地有后塍农民暴动纪念地、占文桥农民暴动纪念地、拦门沙江心遭遇战纪念地、血战南横套纪念地、收缴伪军武装纪念地。重要人物故居及纪念地有范醒之故居、孙逊群烈士纪念地等。（邱亚峰）

## 经济与社会发展

**【经济综情】** 2023年，保税区地区生产总值977.25亿元，第一产业3.67亿元，第二产业464.65亿元，第三产业508.92亿元。全年完成一般公共预算收入60.5亿元，占张家港市25.5%；规模以上工业总产值1603.9亿元，占张家港市28.5%；工业投资59.4亿元，占张家港市25%；实际利用外资1.1亿美元，占张家港市25%；进出口总额203亿美元，占张家港市50.3%；限额以上批发销售额4993.9亿元，占张家港市55%。全年纳税超2000万元企业80家，比上年增加11家，超5000万元企业48家，比上年增加4家，超5000万元企业占张家港市37%，工业企业占张家港市50%；“四上”企业（达到一定规模、资质或限额的法人单位）新增入库313家，占张家港市51%，增量、增幅均列张家港市第一；新增上市企业1家，累计11家。

**【产业转型】** 2023年，保税区牢固树立“大抓项目、抓大项目”的鲜明导向，引进天齐锂业、博腾医药2个超30亿元项目，新签约超1亿元项目25项。深化实施重大项目并联审批和“245”统筹推进机制，编制重大项目开竣工指南，新建重大项目开工平均用时减至163天，杜邦、海虹老人等36个项目建成竣工，瓦克、百胜等35个项目开工建设，大族激光项目一期主体封顶、二期加快清场交地，华盛锂电、国恒等一批项目实现不动产权证、建设用地规划许可证、建设工程规划许可证、施工图审合格证、建设工程施工许可证“五证齐发”，22个列入三级重大的计划新开工项目三季度全部开工，项目数和年度总投资额列张家港市第一。扬子江化工园在全省首批通过复核认定，入选全省首批“无废园区”建设试点。深化“中华路、华达路、香山北”三大产业转型空间布局研究，获批建设扬子江高端装备产业园，完成供地超66.67公顷，整治提升产业用地20余公顷。

**【科技创新】** 2023年，保税区完成科技招商项目408项，总数列张家港市第一；获评国家级人才工程7个，列张家港市第一；新增认定高新技术企业104家，比上年增长86%；规模以上工业企业研发经费投入超28亿元。泛半导体产业园三期、四期建成投用，科创园三期完成主体建设，南科大联合创新中心揭牌，化工中试基地启动报建。长华化学科技股份有限公司、江苏欣诺科催化剂股份有限公司获评国家级专精特新“小巨人”企业。苏州润邦半导体材料科技有限公司、苏州凡赛特材料科技有限公司获评省潜在独角兽企业。苏州菲镭泰克激光技术有限公司牵头实施国家重点研发计划，江苏灿勤科技股份有限公司获评江苏专利奖，均为张家港市唯一获评单位。张家港市华昌新材料科技有限公司获评省智能制造示范工厂，长华化学科技股份有限公司获评省工业互联网标杆工厂，均实现保税区"零的突破"。入围国家二手车出口试点企业3家，全年完成出口906辆，出口量在苏州名列前茅。

【改革深化】 2023年，保税区持续深化改革，加快综保区申报进程，完成实施方案并呈报国务院办公厅。健全完善张家港保税区融入长三角区域一体化工作领导小组机制，出台实施《张家港保税区融入长三角区域一体化发展工作要点（2023—2024年）》。复制推广自贸区制度创新成果，承接省政府第二批赋予开发区事项8项。深化国家知识产权强国建设试点园区建设，建立专利特派员服务机制，保税区知识产权工作站在江苏省知识产权局备案。在张家港市率先试点推进招商体制机制改革，成立保税区投资促进有限公司，实行招商人员全员绩效考核。加快国资国企改革，完善国企内审机制，稳步推进国企重组整合、薪酬改革试点。实施工程建设领域体制机制改革，推动建审分离。健全领导挂钩服务重点企业重大项目工作机制，深化行政审批制度改革，打好营商环境"组合拳"。

【社会民生】 2023年，保税区（街道）有学校38所，其中高中1所、初中4所、小学14所、幼儿园19所。有教师1286人，其中江苏省特级教师3人、正高级教师3人、姑苏教育人才5人、港城教育人才12人、公办学校教师中市级以上骨干教师470人。文昌小学、文昌幼儿园、南沙小学新教学楼建成投用，增加学位2580个。有医疗机构39个，其中医院4所、卫生服务中心1个、社区卫生服务站34个，有执业（助理）医师430人，核定床位1132张。持续推进村级经济五年倍增计划，村均集体经营性收入1346万元，比上年增8.6%。德积高端纺织产业园一期竣工投用，启动实施后塍中北街地块城市更新，新增"口袋公园"6个。安置房办证实现欠账清零，推进房票安置，发行房票100张。围绕建设更高水平全国文明城市创建要求，金港街道、后塍街道、德积街道分别围绕"金文明""美塍有你""美在德积"开展文明创建行动，区街全年举办惠民文化活动1300余场，服务群众50余万人次。沙洲优黄文化园获评国家工业旅游示范基地，为苏州市唯一获评单位。

【生态建设】 2023年，保税区紧盯重点领域、重点问题，以打好污染防治攻坚战为抓手，完成第二轮中央、省环保督察反馈问题整改销号，金港片区水质净化厂开工建设，各级考核断面水质优Ⅲ比例均达到100%，$PM_{2.5}$平均浓度实现五连降。完成83个长江入河排污口、30家涉磷企业规范化整治验收。推进绿色港口建设，到港船舶污染物接收率100%，7家港口企业完成岸电设施建设。江苏扬子江国际化学工业园通过国家生态工业园复查评估。

# 张家港保税区篇

ZHANGJIAGANGBAOSHUIQUPIAN

繁忙的张家港保税区码头

中共张家港保税区工作委员会
张家港保税区管理委员会
纪检监察
群众团体
法　治
生态环境
城市建设与管理
开放型经济

工　业·建筑业
服务业
综合经济管理
科学技术
教　育
文化·体育·旅游
卫生健康

张家港保税区年鉴（2024）

# 中共张家港保税区工作委员会

## 综　述

**【概况】** 2023年，保税区召开党工委会议22次，党工委发文52份。重要决策主要涉及主题教育实施方案、保税区领导领办重点工作方案、基层党建"1+3+4"实施方案等方面内容。其中，11月24日召开的保税区党工委务虚会谋划2024年及未来三年的重点工作，提出2024年重点抓好招商引资、重大项目、科技创新、载体推进、功能政策、企业服务、国企改革、村级经济、生态环保、社会治理10项任务。

**【学习贯彻习近平新时代中国特色社会主义思想主题教育】** 2023年，保税区党工委把深入学习贯彻习近平新时代中国特色社会主义思想作为首要政治任务，成立保税区主题教育领导小组和领导小组办公室，研究制定实施方案和工作安排，建立统筹把关、协调推进、全程督导、跟踪问效、分类建档"五位一体"工作机制。坚持党工委领导班子带头，"一盘棋"统筹安排，做到学习研讨、调查研究、检视问题、整改落实环环紧扣、精准衔接。召开业务培训会2次、工作推进会3次，建立一周一计划、一事一跟踪、一月一走访"三个一"联络制度，明确各阶段重点任务，及时掌握工作进度，形成各负其责、齐抓共管的工作格局。党工委领导发挥"领学"作用，参加主题教育读书班，开展党工委理论学习中心组学习4次，讲专题党课7次。组织开展"牢记嘱托、感恩奋进、走在前列"大讨论，保税区党工委领导班子成员联系岗位职责和工作实际进行交流研讨。党工委领导班子成员聚焦1个正面案例（以生态绿色一体化推动旧貌换新颜的张家港湾实践）和1个反面案例（村书记的公权力不当使用造成集体资产流失），开展典型案例解剖式调研。开展保税区党工委调研成果交流会，制定调研成果转化运用清单，推动调研成果转化运用。聚焦5类问题，县处级以上领导干部分别制定1个问题清单，采取暗访抽查、实地调研、座谈交流、日常沟通等方式，严格落实整改销号程序，逐一进行问题整改销号。深化"四下基层"，结合"千村万企、千家万户"大走访，深入群众开展调查研究，通过委领导挂钩联系企业、机关局室调研、企业走访等形式，做到把情况摸清、把问题找准、把对策提实。主题教育开展期间，收集高质量发展、民生保障、全面从严治党等5个方面34个问题，已解决29个。基层党组织运用党建阵地、线上平台等载体，依托"三会一课"、主题党日等形式，开展支部书记讲党课279次，举办

11月24日，学习贯彻习近平新时代中国特色社会主义思想主题教育专题党课召开

理论培训、走看学做比党建实境教学、"牢记嘱托、感恩奋进、走在前列"讨论等310余次。结合党员"双报到、双服务""岗位建新功",保税区机关、企业下沉一线党员1970人,制定党员岗位任务书,将行动支部建在保税区重大项目一线、创新创业前沿、安全生产点位,推动主题教育与业务工作深度融合。

**【保税区、街道年度会议】** 1月18日,保税区、街道年度会议暨保税区2022年度履行全面从严治党主体责任述职会议在滨江大厦举行。会议动员区街上下紧扣全市"现代化建设先锋年"工作主题,立足更高站位,锁定更高目标,继续当好全市高质量发展排头兵、改革创新先行军。会议指出,区街要在"服务大局、主动作为"上花更多功夫、下更大力气,以更大格局谋篇布局,赢得更加广阔的发展空间;以更高标准争先进位,咬定"跻身全省开发区第一方阵"的奋斗目标,在新形势下不断巩固自身竞争实力。要在"创新转型、改革开放"上花更多功夫、下更大力气,把牢"创新"关键词,推动创新链产业链人才链资金链深度融合,做优创新生态,用好平台载体,加快招引一批优质科技项目,为产业转型注入创新动能;激发"集群"新优势,聚焦"四新"产业,招引一批省级重大产业项目,打造示范引领性的产业集群;当好"改革"先行军,抢抓重大机遇,为全市形成更多具有示范引领作用的改革成果。要在"改善民生、文明善治"上花更多功夫、下更大力气,让公共服务更有品质,推动村均可用财力保持全市领先、街道老集镇区更新改造,民生福祉持续改善;让生态环境更加优美,协调推进降碳、减污、扩绿、增长,构筑生态文旅新典范;让文明实践更具内涵,深化文明理念,在共建共享中提升文明内涵。要在"强化统筹、一体发展"上花更多功夫、下更大力气,保税区要科学调配区街资源,推动区街双向赋能、高效运转;双山香山要放大"一山一岛一湾"特色资源优势,突破"项目建设提速、经济发展提质、文化管理提优"3项重点工作,加快建设长三角高品质旅游度假胜地;3个街道要对标先进、深化改革、提高效率,提升治理体系和治理能力现代化水平,把改革成果转化为发展红利和治理实效。市委常委、保税区党工委副书记、管委会副主任陆崇珉作年度工作报告。保税区发展改革局、招商局、后塍街道、永兴村等单位负责人作交流发言。7月14日,保税区半年度工作会议在滨江大厦举行,会议传达学习贯彻习近平总书记考察江苏重要讲话重要指示精神,落实全市领导干部会议要求,回顾总结上半年工作情况,研究部署下半年工作任务,动员区街上下进一步明确目标、压实责任、加压奋进、拼抢赶超,以过硬实绩完成年度目标任务,为全市推进"强富美高"新江苏现代化建设张家港实践争作更大贡献。

**【保税区作风建设会议】** 1月29日,保税区"现代化建设先锋年"动员大会暨作风建设会议在滨江大厦举行。会议传达全市推进"敢为、敢闯、敢干、敢首创"暨"现代化建设先锋年"动员大会精神,总结表彰2022年度先进集体和先进个人,动员区街上下与时俱进弘扬张家港精神,紧扣"现代化建设先锋年"工作主题,激发"敢为、敢闯、敢干、敢首创"的精气神,为全市打造中国式现代化县域先行区勇挑重担、争作贡献。会议强调,抓作风就是抓发展,好作风就是生产力,要以一流作风创造一流业绩。PPG涂料(张家港)有限公司、德积街道、保税区科技人才局、巫山村及担当作为好干部代表作交流发言。

**【保税区重点工作推进会】** 3月6日,保税区"现代化建设先锋年"重点工作推进会在滨江大厦举行。会议总结工作开展成效,结合当前工作要点提出,对年初确定的46项重点工作要提高谋划工作的能力水平，要提高推进工作的能力水平，对重点工作要学会借力，理清每季度重点，系统抓工作，明确目标尽好责；要提高工作创新的能力水平，锚定“建设产业转型、政策创新、绿色发展示范样板”定位，多学习上级部门出台的政策，力争每年获得2至3项省级乃至国家级的示范试点奖项。会议还要求，就国资管理架构、国资国企职责清单、镇村工业集中区规划意见、重点载体建设、国土空间规划、中北街规划等12项重点工作做好考虑规划，统筹推进。

【保税区庆祝建党102周年座谈会暨专题党课召开】 6月30日，保税区庆祝建党102周年座谈会暨专题党课在滨江大厦举行。专题党课上，市委常委、保税区党工委副书记、管委会副主任陆崇珉围绕“提振敢为精气神，砥砺奋进新征程”为全体与会人员授课。会议强调，区街党员干部要对党忠诚讲政治，把牢“敢为”方向；要志存高远勇争先，提振“敢为”志气；要实干笃行闯新路，挥洒“敢为”激情；要坚韧不拔务实功，强化“敢为”担当；要从严律己守规矩，筑牢“敢为”底线。

【大兴调查研究实施方案出台】 5月16日，保税区党工委印发《关于在保税区各级党组织和广大党员干部中大兴调查研究的实施方案》。方案提出围绕“紧扣贯彻落实党中央决策部署和习近平总书记重要讲话重要指示精神，紧扣当好张家港市高质量发展排头兵，紧扣当好张家港市改革创新先行军，紧扣统筹发展和安全，紧扣全面推进法治建设，紧扣为张家港市打造高水平全国文明城市贡献力量，紧扣推进共同富裕，紧扣保障改善民生，紧扣擦亮生态底色，紧扣深化平安建设，紧扣深入推进全面从严治党，紧扣长期未解决的老大难问题”12项调研内容，党工委班子成员结合11项领办重点工作，每人牵头1至2项重点课题调研。年内，形成《加快打造一流高端装备产业集群——保税区破解产业结构较单一问题的路径探索》《优化保税区（街道）文明创建问题的调研》等调研报告8篇。

【基层党建“1+3+4”工作体系实施方案出台】 5月19日，保税区党工委印发《“海棠聚能‘四敢’争先”保税区基层党建“1+3+4”工作体系实施方案》。“1”为确立一份三年纲要，确定2023年、2024年、2025年分别为基层党建“固本强基年”“聚力突破年”“品牌提升年”；“3”为制定3张责任清单，以提升组织力为重点，分领域制定机关、国企和“两新”组织3张工作清单，大力推进基层党组织标准化规范化建设；“4”为实施“四大赋能行动”，对照上级党委政府和党工委管委会中心工作和重点任务，开展“组织聚能、服务增能、产业赋能、品牌亮能”四大行动。

【保税区人大代表联席会议制度建立】 12月29日，保税区党工委会议听取并通过《关于建立保税区人大代表联席会议制度的情况汇报》。会议明确联席会议的组成人员、主要职能和工作规则。组成人员由保税区辖区内的全体张家港市人大代表组成，设召集人1名（由保税区党工委分管领导担任），副召集人若干名（由金港、后塍、德积街道人大工委主任担任）。联席会议下设办公室，办公室设在保税区党政办公室，主要职能是组织本辖区内市人大代表集中对保税区经济社会发展、民主法治建设、民生实事办理等重大事项进行监督。工作规则包括每年至少举行1次会议，每次会议形成会议纪要，通过听取工作报告、视察调研、评议、专题询问等方式开展监督工作，每年向市人大常委会报告工作，活动经费纳入保税区财政预算等。

（殷晨晖　雷金叶　邵甲第　黄艺涵）

# 组织工作

**【概况】** 2023年，保税区有基层党组织182个（年内新建基层党组织11个），其中党委5个、党总支10个、党支部167个。有中共党员2159人，年内新发展党员38人。全年实施基层党建重点项目39项，在"金港潮"微信公众号"党建项目进行时"专栏推送基层党建项目成果14期21篇。新建党群服务中心（点）2家，入选苏州市海棠花红先锋阵地1家。出台《"海棠聚能'四敢'争先"保税区基层党建"1+3+4"工作体系实施方案》，分类制定6个方面、30类、49项党支部标准化规范化建设参考标准，举办专题培训4期。成立"高分子新材料""高端装备"等6个产业链联合党委，开展主题党日观摩、"走看学做比党建"研学等交流活动20场，入选市级开放式组织生活优秀案例2篇。以红堡关爱十项制度为主要抓手，深化党内关爱，春节和"七一"期间，走访慰问生活困难党员、党务干部11人，发放党员关爱帮扶基金1.6万元，落实"红堡关爱计划"保险项目，惠及基层党务干部169人。编印《2023年党建工作纪实》，全面展示党建工作特色做法和具体成效，18篇稿件获媒体平台录用。（陈凯丽）

**【基层党组织建设】** 2023年，保税区新建攀华集团有限公司海外投资党支部、张家港中远海运金港化工物流有限公司党支部、苏州中远海运化工物流有限公司第一党支部、苏州中远海运化工物流有限公司第二党支部、张家港市国恒装备有限公司党支部、中粮饲料（张家港）有限公司党支部、江苏华力泰供应链管理有限公司党支部、张家港市滨江新城投资发展有限公司党支部、江苏浦士达环保科技股份有限公司党支部、江苏多维科技有限公司党支部、海虹老人涂料（张家港）有限公司党支部11个企业支部。撤销张家港保税区国泰毛纺有限公司党支部、张家港盈德气体有限公司党支部、张家港保税区宇宏重工有限公司党支部、张家港保税区长江城市建设开发有限公司党支部、东恒鑫（张家港）汽车科技有限公司党支部、张家港瀚康化工有限公司党支部、张家港市私营企业协会金港分会党支部、江苏勤通钢铁有限公司党支部8个支部。3月29日至31日，组织133名基层党组织书记开展学习贯彻党的二十大精神示范培训，通过理论教学和实务讲解，提升基层党组织书记政治素养和履职能力。抓好党务干部队伍专业化建设，围绕"三会一课"、主题党日、非公党建开展实务培训3期，举办"下基层，品初心""走看学做比党建"研学实践活动2场。11月22日，举办基层党组织规范化建设党务综合知识竞赛，通过快问快答、微党课宣讲、党建项目策划等形式，检验和巩固标准化规范化建设成效。年末，以年会的形式对全年"非公"党建工作进行盘点总结，举行11家新建党组织集中授牌仪式，产业链牵头局室、惠企服务单位、新建党组织、"红薪"成长社学员代表分享工作经验和感悟收获，表彰中粮东海党委、杜邦党支部等10家示范型党员先锋团队，颁发服务明星、党工达人、"红薪"之星等年度创意奖项。

**【党员发展和教育】** 2023年，保税区有党员2159人。其中，45周岁以下党员占69.9%，大学以上学历党员占69.3%；年内新发展党员38人，其中35周岁以下党员占60.5%。6月13日，召开基层党组织规范化建设工作部署会暨发展党员工作会议，组织107名党务干部围绕发展党员工作开展实操培训，提升基层党务干部业务水平。6月30日，保税区召开庆祝中国共产党成立102周年座谈会暨专题党课，为党龄30周年、40周年、50周年的党员代表颁发党龄纪念章，并作专题党课对区街党员干部提出希望和要求。（施文萱）

【基层党建"书记项目"】 2023年，保税区组织人事局确定"党建提升、服务提效、产业提速、人才提质"4个大类39个基层党建重点项目和《党建赋能民营强企集群建设》市级重点项目，通过季度总结制度跟进基层项目推进情况，搭建线上、线下展示平台，在"金港潮"微信公众号设立"党建项目进行时"专栏，分14期展示21家单位党建项目做法成效，同步在滨江大厦金港礼堂、政务服务大厅举办基层党建项目成果巡展，制作党建项目案例汇编供基层党组织学习交流。12月22日，保税区举办第七季"书记项目秀"展评会，会上发布《产业之光、诗画滨江》党建工作专题片，保税区发展改革局、丰倍生物公司、中粮东海粮油公司围绕"高质量党建引领高质量发展"作交流分享，10家"书记项目"入围单位进行述职汇报，现场评选出企业服务管理局党支部的"'红领带'聚合力，'企服链'提质效"、市场监督管理局党支部的"益企赋能，打造'全生命周期'服务链"、保税科技党委的"党建强'链'，打造数字化转型示范样板"、苏州中远海运党总支的"海棠聚力，打造凝新港湾主阵地"、金都社区党总支的"'四问四同'，推动社区服务的供给侧改革"5个优秀书记项目，会上还评出优良书记项目5项、保税区基层党建好项目10项。

【产业链党建】 2023年，保税区启动"红链锋范"产业链党建提质工程，紧扣保税区产业发展方向，优化"高分子新材料""半导体"等六大产业链联合党委组织架构，通过召开"问需寻计"产业链党建工作座谈会，下沉71名党员干部参与"问需寻计、暖商惠企"专项调研，建立企业需求、部门资源、行动项目3张工作清单，梳理形成41条部门资源、20个行动项目，解决各类涉企问题85个。围绕"产业集群管理、党建品牌打造、先锋阵地建设"开展产业链党建主题研学活动3场，启动打造保税区产业链党建赋能中心、保税区长江大保护实境教育基地、灿勤科技"无线锋光"党群服务中心，推动红堡地图全域点亮。深化组织生活开放日制度，保税区发展改革局、陶氏化学（张家港）有限公司等产业链牵头单位举办"与企同行、一体共赢"等链上主题党日观摩活动15场，保税区财政局"聚焦专精特新、赋能强基固链"、齐力建设"学思践悟强党性，实干笃行筑精品"主题党日活动入选市级优秀案例，打造保税区市场监督管理局"红盾直通车"、企业服务管理局"红领带"等党建新品牌。"红色分子链"党建品牌、"黄华劳模创新工作室"特色党建工作模式在人民网、《中国组织人事报》宣传报道，《"红色分子链"擘画扬子江畔产业胜景》《以"党建强"推动民营企业"发展强"》等产业链党建特色做法分别在《人民日报》和江苏先锋网等媒体平台录用发表。（李　欢）

【新业态新就业群体党建】 2023年，保税区紧扣张家港市新业态新就业群体党建"凝'新'聚力"行动工作要求，通过专题党课、知识竞赛、红色研学、关怀慰问等形式，增强服务。年内，组织开展非公党工委"寻红色足迹，聚初心力量"、德黎仕"强富美高新征程，流动党员添光彩"、新市民事务中心"感悟发展成就，汲取奋进力量"新就业群体主题党日3场，开展"夏送清凉""海棠暖冬"走访慰问活动2场，发放关爱礼包2000余份，开展反诈宣传、安全同行、普法教育、心理咨询微课堂16期，开展春节、元宵、端午等节日暖"新"活动4场。打造德黎仕"流动党员暖心驿站"，深化流动党员"四个一"（一份专属档案、一个服务礼包、一套管理制度、一支公益服务队伍）管理模式，常态化提供职业介绍、就业指导、技能培训等"家门口"就业服务。《架起党建桥梁，关爱货运司机》党员宣教微视频在"苏州先锋""张家港先锋"等媒体平台宣传报道。（杨　岚）

【干部队伍建设】 2023年，保税区党工委研究干部人事工作10次，全年调整干部214人，其中提拔为机关中层正职17人、机关中层副职21人、村（社区）书记3人。着眼区街年轻干部配备，8月至9月，对区街部分局室、部分新调整党组织书记满1年的村（社区）、部分重点国有企业等20家单位约150人次开展专项调研，了解区街干部在一线岗位、重点工作中担当作为、履职实绩情况，推动组织人事工作更好服务保障区街高质量发展大局。11月，保税区、街道与大新镇开展“干部双向交流”活动，选派区街8名年轻干部赴大新镇跟班学习，通过互访互学互促，提升年轻干部履职能力。12月，举办保税区、街道年轻干部风采大赛，加强对年轻干部常态化、近距离考察研判，激励干事创业热情。年内，选拔14名“95”后年轻干部到中层岗位试岗锻炼。

【干部教育培训】 2023年，保税区聚焦年轻干部、中层干部、专业人才等，分层分类开展教育培训。2月至8月，开展年轻干部座谈会3期，及时掌握年轻干部的思想动态、干事热情。3月至4月，举办新入职人员初任培训2期，集中开展廉政教育。5月至8月，举办保税区、大新镇行政文秘能力提升培训班，61名年轻干部参加，通过“内外联动集训”“结对专业帮带”“全程实战考核”“深入联动调研”等形式提升干部专业能力。9月至12月，举办“四新”产业专题培训5期，采取“经济部门点单、组织部门接单”的形式，围绕新能源、新材料、新装备、新经济等重点领域进行培训，累计培训700余人次。12月，第二期“菁英创造营”暨第三期“青年学堂”开班，通过中青年干部“淬火行动”、年轻干部“星火计划”，提高中青年干部综合素养，进一步加强区街干部队伍梯队建设。（邹 洁）

11月2日，保税区“四新产业”专题培训班举办

【干部监督管理】 5月，保税区党工委出台《干部选拔任用工作程序实施细则》《干部任前考察档案审核办法》《常态化、近距离考察研判工作的实施办法》《干部监督信息沟通暂行办法》《关于进一步加强干部因私出国（境）管理监督工作的意见》等7项干部管理制度，实现干部管理全流程规范，为后续干部工作开展夯实基础。

【保税区机关老干部工作】 每月中旬，保税区发展研究会和机关综合2个老干部党支部分别开展形式多样的老干部活动。2月，召开2022年度老干部情况通报会，鼓励老干部为区街发展积极建言献策，并组织机关综合支部委员会换届选举。5月，启动离退休干部“银发生辉”银龄行动，引导老干部提供兵役宣传、法律援助、矛盾调解、土地政策解读、科技招商咨询等方面专业化服务20余场。8月，录制“我学我讲二十大”银发书记微党课视频，并报送市委老干部局，微党课《守正创新，推进文化自信自强》获“策划奖”。9月，组织6名老干部参加市委老干部局、市人力资源和社会保障局举办的“礼赞二十大、晚霞展风华”诗歌朗诵会，诗歌朗诵《礼赞二十大，银发增光彩》获“晚霞风采奖”。年内，保税区机关综合党支部获评张家港市“五星级”离退休干部党支部。（凌轶华）

6月21日，保税区"红运海棠"货运司机党群服务中心（工会暖心驿站）正式启用

**【"红运海棠"货运司机党群服务中心启用】** 6月21日，保税区"红运海棠"货运司机党群服务中心启用仪式暨货运司机技能比武竞赛在张家港中远海运金港化工物流有限公司举办，市人大常委会党组成员、市总工会党组书记、主席夏立新，保税区党工委委员、管委会副主任沈琳，市委组织部副部长、市委党建办主任陈楠等出席活动。活动现场，举行"红运海棠"货运司机党群服务中心启用仪式和苏州中远海运党总支成立揭牌仪式，发布《关爱新业态新就业群体倡议书》，向货运司机代表发放"海棠圆梦礼包""安全普法礼包"100余份，启动"平安伴'新'，安全共建"党建项目，并为"海棠先锋""劳模先锋"2支志愿服务队授旗，表彰"流动安全员""货运之星"等新业态优秀典型12人。"红运海棠"货运司机党群服务中心位于江苏扬子江国际化学工业园，由保税区组织人事局、保税区总工会等多部门共驻共建，分为综合服务大厅、暖心驿站、货运司机休息室及司机宿舍等区域，具备党员教育、通行业务办理、停车休息服务、安全管理等多种功能。是日，举办货运司机安全培训和技能比武竞赛，30余名货运司机参加。"红运海棠"货运司机党群服务中心全年接待各类参观10次、200余人，开展各类活动14次、服务群众近500人次。

（杨　岚）

**【保税区民营经济高质量发展联盟成立】** 7月5日，保税区民营经济高质量发展联盟成立仪式暨民营经济协会联合党委"学思想、建新功"主题党日举办，市委常委、组织部部长、统战部部长朱艳，市委常委、保税区党工委副书记、管委会副主任陆崇珉，保税区党工委委员、管委会副主任沈琳，保税区党工委委员、管委会副主任陈雪明参加活动。会上，举行保税区高质量发展联盟成立仪式和保税区新生代企业家"美美薪传·'红薪'成长社"揭牌仪式，江苏灿勤科技股份有限公司和江苏德丰建设集团有限公司党组织书记发言，保税区市场监督管理局分享党建惠企行动案例并发布"海棠解忧·红盾惠企直通车"暖心服务包，新生代企业家代表作传承红色精神表态发言，江苏长顺集团有限公司以"绿色低碳产业及企业社会责任"为题作微党课分享，举行12支产业链行动党支部集中授旗仪式。

（陈凯丽）

## 机构编制和管理

**【概况】** 自2021年撤镇建街道后，保税区与金港、后塍、德积3个街道实行以保税区为主导的区街一体化管理体制。保税区和街道机构分设、职能分离，保税区聚焦经济发展主责主业，强化规划建设、经济管理、产业发展、投资服务、安全环保、营商环境等职责；街道负责属地社会治理、公共服务、平安建设等职责。2023年，保税区有内设局室15个，另设纪工委（监察工委），下辖事业单位6个，其中正科级1个、股级5个。

金港街道、后塍街道、德积街道分别设有6室1局共7个职能机构，共下辖事业单位6个，其中副科级1个、股级5个。9月28日，张家港保税区物流园区管理委员会办公室更名为张家港港区管理办公室，统筹负责全市沿江港口、口岸相关工作。（凌轶华）

【绩效管理】2023年，保税区出台《2023年度保税区、街道绩效指标任务分解表》，明确66项区街主要指标任务、9项高质量发展定性任务、11项绩效考核扣分项目及13项加扣分条款的任务分解、责任对应。出台《2023年度金港、后塍、德积街道绩效考核办法》，加强对街道的服务指导和日常监督，确保街道完成各项指标任务。严格落实"月度通报、季度监测、年度考核"工作要求，每月根据市绩效办发布的绩效评估报告对相关指标完成情况进行监测分析，定期对各局室、街道承担指标完成情况进行通报，对脱幅及落后指标完成情况进行持续跟踪和督促，形成良好比拼氛围。全年开展绩效考核专题分析3次，召开绩效考核指标专题推进会议1次，下发绩效考核专题分析通报材料4份。2023年，保税区获评全市第一等次第二名，金港、后塍、德积3个街道均位列第一等次。同时，保税区评出陶氏张家港生产基地等先进集体89个、王峰等先进个人55人。（张　鑫）

## 宣传文明工作

【概况】2023年，保税区宣传思想文化工作深入学习宣传贯彻落实党的二十大精神，根据"现代化建设先锋年"工作部署，加强各局室舆情信息员、网评员队伍建设，开展各类培训讲座、宣传通讯员座谈会等活动，综合运用各类宣传平台，"金港潮"微信公众号严格落实信息发布"三审三校"制度，开设"e路文明""党建项目进行时""校园特色文化展"等专栏，全面展示保税区经济社会高质量发展的新举措、新成效，做好"最美文明"系列、"张闻明"身边好人等先进模范推选、帮扶、礼遇及其事迹宣讲等工作，弘扬社会主义核心价值观，"金港潮"微信公众号全年累计发布推文800余篇，总阅读量超120万次。借助苏州及以上主流媒体，全年对外发稿超300篇，其中苏州市级以上媒体100余篇、《苏州日报》头版4篇、"学习强国"学习平台录用43条。

【意识形态工作】2023年，保税区贯彻落实上级关于意识形态工作的决策部署，健全组织体系，调整保税区意识形态工作领导小组，全年党工委会议专题研究意识形态工作2次，召开意识形态工作联席会暨舆情研判分析会3次，实地督察1次，完善《保税区关于进一步加强舆情应对处置工作的实施方案》。全年监测、处置网络舆情风险点46条，处置市委网信办发布网络安全通报3次，报送中宣部舆情信息75篇。

【理论武装】2023年，保税区严格落实党工委理论学习中心组学习制度，印发《2023年保税区各级党委（党组）理论学习中心组专题学习计划》，全年开展党工委理论学习中心组集中学习、交流研讨12次。成立由保税区党工委领导、机关局室负责同志和理论工作者组成的学习贯彻党的二十大精神宣讲团，深入机关、企事业单位开展宣讲，传播党的创新理论。通过"党组织书记带头讲、团队讲师深入讲、业务骨干一线讲"等方式，开展"书记上党课""物贸大讲堂""政务夜学""理响快板"等各类宣讲活动60余场。深化实境课堂，全年举办"理'润'沙龙、'梅'美与共""忆初心、强党性"等实践交流活动15场。发挥百姓名嘴、理论宣讲员作用，通过分众化、对象化、互动化理论宣讲进学校、进企业，开展"理论直通车"、"馆校研学"、暖"新"课堂20余场。

【文明城市创建】 2023年,保税区以“建设更高水平全国文明城市”为目标,成立区街文明创建指挥部,制定创建工作方案,先后召开动员会、联席会、现场协调会等近20次,单独拨款350万元作为文明创建专项经费,常态化做好文明城市创建工作。按照“发现—交办—解决—反馈”闭环模式,将“一督一测一通报”机制落到实处,通过保税区党工委领导包干区域实地督察、专班成员全域不定期抽查等形式,每月下发交办单,全年整改问题3000余个。机关各局室以包干路段形式,每月开展“洁美港城”义务劳动,更新道旗、公交站牌、灯箱等公益广告200余处。聚焦乡风文明建设提升,实施九大类别“最美文明”系列评比,开展“我们的节日”“长江大保护·共饮一江水”摄影展等新时代文明实践活动1200余次,服务群众近50万人次。

【志愿者服务】 2023年,保税区探索共建共治共享的志愿服务新模式,打造“同心莲”志愿服务队伍,汇集金港义工联盟志愿者、机关工作人员、企事业单位职工、中学与高校学生等各类群体,组建“同心莲”文化志愿服务队,开展文化文艺传播、文明行为倡导、科普宣传教育等志愿服务活动。年内,“同心莲”文化志愿服务队吸纳志愿者超500人,服务时长最多者超150小时,志愿服务队伍总计服务时长超5000小时。

【党员冬训】 年内,保税区印发《2022—2023年度保税区基层党员冬训工作实施方案》,机关各局室、企业用好阵地资源,将“敢为、敢闯、敢干、敢首创”要求与工作实际紧密结合,组织开展“扛起新使命、谱写新篇章”大讨论、“我是冬训主讲人”活动,创作音乐快板“强国安民担在肩”。分领域、分类别打造理论课堂、惠企课堂、实境课堂、文化课堂、掌上课堂,讲好讲透讲活理论知识。保税区冬训工作经验在江苏省级、苏州市级媒体平台发稿23篇。 (苏栋汇)

## 统战工作

【概况】 2023年,保税区有各类统战人士50人、市政协委员21人。深度融合商会、侨联、新联会等各类资源,借助欧美同学会等统战团体的海内外智力资源,年末,保税区累计培育“国家级重大人才工程”15人、省“双创人才”51人、苏州“姑苏人才”89人、张家港市领军型创业人才(团队)222个,引进孵化企业160余家,在孵企业95家。组织举办“科技赋能引领未来”台企科技创新政策宣讲、“党的二十大精神”主题活动、“理‘润’沙龙、‘梅’美与共”实践交流活动、“共筑同心梦”健步行活动、聚同“新”筑同“心”保税区新阶层人士走访交流等活动,为高层次人才提供交流展示平台。

【侨务工作】 2023年,保税区有侨企30家、侨界人士50余人,以科创园为依托,积极开展侨务工作。3月3日,保税区统战条线联合双山香山旅游度假区、金港街道、后塍街道、德积街道在香山梅园共同开展“赏梅踏青筑同心·砥砺奋进再出发”统战人士实践交流活动,探索区域大统战联学共建模式,推进区域统战人士交流互动。5月16日,保税区侨联在科创园侨胞之家开展“与法同行,守护侨益”法律专题讲座,邀请国浩律师(上海)事务所上海办公室合伙人律师王蔚授课,为侨企提供精准普法维权服务,保税区侨资企业代表、侨界人士代表等40余人参加活动。6月19日,保税区联合金港街道开展“浓情庆端午,共筑中国梦”统战人士区域联动主题活动,约100人参与活动。9月8日,保税区侨联在科创园侨胞之家开展“迎中秋、送服务”·保税区“中医惠侨”义诊活动。年内,保税区科创园获评江苏省侨联新侨创新创业基地,保税区“人之峰”侨胞之家获评江苏省侨联“侨心书苑”建设项目。

【保税区新联会成立】 4月12日，保税区新联会成立，由来自保税区各行各业的12名优秀人士组成，由葛丽任会长，刘运运、李嘉诚任副会长，周忠平任秘书长，马砚任监事。新联会成立后，发挥新联会会员的功能优势，先后开展会员企业交流互动、“凝心铸魂强根基、团结奋进新征程”主题教育、“小包裹、大爱心”志愿服务等活动。11月10日，保税区新联会承办张家港市新的社会阶层人士联谊会第二届会员大会。

（苏栋汇）

## 史志档案

【概况】 2023年，保税区档案馆新增各类档案6537卷10256件，其中文书档案8238件、基建档案3135卷、会计档案1909卷、交易档案75卷、行政许可档案1362卷、动迁档案（2017年至2021年）1998件、司法档案41卷、照片档案15册743张、实物档案20件。年末，档案馆总建筑面积6429平方米，库房面积1835平方米，密集架总容量约2510立方米；设有综合档案库、财务档案库、特藏档案库、专门档案库等10个库房，所有库房实现密集架保存，配备温湿度控制系统、安全控制系统、灭火系统、除尘消毒等档案实体与档案库房安全设施设备；有专职档案人员7人，馆藏档案14万卷28万件。根据机关局室机构职能调整，修订完善各类文件材料归档范围和保管期限表。开展“6•9”国际档案日活动，上报相关信息及照片。全年接待省档案馆、连云港市档案馆、海安市档案馆、苏州大学等参观考察十余批150余人次。为社会群众、机关查考提供档案资源服务，全年累计接待各类查档服务2367人次，提供档案6285卷（件），档案工作年度考核连续排名全市第一。年内，完成《张家港年鉴（2024）》有关素材撰稿上报及校对，启动《金港镇志》和《张家港保税区年鉴（2024）》编纂工作。9月，组织人员参加全省镇村志编纂文化工程编纂实务培训班。10月，参加第八期全国年鉴主编培训班。12月，参加第二期全省镇村志编纂文化工程编纂实务培训班。

【档案资源建设】 2023年，保税区档案馆根据“三合一”制度，完成档案数据库建设，室藏永久、长期、30年文书及重要业务档案文件数字化，实现双层可携带文件（PDF），符合光学字符识别（OCR）工作规范，目录数据库和全文数据库全部备份，确保档案数据安全。开展“档案存家风，文明谱新篇”保税区特色档案展，邀请国家级档案专家、苏州市档案馆二级调研员沈慧瑛开展档案文化专题讲座。依托家庭档案资源建设，培育长江村家风馆、高桥村藏报馆、沙洲优黄文化园档案研学点位3个。

【档案监督指导】 2023年，保税区将档案工作纳入村（社区）考核体系，强化监督指导，推进各项工作落实。开展基层档案工作年度评价，通过实地检查，完成40个村（社区）、22家学校的档案工作年度评价。开展2023年度档案工作综合检查评价申报，对照《江苏省机关团体企业事业单位档案工作检查评价办法》，指导村（社区）开展档案评价迎检、档案年度归档等工作，东山村档案室被认定为江苏省规范档案室，安定社区、中南社区、金都社区档案室被认定为江苏省合格档案室。承办区街档案工作协作组会议，组织档案馆专职档案员参加全市档案干部能力提升培训班，联系辖区内建档企业参加全市企业档案专项培训，联合市档案馆在滨江大厦开展村（社区）档案专项培训，对各街道、村（社区）开展档案检查评价工作业务培训。 （庞　娇　蔡英杰）

# 张家港保税区管理委员会

## 综　述

**【概况】** 2023年，保税区管委会围绕“建设产业转型、政策创新、绿色发展示范样板”重点任务，与时俱进大力弘扬张家港精神，推动经济社会发展取得新成效。1月，印发《关于健全保税区领导挂钩服务重点企业重大项目工作制度的通知》，实施制度化、常态化领导挂钩服务走访制度，“一企一策”提供优质、高效、便利的服务。在全市率先开展招商体制改革，签约博腾医药、天齐锂业等超1亿元项目25项。实施重大项目并联审批和“245”统筹推进机制，编发《重大项目开竣工指南》，新建重大项目开工用时压减至163天。杜邦、海虹老人等36个项目建成竣工，瓦克、百胜等35个项目开工建设，22个列入三级重大的计划新开工项目三季度100%开工，项目数和年度总投资额列全市第一。扬子江化工园在全省首批通过复核认定，入选全省首批“无废园区”建设试点，获评中国高质量发展化工园区。出台《关于加快发展高端装备制造产业的实施意见》，扬子江高端装备产业园获批建设。全年完成科技招商项目408项，新增认定高新技术企业104家、比上年增长86%，获评国家级人才7人、列全市第一。泛半导体产业园三期、四期建成投用，高端纺织产业园一期竣工投用，沙洲优黄文化园获评国家工业旅游示范基地（苏州市唯一）。规划八大类89项区街城建计划工程，确定五大类区街民生实事项目，文昌小学、文昌幼儿园、南沙小学新教学楼建成投用，增加学位2580个。

**【保税区农村集体经济发展推进会召开】** 3月13日，保税区农村集体经济发展推进会在滨江大厦举行。会议指出，保税区把发展村级经济作为推动农业农村现代化的工作重点，通过召开乡村振兴大会、制定发展规划、出台扶持政策、开展专题调研、搭建发展载体、配套多项机制等举措，村级经济高质量发展整体起势。至2022年年末，“十四五”规划排定的29个经营性项目已完成16项，总投资超16亿元；26个行政村集体资产总额40.59亿元，净资产18.25亿元，村均可用财力1558万元，比上年增长15.66%，超过“十四五”期间年均增长10%的目标任务，6个行政村可用财力超2000万元，16个行政村可用财力超1000万元。会议强调，要抱团发展，重点关注、重点研究镇村工业载体建设，坚持强村带薄弱村、齐头并进发展，利用载体，盘活存量资产；要落实政策，用足用好现有政策，为村级经济转型发展营造更加有利的政策环境；要抓实管理，严格管控村级集体开支，推动村级“三资”精细化管理，提高“三资”精细化管理水平。各村（社区）要加强对产业政策的学习研究，提高发展定位；各街道要统筹抓总，把好发展方向，推动政策落实，优化资源配置，严格控制风险；保税区各局室要立足职能、主动作为。会上发布“税收增长激励”和“闲置资金投资”两项机制，颁发第一批扶持村级经济发展项目奖及2021年、2022年度可用财力增长奖。金港、后塍、德积街道，保税区招商局、科技人才局，长山村、巫山村、山北村等9个村（社区）作交流发言。

**【保税区关于加快发展高端装备制造产业的实施意见印发】** 2月10日，保税区管委会印发《张家港保税区关于加快发展高端装备制造产业的实施意见》。实施意见分为基本情况、总体要求、重点任务、支持政策、保障措施、附则6个部分。第一部分介绍保税区高端装备制造产业的基本情况。第二部分明确指导思想为聚焦“自动化

2月16日，保税区高端装备制造产业集群发展联盟揭牌

生产装备、新能源汽车零部件”两大重点产业，战略性培育“半导体装备产业、氢能装备产业和风电装备产业”3个新兴产业，形成以成套高端装备为带动、关键核心零部件为基础的新型高端装备产业链体系，争创“国家特色装备制造转型示范区”；主要目标为“十四五”期间打造500亿元级高端装备制造产业集群，集聚重点企业40家。第三部分明确重点任务为打造自动化装备、新能源汽车零部件产业基地；培育半导体装备、氢能装备、风电装备产业；转型升级传统特色装备产业；优化载体建设。第四部分明确高端装备产业集聚、外资装备项目招引、装备企业智能化改造数字化转型等方面支持政策。第五部分明确强化组织保障、服务保障和要素保障等措施。第六部分为附则，明确该意见自印发之日起实施，试行3年。

**【招商体制机制改革试点工作实施】** 3月6日，保税区党工委会议听取并通过《保税区招商体制机制改革试点工作的情况汇报》。汇报分为优化管理体制、实施全员绩效、强化结果运用3个部分。第一部分指出组建张家港保税区投资促进有限公司（简称投促公司），与招商局实行“两块牌子、一套班子”的运行模式，设董事长、总经理各1名，副总经理若干，下设7个业务部门。招商局编内人员原有身份性质予以封存，实施档案职务与选聘岗位、档案工资与实际薪酬、档案管理与合同聘用“三分离”；招商局全体人员与投促公司签订聘用合同，实行公司化管理。第二部分强调根据岗位确定招商人员“基本底薪”，根据绩效确定“考核薪酬”，绩效考核包括基础绩效考核和奖励性绩效考核。第三部分明确绩效考核结果与招商人员个人职务职级、收入分配、评先评优等待遇紧密挂钩。

**【2023年保税区科技招商方案印发】** 7月25日，保税区管委会印发《2023年度保税区科技招商工作实施方案》。方案分为目标任务、工作分工、扶持政策、村（社区）和机构项目招引奖励、保障措施5个部分。第一部分明确目标任务为全年实现新引进科技招商项目395项，新引进潜力类项目120项，其中重点类项目确保25项、力争30项。第二部分明确相关局室的任务分工。第三部分明确市领军人才计划区镇专项、地方贡献奖励、房租减免和补贴等扶持政策。第四部分明确村（社区）、机构成功引荐项目落户并认定科技招商项目、潜力类项目、重点类项目的奖励。第五部分明确相关保障措施。

**【保税区融入长三角区域一体化发展工作要点（2023—2024年）印发】** 9月12日，保税区管委会印发《张家港保税区融入长三角区域一体化发展工作要点（2023—2024年）》，提出打造江海联运支撑港口、加快科创载体平台建设、深化供应链创新应用、参与产业链分工协作、推进优质合作项目建设、主动融入苏州市域一体化发展、协同探索“澄张虞”一体化发展、推动医疗健康领域协同合作、推动文化旅游领域协同合作、健全工作协调机制、完善重大政策支撑、加强日常宣传引导等四大方面12条工作要点。

（殷晨晖　雷金叶　邵甲第）

## 政务服务

**【概况】** 2023年，保税区行政审批局持续深化“放管服”改革和行政审批制度改革，以“改革创新突破年”为工作主题，提出“最佳政务大厅”和“零投诉大厅”创建目标，出台《保税区政务服务管理办法》，构建“1+1+3+45”区街一体联动政务服务新格局，加快推进政务服务标准化、规范化、便利化，不断擦亮“保时结”政务服务品牌，为区街经济社会高质量发展营造良好的政务环境和营商环境。至年末，保税区政务服务大厅可办理15个进驻政务服务部门的345项政务服务事项，全年15.6万次服务实现“零投诉”；承接赋权事项178项，业务量3.9万件，比上年增长40.2%。年内，保税区行政审批局获评苏州市为民服务工作先进集体、张家港市先进文明单位；微电影《开业大吉》获江苏省党员教育作品二等奖；党建项目《党建赋能优服务，打造新时代“最美窗口”》获评张家港市基层党建好项目；第三代社保卡“免申即享”无感办、“区镇互督互访”、“第三方测评”督察管理机制获市人社局、市行政审批局在全市复制推广；“数字政务”智慧办获“江苏政务服务管理通讯”刊载宣传，“四位一体”监督体系建设、“一件事”一次办、勤廉大厅建设“五廉工作法”获省、苏州政务服务平台宣传报道。

**【政务服务“六个办”模式创新】** 2023年，保税区行政审批局根据企业群众多元化、个性化服务需求，推行“六个办”服务模式创新，让政务服务有速度、更有温度。“并联审批”帮代办。协调推进置田、中鼎等10个项目“并联审批”，帮助国恒、香山小学等项目实现“拿地即开工”；探索试点润邦项目临电临水联合报装与中鼎项目正式电水讯暖联合报装，制定出台《保税区“电水气讯视暖”业务联合办理实施方案（试行）》，企业只需一次申请，即可完成“电水气讯视暖”市政公用服务事项接入。至年末，新建重大项目开工总用时（自然日）从2021年的306天减至2022年的285天，再减至2023年的163天，审批服务效率较2021年提速47%，较2022年提速38%。“电水气讯视暖”业务联合报装实现“一件事一次办”，申报材料从38件减少至11件，材料压缩71%，审批环节由原来的6次申报、受理、踏勘、答复均缩减至1次。“信用+承诺+容缺”极速办。在“公司设立登记”等5个事项上推行“信用+承诺+容缺”三联动极速办，实现由过去“材料不齐不能办”向信用支撑下的“材料不齐承诺办”转变；调整个体工商户经营者变更登记方式，由原来“先注销、后设立”改为“直接变更经营权”，保障成立日期、字号和相关行政许可方面的延续；与金港街道中德社区联动，通过“帮代办”人员上门服务，建立区街首个个体工商户集中登记点，为家门口的“就创业”提供高效政务服务。“免申即享”无感办。推行“公共卫生许可”事项“免申即办”和“免申续证”服务，全市首推第三代社保卡“免申即享”换发服务，让企业群众享受到免申请、免跑腿的“无感服务”。至年末，提供主动问询服务122家、“免申即办”35家、“免申续证”8家、云踏勘服务82家，为2279名老年人及行动不便人员换发社保卡并送卡上门。“一企一策”贴心办。常态化走访调研22家码头企业，了解生产经营状况，厘清存在的历史遗留难题，并通过“一企一档、一企一策”帮助协调解决。至年末，港口企业申报作业12530次，比上年增长67.1%；危险货物作业吞吐量1272.8万吨，比上年增长17.4%；保税区行政审批局先后多次赴省交通运输厅沟通汇报，并赴南通通州湾港区、大连港等地考察学习，协调多方资源主动为永嘉码头、长江国际、保税港务、东华能源等企业解决问题12件。"一件事"一次办。围绕个人"全生命周期"相关政务事项，梳理集成同一阶段需办理的多个单一事项，为群众提供新生儿出生、新市民子女入学、退休3个"一件事"服务套餐；围绕群众高频政务事项，梳理集成同一阶段需到多个部门办理的多个单一事项，推出"我要开餐馆"等66个开店"一件事"服务套餐，进一步解决群众办理事项需多处跑、多次跑等问题。至年末，"一件事"套餐服务办件量6763件，比上年增长495%。"数字政务"智慧办。在全市区镇板块率先推进江苏政务服务网"张家港保税区政务服务旗舰店"建设，集成各部门业务系统，引导企业群众通过网上旗舰店办理业务，实现网上政务服务平台与实体政务服务大厅深度融合，打造"线上线下、虚实一体"的政务服务新模式。

【智慧政务】 年内，保税区行政审批局通过5项举措完善各项智慧政务服务功能，既满足企业群众"错峰可办"的需求，又大幅提升工作人员的审批服务效率，进一步推进政务服务便捷、智能和高效。"网上预约"功能。依托"金港潮"微信公众号实现345个政务服务事项的网上预约功能，大幅压缩办事等待时间。至年末，高频业务中的不动产窗口办证业务，全年平均等待时间由原来47分钟缩短至29分钟，效率提升38%。"智能语音"热线。开通政务服务热线"0512-55612345"，采取智能语音和人工语音相结合的方式，为企业和群众提供业务咨询。政务"知识中心"。梳理上线720条常见问题、245项高频事项、112份政策法规办事依据，可准确查询事项基本信息、申请条件、申请材料、知识问答库等信息，助力企业和群众一次办成事。政务服务"请您来找茬"。企业和群众在办事过程中遇到"痛点、堵点、难点"问题，觉得流程不顺、效率不高、服务不好、手续不简，有任何意见或建议，可通过扫描二维码或"金港潮"微信公众号参与"请您来找茬"活动及时反映。升级大厅智能设备。优化升级大厅取叫号、宣传展示、等待显示屏等电子设备及软件系统，进一步提升政务服务信息化、智能化、便利化水平。

【服务大厅规范管理】 年内，保税区行政审批局积极探索政务服务大厅监督管理的新模式、新方法，建立完善"四位一体"督察管理机制，推动政务服务品质再提升。围绕履行职责、服务礼仪、办事流程、工作效率等方面，行政审批局督查科每日对大厅窗口巡查4次、对窗口人员视频监察3次；每月评选"政务服务星"3人、"优秀窗口负责人"1人；每季度由各窗口负责人开展联合抽查3次，评选"红旗窗口"3个；每年评选"优胜服务窗"3个、"政务服务星"5人，建立正面和负面典型案例通报机制，定期与窗口考评结果一并通报到相关单位。围绕工作纪律、政务环境、服务效能等指标，通过现场暗访、随机调查、电话回访等监督方式，开展第三方测评6次，形成效能评估样本90个，发现各类问题26

保税区政务服务大厅工作人员服务礼仪标准化培训

个，及时进行内部通报并督促整改，并将考评结果作为窗口考评和年度评优的重要依据。围绕规范大厅建设、提升服务水平、营商政策落地和重点工作推进等方面，与经开区（杨舍镇）等5个区镇进行交流研讨，通过情况介绍、参观交流、收集资料的方式，以互查找问题、互评补短板、互学促进步，在保税区开展活动7次，收到问题25条、意见建议4条，有效提升政务服务水平。聘请人大代表、政协委员、村（社区）、企事业单位等不同行业的22名代表作为政务体验师，结合专业优势、行业便利、自身特长，围绕服务流程、办事环节、服务态度等核心问题，聚焦咨询、预约、受理、审批、办理、出证等环节，开展明察暗访行动、全程体验找问题，收集反馈意见建议27条。至年末，大厅服务无实质性投诉，全年保持零投诉记录，收到“12345”便民服务热线表扬41份、大厅“建议本”表扬51件、锦旗12面、感谢信7封。（李会林）

6月5日，2023年保税区“安全生产月”启动仪式举行

【外事服务】 2023年，保税区因公出国（境）团组6批21人次。外国人来华方面，提交并经苏州市外办签发的邀请核实单8批12人次，保税区管委会受理并签发被授权单位邀请函27批38人次。初审并提交区街企业申办APEC商务旅行卡材料6人次，受理领用APEC商务旅行卡申请7人次。默克投资（中国）有限公司总裁安高博被授予2022—2023年度苏州市荣誉市民称号。（范雨纯）

## 应急管理

【概况】 与上年相比，2023年保税区各类安全生产事故起数和死亡人数实现“双下降”，未发生较大及以上事故。年内，保税区安全环保局获评苏州市“安全生产月”活动先进单位、苏州市危险化学品安全监管工作先进集体、苏州市应急智慧工作先进集体。江苏扬子江国际化学工业园通过江苏省化工园区认定复核（第一批），在化工园区安全风险等级评估中继续维持最低安全风险等级（D级），获评2023年中国高质量发展化工园区（列第11位）。

【安全生产责任制落实】 2023年，保税区调整安全生产委员会组成人员和职责分工，制定领导班子成员安全生产责任清单，明确区街安全生产职责分工，细化党政领导干部安全生产责任。与各街道、保税区机关局室、村（社区）及企业签订安全生产目标管理责任书。年内，通过党工委会议、管委会办公会议听取安全生产相关汇报5次，召开安全生产工作会议4次、中心组安全生产专题学习会1次。学习《江苏省安全生产条例》，听取安全生产相关汇报，研判存在的重点问题，部署节假日、“两会”等重要时间节点安全生产监管工作。

【安全生产专项整治】 2023年，保税区安全生产委员会办公室以重大事故隐患专项排查整治为主线，推进专项整治巩固提升、基础建设强化

5月17日，保税区《工贸企业重大安全隐患判定标准》(2023版)解读培训会议召开

推进“两个年”行动。实施重大事故隐患专项排查整治行动，印发《保税区重大事故隐患专项排查整治行动实施方案》，在二季度保税区安委会、消委会全体会议上作专题部署，聚焦党委政府层面、部门层面、企业层面“三张清单”20项重点治理内容，强化安全生产责任落实。辖区企业自查率100%，自查发现重大隐患13处，部门检查发现重大隐患3处，均完成整改。完成挂牌督办整改销号工作4项。专项整治巩固提升方面，聚焦21项重点整治内容，排查发现化工企业老旧装置3家4套，完成东华能源定期安全风险评估、11台老旧住宅电梯安全评估，整治规范8家劳动密集型企业、1处群租厂房，2家液化石油气瓶充装站阳光充装技改并上线。辖区企业自查率100%，累计检查企业287家次，排查隐患约450处。基础建设强化推进方面，聚焦基层监管机构队伍建设、强化专兼职安全员配备等13个方面重点工作，重点企业全面设置安全生产管理机构，配备从企业到车间、班组的专兼职安全员，深化“班前班后五分钟”安全教育，推行安全员在岗统一佩戴岗位标识。强化危化品企业从业人员资质达标，督促企业通过学历提升、培训考证等方式增加资质达标人员储备。“九小场所”配备专兼职消防安全员25人、消防指导员2人。强化火灾防范，劳动密集型工业企业安装烟感9500余个，开展应急演练5次。化工安全技能实训基地建设按序推进，组织条线人员培训11场、117人次。 （黄寅春）

【安全宣传教育】 2023年，保税区深化“百团进百万企业千万员工”活动，组织面向高危企业主要负责人、安全环保管理人员和特种作业人员的专题宣讲59场，培训1万余人。组织“班前班后五分钟”“一季一课”“安全生产大家谈”“以案说法”等安全教育活动278场，参与2.75万人次。在全省创新筹建工贸企业安全生产管理人才俱乐部，吸纳企业50余家、发展成员70余人，设立东海粮油和富瑞重装2个工作站，组织线上线下培训4场，参与210余人次。 （童　艳）

【危险化学品监管】 2023年，保税区开展危险化学品安全风险集中治理，有序推进重点企业

6月28日，江苏省张家港保税区暨江苏扬子江国际化学工业园危险化学品泄漏应急处置综合演练活动举办

深度检查、重大危险源检查、高危细分领域治理、危化品企业装置设备带“病”运行整治及老旧装置改造等专项行动，排查隐患1400余处。

（李　锋）

【工贸企业监管】 2023年，保税区在全市率先完成2023年工业企业风险报告工作，中小企业自查率100%，抽查率32%，列全市第二。实施关键岗位安全管理人员积分制管理，完成36家重点企业考核并予以公示。推进重点企业标准化创建，一级安全生产标准化达标企业1家、二级安全生产标准化达标企业20家、三级安全生产标准化达标企业104家。

（庞　立）

【防灾减灾】 2023年，保税区重新梳理防灾减灾体系机构架构，建立防灾减灾工作沟通机制，针对化工等重点领域，完善应急物资储备和调度体系，印发《关于落实化工企业应急队伍建设和应急物资储备工作的通知》，强化化工应急队伍建设。开展风险隐患点排查，对化工园内93家企业进行隐患排查，排查易涝点78个，其中77个已编制应急预案。建立保税区应急物资储备中心，在保税区物流大厦设立一个应急物资总库，化工园区及街道定点安放6个可远程开启的应急物资柜，形成“1+6+N”（1个中央库+6个户外远程开启微型应急柜+N个周边城市联动调配站点）的全方位多维度应急物资储备机制。

（周　军）

## 消　防

【概况】 2023年，区街紧紧围绕不发生较大影响火灾和火灾亡人事故的工作目标，不断加强自身建设，完善消防工作机制，落实各级防火责任，狠抓火灾防控专项整治，不断稳固消防安全形势。年内未发生火灾亡人事故，火灾形势总体平稳。先后开展“九小场所”、中小旅馆消防隐患专项整治、保税区“乡村振兴，消防伴行”主题行动、“生命至上，隐患必除”、消防安全重大隐患专项排查等行动，累计检查企业消防通道660家，排查隐患1040处，整改隐患765处；检查“九小场所”3784家（完成率100%），排查整改隐患722处；检查出租房（群租房）6142家，排查整改隐患1420处。发放消防安全告知书7750份，签订消防安全承诺书5414份；在整治中小旅馆行动中，排查各类中小旅馆141家、隐患208处，整改闭环208处，进度100%。公安派出所检查单位4820家次，督促整改隐患3990处，行政处罚47起，处罚金额4.94万元，拘留1人。

（陶建东）

【消防基础建设】 2023年，德积消防救援站揭牌启用，华达路救援站完成升级改造，后塍新建救援站完成初步选址，金港救援站进行维修。保税区政法和社会管理办公室牵头推动市政消火栓修补工程，新增消火栓5组，完成修补损坏消火栓340余处，发放烟感报警器1000余个。邀请第三方专家对保税区片区消火栓布点制定实施方案，为市政消火栓建设提供科学指引。

【消防监管体系建设】 2023年，区街不断加强基层安全生产和消防监管能力建设，金港、后塍街道实现安委办、消委办、消防安全专项治理机制办“三办合一”，德积街道实现安委办、消委办“两办合一”，保税区安全环保局增挂“消防工作科”牌子，明确专人负责八大园区：保税港区保税区、进口汽车物流园、扬子江国际化学工业园、环保新材料产业园、扬子江现代装备工业园（不含长山重装园）、先进高分子材料产业园、航空碳纤维复合材料产业园、半导体核心材料产业特色创新示范园的企业消防安全监管工作。推动工贸企业、重点领域单位、“九小场所”全部配备安全员和消防安全员。明确保税区、街道

12月29日，保税区高层住宅突发火灾救援应急演练活动举办

消防安全监管职责，明晰各方监管边界，完善消防监管网络。健全定期会商、隐患抄告、联动执法、信息反馈等机制，与各相关单位和部门签订消防安全责任书21份。

【消防安全宣传教育】 2023年，区街依托“金港潮”微信公众号专栏、楼宇视频、户外大屏、宣传橱窗等各类媒介宣传消防安全常识；各街道、村（社区）开展消防知识入户宣传，普及消防安全知识；辖区各派出所结合“每周一宣”“每月一练”“趁热打铁”等宣传活动，对人员密集场所消防安全重点单位消防安全责任人、管理人进行集中培训，督促社会单位对全体员工开展教育培训，广泛宣传消防知识，切实提高广大群众消防安全意识和逃生自救能力。全年累计开展消防宣传290次、消防演练76次，发放消防宣传资料12000余份，户外LED电子显示屏滚动播放9000余次。（孙　斌）

## 对口帮扶和慈善公益

【对口协作】 2023年，保税区深化结对帮扶工作，与宿迁市宿豫区仰化镇、新疆维吾尔自治区巩留县阿尕尔森镇开展结对帮扶，加强村企对接交流，推进产业转移、劳务协作、消费协作等工作。结对帮扶宿迁方面，长山村与来龙镇保安社区结对、新塍村与仰化镇复隆村结对。援疆结对方面，袁家桥村与阿尕尔森镇别斯沙拉村结对、小明沙村与阿克塔木村结对、山北村与二道湾村结对，长山村与提克阿热克镇阔那桑村结对，晨阳村与牛场片区核桃园社区结对，张家港保税科技（集团）股份有限公司与库尔德宁镇塔克吐别克村结对。全年为宿豫区提供各类援助资金25万元、为新疆提供各类援助资金40万元。

【巩留对口交流】 6月27日至30日，为落实市对口援建工作要求，保税区党工委委员、管委会副主任季峰带队赴新疆伊犁州巩留县开展对口交流考察活动，巩留县委副书记、张家港市援疆工作组组长何剑，巩留县委常委、副县长、援疆工作组副组长沈晓波接待。考察期间，双方就持续加强两地经济发展协作、凝聚发展共识召开座谈会，保税区代表团参观巩留县“三馆三中心”、走访慰问阿尕尔森镇生活困难家庭。

（闻亚萍）

【慈善募捐】 2023年，保税区慈善会秉承“慈心为本、善举为民”理念，围绕社会民生工作，开展集助学、扶贫济困于一体的“一家亲”项目系列活动5次、其他类公益性慈善项目活动十余次，惠及群众十万余人次。保税区慈善会募集善款221.85万元，包括响应全市“爱满港城”慈善募捐活动，其中，保税区机关干部网捐31万余元，企业及其他对象线下募捐180万余元；定向捐赠项目十项，共计119.7万元。全年各项善款支出930.08万元。年内，保税区慈善会获评

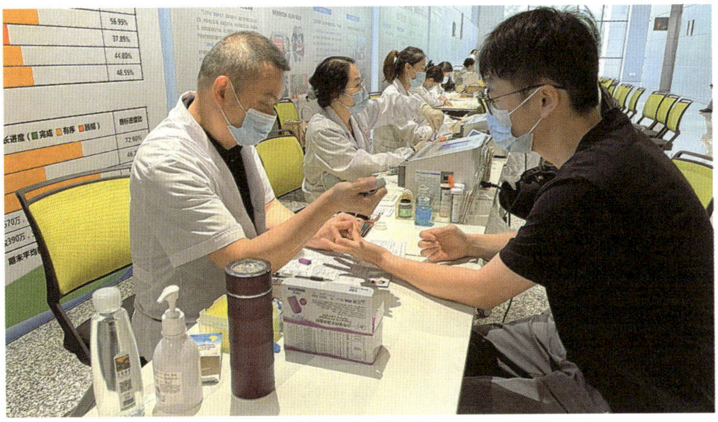

6月20日，保税区无偿献血活动举办

第八届“张家港慈善奖”最具影响力公益慈善组织、张家港市“爱满港城”慈善网络募捐最佳组织奖等。（朱　慧）

【红十字救护】 2023年，区街发挥南沙社区博爱家园阵地作用，开展“名医有约”健康惠民服务项目，组织健康讲座、宣传活动7场，惠及群众900余人；结合“世界红十字日”等重要节日，开展应急救护培训进机关、进村（社区）、进企业等红十字志愿服务和宣传活动，惠及群众1000余人次；春节前完成“红十字博爱送万家”对150户困难群众家庭及50户困难党员家庭的慰问活动；发动各街道、村（社区）、学校等开展“博爱在港城、人道万人捐”募捐活动，学校捐款5万余元；超额完成年度无偿献血任务，献血838人次，采集24.168万毫升全血及12个单位血小板。（薛丁萍）

## 劳动维权和信访工作

【概况】 2023年，保税区定期排查各类矛盾隐患，加强信访信息研判和预警，将问题从早、从小处置，确保区街和谐稳定。全年处理“数字信访”线上平台信访件325件，及时受理率、按期答复率均保持100%；接待信访群众704批2151人，其中个访591批940人、集访107批1211人次；牵头开展重复信访案件专项攻坚、违规信访问题专项整治行动，258件重复信访事项年终化解率94%，化解信访积案12件。建立“一名领导包案、一个专班办理、一套化解方案、一个反馈结果”工作机制，常委包案负责信访件29件，已化解22件，有效钝化3件。

【劳动争议受理】 2021年5月，保税区劳动保障一体化维权服务中心成立，位于金桥路104号。2023年，保税区劳动关系调解中心做好劳动关系矛盾化解及纠纷调处工作，调处各类劳资纠纷412起，涉及700余人、金额4500万元，调处及审理劳动人事争议仲裁案件253起，调解率80%。通过人民调解调解复杂涉企纠纷、死亡事故等30余起，调解成功率100%。2023

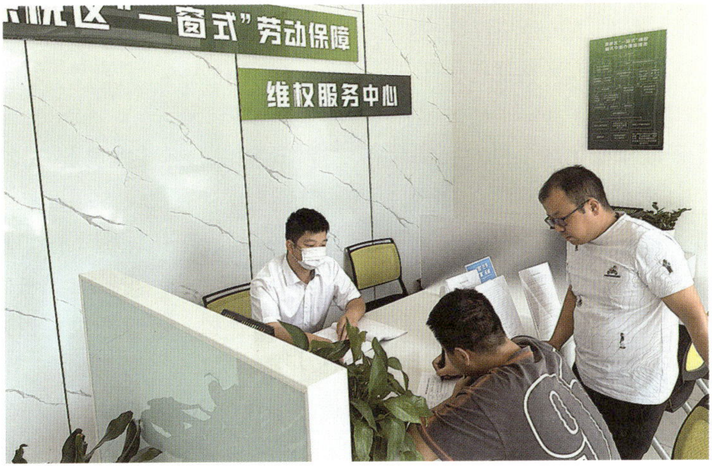


保税区“一窗式”劳动保障维权服务中心

年6月，保税区劳动人事争议联合调解服务中心被江苏省人力资源和社会保障厅、江苏省总工会、江苏省企业联合会、江苏省工商业联合会授予江苏省2023年金牌劳动人事争议调解组织。12月，张家港市劳动人事争议仲裁院保税区仲裁庭被苏州市人力资源和社会保障局授予苏州市2023年劳动人事争议示范巡回仲裁庭。

**【和谐劳动关系构建】** 2023年，保税区劳动关系调解中心面向劳动者和用人单位提供劳动关系法律法规政策咨询、劳动人事争议仲裁等公共服务。构建“1+3+N”基层劳动纠纷化解体系，以保税区劳动人事联合调解服务中心作为“1”，金港街道调解中心、后塍街道调解中心、德积街道调解中心为“3”，辐射保税区区内及3个街道的“N”家企业、行业劳动争议调解组织，同时将工会、司法、信访、住建、公安、法庭等部门融入“1+3+N”调解体系。对争议调解工作进行横向拓展、纵向挖掘，并进行“智慧化”硬件升级改造，实现“互联网+”线上调解、仲裁功能。建立“一窗式”劳动保障维权服务窗口，畅通劳动者就近维权途径，实现一站式维权服务。坚持“创新融合、多元化解”服务理念，以“一区三街道”为前沿阵地，筑牢基层治理第一道防线，维护职企双方合法权益，构建和谐稳定劳动关系，推进营商环境优化提升。（邬冰洁）

**【矛盾排查化解】** 2023年，区街坚持“属地、属事、大事牵引”原则，搭建保税区、街道、村（社区）三级体系，进一步理顺保税区及3个街道矛盾调处工作体制机制，依托保税区全面依法治区办统筹协调，整体推进、督促落实。成立保税区政法信息运行中心，由指挥中心牵头，联动警署（基层各所队）、金港法庭、各街道办事处（含矛调中心、集成指挥中心、综治中心、司法所），加强情报信息共享，探索实践信访法治化工作模式，落实政法信息常态研判、战时研判、专题研判的风险合成研判机制。保税区政法和社会管理办公室会各街道、各部门、保税区警署根据研判情况，对涉及面广、潜在影响大的矛盾隐患进行跟踪督办和会商会办，其中通过法治化信访有效推动张靖皋大桥项目动迁、幸福家园宅基地证办理、云悦时光产权证办理、金桥花园产权证办理等事件进程。

**【保税区政法信息运行中心成立】** 6月，保税区政法和社会管理办公室成立政法信息运行中心。中心接受保税区依法治区办领导，实体化运作，工作地点设在政法和社会管理办公室3楼，有工作人员5人，由综治督导科工作人员兼任，主要职能是矛盾隐患信息收集、传达和化解，做到隐患矛盾研判分析、交办处置、指导督办、会商会办、反馈核实、总结提升等全链条管理，依托日常研判、联席会议、会商会办、监督考评等七大工作制度，统筹公安、法庭、街道等三大政法资源，加强工作经费、重大事项直接介入、专业部门专业能力3项支撑，实现矛盾隐患小事不出村、大事不出区街、矛盾不上交。中心全年收集矛盾隐患信息94条，根据信息化解59件，持续关注并钝化35件。（刘怡楠）

## 保密工作

**【概况】** 2023年，保税区党工委中心组学习会议专题开展保密教育学习活动，研究部署各项保密工作。开展保密工作专项检查和自查，落实各项保密措施，全年未发生失泄密事件。由专人负责做好纸质涉密文件的收发、登记、传阅、保管工作，全年收发涉密文件69件，由党政办公室综合科按保密规定存档。机关各局室非涉密办公载体集中回收后送交苏州市保密技术管理服务中心进行统一销毁，全年送销非涉密纸质材料2030千克、硬盘93个。遵循“谁主管、谁负责,谁公开、谁审查”的原则严格履行保密审查审批程序,对通过政务新媒体和市政府门户网站公开的政务信息实行发布审核,确保涉密信息不上网、上网信息不涉密。11月,开展保税区工作秘密信息保密自查,自查无失泄密情形。是月,组织开展机关单位保密自查自评工作,形成保密自查报告送市保密局。

【保密教育培训】 4月,保税区党工委理论学习中心组专题学习会召开,学习《总体国家安全观学习纲要》,保税区党工委、管委会全体班子成员参加。4月15日至21日,保税区组织机关职工干部400余人参加“苏密杯”江苏省密码知识技能竞赛。5月,组织相关涉密人员参加保密教育线上培训,完成培训61人次。10月10日至13日,赴苏州大学保密学院参加全市机关、单位保密主官专题培训班。12月,赴苏州市吴江盛泽国际会展中心参加保密科技产业发展与应用交流会暨产品博览会,参观学习保密产品和相关技术演示平台,加强保密意识和保密常识教育,增强失泄密防范技能。（王　佩）

## 机关事务

【概况】 2023年,保税区党政办公室后勤科全力做好机关食堂用餐服务保障、各类会议和公务接待会务保障、机关用车服务保障、机关办公区域设备设施维修、公共秩序维护等工作。年初,根据疫情防控政策调整,及时将接种点进行整修恢复并交还给原单位使用,牵头对剩余防疫物资按规定进行分类处置。根据机关部门人员变化和办公室调整等,进一步复核机关办公用房面积。组织机关各职能部门成立考核小组,对政府购买部分第三方服务项目进行考核。全年会议服务与保障1258次;机关办公场所设备设施维修1819次;机关公务用车6辆,公务用车安全行驶3.17万千米。

【公共机构节能】 2023年,保税区节能小组常态化做好省公共机构节能信息系统报送能耗数据工作。开展楼宇节能降耗工作专题研究,依据滨江大厦实际情况,对智能楼宇控制系统、远程信息发布系统等智能系统进行改造优化,全年大楼电能消耗比上年降低约5%。7月10日至16日,开展节能宣传周活动,通过召开机关节能工作会议、发放宣传折页、电子屏滚动播放宣传标语、开展“节能降碳,你我同行”主题活动、“金港潮”微信公众号宣传报道等方式,倡导节能节水、低碳环保、绿色办公,让节能降耗理念深入人心。是月,根据上级文件《关于开展全市党政机关勤俭办一切事业暨迎峰度夏专项检查的通知》要求,节能小组根据滨江大厦实际情况组织搜集大量能耗数据,结合大楼日常运行实际需求进行分析,制定迎峰度夏专项节能管控方案,并严格落实夏季用电高峰期间节能管控工作。6月至9月,大楼电能消耗比上年同期降低52.5万度,节约电费36万余元。

【后勤服务保障】 年内,保税区党政办公室重新制定滨江大厦绿化养护服务考核标准,优化绿植配置。将滨江大厦A幢相关区域改造成职工活动室,加强日常管理,增强机关工作人员体质。制定完善食品安全管理制度,加强食堂安全培训,通过定期自查与不定期抽查相结合的方式,强化标准监督执行,提升食品安全、优化口味。机关公务用车服务保障团队认真执行《张家港保税区公务用车管理工作细则(试行)》,严格车辆使用处置、保险维保、安全培训及应急预案等措施落实,规范公务用车全过程管理,全年实现安全行车零事故。（赵翊均）

# 纪检监察

## 党风廉政建设体制机制

**【概况】** 2023年，保税区纪工委（监察工委）压紧压实“两个责任”，充分发挥“监督保障执行，促进完善发展”作用，推进保税区全面从严治党、党风廉政建设和反腐败斗争向纵深发展，推动廉洁思想、廉洁制度、廉洁纪律、廉洁文化融入区域经济社会发展各方面、全过程，全力营造风清气正的政治生态和清廉务实的干事导向，为保税区当好“全市高质量发展排头兵、改革创新先行军”提供坚强保障。全年出具廉政意见函近300人次。推荐设计的廉政公益平面作品获第30届中国国际广告节“黄河奖”铜奖，为全省唯一；廉政类情景剧《竞聘》获张家港市“带‘敢’青年·清风开放麦”清廉脱口秀二等奖。开展“520·我爱廉”廉政宣传月活动，打造“香山清风”廉政教育空间等廉洁文化阵地。《关于进一步明确审计、督察、检查等各类报告、通报实行报备管理的通知》出台，实行审计、督察、检查等各类报告、通报材料报备管理。牵头制定《张家港保税区国有企业廉政风险排查和防控工作实施方案》，要求国有企业紧盯重点领域、关键环节，全面深入排查廉政风险。年末，保税区纪工委获全市基层纪检监察组织2023年度完成重点工作优胜单位第一等次第一名。

**【党风廉政建设】** 1月，保税区修订保税区2023年度党风廉政建设责任书，组织党工委主要领导与金港、后塍、德积3个街道党工委及机关局室、重点国企、全体学校等党组织签订责任书。1月18日，保税区、街道年度工作会议暨保税区2023年度履行全面从严治党主体责任述职会议召开，保税区党政办公室、组织人事局、物流贸易局、财政局、规划建设局、行政审批局等10家单位递交党风廉政建设责任书。1月30日，区街纪检监察重点工作会议召开，市纪委监委第九监督检查室主要负责人参会。2月7日，根据区域联动工作部署，保税区纪工委同大新镇纪委开展“区域联动·纪检先行”工作交流。2月9日，保税区纪工委下发《保税区2023年“民生面对面”活动开展计划》，并牵头组织实施。3月13日，保税区纪工委作为张家港市智慧纪委监委建设推进会现场观摩点位之一，在会上汇报“村级工程”“集体企业”2个模块的开发与使用情况。3月24日，组织开展税务条线警示教育大会，邀请市纪委监委第三审查调查室主任李晓辉作《清风护航，让廉洁与税务相伴》廉政教育专题讲座。4月7日，召开未开工重大项目专项监督工作会议，督察保税区7个未开工重大项目以及2个调整的重大项目，调

5月19日，保税区“香山清风·访廉践诺”活动举办

研掌握重大项目推进中存在的问题，督促相关职能部门加快推进重大项目开工进度。4月21日，首期党风廉政新闻宣传队伍能力提升培训班在金港文化中心举办。4月28日，强化警示教育，制作典型案例手册500份，向保税区机关全体副股职以上人员发放。5月，“奋进新征程·廉洁建新功”——张家港保税区“520·我爱廉”香山清风廉政宣传月活动开展。6月7日，苏州市纪委监委向保税区党工委下发纪检监察建议书，保税区纪工委牵头召开整改任务分解会，同步开展专项整改，7月30日前将办理情况书面反馈苏州市纪委监委。6月25日，保税区领导干部廉政警示教育活动开展。6月27日，向张家港保税区长乐物业管理有限公司下发《关于进一步规范公车管理的监察建议》。7月12日，保税区党工委委员、纪工委书记、监察工委主任陆定峰在保税区党工委会议作“忠诚践初心·实干促发展”——保税区纪工委2023年半年度工作报告。8月至10月，区外区内闲置资产专项督察开展。9月，《关于进一步明确审计、督察、检查等各类报告、通报实行报备管理的通知》出台。9月18日，向保税区安全环保局下发履责提示函。9月21日，党风廉政建设专题讲座举办，市纪委副书记李维兵专题授课。10月9日，会同保税区财政局印发《张家港保税区国有企业廉政风险排查和防控工作实施方案》。10月12日，协助市纪委开展张家港市纪检监察系统通讯员手机摄像技巧与实操专题培训。10月16日，保税区纪工委委员会议召开，集中研讨廉洁开发区建设涉及的4个廉洁单元建设方案，提出完善意见，通报巡察反馈问题整改专项督察情况。严把党员干部提拔任用廉政关，全年出具廉政意见函近300人次。聚焦优化提升营商环境，贯彻落实上级关于优化营商环境各项工作部署，每月走访企业不少于5家；开展涉企职能部门优化营商环境工作推进情况明察暗访，走访100余次，发现并解决问题40余个。主动约谈向国企延伸，年内覆盖辖区内全部国企。配合保税区党工委做好苏州市委第一联动巡察组巡察反馈问题的整改推进工作。

**【纪检队伍建设】** 2023年，保税区纪工委定期组织召开纪检监察工作会议，分析纪检工作形势，研究部署下阶段工作任务，织密“1+3+N”［“1”为保税区，“3”为金港、后塍、德积3个街道，“N”为各村（社区）］三级纪检监察网络，确保监督执纪精准高效。加强与市纪委九室、大新镇的室地联动、区域联动，增强监督合力和监督有效性。坚持党建引领纪检监察工作，4月14日，组织保税区纪工委党支部全体党员，金港街道、后塍街道、德积街道纪工委书记，部分局室纪检工作分管领导，部分企业纪委书记（纪检委员）开展“廉润初心、砥砺前行”主题活动，赴苏州冯梦龙纪念馆、苏州党风廉政警示教育基地、况公祠、苏州革命博物馆等地开展廉政访学，锤炼党性修养。9月23日，举办“清风自家始，廉洁润初心”主题活动，开展干部家访，教育引导纪检监察干部及家属崇德治家、廉洁齐家、勤俭持家、实干兴家。10月30日至11月1日，举办纪检监察干部能力提升培训班，通过集中培训、对外交流、跟班锻炼、以干代训等方式，加强纪检监察队伍自身建设，针对性地设计课程，实地调研学习党风廉政建设、基层廉勤监督、乡村振兴等方面的经验做法，推动纪检监察干部进一步掌握基层监督技巧。

**【保税区党风廉政建设专题讲座举办】** 9月21日，保税区党风廉政建设专题讲座在滨江大厦举行。张家港市纪委副书记、市监委副主任李维兵作专题讲座。讲座结合巡察反馈意见整改，教育引导广大党员干部提高党性修养，筑牢拒腐防变思想防线，为区街高质量发展提供纪律作风保障。会议强调，各级党组织要扛牢主体责任，主要负责同志要切实履行“第一责任人”职责，班子成员要坚决做到“一岗双责”，持之以恒正风肃纪反腐，驰而不息纠治“四风”。领导干部要示范引导广大党员干部严格遵守党风廉政和作风建设各项规定，始终以一身正气、两袖清风的良好形象，赢得组织的信任和群众的信赖。（刘　近）

## 廉洁文化建设

【概况】2023年，保税区纪工委大力弘扬优秀传统文化，持续打造“香山清风”特色廉洁文化品牌，将家风文化建设融入廉洁文化建设之中，建立家风档案，建成涵盖家风展馆、家风主题公园、家风广场等在内的有特色、有文化、有内涵、有主题的廉洁文化阵地。开展“520·我爱廉”廉政宣传月活动，组织保税区党工委全体成员及局室负责人赴苏州党风廉政警示教育基地开展廉政文化访学活动。和中粮东海粮油工业（张家港）有限公司、张家港保税科技（集团）股份有限公司及部分村（社区）开展廉洁共建活动。有序推进帮教治本，做好案件办理“后半篇文章”，组织保税区机关全体局室党支部开展廉政教育主题党日活动，观看警示教育片，强化以案促教。

【廉洁教育】2023年，保税区纪工委在村（社区）开展“香山清风”系列廉洁文化活动，通过“手制清廉扇，夏日扬清风”“忆苦思甜知来路，廉洁家风永传承”“清风画廉洁，随乡入端午”等特色内容，传递廉洁理念，打造集家风教育、研学实践、非遗体验等为一体的村（社区）“清廉宣传圈”。通过举办党风廉政建设专题讲座、廉政主题党课等形式，发现、培养和宣传身边的廉政典型，用身边人、身边事，教育人、激励人、鼓舞人，让党员干部在耳濡目染中接受廉政文化熏陶。常态化开展警示教育，用好反面典型案例“活教材”，组织保税区机关全体局室党支部开展廉政教育主题党日活动，观看警示教育片，发放典型案例手册500余份，通过张家港党政通推送以案释纪案例选编10期，引导党员干部自觉筑牢思想防线、坚守道德高线、远离纪法红线。

【廉洁文化阵地】2023年，保税区纪工委全面盘点区街承载勤廉基因的红色遗迹、清官廉吏、名人故居等廉政资源，整合建立彰显特色的廉洁文化“资源库”。跟进永兴村“香山清风·清荷书房”廉政教育空间建设、科创园“智廉客厅”建设、行政审批局“勤廉客厅”——苏州营商环境联系点建设。完成香山清风廉政教育空间改造运营，全年累计接待各类团队50余批次，日常开放参观人数约2500人次。建成中粮东海廉洁警示室、长山村家风家训主题公园、后塍街道后塍中心社区勤廉阵地、朝南村廉政文化主题广场等新阵地。

中粮东海廉洁警示室　中粮东海廉洁警示室占地面积100平方米，由初心、警心、廉心3个篇章组成，融入党的规章制度、廉政微课堂、算好人生七笔账、违规违纪的八种心态、九大领域

10月，保税区纪工委调研中粮东海粮油警示教育基地建设

典型案例、年轻干部违纪违规案例、形式主义及官僚主义案例、12小时廉洁风险点、廉政书柜、廉洁教育片、廉洁情景剧等内容。整个阵地将会议室功能、谈话功能、展板功能融为一体，融入苏州园林风格，通过“展板+多媒体”的方式，面向公司全体员工开展警示教育。

长山村家风家训主题公园　长山村家风家训主题公园位于长山村尤家巷，占地面积0.5公顷，以家风家训主题公园为基础，结合“巷里书屋”、村口驿站，打造长山村尤家巷廉洁文化示范点，为基层党员干部和群众提供了解党风廉政建设、感悟廉洁文化力量的平台，通过阅读廉洁书籍、讲述廉洁故事、分享廉洁感悟等形式，营造崇廉尚廉浓厚氛围，为乡村振兴注入“廉动力”。

后塍中心社区勤廉阵地　后塍中心社区勤廉阵地以后塍中心社区党群服务中心底楼墙面布置为依托，围绕“初心梦”廉洁文化品牌，将“前陈”“传承”及后塍三大板块有机融合，由家风家训、红色传承、工匠精神、后塍非遗和清风时习5个区域构成，集宣传教育、爱国教育和廉政阅读等功能于一体，最大程度浓缩展示百年后塍的人文风情，提升社区廉洁文化阵地建设工作成效，营造“满是清风吹拂处”的崇廉尚廉浓厚氛围。

朝南村廉政文化主题广场　朝南村“莲响园”廉政文化广场位于朝南村长明13组的腰河埭中央，占地面积700平方米，广场上遍布政治建设、思想建设、作风建设、纪律建设等宣传标语，使其成为警醒干部、教育群众的宣传教育阵地。在广场上设置健身器材和儿童游乐设施，供周围村民使用，让他们与“廉”为伴，形成全民倡廉的浓厚氛围。

**【廉洁开发区建设】**　6月9日，巡察反馈问题整改推进会暨廉洁开发区建设动员大会在滨江大厦召开，廉洁开发区建设启动。是日，《张家港保税区“廉洁开发区”建设实施方案》印发，推动实施清明政治引领、清廉政府提质、清正干部锻造、亲清政商涵养、清朗社会构建、清和文化培育“六大行动”，扎实推进4个廉洁单元建设。12月19日，《张家港保税区“廉洁机关”建设实施方案》《张家港保税区“廉洁企业”建设实施方案》《张家港保税区“廉洁村（社区）”建设实施方案》《张家港保税区“廉洁窗口”建设实施方案》印发。

（刘　近）

## 正风肃纪

**【概况】**　2023年，保税区纪工委聚焦党风廉政建设和反腐败工作，协助党委落实主体责任，履行好纪委监督责任。强化正风肃纪反腐，把作风建设摆在重要位置，纠治“四风”顽疾，持续加固中央八项规定精神的堤坝，倡树实干新风。靶向开展专项监督、全力配合巡察整改、精准进行调查处置，以服务保障大局为中心，推进政治监督具体化常态化。强化日常监督，贯通各类监督，综合运用督察调研、教育提醒、谈心谈话等方式，实施精准有效监督。全年主动约谈28人次，开展“清风行动”、节前廉政教育提醒4次，通报违反中央八项规定精神案例3次。深化运用监督执纪“四种形态”，全年运用第一种形态46人次，做到关口前移、抓早抓小、防微杜渐。坚持严管厚爱相结合，鼓励干部担当作为，全年风险报备14件，容错免责1件。细化重点监督，紧盯“关键少数”、关键岗位、关键环节，严格执行干部选拔任用规定，严把干部选用廉洁关，对新招录工作人员面试工作进行现场监督，对晋职、晋级、评优人员做到“廉政审查全覆盖”，实事求是评价干部廉政情况，防止“带病提拔”“带病评先”，全年出具党风廉政意见复函41批280余人次。

**【监督检查】**　2023年，保税区纪工委优化各类监督备案管理，系统推进各类监督贯通协调，形

3月20日，保税区纪工委开展农村“三资”监督检查

成监督合力，实现“1+1＞2”的监督效果。落实党的二十大报告中“完善权力监督制约机制，以党内监督为主导，促进各类监督贯通协调”的监督要求，下发《关于进一步明确审计、督察、检查等各类报告、通报实行报备管理的通知》，实行审计、督察、检查等各类报告、通报材料报备管理，增强监督治理效能。会同保税区财政局、城乡发展局，审计国企18家、村级集体经济组织31家和村级集体企业55家，并对审计报告跟进监督。会同保税区组织人事局出台《干部监督信息沟通暂行管理办法》，强化干部监督管理。深化国资监管，督促健全国企管理体系，理顺国企内部职责职能，开展内控制度“立、改、废”工作。实行谈心谈话向国企负责人延伸，选择部分国企进行实地走访、调研监督，助力国企提高规范化、科学化、精准化管理水平。下发《张家港保税区国有企业廉政风险排查和防控工作实施方案》，要求国有企业紧盯重点领域、关键环节，全面深入排查廉政风险。强化农村“三资”监管，完善“村级工程”“集体企业”2个模块，强化应收款逾期、工程拆分、资金审批退回、现金结算等预警信息的大数据监督，实现预警处置100%，推进“三资”管理“四网融合”，消除资金流动性风险和外借资金隐患，堵塞集体“三资”存在的数据断点、管理漏洞，促进农村“三资”规范化运作，助推村级经济高质量发展。开展“惠企廉行”营商环境专项监督，设立营商环境联系点，依托重大项目“245”统筹推进机制，“跟进式”监督重大项目，了解惠企政策落实和职能部门在服务联系企业过程中存在的不作为、慢作为等履职不力问题或冷硬横推、吃拿卡要等作风问题，严肃执纪问责。年内，监督检查发现营商环境问题40余个，协调推动重大项目实现“五证齐发”，助力企业实现“拿地即开工”，推进解决重点企业“用工难”等问题。结合“三资”管理、基层微腐败治理、民情民意收集等重点工作，开展“民生面对面”活动12次、上年度民生面对面反馈问题解决落实情况“回头看”活动10次。对村（社区）“一把手”、保税区机关局室班子成员开展主动约谈，实施村纪委书记提级约谈。深入推进安全生产领域专项整治，做好村级工程建设、农村人居环境整治服务外包等其他十余项专项监督。结合巡察整改，组织开展制度规定废改立和汇编工作，督促修订完善《关于进一步明确审计、督察、检查等各类报告、通报实行报备管理的通知》等制度规定50项。

**【纪律审查】** 2023年，保税区纪工委持续释放一严到底的强烈信号，深挖彻查，严查严办，着力做好重点领域、重点行业和关键岗位案件查办工作。全年立案43件（其中自办案件24件），给予党纪政务处分42人。充分发挥“一区三街道”优势，探索区街联合办案新模式，以案代训、以案促练，提升办案人员工作水平，锤炼办案人员业务能力。强化“室地联动”办案机制，凝聚工作合力，在市纪委第九监督检查室指导下，联合大新镇纪委查处大新镇某村副书记利用工作时间赌博案件。针对安全环保领域突出问题，查处廉洁底线失守案件4件、环境整治失职失责案件3件。针对国有企业执行财经制度不严不实、致使国有资产损失问题，查处伪造合同套取国有资金案件3件，失职失责致使国有企业高于市场价购买柴油案件3件，挽回国有资金损失180余万元。惩教并举，针对个案暴露出的廉洁意识淡薄、制度执行不严等问题，下发监察建议1份、履责提示函1份，对问题持续追踪，落实整改成效。坚持严管与厚爱相结合，对29名受处分人员开展帮教治本工作，通过谈心谈话、纪法学习、开展批评与自我批评等形式，督促受处分人员深刻反思错误、改正错误，激发干事创业热情。（刘　近）

## 巡察与督察

**【概况】** 根据苏州市委统一部署，张家港保税区党工委于2022年10月11日至12月7日接受苏州市委第一联动巡察组巡察。2023年3月23日，收到巡察组反馈5个大类17个方面56条问题。6月7日，中共苏州市纪律检查委员会、苏州市监察委员会向保税区送达《关于进一步落实全面从严治党主体责任的纪检监察建议》，指出保税区党工委、管委会在主体责任落实、权力监督制约、干部队伍管理3个方面9个问题，并有针对性地提出3条整改工作意见建议。保税区纪工委坚持问题导向，聚焦巡察与纪检监察建议反馈问题，推动各项巡察整改工作落实到位。在巡察整改方面，抓好巡察反馈意见整改，3月24日，保税区纪工委协助保税区党工委牵头召开巡察反馈问题整改任务分工会，明确任务分工。4月25日，制定《张家港保税区党工委关于苏州市委第一联动巡察组反馈意见的整改工作方案》，督促职能部门落实整改。6月9日，召开巡察反馈问题整改推进会，进一步压紧压实巡察整改主体责任。6月23日，起草上报《张家港保税区党工委关于落实苏州市委巡察反馈意见整改情况的报告》。在纪检监察建议整改方面，6月7日，保税区召开专题会议学习传达纪检监察建议书送达通报会精神，依据反馈问题细化分解任务，监督各责任单位开展巡察整改工作。7月28日，上报《张家港保税区党工委、管委会关于进一步落实全面从严治党主体责任的纪检监察建议的办理情况报告》。

**【专项监督】** 5月22日至31日，保税区巡察反馈意见整改工作领导小组办公室开展巡察整改落实情况专项督察工作；10月23日至11月3日，保税区开展苏州市委第一联动巡察与苏州纪委纪检监察建议反馈问题整改落实情况专项督察，根据整改工作方案，对照整改分工和任务清单，由保税区党政办公室、组织人事局、纪工委等有关人员，组成3个督察组实施专项督察，到牵头单位开展巡察反馈问题整改专项督察，重点监督检查组织领导、整改落实、建章立制情况，综合分析被巡察单位在整改和成效巩固中存在的共性问题和突出个性问题，形成督察报告并予以通报，进一步压实各级党组织和领导干部巡察整改工作和纪检监察建议整改工作责任，全面推进各项整改措施落实落细落到位。

**【巡察反馈意见整改工作方案落实】** 4月25日，保税区党工委印发《张家港保税区党工委关于苏州市委第一联动巡察组反馈意见的整改工作方案》。方案分为组织领导和工作要求、整改任务和责任分工2个部分。第一部分明确成立巡察反馈意见整改工作领导小组，集中整改时间为3月23日至6月23日。方案要求加强组织领导、凝聚整改合力，扎实有序推进、狠抓整改落实，同时要求强化建章立制，夯实整改成效。第二部分明确56个整改问题的牵头领导、牵头部门、参与部门、取得明显成效时限和整改落实到位时限，确保整改工作扎实有效、整改成果长久稳固。（刘　近）

# 群众团体

## 工 会

【概况】 2023年，保税区有工会组织139家，行业工会1家，区级工会1家，会员8万人，主要以机关、企业工会为主体。年内，新建基层工会委员会5家，新增会员482人。3月8日，保税区总工会作为全市唯一基层工会代表，参加省人大常委会副主任、省总工会主席魏国强在苏州的座谈会并作交流发言。3月10日，江苏省总工会党组书记、副主席徐大勇，苏州市人大常委会党组成员、市总工会主席陈嵘一行调研保税区产业工人队伍建设改革和劳动领域政治安全等工作。10月10日，保税区工会维护劳动领域政治安全工作会议召开。年末，经市总工会评审，保税区工会工作目标管理考核、工会维护劳动领域政治安全工作考核被评定为第一等次。12月29日，保税区总工会在苏州市第二届职工法治素养锦标赛中获优秀组织奖。

【工会帮扶惠企】 2023年，保税区总工会采用线上线下相结合的方式，走访慰问江苏灿勤科技股份有限公司、润英联（中国）有限公司等部分重点企业申报的困难职工，开展“温暖回家路，工会伴你行”活动，累计参与883人次，发放新春暖心福袋（内含春联、红包等）100份、健康暖心礼包（内含消毒喷雾、酒精湿巾、口罩等防护物资）50份，开展“暖心‘新’群体，留港过大年”活动，为留港过年一线货车司机发放“冬日暖心礼包”23份。实施“三个一”行动（打一次电话、发一条短信、寄一封慰问信），对未能上门走访的人员，通过电话、短信等形式给予问候，向各级劳模、五一劳动奖章获得者寄送慰问信，传递新春美好祝福。

【职工服务】 2023年，保税区总工会聚焦职工多元化需求，依托市职工文体中心、金港文化中心、外企中心等阵地资源，举办“巧手匠心·活力保税”职工惠享筑梦活动。3月，开展“巾帼心向党，奋进绽芳华”系列主题活动；6月，开展“情牵新业态，端午‘粽’动员”活动；7月，开展“‘艺’心向党，为党献礼”钉子画手工DIY活动；9月，开展“我们的节日·中秋”保税区职工健身活动启动仪式暨“凝心聚力、携手同行”统战人士联谊会及“乘风破浪，‘港’好遇见你”单身青年职工交友联谊活动。年内，发展普惠商家服务群体4家。张家港保税科技（集团）股份有限公司获评江苏省非公有制企业党建带工建“三创争两提升”活动省级示范单位、江苏省模范职工之家、张家港市十佳模范职工之家，陶氏化学（张家港）有限公司获评苏州市女职工康乃馨服务站、苏州市模范职工之家示范单位，张家港湾海棠驿益空间获评省最美工会户外劳动者服务站点，瓦克化学（张家港）有限公司工会委员会、张家港保税区长江国际港务有限公司工会委员会、张家港保税区长源热电有限公司工会委员会获评张家港市模范职工之家，中粮东海粮油工业（张家港）有限公司物流部工会小组、中粮东海粮油工业（张家港）有限公司生产部工会小组、张家港中远海运金港化工物流有限公司罐箱工会小组获评张家港市模范职工小家。（张　颖）

【劳模先进评选】 2023年，保税区总工会规范退休劳模荣誉津贴发放，完善劳模关爱长效机制，搭建劳模学习交流平台，推荐22名劳模先进参加苏州市、张家港市总工会组织的疗休养。开展“劳模领学、职工共学”读书分享会，邀请劳模先进在“七一”、国庆等节点参加职工才艺提升小课程、爱国主义红色观影等活动，丰富文化生活。为在册69名劳模和五一劳动奖章获得者购买意外伤害保险，推荐2名劳模先进加入张家港市首届劳模工匠助企行服务队。做好先进典型选树工作，江苏长顺集团有限公司获评江苏省五一劳动奖状，中粮东海粮油工业（张家港）有限公司刘涛获评江苏省优秀工会工作者，另有苏州市五一劳动奖章3人，张家港市五一劳动奖状1家，张家港市五一劳动奖章5人，苏州市、张家港市工人先锋号3个，第四届苏州时代工匠提名奖1人。

**【技能人才培育】** 2023年，保税区总工会在企业中广泛开展五一劳动奖创建活动。3月，承办第五届中粮集团职业技能竞赛（制油工）决赛（纳入国家级技能竞赛目录）；4月，开展保税区仓储行业叉车技能比赛；6月，举办首届保税区货运司机技能竞赛；9月，举办个人所得税改革技能竞赛；11月，承办张家港市总工会“沙洲匠星”——首届张家港市化工行业安全技能竞赛和第二届政务技能大赛、首届党务综合知识竞赛。“红五月”期间，各基层工会以“立足岗位比敬业、同心协力比和谐、勤学苦练比素质、创业创新比才干、献计献策比贡献、争创一流比业绩”为主要内容，分工种开展竞赛活动，参与面达到80%以上。发动职工报名参加各级各类竞赛，多人在全市工会户外劳动者服务站点宣传海报评选、全市职工“安全隐患随手拍”、“应急能手，匠心筑安”市安全生产和劳动保护、“法治为伴，安全同行”张家港市第十届新市民法律法规知识竞赛等技能竞赛中取得佳绩。（张哲源）

6月21日，保税区货运司机技能比武竞赛在张家港中远海运金港化工物流有限公司举办

## 共青团

**【概况】** 2023年，保税区团工委有下级组织175个，其中团委2个、团总支11个、团支部162个，在册团员714人。年内，新建非公企业团组织45个，发展“两新”领域团员20人，100%完成智慧团建学社衔接、专题学习、信息更新、对标定级等工作，促进全域团组织运作规范化。保税区团工委获评2023年度张家港共青团宣传思想文化工作先进集体；国家税务总局张家港保税区税务局陆佳瑜获评2023年苏州好青年；保税区行政审批局团支部、江苏德黎仕人力资源有限公司团支部获评张家港市五四红旗团支部，张家港保税区组织人事局黄艺涵、保税科技集团傅行飞获评张家港市优秀共青团干部。

**【青年载体建设】** 2023年，保税区团工委新建“保税科技青年之家”“中粮东海青年学习社”等阵地，打造保税区“团聚滨江，青联未来”青年品牌。搭建青研学习社，围绕保税区经济发展、时事热点、青年服务等保税区青年关注的话题，依托“青年之家”等活动阵地，开展青年宣讲、研学等活动23场。打造青创智汇厅，以保税区科创园、人才公寓为载体平台，以“为党聚才、跟党创业”为项目理念，以党建为媒，充分发挥青年人才在招才引智、科技创新工作中的引领作用，对人才公寓进行更新，为求职就业青年提供短期入住服务。链接保税区安全环保局、伯越税务师事务所、德黎仕人力资源有限公司等机关、企业资源，推出创业辅导、政策法律咨询、融资支持、人才礼遇等特色服务，开展安全培训、财务课堂、法律咨询、招聘等活动15场。开启青享朋友圈，以金港文化中心为平台，优化青年发展政策，丰富青年服务内容，通过开设政策宣讲、职场赋能、青年交友等素质提升活动，提升保税区青年政治素养、视野格局、综合能力，开展“青春心向党，益企趣运动”“以青春之名、励青春之志”五四拓展等主题趣味运动会、相亲联谊会等活动26次、“青春悦读会”读书活动4期，参与青年1万余人次。

**【青年队伍建设】** 2023年，保税区团工委以青年安全示范岗、青年文明号等“青”字号品牌创建为抓手，组建“特设安全卫士”“齐心聚力”等青年突击队23个，将青年人才聚集在招商引资、科技研发等重要“链”上，助推保税区高质量发展。推进“青年文明号”“青年安全示范岗”创建工作，保税区建设工程质量监督站获评江苏省第23届“青年文明号”。

5月15日，保税区“以青春之名、励青春之志”青年拓展活动举办

**【青年志愿服务】** 2023年，保税区团工委以“同心莲”金港文化中心志愿服务联盟为平台，通过线上线下定期招募青年志愿者，常态化开展图书整理、秩序维护等志愿服务活动50余次，服务3万余人次。链接多方资源，组建“莲心成长”青年队伍，依托金港文化中心图书馆、少年宫等青少年活动阵地，开设“艺术莲享”公益培训班，开展创意手工、法制教育、社会实践等8门课程11个班级，缓解青年双职工家庭子女、异地务工家庭子女、生活困难家庭子女的假期教育压力。

**【纪念五四运动104周年主题团日活动开展】** 4月27日，保税区团工委联合金港、后塍、德积3个街道团工委共同承办的“燃青春、更敢为”张家港市纪念五四运动104周年主题团日活动暨“带‘敢’青年”事迹分享会举行。苏州团市委副书记蒋妍，张家港市委常委、组织部部长、统战部部长朱艳，张家港市副市长梁曦，保税区党工委委员、管委会副主任季峰等领导及市直属团组织书记和青年代表300余人参加活动。活动有青春歌曲串烧、征文展示《学习二十大、绽青春风采》、小品《瞧，那一朵浪花！》、情景讲述《永远在路上》、诗朗诵《敲响青春的鼓点》等节目，展示青年的精神风貌和建功新时代的使命担当。活动上，张家港团市委发布五四宣传片《港城青年“敢”字诀》，公布张家港市“带‘敢’青年”个人、“带‘敢’青年”集体，启动保税区“团聚滨江，青联未来”青年工作品牌。（黄艺涵）

## 妇　联

**【概况】** 2023年，保税区妇联突出党建带妇建，发挥“引领、联系、服务”作用，组织开展巾帼思想引领、巾帼岗位建功、女性素养提升、巾帼暖心关爱等系列活动，成立保税区数字经济产业集群妇联。围绕激发女职工“敢为、敢闯、敢干、敢首创”的担当精神，举办三八国际妇女节“敢字争先共奋进，巾帼聚力同出彩”主题系列庆祝活动，通过“点赞巾帼榜样”保税区妇女先进典型线上宣传、“共话巾帼力量”机关、企业优秀女性代表线下座谈、“花漾绽芳华”主题插花、“保税区，因你而美好”甜蜜派送等活动，向保税区女性致以节日问候和美好祝愿。年内，保税区获评张家港市“三八红旗手”1人，获评张家港市“巾帼建功标兵”1人，获评张家港市“最美娘家人”2人。

【妇女儿童关心关爱】 2023年，保税区妇联立足关心关爱，组织“社会妈妈”爱心助学活动，为15名贫困家庭儿童送去学习用品和精神鼓励；通过“益家有我”公益平台，组织慈善募捐，筹集爱心捐款1.2万元；开展益家有我·情暖半边天“共筑‘心’力”心理赋能项目，全年为企业女性开展心理讲座、心理咨询、心理疗愈等活动6场。金港文化中心获评张家港市首批儿童研学基地，菁英公寓获评张家港市首批女性人才公寓，同心“莲”妇女微家获评张家港市“暨阳玫瑰·最美妇女微家”。

【妇女思想引领】 2023年，保税区妇联发布保税区“魅力女性”素养提升计划，围绕政策解读、内外兼修、女性健康、生活美学、巧手妙作、优雅课堂6个主题，开设“遇见‘她’优雅”形象塑造、“她享学·悦陪伴”亲子课堂等课程12个。3月，组织妇联执委开展“学习二十大”思政课堂专题讲座，带领妇联执委学习领会中国妇女十三大会议精神；开展致敬“她”力量女性先进典型宣传。4月，开展红色电影《望道》观影活动。5月，开展《习近平走进百姓家》读书分享活动。8月，开展“巾帼心向党”图书推荐，筑牢巾帼心向党、建功新时代的思想根基。年内，保税区党政办宣传文明统战科副科长顾敏获评张家港市“巾帼好网民”称号。

【妇女创新创业】 2023年，保税区妇联围绕女性创新创业，为女企业家、女科技工作者搭建交流平台，推荐加入张家港市女企业家协会1人、张家港市女科技工作者联盟2人。11月，苏州市妇联副主席唐学芳一行走访保税区女性科技人才。动员优秀女性创业者参加江苏省、苏州市、张家港市女性创新创业大赛，其中获评江苏省女性创业创新大赛三等奖1人、获评苏州市“最美巾帼科技人物”1人、获评苏州市女性创业创新大赛创新组二等奖1人、获评张家港市女性创业创新大赛创新组第一名1人。保税区财政局预算科获评张家港市“巾帼文明岗”，江苏伯越“伯”爱助学项目获评张家港市巾帼志愿服务十大优秀项目，保税科技巾帼志愿服务团队获评张家港市巾帼志愿服务十佳组织。 （邹　洁）

11月9日，苏州市妇联领导走访保税区女性科技人才

## 科　协

【概况】 2023年，保税区科协成立新一届委员会，紧紧围绕“四服务一加强”职能，组织多项提升全民科学素质重点工作项目，针对5类重点人群（青少年、农民、产业工人、老年人、领导干部和公务员）的不同需求，针对性开展科普活动，打造特色科普活动品牌。在“科普宣传周”“全国科普日”活动期间，举办“博士进课堂”“产业政策宣讲”等特色活动，打造保税区科普活动名片，提升全民科学素质，促进保税区科普事业稳步发展。年内，10家优秀企业成立企业科协，在苏州企业科协网站上注册登记，江苏江锅智能装备股份有限公司张建东获评张家港市最美科技工作者，江苏多维科技有限公司薛松生获评苏州市杰出工程师，张家港中集圣达因低温装备有限公司刘东进获评2023年“科创江苏”企业创新达人，苏州冠岚新材料有限公司获2023年“科创江苏”创新创业大赛新材料领域决赛创业组一等奖（张家港市唯一），张家港金港海智基地在省级评选中再次获评优秀。

【张家港保税区科学技术协会第七次代表大会召开】 11月14日，张家港保税区科学技术协会第七次代表大会召开。会议选举产生新一届委员会，宓灏文当选保税区科协第七届委员会主席，朱田中、黄丽强、丁浩、花放当选副主席，张恬当选秘书长，李大壮当选副秘书长。会上，保税区科技人才局副局长花放代表第六届委员会作报告，大会听取并审议通过《保税区科协第六届委员会工作报告》。（李大壮）

## 商　会

【概况】 张家港保税区商会于11月28日成立，由区街161家重点骨干企业组建而成。商会以行业服务、行业自律、行业代表、行业协调为基本职能，贯彻党和政府的方针政策，协助政府从事经济管理，发挥政府和会员企业之间的桥梁纽带作用，维护会员的合法权益，促进会员企业健康发展，提高市场竞争力。

【张家港保税区商会成立大会暨第一次会员大会召开】 11月28日，张家港保税区商会成立大会暨第一次会员大会召开，保税区党工委、管委会领导陆崇琨、季冬、黄晓伟、陆定峰、陈雪明，张家港市民政局党委书记、局长何俊，张家港市委统战部副部长、市工商联党组书记丁峰，保税区商会会员单位主要负责人等出席会议。大会选举产生张家港保税区商会第一届理事会、监事会。聘任黄庭明为张家港保税区商会名誉会长，张云法当选第一届张家港保税区商会会长，商会有会员单位161家。（陈志刚）

# 法　治

## 依法治区

**【概况】** 2023年，保税区严格执行《苏州市人民政府重大行政决策程序规定》《苏州市重大行政决策程序规定实施细则》，落实重大决策项目2项。积极推行政府法律顾问制度，全年对行政决策和行政行为提供咨询论证和法律意见96次。落实公平竞争审查制度，为市场主体创造公平竞争的良好营商环境。推进“八五”普法，举办以“全民反诈”为主题的“四进”（进社区、进学校、进机关、进企业）活动，签订反诈承诺书1000余份、发放反诈宣传册3000余份。在政府门户网站主动公开文件38件，发布信息859条，网上调查2次，及时发布重点工作及重大项目进展情况。强化领导干部、行政执法人员依法行政意识，开展行政诉讼败诉、行政复议纠错案件自查，落实行政机关负责人出庭应诉制度。

**【法治政府建设】** 2023年，保税区明确职责边界和管理分工，调整全面依法治区委员会及全面依法治区委员会办公室成员，加强对法治建设工作的领导。落实党工委中心组学习制度，学习《习近平法治思想学习纲要》《中国共产党章程》《总体国家安全观学习纲要》，推进年度述法工作，强化领导班子法治意识和素养，提高领导干部依法履职水平。落实政府法律顾问制度，委托法律顾问对行政决策和行政行为提供咨询论证和法律意见，对合同文本进行审查，为依法行政、科学决策提供法治支撑，提高依法决策质量。制定印发《2023年度张家港保税区重大行政决策事项目录》，对施教区划分工作的决策按法定程序实行公众参与、专家论证、风险评估、合法性审查、廉洁性审查和集体讨论决定，确保行政决策科学、透明。落实公平竞争审查工作责任，遵循审查流程，确保制定的政策措施符合公平竞争和相关法律法规要求，全年审查拟发文件7份，未发现涉及破坏营商环境、有碍公平竞争等内容。推进政府信息依申请公开工作，全年收到政府信息公开申请12件，其中撤回1件，其余11件均在法定期限内办结。应对突发事件、群体性事件及疑难复杂纠纷，及时介入化解，确保纠纷不激化。扩大各村（社区）“援法议事”品牌影响力，推进“法治小区”建设，将“援法议事”与“法治小区”相结合，整合法治资源，推进各村（社区）依法治理、整治提升。以民主法治示范村创建为抓手，推进社会基层治理实践与思考，先后创成全国民主法治示范村1个、江苏省民主法治示范村23个、江苏省法治文化示范点1个、苏州市法治文化示范点5个。开展省级民主法治示范村（社区）复核动态调整工作，对原有法治文化阵地进行提档升级。发挥“法律明白人”在推动乡村依法治理中的关键作用，通过摸排法治需求，以集中培训、课程直播、村（社区）法律顾问

9月12日，保税区法治文化节文化汇演举行

定期授课等形式提升“法律明白人”履职能力，通过“网格+普法”，发挥优秀法治人才在参与社会治理、化解矛盾纠纷、引导法律服务等方面的优势，加强基层社会治理体系格局，维护基层社会稳定。（何雪霞）

反诈宣传进社区

**【法治宣传】** 2023年，保税区统筹普法工作，搭建“1+3X+N”［“1”为全面依法治区办，“3X”为3个街道、保税区机关局室，“N”为各村（社区）、其他企事业单位等］的三级法治工作体系，根据“八五”普法规划要求，按照“谁主管谁负责、谁执法谁普法”的原则，明确普法宣传工作属地属事职责，落实法治宣传经费，统筹做好对各街道、保税区机关局室普法工作的指导。协调保税区机关局室根据自身工作特点，开展“送温暖、送清凉、送法律”进企业活动。保税区纪工委落实巡察整改要求，抓牢领导干部这个普法工作的“关键少数”，到苏州开展廉政主题党课，组织开展廉洁家风主题活动。保税区安全环保局开展“安全普法月”活动，通过开展线上安全知识竞赛、主要负责人及安全员“以案释法”警示教育活动、江苏扬子江国际化学工业园综合应急演练等活动，持续减少风险隐患。制定区街综合行政执法“三项制度”，落实日常法制审核，制定年度行政执法培训计划，加强综合执法领域专门培训，确立“教育+执法”合理自由裁量的执法方式。开展“星级普法项目”，以出租户、新市民为主要普法对象，以星级出租户评定为基础，聚焦蓝天学校、白云学校、建筑工地、出租房，抓住新市民“入住”“入医”“入学”等关键节点，配备集政策咨询、普法宣传、便民帮扶功能于一体的流动网格工作站（车），全年发放宣传资料6000余份，开展宪法、民法典、未成年人保护法、苏州积分入户政策等宣讲50余次，惠及新市民1万余人。以“保税区法治文化节”为载体，围绕宪法、民法典、整体国家安全观等主题开展普法系列活动。聚焦反电信网络诈骗，各街道、保税区机关局室、学校、企业、公安等多部门参与，开展反诈进社区、进企业、进机关、进学校“四进”系列活动，征集反诈主题手绘画162份、反诈照片35张，签订反诈承诺书1000余份，发放反诈宣传册3000余份。（刘怡楠）

**【安全稳定工作】** 2023年，保税区规划“雪亮工程”实施方案，针对监控盲区、治安较复杂等重点区域进行点位摸排和选址，经过意见征询和实地调研，新建点位122处。坚持“打防结合、以防为主”原则，统筹各街道做好常态化风险排查和监测预警工作，开展“数字藏品”“解债类”“融资类”“商务楼宇”等非法集资专项整治十余次，发放防范非法集资风险告知书、防范非法放贷行为告知书1500余份，完成区街78家新设立市场主体的现场勘查和承诺书签订等风险防范工作，签订远离非法集资承诺书60余份；完成部分非法集资案件参与人信息登记和告知工作；完成8起疑似线索的现场勘查和约谈警示工作；推进整治非法金融“惠民之家”宣教阵地建设，新增金融“惠民之家”示范点2家，累计8家，其中2家获评张家港市级示范点。点位采取银行共建模式，协调银行讲师、社区网格员、金融志愿者、民警、“法律明白人”等各方力量，全年开展线上线下防范非法金融活动主题宣讲78场，其间特邀国瑞律师事务所律师和银行金融金牌讲师对辖区内网格员、打击和处置非法集资办公室工作人员进行专题培训2次，全年无新增非法集资案件发生。公安派出所检查单位4820个次，督促整改隐患3990处，行政处罚47起，处罚金额4.94万元，拘留1人。（刘怡楠 孙 斌）

【社会治理网格化】 2023年，保税区将原有170个网格调整为172个三级综合网格，其中金港街道91个、后塍街道45个、德积街道36个；3个二级专属网格，其中金港街道2个、德积街道1个；55个三级专属网格，其中金港街道30个、后塍街道12个、德积街道13个。联动平台全年收到工单7837件，其中金港街道1814件、后塍街道4399件、德积街道1624件；民情日记10321条，其中金港街道5416条、后塍街道2737条、德积街道2168条，工单处置率达到99%以上。推进“精网微格”服务体系，优化人员配置，合理利用人力财力资源，将原综治条线户楼长经重新梳理后融入海棠先锋（微网格联络员）队伍，推动网格化管理与基层党建、乡村治理、便民服务等工作融合，发挥网格化管理优势；实施“流动服务车”项目，引入“双库联动”机制，打造人才库，邀请微网格联络员、爱心能人、乡贤等成为“乘务员”，与张家港农村商业银行、移动公司强化联动，开展“金网融合、服务万家”电信网络反诈宣传活动，累计服务1500余人次。网格员线上建立工作群，在群内开展政策法规宣传，收集民意；线下，网格员及微网格联络员发放网格宣传单，公示网格员照片、联系电话及工作职责、监督电话、辖区范围等信息，张贴网格公示牌2万余张，发放便民服务卡5万余张。（章 旭）

网格化治理流动服务车进社区开展法治宣传

【扫黑除恶专项斗争】 2023年，保税区结合“八五”普法总体规划，学习贯彻《中华人民共和国反有组织犯罪法》，将扫黑除恶专项斗争列入“八五”普法责任清单。通过设立咨询台、发放宣传单、滚动播放宣传标语等方式，推动扫黑除恶常态化，全年开展宣传活动80余场，发放宣传资料1.6万份，提升群众知晓率。（刘怡楠）

## 公 安

【概况】 2023年，保税区（金港）警署围绕保税区中心工作，防风险、保稳定、优服务、促发展。辖区有派出所5个、交警中队和巡特警中队各1个。61个村（社区）与172个网格对接兼容，社区民警进入村（社区）班子，担任村（社区）党委或支部委员，兼任网格长，融合警格网格，发挥微网格员在收集民意、化解矛盾、服务群众方面的职能，实现情报资源互通共享、网格平安联动共治，提升社会治理能力。警署各所队全年有6名民警、6名辅警获苏州市公安局以上表彰，其中4人荣立三等功。年内，区街刑事案件立案736起，破案189起，其中破获盗窃、抢夺、接触性诈骗、掩饰隐瞒犯罪所得等侵财案件125起，侵财类案件破案率比上年提升5%。严格落实秩序维护、指挥疏导、应急处置等现场管理措施，完成香山寺“烧头香”、香山“樱花节”“梅花节”及高峰、河山清明扫墓、张家港湾马拉松赛等安保任务，确保辖区平安稳定。（常丽娟）

**【交通安全管理】** 2023年，保税区交警中队通过严格道路交通安全治理、筑牢源头监管防线、强化隐患排查整改等措施，保障道路交通安全。全年接处交通类警情12450起，现场查处交通违法行为107742起。排查整改标志标线模糊缺损、临河无防护设施、减速块缺失等各类隐患100余处，实现挂牌督办道路交通安全风险隐患整改进度100%。定期对51家危化品、混凝土、渣土运输等工程运输企业，出租、公交等重点企业，落实签订责任书、开展安全例检、召开监管例会、进行执法告知、强化督促整改和宣传教育“六项措施”。（张　琪）

**【打防犯罪】** 2023年，保税区（金港）警署以打击治理电信网络诈骗犯罪、夏季治安、黄赌整治等专项行动为重点，严厉打击养老诈骗、传统侵财类、黄赌、民生类违法犯罪。全年抓获刑事作案人员309人，“八类”案件（放火、爆炸、劫持、杀人、伤害、强奸、绑架、抢劫）破案率100%。破获电信网络诈骗案件8起，常态化推进扫黑除恶斗争。

**【警署惠企便民服务】** 2023年，保税区（金港）警署主动靠前服务，在保税区警务室设立涉企服务窗口，提供一站式受理、预约式服务、陪同式帮办，指导企业完善人防、物防、技防措施，提升企业内部治安防范能力，维护良好营商环境，全年受理企业行政许可申请160余件，快处企业内部纠纷40余起。年内，组建“萤火虫志愿队”、“1+20+N”（“1”为1名保税区警务室民警，“20”为20名保税区警务室辅警，“N”为N家区内企业保安队员）巡逻队，护航辖区治安；开展挂钩民警“上门体检”活动20余次，帮助企业发现、消除安全隐患50余处。

**【智慧警务】** 2023年，保税区（金港）警署构建多功能实战体系，推动“传统警务”向“智慧警务”转变。发挥综合指挥室中枢作用，全量接收、办理市局各部门下发的任务指令，重点聚焦“五大实战”，确保精准调度、科学指挥、高效处置。依托案管室“云+网+端”智慧案管模式，持续推进“三清”工作机制，提升全警执法办案能力水平，全力压降涉法投诉率、案件退查率。结合智慧化社区建设，积极推进“雪亮工程”拓展延伸，提高高清监控设备、电子围栏等感知源建设覆盖率和入网率，围绕“社会面布控、微单元管控、关键点防控”目标，全年新增监控116个、电子围栏39个，推进基层社会治安技术防控体系建设。

**【保税区铁骑队成立】** 2023年，巡特警保税区中队会同交警保税区中队新组建铁骑队，选配

保税区铁骑队队员整装待命

20名队员，并配备18辆警用摩托车及相关警用装备，为区街在交通治安巡逻、应急处突、重大活动安保、重要部位守护等警务活动中提供力量补充，调优巡防布局，做强街面快反联处机制，织密治安管控防线，全年执行各类勤务200余次。（常丽娟）

## 法 庭

【概况】 2023年，金港人民法庭立足审判职能，助力社会治理，通过整合普法宣传、司法服务和人民调解等工作，不断夯实民主法治基础，推动平安法治乡村建设和基层治理体系治理能力现代化。全年新收各类案件2215件，比上年增22.86%；结案2221件，比上年增23.13%。员额法官人均结案370件。

【民事审判】 年内，金港人民法庭民事新收案件1439件，审结1444件，诉讼标的额2.27亿元。其中，调解结案576件，占受理案件总数40.03%；撤诉结案370件，占受理案件总数25.71%；判决结案472件，占受理案件总数32.8%。平均自然审理天数52.87天。其中，买卖合同纠纷172件、离婚纠纷249件、房屋租赁合同纠纷40件、追索劳动报酬纠纷90件、房屋买卖合同纠纷237件、承揽合同纠纷30件、继承纠纷24件、赡养纠纷6件、抚养费纠纷9件，其他587件。司法确认案件93件、财保案件3件、司惩案件1件。

【商事审判】 年内，金港人民法庭商事受理案件776件，审结777件，诉讼标的额2.24亿元。其中，调解结案265件，占受理案件总数34.15%；撤诉结案225件，占受理案件总数28.99%；判决结案277件，占受理案件总数35.67%。其中，买卖合同纠纷542件、承揽合同86件、其他149件。

【普法宣传】 年内，金港人民法庭创新普法宣传形式，通过“企法同行”活动，提升司法助企的主动性和精准度；通过选取典型案例，以“巡回审判”方式，将法庭搬到百姓家门口；通过“一校一法官”工作机制，司法护航青少年健康成长；通过开展“法律早市”“法律面对面”等活动，为辖区百姓提供便捷精准的司法服务。全年开展各类普法宣传活动15次，发放宣传材料3000余册，实现“教育一片、影响一方”的社会效果。

【电子诉讼】 年内，金港人民法庭推进“无纸化办公”改革，构建诉前调解、立案、送达、开庭、结案、归档全流程无纸化、信息化办案模式。全年网上立案1317件、电子送达12911件、网络庭审256件、电子归档卷宗1825件。

【非诉服务】 年内，金港人民法庭持续开展“法官‘村官’双向交流”活动，有12名“村官”陆续到法庭参加法治轮训，法庭6名员额法官“进站入格”指导村（社区）化解基层纠纷。金港人民法庭以政法工作联席会议为机制，与辖区街道办综治、司法所、信访等部门常态化联合开展重大矛盾纠纷化解工作。打造“安居无忧”工作品牌，在处理动迁安置房办证纠纷、物业纠纷等问题时提前介入，将纠纷化解在源头，该类纠纷立案比上年下降12.8%。7月，在法庭设立“代表委员工作室”，邀请人大代表政协委员入驻法庭参与诉前调解、信访接待等工作，发挥代表委员在纠纷化解方面的监督和指导作用。（陈振振）

# 生态环境

## 环境质量

【概况】 2023年，保税区紧盯重点领域，解决突出环境问题，人民群众对生态环境满意度持续提升。全年细颗粒物（$PM_{2.5}$）浓度每立方米29微克，列全市区镇考核第二；空气优良天数比例86%，列全市区镇考核第三；国省考断面水质优Ⅲ比例100%。（邵新红）

【水环境质量】 2023年，保税区地表水环境质量稳定达标，3条通江支流优Ⅲ比例100%，4个高质量考核断面优Ⅲ比例100%，年均水质优Ⅲ达标率100%。（杜嘉栋）

【空气环境质量】 2023年，保税区$PM_{2.5}$均值为每立方米29微克，达到国家空气环境二级标准。空气优良天数比例86%，比上年上升1.6%。一季度，保税区臭氧日均值浓度排名及较上年同期改善率排名均位列全市各区镇空气环境质量点位第一。江苏扬子江国际化学工业园空气环境全年超标天数51天，其中二氧化氮超标总天数为5天，比上年增加5天；可吸入颗粒物超标总天数为12天，比上年增加7天；臭氧超标总天数为26天，比上年减少18天；$PM_{2.5}$超标总天数为18天，比上年增加6天。可吸入颗粒物年均浓度每立方米59微克，比上年上升13.5%；二氧化氮年均浓度每立方米30微克，比上年上升30.4%；二氧化硫年均浓度每立方米9微克，比上年下降10%；臭氧特定百分位数浓度每立方米133微克，比上年下降23.1%；一氧化碳特定百分位数浓度每立方米1.1毫克，比上年下降21.4%。

【声环境质量】 2023年，保税区声环境质量稳定向好，结合“两治一提升”专项行动（加快解决群众身边的噪声、异味污染问题，进一步提升人民群众获得感），全年检查建筑施工噪声点位10家次、工业企业噪声点位20家次，全部完成整改。年内，新增建筑工地噪声自动监控设备33处。（邵新红）

张家港保税区北大门在蓝天白云的映衬下分外秀美

## 生态建设

【概况】 2023年，保税区以打好污染防治攻坚战为抓手，统筹推进污染防治重点工作落实落细，坚决打赢“蓝天、碧水、净土”保卫战，加强生态基础建设，优化生态空间管控，改善生态宜居环境。完成83个长江入河排污口、30家涉磷企业规范化整治验收。推进绿色港口建设，到港船舶污染物接收率

100%，7家港口企业完成岸电设施建设。年内，江苏扬子江国际化学工业园通过国家生态工业园复查评估。（邵新红）

【生态空间管控】 年内，配合苏州市张家港生态环境局完成生态环境分区管控成果更新及数据入库，涉及重点管控区域为原“八大主体功能园区”［保税港区保税区、进口汽车物流园、扬子江国际化学工业园、环保新材料产业园、扬子江现代装备工业园（含长山重装园）、先进高分子材料产业园、航空碳纤维复合材料产业园、半导体核心材料产业特色创新示范园］，总面积为48.14平方千米，更新保税区生态保护红线、环境质量底线、资源利用上线及生态环境准入清单，更好发挥生态环境管理的源头预防作用。（崔锡俊）

【沿江生态保护宣传】 2023年，保税区继续筑牢生态安全屏障，加强服务设施、临水区域的安全监管，保证环境卫生整洁、设施管护到位、游览有序安全，配合开展禁捕巡查工作。巩固生态保护成效，作为江苏省社科普及基地、江苏省水利风景区、江苏省义务植树基地，张家港湾发挥基地宣传教育功能，将旅游、文化、科普教育有效结合起来，联合其他部门开展长江文化节、研学会、联谊会、马拉松等形式多样的活动。不断开发文化体验、自然观光、科普研学、科普教育等研学项目，全年接待研学团队5万余人次。

6月，全市部分中学生到张家港湾开展长江研学活动

【湿地保护】 2023年，张家港湾大鱼海棠志愿服务队定期开展护绿行动，组织净滩志愿者开展湿地保护活动15场；持续对沿江河岸景观带进行养护修复，通过打捞浒苔净化水质，定期组织疏浚沿江区域的河、渠、沟，增加绿化，保护河流湿地。组织开展鸟类、水生生物等主题保护教育活动，全年开展长江主题类活动31次，参与人数约2000人。（丁丽莉）

## 自然资源保护

【概况】 2023年，保税区坚持优化国土空间布局、严守资源安全底线、维护资源资产权益，强化规划引领，积极对上争取，新增允许建设区47.9公顷，完成土地利用总体规划调整。完成天齐锂业等5个区块245.01公顷成片开发方案编制。完成化工园、新材料产业园2个区域436公顷文物资源评估并通过省文物局验收。做好用地保障，推动项目“提速落地”，累计完成征地38宗51.2公顷。完成低端低效产业用地整治提升面积24.9公顷，其中保税区回购土地14.3公顷（晶华新材料地块、水利局地块、盈德地块及远洋资本地块）；完成企业定向转让土地4.7公顷（华瑞化工地块）。（孙秋冰　殷宇新）

【建设用地供应】 年内，保税区出让国有建设用地13宗38.79公顷，出让金额3.13亿元，划拨

国有建设用地19宗17.56公顷。批准使用集体建设用地9宗3.12公顷。国有建设用地出让供地中，工业（仓储）用地9宗36.36公顷，出让金额2.22亿元；安置房用地4宗2.42公顷，出让金额9091.9万元；安置房补出让2宗30.09公顷，补出让金额11.36亿元。国有建设用地划拨供地中，城镇村道路用地15宗8.44公顷、公用设施用地1宗5公顷、公园与绿地用地1宗0.2公顷、教育用地1宗3.85公顷、文化设施用地1宗0.07公顷。集体建设用地批准使用中，医疗卫生用地1宗0.04公顷、公用设施用地4宗0.74公顷、城镇村道路用地2宗0.38公顷、文化设施用地2宗1.96公顷。（陈　芮）

【土地利用管理创新】2023年，保税区创新用地提质增效节地模式，张家港市德积高端纺织产业园（简称产业园）通过腾退低效用地，引导优质企业"入园上楼"，实现产业和空间双集聚。产业园规划占地面积30.4公顷，总投资超20亿元，分三期建设。一期项目占地面积6.72公顷，除原先3.52公顷宅基地外，原有企业占地3.2公顷，建筑面积1.55万平方米，容积率仅0.48。产业园建成后，总建筑面积13.49万平方米，容积率提升至2.0，节地效果显著；项目全部达产后，年亩均产出不低于2000万元，年亩均税收将由原先6万元提升至45万元以上，效益大幅提升。（严　佳）

德积高端纺织产业园

【耕地资源保护】2023年，保税区严守3204公顷耕地保护目标和2434公顷永久基本农田保护红线，推进数量、质量和生态"三位一体"保护。全区经批准的15个征地批次占用耕地29公顷，按照"占一补一、占优补优、占水田补水田"原则，全部落实耕地占补平衡。严格落实省级耕地质量提升指导意见，土地整治项目拆旧复垦后，提请市农业农村局对涉及项目开展耕地质量评定工作，耕地质量达标后申请市级验收，确保耕地质量。（姜皓瑜）

## 污染防治

【概况】2023年，保税区以改善生态环境质量为核心，全力打好污染防治攻坚战。完成上报第二轮省生态环境保护督察反馈问题"水污染事件三级防控体系建设"整改销号材料；组织开展第二轮中央环保督察交办件、第二轮省督察反馈交办问题整改情况"回头看"检查。完成长源热电项目扬尘、护漕港路工地扬尘及生活垃圾2件市级督办单整改销号。完成双优环境活性炭再生中心"绿岛"项目建设，推进孚宝仓储有机储罐综合治理示范项目。督促各街道深化"散乱污"企业（作坊）整治，共排查区街"散乱污"作坊54家，全部完成清理。推动建成中吴绿能综合利用每年8万吨废矿物油项目工程，弥补园区危废处置能力短板。江苏扬子江国际化学工业园入选全省首批

"无废园区"建设试点。　（崔锡俊）

【水污染防治】 年内，保税区完成长江流域83个入河排污口验收销号工作。完成保税区第二污水处理厂排口验证工作，编制《张家港市金港片区水质净化厂建设工程入河排污口设置论证报告书》，报送苏州生态环境局通过技术评审。对渤海路福民村19号、20号、21号河突发黑臭问题开展环境应急处置，抽运受污染河水1.4万吨，完成河道水质恢复。完成华山路与港华路交界处华山路桥受污染断头景观河段垃圾清理及受污染河水抽运处理、回填治理工作。（杜嘉栋）

【大气污染防治】 2023年，保税区推进大气工程提标升级改造，完成挥发性有机物（VOCs）综合治理项目8项、大气"绿岛"项目1项、储罐治理项目132项。指导128家涉气企业制定重污染天气应急管控清单，督促落实各项管控措施。开展江苏扬子江国际化学工业园VOCs整治工作，编制VOCs排查整治技术方案，加大高杆喷雾、雾炮作业力度，对高值区域、涉VOCs排放企业开展排查，36家重点企业制定"一企一策"；对涉VOCs企业进行突击抽测，累计抽测37家企业149个排气筒，泄漏检测与修复（LDAR）抽测16家企业19510个点位，组织开展33家企业厂界无组织废气监测。实施移动源减排工程，限制"国四"及以下排放标准载货车辆入园。（邵新红）

【危废和土壤污染防治】 2023年，保税区开展新一轮危险废物规范化环境管理工作，加大危险废物产生、贮存、转运、利用处置等环节污染防治力度。建立健全危险废物管理机制，严厉打击非法转移、倾倒等环境违法犯罪行为。加强危险废物全生命周期监管系统运用，及时处置系统预警信息，加大对年产废物量100吨以上重点企业及临期贮存企业监管力度。动态更新土壤污染重点监管单位名录，84家单位被列为土壤污染重点监管单位，比上年增加2家。

【无废园区创建】 2023年，江苏扬子江国际化学工业园首批入选全省"无废园区"建设试点。启动"无废园区"创建后，保税区完成江苏扬子江国际化学工业园内104家企业一般固体废物的统计、分析和汇总工作。针对园内21个大类危险废物产废种类进行产出和流向梳理并绘制危废流向图，明确各类危废利用处置比例。制定《张家港保税区暨扬子江国际化学工业园"无废园区"建设实施方案》，确立5项一级指标、9项二级指标、16项三级指标的全方位、多层次建设指标。召开江苏扬子江国际化学工业园"无废园区"创建工作现场推进会，动员园区所有企业负责人现场参访园区固危废收集、处置单位，提升"无废园区"建设工作质效。推进密尔克卫超临界水氧化、天齐锂业硅酸铝渣综合利用项

10月23日，张家港保税区暨扬子江国际化学工业园"无废园区"创建工作现场推进会召开

目等重点工程，优化园区固体废物处置、利用能力。完善收贮运体系，建立第三方“驻场服务”和园区“托底服务”协同保障机制，提供“收集点—分拣—转运”配套服务。（徐誉升）

## 环境监督

【概况】2023年，保税区根据企业规模、所属行业特性及标准化水平，确定285家重点监管企业名单，通过分类管理，实行差异化监管，实现精准执法。积极推行“三个一”（一支环保攻坚队伍、一个网络监督平台、一个长效督察机制）工作模式，提升环保队伍的专业能力和服务水平，实现水、气、声、渣全要素指标统一监管。创新监管模式，利用大数据、无人机等新技术新手段，实现全方位、无死角监管。全年开展涉VOCs排放企业检查、涉水企业事故排放及应急处置设施督察整治等专项行动35次，实施行政处罚违法案件19起，区内环境风险总体可控，未发生较大以上突发环境事件。

【核与辐射安全管理】2023年，保税区有涉辐射单位16家。保税区安全环保局配合市相关部门开展涉源单位核与辐射联合执法检查18次，对辐射安全许可有效期、辐射监测仪器和防护用品、核与辐射安全相关制度、辐射事故应急措施等进行专项检查。处置涉辐射信访举报2件，保障辖区放射源使用安全。（崔锡俊）

【企业环保主体责任落实】2023年，保税区完成生态文明建设及深入打好污染防治攻坚战等各项指标任务及其他任务，督促企业落实水、气、声、渣环境保护主体责任，按标准治理排放污染物，确保对环境影响降到最低。年内，2个土壤污染重点监管单位签订土壤污染防治责任书，9个危险废物经营单位签订危险废物经营单位规范经营承诺书，226个危险废物产生单位签订危险废物产生单位守法管理告知书。（徐誉升　邵新红）

【节能减排】2023年，保税区贯彻落实《省发展改革委、省工业和信息化厅关于坚决遏制“两高”项目盲目发展的通知》要求，加强节能审查工作，强化事中事后监管，督促企业做好节能竣工验收，及时闭环节能审查流程。节能审查方面，强化拟建“两高”项目前期论证，全年召开润邦公司、瓦克化学公司等10个项目双控论证会，办理固定资产投资项目节能承诺表348批次，江海粮油集团、恒美纺织公司2个项目获江苏省发展和改革委员会能评批复，凯芯半导体材料公司、瓦克化学公司等9个项目获苏州市发展和改革委员会能评批复，易高生物公司项目获苏州市工业和信息化局能评批复，为润邦公司、瓦克化学公司、凯芯半导体材料公司等10个项目解决节能交易量指标8万吨。节能监察工作方面，配合上级相关部门对辖区内企业开展节能监察，全年对辖区15家企业的18个项目开展节能监察及现场检查。节能竣工验收方面，召开保税区项目节能竣工验收工作部署会议，传达新修订的《固定资产投资项目节能审查办法》文件精神，督促已竣工投产项目及时做好节能竣工验收。易高公司、PPG涂料公司等12个项目通过上级发改部门的节能竣工验收复核。碳达峰方案编制方面，完成《江苏扬子江国际化学工业园碳达峰实施方案研究课题》初稿。（曹　冲）

## 绿化造林

【概况】2023年度，保税区投入绿化建设资金2900万元，新增、改造绿化面积36.87万平方米。其中，新增公园绿地400平方米（不包含金港、后塍、德积3个街道）、单位小区及道路附属

绿地6.6万平方米、防护绿地1.9万平方米；修复提升绿化面积28.38万平方米。（陈　姗）

【绿化建设】 年内，保税区绿化工程总投入2370万元，建成文昌幼儿园、后塍养老院、消防特勤中队、泛半导体产业园、德积产业园、文昌北二期三期安置房等单位及居住区配套绿化工程。完成北园路、双丰路、永兴路配套绿化工程，对东海路（东海粮油段）两侧绿地及东新路（长江北路—千禧南路）隔离带进行提升改造，对道路两侧及隔离带内的老化苗木进行清理、补种和乔木更新，优化化工园区公共配套环境。3月，保税区开展义务植树活动，在滨江新城区柏林路段种植紫玉兰、桂花等观赏类小乔木150余株，种植面积约4000平方米。

【绿化养护】 2023年，保税区有公共绿地面积341万平方米。年内，完成22条重点路段沿线绿化更新修复，修复面积7.28万平方米，种植乔灌木2744株，铺设草坪地被等6.98万平方米；完成29处重点区域改造提升，种植乔灌木2748株，铺设草坪地被等20万平方米；修复市政开挖、管线铺设等施工破坏绿化1.1万平方米，移植乔灌木429株。对滨江新城区的广场铺装、景观构筑物、园路、木栈道等景观设施进行零星维修和日常保养，完成木结构油漆保养约1840平方米，保养钢结构廊架油漆约350平方米，修补墙面、地面零星破损约870平方米，更换亲水平台栏杆扶手110米，更新竹木地板约100平方米。实行绿化养护数字化管理，通过“简道云”智慧巡查平台，实现绿化在建工程和公共绿地基本信息与日常养护情况数据资源的统一管理、可视化呈现、统计分析、资源共享等具体应用；结合“简道云”使用情况和现场实际整治效果，对各养护单位定期实施考核，提升工作效率。全年完成28份“12345”便民服务中心任务单、46份网格平台任务单、1份纪工委工单、6份文明创建督办单、143份“简道云”平台巡查任务单的处理和回复，办结率100%；依法受理办结占用绿地审批事项90件，企业绿化竣工备案3件。（赵海榴　陈　姗）

【林长制工作】 2023年，保税区严格落实林长制责任体系、强化督导考核、加强要素保障、完善网格化管理体系。按照《张家港市林长巡林制度》文件要求，组织镇级林长巡林4次，报送市自然资源和规划局林业科工作信息24条。全年新增成片造林1.93公顷，完成年度指标任务。完成2023年营造林小班卡编制、公益林补偿资金申报及林长制台账资料编制等工作，协助各街道完成成片造林“以奖代补”资金追加分配工作。提升重大项目服务能力，受理办结林地征（占）用审批手续5件，为中亚油墨、大族激光、天齐锂业等项目地块提供相关涉林要素保障。（周晓兰　陈　姗）

【口袋公园建设】 2023年，保税区积极推进口袋公园建设。9月，组织口袋公园专项规划培训。11月，投资77万元、占地面积0.07公顷的环宇

环宇南路口袋公园

南路口袋公园建成投用。项目位于太丰港南侧，原为拆违腾退地块，以“方寸之间见天地，细微之处有乾坤”为设计思路，通过合理划分停车空间，增加廊架、健身器材与坐凳，在方寸空间内为周边居民营造一个学习、工作之余的生态花园。12月，投资150万元、占地面积1公顷的中港路街头绿地提升改造工程通过竣工验收并向公众开放。项目位于金港街道核心区域，以打造金港城市会客厅为设计思路，在原有绿地基础上新建公厕、儿童游乐设施，完善健身步道，翻新原有廊架、修复绿地等，打造兼具参与性、功能性、景观性的社区型休憩绿地，将该绿地改造提升为金港文化形象与功能服务相结合的门户绿地。

**【张家港河生态绿道（二期）获苏州市“园林杯”施工类优秀工程奖】** 12月，张家港河生态绿道（二期）港西路西延（金港大桥—港上路）北侧景观绿化工程获2023年度苏州市“园林杯”施工类优秀工程奖。工程总投入约1000万元，项目总面积4.5公顷，沿港西路一侧种植色叶树种枫香作为行道树，形成连续的城市景观风景道，绿地内侧采用自然式布置，以“乔木+多年生草本植物”为主，形成通透的林下空间，节点空间采用“林荫树阵+观赏草”的种植方式；建筑小品以现代简洁的钢木组合为主，结合石材、不锈钢等带有工业风的质感，呼应港口城市特色，营造出充满生机、环境优美的滨水休闲空间。

（赵海榴　陈　姗）

张家港河生态绿道

# 城市建设与管理

## 城镇规划

【概况】 2023年，保税区规划建设局认真履行规划职能，做好战略定位、存量用地更新、港口高质量转型发展、生态和景观风貌保护4个重大专题研究，持续深化保税区片区国土空间规划编制；探索保税区产业发展路径，完成中华路、华达路、香山北三大“转型升级战略空间”布局研究；同步推进后塍街道中北街周边地块更新行动计划和滨江新城西拓区城市设计，实现老城更新与新城开发同步实施、品质提升；完善区街范围内法定规划编制，全年完成化工园南区二期、南沙工业园、段山重装园等12个控制性详细规划和袁家桥村、朱家宕村等4个村庄规划。全年核发建设项目用地预审与选址意见书30件、建设用地规划许可证18件、建设工程规划许可证86件、乡村建设规划许可证5件，规划验线合格单49件，规划核实合格单87件，审查设计方案103件，保障大族激光、德积乡村融合中心等一批重大产业项目和民生实事项目建设。在项目审批过程中，通过流程再造，持续优化营商环境，落实先发证后缴费、开展联合验收等亲商助企政策。年内，《张家港市“江海交汇第一湾——张家港湾”特色精品示范区规划》获2022年度江苏省城乡建设系统优秀勘察设计奖，《张家港市德积街道更新提升规划》获2022年度苏州市优秀国土空间规划三等奖，《张家港市德积街道永兴村村庄规划(2020—2035)》获2023年度苏州市优秀国土空间规划三等奖，《张家港湾总体规划》获2023年度浙江省优秀国土空间规划设计项目二等奖。 (顾乾鹏)

【国土空间规划编制】 2023年，保税区科学谋划国土空间开发保护格局，绘制可持续发展空间蓝图，推进《张家港保税区片区国土空间规划(2021—2035年)》规划编制，至年末，完成规划成果。规划衔接落实苏州、张家港上位规划要求，围绕将保税区打造成为张家港城市副中心、临港高端制造与物流贸易中心的发展目标，系统构建农业、生态、产业、城乡格局、特色风貌等多要素融合的“港湾相依、山岛互望、产城共融、田乡共生”总体格局。科学划定三区三线，落实自然资源用途管制，优先保护农业和生态空间；划定工业保障线，保障产业发展空间；优化城乡格局，彰显港城特色风貌。推进3个街道老镇区城市更新，提升区街交通和市政公用设施的绿色低碳、安全韧性发展水平。

【城市规划设计】 2023年，保税区编制《后塍街道中北街周边地块更新行动计划》，从“烟火”和“人文”2个关键词出发，对中北街、黄酒厂等区域进行深入研究和规划设计，统筹布局功能板块、梳理交通流线并构建景观界面，对居住区、老旧厂区及滨河空间提出具体更新改造策略，将中北街及周边区域打造成展示后塍传统习俗、非遗文化和烟火氛围的城市客厅。编制《张家港保税区产业转型升级战略空间布局研究》，结合苏州轨道交通10号线，在全域“一心、三轴、两廊、多片区”城市空间格局基础上，谋划中华路新兴产业集聚区、华达路科技创新发展区、香山北麓产城融合样板区三大重点转型升级战略空间，建设更具吸引力的开放型经济枢纽、更有创新引领意义的战略示范区和蕴含生态经济价值的生态活力区。 (薛 滢)

11月13日，金港片区水质净化厂奠基

## 公共设施建设

【概况】 2023年，保税区确定涉及规划编制、市政公用设施、张家港湾建设、安置房及代建工程、绿化工程、老旧改造、水环境综合整治、维保工程等8个大类89个区街城建计划项目，完成城建计划投资额约18亿元。全年修复缺陷路面1.57万平方米，新增及翻新交通标线2.1万平方米，规范人行通道53处，刷新公交候车亭36座、道路安全护栏3千米。开展桥梁常规定期检测91座（次），维修二类桥梁17座，完成十太港水域3座桥梁船舶碰撞桥梁隐患治理工作。11月，金港片区水质净化厂启动建设。

（刘　新）

【交通路网建设】 2023年，保税区投资交通基础设施建设5450万元，其中桥梁维修建设投资2200万元、公路交通基础建设及改造投资3250万元。老张杨公路（港华路至中华路）、团结路（长江路至中圩路）、润邦公司南侧进出道路、汉璟公司地块西侧道路等11条道路完工，全年新增道路面积7.6万平方米；完成17座桥梁修缮加固、桥梁防撞设施工程及苏州外国语学校张家港校区东侧桥梁新建工作。

【公共交通建设】 2023年，保税区推进公共交通建设。实施老张杨公路（港华路至中华路）改造工程，包括电力、弱电线路入地及自来水管网改造，道路全长1620米、宽20米，双向四车道，总投资9000万元，于2021年3月开工，由齐力建设集团有限公司承建，江苏众信工程投资项目管理咨询有限公司监理，2023年4月竣工。润邦南侧进出道路新建工程东起华达路、西临新十字河，道路全长781米、宽14米，双向四车道，总投资1000万元，于2023年3月开工，由江苏永联精筑建设集团有限公司承建，苏州科信建设发展有限公司监理，12月末竣工。十太港水域桥梁防撞设施工程位于保税区十字港、太子港流域，包括十字港桥、华达路桥、新华桥固定式钢覆复合材料消能护舷、防撞墩、防撞警示标识等安装，总投资1450万元，于2023年7月开工，由昆山同济市政工程有限公司承建，苏州市路达工程监理咨询有限公司监理，12月末竣工。

【学前路拓宽、黑色化改造工程完工】 2月至4月，学前路拓宽、黑色化改造工程实施，道路总长350米，拓宽至双向两车道并加铺沥青，总投资150万元。由张家港保税区金运通市政建筑工程有限公司承建，江苏众业工程管理咨询有限公司监理。

【保税区化工园封闭管理改造工程完工】 5月至12月，保税区化工园封闭管理改造工程实施，工程包含天霸路北京路十字路口围栏隔离；渤海路（港华路西侧）道路中间增设绿化、围栏及道路改造，总投资650万元。由张家港保税区金运通市政建筑工程有限公司承建，张家港保税区恒泰工程建设咨询有限公司监理。

【三新路北延与西延、文化路新建工程开工】 5月，三新路北延、三新路西延、文化路新建工程开工。其中，三新路北延长270米、宽20米，三新路西延长510米、宽15米，文化路长260米、宽15米，包含配套雨污水管道工程，总投资1700万元。由齐力建设集团有限公司承建，江苏众业工程管理咨询有限公司监理。至年末，完成3条道路雨污水管道工程及水稳摊铺。

【团结路南延新建工程开工】 6月，团结路南延新建工程开工，道路长483米、宽14米，包含配套管道及桥梁一座，总投资1000万元。由张家港市永茂建筑工程有限公司承建，江苏华通工程管理有限公司监理。至年末，完成北段底层沥青摊铺及桥梁桩基施工。

【中原制管安置房配套道路新建工程开工】 6月，中原制管安置房配套道路新建工程开工，其中石头港路长250米、宽24米，港西南路长200米、宽18米，包含配套雨污水管道工程，总投资1150万元。由昆山铭志建设工程有限公司承建，江苏华通工程管理有限公司监理。至年末，完成雨污水管道工程及灰土路基。

（黄文韬）

## 公用事业

【概况】 2023年，保税区以污水处理、给排水、供气、供电、城镇照明等设施建设为重点推进公用事业建设。完成污水处理1052万立方米，新建供水管道921米，新建天然气管道31千米。

（刘　新）

【污水处理】 2023年，张家港保税区胜科水务有限公司负责保税区工业企业污水处理，日处理能力4.5万立方米，全年收集并处理保税区、扬子江化工园、重装园、保税区科创园、物流园（东、西两区）、善政工业园、辰龙再生园的工业污水724万立方米及德积片区生活污水328万立方米，尾水排放合格率100%，处置污泥3900吨，污泥无害化处置率100%。张家港西区污水处理有限公司负责金港片区、后塍片区的生活污水处理，日处理能力5万立方米，全年收集并处理生活污水1297万立方米，尾水排放合格率100%，处置污泥12093吨，污泥无害化处置率100%。

（孙品杰　丁向阳）

【供水】 2023年，张家港保税区长顺给排水有限公司向保税区境内供水955万立方米，比上年减少0.23%，售水量877万立方米，比上年减少0.26%，平均日供水2.62万立方米，漏耗率8.39%。年内，新增用户9户，销户1户，更换阀门16个、水表56个。完成保税区北京路默克项目市政供水管、润邦南道路市政供水管及赛宝龙化学（二期）自来水管网安装工程，敷设直径300毫米球墨管804米、直径200毫米球墨管105.4米、直径200毫米钢管11.5米；实施区内巡逻道、长山路、南海路市政消防栓改造工程，升级加密型消防栓79个、普通型消防栓12个；开展化工园消火栓除锈刷漆工作，维修翻新保税区、化工园区老化及损坏消防栓60个。市给排水有限公司金港分公司向集镇区境内供水2573万立方米，比上年减少1.19%，售水量2375万立方米，比上年减少1%，漏耗率7.69%。全年新增用户6051户，销户150户。全年投入技改资金456万元，完成市政公寓房、南沙天华路、中圩新村44至57幢、灿香路门面、后塍华宝家园和朝南村1组、2组、12组给水管及户表改造项目6项，改造用户水表978只。完成元丰小区53至81幢、金港湾9至12幢、金成一期1至42幢等部分水表周检项目，周检水表1952只。12月，开展冬季水表安全检查，放置保温板27268片。

（戴雄伟　王　明）

【给排水管网建设】 2023年，保税区投资1.49亿元实施金港、后塍、德积片区污水提质增效治理工程（含管网精细化排查、市政雨污水管网整治、老旧住宅小区管网整治及农村生活污水治理等）。其中，金港片区投资823万元完成管网精细化排查357千米，投资4100万元完成对金港片区长欣小区、芙蓉小区等11个小区的市政雨污水管网整治，累计新建、改建雨水管道10.5千米，污水管道23.5千米，新建阳台立管约4千米。后塍片区投资374万元完成管网精细化排查133千米，投资3600万元完成对后塍片区金成一期、金湾花园等24个小区的市政雨污水管网整治，累计新建、改建雨水管道9.8千米，污水管道24.2千米，新建阳台立管约21千米。德积片区投资285万元完成管网精细化排查196千米，投资3100万元完成德积片区德丰小区、学前小区等10个小区的市政雨污水管网整治，累计新建、改建雨水管道约5千米，污水管道约32千米，新建阳台立管9.8千米。投资2500万元完成农村422户改接管工作，新建污水管道10.8千米。 （樊京玮）

【供气】 2023年，保税区天然气运行管网长度392千米，工商用户349户，调压设施330台，居民用户56652户。全年新增管网31千米，工商用户89户，调压设施30台，居民用户3061户。全年天然气供应总量2.2亿立方米，日均用气量58万立方米，日高峰用气量63万立方米。 （朱大勇）

【供电】 2023年，保税区总供电量34亿千瓦小时，比上年增长3.61%；售电量33.95亿千瓦小时，比上年增长3.62%；其中综合变供电量4.87亿千瓦小时，售电量4.82亿千瓦小时，综合变线损率1.02%，应收电费26.19亿元，回收率100%。保税区电网建设成熟，主要为扬子江化工园南区和北区两大区域供电。扬子江化工园南区位于港丰东路北侧、黄海路南侧、太字圩港西侧，主要由220千伏柏木变、110千伏善政变供电。其中，220千伏柏木变由500千伏晨阳变出线供电，总容量为540兆伏安，主要供化工园南区内110千伏及35千伏用户；110千伏善政变由220千伏学田变出线供电，总容量为143兆伏安，主要供化工园南区内10千伏用户。各电压等级变电站之间利用线路互相联络，互为保障，为化工园企业安全生产提供保障，园区内有19家企业供电负荷为一级，各变电站平均负载率为40.34%至81.36%。扬子江化工园北区位于东华西路北侧、东新路南侧、千禧北路西侧，主要由220千伏万年变、110千伏高东变、110千伏思贤变供电。其中，220千伏万年变由500千伏晨阳变供电，总容量为480兆伏安，主要供化工园北区内35千伏及110千伏用户；110千伏高东变和思贤变由220千伏万年变、220千伏柏木变出线供电，总容量分别为150兆伏安和100兆伏安，主要供化工园北区内10千伏用户。 （张 健 吴 豪）

【城镇照明】 2023年，保税区提升改造15条道路路灯，修复故障路灯3000余盏，更换故障路灯电缆2800米，保障保税区城镇照明亮灯率达标。 （颜 鹰）

## 建筑管理

【概况】 2023年，保税区有在建项目155项，总建筑面积324万平方米。其中，新开工项目104项，总建筑面积76.08万平方米，总造价31.59亿元。建筑工程公开招标标段68个，交易金额5.24亿元，节约资金0.88亿元，核减率14.41%。工程竣工备案80个，竣工备案面积141.27万平方米。对20个超过一定规模、危险性较大的工程项目进行备案，对区内76台起重机械设备安装拆卸登记备案，对80台起重机械设备办理使用登记备案。接访5人以上工程建设领域农民工工资纠纷信访案件20起，“12345”便民服务热线、全国欠薪平台累计收到农民工工资投诉案件116起，涉及在建项目19项、农民工485人，帮助农民工解决工资1753万元，维护农民工合法权益。德积产业园、灿勤科技公司科技园、南山（华东区）全球汽车零部件及新媒体电商供应链总部基地等12个项目获评江苏省标准化示范工地，德丰产业园、郑明张家港温控供应链物流配送中心等7个项目获苏州市“姑苏杯”优质工程奖，富瑞特装LNG装卸臂厂房扩建、保税区泛半导体产业园三期厂房等6个项目获评张家港市优质工程。

（陈晓莉　徐思聪　许永亚）

【建筑工程安全管理】 2023年，保税区从质量风险、安全文明、实测实量、管理行为四大维度进行建筑工程全面体检，组织开展建筑起重机械安全专项检查、季度综合大检查、第三方质量安全评估、建筑工程施工安全专项检查、施工安全隐患排查整治行动等专项检查10次，开具隐患整改通知书109份、局部停工（暂停）通知书28份，整改各类安全隐患条目471条。6月，开展以“人人讲安全，个个会应急”为主题的建筑施工“安全生产月”活动，其间组织夏季高温慰问、建筑安全生产公益讲座、施工安全生产“云课堂”学习、“云观摩”交流、安全生产咨询宣讲竞赛、全国“十大逃生演练科普视频”观看、全国“人人讲安全，个个会应急”网络知识竞赛和线上“逃生演练训练营”“自救福利大派送”等活动8次。开展小型工程监督检查，检查小型工程备案情况，对50个备案工程进行现场抽查，检查发现施工告示牌缺失、脚手架搭设不规范、临时用电不规范、施工材料不符合消防要求等安全隐患，后续由各街道跟进整改，并对区街小型工程如何履行监管职责开展座谈。

【建筑质量管理】 2023年，保税区组织开展在建工程原材料抽测，全年开展在建工地原材料抽检2次，重点检查33个工地使用的钢筋、混凝土、砂浆、电线、防水卷材、盘扣脚手架等原材料质量情况，共抽查56组原材料，其中合格45组、不合格11组。严格按照《江苏省房屋建筑和市政基础设施工程质量缺陷投诉处理管理办法》处理投诉事件，确保投诉处理程序、方法、时限的规范性，保障业主合法权益。全力推进保交楼工作，召开中骏璟悦澜庭住宅二期保交楼协调会议15次，疏通各项环节，明确交付节点，做好“保交楼、保民生、保稳定”等各项工作。

（许永亚）

【建设工程消防管理】 2023年，保税区按照苏州市住房和城乡建设局下发的《关于加强建筑工地动火作业等消防管理有效防范火灾事故的通知》文件要求，组织开展在建工地消防安全隐患专项检查，深入排查建筑施工现场各类火灾隐患，开展建筑工地消防安全专项检查6次，实现在建工程全覆盖，发现消防隐患187处，隐患整改率100%，建筑施工消防安全形势稳定。开展消防安全隐患排查整治行动。按照《保税区“生命至上、隐患必除”消防安全大排查大整治专项行动实施方案》工作要求，开展全员消防宣传培训和疏散演练3次，提高消防救援能力。8月，在德积消防站举办在建工程应急消防技能竞赛，区街24个在建工程72名选手参加竞赛，德丰建设小明沙安置房项目获消防水带三带连接比赛第一名，德丰建设集团获最佳组织奖和团体第一名。

（蔡　伟）

【扬尘管控】 2023年，保税区严格按照扬尘管控“6个百分百”标准，对易产生扬尘的裸露地、建筑材料和建筑垃圾使用高编织密度防尘网全面精准覆盖；工地进出车辆自动冲洗，保持车身干净整洁，杜绝带泥上路；施工作业期间喷淋、雾炮、洒水作业常态化开启，重点敏感区域推广采用高杆喷雾设施。督促施工单位规范涂料作业，避免在日照强烈时段进行外墙刷漆作业，避免扬尘污染。利用无人机覆盖范围广、机动性好、时效性强等特点，在外围进行突击检查，拍摄施工区域现状图，消除扬尘防控隐蔽盲区。通过无人机航拍和不定期巡查，加强监督检查和处罚力度，对在建工地裸土覆盖情况和开挖抑尘措施落实情况进行不定期巡查60次，下发整改通知书89份，整改率100%，全面降低施工场地扬尘污染。（许永亚）

10月26日，区街城市精细化管理、垃圾分类暨城管委月度现场会召开

## 城镇管理

【概况】 2023年，保税区政法和社会管理办公室成立保税区、街道城市管理委员会，落实工作机制，明确22个成员单位及职责分工，每月定期召开工作例会，开展现场办公，加强协调联动，严格督察考核，全年下发《保税区、街道城市管理工作督查情况通报》7期、《保税区、街道垃圾分类工作督查红灰榜通报》5期，通报各类环境问题照片2038份，市容整改率100%。通过与市城市管理局建立“区”“城”融联机制，推进57个事项和建议落地解决。（何玲艳）

【综合行政执法】 2023年，保税区以各街道为执法主体行使镇域相对集中行政处罚权，开展城市管理、住建、资规、市场监督等方面综合执法，全年开展综合执法案件5756起，其中一般程序1043起（金港街道526起、后塍街道212起、德积街道305起），简易程序4713起（金港街道2026起、后塍街道1239起、德积街道1448起）。（蔡洁琼）

【重点领域整治】 2023年，区街围绕停车管理、渣土整治进行重点整治。各街道围绕2023年民生实事项目增加停车位供给，全年在辖区各主次干道、居民小区施划机动车停车位1052个、非机动车停车位721个，加强停车秩序整改提升，全年查处机动车违章停放10375辆、非机动车不按规定停放850起，罚款1.3万元。持续开展建筑垃圾“双证”检查与渣土夜查整治行动，各街道全年依法查处运输车辆无渣土证、带泥上路、抛洒滴漏、扬尘、偷倒建筑垃圾等行为130起，罚款20.8万元。

【户外广告管理】 2023年，保税区加强对户外广告设置规范管理，审批过程严格把关，全年审批户外广告（店招标牌）878件（金港街道548件、后塍街道167件、德积街道163件）。加快对户外广告提档升级，重点加强对各街道存量的封窗广告、多层广告、竖式灯箱、独立式广告等违法违规设置的户外广告设施和陈旧破损的店招标牌设施清理整治，常态化开展检查，对封窗广告、大型楼顶广告开展集中清零整治，全年共排查高炮广告24个，拆除不规范户外广告设施129块。（何玲艳）

**【违章建筑治理】** 2023年，保税区全面清查并处理现有违法建设，全年有效治理各类违章建筑点位388处、无证建筑面积53.2万平方米，综合治理总量列全市第一。统筹协调各街道、村（社区）严控增量、逐步去存量，召开加强违法建设治理工作动员部署大会，针对九大类突出问题，规划40万平方米治理目标，全年完成率133%。清除一批脏乱差、产能落后工业集中地块，打造德积街道沙泥圩特色田园等一批特色项目。（孙　斌）

**【环卫管理】** 2023年，区街以机械化、精细化、信息化为目标，由金港环卫所、长乐物业、大德物业共同参与，高标准做好环卫保洁工作。江苏扬子江国际化学工业园、保税物流园区、保税港区区域内，长乐物业负责保洁道路96条、景观河两岸和部分市民活动广场，总面积256.69万平方米，配备保洁人员68人、清扫车8辆。（何玲艳）

**【垃圾分类与收运】** 2023年，区街全面开展垃圾分类工作，涉及23个行政村、23个居民社区，设置垃圾分类亭835个，16501户农村家庭配有厨余垃圾和其他垃圾二分类桶，配备分类收运车辆156辆，生活垃圾收运和处理体系基本全覆盖，分类设施覆盖率100%。区街全年处理餐厨垃圾1.5万吨、建筑（装修）垃圾7.2万吨、大件垃圾3000吨、可回收物1.1万吨、家庭厨余垃圾2.2万吨，焚烧和填埋其他垃圾9.4万吨，生活垃圾回收率33.3%。加强垃圾分类宣传，全年累计受众10.6万人次，入户宣传9405次，发放宣传手册4.8万份。（李依祎）

## 动迁安置

**【概况】** 2023年，保税区根据人民群众期待、重大项目规划等实际情况，从严从紧落实动迁安置任务，清场交地5个地块（双丰村环境整治项目、朝南村环境整治项目、高桥村港华路拓宽项目、占文村申请动迁项目、三角滩文昌小区下穿项目），较好完成年度目标任务。

**【农户动迁】** 2023年，区街有372户农户动迁，涉及朝南村、封庄村、山北村，拆除建筑面积9.3万平方米，评估总额1.86亿元。此外，因项目建设需要，启动大族激光项目东侧收购项目，涉及门面80家、住户200户，至年末，完成评估164户、签约132户，拨付资金8800余万元，完成率66%。（路羽菲）

**【企业动迁】** 2023年，因规划建设、学校建设、安置房建设等，保税区动迁张家港市富发弹簧厂、张家港市金港镇学源机械厂、张家港市海岛贸易有限公司、张家港市金港镇大圩机械加工厂、张家港市中兴色织厂、张家港市金港水利服务管理站、张家港市广龙建筑机械工程有限公司及江苏金和电气有限公司8家企业，厂房面积2.22万平方米，货币补偿7272.03万元。涉及滩上村、山北村、东山村。（闻晨明）

**【过渡安置】** 2023年，区街合理规划落实安置任务，全年安置动迁户200余户、零星分房220套，主要安置在文昌小区、金成三村、金香花苑、金都花苑等安置小区，涉及晨阳村、北荫村、山北村等26个村。

**【定向房票安置办法实施】** 3月2日，区街发布《保税区、街道房屋征收（搬迁）定向房票安置实施办法项目公示》，实施定向房票安置。4月28日，保税区管委会印发《保税区、街道房屋征收（搬迁）定向房票安置实施办法》。实施办法分为适用范围、组织实施、政策定义、房票面额、房票奖励、房票有效期、房票形式、房票使用人、房票申请、房票使用等11个部分

动迁户签订房票安置协议

和保税区、街道房屋征收（搬迁）定向房票安置领导小组和工作专班、保税区、街道定向房票安置相关部门职责。定向房票安置是指在区街房屋搬迁补偿安置政策执行的基础上，通过定向房票由被搬迁人自主选择认购房源的一种补充安置形式。根据房屋搬迁补偿协议向被搬迁人发放定向房票，被搬迁人在有效期内凭定向房票自主选择认购本区街范围内房屋搬迁项目房票使用房源库内的各楼盘项目，并给予相应的购房奖励。房票适用范围为在保税区、街道行政区域内，该年度起因实施城乡和相关专项规划新启动搬迁项目（同一任务书分阶段实施项目参照执行），且被搬迁房屋性质为住宅。在规定期限内签订协议的可选择房票补偿安置，办法适用国有土地上房屋征收和集体土地上房屋搬迁项目。7月1日正式实施定向房票安置，首期发放50张，参与此次房票安置的商品房开发商共4家，分别是苏州骏凯（璟悦澜庭）、中铁城建（观河锦园）、张家港弘港（映悦华庭）、张家港君地（美好风华雅园）。至年末，兑付房票47张，完成商品房交易47套，兑付房票价值5000余万元。（路羽菲）

# 开放型经济

## 招商引资

【概况】 2023年，保税区紧扣“现代化建设先锋年”工作主题，聚焦“高质量发展”首要任务，突出“四新”产业方向，全力以赴狠抓外资到账和推进外资项目签约落地。实现注册外资及港澳台资2.67亿美元，实际利用外资及港澳台资1.1亿美元，占全市24.3%，绝对值列全市区镇第一。引进天齐锂业、博腾医药2个超30亿元项目，新签约超1亿元项目25项，完成科技招商项目408项，杜邦、海虹老人等36个项目竣工，瓦克、百胜等35个项目开工建设，大族激光项目一期主体封顶、二期加快清场交地，华盛锂电、国恒等一批项目实现“五证齐发”，22个列入三级重大的计划新开工项目三季度全部开工，项目数和年度总投资列全市区镇第一。

6月26日，国恒总装基地项目“五证两书齐发”现场颁证仪式举行

【天齐锂业氢氧化锂生产基地项目签约】 2月21日，天齐锂业股份有限公司氢氧化锂生产基地项目签约仪式在保税区举行。项目用地13.33公顷，年产30000吨电池级单水氢氧化锂（或26000吨电池级碳酸锂）及60000吨无水硫酸钠，预计达产后年产值75亿元，税收4.2亿元，将为张家港“打造全生命周期、全产业链发展的锂电新能源集群”提供重要支撑。天齐锂业股份有限公司是中国和全球领先、以锂为核心的新能源材料企业，为深圳证券交易所和香港联合交易所两地上市公司，公司业务涵盖锂产业链的关键阶段，包括硬岩型锂矿资源的开发、锂精矿加工销售以及锂化工产品的生产销售。

【博腾创新医药基地项目签约】 2月21日，博腾股份创新药研发生产一体化基地项目签约仪式在保税区举行。项目计划总投资50亿元，一期项目投资25亿元。公司业务包括创新药的中间体和原料药的研发及生产，主要客户为跨国制药公司、欧美中小型生物制药公司及国内创新药公司。重庆博腾制药科技股份有限公司成立于2005年，是国内领先的医药合同定制研发及生产企业，2014年在深圳证券交易所挂牌上市，主要为全球药企、新药研发机构等提供从临床早期研究直至药品上市全生命周期所需的化学药（包括起始物料、中间体、原料药、制剂）和生物药（包括质粒、病毒载体、细胞治疗、基因治疗）定制研发以及生产服务，服务产品涉及肝炎、糖尿病、肿瘤等重大疾病治疗领域。

【东华能源公司蒸汽梯级余热利用项目开工】 11月15日，东华能源（张家港）新材料有限公司系统蒸汽梯级余热利用项目开工。该公司是东华能源集团全资子公司，于2011年11月成立，注册资本20.96亿元。利用进口的高纯度丙烷，采用美国UOP脱氢生产工艺和装置年产66万吨丙烯，并采用美国陶氏Unipol工艺年产40万吨聚丙烯。该项目利用东华能源公司厂区锅炉富余中压蒸汽以及背压式汽轮机机组发电技术，装机容量达到4.5兆瓦，是全国化工行业规模最大的蒸汽梯级利用余热发电项目。项目投运后，年发电量将达到1740万千瓦小时，厂区蒸汽利用率近90%，可实现年节省电费1044万元，年节约标准煤5379吨，减少二氧化碳排放12246吨。

【海虹老人涂料（张家港）有限公司开业】 9月22日，张家港保税区2023年"金秋好丰景、奋进正当时"重大项目开竣工系列活动启动仪式暨海虹老人涂料（张家港）有限公司开业典礼举行。以海虹老人特性涂料项目为代表，总投资120.51亿元的15个项目集中开竣工，涉及新材料、新能源、新装备、总部经济、科创载体等多个领域，其中开工项目5项、竣工项目10项。丹麦海虹老人集团成立于1915年，总部位于丹麦哥本哈根，业务涉及工业防护涂料、船舶涂料、集装箱涂料、建筑涂料、交通标线涂料等，全球拥有26个生产基地、17个研发中心，员工人数超7500人。海虹老人集团投资11.4亿元在江苏扬子江国际化学工业园建设特性涂料项目，占地面积13.61公顷，员工人数150人。年产高性能涂料18万吨，其中高性能船舶涂料10.5万吨、高性能工业涂料7.5万吨，年产2万吨水性涂料，达产后可实现年营业收入25亿元。该基地是海虹老人集团全球最大的研发生产基地。

【杜邦张家港一体化生产基地开业】 9月27日，杜邦张家港一体化生产基地开业典礼在保税区举行。杜邦公司于2018年11月8日与张家港保税区签署项目投资合作协议。杜邦张家港一体化生产基地项目总投资10.5亿元，占地面积10公顷，主要生产胶黏剂产品，配备MES生产执行系统。其中首期年产1.6万吨胶黏剂项目投资3.2亿元，占地面积3.33公顷，于2023年5月开始试生产（为期一年），达产后预计年增销售8.5亿元、税收6375万元，产品被广泛用于汽车、电子产品和医疗市场等高新技术领域。

【江海粮油集团二期项目投产】 11月3日，江海粮油集团二期项目投产仪式在保税区举行，项目总投资12亿元。全球四大粮商之一、世界500强企业路易达孚集团与江海粮油集团于2017年签署合作协议，租用江海粮油工厂，作为江海粮油集团一期项目，主要内容为加工进口大豆，生产销售饲料原料豆粕、脱胶毛豆油及相关副产品。2020年5月，路易达孚集团与江海粮油集团签订二期合作协议，由江海粮油集团为其定制建设二期工厂，完成后租用移交路易达孚集团使用。二期包括2个项目，其中年产96万吨饲料蛋白及副产品项目于2021年6月开工，2023年8月竣工；植物油精炼项目于2022年7月开工，2023年11月竣工。2023年，路易达孚（张家港）饲料蛋白有限公司销售收入54.82亿元，纳税2320万元。

（保税区招商局）

## 进出口贸易和对外经济合作

【概况】 2023年，保税区有6家公司开展对外投资7笔，比上年增加1笔，金额904万美元，比上年下降21.7%，主要投资目的地为东南亚、欧洲、美国，主要行业集中在批发、零售业。全年完成进出口贸易总额202.99亿美元，占全市超过二分之一。其中，出口总额39.45亿美元、进口总额163.54亿美元。有外贸企业900余家，主要涉及粮食、化工、服装纺织、机械装备、木材等行业。主要外贸企业有中粮四海丰（张家港）贸易有限公司、张家港保税区沙钢矿产品有限公司、江苏一达通企业服务有限公司、东华能源股份有限公司等。

（程胜瑜　闻青葆）

表1　　2023年张家港保税区出口十强企业一览表

| 序号 | 企业名称 | 企业类别 | 主要产品（服务） | 销售收入（万元） |
|---|---|---|---|---|
| 1 | 陶氏硅氧烷（张家港）有限公司 | 外资 | 化工 | 364141 |
| 2 | 力文特锂业（张家港）有限公司 | 外资 | 化工 | 309787 |
| 3 | 陶氏有机硅（张家港）有限公司 | 港澳台投资、非独资 | 化工 | 265787 |
| 4 | 天宇羊毛工业（张家港保税区）有限公司 | 外资 | 纺织 | 220694 |
| 5 | 张家港富瑞重型装备有限公司 | 内资 | 机械装备 | 94573 |
| 6 | 南港（张家港保税区）橡胶工业有限公司 | 外资 | 化工 | 85034 |
| 7 | 易高生物化工科技（张家港）有限公司 | 港澳台投资、非独资 | 化工 | 83005 |
| 8 | 张家港保税物流园区龙亿国际物流有限公司 | 内资 | 物流仓储 | 20900 |
| 9 | 张家港孚宝仓储有限公司 | 外资 | 码头仓储 | 17700 |
| 10 | 江苏一达通企业服务有限公司 | 内资 | 进出口服务 | — |

表2　　2023年张家港保税区进口十强企业一览表

| 序号 | 企业名称 | 企业类别 | 主要产品（服务） | 销售收入（万元） |
|---|---|---|---|---|
| 1 | 中粮四海丰（张家港）贸易有限公司 | 内资 | 粮油 | 9126134 |
| 2 | 张家港保税区沙钢矿产品有限公司 | 内资 | 冶金 | 1768926 |
| 3 | 陶氏（张家港）投资有限公司 | 外资 | 化工 | 833199 |
| 4 | 张家港保税区阳州国际贸易有限公司 | 内资 | 贸易 | 539621 |
| 5 | 东华能源股份有限公司 | 中外合资 | 能源 | 523149 |
| 6 | 江苏国泰华博进出口有限公司 | 内资 | 贸易 | 324509 |
| 7 | 力文特锂业（张家港）有限公司 | 外资 | 化工 | 309787 |
| 8 | 天宇羊毛工业（张家港保税区）有限公司 | 港澳台投资、非独资 | 纺织 | 220694 |
| 9 | 张家港保税区长江国际港务有限公司 | 内资 | 码头仓储 | 47300 |
| 10 | 张家港孚宝仓储有限公司 | 外资 | 码头仓储 | 17700 |

【张家港保税区口岸首次实现二手车出口】 11月，15辆二手车在张家港保税港区港务有限公司码头发往阿联酋迪拜，标志着张家港口岸首次实现二手车出口，此次出口的15辆二手车均出自张家港万春鑫进出口有限公司。年内，江苏罗伦士汽车制造股份有限公司、江苏国泰华博进出口有限公司、张家港万春鑫进出口有限公司获二手车出口资质，全年出口二手车916台。

（孙敏浩）

【棉花品类出区"整报分送"模式】 4月，针对保税区货物出区采取整报整送模式、不能分批拆送、增加成本的问题，保税区纺织市场、金港海关和区内仓储企业多方沟通协调，创新棉花品类出区"整报分送"模式，仓储企业只要按照海关监管要求对仓库进行升级改造，验收合格后即可运用此模式。"整报分送"模式是指海关将二线出区棉花查验从卡口前移至保税仓库，实现查验一次、分批出区，解决企业运力不足、大批量多车次集中提货等问题，可提升仓储企业运营效率，节约经营企业综合成本，提高通关效率，企业可节省综合费用每吨75元，每票节约通关时间5天，基本实现24小时内通关。年内，金港海关共监管进口棉花477批9.93万吨，货值2.1亿美元，其中经"整报分送"模式监管的棉花4.25万吨，货值8920.5万美元，节省物流费用319万元。

（曹晓云）

【省内首创进口危化品智慧监管场站】 8月，保税区管委会和张家港海关召开进口危化品智慧查验场站试点工作会议，解决因2023年危化品口岸查验调整为属地查验而导致的下厂查验量激增、货物无法及时放行、影响地区危化品供应链稳定、检验监管工作任务重风险高的问题，在江苏省首创进口危化品智慧监管场站模式，设立苏州中远海运化工物流有限公司、北尔旗物流（张家港）有限公司试点场站，实施集中查验。场站查验模式下，客户载货车辆进入场站前进行查验预约，车辆进入场站后现场提交查验资料并开展查验，查验合格后及时放行，查验结果同步上传海关系统，优化查验流程，避免客户长时间等待，提高进口危险化学品通关效率，降低现场查验工作安全风险。

（程胜瑜）

## 总部经济

【概况】 2023年，保税区积极做好跨国公司地区总部和功能性机构政策宣传解读，加大总部经济招引培育力度。至年末，有6家企业被认定为省级跨国公司功能性机构，分别是陶氏化学（张家港）有限公司、陶氏（张家港）投资有限公司、佐敦涂料（张家港）有限公司、霍尼韦尔优欧辟工程技术研发有限公司、PPG涂料（张家港）有限公司和张家港迪爱生化工有限公司。12月，张家港迪爱生化工有限公司被认定为省级跨国公司功能性机构，攀华集团有限公司、江苏华盛锂电材料股份有限公司、江苏物润船联网络股份有限公司被认定为苏州市总部企业。

【陶氏化学（张家港）有限公司】 陶氏张家港生产基地位于江苏扬子江国际化学工业园，占地面积110公顷，自2002年运营以来，保持平均每18个月就落户1个新项目的投资速度，总投资近30亿美元，成为陶氏在中国最大的高新材料生产基地。陶氏化学（张家港）有限公司为张家港基地的重要组成部分，由陶氏化学（中国）投资有限公司于1998年4月投资设立，总投资2.24亿美元，注册资本8240万美元，主要产品为醇醚、聚醚多元醇配方产品。6月21日，陶氏有机硅下游产品扩建项目奠基仪式在保税区举行，陶氏与保税区于2020年签订5年增资3亿美元的合作备忘录，此次扩建项目就属于该合作备忘录的一部分。该项目所生产的有机硅下游产品绿色、高端、附加值高，将用于电子、电力、汽车、新能源、包装和建筑等领域，为客户提供性能卓越、耐久可靠的原料，助力客户开发更具可持续发展意义的新型产品，同时进一步完善企业所在地区的有机硅产业链，为行业和市场提供创新动力，实现高质量、可持续的发展。

**【陶氏（张家港）投资有限公司】** 陶氏（张家港）投资有限公司为张家港基地的重要组成部分，为陶氏公司全资子公司，2016年由于股份重组，道康宁全球并入陶氏，为陶氏公司独资，2018年，道康宁（张家港）投资有限公司更名为陶氏（张家港）投资有限公司，总投资6.61亿美元，注册资本2.97亿美元。公司自2014年开始转型升级，成为美国陶氏有机硅公司在中国地区主要产品的销售中心，为大中华区内的工厂提供销售服务。

**【佐敦涂料（张家港）有限公司】** 佐敦涂料（张家港）有限公司于2004年4月成立，2006年1月投产，投资总额超8800万美元，注册资本5000万美元，占地面积12.67公顷，生产和销售船舶漆、工业保护漆、民用涂料和粉末涂料，是佐敦集团最大的单体生产基地，设有区域研发中心和培训中心。公司产能为年产液体高性能涂料14.8万吨、年产粉末涂料1万吨，主要产品工业保护涂料占中国市场份额约9%，列第一位。2023年，公司实现销售收入39.7亿元，入库税金4亿元。

**【霍尼韦尔优欧辟工程技术研发有限公司】** 霍尼韦尔优欧辟工程技术研发有限公司于2017年8月成立，投资总额1600万美元，注册资本800万美元，员工近百人。公司是霍尼韦尔全球四大技术服务中心之一，承担霍尼韦尔在中国的催化剂和吸附剂研发、工艺及工程技术研发和服务职能。公司自2018年1月开业以来，已成为霍尼韦尔全球技术研发和服务的重要力量，累计完成国内设备设计项目上百项、全球设备设计项目70多项，该设计项目直接支持4000万美元的霍尼韦尔在国内的设备采购，其中包括2000万美元在江苏省的设备采购。2023年，公司实现销售收入9936万元，比上年增长60%。

**【PPG涂料（张家港）有限公司】** PPG涂料（张家港）有限公司成立于2005年，位于江苏扬子江国际化学工业园，注册资本8730万美元，占地面积22.33公顷，累计投资总额超2亿美元，有员工350余人，主要开发、生产、加工高性能涂料树脂、水性树脂、电泳漆及胶黏剂等产品，用于汽车和工业行业。2023年，公司实现销售收入17.8亿元，入库税金1.2亿元。

**【张家港迪爱生化工有限公司】** 张家港迪爱生化工有限公司是DIC株式会社通过迪爱生投资有限公司于2003年8月成立的公司。至年末，DIC在全球62个国家拥有185家公司，在中国有25家公司。张家港迪爱生化工有限公司被定位为中国华东地区的综合性生产基地，产品包括合成树脂、PPS复合物。公司获得ISO-9001及ISO-14001认证、安全标准化二级资质，获评苏州市级及江苏省级示范智能车间。2023年，公司实现销售收入6.7亿元。（刘　江）

## 张家港港

**【概况】** 2023年，保税区口岸有张家港港务集团有限公司、张家港保税区长江国际港务有限公司、中粮东海粮油工业（张家港）有限公司等沿江码头企业15家，泊位60个，万吨级以上泊位37个，涵盖散杂、件杂、集装箱、液体化工、重型装备、船舶维修等业务。全年口岸货物吞吐量1.37亿吨，占全市总量50%以上，其中集装箱吞吐量100.8万标箱，口岸货物主要为矿石、粮食、化工原料、木材、机械设备等。

【港口服务】 保税区港口配套服务完善，主要代理企业有中国张家港外轮代理有限公司、张家港船务代理有限公司、张家港海德国际船务代理有限公司、张家港航姆国际船舶代理公司等。理货企业主要有张家港中理外轮理货有限公司、张家港中联理货有限公司和张家港检验认证有限公司。船舶物料和生活品供应企业主要有张家港保税区长航船舶燃料供应有限公司、张家港市昌隆船舶服务有限公司、张家港保税区益嘉船务有限公司等。船舶油料供应企业主要有江苏省中油泰富船舶燃料有限公司、江苏中石化长江燃料有限公司张家港保税区分公司等。提供船舶污染物接收服务企业主要有张家港市通江船舶服务有限公司、张家港市港鸿船舶服务有限公司等。经营港口拖轮业务企业主要有张家港港务集团有限公司船务分公司、张家港保税区港鑫船务有限公司等。

表3　2023年张家港保税区口岸码头泊位一览表

| 作业区 | 码头单位 | 码头泊位名称 | 泊位个数 | 主要用途 | 前沿水深（米） | 泊位长度（米） | 靠泊能力（吨级） | 投产时间 |
|---|---|---|---|---|---|---|---|---|
| 段山港作业区 | 港新重装基地 | 长江泊位 | 5 | 重件件杂货 | -9.84 | 898 | 3个8000<br>2个5000 | 2017年 |
| | | 内港池泊位 | 5 | 件杂货 | -4.20 | 455 | 5个2000 | 2017年 |
| 化学工业园作业区 | 东海粮油 | 1号泊位 | 1 | 海轮泊位（可散货） | -11.00 | 284 | 70000 | 2016年 |
| | | 2号泊位 | 1 | 杂货 | -11.00 | 96 | 10000 | 2016年 |
| | | 改扩建码头 | 1 | 散货 | -11.00 | 290 | 50000（70000） | 2004年 |
| | | 3号泊位 | 1 | 杂货 | -7.50 | 120 | 10000 | 2016年 |
| | 双狮物流 | 液化泊位 | 1 | 液体化工 | -14.90 | 312 | 50000 | 2005年 |
| | | 散货泊位 | 1 | 散货 | -15.20 | 275 | 50000 | 2005年 |
| | | 内港池 | 5 | 液体化工 | -4.05 | 403.6 | 500 | 2005年 |
| | 陶氏化学 | 陶氏化学 | 1 | 液体化学品 | -14.00 | 244.25 | 25000（40000） | 2002年 |
| | 长江国际 | 1号泊位 | 1 | 化学品 | -13.00 | 170 | 30000（借用3号泊位） | 2016年 |
| | | 2号泊位 | 1 | 化学品 | -13.00 | 280 | 50000（借用3号泊位） | 2016年 |
| | | 3号泊位 | 1 | 化学品 | -13.00 | 40.4 | 3000 | 2016年 |
| | | 内河泊位 | 2 | 化学品 | -3.40 | 104 | 500 | 2005年 |
| | 东华能源 | 东华能源 | 1 | LPG | -11.00—-14.00 | 280 | 54000 | 2013年 |
| | | 东华能源 | 1 | 液体化工 | -11.00—-14.00 | 217.5 | 20000 | 2012年 |

续表

| 作业区 | 码头单位 | 码头泊位名称 | 泊位个数 | 主要用途 | 前沿水深（米） | 泊位长度（米） | 靠泊能力（吨级） | 投产时间 |
|---|---|---|---|---|---|---|---|---|
| 化学工业园作业区 | 孚宝仓储 | 孚宝码头 | 2 | 液体化工 | -12.50 | 461 | 2个50000 | 2013年 |
| | | 内港池 | 2 | 液体化工 | -4.00 | 195.4 | 1000 | 2015年 |
| 张家港作业区 | 江海粮油 | 1号泊位 | 1 | 粮油 | -9.80 | 180 | 50000 | — |
| | | 2号泊位 | 1 | 粮油 | -10.00 | 220 | 70000 | |
| | | 3号泊位 | 1 | 粮油 | -10.00 | 210 | 70000 | |
| | | 4号泊位 | 1 | 件杂货 | -13.10 | 200 | 70000 | |
| | 港务集团 | 1号泊位 | 1 | 散杂货 | -11 | 185 | 50000 | 2012年 |
| | | 2号泊位 | 1 | 散杂货 | -11 | 185 | 50000 | 2012年 |
| | | 4号、5号泊位 | 2 | 海轮泊位（可散货） | -11.85 | 581 | 100000 | 2016年 |
| | | 6号泊位 | 1 | 件杂货 | -10.5 | 180 | 10000 | 1985年 |
| | 港务集团 | 7号泊位 | 1 | 件杂货 | -10.5 | 180 | 10000 | 1985年 |
| | | 8号泊位 | 1 | 海轮泊位（可散货） | -11.62 | 203 | 70000 | 2014年 |
| | | 9号泊位 | 1 | | -11.62 | 185 | 70000 | 2014年 |
| | | 10号泊位 | 1 | 液体化工 | -11.62 | 196 | 25000 | 1993年 |
| | | 13号泊位 | 1 | 件杂货 | -11.68 | 180 | 30000 | 2009年 |
| | | 14号泊位 | 1 | 件杂货 | -11.62 | 195 | 40000 | 2009年 |
| | | 18号泊位 | 3 | 集装箱 | — | 301 | 1个30000<br>2个2000 | 2023年 |
| | 永嘉码头 | 15号泊位 | 1 | 集装箱 | -11.62 | 255 | 25000 | 1992年 |
| | | 16号泊位 | 1 | 集装箱 | -11.62 | 250 | 25000 | 1997年 |
| | | 17号泊位 | 1 | 集装箱 | -11.9 | 217 | 30000 | 2006年 |
| | 保税港务 | 1号泊位、2号泊位 | 2 | 集装箱多用途 | -13 | 470.4 | 50000 | 2014年 |
| 长山作业区 | 锦隆重件 | 锦隆重件 | 4 | 重件<br>件杂货<br>件杂货 | -8.00 | 540 | 1个8000<br>2个5000<br>1个2000 | 2011年 |
| | 圣汇装备 | 舾装泊位 | 2 | 船舶装备 | -7.00 | 300 | 2个3000 | 2009年 |
| | 久盛船业 | 久盛码头 | 2 | 船修 | -8.00 | 300 | 1个30000<br>1个50000 | 2008年 |
| | 上海港机 | 港机厂码头 | 1 | 港机发运 | -7.50—-9.00 | 84 | 10000 | 1997年 |

【港新重装码头助力"一带一路"建设】 11月26日，港新重装码头成功保障一座重达2208吨的浮式生产储油轮（FPSO）上部模块发运，标志着张家港企业制造的5座FPSO上部工业模块全部完成发运。这些模块将经上海长兴岛组装后运往巴西，助力当地能源建设。FPSO作为海上油气田开发的主流方式，集成油气分离、污水处理和发电供热等功能，是海上"钢铁巨无霸"。张家港企业承接的5座模块，历时15个月完成制造与发运，总重近9500吨，体积超9万立方米，货值11亿元。在装运过程中，港新重装码头根据"江海联运、分批组装"的特点，精准对接企业需求，调整监管流程，实现全过程重点监控和通航安全保障。创新运用物流服务平台，科学应对突发天气，全程护航，确保发运安全高效。在国内共建"一带一路"项目中，港新重装码头和青山钢铁集团深度合作。青山钢铁印尼工业园项目自2017年大规模集港起，租用港新码头场地超2万平方米，累计发运367船次，货物总量超814万立方米，累计发货重量超279万吨。2023年，该项目靠泊外轮69船次，发运货物67万吨、211万立方米。

【张家港港智慧中心启用】 11月，张家港港智慧中心启用，散杂货生产业务系统2.0升级版上线。2023年，港务集团突破传统干散货码头技术瓶颈，建立干散货码头全要素管理架构和全流程智能控制体系，自主研发上线全国首套全要素智慧管理系统（PORTS系统），将场地、船舶、货物等八大要素一体化集成，数据实时更新显示，生产作业现场资源分布一目了然，实现港口生产全要素可视化、全定位、能追溯、可监管。打造智慧物流管控平台，全年平台服务客户6800余人，服务车辆6.2万余次，减少客户线下窗口办单1.7万余次，木材货物疏港业务量203万立方米，港口木材疏港效率比上年提升17%。实现环境治理、能源管理数字化展示、智能化管控，吞吐量综合能源单耗每万吨1.6吨标煤，比2020年下降28%。项目成果在港盛分公司系统应用，作业效率提升16%、节能12%、减少人员25%，累计节约成本4910万元。"传统干散货码头绿色智慧一体化管理和全流程智能控制技术研究与应用"项目获第29届智能交通世界大会创新大赛一等奖、中国港口科技进步一等奖、国务院国资委首届国企数字场景创新专业赛二等奖，累计获发明专利3项、实用新型专利12项、软件著作权12项，入选江苏省数字化绿色化协同转型发展典型案例，被列为智慧江苏重点工程并通过交通部交通强国试点项目验收。

（程胜瑜）

张家港港散货全流程智能操作中心

## 金港海关

【概况】 2023年，金港海关审核进出口报关单14075份，比上年增长13.13%。征收入库税款58534万元，比上年增长6.5%。审批减免税货值6788万美元，累计减免税款4097万元。辖区内开展加工贸易经营企业178家，保税货值12亿美元，其中转内销货值1.4亿美元，加工贸易转内销补税1.5亿元。签发原产地证书27505份，货值27.3亿美元，分别比上年增长8.3%和下降9.4%，其中优惠原产地证21613份，货值17.8亿美元，分别比上年增长8%和下降13.3%。监管进出辖区货物385146吨，货值144136万美元，分别比上年增长20.74%和下降2.87%。监管进出口集装箱24290标箱，比上年增长17.8%。保税仓库入库货运量455034吨、出库货运量450331吨，分别比上年增长26.9%和24.7%。完成入境检验检疫954批次，货值29081万美元，检出不合格货物246批；完成出境检验检疫12308批，货值136457万美元，检出不合格货物2批。完成危包使用鉴定和性能鉴定6992批，比上年增长12.2%。联合开展“护松2023”打击松材线虫病疫木违法犯罪行为专项整治行动，对16家企业进行检查。抓好安全生产工作，制发安全生产告知书133份，对辖区内仓储企业发送安全生产提醒176家次，开展危险品企业巡查20家次，联合约谈危险品仓储企业3家次。开展反恐督导检查28家次。

**【海关企业管理和稽查】** 2023年，金港海关辖区新增企业备案1013家，办理信息变更2200家次，企业注销287家，新增跨境电商企业备案28家。对辖区企业开展信用政策宣讲2次，覆盖企业150余家，重点培育企业6家，新增海关高级认证（AEO）企业3家，全年开具信用证明47份。开展稽查作业53家，主动披露作业16家，追征税款2585万元。办结核查作业87个，核查有效率75.9%，核查入库税款327万元。移交刑事案件4起，一般行政案件立案6起，办结简快案件26起。

**【海关服务地方经济发展】** 2023年，金港海关持续推进张家港保税区、保税港区升级为综合保税区工作。开展“关长送政策上门”活动，为企业解决问题12个。“循链培育”海关高级认证企业，累计为AEO企业优先开展实验室检测340批次、口岸检查190余次。办理新型显示器件项目减免税业务1件，为企业减免税款1333万元；鼓励类项目备案8个，减免税款2560万元。为企业签发出口区域全面经济伙伴关系协定（RCEP）原产地证书5300份，金额2.28亿美元。建立“可享惠未享惠”企业数据库，解决解答企业应享惠未享惠问题12个，企业进口RCEP成员国的享惠货值8亿元，享受关税优惠超1000万元。发挥海关政策“工具箱”作用，对地方重大项目上门专题辅导。持续推进保税港区“口岸直提”业务，全年开展“口岸直提”业务70票，快速放行货物21.64万吨，货值1.28亿美元。（缪宏伟）

4月14日，金港海关关员在企业车间生产线进行贸易调查（金港海关提供）

## 海事与引航

**【海事】** 2023年，张家港港区海事处严守安全、履职、廉政三大底线，深入推进快反处置中心创建、福姜沙南水道大港池治理、十项动态清零、安全等级标识机制、船员服务等工作，获评江苏海事局基层执法示范站点，支部获评长江航务管理局先进基层党组织、江苏海事局高质量党建示范点。全年保障船舶安全进出港17.8万艘次，比上年增长27%；助力集装箱吞吐量101万标箱，比上年增长19%；保障"开普"型船舶安全靠离张家港港务集团码头118艘；助力粮油吞吐量超2000万吨，创历史新高；助力乙二醇进口、硫酸出口均创全国第一，乙二醇占全国进口总量40%；助力铜精矿吞吐量495万吨，比上年增长20%，位居国内港口前列；船员远程考场累计开考343场，服务船员考试2576人次，比上年增长152%。（戚　迅）

11月1日，张家港引航站引领载有中国第40次南极科学考察物资的"天惠"轮驶离张家港港务集团码头

（张家港引航站提供）

【长江引航】2023年，长江引航中心张家港引航站稳中求进，锚定建设"国际一流引航机构"战略目标，凝心聚力、加压奋进，全年引领中外籍船舶8652艘次，比上年增长14.8%；总吨位21123万吨，比上年增长15.3%；净吨位11840万吨，比上年增长14.9%；载重吨36258万吨，比上年增长14.1%。其中引领国际航行船舶7971艘次，引航总吨位20514万吨，净吨位11504万吨，载重吨35306万吨。引领受限船舶1677艘次，危化品船舶2929艘次，开普型船舶733艘次。其中夜航船舶2976艘次，占引航总数33.9%。全年引领船舶运输货物7085万吨。

【引航"绿色通道"保通保畅】2023年，长江引航中心张家港引航站开辟引航"绿色通道"，推动实现"快进快出"，对粮油、液化天然气等重点民生物资船舶优先引领。科学调派，优化生产组织模式，深入挖掘服务潜力，克服台风、大雾及恶劣气况对引航产生的影响，提高引航综合快速反应和应急处置能力，强化与各单位之间协调联动，确保应急疏港工作，全年实现零压港。精准服务企业重点项目"个性化"需求，将进江靠泊东海粮油工业（张家港）有限公司码头的船舶吃水常态化提升至12米，为企业节省费用每艘5万元；为张家港港务集团引领长度为300米的CAPE型船舶（开普型船舶），刷新靠泊纪录，为企业节约物流成本。11月1日，完成装载中国第40次南极考察重要物资的"天惠"轮出江，获中央电视台《新闻联播》报道。精准对接特色产业集群，助力"中国智造"，为载运"一带一路"项目船舶提供个性化引航服务。发挥"先进典型培树，引航技术创新"工作室效能，精准对接特殊靠泊需求，先后选派引航骨干专家完成"泛舟6"轮等船舶的"丁"字形靠泊。

【引航安全】2023年，长江引航中心张家港引航站开展"遵章守纪，规范操作"意识教育，不断促进全员"知规章、明禁令"，提升责任意识。围绕"长江引航本质安全基础年""水位交替期引航安全工作""安全生产月"等主题开展专项活动及专题技术交流24次，班组长轮流分享经验8场。6篇引航技术论文获奖，其中《基于熵权模型的引航风险评价研究》参加2023年亚洲航海学术年会交流。（陈玉海）

## 边防检查

【概况】 2023年，张家港出入境边防检查站（简称张家港边检站）全年查验出入境（港）船舶近6000艘次，人员近12万人次，办理边检行政许可3万余份、船员换班手续7000余人次、涉边行政案件26起。签发区域有效通用行政许可1500余份，办结特定船舶一次性入出境边检手续210余艘次，开展长期证到期提醒5000余人次，推行边检行政执法领域“轻罚免罚”，办理免罚案件4起、轻罚案件17起，完成150家涉外服务企业“一企一档”建设，完善边检信誉管理服务体系建设。组织120余家涉外企业开展网窗客户端应用培训、边检报检业务培训。妥善处置外轮失火、船员劳务纠纷、船员醉酒等事件，为受伤、患病船员开通“紧急通道”5次。年内，张家港边检站获评全国移民管理机构思想政治教育成绩突出集体、全省水上无线电秩序联合整治专项行动成绩突出集体。执勤三队获评全国公安机关成绩突出青年集体。1名民警获评全国移民管理机构思想政治教育成绩突出个人、7名民警记个人三等功。

【口岸安全管控】 2023年，张家港边检站立足“边检+警务室+网格”勤务模式，配合做好博鳌亚洲论坛、亚运会和亚残运会及各节假日、会议节点等安保工作，深入推进“獴猎”、“犁平”、“夏季治安整治”、电诈“百日行动”等专项工作，从严打击治理出入境违法犯罪。协助长江航运公安局苏州分局打击查处非法采砂、职务侵占、售卖国家机关证件等多起案件，协助相关口岸单位拦阻劝返多名赴美“走线”偷渡人员。深度核查数千名入境后非法居留嫌疑外国人，查处船员临时入境超出许可范围活动非法居留案件2起，查获并移交网上在逃人员1人。全年报送“獴猎”“三非”周报各45期，报送市委国安委综合研判报告12篇，报送安防工作报告、反恐工作月报12期。

9月，张家港边检站联合张家港海事局、长江通讯管理处等职能部门开展水上无线电秩序整治联合执法行动

（张家港边检站提供）

【“枫桥式边检警务室”打造】 长江国际边检警务工作室作为全省边检勤务模式改革试点单位，致力打造“枫桥式边检警务室”，探索适合港口边检警务工作室的系统模式。定期协同码头企业，开展警情实战演练、防爆器械培训等活动，每月召开企业安保负责人例会，及时反馈企业诉求。针对涉外船舶管理存在的薄弱环节，对警务区周边码头闸口、河汊、锚地等船舶聚集地开展全面摸排。通过“警车+无人机”“船艇+无人机”模式，

全面掌握辖区附近船舶动态，并依托信息化系统，对可疑船轨迹进行逐一研判，完成对辖区船舶“画像”。全年查获违法违规案件6起，向海关、海事等口岸联检单位通报案件线索30余条。

（王　希）

## 长航公安

【概况】 长江航运公安局苏州分局行使长江苏州、无锡江阴段南线（上至江阴石庄、下至太仓浏河）全长约175千米水域公安管理事权。2023年，打击辖区非法采矿、非法捕捞水产品等各类违法犯罪行为，破获刑事案件40起，打击处理233人。严控长江水上通道，紧盯人、船、货、码头、场所，围绕法定节假日、重大活动及重要节点，落实水上通道查控、危险物品管控、重点人员稳控、要害部位巡逻防控等措施，查处治安案件82起，行政拘留87人。开展消防检查134家次、船舶2197艘次，督促整改火灾隐患327处。开展消防应急演练30次，处置火灾1起。刑侦支队在“夏季行动”中被公安部记集体一等功，1人被公安部评为渔业执法工作典型，法制科被长江航运公安局记集体三等功，3人被长江航运公安局记个人三等功。围绕长江大保护和服务保障长江经济带高质量发展等开展宣传，全年对外宣传报道457篇，其中国家级媒体报道11篇、省部级媒体报道92篇。

【“平安长江”行动】 2023年，长江航运公安局苏州分局围绕建设“平安长江”总目标，强化与地方各部门工作协同，开展风险隐患、矛盾纠纷大排查大化解，辖区未发生有影响的群体性事件、负面网络舆情和个人极端行为。全年化解各类不稳定因素事件29起，妥善处置辖区水域船舶船员非正常死亡事件9起、涉外事件3起。开展长江水域突出违法犯罪打击整治“平安长江”行动，突出打击涉渔、涉砂、涉水运物流犯罪及依法整治长江水运秩序的“三打击一整治”4项重点工作，全年侦破刑事案件40起，抓获犯罪嫌疑人250人，移送起诉223人，打掉犯罪团伙11个。推进“长江禁渔”行动，侦破非法捕捞刑事案件23起，抓获犯罪嫌疑人39人，查扣涉案渔船2艘、禁用渔具21套、渔获物298千克。深化警务协作机制，加大对侵害群众及企业正当经济利益的“盗抢骗”、妨害企业正常经营秩序、职务侵占等违法犯罪的打击力度，破获大豆盗窃、职务侵占、买卖及伪造国家机关证件案件，抓获违法犯罪嫌疑人163人，帮助群众企业减少、挽回经济损失100万余元。

【非法捕捞水产品案破获】 7月9日，长江航运公安局苏州分局水上特勤大队与市农业综合行政执法大队联合出击，在长江干流大新段捣毁一非法捕捞团伙，现场查获非法捕捞人员3人，查获鲢鱼、鲈鱼等长江野生鱼146.6千克，扣押橡皮艇1艘、皮卡车1辆、三层刺网3具。

（李泽宇）

长江航运公安局苏州分局执行水上检查任务

# 工业·建筑业

## 工业综情

【概况】2023年，区街432家规模以上工业企业全年实现总产值1603.88亿元，比上年下降1.86%；销售收入1766.66亿元，比上年下降5.12%；利润总额43.71亿元，比上年下降67.21%。有销售收入超1亿元企业185家，其中10亿元至50亿元企业31家，50亿元至100亿元企业4家，100亿元以上企业1家；入库税收超2000万元企业80家，其中入库税收超5000万元企业48家。按企业规模分，大中型企业42家，产值801.21亿元，销售收入803.95亿元；小型微型企业390家，产值802.68亿元，销售收入962.71亿元。按登记注册类型分，港澳台商独资企业12家，产值46.4万元；港澳台商投资股份有限公司1家，年产值4012万元；与港澳台商合资经营企业13家，产值88.62亿元；其他港澳台投资企业2家，产值9.47亿元；股份有限公司3家，产值31.73亿元；其他有限责任公司22家，产值142.44亿元；私营独资企业2家，产值1.83亿元；私营股份有限公司13家，产值70.07亿元；私营合伙企业2家，产值1989万元；私营有限责任公司294家，产值436.84亿元；外商投资股份有限公司2家，产值7744万元；外资企业49家，产值715.42亿元；中外合资经营企业17家，产值59.71亿元。年内，新增华昌丁辛醇、置田等超5000万元三级重大项目22项，总投资85.04亿元。其中新增超1亿元项目20项，总投资83.72亿元。霍尼韦尔、海虹老人、杜邦等36个重点项目竣工投运。

（谢　莉）

表4　　2023年张家港保税区工业产值60强企业一览表

| 序号 | 企业名称 | 序号 | 企业名称 |
|---|---|---|---|
| 1 | 中粮东海粮油工业（张家港）有限公司 | 16 | 张家港中集圣达因低温装备有限公司 |
| 2 | 路易达孚（张家港）饲料蛋白有限公司 | 17 | 天宇羊毛工业（张家港保税区）有限公司 |
| 3 | 江苏华昌化工股份有限公司 | 18 | 张家港市国泰华荣化工新材料有限公司 |
| 4 | 天齐锂业（江苏）有限公司 | 19 | 泰柯棕化（张家港）有限公司 |
| 5 | 佐敦涂料（张家港）有限公司 | 20 | 瓦克化学（张家港）有限公司 |
| 6 | 东华能源（张家港）新材料有限公司 | 21 | 丰田合成（张家港）科技有限公司 |
| 7 | 马森能源（张家港）有限公司 | 22 | 江苏东华能源仓储有限公司 |
| 8 | 陶氏硅氧烷（张家港）有限公司 | 23 | 陶氏化学（张家港）有限公司 |
| 9 | 张化机（苏州）重装有限公司 | 24 | 庄信万丰（张家港）环保科技有限公司 |
| 10 | 张家港市华昌新材料科技有限公司 | 25 | PPG涂料（张家港）有限公司 |
| 11 | 力文特锂业（张家港）有限公司 | 26 | 盛禧奥聚合物（张家港）有限公司 |
| 12 | 长华化学科技股份有限公司 | 27 | 江苏赛宝龙石化有限公司 |
| 13 | 张家港万达薄板有限公司 | 28 | 华奇（中国）化工有限公司 |
| 14 | 益江（张家港）粮油工业有限公司 | 29 | 润英联（中国）有限公司 |
| 15 | 陶氏有机硅（张家港）有限公司 | 30 | 张家港保税区长源热电有限公司 |

续表

| 序号 | 企业名称 | 序号 | 企业名称 |
|---|---|---|---|
| 31 | 张家港富瑞重型装备有限公司 | 46 | 张家港迪爱生化工有限公司 |
| 32 | 阿胡斯卡尔斯油脂（张家港）有限公司 | 47 | 顺德工业（江苏）有限公司 |
| 33 | 凯凌化工（张家港）有限公司 | 48 | 兰科化工（张家港）有限公司 |
| 34 | 张家港康得新光电材料有限公司 | 49 | 江苏天海建材有限公司 |
| 35 | 江苏晶华新材料科技有限公司 | 50 | 江苏利柏特股份有限公司 |
| 36 | 长江润发（张家港）机械有限公司 | 51 | 江苏华晟新型建材有限公司 |
| 37 | 胜牌（张家港）润滑油有限公司 | 52 | 苏州圣汇装备有限公司 |
| 38 | 南港（张家港保税区）橡胶工业有限公司 | 53 | 张家港市恒美纺织有限公司 |
| 39 | 贝内克—长顺汽车内饰材料（张家港）有限公司 | 54 | 双狮（张家港）精细化工有限公司 |
| 40 | 苏州双象光学材料有限公司 | 55 | 苏州罗伦士汽车制造股份有限公司 |
| 41 | 易高生物化工科技（张家港）有限公司 | 56 | 江苏华盛锂电材料股份有限公司 |
| 42 | 江苏江锅智能装备股份有限公司 | 57 | 苏州丰倍生物科技股份有限公司 |
| 43 | 雅仕德化工（江苏）有限公司 | 58 | 海虹老人涂料（张家港）有限公司 |
| 44 | 江苏张家港酿酒有限公司 | 59 | 江苏立万精密制管有限公司 |
| 45 | 长江润发（张家港）浦钢有限公司 | 60 | 瓦克化学气相二氧化硅（张家港）有限公司 |

**【转型升级】** 2023年，根据《张家港市工业企业资源集约利用综合评价实施细则》，保税区纳入市工业企业资源集约利用综合评价企业2226家。其中，被认定A类企业480家、B类企业1003家、C类企业360家、C-类企业91家、D类企业292家。年内，纳入统计库在库工业项目181项、完成工业投资59.37亿元，其中在库技改项目137项、完成工业投资33.93亿元。国泰超威新建锂电池、润邦半导体、国恒装备总装基地、中久金属、中鼎添加剂迁建等一批新项目开工建设并及时纳入统计；东海粮油新建菜籽压榨项目、润昌装饰墙板项目、康源新材料项目、迪克汽车扩建项目、大塚化学技术改造项目等竣工。

**【智能制造】** 2023年，保税区深入推进新型工业化，以智能制造为主攻方向，通过政策宣传、专题培训、供需对接、资金激励等惠企服务持续提升企业数字化、网络化、智能化、绿色化水平，培育一批综合效益显著的示范工厂和标杆企业。全年新增国家级专精特新“小巨人”企业2家、省级专精特新中小企业23家、省工业互联网标杆工厂1家（长华化学科技股份有限公司）、省级智能制造示范工厂1家（张家港市华昌新材料科技有限公司）、省级示范智能车间9个、苏州市级示范智能车间9个、省星级上云企业13家。

（何程洁）

**【企业上市】** 2023年，保税区重点推动长华化学科技股份有限公司、苏州丰倍生物科技股份有限公司、江苏江锅智能装备股份有限公司、江苏立万精密工业股份有限公司4家企业上市工作。长华化学于5月31日取得证监会注册批文，7月24日完成定价申购，8月3日正式在深交所创业板发行上市。丰倍生物于6月8日报送上交所主板IPO申请材料并获受理。江锅股份自2022年12月27日申请省证监局辅导备案后，重点推进上市辅导和国有股确权工作。立万精工于2023年6月30日提交新三板挂牌申报材料。

8月3日，长华化学在深圳证券交易所创业板挂牌上市

年内，保税区有张家港保税科技（集团）股份有限公司、张家港东华能源股份有限公司、江苏华昌化工股份有限公司、长江润发健康产业股份有限公司、苏州天沃科技股份有限公司、江苏利柏特股份有限公司、江苏灿勤科技股份有限公司、海易森汽车—江苏清能控股子公司、江苏瑞泰新能源材料股份有限公司、江苏华盛锂电材料股份有限公司、长华化学科技股份有限公司境内外上市企业11家（其中海易森汽车在海外上市），江苏物润船联网络股份有限公司、张家港汉龙新能源科技股份有限公司、江苏神农灭菌设备股份有限公司、江苏浦士达环保科技股份有限公司、苏州骏昌通讯科技股份有限公司、张家港福吉佳食品股份有限公司、江苏奥斯佳材料科技股份有限公司、张家港保税区中天行进出口股份有限公司、信东仪器仪表（苏州）股份有限公司新三板挂牌企业9家，苏州凡赛特材料科技有限公司、苏州阿洛斯环境发生器有限公司、张家港市藏联生物研究所有限公司、张家港AAA精密制造股份有限公司、江苏科奥流体科技有限公司、张家港市振原制管有限公司、张家港保税区庄盛国际工贸有限公司、张家港市永和金属制品有限公司、张家港市华申工业橡塑制品有限公司、张家港市弘扬机械设备有限公司、苏州才源一木供应链管理有限公司、苏州雷格姆海洋石油设备科技有限公司、江苏珑致汽车有限公司、张家港保税区万盛机械工业有限公司、张家港市宏嘉玻璃制品有限公司江苏股权交易中心挂牌企业15家。

【长华化学创业板上市】 8月3日上午，长华化学科技股份有限公司在深圳证券交易所创业板挂牌上市，是张家港市2023年新增的第一家深交所上市企业。长华化学科技股份有限公司股票简称“长华化学”，股票代码“301518”，首次公开发行股票募集资金总额9.02亿元，用于研发中心、信息系统等项目建设。该公司位于张家港保税区，专注于聚醚系列产品的研发、生产与销售，主营产品聚合物多元醇的市场占有率位居行业前列，拥有自主发明专利证书28个、实用新型专利证书22个。 （陆香萍）

表5 2023年张家港保税区在国内上市企业一览表

| 上市公司 | 证券代码 | 主行业归属 | 主营构成 | 上市时间 | 累计募资总额（亿元） | 总股本（亿股） | 市值（亿元） |
|---|---|---|---|---|---|---|---|
| 保税科技 | 600794 | 物流 | 码头仓储业务、智慧物流电商平台和供应链金融服务 | 1997年3月 | 12.67 | 12.12 | 49.50 |

续表

| 上市公司 | 证券代码 | 主行业归属 | 主营构成 | 上市时间 | 累计募资总额（亿元） | 总股本（亿股） | 市值（亿元） |
| --- | --- | --- | --- | --- | --- | --- | --- |
| 东华能源 | 002221 | 炼化及贸易 | LPG船、贸、库、下游制造业一体化运营 | 2008年3月 | 50.58 | 15.76 | 162.30 |
| 华昌化工 | 002274 | 化学原料 | 农用化肥和纯碱的生产和销售 | 2008年9月 | 18.47 | 9.52 | 71.90 |
| 长江健康 | 002435 | 化学制药 | 医药产品研发、生产和销售 | 2010年6月 | 47.93 | 12.36 | 51.50 |
| 天沃科技 | 002564 | 专业工程 | 能源工程服务业务、高端装备制造业务、国防建设业务 | 2011年3月 | 30.07 | 8.59 | 32.90 |
| 利柏特 | 605167 | 专业工程 | EPFC全产业链环节可以进一步分解为工程总承包、工程设计、工程采购、模块化、工程施工和工程维修 | 2021年7月 | 5.43 | 4.49 | 42.60 |
| 灿勤科技 | 688182 | 通信设备 | 从事微波介质陶瓷元器件的研发、生产和销售 | 2021年11月 | 10.5 | 4.00 | 71.10 |
| 瑞泰新材 | 301238 | 电池 | 电池材料以及有机硅等化工新材料的研发、生产和销售 | 2022年6月 | 35.16 | 7.33 | 128.50 |
| 华盛锂电 | 688353 | 电池 | 专注于锂电池电解液添加剂的研发、生产和销售 | 2022年7月 | 27.54 | 1.60 | 43.80 |
| 长华化学 | 301518 | 化学制品 | 聚醚产品的研发、生产、销售 | 2023年8月 | 9.03 | 1.40 | 32.80 |

表6　2023年张家港保税区在“新三板”挂牌企业一览表

| 公司名称 | 证券简称 | 证券代码 | 主营业务 | 挂牌时间 | 总股本（万股） |
| --- | --- | --- | --- | --- | --- |
| 江苏物润船联网络股份有限公司 | 物润船联 | 831096 | 物流运输服务，网络货运、平台综合服务、在线船舶视频监控设备销售及服务 | 2014年8月21日 | 4091.69 |
| 张家港汉龙新能源科技股份有限公司 | 汉龙科技 | 831521 | 太阳能边框、光伏电站 | 2014年12月16日 | 3360.08 |
| 江苏神农灭菌设备股份有限公司 | 江苏神农 | 832369 | 消毒灭菌设备产品的研发、生产及销售 | 2015年4月22日 | 1045.00 |

续表

| 公司名称 | 证券简称 | 证券代码 | 主营业务 | 挂牌时间 | 总股本（万股） |
|---|---|---|---|---|---|
| 江苏浦士达环保科技股份有限公司 | 浦士达 | 836440 | 活性炭产品、食品添加剂、环保设备的研发、制造、销售及技术服务 | 2016年4月14日 | 3500.00 |
| 苏州骏昌通讯科技股份有限公司 | 骏昌通讯 | 839982 | 连接器组件、手机天线等通信产品零配件的研发、生产及销售 | 2016年11月28日 | 2000.00 |
| 张家港福吉佳食品股份有限公司 | 福吉佳 | 871782 | 食品生产加工 | 2017年8月28日 | 3800.00 |
| 江苏奥斯佳材料科技股份有限公司 | 奥斯佳 | 872534 | 聚氨酯用改性有机硅、聚氨酯用催化剂等各类助剂的研发、生产和销售 | 2018年1月24日 | 4410.95 |
| 张家港保税区中天行进出口股份有限公司 | 中天行 | 873142 | 道路机动车辆生产、汽车零部件及配件制造、汽车配件的购销 | 2019年1月7日 | 3056.74 |
| 信东仪器仪表（苏州）股份有限公司 | 信东股份 | 873137 | 流量仪表、液位仪表等测量仪器仪表及自动化控制系统产品的研发、制造、销售 | 2019年2月25日 | 3452.44 |

表7　　2023年张家港保税区在“新四板”挂牌企业一览表

| 公司名称 | 公司简称 | 企业代码 | 挂牌时间 | 所属板块 |
|---|---|---|---|---|
| 苏州阿洛斯环境发生器有限公司 | 阿洛斯 | 900381 | 2018年6月30日 | 成长板 |
| 苏州凡赛特材料科技有限公司 | 凡赛特 | 900378 | 2018年6月30日 | 成长板 |
| 张家港市藏联生物研究所有限公司 | 藏联生物 | 694816 | 2019年7月8日 | 农业板 |
| 张家港AAA精密制造股份有限公司 | AAA精密 | 695048 | 2019年8月27日 | 科创板 |
| 江苏科奥流体科技有限公司 | 科奥科技 | 695116 | 2019年8月29日 | 科创板 |
| 张家港市振原制管有限公司 | 振原制管 | 695428 | 2019年9月18日 | 科创板 |
| 张家港保税区庄盛国际工贸有限公司 | 庄盛工贸 | 696298 | 2019年11月20日 | 成长板 |
| 张家港市永和金属制品有限公司 | 永和金属 | 696919 | 2020年4月15日 | 成长板 |
| 张家港市华申工业橡塑制品有限公司 | 华申工业 | 697709 | 2020年6月29日 | 科创板 |
| 张家港市弘扬机械设备有限公司 | 弘扬机械 | 697830 | 2020年7月3日 | 科创板 |
| 苏州才源一木供应链管理有限公司 | 才源一木 | 652626 | 2022年4月12日 | 成长板 |
| 张家港保税区万盛机械工业有限公司 | 万盛智造 | 655966 | 2022年9月30日 | 科创板 |
| 江苏珑致汽车有限公司 | 珑致汽车 | 655890 | 2022年9月30日 | 科创板 |
| 苏州雷格姆海洋石油设备科技有限公司 | 雷格姆 | 655421 | 2022年9月30日 | 科创板 |
| 张家港市宏嘉玻璃制品有限公司 | 宏嘉玻璃 | 657055 | 2023年8月9日 | 成长板 |

## 粮油食品产业

【概况】 2023年，区街有规模以上粮油食品工业企业11家，以粮油、酒类为主，全年粮油食品行业工业总产值377.9亿元，销售收入361.9亿元，其中中粮东海粮油工业（张家港）有限公司有全球最大的粮油加工产业园。 （李晓阳）

表8　2023年张家港保税区重点粮油食品企业一览表

| 企业名称 | 主要业务及产品 | 2023年产值（万元） | 2023年销售收入（万元） |
|---|---|---|---|
| 中粮东海粮油工业（张家港）有限公司 | 食用植物油、粮食米面等 | 2687507 | 2339465 |
| 路易达孚（张家港）饲料蛋白有限公司 | 饲料蛋白、食用植物油等 | 587556 | 582969 |
| 益江（张家港）粮油工业有限公司 | 食用植物油等 | 244818 | 422732 |
| 阿胡斯卡尔斯油脂（张家港）有限公司 | 食品及食品添加剂、饲料原料及饲料添加剂等 | 105346 | 111950 |
| 江苏张家港酿酒有限公司 | 黄酒等酒类 | 78067 | 81064 |

【中粮东海粮油工业（张家港）有限公司】 中粮东海粮油工业（张家港）有限公司成立于1993年，1997年8月全面投产，总投资50亿元，由中粮集团控股54%，是中粮集团从外贸型企业向实业化转型、国内全面引入国际先进粮油加工技术的第一家企业，是中粮集团下属最大的工厂和第一家产业园。公司主要从事大豆、小麦、大米加工以及油脂深加工项目。公司大豆日压榨能力1.7万吨，日精炼能力4900吨，小包装日灌装能力24万箱，油脂日深加工500吨；日加工小麦750吨，日处理稻谷300吨，日加工饲料800吨。拥有10万吨级和7万吨级对外开放码头各1座，1万吨级对外开放码头2座，建有58万吨筒仓、40.2万吨储油罐群和6.2万平方米成品仓库。2023年，榨油五厂获评江苏省智能制造示范车间，该厂拥有一条日产3000吨菜籽压榨、日产5000吨大豆压榨的双榨生产线，设备国产化率98%，引入火灾报警、火花探测灭火、仓储3D料位显示、豆粕在线检测等系统及轴温检测、振动监测、温度、压力等1600余个传感器和监控设备，具有安全性能强、绿色环保等特点。新建菜籽压榨及配套粕库和污水处理项目，建设投资4.33亿元，占地面积1.16公顷，菜粕年产能49.5万吨，大豆加工量98.01万吨，年增产值1.4亿元。年内，公司通过“机械化换人、自动化减人、信息化管理、智能化管控”四化并进，改造油脂包装库1号智能库、引进自动卸粮机、装车机、打包机、自动视觉识别系统、无人叉车等设备，包装厂日灌装量达到每天20.2万箱，比上年提升77%；散粮日卸货能力每天4.5万吨，比上年提升29%；日发运量每天1.8万吨，比上年提升125%；豆粕日发运量每天1.6万吨，比上年提升25%；包装油日发货量达到每天15万箱，比上年提升25%，码头年吞吐量突破1000万吨。2023年，公司销售各类产品431.39万吨，实现销售收入233.95亿元，利润总额1.21亿元，入库税金2.04亿元，获苏州市、张家港市质量奖。 （臧明娟）

【益江（张家港）粮油工业有限公司】 益江（张家港）粮油工业有限公司位于张家港保税区，成立于2003年8月，占地面积1公顷，拥有每日900吨油脂精炼、每日700吨棕榈油分提、每日175吨油脂脱蜡、每日660吨中小包装灌装能力及近4万吨的罐存容量，主要生产棕榈油、各类精炼油脂、包装油三大类产品。公司先后通过ISO9001质量管理体系、HACCP食品安全体系、ISO22000食品安全管理体系、计量保证能力确认认证、两化融合贯标、信用贯标认证，获苏州市质量奖，获得全国放心粮油示范加工企业、江苏省农业产业化重点龙头企业、苏州市十佳农产品加工示范企业、江苏省智能制造车间、张家港市劳动关系和谐企业、苏州市5A级劳动保障信用单位等荣誉称号。中、小包装油主要品牌有“金龙鱼”“口福”“元宝”“金百香”“嘉龙”“海皇”等。公司品牌食用植物油获苏州名牌产品、江苏名牌产品等称号。2023年，公司实现销售收入42亿元，入库税金3627万元，产品获“江苏精品”认证。（郭　奇）

**【江苏张家港酿酒有限公司】** 江苏张家港酿酒有限公司前身可追溯到光绪年间，至今已有百余年历史。1956年公私合营，1976年更名为国营沙洲酒厂，1999年更名为江苏张家港酿酒有限公司，有员工500余人，中高级技术人员100余人，国家级评酒师5人。公司占地面积25公顷，净资产20亿元，黄酒年生产能力10万吨。公司拥有全国最大的清爽型黄酒酿造基地，是中国清爽型黄酒的缔造者，并且是该产品国家标准主要起草单位之一，旗下“沙洲优黄”品牌蜚声海内外。2023年，公司开发4款新品黄酒及3款新品白酒，新增“东厂区黄酒包装车间及地下汽车库”项目，全年实现销售收入8.1亿元，入库税金2亿元。（魏晓峰）

## 化工新材料产业

**【概况】** 2023年，区街有规模以上化工新材料工业企业89家，均位于江苏扬子江国际化学工业园。江苏扬子江国际化学工业园于2001年5月经江苏省人民政府批准设立，先后获国家生态工业示范园区、长江经济带国家级转型升级示范开发区、全国化工园区30强、中国智慧化工园区试点示范单位等称号。园区有5.5千米长江岸线，已建成现代化港口，有万吨级泊位15个，其中化工码头泊位8个，年吞吐能力超2000万吨。化工园区内化工储罐容量近300万立方米，是长江流域最大的液体化工品分拨、仓储基地，形成以陶氏、瓦克为代表的有机硅，天齐锂业、国泰华荣为代表的锂电池材料，佐敦、PPG为代表的高端环保涂料，泰柯棕化、霍尼韦尔为代表的专用化学品，长华化学、华奇化工为代表的高性能材料，华昌化工、东华能源为代表的基础化工等独具特色的产业集群。2023年，化工新材料行业规模以上工业总产值716亿元，销售收入757亿元。（李晓阳）

江苏扬子江国际化学工业园

表9　　2023年张家港保税区重点化工新材料企业一览表

| 企业名称 | 主要业务及产品 | 2023年产值（万元） | 2023年销售收入（万元） |
|---|---|---|---|
| 陶氏化学（张家港）有限公司 | 聚醚、醇醚、有机硅单体、氯硅烷、有机硅树脂、UCATTM-J聚乙烯催化剂 | 788757 | 858278 |
| 江苏华昌化工股份有限公司 | 尿素、复合肥、纯碱、丁辛醇 | 777130 | 808028 |
| 天齐锂业（江苏）有限公司 | 电池级碳酸锂 | 475372 | 415282 |
| 佐敦涂料（张家港）有限公司 | 高性能涂料（船舶漆、工业漆和民用涂料和粉末涂料） | 391989 | 396856 |
| 东华能源（张家港）新材料有限公司 | 丙烯、氢气、聚丙烯等 | 386784 | 523149 |
| 力文特锂业（张家港）有限公司 | 催化剂（丁基锂）、氯化锂 | 281903 | 309788 |
| 长华化学科技股份有限公司 | 特种聚醚、聚醚多元醇、聚合物多元醇 | 274073 | 271233 |
| 瓦克化学（张家港）有限公司 | 有机硅胶黏剂、有机硅助剂和添加剂等 | 251170 | 269766 |
| 张家港市国泰华荣化工新材料有限公司 | 锂电池电解液 | 213472 | 226353 |
| 泰柯棕化（张家港）有限公司 | 表面活性剂、助剂、甘油、食品添加剂、饲料添加剂 | 203904 | 203789 |
| PPG涂料（张家港）有限公司 | 包装、工业涂料、车用树脂 | 169188 | 178952 |
| 盛禧奥聚合物（张家港）有限公司 | 水性胶乳、PS树脂、ABS树脂 | 163242 | 178353 |
| 江苏赛宝龙石化有限公司 | 聚苯乙烯 | 155236 | 152504 |
| 华奇（中国）化工有限公司 | 橡胶和塑料类精细化工助剂 | 139930 | 147411 |
| 润英联（中国）有限公司 | 润滑油复合添加剂 | 116591 | 117130 |
| 易高生物化工科技（张家港）有限公司 | 表面活性剂（轻质液体石蜡、环保液态石蜡、石脑油） | 82456 | 83005 |
| 霍尼韦尔特性材料和技术（中国）有限公司 | 催化剂（脱氢催化剂、重整催化剂、烯烃催化剂）等 | 66216 | 73084 |
| 双狮（张家港）精细化工有限公司 | 硫酸、有机氯系列化工产品 | 59914 | 61059 |
| 江苏华盛锂电材料股份有限公司 | 锂电池电解液添加剂 | 55191 | 52508 |
| 科波西电子材料张家港有限公司 | 电子和光伏行业使用的添加剂 | 24006 | 75988 |

**【江苏华昌化工股份有限公司】** 江苏华昌化工股份有限公司（简称华昌化工）是江苏华昌（集团）有限公司的核心企业，始建于1970年，占地面积133.33公顷，2008年9月25日在深交所A股市场挂牌上市，有职工约3000人。华昌化工是一家以煤气化为产业链源头的综合性化工企业，是中国化肥行业50强、上市公司化工百强企业，被中国石化联合会授予“能效领跑者”称

号，在全国同行业中处领先地位。公司拥有省级智能示范车间4个、苏州市级智能示范车间2个、智能工厂1个。2023年12月20日，苏州华昌道特化学技术研发有限公司揭牌成立，研发中心集化工技术开发、化工工程放大、技术推广转让、催化剂评价、工艺包开发设计、现场技术服务于一体，为客户提供技术经济分析及全流程工艺开发和工程放大解决方案；推进转型项目建设，年产30万吨丁辛醇、合成生产装置智能化技术改造（低压合成）和尿素装置节能降碳技术改造三大重点项目加快推进实施；1,3-丁二醇、聚酯树脂、异辛酸、正异丁酸等新材料项目建设稳步推进；下属苏州市华昌能源科技有限公司实现120千瓦氢燃料发动机市场运用，完成国家重点专项百千瓦级测试平台建造，填补国内空白；持续拓宽氢能重卡、绿色公交应用场景，建有氢气充装站、加氢站、氢燃料电池电堆、发动机、测试系统和测试服务等项目，打造氢能源全产业链。2023年，公司实现销售收入80.8亿元，入库税金3.4亿元。（吴小娟）

【天齐锂业（江苏）有限公司】 天齐锂业（江苏）有限公司于2015年落户保税区，是全球领先、以锂为核心的新能源材料企业——天齐锂业股份有限公司投资设立的重要生产基地，也是天齐锂业全球唯一的连续全自动化碳酸锂生产工厂。公司2023年投资新建年产3万吨电池级氢氧化锂生产基地，预计2025年一季度机械竣工。同时，公司废水废锂渣处理环保提升及基础设施建设项目有序推进，预计2024年年底竣工，项目建成后可实现锂渣资源化、无害化、减量化处理，年固废产生量预计可减少70%。2023年，公司实现销售收入41.53亿元，入库税金5.5亿元。（陈笑婷）

【东华能源（张家港）新材料有限公司】 东华能源（张家港）新材料有限公司是东华能源股份有限公司（股票代码002221）的子公司，成立于2011年，注册资本23.03亿元，总投资50亿元，占地面积43.53公顷。公司主要产品为丙烯、聚丙烯及副产品氢气。公司具备产品质量全流程过程控制能力和独立产品开发能力，其生产的聚丙烯（T30H牌号）已成为华东地区王牌产品，纤维专用料Y381单月产量突破1万吨，创国内同行业第一。2023年，公司实现销售收入52.31亿元，入库税金2.8亿元。（龙　堂）

【长华化学科技股份有限公司】 长华化学科技股份有限公司成立于2010年，是江苏长顺集团有限公司的控股子公司，2023年在深交所创业板上市。公司是国内聚醚行业的龙头企业，产品涵盖软泡用聚醚、CASE用聚醚及特种聚醚，其中高活性POP和高回弹PPG是有核心竞争力的产品。产品广泛应用于国内外中高端软体家居、汽车等领域，在国内外市场占有率位居前列。公司是中国聚氨酯工业协会常务理事单位，主导参与制定2项国家标准，拥有专利证书50余份，多个产品获“江苏省新产品”鉴定证书。公司先后获评国家高新技术企业、国家级专精特新“小巨人”企业、江苏省互联网标杆企业、江苏省绿色工厂、江苏省智能示范车间、江苏省星级上云五星级企业等荣誉。2023年，公司“扩建年产18万吨聚合物多元醇项目”投产，该项目采用自主研发的生产工艺及产品配方，单线产能每年18万吨，是国内单线产能最大的聚合物多元醇产线。2023年，公司实现销售收入27.12亿元，净利润1.16亿元，入库税金2906万元。（张　丽）

## 装备机械产业

【概况】 2023年，区街机械行业主要集中在高端装备制造业，有企业400余家，全年装备机械行业规模以上工业总产值209.26亿元，比上年增长16.91%；销售收入216.73亿元，比上年增长17.06%；利润11.18亿元，比上年增长98.09%。

（瞿建龙）

表10　2023年张家港保税区重点装备机械企业一览表

| 企业名称 | 主要业务及产品 | 2023年产值（万元） | 2023年销售收入（万元） |
| --- | --- | --- | --- |
| 张化机（苏州）重装有限公司 | 金属压力容器制造、非标压力容器制造 | 295859 | 295859 |
| 张家港中集圣达因低温装备有限公司 | 低温装备生产、低温装备批发 | 235323 | 242564 |
| 张家港富瑞重型装备有限公司 | 金属压力容器制造 | 105780 | 94573 |
| 长江润发（张家港）机械有限公司 | 电梯配件机械制造 | 89472 | 118111 |
| 江苏江锅智能装备股份有限公司 | 压力容器生产 | 81042 | 87572 |
| 江苏利柏特股份有限公司 | 化工生产专用设备制造、设备制造、模块化装置 | 65557 | 68214 |
| 苏州圣汇装备有限公司 | 金属压力容器制造、球罐制造、低温液体贮罐及槽车制造 | 62225 | 74132 |
| 玛顿模块化工程建造（苏州）有限公司 | 锅炉结构件制造 | 40488 | 38634 |
| 大族激光智能装备科技（张家港）有限公司 | 金属切割设备制造 | 25636 | 27862 |
| 张家港市国恒装备有限公司 | 压力容器钢结构制造 | 21917 | 21636 |

**【张家港富瑞重型装备有限公司】**　张家港富瑞重型装备有限公司是张家港富瑞特种装备股份有限公司（股票代码300228）的全资子公司，成立于2013年，总投资5.94亿元，占地面积13公顷。公司主要生产换热器、反应器、吸附器、过滤器、储罐、子弹罐、埋地罐等各类压力容器，广泛应用于油气炼化、化工、空分、矿业冶金、新能源等行业领域。2023年，公司实现产值10.58亿元，销售收入9.46亿元，入库税金1800万元。

（朿　娟）

**【江苏江锅智能装备股份有限公司】**　江苏江锅智能装备股份有限公司成立于1998年，主要从事非标金属压力容器的研发、设计、制造和销售，是一家专注于压力容器领域的装备制造商。公司先后开发多种新型核心压力容器，获得ISO 9001质量管理体系认证、ISO 14001环境管理体系认证、ISO 45001职业健康安全管理体系认证和ISO 50001能源管理体系认证，拥有A1级高压容器设计制造许可证书、A级锅炉制造许可证书及美国机械工程师协会（ASME）“U”“U2”“S”钢印授权证书。公司连续多年获评张家港市重合同、守信用和资金信用AAA级企业，有发明专利22项。2023年11月，公司新建重型装备绿色智能制造基地工程项目，项目总投资4.98亿元，总建筑面积43035.47平方米，建成后可年产2.5

万吨换热器等大型压力容器产品。2023年，公司实现产值8.1亿元，销售收入8.76亿元，入库税金5683万元。（朱建红）

**【江苏利柏特股份有限公司】** 江苏利柏特股份有限公司成立于2006年，位于江苏扬子江重型装备产业园沿江公路，注册资金4.49亿元，有重装园和保税区2个生产厂区，占地面积25.8公顷，建筑面积257.7万平方米，2021年7月在上海证券交易所主板上市。公司是国内少数具备大型工业模块设计和制造能力的企业，专注于工业模块设计和制造，主要客户为行业知名跨国企业，遍及全国及海外40余个国家和地区。公司通过ISO9001、14001、45001三体系认证及欧美EN、ASME、KGS等资格认证，拥有苏州市级、江苏省级多个工程技术中心，系省级高新技术企业、专精特新企业。2023年，公司实现产值6.56亿元，销售收入6.82亿元，入库税金超5000万元。（张　庆）

**【苏州圣汇装备有限公司】** 苏州圣汇装备有限公司是浙江荣盛控股集团有限公司控股企业，成立于2001年，厂区占地面积24公顷，公司专业从事I、II、III类压力容器、低温储运装备、球罐、船用装备等的设计、制造，以及压力管道的安装施工、港口经营等业务，总制造能力每年10万吨。2023年，公司完成多套首台套设备承制，特别在化工领域使用的塔器、换热器层面，在脱低聚物塔及二氧化碳蒸发换热器上，克服低聚物脱除方式单一、效率低下以及液态二氧化碳蒸发吸热不均匀、换热管寿命短、换热效率低等难点，形成低聚物高效气液分离设计及二氧化碳均匀喷洒设计等核心技术，开发高效节能型脱低聚物塔及液体二氧化碳蒸换热器产品，并与省特检院、江苏科技大学在液化天然气（LNG）储罐用7NI钢材料的焊接工艺性能方面，进行多方面技术研究探讨及实践论证，获“一种7NI钢的焊接方法及装置”等核心发明专利。2023年，公司实现销售收入7.41亿元，入库税金2715万元。（黄海燕）

**【大族激光智能装备科技（江苏）有限公司】** 大族激光智能装备科技（江苏）有限公司为大族激光智能装备集团华东区域总部基地，成立于2022年，重点研制平面激光切割机、激光切管机、三维五轴激光切割机、大幅面及卷料定制激光切割机、折弯成型设备、自动化生产线等系列产品与应用解决方案，将打造成为公司华东区域最大的生产、研发、销售与服务基地。2022年，大族激光华东区域总部基地项目开工，一期项目占地面积53.33公顷，先期项目租用厂房3万平方米。项目主要研发生产通用工业、PCB、消费电子、锂电、光伏、半导体激光装备，广泛应用于航空航天、船舶制造、轨道交通、新能源、半导体等领域，建成后产能将达到大族激光总产能的60%至70%。项目工程为3.0高容积率，致力于打造长三角“工业上楼”示范样板。（常静娟）

**【长江润发（张家港）机械有限公司】** 长江润发（张家港）机械有限公司成立于1989年，从事电梯井道部件及重型结构件的研发、制造、销售和服务，拥有天津、佛山、重庆等多个发运中心，营销网络辐射全球。公司拥有实心导轨、空心导轨、导轨部件、其他型材及重型结构件五大系列产品，200多个产品规格，产品国内市场占有率16%、全球市场占有率14%。客户系统涵盖三菱、奥的斯、蒂升、通力、日立等全球电梯一线品牌，产品应用于上海中心大厦、中央电视台、白鹤滩水电站等知名地标性建筑，获得各项专利30项。2023年，公司拓展装备部件新领域，出口业务比上年增长15%，全年实现产值8.95亿元，销售收入11.8亿元，入库税金589万元。（邱　丽）

## 纺织业

【概况】 区街纺织行业主要集中在氨纶纱和羊毛行业，有企业500余家，2023年规模以上纺织业总产值106.8亿元，比上年减少2.97%；销售收入112.69亿元，比上年减少7.17%；利润1250万元，比上年增加500%。 （瞿建龙）

表11　　2023年张家港保税区重点纺织企业一览表

| 企业名称 | 主要业务及产品 | 2023年产值（万元） | 2023年销售收入（万元） |
|---|---|---|---|
| 天宇羊毛工业（张家港保税区）有限公司 | 毛条加工、毛条批发 | 218721 | 220694 |
| 张家港市恒美纺织有限公司 | 氨纶纱线制造 | 61769 | 51930 |
| 张家港欣阳化纤有限公司 | 涤纶长丝制造、聚酯切片 | 38520 | 33316 |
| 张家港保税区尚恺毛纺有限公司 | 毛条生产、毛条批发 | 36292 | 37885 |
| 张家港市天腾纱业有限公司 | 氨纶纱生产、包芯纱生产 | 29098 | 33829 |
| 张家港市双红纺织品有限公司 | 包芯纱生产 | 27640 | 29476 |
| 张家港市耀丰纺织有限公司 | 生产并线氨纶纱 | 26265 | 26298 |
| 张家港天铭纺织印染有限公司 | 高档织物面料染色、纱线染色、布料批发 | 24997 | 37733 |
| 张家港市金陵纺织有限公司 | 棉织造加工、服装制造 | 21193 | 22399 |
| 张家港市港城针织有限公司 | 化纤针纺织品生产 | 18736 | 18099 |
| 张家港市银龙纺织有限公司 | 羊绒纱线制造 | 18491 | 20853 |
| 张家港市德阳纺织有限公司 | 氨纶纱生产 | 17599 | 17769 |
| 张家港沙龙高分子新材料有限公司 | 特种纺织品生产 | 16201 | 16291 |
| 张家港欣欣高纤股份有限公司 | 涤纶长丝制造、聚酯切片 | 13848 | 16699 |
| 张家港保税区中奥毛条工业有限公司 | 生产羊毛条 | 13405 | 23556 |
| 张家港市佳佳氨纶纱有限公司 | 包芯纱加工 | 13308 | 13449 |
| 江苏启先新材料有限公司 | 涤纶短纤生产、涤纶短纤批发 | 13249 | 13252 |
| 江苏百事通纺织有限公司 | 棉纺纱加工、特种氨纶纺加工 | 12751 | 12771 |

【天宇羊毛工业（张家港保税区）有限公司】 天宇羊毛工业（张家港保税区）有限公司成立于1999年，是一家集羊毛条制造和功能化处理于一体的综合性国家级高新技术企业，为国际羊毛实验室协会Interwoollab会员，通过ISO19001质量管理体系认证、ISO14001环境管理体系认证、欧盟生态环保认证，Oeko-Tex Standard 100产品环保认证及RWS产品可追踪可持续发展认证，为省级专精特新"小巨人"企业。公司有全进口原装制条生产线26条，年生产羊毛制条2万吨。公司建有江苏省企业院士工作站、江苏省企业技术中心、苏州市工程技术研究中心，有授权专利58项，其中发明专利8项，公司生产的130支超细支羊毛条获评中国纺织工业联合会专精特新产品。公司先后获评海关分类管理等级"A类企业"、中国纺织工业联合会成果优秀奖、江苏省著名商标、江苏省高新技术产品认定证书、2018年度苏州市质量

奖、2018年度和2019年度苏州市质量管理优秀奖、张家港市科学技术进步奖、张家港十佳质量诚信出口企业和2018年度张家港市市长质量奖、张家港市智能示范车间等荣誉。2023年,公司实现销售收入22.07亿元,入库税金7412万元。

（肖建波）

**【张家港市恒美纺织有限公司】** 张家港市恒美纺织有限公司成立于2010年,位于德积街道,占地面积11.12公顷,有职工490人,以生产各种包覆丝和包芯纱为主,产品畅销国内广东、深圳、浙江、江苏等地及欧美、东南亚地区。2023年,公司实现销售收入5.19亿元,利润总额110万元,入库税金700万元。

（曹　燕）

## 其他工业

**【概况】** 2023年,区街冶金、建材、轻工等多产业协调发展。其中,规模以上冶金行业企业36家,全年产值73.52亿元,比上年下降3.15%;销售收入163.25亿元,比上年增长13.18%;利润1.12亿元。规模以上建材行业企业21家,全年产值25.28亿元,比上年下降11.29%;销售收入25.34亿元,比上年下降22.46%;利润9700亿元,比上年下降33.34%。规模以上轻工行业企业10家,全年产值18.58亿元,比上年下降5.45%;销售收入18.88亿元,比上年下降4.06%;利润1.36亿元,比上年增长51.51%。

（谢　莉）

表12　　2023年张家港保税区重点其他工业企业一览表

| 企业名称 | 主要业务及产品 | 2023年产值（万元） | 2023年销售收入（万元） |
|---|---|---|---|
| 张家港万达薄板有限公司 | 镀锌板生产、镀锌板批发 | 245373 | 818584 |
| 张家港保税区长源热电有限公司 | 火力发电、热力生产和供应 | 112042 | 111988 |
| 张家港康得新光电材料有限公司 | 感光光学薄膜制造、光电新材料、裸眼3D项目 | 99362 | 102463 |
| 南港（张家港保税区）橡胶工业有限公司 | 汽车轮胎制造、轮胎批发 | 86115 | 85034 |
| 贝内克-长顺汽车内饰材料（张家港）有限公司 | 汽车表皮生产 | 84413 | 88463 |
| 长江润发（张家港）浦钢有限公司 | 钢压延加工 | 74654 | 83527 |
| 顺德工业（江苏）有限公司 | 引线框架制造、文具制造 | 69423 | 70705 |
| 江苏天海建材有限公司 | 管桩生产 | 66867 | 69959 |
| 江苏华晟新型建材有限公司 | 镀锌卷生产 | 65067 | 173612 |
| 苏州丰倍生物科技股份有限公司 | 工业包裹料生产、油酸甲酯生产、甲酯化大豆油生产 | 54171 | 62065 |
| 江苏立万精密制管有限公司 | 液压动力机械及元件加工、汽车零部件及配件制造 | 52904 | 53028 |
| 张家港华仁再生资源有限公司 | 报废汽车拆解回收、废钢破碎加工、废五金拆解加工 | 49656 | 362979 |
| 张家港保税区亚鑫精密制管有限公司 | 精密制管件制造、汽车管部件批发 | 40658 | 63609 |

续表

| 企业名称 | 主要业务及产品 | 2023年产值（万元） | 2023年销售收入（万元） |
| --- | --- | --- | --- |
| 张家港飞腾复合新材料股份有限公司 | 铝塑复合板制造 | 38355 | 40120 |
| 张家港市润昌新材料有限公司 | 新型建筑材料制造 | 37006 | 32317 |
| 张家港保税区保点标签有限公司 | 印刷服装商标、标签制造、贴纸打印 | 34227 | 34256 |
| 张家港市苏龙塑业有限公司 | 冷表膜制造 | 33648 | 34894 |
| 张家港鑫宏铝业开发有限公司 | 铝型材生产、铝制品批发 | 32972 | 49636 |
| 张家港保税区亚信汽车零部件科技有限公司 | 汽车减震制造、底盘用管制造 | 32033 | 43305 |
| 江苏德丰混凝土有限公司 | 水泥制品制造 | 30940 | 30940 |

**【南港（张家港保税区）橡胶工业有限公司】** 南港（张家港保税区）橡胶工业有限公司成立于1997年，系台商独资企业，注册资本1.44亿美元，投资总额1.84亿美元，占地面积26.7公顷，有职工980人，主要生产全钢、半钢子午线轮胎，设计年产量700万条，为张家港市百强骨干企业。2003年，一期工程建成投产，生产能力为每日6000条；2006年，二期工程扩建投产，生产能力为每日12000条；2009年，三期工程扩建投产，生产能力为每日24000条。公司通过ISO 9001、ISO 14001、ISO 45001、TS16949体系认证及安全生产标准化认证，生产的轮胎通过中国CCC等认证，获得内销许可。2023年，公司启动ISO14064-1：2018温室气体排放和可持续发展和碳认证，轮胎原材料可持续发展和碳认证ISCC PLUS认证并取得证书，企业实现销售收入8.50亿元，入库税金2491万元。（钱海东）

**【苏州丰倍生物科技股份有限公司】** 苏州丰倍生物科技股份有限公司成立于2014年，是一家专注于废弃油脂循环利用领域相关技术、生物基材料开发及推广的高新技术企业，主要从事基于废弃油脂改性和复配生产生物柴油、农药助剂、化肥助剂等生物基材料的资源循环利用业务。公司主要产品包括生物柴油、农药助剂、化肥助剂等生物基材料，广泛应用于燃料能源及精细化工行业，公司产品通过欧盟ISCC认证、REACH认证，是业内少数具备上述资质且规模化的企业之一。公司有张家港、常州金坛2个生产基地，占地面积13.33公顷，有职工360人。公司先后承担江苏省重点研发计划、苏州市双碳科技等项目，获评江苏省专精特新“小巨人”企业、苏州市独角兽培育企业、国家级专精特新“小巨人”企业，获第十四届中国农药协会创新贡献奖二等奖、中国煤炭工业科学技术奖一等奖等奖项。2023年，丰倍生物获评苏州市农业产业化龙头企业，通过国家高新技术企业复审，公司实现销售总收入17.2亿元，纳税7700余万元，申请专利14件，获得授权专利21件。截至2023年年末，公司有授权专利总量123件（其中包含发明专利30件，美国发明专利1件）。（黄　江）

**【张家港保税区长源热电有限公司】** 张家港保税区长源热电有限公司为保税区基础配套企业，是张家港市城西片区唯一供热源点。公司成立于1992年，有张家港保税区张保实业有限公司、镇江华源投资有限公司、江苏张家港酿酒有限公司、张家港市直属公有资产经营有限公司4家股东，注册资本3.6亿元人民币，2023年有职工370余人，固定资产超9亿元。公司生产规模为4台每小时产蒸汽220吨的循环流化床锅炉配2台35兆瓦背压机组，同时配备2台每小时产蒸汽75吨的天然气供热锅炉，具备每小时产蒸汽600吨以上的对外供汽能力，有供汽管网100余千米，供汽覆盖面积约80平方千米，向杜邦、陶氏、中粮集团等数十家世界500强在内的200余家中外企业提供供热配套业务。年内，长源热电开展生物质热电联产项目一机一炉建设，预计于2026年年初全部投入运行。2023年，公司实现销售收入11.2亿元，入库税金5553万元。（陈　坚）

## 建筑业

【概况】 2023年，区街核准建筑工程施工许可79项，其中工业项目66项、房地产项目1项、政府投资项目12项，涉及建筑面积49.06万平方米、造价22.32亿元。完成工程项目登记101项、确认勘察设计合同信息归集82份、监理合同备案信息归集58份、施工合同信息归集129份；三类人员延期684人次。

【建筑资质情况】 2023年，保税区规划建设局积极稳妥指导建筑业企业进行资质申报，指导6家企业扩大业务范围，进行升级、增项资质申报。年末，全区取得资质的建筑业企业有186家，其中施工总承包企业78家、专业承包企业92家、劳务分包企业16家。

【建筑业企业生产经营情况】 年内，区街建筑业企业完成建筑业总产值82.82亿元，比上年下降9.21%。省外完成产值14.91亿元，比上年增长159.3%。区属建筑业企业在建房屋施工面积566.94平方米，比上年增长6.75%；新开工面积159.81万平方米，比上年下降28.24%。

（徐思聪）

表13　　2023年张家港保税区部分重点建设项目一览表

| 工程名称 | 建设单位 | 投资总额（万元） | 建筑面积（平方米） | 施工单位 |
|---|---|---|---|---|
| 老张杨公路（港华路至中华路）改造工程 | 张家港保税区张保实业有限公司 | 9000 | — | 齐力建设集团有限公司 |
| 文昌北路北侧区域安置房及配套用房项目（二期） | 张家港市滨江新城投资发展有限公司 | 92000 | 194500 | 江苏德丰建设集团有限公司 |
| 文昌北路北侧区域安置房及配套用房项目（二期延扩） | 张家港市滨江新城投资发展有限公司 | 35000 | 82300 | 江苏德丰建设集团有限公司 |
| 文昌北路北侧区域安置房及配套用房项目（三期） | 张家港市滨江新城投资发展有限公司 | 58000 | 122000 | 江苏德丰建设集团有限公司 |
| 中原制管地块安置房及配套用房项目（金南花苑一期） | 张家港市滨江新城投资发展有限公司 | 157500 | 337000 | 中建三局集团有限公司 |
| 中原制管二期安置房及配套用房项目（金南花苑二期） | 张家港市滨江新城投资发展有限公司 | 110000 | 191000 | 江苏德丰建设集团有限公司 |

续表

| 工程名称 | 建设单位 | 投资总额（万元） | 建筑面积（平方米） | 施工单位 |
|---|---|---|---|---|
| 德积小明沙村保障安置房及配套用房项目（江湾花苑） | 张家港市滨江新城投资发展有限公司 | 67500 | 148000 | 江苏德丰建设集团有限公司 |
| 后塍片区一号地块城市更新项目（塍星小区） | 张家港市滨江新城投资发展有限公司 | 76500 | 152000 | 中铁城建集团有限公司 |
| 张家港市香山长山废弃矿山地质环境恢复治理项目 | 江苏省张家港保税区规划建设局 | 970 | — | 江苏华东建设基础工程有限公司 |
| 文昌小区北侧地块新建小学项目 | 张家港市后塍街道三角滩村股份经济合作社、张家港市后塍街道袁家桥村股份经济合作社、张家港市后塍街道封庄村股份经济合作社、张家港市金港街道长山村股份经济合作社 | 16000 | 29200 | 江苏锦达工程技术有限公司 |
| 文昌小区北侧地块新建幼儿园项目 | 张家港市后塍街道三角滩村股份经济合作社、张家港市后塍街道袁家桥村股份经济合作社、张家港市后塍街道封庄村股份经济合作社、张家港市金港街道长山村股份经济合作社 | 4000 | 5801.87 | 江苏双山建筑工程有限公司 |
| 保税区建筑装潢垃圾分拣中心 | 张家港田源再生资源有限责任公司 | 5800 | 15000 | 江苏中悦建设工程有限公司 |
| 化工专业消防站改扩建项目 | 张家港市消防救援大队 | 3828 | 8031.44 | 江苏锦达工程技术有限公司 |
| 后塍养老院改造工程 | 张家港市金港镇颐沁苑 | 3700 | 10400 | 江苏豪斯建设工程有限公司 |
| 永兴村朱家埭特色田园乡村 | 德积街道永兴村村民委员会 | 2116 | — | 江苏永联精筑建设集团有限公司、张家港市润发建设安装工程有限公司 |
| 南沙小学扩建工程 | 张家港市南沙小学 | 700 | 1709.94 | 张家港美芝建设工程有限公司 |

续表

| 工程名称 | 建设单位 | 投资总额（万元） | 建筑面积（平方米） | 施工单位 |
|---|---|---|---|---|
| 保税区科创园三期项目 | 张家港保税区科技创业发展有限公司 | 35000 | 48000 | 江苏德丰建设集团有限公司 |
| 保税区泛半导体产业园四期项目 | 张家港保税区半导体产业发展有限公司 | 35000 | 69000 | 江苏双山建筑工程有限公司 |
| 金港街道香山小学新建工程 | 张家港市金港街道山北村股份经济合作社 | 30000 | 41000 | 中建三局集团有限公司 |
| 后塍学校新建综合楼工程 | 张家港市后塍学校 | 2392 | 3278 | 张家港市西张建筑工程有限公司 |
| 2023年保税区校舍暑期加固、维修、学校基础改造工程 | 张家港保税区筑城项目管理有限公司 | 2500 | — | 张家港市西张建筑工程有限公司 |

**【德丰建设集团】** 江苏德丰建设集团有限公司初创于20世纪60年代，经过变革、重组、改制，于2002年1月成立现公司，总注册资金8亿元，总资产35亿元。公司为国家建筑工程施工总承包特级资质、建筑行业（建筑工程、人防工程）设计甲级资质企业。业务范围横跨建筑工程、市政公用工程和建筑机电安装、起重设备安装、地基与基础、建筑装修装饰、消防设施、钢结构等。公司形成以建筑施工为龙头，以混凝土、房产、砂浆、管桩、混凝土预制件、墙材等18家企业配套项目为支撑的建筑产业集团，外设15家区域公司。有职工6000余人，其中中高级技术管理人才550余人。通过省、苏州市级建筑业企业技术中心及省级研究生工作站建设，全年累计研发投入超过1200万元，承建的大族激光华东区域总部基地一期项目（一标段）施工总承包工程首批获评省、苏州市智能建造示范项目，获省、苏州市级优质工程奖、标准化工地奖16项。新建苏州地标工程——国泰中心超高层、张家港北部医疗中心项目，全面启动张家港市首项国家优质工程创建。捐建德积乡村融合发展中心2000余万元，带动周边村级经济发展超1000万元。公司获江苏省“守合同重信用”企业、苏州市建筑业优秀企业等称号，2023年7月，公司入选“2022年度苏州市建筑业综合实力三十强企业”名单。至年末，公司实现总产值70亿元，营业收入52亿元，入库税收1.8亿元。

（孙　樟）

# 服务业

## 综　述

【概况】 2023年，区街第三产业实现增加值508.92亿元，比上年增长5.3%，第三产业增加值占地区生产总值52.1%。全年完成服务业投资40.01亿元，占固定资产投资40.26%；社会消费品零售总额80.54亿元，其中规模以上零售业零售额9.99亿元，规模以上住宿餐饮业营业额1.66亿元。全年入驻各类商贸服务企业近1.3万家，实现营业收入6000亿元，入库税金30亿元，745家限额以上批发业企业实现营业收入4995亿元。东华能源股份有限公司、江苏易汇聚软件科技有限公司入选中国服务业企业500强。

（张晓平）

【服务业分行业情况】 2023年，区街有交通运输、仓储、邮政业在册企业61家，营业收入66.06亿元。信息传输、计算机服务业在册企业3家，营业收入2.47亿元。批发和零售业在册企业1004家，营业收入4657.3亿元。住宿和餐饮业在册企业11家，营业收入1.57亿元。租赁和商务服务业在册企业10家，营业收入13.31亿元。科学研究和技术服务业在册企业12家，营业收入4.14亿元。其他服务业在册企业12家，营业收入5.39亿元。

（李观涛）

【保税区与嘉里物流集团战略合作签约】 9月6日，保税区管委会与嘉里物流集团就嘉里化工物流亚太区供应链一体化基地项目签约，项目规划总投资5亿元。嘉里集团由郭氏兄弟集团于1974年在中国香港成立，1983年开始向中国大陆投资，在国内投资较具代表性的集团成员包括香格里拉、嘉里建设、嘉里粮油（金龙鱼食用油）和嘉里物流等。其中，嘉里物流总部设于香港，是以亚洲为基地，拥有亚洲最强网络的国际第三方物流服务供应商，核心业务包括综合物流、国际货运、快递和供应链解决方案。嘉里物流集团拟在保税港区东区投资新建电子化学品保税仓储载体项目，项目投产后将为亚太区化工品生产企业提供高标准、专业化、覆盖全供应链的一站式化工综合物流服务。

（程胜瑜）

## 市　场

【概况】 张家港保税区是国内大宗商品重要集散地，集聚分拨全国30%乙二醇、8%棉花、40%羊毛、35%亚麻、50%菜籽油、75%名贵木材，形成以化工、纺织、粮油、消费品、木材等为主的一批生产资料专业市场，主要有张家港保税区纺织原料市场有限公司（简称纺织原料市场）、江苏化工品交易中心有限公司（简称化工交易中心）、张家港保税区粮油交易市场有限公司（简称粮油市场）、张家港保税区进口消费品市场有限公司（简称消费品市场）四大专业市场。2023年，市场现货总成交额超6000亿元。

【生产资料市场】 2023年，保税区有29个相对集中的楼宇载体，主要集中在四大专业市场，其中纺织原料市场入驻企业4500家，实现营业收入1487亿元；化工交易中心入驻企业1000家，实现营业收入980亿元；消费品市场入驻企业1860家，实现营业收入379亿元；粮油市场入驻企业374家，实现营业收入253亿元；其他楼宇和载体入驻企业4580家，实现营业收入3225亿元。

（张晓平）

**【张家港保税区纺织原料市场有限公司】** 张家港保税区纺织原料市场有限公司是2006年由张家港保税区管委会投资，以棉花、羊毛、化纤、亚麻为主要交易品种的纺织原料专业服务平台，是中国与采购联合会重点联系批发市场、中国竞争力百强市场、全国守合同重信用企业，作为华东地区重要的纺织原料专业化市场，带动张家港口岸成为中国重要的棉花、羊毛和亚麻进口口岸，辐射江苏、浙江、山东、安徽、河南等地。至2023年，由市场和棉花商会携手打造的中国棉花（张家港）论坛已连续成功举办17届，纺织原料市场全年实现成交额1487亿元，入库税金9亿元。（曹晓云）

**【江苏化工品交易中心有限公司】** 江苏化工品交易中心有限公司成立于2002年，前身为张家港保税区化工品交易市场，注册资金5亿元。主要业务涵盖楼宇租赁、客户服务、化工贸易等，化工贸易涉及芳烃、烯烃、醇类、酚酮、酸碱、增塑剂、聚酯7个大类35个交易品种，累计吸引入驻企业超2000家，辐射长江上下游企业10000余家，建有石化大厦、龙港大厦总面积约10万平方米的现代化办公大楼，是保税区最早建办的专业市场、国内外具备较大影响力的综合性化工品专业市场、全国乃至亚洲地区最大的液体散化集聚区和分拨中心。化工交易中心被央视财经频道指定为中国经济观测点，现货价格是全国液体化工价格的“晴雨表”，化工交易中心先后获中国最具竞争力化工交易市场第一名、全国商品交易市场最佳诚信奖等荣誉，被评为全国十大专业市场、江苏省转型升级示范市场。2023年，化工交易中心实现成交额980亿元，入库税金近5亿元。（倪新元）

江苏化工品交易中心

**【张家港保税区粮油交易市场有限公司】** 张家港保税区粮油交易市场有限公司成立于2011年，2012年正式运营，注册资金300万元。其中张家港保税区扬子江物产控股有限公司占股55%、江苏国泰华亿实业有限公司占股25%、江苏国鼎投资有限公司占股20%。2023年，粮油市场实现成交额253亿元，入库税金7500万元。（刘宏伟）

**【张家港保税区进口消费品市场有限公司】** 张家港保税区进口消费品市场有限公司成立于2011年，2012年经江苏省政府批复设立江苏进口商品集采分销中心。消费品市场强化“招商引资、消费业态与服务整合”三大抓手，瞄准消费品领域，在钻石珠宝、葡萄酒、冷冻品、珠宝等领域深耕，形成“进口、采购、分销”的贸易型总部集群，先后获江苏省诚信文明市场、张家港市百强企业等称号。2023年，消费品市场实现成交额379亿元，入库税金3.3亿元。

**【2023年中国棉花（张家港）论坛召开】** 2月28日，由张家港保税区纺织原料市场、张家港市棉花商会、东吴期货有限公司联合举办的2023年中国棉花张家港论坛在张家港市开幕。各地期货公司、棉花

2月28日，2023年中国棉花（张家港）论坛在张家港华芳金陵国际酒店举办

贸易公司、交易市场、纺织企业600余人到场探讨棉花市场发展趋势与可持续发展。会上多位知名企业代表、行业专家共同分析解读国内外棉花产能和需求走势，张家港棉花产业互联网创新平台向广大客户介绍各项创新服务功能，为广大行业客户开展棉花贸易提供“张家港方案”。至此，中国棉花（张家港）论坛已连续成功举办17届。（曹晓云）

【保税区石化业商会换届】 7月28日，张家港保税区石化业商会举办第四届第一次会员大会暨换届大会，换届后，商会有会员企业50余家，其中年销售超10亿元企业16家，占比32%，税收超1千万元企业10家，占比20%。（周 斌）

【2家市场入选中国商品市场综合百强榜单】 11月8日，第十三届中国商品市场峰会在浙江义乌召开，现场发布中国商品市场综合百强榜单，张家港保税区纺织原料市场和江苏化工品交易中心分别位列榜单的第26名和第40名，数量在苏州位居第一。该榜单是在全国调研的基础上，综合考虑市场硬件基础设施、软件规范完善程度、服务意识、能力和水平，依据规模、管理人员、收入和利润等指标测算得出，旨在遴选出一批具有“风向标”示范意义的商品市场。

（张晓平）

## 物　流

【概况】 2023年，保税区临港腹地建有超300万立方米液体储罐和近300万平方米固体仓库，有精对苯二甲酸（PTA）、棉花、乙二醇、甲醇、豆粕、菜油、棕榈油、硅铁、锰硅等产品期货交割库资质。保税物流方面，海关监管区液体储罐总容量约176万立方米，保税仓库总面积近70万平方米。化工物流方面，危化品仓库总量超12万平方米（保税危化品仓库近4万平方米）。此外，建有危化品道路运输综合服务中心，专业提供危险品车辆停放、箱罐清洗等服务，形成完整的化工物流生态。

（程胜瑜）

表14　　2023年张家港保税区重点物流企业一览表

| 序号 | 企业名称 | 企业类型 | 2023年营业收入（亿元） |
|---|---|---|---|
| 1 | 张家港港务集团有限公司 | 港口物流 | 11.04 |
| 2 | 张家港保税区长江国际港务有限公司 | 港口物流、保税物流 | 4.73 |
| 3 | 张家港永嘉集装箱码头有限公司 | 港口物流 | 1.98 |
| 4 | 张家港孚宝仓储有限公司 | 港口物流、保税物流 | 1.77 |

续表

| 序号 | 企业名称 | 企业类型 | 2023年营业收入（亿元） |
|---|---|---|---|
| 5 | 张家港保税港区港务有限公司 | 港口物流、保税物流 | 1.90 |
| 6 | 江海粮油（张家港）产业有限公司 | 港口物流 | 2.06 |
| 7 | 张家港港新重装码头港务有限公司 | 港口物流 | 2.75 |
| 8 | 嘉会物流（张家港）有限公司 | 化工物流、保税物流 | 0.85 |
| 9 | 苏州中远海运化工物流有限公司 | 化工物流 | 1.40 |
| 10 | 张家港保税物流园区龙亿国际物流有限公司 | 化工物流、保税物流 | 2.09 |
| 11 | 张家港保税区巴士物流有限公司 | 化工物流 | 0.81 |
| 12 | 北尔旗化工仓储项目 | 化工物流 | — |
| 13 | 张家港保税区外商投资服务有限公司 | 期货交割、保税物流 | 0.59 |
| 14 | 张家港保税区中融物流有限公司 | 保税物流 | 0.12 |
| 15 | 张家港普洛斯仓储设施有限公司 | 仓储 | 0.24 |

**【南山集团供应链总部基地项目奠基】** 6月30日，南山（华东区）全球汽车零部件及新媒体电商供应链总部基地项目奠基。项目由中国南山开发（集团）股份有限公司投资，建设南山（华东区）全球汽车零部件及新媒体电商供应链总部基地，总投资1亿美元，注册资金5000万美元，占地面积7.47公顷，拟建设全球高端汽车零部件供应链基地、智慧新零售电商供应链基地，预计2025年上半年竣工投产使用。（彭青云）

6月30日，南山（华东区）全球汽车零部件及新媒体电商供应链总部基地项目奠基

**【北尔旗物流（张家港）有限公司开业】** 7月6日，北尔旗物流（张家港）有限公司在保税区开业，是北尔旗集团在中国布局的第一个一体化物流基地。北尔旗集团是一家瑞士跨国物流服务提供商，成立于1956年，专注于化学工业中液体和散装产品的物流服务。公司总投资3500万美元，是世界领先的多用户一体化物流基地。项目实施后，预计可形成仓库年周转23.8万吨、堆场年周转36.3万吨、年灌装8万吨的仓储经营能力。公司于11月正式运营，至年末，营业收入超300万元。（程胜瑜）

**【百胜（中国）苏南供应链运营中心项目开工】** 10月23日，百胜（中国）苏南供应链运营中心项目在保税区

开工。百胜中国是中国最大的餐饮企业，在中国1900个城镇经营肯德基、必胜客等6个品牌1.3万家餐厅，拥有世界一流的数字化供应链体系，包括覆盖全国的庞大物流中心网络和自有供应链管理系统。项目总投资6亿元，占地面积6.76公顷、建筑面积约8万平方米，具备百胜冷链物流投资结算、冷链物流供应链服务和食品类进口贸易结算等功能。（彭青云）

## 邮电信息化

**【金港邮政】** 张家港市金港邮政分局是国有公用企业，隶属中国邮政集团有限公司江苏省张家港市分公司，有员工107人，其中网点人员55人、投递人员52人。分局内设金港、后塍、南沙、德积4个邮政支局，双山1个邮政营业所，中兴、中央广场2个邮政储蓄营业所和金港、后塍2个营投部。承担保税区片区邮政通信基础设施建设、管理和服务职能，履行邮政通信普遍服务和特殊服务义务，主要为企事业单位及百姓提供各类商务服务，其中特殊服务包括为党政军服务的机要件寄递和党报党刊征订及投递，普遍服务包括信函、包裹、汇兑，商业服务包括集邮、商函广告、金融、保险、分销物流、电子商务、代收代发等。2023年，金港邮政分局实现营业收入4770.34万元。设“老兵邮路”服务点6个，开展各类活动28场，服务老兵330余人，其中开展老兵生日会12场，参与活动230余人次。设“家邮宝贝”活动点6个，与各村（社区）联合开展手工制作等线下活动，并结合线上活动，提供邮政力所能及的服务，全年开展“家邮宝贝”线下活动18场，参与活动280余人次。

（包逸军）

表15　2023年张家港保税区快递企业一览表

| 快递企业 | 品牌 | 网点名称 | 地址 | 从业人数 | 业务量（万件） | 业务收入（万元） |
|---|---|---|---|---|---|---|
| 张家港市明俊中通速递服务有限公司 | 中通 | 港区营业部 | 金港街道江海北路2号 | 10 | 5.83 | 20.54 |
| | | 后塍营业部 | 后塍街道塍南路17号 | 12 | 23.57 | 85.71 |
| | | 德积营业部 | 德积街道灿香路348号 | 4 | 4.86 | 17.98 |
| | | 南沙分部 | 南沙镇山小区44幢5号 | 6 | 15.91 | 58.28 |
| 张家港市申通快递有限公司 | 申通 | 港区门店 | 金港街道江海大桥下 | 8 | 9.95 | 36.91 |
| | | 后塍门店 | 后塍街道人民南路65号 | 4 | 11.28 | 41.04 |
| | | 德积门店 | 德积街道长江东路188号 | 5 | 3.92 | 14.89 |
| | | 南沙门店 | 南沙长江西路370号 | 6 | 5.76 | 21.31 |
| 张家港市好韵达快件有限公司 | 韵达 | 港区分部 | 金港街道潘港北路63号 | 3 | 2.92 | 11.09 |
| | | 后塍分部 | 后塍街道文昌东区5-13号 | 6 | 9.24 | 34.63 |
| | | 德积分部 | 德积街道友邦路40号 | 4 | 6.42 | 23.75 |
| | | 南沙分部 | 南沙镇山小区42幢6号 | 2 | — | — |

续表

| 快递企业 | 品牌 | 网点名称 | 地址 | 从业人数 | 业务量（万件） | 业务收入（万元） |
| --- | --- | --- | --- | --- | --- | --- |
| 苏州工业园区顺丰速运有限公司 | 顺丰 | 江海北路速运营业点 | 金港街道翟家岸北路141号 | 68 | 98.37 | 1528.39 |
| | | 酒香路速运营业点 | 后塍街道高桥村酒香路2号 | 45 | 61.03 | 972.61 |
| 苏州工业园区顺丰速运有限公司 | 顺丰 | 千禧路速运营业点 | 德积街道金城路2号 | 24 | 48.25 | 718.38 |
| 常熟德邦物流有限公司 | 德邦 | 香山营业部 | 香山南路与S338张扬公路交叉口 | 9 | 9.86 | 177.48 |
| 张家港寒西物流有限公司 | 极兔 | 港区分部 | 金港街道江海大桥下 | 3 | — | — |
| | | 后塍分部 | 后塍街道金城三期晨丰公路1757号 | 3 | 3.95 | 12.73 |
| | | 德积分部 | 德积街道灿香路267号 | 3 | 4.17 | 13.92 |
| | | 南沙分部 | 南沙金香花苑M-50 | 5 | 4.35 | 15.08 |
| 张家港江通速递有限公司 | 圆通 | 港区分部 | 金港街道金夏路77号 | 18 | 108.37 | 372.13 |
| | | 后塍分部 | 后塍街道镇山路136号 | 6 | 21.39 | 76.14 |
| | | 德积分部 | 德积街道灿香路418号 | 4 | 7.19 | 27.18 |
| | | 南沙分部 | 南沙东大街347号 | 3 | 4.96 | 17.38 |
| 中国邮政集团有限公司江苏省张家港市分公司 | 邮政EMS | 保税区营业部 | 保税区北区南京西路 | 33 | 53.69 | 510.28 |
| | | 金港营业部 | 后塍街道中华路5号 | 15 | 9.83 | 89.67 |

**【快递业】** 2023年，区街有中通快递、申通快递、韵达快递、顺丰快递、德邦物流、极兔快递、圆通快递和邮政EMS快递企业8家，下设网点26个，从业人员309人。全年快递业务量535.07万件，比上年增加26.76万件，增长5.26%；业务收入4897.5万元，比上年增加214.78万元，增长4.59%。 （袁玉洁）

**【通信】** 2023年，区街电信、联通、移动通信累计完成业务收入超3.66亿元。区街新增光缆606皮长千米，累计2.1万皮长千米。新建开通各类基站239个。累计有4G基站1129个、5G基站788个。区街移动通信用户37.2万户、固定电话用户3.3万户、在网数字电视用户6.6万户、宽带在线用户14.67万户。

中国电信保税区分局　中国电信股份有限公司张家港分公司保税区分局位于保税区滨江大厦B座2301、2302室，有员工78人，营业网点28个，主要负责保税区、金港街道、后塍街道、德积街道的网络基础设施建设、维护及客户服务工作，为企事业单位和个人提供宽带、手机上网、云业务、物联网等服务。2023年，公司实现营业收入超2亿元，有天翼用户20万户、固定电话用户3.3万户、在网数字电视用户6.6万户、宽带用户9.6万户。全年新建4G基站47个、5G基站30个，室内分部系统21个。至年末，有4G基站544个、5G基站292个，室内分部系统80个。新增光缆180皮长千米，累计10156皮长千米。（左正彤）

中国移动保税区分局　中国移动保税区分局位于金港街道金香花苑54幢M5号，有营业厅21家，分为自营厅、指定专营店、社区店、特约代理店4种，有员工20人。2023年，公司实现营业收入1.4亿元，有移动通信用户13.9万户、宽带用户4.2万户。全年新建4G基站22个，累计369个；新建室内分布系统26个，累计129个；开通5G基站75个，累计230个。新增千兆宽带用户3600户，累计覆盖4.3万户，其中千兆宽带用户2.15万户。新增光缆200皮长千米，累计8000皮长千米。（王　斌）

中国联通张家港市分公司保税区分局　中国联通张家港市分公司保税区分局位于保税区滨江大厦B座2203室，有员工15人，营业网点12个。2023年，公司实现营业收入2616万元，有移动通信用户3.3万户、宽带用户0.87万户。全年新增4G站点17个，累计216个；新增5G站点48个，累计266个；新建光缆226皮长千米，累计2865皮长千米。光纤网络覆盖到所有行政村，覆盖率100%。（陈　莹）

保税区广电中心　保税区广电中心建有应急广播300余个，在网监控4000余只。深入推进智慧广电乡村工程建设，实施“书记项目”“双电融合，点‘靓’乡村”村网共建“三聚三优”项目，助力乡村振兴。依托“优质网络、应急广播、人工智能”等基础服务能力，为乡村数字化提供平安乡村、智慧环卫、智慧消防、智慧用电等应用，通过联动指挥功能，整治房屋、河道等农村公共空间，推进“一张图”式乡村数字化基层治理模式。以“有线+5G”精品网络为基础，以广播电视和网络视听内容为支撑，推出固移融合产品。2023年，有5G广电192号卡在网用户6000余个。（杜彩萍）

**【移动助力港务集团干散货码头作业自动化项目】** 2023年，中国移动张家港分公司实施港务集团基于5G混频专网的干散货码头作业自动化项目，通过构建2.6G+4.9G 混频组网方案，融合多种5G先进技术，形成“5G SA+混频组网+网络切片+UPF下沉+MEC边缘计算”5G专网组网模式，确保无线专网满足各类应用低时延高带宽需求及港区管理高安全性需求。5G专网为干散货码头作业自动化提供所需技术基础支撑，实现清舱机远控、门机远控、堆取料机远控、全要素智能调度等各类创新应用的落地部署，降低作业人员的劳动强度，改善作业环境，大幅提升码头作业安全性和工作效率。项目实施打破传统港口干散货码头发展思维模式，通过应用现代化管理和技术手段推进干散货码头绿色、低碳、智慧发展，形成干散货码头发展建设新模式、新方案，具有很强的市场应用推广价值。该项目获第29届智能交通世界大会创新大赛一等奖，入选2023年智慧江苏重点工程和标志性建设工程。（王　斌）

**【智慧巫山数字化建设项目】** 1月，张家港联通与金港街道巫山村村民委员会签订智慧巫山数字化建设项目合同，巫山数字乡村平台于2月启动，利用物联网、大数据等技术，实现对巫山村的人、房、地、物、事件、资产、商圈等相关数据可视化、一体化管理，建设集党建、垃圾分类、物业租赁、村民福利发放、村民住宅信息、道路监控及数字人民币商业圈等综合性智能化平台，主要包括乡村治理、绿色乡村、智慧党建、智慧服务、智慧消防、商铺管理等子系统，全力建设商业性村庄的苏南标杆。打造“智慧巫山”微信小程序，通过数字赋能提高服务的精准度和覆盖度，升级信息化乡村治理。巫山村被评为2023年苏州市智慧农村示范村。

**【保税港务码头5G信息化升级项目】** 2023年，在保税港务5G智慧港口的基础上，张家港联通继续推进5G信息化升级项目建设。通过数字化提升方案和多个5G应用场景、5G专网，利用物联网、大数据等技术，实现全流程无人自动化作业，多车动态路径规划和速度引导，实现车辆智能调度，有效解决港口司机短缺、疲劳驾驶等问题，提升码头运转效率，降低安全风险。将码头大型起吊设备的高清视频和PLC信号通过5GCPE，经由专属宏站和光纤网络上传到下沉UPF，再通过企业工业PON回传到中控室和PLC地面站，对起吊设备作业和安全进行远程操控管理。 （陈　莹）

## 房地产

**【概况】** 2023年，区街有塍星小区、江湾花苑、金南花苑一期和二期、文昌小区在建安置房项目5项，总投资约59亿元，总建筑面积122万平方米，住宅总户数6809套。至年末，金南花苑（一期、二期）完成总工程量的95%，文昌小区（二期、二期延扩、三期）完成总工程量的98%。竣工交付的主要商品房楼盘有璟悦澜庭二期、观河锦园、玉璟雅苑三期、云悦时光花园、映悦华庭5宗。

**【塍星小区建设】** 塍星小区位于文星北路西侧、塍东路北侧、健康北路东侧、南河套河南侧。项目总投资7.65亿元，占地面积5.2公顷、建筑面积15.2万平方米，建造17层房屋6幢、15层房屋1幢、14层房屋2幢、10层房屋3幢，其中大套385户、中套349户、小套64户，合计住宅798户。商业门面房91套，社区物业用房2层1幢，社区养老设施用房2层1幢，地下汽车位800个、地上汽车位47个，公建地上停车位84个。项目由中铁城建集团有限公司施工，江苏华申项目管理咨询有限公司监理。2023年4月8日开工，至2023年年末，主体结构完成，二次结构施工完成50%，完成投资3.2亿元。

**【江湾花苑建设】** 江湾花苑位于德积街道友邦路北侧、灿香路东侧。项目总投资6.75亿元，占地面积5.8公顷、建筑面积14.86万平方米，建造10层房屋4幢、11层房屋3幢、17层房屋6幢、16/17层（1个单元16层、1个单元17层）房屋1幢；其中大套200户、中套504户、小套148户，合计住宅852户。商业门面房43套，社区物业用房5套，地下停车位767个、地上停车位108个。项目由江苏德丰建设集团有限公司施工，江苏众业工程管理咨询有限公司监理。2022年8月30日开工，至2023年年末，主体全部完成，室外综合管线完成50%，完成投资4.9亿元。

**【金南花苑一期建设】** 金南花苑一期位于金港街道张家港河西侧、香南东路北侧。项目总投资15.75亿元，占地面积11.5公顷、建筑面积33.7万平方米，建造13层房屋7幢、15层房屋2幢、16层房屋2幢、17层房屋11幢，其中大套1014户、中套612 户、小套237户，合计住宅1863户。商业门面房25套，社区物业用房2套，地下停车位2067个、地上停车位120个，公建地上停车位75个。项目由中建三局集团有限公司施工，江苏华申项目管理咨询有限公司、江苏众信工程投资项目管理咨询有限公司监理。2021年8月开工，至2023年年末，项目基本完工，完成投资15亿元。

【金南花苑二期建设】 金南花苑二期位于金港街道江海南路东侧、香南东路北侧、南横泾河南侧。项目总投资11亿元，占地面积6.8公顷、建筑面积19.1万平方米，建造17层房屋9幢、16层房屋2幢，其中大套609户、中套316户、小套158户，合计住宅1083户。商业门面房29套，社区物业用房3套，地下停车位1085个、地上停车位120个。项目由江苏德丰建设集团有限公司施工，江苏华申项目管理咨询有限公司监理。2022年2月开工，至2023年年末，项目基本完工，完成投资10.5亿元。

【文昌小区（二期、二期延扩、三期）建设】 文昌小区（二期、二期延扩、三期）位于港华路东侧、三角滩路北侧。项目总投资18.5亿元、占地面积11.17公顷、建筑面积39.88万平方米，建造26层房屋10幢、17层房屋10幢、20层房屋1幢、16层房屋4幢、13层房屋2幢，其中大套1679户、中套352户、小套131户、小小套51户，合计住宅2213户。商业门面房18套，社区物业用房5套，地下停车位2078个、地上停车位430个。项目由江苏德丰建设集团有限公司施工，江苏中昱琨城建项目管理有限公司、江苏华申项目管理咨询有限公司、江苏众信工程投资项目管理咨询有限公司监理。2021年7月开工，至2023年年末，项目基本完工，完成投资18亿元。（刘　勇）

【璟悦澜庭二期建设】 璟悦澜庭二期位于金港街道镇山路北侧，共6幢，由苏州骏凯房地产开发有限公司开发建设，占地面积3.99公顷，房屋套数1166套，建筑面积12.71万平方米，2020年4月开工。其中，2幢毛坯，建筑面积4.21万平方米，至2023年年末完成总工程量的95%；4幢精装修，建筑面积8.5万平方米，至2023年年末完成总工程量的80%。

（顾敏灏）

【观河锦园建设】 观河锦园位于金港街道柏林路东侧，共6幢，由中铁城建张家港置业有限公司开发建设，占地面积3.07公顷，房屋套数441套，建筑面积5.03万平方米，2020年10月开工，至2023年年末，项目已完工。

【玉璟雅苑三期建设】 玉璟雅苑三期位于金港街道镇山路北侧，共10幢，由张家港保税区鑫悦房地产开发有限公司开发建设，占地面积6.84公顷，房屋套数1940套，建筑面积11.42万平方米，2019年11月开工，至2023年年末，项目已完工。（黄海敏）

【云悦时光花园建设】 云悦时光花园位于金港街道金港路西侧，共6幢及1处地下汽车库，由张家港新城恒泰房地产开发有限公司开发建设，占地面积2.08公顷，房屋套数427套，建筑面积4.47万平方米；地下停车位384个，建筑面积4940平方米。2021年4月开工，至2023年年末，项目已完工。（陈忠保）

【映悦华庭建设】 映悦华庭位于金港街道中港西路，共20幢，由张家港弘港房地产开发有限公司开发建设，占地面积6.26公顷，房屋套数954套，建筑面积11.70万平方米。2021年3月开工，至2023年年末，项目已完工。（黄海敏）

【不动产登记】 2023年，保税区办理各类不动产业务55411件，其中不动产登记28277件、不动产抵押登记1200件、不动产抵押注销1281件、查解封1721件、不动产交易网签合同179件；完成不动产登记网上注销公告448份，完成不动产单元信息表22305份。接待社会各界人士查档5381人次，出具不动产登记有房、无房证明900余份，安泰半导体、云悦时光花园等8个项目实现“交地、交房即发证”。

（朱　灵）

# 金　融

【概况】2023年，区街有6家国有商业银行（工商银行、农业银行、中国银行、建设银行、交通银行、邮储银行）的分支机构，2家全国性股份制商业银行（中信银行、浦发银行）的分支机构，3家城市商业银行（江苏银行、苏州银行、宁波银行）的分支机构，1家农村商业银行（张家港农商行）的分支机构。工商银行保税区支行、中国银行保税区支行、建设银行保税区多家支行、交通银行保税区支行、浦发银行金港支行、江苏银行保税区支行、苏州银行金港支行、张家港农商行港区中心支行、邮储银行金港中心支行人民币存贷款金额较上年均呈上涨态势。据统计，至年末，保税区银行业金融机构人民币存款余额411.43亿元，比上年增长10.45%。其中，单位人民币存款余额183.04亿元，比上年增长4.39%；个人人民币存款余额228.39亿元，比上年增长15.98%。外币存款余额9.24亿元，比上年增长59.24%。保税区银行业金融机构人民币贷款余额381.25亿元，比上年增长24.93%。其中，单位人民币贷款余额192.96亿元，比上年增长27.12%，中长期人民币贷款余额179.98亿元，比上年增长23.36%。外币贷款余额1.38亿元，比上年下降36.31%。区街有证券公司1家。

（唐心仪）

表16　　2023年张家港保税区银行机构存款一览表

| 单位名称 | 人民币存款 | | 其中 | | | | 外币存款 | |
|---|---|---|---|---|---|---|---|---|
| | | | 单位存款 | | 个人存款 | | | |
| | 年末余额（万元） | 比上年增长率（%） | 年末余额（万元） | 比上年增长率（%） | 年末余额（万元） | 比上年增长率（%） | 年末余额（万元） | 比上年增长率（%） |
| 工商银行保税区支行 | 185740.46 | 28.10 | 149424.10 | 27.80 | 36316.36 | 28.80 | 47000.00 | 84.20 |
| 中国银行保税区支行 | 294072.00 | 19.53 | 221802.00 | 16.92 | 72270.00 | 28.32 | 6470.00 | -30.63 |
| 农业银行保税区支行 | 454933.00 | -7.67 | 235431.00 | -19.88 | 219501.00 | 10.36 | 4042.00 | 16.75 |
| 建设银行保税区支行 | 722001.98 | 27.85 | 381349.87 | 36.64 | 340652.12 | 19.27 | 22619.24 | 48.54 |
| 交通银行保税区支行 | 85637.00 | 33.60 | 47853.00 | 38.80 | 37784.00 | 27.60 | — | — |
| 邮储银行金港中心支行 | 35615.00 | 7.00 | 10011.00 | -13.00 | 25604.00 | 18.00 | — | — |
| 中信银行保税区支行 | 209839.00 | -2.70 | 168684.00 | -5.07 | 41155.00 | 8.42 | 11223.00 | 251.72 |
| 浦发银行金港支行 | 51417.68 | 4.95 | 39607.56 | 40.42 | 11810.11 | -43.19 | 4.41 | -72.00 |
| 江苏银行保税区支行 | 109866.96 | 25.26 | 68552.76 | 26.28 | 41314.20 | 32.25 | 11.17 | 5.20 |

续表

| 单位名称 | 人民币存款 | | 其中 | | | | 外币存款 | |
|---|---|---|---|---|---|---|---|---|
| | | | 单位存款 | | 个人存款 | | | |
| | 年末余额（万元） | 比上年增长率（%） | 年末余额（万元） | 比上年增长率（%） | 年末余额（万元） | 比上年增长率（%） | 年末余额（万元） | 比上年增长率（%） |
| 苏州银行金港支行 | 36344.00 | 54.59 | — | — | 36344.00 | 54.59 | — | — |
| 宁波银行保税区支行 | 39156.85 | — | 15733.63 | — | 23423.21 | — | 224.75 | — |
| 张家港农商行港区中心支行 | 1889633.90 | 7.12 | 491919.90 | -10.88 | 1397714.00 | 15.33 | 760.62 | -25.61 |

表17　　2023年张家港保税区银行机构贷款一览表

| 单位名称 | 人民币贷款 | | 其中 | | | | 外币贷款 | |
|---|---|---|---|---|---|---|---|---|
| | | | 短期贷款 | | 中长期贷款 | | | |
| | 年末余额（万元） | 比上年增长率（%） | 年末余额（万元） | 比上年增长率（%） | 年末余额（万元） | 比上年增长率（%） | 年末余额（万元） | 比上年增长率（%） |
| 工商银行保税区支行 | 704856.62 | 30.90 | 204742.47 | 54.60 | 500114.15 | 23.20 | 668.54 | 350.00 |
| 中国银行保税区支行 | 395600.00 | 64.09 | 326616.00 | 58.08 | 68984.00 | 100.06 | — | — |
| 农业银行保税区支行 | 281510.00 | -1.90 | 196267.00 | -14.34 | 85243.00 | 47.36 | 1330.00 | -15.72 |
| 建设银行保税区支行 | 1195019.89 | 46.23 | 593822.21 | 51.62 | 601197.68 | 41.28 | 1555.14 | -90.64 |
| 交通银行保税区支行 | 83025.00 | 12.20 | — | | | | — | — |
| 邮储银行金港中心支行 | 116720.00 | 18.00 | 44856.00 | 52.00 | 71864.00 | 4.00 | — | — |
| 中信银行保税区支行 | 190740.00 | -9.01 | 56259.00 | 16.02 | 134481.00 | -16.54 | 7423.00 | 1808.23 |
| 浦发银行金港支行 | 9244.12 | 456.13 | 2230.15 | 118.96 | 7013.97 | 989.63 | — | — |
| 江苏银行保税区支行 | 23161.44 | 2.25 | 23161.44 | 2.25 | — | — | — | — |

续表

| 单位名称 | 人民币贷款 | | 其中 | | | | 外币贷款 | |
|---|---|---|---|---|---|---|---|---|
| | | | 短期贷款 | | 中长期贷款 | | | |
| | 年末余额（万元） | 比上年增长率（%） | 年末余额（万元） | 比上年增长率（%） | 年末余额（万元） | 比上年增长率（%） | 年末余额（万元） | 比上年增长率（%） |
| 苏州银行金港支行 | 35006.00 | 22.00 | 14638.00 | 45.00 | 20368.00 | 10.00 | — | — |
| 宁波银行保税区支行 | 17759.22 | — | 15041.74 | — | 2643.68 | — | 2443.05 | — |
| 张家港农商行港区中心支行 | 759887.17 | 6.34 | 451968.92 | 4.79 | 307918.25 | 8.72 | 413.77 | -24.35 |

**【中国工商银行股份有限公司张家港保税区支行】** 中国工商银行股份有限公司张家港保税区支行位于镇山路110号，有从业人员23人。至年末，本外币全部存款余额23.27亿元，比上年增长36.48%；本外币各项贷款余额70.55亿元，比上年增长30.99%；制造业贷款余额23.27亿元，比上年增长53.29%；普惠贷款余额1.93亿元，比上年增长17.08%。年内，成功搭建全国首个大宗商品数币期货交割场景，获2023年数字金融创新项目“TOP5优秀全国首创场景”、2022年度苏州市工会妈妈驿站示范点、总行首批外汇业务百强分行千优网点等荣誉。

（张遇豪）

**【中国农业银行股份有限公司张家港保税区支行】** 中国农业银行股份有限公司张家港保税区支行位于中港南路188号临港大厦2幢。至年末，本外币日均存款总额47.06亿元，比上年增加5.2亿元；贷款余额56.7亿元，比上年增加26.2亿元。（倪吴佳）

**【中国银行股份有限公司张家港保税区支行】** 中国银行股份有限公司张家港保税区支行位于长江中路108号，有从业人员17人。至年末，人民币存款余额29.41亿元，比上年增长19.53%；人民币贷款余额39.56亿元，比上年增长64.09%。年内，服务天齐锂业新能源材料（苏州）有限公司开立美元资本金账户，资本金入账5500万美元。（李佩华）

**【中国建设银行股份有限公司张家港港城支行】** 中国建设银行股份有限公司张家港港城支行位于金港路78号，有从业人员20人。至年末，建行港城支行人民币存款余额72.2亿元，比上年增长27.85%；人民币贷款余额119.5亿元，比上年增长46.23%。参与保税区内上市公司改革重组，为重点上市企业发放产业重组并购贷款3亿元；支持保税区内重点总部型企业，为集团异地项目提供授信支持超5亿元。

（孙　强）

**【交通银行股份有限公司张家港保税区支行】** 交通银行股份有限公司张家港保税区支行位于滨江大厦B座1楼，成立于1994年，有从业人员9人，营业面积200余平方米。至年末，交通银行保税区支行本外币各项存款余额8.56亿元，本外币贷款余额8.3亿元。全年组织大型公益活动2次。（蒋丽君）

【中国邮政储蓄银行股份有限公司张家港市金港中心支行】 中国邮政储蓄银行股份有限公司张家港市金港中心支行位于黄泗浦东路225号，有从业人员10人，外包人员4人。至年末，网点存款余额3.6亿元，贷款余额11.67亿元，其中经营性贷款余额4.5亿元、住房贷款余额7.2亿元。全年新发放专利质押贷款10笔5912万元。（杨　丹）

【中信银行张家港保税区支行】 中信银行张家港保税区支行位于中港南路188号临港大厦，有从业人员17人。至年末，支行人民币存款余额20.98亿元，比上年下降2.7%；人民币贷款余额19.07亿元，比上年下降9.01%。（蒋愫雯）

【上海浦东发展银行张家港金港支行】 上海浦东发展银行张家港金港支行位于紫金花苑1幢M05、M06号，成立于2011年10月，营业面积约500平方米，有从业人员8人。2023年，金港支行针对当地科技企业、优质中小企业的融资瓶颈，积极与招商部门、担保公司等合作，在风险可控的前提下，重点扶持一批优质科技中小企业，打响浦发"科技金融"品牌。至年末，人民币存款余额5.14亿元，比上年增长4.95%；人民币贷款余额0.92亿元，比上年增长456.13%。（陆仲欢）

【江苏银行股份有限公司张家港保税区支行】江苏银行股份有限公司张家港保税港区支行位于黄泗浦西路20号，有从业人员8人，内设零售部、营运部。至年末，网点对公存款余额6.86亿元、对私存款余额4.14亿元，总存款余额11亿元、贷款余额2.3亿元。（蔡　豪）

【苏州银行股份有限公司张家港金港支行】 苏州银行股份有限公司张家港金港支行位于金港湾1幢M08，成立于2012年12月，有从业人员11人。至年末，苏州银行金港支行存款余额3.63亿元，比上年增长54.59%；贷款余额3.5亿元，比上年增长22%。（聂晓红）

【宁波银行张家港保税区支行】 宁波银行张家港保税区支行位于长江中路219号汇港商务楼，成立于2020年12月。至年末，支行存款余额3.9亿元、贷款余额1.8亿元。（张　洁）

【张家港农商行港区中心支行】 张家港农商银行港区中心支行于2002年1月成立，位于长江中路228号，有机构网点14家，从业人员90人。下辖3家支行，分别为张家港农村商业银行南沙支行、张家港农村商业银行后塍支行和张家港农村商业银行德积支行，分理处10家。至年末，人民币存款余额188.96亿元，比上年增长7.12%，其中单位存款余额49.19亿元、个人存款余额139.77亿元、外币存款余额760.62万元。人民币贷款75.99亿元，比上年增长6.34%，其中短期贷款45.20亿元、中长期贷款30.79亿元。（薛丽人）

【华泰证券】 华泰证券股份有限公司长江中路营业部，经营业务包括A股、B股、债券、基金、新三板、H股、融资融券、个股期权、港股通、IB业务等，提供网上交易、手机委托、电话委托、网上页面委托等交易方式，与工商银行、农业银行、中国银行 、建设银行、交通银行，张家港农商行等多家银行建立三方存管业务。有从业人员9人，为注册地在保税区的唯一券商，提供全业务链的综合金融服务。2023年，公司新增托管市值11.72亿元，实现股基交易额811亿元，理财产品日均保有2.87亿元；新开账户724户，其中有效账户578户。实现营业收入754.79万元，入库税金3101万元（含限售股代扣代缴），连续两年纳税超2千万元。（王国华）

# 综合经济管理

## 宏观经济管理

**【规划编制与实施】** 2023年，保税区将“高端装备”作为产业转型升级的重要抓手，编制《苏州扬子江高端装备产业园规划》，明晰发展目标，规划空间载体（A、B、C区，共17.4平方千米）及重点产业，重点聚焦聚力“智能装备、汽车零部件”产业，重点提质扩能“传统特色装备”产业，重点培育培养半导体装备产业，加速高端装备产业集聚发展，规划于9月获张家港市政府批复同意。（刘　江）

**【经济运行分析】** 2023年，区街经济发展保持稳中求进总基调，经济回暖基础不断巩固，发展质效不断提升。工业投资对经济提质作用突出，工业投资完成59.37亿元，比上年增长21%，其中华盛锂电、大族激光、瓦克化学3个项目投资超过3亿元。社会消费稳步恢复，实现社会零售总额80.54亿元，比上年增长3.8%。财政收入保持增长，一般公共预算收入完成60.51亿元，比上年增长0.4%。受国际环境、市场等因素影响，规模以上工业产值1603.88亿元，比上年下降1.9%。实际利用外资1.1亿美元，比上年下降64.6%。（陈忠平）

**【四新产业发展】** 2023年，保税区紧盯“新材料、新能源、新装备、新经济”四新产业方向，加快推动产业“调高、调轻、调优”。化工新材料产业方面，主要有基础化学品、高性能材料、涂料、泛半导体材料等细分领域，有陶氏、瓦克、华昌化工等国内外龙头企业，全年产值716.3亿元。年内，瓦克化学有机硅乳液和硅油产品扩建项目、有机硅下游产品扩建项目、江苏美阳10万吨集成电路用高纯化学品项目等多个化工新材料项目奠基开工。新装备产业方面，依托港口资源优势和重型装备制造产业园等载体优势，优化产业布局，聚焦高端突破，有张化机、大族激光等行业龙头企业、装备类规模以上企业114家，全年产值209.3亿元。召开保税区高端装备制造产业发展推进会，制定出台《保税区关于加快发展高端装备制造产业的实施意见》，编制并获批《苏州扬子江高端装备产业园规划》；置田高端车用锻件项目、国恒总装基地项目等重大装备类项目渐次开工。新能源产业方面，集聚天齐锂业、国泰华荣、华盛锂电等一批上市企业、国内外行业龙头，形成六氟磷酸锂、三元锂、碳酸锂、氢氧化锂、超级电容器电解质、锂电池电解液添加剂等成熟的产业集群，是全球最大的锂电池电解液生产基地，已形成超百亿的新能源产业集群。年内，如鲲锂电池电解液添加剂项目开工建设，三金锂电年产5万吨高镍三元前驱体一期工程竣工，张家港新能源（锂电材料）产业园获苏州授牌。新经济产业方面，依托功能政策、港口码头、市场平台等基础支撑。年内，新开工南山（华东区）汽车零部件及新媒体电商供应链总部基地项目、百胜苏南供应链运营中心项目等重大项目。（刘　江）

**【固定资产投资】** 2023年，保税区完成全社会固定资产投资额99.38亿元，比上年增长6.5%。其中，完成工业投资59.37亿元，比上年增长21%；服务业投资40.01亿元，比上年下降9.6%；完成新兴产业投资63.44亿元，比上年增长27.3%。（陈忠平）

**【项目投资】** 2023年，保税区围绕项目“招引落地、开工建设、竣工投产”等全生命周期脉络，创新出台《张家港保税区重大项目“245”统筹推进机制》《重大项目开竣工指南》，实施两项管理（全生命周期、全信息化），瞄准四个指标（开工率、纳统率、竣工率、投产率），健全五大机制（储备选取、包抓推进、要素保障、协同服务、督察考核），汇聚推进重大项目的强劲合力。开工项目35项，其中三级重大项目22项，总投资85.04亿元，项目数和年度总投资列全市第一。竣工投产项目36项，其中1亿元以上三级重大项目23项，总投资153.99亿元，霍尼韦尔、海虹老人、杜邦等一批项目竣工投产。（蒋海平）

## 财　政

【概况】 2023年，保税区充分发挥财政职能，培育产业集群，落实惠企政策，完善重点企业服务机制，持续改善民生，推进政府采购项目，健全绩效考核管理体系。保税区统筹做好稳增长、促改革、调结构、惠民生、防风险各项工作，全年完成一般公共预算收入60.51亿元，比上年增长0.4%，其中税收收入57.3亿元，比上年增长0.8%，税收占比94.7%。制定《张家港保税区国有企业资产负债率管控方案》，促进区属国有企业债务管控和隐性债务化解，防范经营风险，保障经营质量。投入多项资金赋能基础教育、群众文体活动、困难人群关怀、基层医疗卫生、环境工程治理等领域，改善居民生活条件，提高群众生活安全感和幸福感。

表18　　2023年张家港保税区公共财政预算收入一览表

单位：万元

| 项　目 | 实绩 | 比2022年增加数 | 增长率（%） |
|---|---|---|---|
| 一、一般公共预算税收收入 | 572996 | 4677 | 0.8 |
| 增值税 | 274627 | 49363 | 21.9 |
| 企业所得税 | 140683 | –50856 | –26.6 |
| 个人所得税 | 31886 | –159 | –0.5 |
| 城市维护建设税 | 33962 | –6397 | –15.8 |
| 房产税 | 21692 | –1096 | –4.8 |
| 印花税 | 41717 | 22868 | 121.3 |
| 城镇土地使用税 | 6721 | –1403 | –17.3 |
| 土地增值税 | 4791 | –3143 | –39.6 |
| 车船税 | 5 | –17 | –77.4 |
| 耕地占用税 | 565 | –2105 | –78.8 |
| 契税 | 15687 | –2404 | –13.3 |
| 环境保护税 | 659 | 27 | 4.2 |
| 二、非税收入 | 32076 | –2447 | –7.1 |
| 教育费附加及地方教育费附加 | 24949 | –4555 | –15.4 |
| 行政性收费收入 | 234 | –180 | –43.4 |
| 罚没收入 | 529 | 159 | 43.0 |
| 其他收入 | 6363 | 2128 | 50.2 |
| 收入合计 | 605071 | 2230 | 0.4 |

表19　　2023年张家港保税区公共财政预算支出一览表

单位：万元

| 项　目 | 实绩 | 比2022年增加数 | 增长率（%） |
|---|---|---|---|
| 一、一般公共服务支出 | 30601 | 113 | 0.4 |
| 二、公共安全支出 | 2729 | 1033 | 60.9 |
| 三、教育支出 | 45500 | 692 | 1.5 |
| 四、科学技术支出 | 4894 | −8202 | −62.6 |
| 五、文化旅游体育与传媒支出 | 1066 | 193 | 22.1 |
| 六、社会保障和就业支出 | 19252 | 1310 | 7.3 |
| 七、卫生健康支出 | 9632 | −3257 | −25.3 |
| 八、节能环保支出 | 8030 | −3646 | −31.2 |
| 九、城乡社区支出 | 232673 | 15893 | 7.3 |
| 十、农林水支出 | 19269 | −5213 | −21.3 |
| 十一、交通运输支出 | 0 | −35 | −100.0 |
| 十二、商业服务业等支出 | 8517 | 8294 | 3719.3 |
| 十三、金融支出 | 170 | −1600 | −90.4 |
| 十四、自然资源海洋气象等支出 | 849 | 686 | 420.9 |
| 十五、住房保障支出 | 10507 | −569 | −5.1 |
| 十六、灾害防治及应急管理支出 | 1006 | 593 | 143.6 |
| 十七、债务付息支出 | 176 | −34 | −16.2 |
| 十八、债务发行费用支出 | 0 | −5 | −100.0 |
| 合计 | 394871 | 6246 | 1.6 |

**【财政管理】** 2023年，保税区对上争取再融资债券资金3.04亿元。细化隐性债务化解方案，压实各级主体化债责任，按照年度计划完成化债任务，达成“债务率不倒涨和债务风险等级不反色”的目标。制定《张家港保税区国有企业资产负债率管控方案》，加强区属国有企业债务管控，防范经营风险；推动高成本债务压降，协调金融机构对接相关单位，缓释其偿债压力；日常开展地方政府性债务管理系统、监测平台2个债务系统填报和监测工作。预算管理方面，健全财政收入稳定增长保障机制，构建财政与经济发展良性互动关系，聚焦税收经济分析、培育优质税源、服务企业发展；推进零基预算改革，优化各类财政支出标准，提高财政管理精细化、科学化、规范化水平。

**【公共资源交易】** 2023年，保税区审批金额20万元至50万元（不含）政府采购事项42笔，预算金额1689万元，实际中标价格1570万元，节约国有资金119万元，节减率7.05%。

**【民生支出保障】** 2023年，保税区投入4009万元用于后塍学校综合楼新建、各学校暑期维修改造等项目建设，投入2240万元用于各学校设备购置，支持基础教育均衡发展；投入1000万元发展文化体育事业，支持群众文化体育活动；投入666万元用于低保户及低保边缘户补助，投入1100万元用于残疾人生活、护理补贴，投入238万元用于困境儿童生活补助，投入1014万元用于优抚人员补助，持续改善民生；投入1891万元用于疫情防控收尾工作，投入789万元用于卫生健康服务项目，助推基层医疗卫生事业发展；投入7340万元用于雨污分流改造及农村生活污水治理、水环境综合整治、设施设备运维费等支出，持续推进环境保护根源治理；投入2680万元用于居民老旧小区维修改造，投入2593万元用于电力设施迁改等市政工程建设，投入1224万元用于垃圾分类及处理，改善居民居住环境。

**【资金管理优化】** 2023年，保税区不断创新机制，优化资金管理体系。创新资金整合统筹机制方面，完善集中财力办大事机制，加大财政统筹力度，争取上级资金和政府债券资金支持，严格落实“过紧日子”要求，压减公用经费和非急需、非刚性专项资金，完善项目谋划和储备，保障重大项目和重点工程建设。优化财政管理体制方面，落实重大民生政策统筹协调机制，突出轻重缓急、循序渐进，形成既立足保税区发展实际，又能充分调动各方积极性的财政一体化管理新机制，依托信息化系统，重点开展收支执行、“三保”支出、库款保障等动态监测，强化综合保障水平，确保财政平稳安全运行。探索绩效评价管理体系方面，持续推进绩效评价，树立预算绩效理念，强化财政支出管理，推进预算绩效管理，加强反馈结果运用，增强部门支出责任，节约公共支出成本，提高财政资金使用效益。（高永辉）

## 税　务

**【概况】** 2023年，国家税务总局张家港保税区税务局（简称保税区税务局）坚持“稳中求进、守正创新”主基调，统筹落实重大决策部署和服务地方高质量发展，统筹组织收入和落实税费优惠政策，统筹优化税收营商环境和加强税收监管。全年组织税费收入104.9亿元，比上年下降5.2%。其中组织全口径税收收入85.9亿元，比上年下降5%；完成区税收形成的一般公共预算收入42.8亿元，比上年下降1.3%。

**【税收征管】** 2023年，保税区税务局坚守组织收入质量底线，加强收入分析预测和统筹，开展60家重点企业的走访调研和税源分析，主动对接企业需求，牢牢把握组织收入主动权。深化现金税费征缴专项整治成果运用，开展票证管理自查，维护税费安全。全年累计组织税费收入104.9亿元，比上年下降5.2%。其中组织全口径税收收入85.9亿元，比上年下降5%，完成公共财政预算收入42.8亿元，比上年下降1.3%。与全省同步，在4月27日上线“数电发票”，至年末，保税区“数电发票”率95%，列全省第一。协同推进苏州区域“同城通办”，实现369个事项苏州区域通办，9月同步实现全省通办。参与省局“三个中心”建设，打造保税区分中心，推广运用4个智慧税务产品。推动健全出口退税服务监管新机制落地，成立2个专业团队，形成出口退税服务监管新格局。

**【税收服务】** 2023年，保税区税务局推动办税缴费“线上+线下”融合，推广线上、掌上办税，设置导税服务台和专职导税员，抽调专业骨干设立复杂事项服务专窗，设置阶段性重点工作专区专窗，缩短常规办税缴费时长。线下办税缴费等待时长缩短至4.1分钟，比上年压缩50%，平均办理时长缩短至4.9分钟。建立集约化运营工作团队，统筹“12366”服务热线、“远程帮办”、“征纳互动平台”等资源，建立线上服务支持人员与“12366”坐席人员联合机制，承接电子税务局等线上渠道事项和线下申请的非即办事项，落实“问办一体”职责，实现问办协同。线上办税率、“12366”服务质效、办税厅办理时长和等候时长等指标均位居全省前列。建成全省首批新时代“枫桥式”税务所。完善税费

6月27日，保税区税务局组织全面数字化电子发票“可视答疑”培训

服务诉求和舆情分析办理联席会议制度，探索建立税费争议咨询调解中心，促进涉税争议化解在基层。全年化解争议7件，满意率100%。落实便民办税春风行动、“春雨润苗”专项行动和中小企业服务月各项举措，结合本地区纳税人、缴费人需求，针对性开展专项税费服务举措。面向大企业和涉税专业服务机构举办大企业服务座谈会、个税汇算培训、“数电发票”培训和“千名纳税服务体验师进百个办税厅”活动。举办可视答疑4场，服务群众5万人次。邀请税费服务体验师37人次参与税费服务体验日，常态化开展“问需求、解难题”纳税人缴费人座谈会4次，听取纳税人涉税诉求67条。

**【依法治税】** 2023年，保税区税务局修订权责清单范本，落实《长三角税务违法行为行政处罚裁量基准》。坚持包容审慎理念，严格执行“首违不罚”制度，推进柔性执法和“说理式”执法应用。与司法部门签订《关于进一步规范涉税执行联动机制的工作意见》，加强税检合作，推动企业合规建设。与张家港市人民法院协作，完成自2018年以来首例非诉执行案件。在全省首创并使用行政执法文书送达地址确认书，提高稽查案件检查速度和执行效率。

**【减税降费政策落实】** 2023年，保税区税务局精准落实各项税费优惠政策，健全税费政策标签体系和“白名单”制度，主动筛选政策受众，开展“一政策一方案”精准推送，确保税费红利直达快享。全年对2783户企业进行办中、办后优惠政策精准推送，答疑辅导8.27万户次。突出支持高新技术、“智改数转”、“专精特新”及科技型中小企业发展，147家企业享受研发费用加计扣除优惠6.8亿元，49家先进制造业企业享受增值税加计抵减4000万元。全年新增减税降费及退税缓费10.4亿元；为企业办理各类退税21亿元，其中出口退税11.7亿元、增值税留抵退税5.8亿元；为2153家小型微利企业减免税额1.76亿元，受惠面100%。

**【以税资政】** 2023年，保税区税务局树立“以数治税”理念，积极融入地方经济发展工作大局，与地方相关经济管理部门密切配合，在保障运行、培育税源、企业联合服务等领域加强合作。参加保税区企业服务联合专班，为地方党委政府决策提供税务参考。全年提供各类经济分析报告65篇，获保税区党工委、管委会主要领导肯定性批示5篇。积极做好“以数资政”工作，向张家港市科技局、工信局等单位提供108批次12万余条数据。（闻青葆）

## 国有资产管理

**【概况】** 2023年，保税区锚定“国资国企改革、国有资产盘活”两大重点目标，不断加强国企规范化管理。国资国企改革方面，健全国资监管体制，以“管资本”为主线，出台《张家港保税区国资办履行出资人职责清单》，主体公司根据各自职责制定管理责任清单，全面提升监管效能。规范国企制度建设，区属国企全面建立采购、内审、风控、财务管理、固定资产管理、“三重一大”决策及行政管理、人事管理等制度，形成系统性制度体系。完善国企治理结构，加强党建引领和公司治理有效融合，区属国企建立权责法定、权责透明、协调运转、有效制衡的公司机制，形成党组织、股东会、董事会、监事会和经营层“四会一层”的治理结构，实施企业党组织前置研究讨论重大事项制度。完善审计监督机制，成立保税区审计工作领导小组，完成第一批国企年度审计，运用审计结果提高区属国企管理水平，提升国企经济运行质效。实施国企重组整合，制定《保税区国有（集体）企业重组整合分步实施方案》，围绕金港资产、产发集团两大国资体系，理顺企业管理权和企业股权关系，实施企业政企分开，关停注销低效益企业。优化国企绩效管理，实行薪酬分配差异化改革，完成四大市场招商体制改革和经营性企业绩效改革，不断强化国企实体化、市场化运行机制。提升国企业务能力，开展国企合规治理、依法治企、财务管理、税务筹划、兼并重组5个方面业务培训，参与200余人次，全面提升国企人员综合业务素质。规范国企投资管理，指导区属国企开展项目后评价工作，强化评价结果运用，提高国企投资决策水平和投资成效。国有资产盘活方面，资产全面上线管理，完成区街房屋、土地资产上线智慧平台。补办国有资产权证，完成社区用房、龙港标准型厂房、泛半导体产业园等多项资产权证办理，解决历史遗留问题。盘活国有资产，通过对外出售、对外出租、内部调配、配合招商四大路径盘活40余项资产，总收入5068万元。至年末，保税区国企总资产590亿元、净资产194亿元；全年实现营业收入32亿元，营业利润7亿元，净利润6亿元。（殷承潇）

表20　2023年张家港保税区主要国资公司经济指标一览表

单位：亿元

| 公司名称 | 资产总计期末余额 | 所有者权益 | 实收资本 | 营业总收入 | 营业利润 | 净利润 |
|---|---|---|---|---|---|---|
| 张家港保税区金港资产经营有限公司 | 590.04 | 194.38 | 58.50 | 32.14 | 6.91 | 6.02 |
| 张家港保税科技（集团）股份有限公司 | 40.24 | 25.43 | 12.12 | 14.99 | 3.35 | 2.72 |
| 张家港保税区张保实业有限公司 | 255.03 | 114.63 | 48.90 | 8.67 | 3.48 | 3.48 |
| 张家港市滨江新城投资发展有限公司 | 270.24 | 61.15 | 39.20 | 4.34 | 1.90 | 1.90 |
| 张家港港新重装码头港务有限公司 | 25.19 | -1.50 | 3.90 | 2.61 | 0.09 | 0.10 |
| 张家港保税区扬子江物产控股有限公司 | 0.44 | 0.43 | 0.45 | — | -0.03 | -0.01 |
| 张家港保税区智慧创业投资有限公司 | 18.76 | 4.71 | 4.00 | — | 0.17 | 0.18 |

【金港资产实现利润总额6.02亿元】 2023年，张家港保税区金港资产经营有限公司聚焦高质量发展主线，全年实现利润总额6.02亿元，比上年增长4%。至年末，实现合并资产总额590.04亿元，所有者权益总额194.38亿元。利用国资平台优势，使用多样化金融工具减少先前占主导的间接融资，逐步转为直接融资、间接融资共同发展，形成风险分散机制，降低融资成本。通过发行公司债、短期债券等形式，新增融资金额39.06亿元，其中新增借款资金17.06亿元，发行债券22亿元，包括20亿元债券及2亿元永续债业务。利用2A+企业信用评级，以更低的担保成本、更丰富的担保渠道满足下属企业多元化融资保障需求，进一步降低融资成本和融资风险，全年为下属企业及关联公司提供融资保障123.29亿元。优化国有资本布局，不断加强资本运作和管理，推动实现国有资产保值增值。新增对外投资1家，以9560万的价格拍得苏商银行8960万股，股权占比2.24%，入股互联网商业银行；到期退出投资项目2家，实现国有投资有序流通和合理进退。全年实现投资收益6117.37万元。完成相关投后报告7份，对合作未达到预期投资项目提出具体的处置意见。与相关实际管理方签订委托管理协议7份，理顺企业股权关系，明确企业管理责任。盘活资产助力招商项目，优化实物资产管理，做好无证资产权证核实补办手续，并通过公开转让、对外出租、内部调剂等方式盘活闲置资产。通过公开转让方式盘活新材料产业园闲置房地产（土地3407平方米、房产2674平方米），支持保税区招商用地需求。对外租赁已动迁尚未拆除的闲置厂房，增加资产租赁收益。按照出资关系界定监管范围，完成国企经营主体职责和归口管理责任清单，进一步明确出资职责。完善财务管理制度，修订投资监督、采购管理、资金管理、内部审计及人事等相关制度，形成5个大类35个制度的公司管理制度体系。 （周　锋）

【保税科技实现营收近15亿元】 2023年，张家港保税科技（集团）股份有限公司聚焦主业发展，全年实现营业收入14.99亿元，利润3.37亿元。张家港保税区长江国际港务有限公司全年靠泊船舶449艘次，码头吞吐量393万吨，稳固主营品种乙二醇、二甘醇在全国进口市场的龙头地位（均占比35%以上），年内获批大商所乙二醇期货保税交割仓库，完成乙二醇仓单注册量33万吨，约占大商所乙二醇全国仓单注册量46%；张家港保税港区港务有限公司散杂货业务（523万吨）和PTA（精对苯二甲酸）业务（419万吨）均创开港以来新高，新增2类和5类危险品集装箱作业资质；张家港保税区外商投资服务有限公司全年完成出入库总量131万吨，PTA仓单注册量30万吨，占保税区PTA交割仓库市场份额81%，并获批郑商所硅铁、锰硅指定交割仓库，成功落地锰硅综合物流项目。张家港扬子江保税贸易有限公司全年贸易额突破120亿元，新增煤炭、芳烃、成品油、铁矿石等11个新品种，业务量突破430万吨；张家港保税数据科技有限公司与上海清算所推出的数字人民币清结算业务成功上线，加快数字金融与实体经济深度融合，集团数字化转型取得全新突破，被国家金融监督管理总局苏州监管分局认定为数字人民币全国首创试点应用场景，并获评省数字人民币试点优秀实践案例。上海保港股权投资基金有限公司全年收益率10.18%，领先全国私募、公募整体盈利水平。此外，集团“走出去”发展迈出坚实步伐，洋山申港、天津通达等项目落地，进一步丰富集团外拓布局。 （展子昂）

【张保实业公司实现净利润3.55亿元】 2023年，张家港保税区张保实业有限公司坚持稳中求进工作总基调，全年实现营业收入8.68亿元，净利润3.55亿元，投资收益4197.13万元，完成政府隐性债务化解7.54亿元。至年末，公司资产总额242.7亿元。年内，公司发挥国资融资主体责任，创新融资机制，增强资本运作能力，推进各级主体国企发行各类型债券；挖掘发行债券及设立产业基金方面的潜力，改善企业资本结构，为区街项目建设提供资金保障，全年融资到账41.3亿元。出资300万元入股后塍高桥村锦塍公司，促进村级经济发展。依法依规加强资产管理，全年出租房屋4.28万平方米（含江南宾馆），收取租金327.33万元；管廊用户10家，收取管廊综合管理费565.07万元；出租码头设备41台，收取租金740万元。规范工程管理，保障项目建设，办结企业道口立项16项，道口数量32个，面积1.14万平方米，涉及征地及相关费用3127万元，申报各类工程项目资金5批次3924万元，组织已竣工工程抽签送审工作8轮次3850万元。推进国有资产重组整合，完成金田实业、长乐物业、筑城公司、匠源园林、金港检测及江南花园酒店6家公司股权调整，进一步明确经营主体职责和归口管理责任，提升管理效能。（周亚钦）

**【滨江公司获评中诚信AA级企业】** 2023年，张家港市滨江新城投资发展有限公司不断提升融资能力，首次被中诚信国际评级有限责任公司评为AA级企业。公司全年实现营业收入6.22亿元，利润总额1.9亿元。至年末，公司资产总额270.24亿元。资金运筹方面，公司及归口管理公司全年融资62.03亿元，其中新增融资41.44亿元，有效支持公司业务拓展和项目开发，置换隐债1.2亿元、续贷19.39亿元，化解隐债3.27亿元。规范资产管理方面，全年收取房租金2191万元，临时用地租金59万元。优化工程项目管理流程，统一工程款项结算标准，完善结算送审抽签流程，确保资金使用高效透明，全年送审项目32项，送审金额5743万元，审结项目核减金额108万元，综合核减率8.82%。开展滨江新城土地招商工作，完成6.73公顷土地储备入库工作。（刘昱希）

**【港新码头实现净利润1005.6万元】** 2023年，张家港港新重装码头港务有限公司靠泊各类船舶1965船次，其中外轮276船次，吞吐总量659万吨。服务货值约390亿元，其中“一带一路”货值约290亿元。全年实现销售收入2.75亿元，净利润1005.6万元，扭亏为盈。围绕共建“一带一路”出海基地平台、重型装备企业出海平台、大型装备组装平台及江海联运枢纽中心的“三平台、一中心”基地建设，对不同客户群体、不同项目，设计运输专项通道，定制吊装专项方案，提供个性化精准服务，力推码头业务发展。5月1日起集中发运利柏特63个模块，提前介入，和业主、制造方、运输方反复沟通，优化吊装工艺，45天完成发运。11月26日，成功保障一座重达2208吨的浮式生产储油轮（FPSO）上部模块发运，标志张家港企业制造的5座FPSO上部工业模块全部完成发运，这些模块将经上海长兴岛组装后运往巴西，助力当地能源建设。做好“一带一路”项目青山钢铁、振石集团等建设及生产物资发运工作，紧盯海外项目，进一步提高集港装船效率，增加航次数量；继续做好重装园区企业服务工作及大型港口机械、化工装置模块总装发运服务工作。（冷秋亚）

**【扬子江物产公司拓展税源稳存量挖增量】** 2023年，张家港保税区扬子江物产控股有限公司紧紧围绕市场转型。把“招商服务、税源集聚”作为重中之重，通过建机制、稳存量、挖增量、赋政策，激发市场招商动能。制定《专业市场中层人员竞聘上岗实施方案》，组建招商小分队充实招商力量，优化薪酬结构，提高绩效奖励比例激发招商动力。年内，招商小分队走访纳税超百万企业240余家，服务企业完成税收16.33亿元，比上年增长13.13%；新增千万级纳税企业7家。江苏长江航运交易中心有限公司税收首次突破5000万元，创历史新高。张家港电子口岸有限公司入围2022年度张家港市百家骨干企业名单，获评张家港市高质量发展先锋企业、中物联全国数字化仓库企业试点及江苏省科技型中小企业。网络货运平台营业收入1.77亿元，纳税1829万元。（黄　飞）

【智慧创投公司实现投资收益2878万元】 2023年，张家港保税区智慧创业投资有限公司加速推进项目投资，完成4个项目3200万元出资，实现投资收益2878万元。投后管理方面，协助润邦半导体、迪亚莱博、安储科技等企业完成融资；做好投后风险分析及控制，完成4个项目顺利退出。践行基金招商，落实“资本+产业”招商模式，对接小墨新材料、慧智星晨等项目，引荐嘉兆电子、通速达医疗等4个项目落户；以资引资，落实基金返投7910万元。政策性贷款方面，搭建银企合作桥梁，落实7家企业贷款授信3331万元，协助9家人才企业获得2023年张家港市产业创新集群高质量发展扶持政策贷款贴息211.5万元，贴息数量、金额均列全市第一。

（吴新宇）

## 市场监督管理

【概况】 2023年，保税区市场监督管理局（简称保税区市场监管局）以“市场主体优服年”为抓手，瞄准项目建设、提振消费、安全民生、市场秩序等重点环节，在服务区街经济社会发展中彰显担当作为。紧扣“3·15”时间节点，举办首届“江湾招牌菜”大赛；瞄准“数字监管”趋势，叉车“无接触”监管升级至3.0版本，“食安治联”智慧监管平台持续完善。对标更优营商环境，打造“知质赋能站”，益企赋能“全生命周期”服务为强链补链延链增强动能、拓展空间。牵头成立保税区民营经济产教联合体，设立“海棠解忧·校政企就业服务站”，打造人才共育生态圈。聚焦重要节点、重点业态，开展“三品一特”专项检查百余次，连续4年开展“百人百日”扫街行动，为安全生产化解风险、守牢底线。推进民生领域案件查办“铁拳”行动，投诉举报“件件有落实”，为市场环境创新机制、保障护航。

（陈彬彬）

【市场秩序规范与监管】 2023年，保税区市场监管局以信用监管为基础，以“双随机、一公开”为主要方式开展日常监管工作。辅导企业年报公示，18426家企业通过国家企业信用信息公示系统按期报送年报。提升个体工商户年报服务水平，自主开发个体年报自助服务系统并投入运用，解决个体户年报登录难、填报难等问题，为经营者年报提供更多便利。在市场监管相关领域开展“双随机、一公开”监管工作，依法有序实施信用约束，1414家经营主体因未年报或住所（经营场所）失联被列入经营异常名录。会同街道推进相关农贸市场改造，新塍农贸市场按期完成改造并投用。落实广告监管监测，监测各类广告资讯28169条次，指导广告行为159件。约谈广告领域多发举报网店经营者，指导其加强网页审核和员工法规教育，避免再次违法。

（姜卫东）

【登记准入】 2023年，辖区登记各类新设市场主体4741家。其中，新登记内资企业（非私营）77家，注册资本18.98亿元；新登记私营企业1564家，注册资本69.51亿元；新登记个体工商户3083家，注册资本2.87亿元；新登记外商投资企业17家，注册资本0.55亿美元。至年末，辖区登记内资企业（非私营）1146家，注册资本658.47亿元；私营企业19192家，注册资本1374.38亿元；个体工商户29024家，注册资本35.59亿元；农民专业合作社26家，注册资本0.62亿元；外商投资企业414家，注册资本79.62亿美元。（孙落雁）

【执法稽查】 2023年，保税区市场监管局查办违法案件326件，罚没款金额1200余万元。在全省率先开展管理体系认证专项执法监督检查，立案处理3家，责令改正4家。开展以包装层数、包装空隙等内容为重点的茶叶过度包装专项治理，摸排检查茶叶专卖店、商超等茶叶经营主体62家，抽检23批次。组织加油机专项计量监督检查，联合专业检测公司对辖区14家加油站进行全覆盖暗查。严厉打击商标侵权、假冒专利等违法经营行为，查处伪造生产产地、商标侵权案4起。查处江苏某医疗健康投资管理有限公司未经许可从事第三类医疗器械经营活动案，罚没款1109.5万元。某电器经营部销售不符合保障人体健康和人身财产安全国家标准的家用燃气灶具案等3个案例获评江苏省市场监督管理局典型案例，某卤味店电子秤作弊案获评苏州市市场监督管理局典型案例，《中国市场监管报》和中国江苏网等媒体平台对执法成效进行宣传报道。

（刘　斌）

【消费维权】 2023年，保税区市场监管局办理咨询案件2596件、投诉1925件、举报905件，为消费者挽回经济损失100余万元，及时化解矛盾纠纷。有无理由退货商家1600家，发生无理由退货业务1万余笔，退货金额60万余元，新增"吴优数购"商户400家，提升线下购物无理由退货体验。（卞红霞）

【产品质量安全监管】 2023年，保税区市场监管局开展工业产品许可证获证企业，"3·15"晚会曝光问题，燃气具及配件产品、塑料制品、农资产品、电动自行车、消防产品、防爆电气产品、燃油摩托车、木质家具、危险化学品、儿童和学生用品、液化气、成品油等重点工业产品专项整治和质量安全监管工作，检查主体500余家次，完成产品质量专项抽检113批次。（杨　栩）

【知识产权保护】 2023年，区街新增专利授权1514件，其中发明专利授权439件，比上年增长28.74%，有效发明专利拥有量2831件，万人发明专利拥有量91.3件。开展四批次非正常专利申请核查整治工作，核查涉嫌非正常专利申请149件，撤回率94%。指导13家企业通过专利质押融资1.2亿元。新增首届江苏专利奖银奖1项，为全市唯一银奖。在科创园建成保税区知识产权工作站，并通过省知识产权局备案。与市司法局、市律师协会联合举办张家港市知识产权保护发展论坛，政府部门、企业、专业机构、律师事务所等单位120余人参会。（马君威）

【标准计量】 2023年，保税区市场监管局指导30家企业完善执行标准技术指标，174家企业自我公开声明标准698项。企业参与制修订国家行业标准18项，中粮东海粮油工业（张家港）有限公司主导制定的国家标准《小麦麸》（GB/T 42225-2022）发布实施，江苏灿勤科技股份有限公司主导制定的行业标准《波导型介电谐振器第2部分：应用于振荡器和滤波器的使用指南》（SJ/T11457.2-2022）发布实施。召开农贸市场管理方专题约谈会，聘请专职计量监督员。开展加油站计量监督检查，检查加油站9家。开展茶叶包装和定量包装商品计量监督检查，对8家重点用能单位实施能源计量审查。

（杨　栩）

【特种设备安全监管】 2023年，保税区市场监管局检查特种设备企业194家，出动执法人员423人次，下达监察指令书76份，发现隐患418处，未发生特种设备安全事故。办理特种设备开工告知723次1866台，特种设备使用登记2108台；气瓶和移动式压力容器充装单位许可10件。开展简易升降机整治，排查土制升降机76台。聚焦事故风险防范，开展区街起重机械事故专项救援演练。选取叉车领域推行"无接

保税区市场监管局工作人员在企业开展特种设备安全生产检查

触办案”，实现全天候“监控取证、智能抓拍”，覆盖65.8%重点监管厂区，约20%的叉车纳入智能监管。完成液化石油气气瓶充装企业3轮次“全覆盖”排查整治，督促清理逾期未检、逾期报废“僵尸”气瓶56674只。开展文明电梯专项行动，对区街3250台电梯重点实施电梯轿厢环境整治、安全信息公示、文明乘梯宣传、安全隐患治理四项行动。实施“叉车安全监管码”项目，覆盖叉车1800辆。针对8个重点行业，通过“专家授课+视频直播”“实地学习+案例教学”，开展专题安全轮训14场，覆盖企业1307家，累计参训人员3100余人。（孙浩东）

**【药品医疗器械保健品化妆品监管】** 2023年，区街有持证药品零售企业169家，其中连锁门店54家、单体药店115家；医疗器械经营企业193家，其中批发15家、零售178家；医疗器械生产企业（含医疗器械生产备案人）15家；化妆品经营主体1761家。发挥保税区行政审批体制优势，实现药品零售企业营业执照、药品经营许可证、第三类医疗器械经营许可、第二类医疗器械经营备案、网络销售医疗器械备案、仅销售预包装食品备案等审批手续“一站式”办理。全年办理药品零售经营许可94件、第三类医疗器械经营许可11件、第二类医疗器械经营备案97件、医疗器械网络销售备案36件、第一类医疗器械产品备案3件。履行监管职责，辖区未发生重大药械化安全事故。围绕“两品一械”重点环节、重点品种和重点领域，组织开展涉疫药品和医疗用品稳价保质专项行动、麻醉药品和精神药品零售使用专项检查、药品经营和使用专项检查、医疗器械质量安全专项整治、第一类医疗器械生产企业专项检查、化妆品“一号多用”违法行为专项检查、药品和化妆品“双随机、一公开”检查、国产普通化妆品备案人专项检查8次专项检查。坚持“上一次门、查多项事”，将药品和医疗器械监管有机结合，全年检查药品零售企业197家次、医疗器械经营企业115家次、医疗机构27家次、疫苗接种单位6家次，抽查化妆品经营使用单位30家次，开展药品质量抽检20批。提升民生服务水平，建立家庭过期药品回收点66个。开展“安全用妆，共治共享”化妆品安全科普宣传周、“安全用械，共享健康”医疗器械安全宣传周、“安全用药，健康为民”全国安全用药月现场宣传活动3场，发放宣传资料1000余份，在36家单位的电子显示屏滚动播放宣传标语。

**【食品安全监管】** 2023年，区街有持证食品生产企业36家，其中食品添加剂生产企业13家。食品小作坊37家。食品经营主体5241家，其中食品销售主体2792家、餐饮服务主体2449家。全年办理食品类行政审批业务2809件，其中食品生产许可23件、小作坊登记14件、食品经营许可2133件、预包装食品销售备案639件。落实食品安全“两个责任”，履行食品安全监管职责，推动36家食品生产企业、135家食品经营企业全面落实食品安全主体责任，未发生重大食品安全事故。做好食品安全四级包保工作，开展包保13200家次。5家食品经营单位创成苏州市高质量发展单位。开展“百人百日”扫街行动，检查食品经营主体2987家、排查整改食品安全风险隐患5974处。加强重点领域监管，开展食品生产企业日常监督检查36家次、小作坊37家次；开展大米、白酒、肉制品质量提升行动，排查整改食品安全风险隐患57处；开展校园食品安全专项检查，检查学校食堂111家次，检查校园周边食品经营主体48家次；开展集中用餐单位食品安全问题专项治理行动，检查集体用餐配送单位3家次、养老机构食堂1家次、企事业单位食堂173家次；开展保健食品风险排查和婴幼儿配方乳粉质量提升专项行动，检查大型商超、母婴店48家次。中考期间，保障1947名师生安全饮食；在春节、五一、国庆等节日之前，对景区周边、大型商超、大型餐饮开展食品安全检查工作。现场监督检查2022年杭州亚运会食品供应企业中粮东海粮油工业（张家港）有限公司的亚运食品生产和发运工作。组织254家特殊食品经营单位从业人员参加“特食抽考”，262名从业人员通过线上培训考核。“快检+法检”联动，完成5次专项监督抽检，累计抽检447批次，不合格23批次；快速检测3753批次，覆盖49家商超和218家餐饮单位，检出疑似阳性4批次。2月，搬迁食品审批窗口至保税区政务服务中心，推出“一件事、一次办”服务。3月，举办保税区首届“促消费、兴餐饮、保食安”厨艺技能比赛暨“江湾招牌菜”评选大赛，有效提振消费信心。5月，联合金港街道建立食品摊贩经营集中区名顺美食城，为117家流动摊贩安家。11月，在中骏世界城商圈启动食安智慧监管示范区建设工作，40家餐饮单位纳入试点建设，通过安装摄像头，引入人工智能（AI）技术，构建“以网治网”远程监管模式。拍摄制作“反餐饮浪费”微视频，倡导节约珍惜粮食，累计观看2万余人次。

（陈　维）

**【价格监督管理】** 2023年，保税区市场监管局开展民生领域收费检查工作，重点对13家口腔诊所及5家宠物医院、宠物诊所收费情况开展检查。开展涉企收费检查工作，走访各类转供电主体20家，初步核查多收电费150余万元，清退多收电费。对张家港船务代理有限公司等10家不同类型的口岸单位收费情况进行检查。开展粮食收购专项检查，收购市场总体平稳有序。开展节日价格巡查及“诉转案”办理工作，检查市场经营主体200余家，发放各类消费提示及提醒函200余份。结合投诉举报，深度调研民生消费领域内“反向抹零”违法行为成因，办理“反向抹零”类型案件5件，《“反向抹零”初探》在《中国市场监管报》法治经纬版发表。

（杨振宇）

**【质量发展委员会成立】** 5月，张家港保税区质量发展委员会成立，全年走访调研企业96家次，组织专题培训5场次。年内，在保税区科创园搭建“质量赋能站”，34家企业获评2023年度江苏省质量信用A级，1家企业产品通过“苏州制造”品牌认证，2家企业产品通过“江苏精品”认证。中粮东海粮油工业（张家港）有限公司获2023年度苏州市质量管理优秀奖及2023年度张家港市市长质量奖。贝内克—长顺汽车内饰材料（张家港）有限公司获2023年苏州市质量奖。

（杨　翙）

## 审　计

**【概况】** 2023年，保税区审计工作领导小组负责审计工作，下设领导小组办公室，办公室负责制定内审工作制度和年度审计计划，按计划对行政事业单位、国有企业、村(社区)及政府投资项目开展审计,全年开展审计项目616项,提出合理化建议93条。

【经济责任审计】 年内,保税区审计工作领导小组对区街机关单位主要负责人、村干部开展4项经济责任审计,结合部门职能特点,对领导干部履职情况进行客观评价,增强领导干部遵纪守法意识,促进领导干部履职尽责、担当作为。

【财务收支审计】 年内,保税区审计工作领导小组对辖区内公立和民办学校食堂财务收支情况、财政补贴的专项支出情况进行审计,对20所幼儿园、中小学校财政资金使用情况轮流抽审,审查学校会计工作规范、专项补贴支出、财务收支情况,提出严格执行制度、规范账务处理、规范固定资产核算和管理等建议,提高资金使用效益,促进教育事业健康发展。 (陆　烨)

【工程审计】 年内,保税区审计工作领导小组开展房建、市政、绿化、水利等财政资金投资建设工程的投资评审、预算审核、造价跟踪、结算审核工作及保税区下属国资公司的项目结算复审工作,制定《张家港保税区财政投资项目工程造价协审服务质量考核办法》,完成审核项目476项。实施保税区2022年污水提质增效治理工程(金港片区)等5个项目全过程造价跟踪审核,并全程对第三方协审机构的协审成果、服务质量跟踪审查。全年结算审核送审项目104项,送审金额10.4亿元;结算审定项目357项,送审金额5.72亿元,核减金额5493万元。重点民生实事项目中兴集贸市场翻建工程,合同金额2750万元,送审金额2855万元,审定金额2432万元,核减额423万元,核减率14.8%。 (高晓芳)

【国有企业审计】 年内,保税区审计工作领导小组对区街国有企业实行轮流抽审,关注国有企业制度建设、内部管理、重大事项决策执行、经营状况等,提出健全企业管理制度,规范内部管理流程,防范风险等建议,促进国有企业提质增效,以实现国有资产保值增值。 (陆　烨)

【农村集体经济组织、村级集体企业审计】 年内,保税区审计工作领导小组对金港街道、后塍街道、德积街道下属村、涉农社区、村级集体企业进行审计,涉及31个村和涉农社区、52家村集体企业。提出加强农经监管力度、队伍建设,加强财务管理等建议,通过开展农村集体经济组织、村级集体企业的审计监督,严肃财经纪律,保障农村集体经济组织合法权益,促进村级集体经济健康发展。

(陆　烨　许蒋峰)

## 统　计

【概况】 2023年,区街统计工作围绕经济发展、民生服务展开,在完成日常统计报表催报工作的基础上,做好重点企业、核心产业、绩效考核等方面数据的动态监测与分析。4月,成立保税区(街道)第五次全国经济普查工作领导小组,有序推进第五次全国经济普查工作。

【统计监测分析】 2023年,区街有统计服务对象1500余家,通过分区街分行业,强化岗位管理职责,按时完成每月定报催报工作。年初,协同各街道围绕定报开展专题业务培训,对往期定报中容易出现的问题作说明,对定报统计新要求作讲解,确保执行到位。通过建立信息交流群等措施,与各企业统计员沟通顺畅,及时解决业务问题。此外,完善绩效考核办法,提升企业统计工作人员积极性。推出每月统计快报,第一时间呈现经济运行情况,着重梳理分析重点经济领域、重要数据指标变化情况。

针对工业投资、绩效考核等重点工作，以简报载体形式推出主旨性报告，全年推出统计工作简报12期。

【统计规范化建设】 2023年，区街坚持法治原则，严格遵守《中华人民共和国统计法》《江苏省统计管理条例》《企业统计信用管理办法》等法规，年内未发生统计行政处罚、渎职失职行为。推进统计人员工作规范化，通过修订统计资料管理规定、统计报表管理规定、统计工作人员行为准则等文件，实现挂牌上墙，明确统计工作流程、工作职责，制定考核细则。增强企业统计规范意识，编制《统计规范化建设资料汇编》，制定20余项统计业务工作规章制度，对企业统计业务流程，统计数据收集、处理、审核、报送、统计台账建立及统计档案管理等工作进行详细说明指导。

【第五次全国经济普查】 2023年是经济普查年，按照“谋划从早、推动从紧、落实从严”的工作要求，自5月起，保税区、街道、村（社区）陆续成立普查机构，参加全市综合试点，为正式普查积累实践经验。清查阶段，完成47个普查区、211个普查小区的划分及建筑物标绘；组织普查员、普查指导员选聘及培训，完成近2万家法人单位、3万余户个体户清查及行业编码等工作。

（陈忠平）

8月4日，区街第五次全国经济普查动员大会召开

# 科学技术

## 科技创新

【概况】2023年，保税区坚持“科技招商、载体建设、人才引育、企业培育”齐头并进，全年完成科技招商项目408项，其中重点类项目25项；有效高新技术企业209家。落实《张家港保税区关于落实“创新张家港”建设进一步推动区域科技人才工作高质量发展的若干措施》文件精神，兑现2022年度张家港保税区科技人才创新成果奖励1279.67万元，比上年增长40.8%，助力近400家企业、个人创新创业。（邵杼未）

2月17日，保税区一季度科技招商集中签约暨第九届科创沙龙在金港文化中心举办

【科技金融】2023年，保税区推进体系改革，优化智慧创投体系运营机制，依托张家港保税区智慧创业投资有限公司推进载体建设和项目投资。完成迪亚莱博、至昕新材料等4个项目投资3200万元，协助润邦、菲镭泰克等5个项目获得新一轮融资4.31亿元，实现投资收益2877.9万元。实施“资本+产业”招商模式，依托基金管理人资源，引荐嘉兆电子、通速达医疗等4个项目落户，落实基金返投7910万元。搭建银企合作桥梁，落实7家企业贷款授信3331万元，协助威胜生物、多维科技、丰倍生物等9家人才企业获得张家港市产业创新集群高质量发展扶持政策贷款贴息211.5万元，贴息数量、金额均列全市第一。协助全资子公司科创公司、半导体公司推进科创园三期、泛半导体产业园三期、四期建设。（贺春融）

【第九届科创沙龙举办】2月17日，保税区一季度科技招商集中签约暨第九届科创沙龙在金港文化中心举办，现场签约科技招商重点项目10项，产业类别涵盖半导体材料、半导体设备、智能装备、生物材料等，项目类型包括产业化项目、孵化类项目、创新平台等。活动表彰国家级人才引才单位，为江苏省潜在独角兽企业颁奖，为科技招商合作伙伴授牌，举行保税区泛半导体产业园三期启用暨首批项目入驻仪式。（黄　艺）

【保税区科技创新推进会召开】10月24日，保税区科技创新推进会在滨江大厦召开。会前，部分与会人员实地参观奥斯佳新材料技术研究（江苏）有限公司、霍尼韦尔高新材料（中国）有限公司。推进会现场举行2022年度保税区科技创新先锋企业授牌，颁发2022年度保税区研发投入贡献奖、2022年度保税区研发投入进步奖，东南大学经济管理学院教授、博士生导师仲伟俊围绕企业研发管理体系建设作主题分享，保税区科技人才局主要负责人作科技创新政策宣讲，江苏长顺集团有限公司、江苏灿勤科技股份有限公司、江苏华昌化工股份有限公司、张家港市德宝化工有限公司、PPG涂料（张家港）有限公司5家企业作交流发言。（张　恬）

# 科技载体

【概况】 2023年，保税区围绕“四有”（有产业方向、有专业运营、有投资基金、有创新平台）标准推进科创孵化载体建设，新开工载体22.6万平方米，新投用载体6.9万平方米。重点推进化工中试基地、C2地块（智能装备产业园）、科创园三期等一批载体规划建设，优化产业结构，支撑科技创新。对已建成的科创园一期、二期，泛半导体产业园一期、二期等载体进行提档升级，加强运营管理和服务，提升孵化功能，为区域科技创新和产业升级提供有力支撑。

（邵籽未）

表21　2023年张家港保税区科技载体平台一览表

| 载体级别 | 载体平台名称 | 运营管理主体 | 获评时间 |
|---|---|---|---|
| 国家级孵化器 | 张家港保税区科技创业园 | 张家港保税区科技创业发展有限公司 | 2016年 |
| 国家级众创空间 | 金丰众创空间 | 张家港市金丰生态农业发展有限公司 | 2020年 |
| 省级孵化器 | 张家港保税区梵创产业园孵化器 | 张家港保税区梵创产业发展有限公司 | 2022年 |
| 省级众创空间 | 金丰众创空间 | 张家港市金丰生态农业发展有限公司 | 2016年 |
| | 71号工坊 | 张家港柒壹工坊创业服务有限公司 | 2018年 |
| | 清研智能制造众创空间 | 张家港清研智能制造协同创新中心有限公司 | 2018年 |
| | 智慧氢谷众创空间 | 中科院大连化学物理研究所张家港产业技术研究院有限公司 | 2020年 |
| | 豆牛空间 | 张家港豆牛创业服务有限公司 | 2021年 |
| | 张家港智汇港创新中心 | 张家港智汇港科技服务有限公司 | 2023年 |
| 苏州市光子产业特色园区 | 张家港保税区泛半导体产业园 | 张家港保税区半导体产业发展有限公司 | 2023年 |

【保税区科创载体管理系统上线】 4月，保税区科创载体管理系统上线，并在全市示范推广，系统实现项目招引、房源分配、项目落地等全过程管理，并附有在孵企业档案管理、公司内部管理等功能，进一步实现园区管理智能化。年内，该系统实现对保税区所有科创载体全覆盖。

【张家港保税区泛半导体产业园首批获评“苏州市光子产业特色园区”】 9月，张家港保税区泛半导体产业园首批获评苏州市光子产业特色园区，为全市唯一获评园区。泛半导体产业园是由张家港保税区半导体产业发展有限公司投资建设的专业化科创载体，总投资10亿元，占地面积8.73公顷、建筑面积12万平方米，2012年启动，分四期建设，2023年12月全面投用。产业园致力于引进培育半导体、显示、光伏、LED等泛半导体行业的“卡脖子”功能材料，包括光刻胶、电子胶黏剂、功能膜、化合物半导体等产品，与扬子江国际化学工业园半导体材料创新中心、半导体材料产业园协同发展，加快构筑“孵化—加速（中试）—产业化”新材料全链条孵化体系，

张家港保税区泛半导体产业园

全面打造具有国内知名度的半导体材料产业集聚区。（何秀秀）

## 科技人才

【概况】2023年，保税区科技人才工作取得新突破，获评全市人才工作先进地区。年内，获评工信部博士后计划1人、苏州市杰出工程师1人、苏州市“海鸥计划”2人、苏州市“推动数字经济时代产业创新集群发展工作”先进个人2人、张家港市三八红旗手1人。至年末，累计自主培育国家级专精特新“小巨人”企业4家（领军人才企业）、国家级重大人才工程人才15人、江苏省“双创计划”人才51人、苏州市“姑苏计划”人才89人、张家港市领军型创新创业人才269人。建立重点企业挂钩联系制度，精准服务企业发展；举办生物医药、高端装备等领域企业座谈会，帮助企业解决人才招聘、政策兑现、人才公寓申请等问题。

【科技人才引进和培育】2023年，保税区国家级重大人才工程实现新突破，新增获评人才7人，列全市第一，获评数为历年最高；江苏省“双创计划”人才获评4人、苏州市“姑苏计划”人才获评5人、张家港市领军型创新创业人才获评14人。

【科技领军人才工作】2023年，保税区新增获评张家港市领军型创新创业人才项目14项。全年保税区领军人才企业实现销售27.6亿元，纳税1.14亿元，其中销售收入超1000万元领军人才企业36家、销售收入超1亿元领军人才企业7家。（刘　凡）

## 高新技术企业

【概况】2023年，保税区高新技术企业完成申报257家，比上年增长162%；新增认定高新技术企业92家，比上年增长67.3%；获评江苏省潜在独角兽企业2家（苏州润邦半导体材料科技有限公司、苏州凡赛特材料科技有限公司）；完成科技型中小企业备案315家；获批苏州市瞪羚计划入库企业14家。全年规模以上工业企业研发经费29.64亿元，发放科技创新成果奖励617.05万元。至年末，有省级以上企业研发机构123家。（李大壮）

表22　2023年张家港保税区新认定高新技术企业一览表

| 序号 | 企业名称 | 序号 | 企业名称 |
|---|---|---|---|
| 1 | 张家港市盛达冶金吊具制造有限公司 | 37 | 张家港禾福新材料科技有限公司 |
| 2 | 苏州谱融传感科技有限公司 | 38 | 张家港博特赛斯遮阳科技有限公司 |
| 3 | 苏州丰倍生物科技股份有限公司 | 39 | 江苏灿勤科技股份有限公司 |
| 4 | 张家港保税区长隆新材料有限公司 | 40 | 森田新能源材料（张家港）有限公司 |
| 5 | 苏州市陆氏新材料有限公司 | 41 | 张家港市国泰华荣化工新材料有限公司 |
| 6 | 张家港市明光纺织有限公司 | 42 | 苏州思源科安信息技术有限公司 |
| 7 | 华奇（中国）化工有限公司 | 43 | 高道密封科技（苏州）有限公司 |
| 8 | 苏州中车氢能动力技术有限公司 | 44 | 张家港力尔威机械设备有限公司 |
| 9 | 张家港梓阳电子科技有限公司 | 45 | 苏州欧谱科显示科技有限公司 |
| 10 | 苏州罗伦士汽车制造股份有限公司 | 46 | 苏州森斯缔夫传感科技有限公司 |
| 11 | 张家港市鑫港机械制造有限公司 | 47 | 张家港南光包装容器再生利用有限公司 |
| 12 | 张家港市凯利雅特种纺织纱线有限公司 | 48 | 苏州金邦迪管业科技有限公司 |
| 13 | 张家港明振庆环保科技有限公司 | 49 | 江苏锦港机械有限公司 |
| 14 | 张家港迪克汽车化学品有限公司 | 50 | 迪亚莱博（张家港）生物科技有限公司 |
| 15 | 张家港AAA精密制造股份有限公司 | 51 | 张家港欣欣高纤股份有限公司 |
| 16 | 张家港市绿色中药饮片有限公司 | 52 | 张家港绿洲新材料科技有限公司 |
| 17 | 江苏阆达机械有限公司 | 53 | 江苏浦士达环保科技股份有限公司 |
| 18 | 江苏国泰超威新材料有限公司 | 54 | 江苏华盛锂电材料股份有限公司 |
| 19 | 张家港市美特高分子材料有限公司 | 55 | 张家港保税区创典炉窑通风设备有限公司 |
| 20 | 江苏长顺高分子材料研究院有限公司 | 56 | 张家港市金纱纺织有限公司 |
| 21 | 张家港立万精密部件有限公司 | 57 | 江苏晶华新材料科技有限公司 |
| 22 | 张家港立宇化工有限公司 | 58 | 张家港市力源输送机械有限公司 |
| 23 | 江苏东源纺织科技实业有限公司 | 59 | 张家港宏羿球墨铸铁有限公司 |
| 24 | 张家港保税区恒隆钢管有限公司 | 60 | 张家港市华昌新材料科技有限公司 |
| 25 | 新纳奇材料科技江苏有限公司 | 61 | 张家港市中悦冶金设备科技有限公司 |
| 26 | 英谱光（苏州）激光科技有限公司 | 62 | 江苏立万精密制管有限公司 |
| 27 | 苏州众泽医疗科技有限公司 | 63 | 张家港金木软件有限公司 |
| 28 | 张家港市超达机械制造有限公司 | 64 | 张家港市三利密封合金材料有限公司 |
| 29 | 张家港市银坤泰金属制品有限公司 | 65 | 张家港市嘉瑞制药机械有限公司 |
| 30 | 苏州安能捷工具有限公司 | 66 | 张家港勇邦管业有限公司 |
| 31 | 张家港市德宝化工有限公司 | 67 | 江苏罗宾康自动化科技有限公司 |
| 32 | 江苏航宇重型包装有限公司 | 68 | 江苏科琪高分子材料研究院有限公司 |
| 33 | 张家港华菱医疗设备股份公司 | 69 | 张家港华仁再生资源有限公司 |
| 34 | 江苏新星际华汽车有限公司 | 70 | 苏州利玛特能源装备有限公司 |
| 35 | 江苏泰华检验股份有限公司 | 71 | 张家港市瑞安设备安装有限公司 |
| 36 | 江苏沙钢高科信息技术有限公司 | 72 | 张家港保税科技集团电子商务有限公司 |

续表

| 序号 | 企业名称 | 序号 | 企业名称 |
| --- | --- | --- | --- |
| 73 | 苏州凡络新材料科技有限公司 | 81 | 张家港中集圣达因低温装备有限公司 |
| 74 | 张家港安储科技有限公司 | 82 | 江苏恒盛药业有限公司 |
| 75 | 江苏布拉维光学科技有限公司 | 87 | 江苏创钰环保科技有限公司 |
| 76 | 张家港中集圣达因工程有限公司 | 88 | 江苏焜驰汽车制造有限公司 |
| 77 | 江苏金和电气有限公司 | 89 | 苏州诺博恩新材料科技有限公司 |
| 78 | 张家港市凯尔圣仪表有限公司 | 90 | 苏州菲镭泰克激光技术有限公司 |
| 79 | 张家港鑫菱机械有限公司 | 91 | 复榆（张家港）新材料科技有限公司 |
| 80 | 天宇羊毛工业（张家港保税区）有限公司 | 92 | 约翰博尔曼工业装备（张家港）有限公司 |

表23　　2023年张家港保税区获批苏州市瞪羚计划入库企业一览表

| 序号 | 企业名称 | 序号 | 企业名称 |
| --- | --- | --- | --- |
| 1 | 江苏沙钢高科信息技术有限公司 | 8 | 张家港市中悦冶金设备科技有限公司 |
| 2 | 苏州菲镭泰克激光技术有限公司 | 9 | 江苏航宇重型包装有限公司 |
| 3 | 苏州思源科安信息技术有限公司 | 10 | 张家港立万精密部件有限公司 |
| 4 | 苏州灿勤通讯技术有限公司 | 11 | 张家港市华孚实业有限公司 |
| 5 | 张家港保税区长江国际港务有限公司 | 12 | 江苏神农灭菌设备股份有限公司 |
| 6 | 张家港市恒强冷却设备有限公司 | 13 | 张家港检验认证有限公司 |
| 7 | 苏州雷格姆海洋石油设备科技有限公司 | 14 | 张家港市昌源氨纶制造有限公司 |

**【张化机（苏州）重装有限公司】** 张化机（苏州）重装有限公司是上海电气控股集团旗下苏州天沃科技股份有限公司（股票代码002564）的全资子公司，始建于1969年，注册资金8.72亿元，年产非标装备10万吨。公司专业从事各类非标装备的设计研发与制造，具备承接超大、超限装备和高端核心装备的制造能力，生产产品广泛应用国内外煤化工、石油炼化、化工新材料、清洁能源、环保、冶金、医药等行业。公司多次成功完成国内“首台”“首套”重大核心技术装备研制任务，大量承制国内外重大项目中超限及特殊材料关键核心设备，多项产品技术填补国内空白，为我国知名大型非标高端装备一线供应商。公司有主要大型及智能化生产设备500余套，其中智能设备50余台套。公司为省级高新技术企业，2023年，通过江苏省企业技术中心、苏州市化工装备工程技术研究中心认定，全年申报专利40项，其中发明专利19项、实用新型21项，并有多项重点新产品研制成功且交付客户，其中研制成功国内首次制作的恒力醋酸装置锆钢两层复合板重（轻）组分塔、国内单体产能最大的恒力环保新材料项目超大顺酐反应器及酯化反应器、航天宝丰项目超大型航天气化炉、内蒙古宝丰甲醇反应器（采用戴维专利）等18个重点项目。2023年，公司实现产值29.59亿元，销售收入29.59亿元，入库税金1.24亿元。

（贺宗仁）

**【张家港中集圣达因低温装备有限公司】** 张家港中集圣达因低温装备有限公司是中集安瑞科旗下专业生产低温装备的骨干企业，成立于1999年，2004年10月加入中集集团，2009年加入中集安瑞科，2014年12月，公司注册资金增加至7.95亿元。公司系国内最大的低温贮运装备生产企业，具有A3、C2、B4、D特种设备生产许可证和GC1压力管道安装许可证及美国机械工程师学会“ASME”“U”“S”及“T”钢印的授权证书和NB注册证书，CCS、BV、DNV、LRs、NK、ABS、RINA等船级社工厂认可证书，欧盟PED、ECE R110等准入资格证书，为国家两化融合管理试点企业、省高新技术企业、省质量信用AAA级企业、省互联网与工业融合创新试点企业。2023年12月28日，由张家港中集圣达因低温装备有限公司设计制造的国内首台民用液氢罐车下线，并得到国家重点研发计划项目“液氢制取、储运与加注关键装备及安全性研究”的项目支持。液氢储运具有纯度高、运量大、远距离运输成本低和加注效率高等优点，但液氢沸点低、易汽化、易燃爆。中集圣达因公司科研团队攻克液氢超低温绝热、氢环境储运安全等难题，形成多层绝热、超低温系统匹配及智能化监测等关键核心技术，最终形成这款高安全、低损耗的液氢储运产品。一台液氢罐车的运量相当于10辆传统氢气管束车，且在100%无损情况下，运输距离可以达到2000千米以上。2023年，公司实现销售收入24.26亿元，入库税金6258万元。

（黄　斌）

## 科技项目与成果

**【概况】** 2023年，保税区新增列入省级以上科技计划项目2项，其中国家重点研发计划1项、省科技成果转化专项1项；列入张家港市级科技计划项目19项，其中产业链创新产品攻关计划1项、产学研预研资金项目18项。

表24　　2023年张家港保税区获科学技术奖励项目一览表

| 序号 | 企业名称 | 项目类别 | 获评时间 |
|---|---|---|---|
| 1 | 苏州菲镭泰克激光技术有限公司 | 国家重点研发计划 | 2月 |
| 2 | 张家港市华昌新材料科技有限公司 | 苏州市重点实验室 | 2月 |
| 3 | 张化机（苏州）重装有限公司 | | |
| 4 | 天宇羊毛工业（张家港保税区）有限公司 | | |
| 5 | 张家港威胜生物医药有限公司 | | |
| 6 | 张家港华昌新材料科技有限公司 | 江苏省企业工程技术研究中心 | 7月 |
| 7 | 江苏立万精密工业股份有限公司 | | |
| 8 | 苏州凡赛特材料科技有限公司 | 苏州市企业工程技术研究中心 | 7月 |
| 9 | 张化机（苏州）重装有限公司 | | |
| 10 | 苏州罗伦士汽车制造股份有限公司 | 苏州市企业工程技术研究中心 | 7月 |
| 11 | 江苏科幸新材料有限公司 | | |
| 12 | 江苏晶华新材料科技有限公司 | | |
| 13 | 张家港保税区亚鑫精密制管有限公司 | | |
| 14 | 长华化学科技股份有限公司 | | |
| 15 | 张家港中集圣达因特种装备有限公司 | | |
| 16 | 苏州中车氢能动力技术有限公司 | | |

续表

| 序号 | 企业名称 | 项目类别 | 获评时间 |
|---|---|---|---|
| 17 | 张家港华昌新材料科技有限公司 | 江苏（企业）研发机构创新大赛获奖 | 6月 |
| 18 | 张家港中集圣达因低温装备有限公司 | 江苏省科技成果转化专项 | 10月 |
| 19 | 苏州思源科安信息技术有限公司 | 苏州市瞪羚企业 | 12月 |
| 20 | 张家港保税区长江国际港务有限公司 | | |
| 21 | 苏州菲镭泰克激光技术有限公司 | | |
| 22 | 江苏沙钢高科信息技术有限公司 | | |
| 23 | 张家港检验认证有限公司 | | |
| 24 | 张家港市恒强冷却设备有限公司 | | |
| 25 | 张家港市中悦冶金设备科技有限公司 | | |
| 26 | 江苏神农灭菌设备股份有限公司 | | |
| 27 | 张家港立万精密部件有限公司 | | |
| 28 | 苏州灿勤通讯技术有限公司 | | |
| 29 | 张家港市昌源氨纶制造有限公司 | | |
| 30 | 张家港市华孚实业有限公司 | | |
| 31 | 苏州雷格姆海洋石油设备科技有限公司 | | |
| 32 | 江苏航宇重型包装有限公司 | 苏州市瞪羚企业 | 12月 |
| 33 | 苏州润邦半导体材料科技有限公司 | 江苏省潜在独角兽企业 | 3月 |
| 34 | 苏州凡赛特材料科技有限公司 | | |
| 35 | 苏州润邦半导体材料科技有限公司 | 苏州市独角兽培育企业 | 10月 |
| 36 | 苏州丰倍生物科技股份有限公司 | | |
| 37 | 江苏浦士达环保科技股份有限公司 | 苏南国家自主创新示范区瞪羚企业 | 5月 |
| 38 | 江苏沙钢高科信息技术有限公司 | | |

表25　　2023年张家港保税区科技项目一览表

| 企业名称 | 项目类别 | 项目名称/合作单位 |
|---|---|---|
| 长华化学科技股份有限公司 | 产业链创新产品攻关计划 | 高活性低不饱和度聚醚多元醇攻关计划 |
| 苏州欧谱科显示科技有限公司 | 产学研预研资金（后补助阶段） | 有机光电显示材料的连续流微反应合成工艺研究 |
| 江苏灿勤科技股份有限公司 | | 高性能陶瓷介质滤波器关键技术研究 |
| 张家港市华昌药业有限公司 | | 生物医药纯化专用载银活性炭纤维关键技术与应用研究 |
| 苏州赛智达智能科技有限公司 | | 模块化高安全性氢瓶用控制器关键技术研究 |
| 张家港中集圣达因工程有限公司 | | 深冷压力容器绝热支撑结构优化 |

续表

| 企业名称 | 项目类别 | 项目名称/合作单位 |
| --- | --- | --- |
| 张家港保税区亚鑫精密制管有限公司 | 产学研预研资金（后补助阶段） | 汽车阻尼减震器壳体精密成形工艺研究 |
| 张家港中集圣达因低温装备有限公司 | | 低温罐智能化虚拟样机开发 |
| 张家港保税区恒隆钢管有限公司 | | 三维翅片管表面热功能结构优化设计及其复合成型关键技术研究 |
| 苏州锐思突破电子科技有限公司 | 产学研预研资金（预研阶段） | 北方工业大学 |
| 长华化学科技股份有限公司 | | 苏州大学 |
| 苏州柔触机器人科技有限公司 | | 东华大学 |
| 江苏奥斯佳材料科技股份有限公司 | | 华东理工大学 |
| 苏州东杏新材料科技有限公司 | | 南京大学 |
| 威胜生物医药（苏州）股份有限公司 | | 苏州大学 |
| 江苏航宇重型包装有限公司 | | 天津科技大学 |
| 江苏江锅智能装备股份有限公司 | | 张家港江苏科技大学产业技术研究院 |
| 江苏德丰建设集团有限公司 | | 江苏科技大学 |
| 江苏恒盛药业有限公司 | | 江苏科技大学 |

**【"激光增材制造一体式打印头研发与产业化"项目获科技部立项资助】** 2月，苏州菲镭泰克激光技术有限公司（简称菲镭泰克）牵头申报的"激光增材制造一体式打印头研发与产业化"项目获科技部立项资助，为近三年全市唯一"国字号"项目牵头单位。项目由菲镭泰克和北京工业大学联合申报，项目负责人为北京工业大学教授黄婷。"激光增材制造一体式打印头研发与产业化"项目针对战略性新兴产业对大幅面、高效激光选区熔化增材制造技术的急迫需求，旨在通过自主创新，攻克众多关键技术，研制开发一体式多头阵列式动态聚焦打印头，形成定型产品，填补国内空白，达到国际先进水平，实现激光选区熔化增材制造关键核心部件的国产化和产业化发展。菲镭泰克作为工业激光3D动态聚焦系统领跑者，拥有基于激光器输出光束的动态聚焦技术发明专利。北京工业大学是中国最早开展激光先进制造技术研究的单位之一，双方自2016年展开合作。项目依托双方共建的"智能光子中心"，发挥各自在光机电以及软件控制等方面优势，实现产学研高度结合。

**【"新能源动力船舶用LNG和LNH3智能供气系统成套装备研发及产业化"项目获省科技成果转化专项资金项目立项】** 10月，张家港中集圣达因低温装备有限公司申报的"新能源动力船舶用LNG（液化天然气）和LNH3智能供气系统成套装备研发及产业化"项目获省科技成果转化专项资金项目立项，获省拨经费资助1000万元。项目目标产品是具有自主知识产权和国内领先水平的新能源动力船舶用LNG和LNH3智能供气系统成套装备，包括船用LNG供气系统，船用LNG/LNH3供气系统，智能船联网管控系统及配套设备等，可实现LNG和LNH3存储、供气、应用等环节高效衔接，提高中国LNG和LNH3储运应用装备的自主创新研发能力和国际竞争力，带动我国能源运输装备高端化及配套产业发展。项目的实施为船舶应用LNG和LNH3新能源、走绿色低碳发展道路提供关键装备技术支撑和服务，对优化交通领域能源结构，实现绿色发展具有重大意义。实施期内，累计销售目标产品25台（套），实现销售收入2.4亿元（不含税），创汇3600万美元。

（李大壮）

# 教　育

## 综　述

【概况】 2023年，区街有各级各类学校38所，在校学生31776人，在岗教师3004人，另有社区教育中心校1所。全年财政公共预算教育经费4.5亿元，另投入2500万元用于学校教室及教学辅助用房加固，投入1000万元用于购置学校所需教学仪器设备。年内，积分入读幼儿园资格158人，积分入学小学资格201人，积分入学中学资格151人。

【教育事业投入】 2023年，区街投资2.5亿元的文昌小学、文昌幼儿园于9月1日启用，投资3.5亿元的香山小学破土动工。投入1000万元加固港区初中教学楼，投入1500万元用于学校暑期维修工程、空调电力扩容工程。

【教师队伍建设】 2023年，区街开展“131”卓越教师培养工程集中研修4次。至年末，有江苏省特级教师3人，正高级教师3人，“姑苏教育人才”2人，“港城教育人才”12人，公办教师中市级以上骨干教师470人，其中年内新增74人。

（王丽华）

【学校安全工作】 2023年，区街坚持预防为主、防治结合，构建校园安全稳定环境，保障师生生命财产安全，维护社会稳定。1月，开展岁末年初校园安全检查工作及校园周边突出问题和涉校不稳定因素排查。2月，开展校园食品安全专项检查。3月，对崇真小学和中兴小学开展首批安全风险评估。4月，督察白云学校后塍校区、崇真中学、金港幼儿园、金港中心小学校园安全，开展“安全护航 预防为主”专项检查。6月，开展校园燃气使用安全防范专项排查整治。8月，开展教育领域既有建筑安全隐患专项排查整治。9月，开展校园周边突出问题和涉校不稳定因素排查及校园食品安全专项检查。11月，督察中兴小学南校区校园安全情况，开展校园安全专项检查，开展学校公共建筑安全隐患再排查再整治。12月，开展中小学食堂突出问题专项治理自查自纠工作，会商公办学校建筑安全隐患排查处理操作实施计划。年内，崇真中学、南沙中学、护漕港中学、南沙小学、中兴小学、港区小学、崇真小学、新塍小学、白云学校获评张家港市消防安全专项治理机制工作心防建设校园；崇真小学、金香幼儿园食堂获评苏州市食品安全放心学校食堂；苏阳幼儿园、文昌小学、文昌幼儿园创成苏州市智慧安防三级标准，金香幼儿园创成江苏省优质幼儿园。

（黄　勇）

【“131”卓越教师培养工程】 2023年，区街依托张家港市张平乡村教师培育站、黄静乡村教师培育站，结对苏州市教科院、南京师范大学等单位，设立6个工作室，挑选培养中小学幼儿园优秀教师，通过学习教育前沿理论与热点问题，提升实践创新能力和研究能力，培养成长为各级各类名家、名师。工程集中研修采用问题研究、专题讲座、课例诊断、个别指导、成果展示等方式进行；岗位研修将集中研修的学习成果运用于教学实践，渗透到校本研修，推动即学即用，深化学习内容，提高自身能力，引领同伴发展；线上研修采用网上诊断、课例点评、问题解答、资料推送等方式，由主持人对学员进行个别化指导；项目研究根据个人发展规划，开展以项目为依托的教育科研活动，提高科研素养，促进专业发展。全年开展各类培训活动4次，参与人数110人次。

（王丽华）

9月6日，保税区“追光而遇，目有繁星”庆祝第39个教师节活动举行

**【第39个教师节庆祝活动】** 9月6日，保税区“追光而遇，目有繁星”庆祝第39个教师节活动举行。活动对推动区街教育事业发展的先进个人进行表彰，评出立德树人成就奖10人、保税区优秀骨干教师代表10人、张家港市级优秀骨干教师代表10人、“131”卓越教师培养工程优秀学员10人、校外教育公益活动优秀指导老师10人、校园特色文化建设优秀指导老师10人。

（黄　勇）

**【香山小学开工建设】** 12月2日，总投资2.56亿元的香山小学举行开工典礼。香山小学建设项目位于金港街道山北村镇山路南侧、邱家港路西侧，采用预制装配工程建设模式，占地面积3.85公顷，规划建设8轨48个班，可提供2160个学位。学校以开放灵动的“共享”、有机生长的“智慧”、宜教宜学的“活力”、环境友好的“绿色”四大元素校园的设计理念，建筑总面积4.06万平方米，其中地上建筑面积3.24万平方米，主要有教学楼、综合楼、报告厅、体育馆、食堂、附属用房等；地下建筑面积0.82万平方米，包含配套人防工程及停车场。学校建有300米标准塑胶跑道1个、建操场1个，建篮球场4片、排球场3片，有室内乒乓球场、健身房等运动场地。

（金　良）

## 基础教育

**【概况】** 2023年，区街有学校38所。包括崇真中学高中1所；港区初级中学、南沙中学、护漕港中学、后塍学校（初中部）4所，其中九年一贯制学校1所；金港中心小学、中兴小学、崇真小学等小学14所，其中公办小学10所（含九年一贯制学校1所），民办小学3所，民办高端小学1所；金港中心幼儿园、港区幼儿园、新塍幼儿园等幼儿园19所，其中公办幼儿园9所，民办普惠性幼儿园7所，民办高端幼儿园3所。

12月2日，香山小学项目奠基仪式举行

【学前教育】 2023年，区街有幼儿园19所，在园幼儿6674人（含新市民子女3701人），年内新增文昌幼儿园1所。金港中心幼儿园获评苏州市健康单位，《儿童议事：赋能幼儿生长的生态课程实践》获评苏州市前瞻性项目，港区幼儿园获评苏州市幼儿园“园本特色课程基地”，新塍幼儿园获“发展体育运动增强人民体质”2023年江苏省幼儿健康成长系列活动江苏省首届幼儿体育节线上活动团体一等奖，金香幼儿园获2023年度江苏省科普剧会演三等奖、2023年度苏州市科普剧剧本一等奖，苏阳幼儿园获评三级苏州市智慧安防校园。

【小学教育】 2023年，区街有小学14所，在校学生18350人（含新市民子女11696人）。年内，金港中心小学被评为全国国防教育示范学校、科技教育先进学校、江苏省学校美育协会单位会员，获江苏省青少年科技教育协会四十周年突出贡献奖、第29届江苏省青少年科技模型大赛团体一等奖、张家港市中小学教育局高质量发展考评金奖。中兴小学获第七届全国跨学科教育与项目式学习国际学术研讨会暨2022年度国际StarT项目式学习优秀项目展评活动一等奖、张家港市中小学教育局高质量发展考评银奖。崇真小学获评2023国家级非遗红拳进校园推广先进单位、张家港市中小学教育局高质量发展考评铜奖。德积小学获评苏州市劳动教育特色学校、苏州市智慧校园发展水平四星级学校、张家港市中小学教育局高质量发展考评银奖。南沙小学获评苏州市全国青少年校园足球特色学校、苏州市体育传统项目学校、张家港市中小学教育局高质量发展考评铜奖。港区小学获评2023年度全国红领巾中队（少先队长风中队）、张家港市中小学教育局高质量发展考评银奖。文昌小学获第八届全国跨学科教育与项目式学习国际学术研讨会《我的庭院/我的中秋——策划一场中秋游园会》二等奖。新塍小学获评苏州市体育传统（特色）项目学校，获2023年苏州市青少年阳光体育联赛中小学生武术套路团体第一名、张家港市中小学教育局高质量发展考评铜奖。

【初中教育】 2023年，区街有初中4所，在校学生6752人（含新市民子女4503人）。南沙中学获2023年江苏省青少年举重（县组）锦标赛团体总分第四名、2023年江苏省青少年举重（县组）锦标赛体育道德风尚奖、张家港市中小学教育局高质量发展考评银奖，护漕港中学获评苏州市中小学校园慈善文化建设示范学校，后塍学校获2023年苏州市青少年阳光体育联赛航空模型比赛航天类第一名，港区初级中学获苏州市第一届“晴朗杯”青少年法制辩论赛优胜奖、张家港市中小学教育局高质量发展考评铜奖。（王丽华）

【普通高中教育】 2023年，区街有崇真中学1所高中，在校学生1707人。年内，崇真中学获评江苏省四星级高中，获苏州市关工委工作常态化建设巩固提高奖、张家港市普通高中教育高质量发展铜奖、2023年苏州市中华经典美文诵读大赛特等奖。（宋　晶）

表26　　2023年张家港保税区所辖各校（园）师生一览表

| 学校名称 | 教职工总数（人） | 高中 | | 初中 | | 小学 | | 幼儿园 | |
|---|---|---|---|---|---|---|---|---|---|
| | | 班级（个） | 学生（人） | 班级（个） | 学生（人） | 班级（个） | 学生（人） | 班级（个） | 学生（人） |
| 崇真中学 | 161 | 34 | 1707 | — | — | — | — | — | — |

续表

| 学校名称 | 教职工总数（人） | 高中 | | 初中 | | 小学 | | 幼儿园 | |
|---|---|---|---|---|---|---|---|---|---|
| | | 班级（个） | 学生（人） | 班级（个） | 学生（人） | 班级（个） | 学生（人） | 班级（个） | 学生（人） |
| 港区初中 | 143 | — | — | 51 | 2532 | — | — | — | — |
| 南沙中学 | 102 | — | — | 35 | 1735 | — | — | — | — |
| 后塍学校（初中部） | 85 | — | — | 28 | 1333 | — | — | — | — |
| 护漕港中学 | 74 | — | — | 25 | 1152 | — | — | — | — |
| 金港中心小学 | 66 | — | — | — | — | 30 | 1298 | — | — |
| 中兴小学 | 134 | — | — | — | — | 80 | 3685 | — | — |
| 港区小学 | 64 | — | — | — | — | 27 | 1149 | — | — |
| 南沙小学（含占文校区） | 99 | — | — | — | — | 61 | 2627 | — | — |
| 崇真小学 | 102 | — | — | — | — | 56 | 2611 | — | — |
| 新塍小学 | 54 | — | — | — | — | 27 | 1163 | — | — |
| 后塍学校（小学部） | 33 | — | — | — | — | 16 | 693 | — | — |
| 德积小学 | 83 | — | — | — | — | 47 | 2009 | — | — |
| 文昌小学 | 19 | — | — | — | — | 9 | 259 | — | — |
| 蓝天学校 | 58 | — | — | — | — | 23 | 943 | — | — |
| 白云学校 | 78 | — | — | — | — | 17 | 704 | — | — |
| 白云学校后塍分校 | 78 | — | — | — | — | 10 | 340 | — | — |
| 张家港市苏州外国语学校 | 112 | — | — | — | — | 30 | 869 | — | — |
| 金港中心幼儿园 | 51 | — | — | — | — | — | — | 38 | 1214 |
| 港区幼儿园 | 16 | — | — | — | — | — | — | 15 | 388 |
| 南沙幼儿园 | 25 | — | — | — | — | — | — | 21 | 561 |
| 后塍幼儿园 | 26 | — | — | — | — | — | — | 17 | 385 |
| 崇真幼儿园 | 26 | — | — | — | — | — | — | 27 | 686 |
| 德积幼儿园 | 24 | — | — | — | — | — | — | 19 | 525 |
| 新塍幼儿园 | 24 | — | — | — | — | — | — | 17 | 418 |
| 金香幼儿园 | 28 | — | — | — | — | — | — | 24 | 625 |
| 文昌幼儿园 | 8 | — | — | — | — | — | — | 3 | 67 |
| 蓝天幼儿园 | 15 | — | — | — | — | — | — | 4 | 110 |

续表

| 学校名称 | 教职工总数（人） | 高中 | | 初中 | | 小学 | | 幼儿园 | |
|---|---|---|---|---|---|---|---|---|---|
| | | 班级（个） | 学生（人） | 班级（个） | 学生（人） | 班级（个） | 学生（人） | 班级（个） | 学生（人） |
| 白云幼儿园 | 49 | — | — | — | — | — | — | 2 | 35 |
| 学田幼儿园 | | — | — | — | — | — | — | 5 | 146 |
| 彩虹幼儿园 | | — | — | — | — | — | — | 4 | 107 |
| 小星星幼儿园 | 25 | — | — | — | — | — | — | 7 | 234 |
| 向阳幼儿园 | 18 | — | — | — | — | — | — | 4 | 100 |
| 海港幼儿园 | 39 | — | — | — | — | — | — | 11 | 294 |
| 阳光绿城幼儿园 | 51 | — | — | — | — | — | — | 12 | 261 |
| 张家港苏州外国语学校附属幼儿园 | 55 | — | — | — | — | — | — | 14 | 313 |
| 苏阳幼儿园 | 50 | — | — | — | — | — | — | 9 | 205 |

**【“5+2”馆校研学活动】** 2023年，区街以金港文化中心为阵地，南沙小学、张家港苏州外国语学校、崇真小学等学校组织学生开展“5+2”馆校研学寒假主题活动（文化场馆和学校利用学生在校5天放学后的2小时，以文化场馆服务送进学校、学生走进文化场馆等形式，以公共文化场馆高质量的社会教育项目，开展趣味十足的文化实践活动，丰富青少年精神文化产品供给，进一步提升青少年精神素养），开设诵读、书法、绘画、手工、科技、朗诵与主持等多项课程，接待学生近5000人次。 （王丽华）

**【南沙中学举重】** 2023年，南沙中学举重成绩斐然。5月11日至16日，承办2023江苏省青少年（男子）举重锦标赛，培养输送的运动员刘梦洋获男子89公斤级金牌，雷国椿、周雨杰获银牌，赵恩瑞获铜牌。5月21日至22日，承办2023苏州市中小学生举重比赛。5月，李雪获江苏省青少年举重（女子）锦标赛女子14岁至15岁组81+公斤级金牌，黄卿文获女子16岁至17岁组76公斤级金牌，郑缘获银牌，童静娴获铜牌。8月，王彤彤获江苏省青少年举重（县组）锦标赛女子11岁至12岁组49公斤级金牌，程乐乐获女子13岁至14岁组64公斤级金牌，梁童童获女子13岁至14岁组71公斤级金牌，潘鹏羽获男子13岁至14岁组67公斤级金牌，钱进、王周阳获银牌，李瑞萱、徐艺菲、戴思远获铜牌，学校获团体总分第四名、获体育道德风尚奖。12月，学校获评苏州市体育传统（特色）项目学校（2023—2026年度举重）。 （缪一喜）

**【金港中心小学科技教育】** 金港中心小学围绕“科技创新”课程，开展科技教育，把航模、车模、海模、科学阅读、创造发明等科技活动作为学校科技特色来抓，开展形式多样、内容丰富的科技活动，促进学生全面发展。学校将科技教育融于学校少年军校、版画课程、少年足球、志愿服务等特色教育中，促进学校科技教育良性循环。2023年，学校获评江苏省青少年科技教育四星级学校、苏州市科学教育综合示范学校、苏州市体育特色学校。年内，学校协办江苏省青少年科技模型比赛，获江苏省青少年科技教育突出

金港中心小学开展科技教育活动

贡献奖，近400名学生在国家、省、苏州市级竞赛中获奖，多名教师获评省、苏州市级科技教育优秀辅导员。（芦 娟）

【德积小学劳动教育】 德积小学依托“儿童农场”，围绕“环境育人、活动育人、课程育人”，开展多样劳动实践活动，学生和老师一起探究动植物生长规律，感悟生命成长美好，体验劳动乐趣。年内，学生项目《剩饭的“华丽”转身》获2023年度国际StarT项目式学习优秀项目展评活动一等奖、张家港市小学项目式学习优秀成果评比二等奖，学校获评国际StarT项目式学习共同体2023年度最佳实验学校、苏州市劳动教育特色学校、张家港市劳动教育特色学校，刘语辰获评张家港市劳动实践标兵，赵亚珍获评张家港市劳动教育优秀教师。（赵亚珍）

【金港中心幼儿园生态教育】 金港中心幼儿园以“生态体验”为特色，以“童趣本真、愉悦感动、创造生长”为课程建设宗旨，坚守“生态体验 和谐共生”的办园理念。不断优化生态教育课程，课程体验上凸显“精、趣、活”，打造具有园本特色的户外生态体验场及室内功能室，为幼儿拓展生活与学习、游戏与探索的空间，引导幼儿回归到本真，在自主、愉悦、创造中快乐成长。年内，学校获评苏州市幼儿园园本教研示范幼儿园、苏州市健康单位、张家港市先进文明校园，获张家港市中小学“云上绘安全”绘画征集活动优秀组织奖，学校党组织获评苏州市“园丁先锋”示范党支部；《儿童议事：赋能幼儿生长的生态课程实践》获评苏州市前瞻性项目；“生态童行”四有好教师团队获评张家港市四有好教师团队培育项目。（王建琴）

## 职业培训和社区教育

【职业培训】 2023年，保税区围绕管理、素质、技能、学历、乡村振兴等方面开展职业技术培训。企业管理培训方面，组织30余家企业50名企业高管到浙江大学参加“新常态、新思维、新举措、新发展”培训班。素质培训方面，走进益江粮油、顺德工业、森田化工等企业，开展安全生产、企业管理、礼仪接待等培训，开办各类培训班235期，培训学员11752人。技能培训方面，与张家港市神通工业技术培训学校合作开展叉车、焊工等培训，培训学员3296人；与张家港市同盛港口职业技能培训中心合作开展门机、码头牵引等培训，培训学员2095人；与保税区人社中心、张家港市君信职业培训学校合作开展初级育婴员、母婴护理、家政服务员等培训16次，培训学员747人；与市名厨烹饪技术培训中心合作开展中式烹饪、中式面点、西式面点培训10次，培训学员287人。学历培训方面，常态化开展大专本科招生工作，招收本科11人、大专5人。乡村振兴方面，开展“电商直播·赋能乡村振兴”活动，培训学员150人，培育一批掌握短视频和直播的“农村青年主播”。
（周 琦）

【社区教育】 2023年，区街社区教育活动经费150.6万元，人均5.99元；项目化建设稳步推进，44个村（社区）及多家社会组织开展惠老、惠少、惠社、惠特、惠企、惠农6个大类56个项目，覆盖率100%，开展活动400余场、受益居民2万余人次；“龙角堂”社教劳动实践基地获评省“优质项目化基地”，第四期联合国科教文组织“农村学习中心（CLC）能力建设项目”实验点授牌；黄勇、单晶晶、赵晓燕3名教师《剪出精彩，映出美好——初识剪映》获江苏省社区教育“能者为师”最美教师奖。年内，“徐玲公益书屋”享学读书会获评全国、江苏省终身学习品牌项目，“享学保税区，惠民项目化”获评苏州市品牌项目，“心动力”青少年成长营获评张家港市十佳品牌项目。
（陆海荣）

【老年大学】 2023年，区街形成覆盖广、参与多、资源融通、灵活多样、优质均衡、充满活力的现代老年教育体系，开设书法、摄影、舞蹈、太极、声乐、二胡、瑜伽、形体模特、智能手机、柔力球、烹饪、健身舞蹈、舞龙、香文化等20余个专业、128个班级，有教师100余人，学员5000余人。利用“乐龄学堂”平台，40余个教学点统一采用网络报名模式，实行大数据库管理课程、学籍和学员签到，成立悠扬合唱团、金夕太极社、莲香书画社、银铃朗诵、银光媒体、银星舞艺、风雅民模、智慧星志愿队等团队十余个，组织老年节庆祝活动、团队活动、智能手机培训等近百场，参与5000余人次。年内，保税区老年大学、金都、南沙、后塍社区获评苏州市家门口的老年大学，保税区老年大学获评张家港市四星级老年大学；微视频课程《微信汇生活》入选第十批全国老年远程教育特色微视频课程名单；“金夕康康远程学习收视点”入选全国第3批老年远程学习优秀收视点；金夕太极社、霹雳快板、风雅民模、悠扬合唱、保葫芦等团队表演在苏州市级获奖；《金夕e时代，互联互通站》教育惠老项目获评张家港市精品项目；《智慧星，让老年人焕发新活力》案例获省三等奖。优秀学员杨八妹获评张家港市学习之星。
（卢丽娜）

# 文化·体育·旅游

## 文化服务

【概况】 2023年，保税区依托金港文化中心阵地，推进“‘莲’通美好”文化惠民服务项目。1月，围绕“我们的节日·春节”主题，开展“福兔贺春送年礼”义送春联、“福兔贺春送年趣”传统手工编织、“保”贝公益特色活动之“手工·我在行”趣味剪纸、新春“飞花令”互动答题、“福兔贺春送年趣”之“中国年里的版画”等文化惠民活动，吸引群众参观打卡近1万人次。10月，第二十一届苏州市民间艺术节暨张家港保税区“‘莲’通美好、‘艺’起有约”首届民间艺术节大型文化活动举办，2023年基层文化馆（站）公共文化空间建设服务圆桌会议召开，第二十一届苏州市民间艺术节民间工艺精品展和“守正创新 千年传承”民间工艺特邀作品展举办，至11月上旬结束，参与群众4万余人次，参与文化志愿者100余人。全年开展文化“莲”学、艺术“莲”享、书香“莲”品、老幼“莲”育、时光“莲”忆5个系列近100项公益特色课程和活动，深入推进“江南文化”品牌建设，吸纳志愿者超600人，参观打卡群众近50万人次。

【公共文化服务】 2023年，保税区围绕提高公民文化素质和满足群众多样化文化需求的目标，推进公共文化服务体系建设，打造具有区域特色的文化品牌，创新服务方式，线上线下相结合，让文化服务更加贴近群众生活。线上，利用“金港潮”“五彩沙洲”“书香张家港”等微信公众号宣传报道、推送信息100余条。投资4.5亿元的金港文化中心全年运营，其中图书馆全年免费为近100名读者办理读者证，为近500名读者开通市民卡借阅功能。线下，“‘莲’通美好”文化惠民服务项目持续实施，全年开展文化“莲”学、艺术“莲”享、书香“莲”品、老幼“莲”育、时光“莲”忆5个系列近100项活动。10月，举办第二十一届苏州市民间艺术节暨张家港保税区“‘莲’通美好、‘艺’起有约”首届民间艺术节大型文化活动，保税区党政办公室获评江苏省民间艺术展演“优秀组织单位”，金港文化中心获评苏州市民间文艺家协会“采风创作基地”。

【文化志愿服务】 2022年11月12日，保税区成立“同心莲”文化志愿服务团队，由金港义工联盟志愿者、机关工作人员、企事业单位职工、中学与高校学生、退休人员等人群组成，团队成员多具有文化艺术专长且热心公益文化事业。团队秉承“奉献、友爱、互助、进步”的志愿服务精

8月，“同心莲”文化志愿者协助布展

神，保障金港文化中心各类志愿服务常态化开展。年内，"同心莲"文化志愿服务团队联合保税区企事业单位开展"爱伴青春，缤纷冬日"主题活动、"沐浴书香，志愿同行"图书整理主题活动和"关爱困境儿童游港城"主题活动，组织中学生、大学生志愿者开展"春风悦动，雷锋伴我行"图书馆志愿体验活动、"青春益读"阅读推广志愿服务活动、"同心益行，筑梦青春"志愿服务分享会，链接公益合作单位开展普法宣讲、科学讲堂、亲子阅读等系列公益活动，丰富文化志愿服务内容，满足市民群众文化期待。至年末，"同心莲"文化志愿服务团队在"友爱港城"平台上登记注册成员154人，团队QQ群成员621人，联动金港义工联盟开展场馆维护志愿服务活动上千场，累计参与近3000人次，受益50万人次，志愿者最长服务时间150小时，志愿服务队伍总计服务时长超5000小时。

（季　樱）

**【文化产业】** 2023年，保税区以文化资源为依托，以文旅融合形式，以招商引育为抓手，打造"文化+N"（文化+工业、文化+农业、文化+旅游、文化+乡村）产业集群，擦亮文化名片，探索适合保税区实际、体现保税区特色的高质量发展之路。按照《张家港市"十四五"文化产业发展规划》要求，聚焦文旅融合、数字电商文化、珠宝贸易等重点领域，加快文化产业创新集群建设。年内，区街有重点文化企业43家，其中规模以上文化企业32家，2023年入库企业4家。培育省级文化和旅游产业项目1个（长江文化走廊张家港湾文旅产业融合提升项目），新增重点项目1个（新塍文创街区），全年企业总增加值9.4亿元。（苏栋汇）

## 文化阵地

**【金港文化中心】** 金港文化中心于2022年11月投入运营，总投资4.5亿元，占地面积11公顷、建筑面积3.9万平方米，是集展览、休闲、教育、观演、娱乐等多项功能为一体的综合文化建筑群，建筑群分为8个区块，有文化馆、少年宫、图书馆、美术馆、档案馆、健身馆和茶餐厅，同时配有休闲广场、轮滑场地、篮球场、健身步道等运动健身场地。2023年，金港文化中心开展各类文化惠民活动1200余场，惠及群众近50万人次。年内，金港文化中心入选全国2023年度最美乡村公共文化空间（创新案例类），获评苏州市民间文艺家协会"采风创作基地"、张家港市"暨阳玫瑰·最美妇女微家"、张家港市"儿童友好研学基地"，"'莲'通美好"文明实践志愿服务项目获评2023年度张家港市优秀文体旅志愿服务示范项目。

**【保税区美术馆】** 保税区美术馆占地面积0.21公顷，建筑面积6873平方米，是全市第一个也是最大的一个镇级美术馆。整个场馆配有中央空调系统、展览配套照明设备、免费无线网络

10月，"守正创新，千年传承"——苏州市民间工艺特邀作品展在金港文化中心美术馆举办

等，提供美术展览、学术交流、作品收藏、美术比赛、参观体验等文化服务。2023年，美术馆推出“画说运河——江苏美术家采风写生创作展”、“听枫读画——苏州国画院2022年院展”巡展、“春潮涌动风正帆——学习二十大·礼赞新时代”摄影展、风华竞秀——江苏省青年人物画作品展、“沙洲之春”2023张家港美术大展、“守正创新，千年传承”——苏州市民间工艺特邀作品展、第二十一届苏州市民间艺术节——民间工艺精品展、“长江大保护——共饮一江水”摄影展、“凤鸣香山”迎新春书法联展等大型展览，接待参观团队近80批，累计参观人数近4万人次，获评苏州市江南公共文化特色空间。

**【保税区档案馆】** 保税区档案馆占地面积0.29公顷、建筑面积6429平方米，是集中、永久保存档案的基地，是提供档案信息为社会服务的中心。馆藏起止年限为1992—2022年，建立档案案卷级和文件级数据库，馆藏数量为144942卷、274229件，照片44385张，资料1万余册，以文书档案为主。编印《金港影像》《张家港保税区发展前景与战略》《张家港保税区管理志》等多部编研成果。2023年，档案馆围绕传承文明家风、弘扬优秀传统文化等主题组织开展形式多样的建档活动，先后为15名乡贤名人、10名身边好人和道德模范、8名非遗传承人建立家庭档案，并指导机关30余名领导干部建立领导干部家风档案，形成文字、表册、声像、实物等材料近2万件，开展“档案存家风，文明谱新篇”特色档案展。升级打造保税区档案馆展厅，从历史记忆、时间轴点、发展比较、荣誉集锦4个板块展现保税区历史沿革和发展历程，通过非遗项目、特色家庭档案、口述历史档案成果展示，新增对外接待宣传窗口。

**【保税区文化馆】** 保税区文化馆占地面积0.34公顷、建筑面积7068平方米。馆内设有传统文化体验区、数字文化体验区、共享资源播放区、综合活动区、文化剧场等场地，实现传统与现代高度融合。文化馆坚持“以文化人、以文培元”的主导思想，履行群众文化文艺创作、辅导、活动、宣传、培训和研究的职能，是践行新时代文明实践、文体两大服务的主阵地。2023年，文化馆针对不同年龄人群开展系列主题文化惠民活动，包括“艺术‘莲’享——‘魅力女性’素养提升”系列公益培训、“老友讲坛”保税区老年体育大学公益培训班、假日研学·文化乐园“5+2”馆校研学活动等。全年累计播放文化惠民电影近100场，公共文化服务配送巡演十余场，承接大型活动40余场。

**【保税区图书馆】** 保税区图书馆占地面积0.25公顷、建筑面积8464平方米。场馆分为儿童阅览区、综合阅览区、个性化阅览区、创意阅览区4个层区12个主要功能区，将数字阅读、亲子阅读、自主阅读、文化交流、文化展示等融入全民阅读活动，实现现代图书馆的“自主性、网络性、共享性”。馆内藏书20万册，是全市最大的镇级图书馆，可满足不同类型读者的需求，提供良好的阅读环境和文化氛围。2023年，图书馆组织开展阅读打卡、主题书展、文化课堂、手工培训、读书分享会、图书交换市集等各类线下活动及文明阅读倡议、作品朗诵、主题征文征集等线上活动82场，累计服务群众11.7万人次。全年上报“书香张家港”微信公众号活动信息稿50余篇，录用42篇，“‘莲’通美好、阅读惠民”项目获评“张家港市全民阅读优秀阅读项目”。全年接待来馆读者15.7万人次，累计图书借阅量超6.3万册。

**【保税区少年宫】** 保税区少年宫占地面积0.09公顷、建筑面积3365平方米，位于金港文化中心西南处，内设琴、棋、书、画等多个专用教室及徐玲公益书屋等功能活动室。广泛开展文艺、体育、科技等丰富多彩的校外教育活动，是区域内少年儿童接受校外文化艺术教育的主阵地，也是社区教育中心和老年大学面向社会各个群体开展全民学习、终身学习活动的主阵地，是少儿和老人错时共享、互助互动的公共文化活动空间。2023年，少年宫重点打造三大系列特色活动，“保”贝公益特色课程，开设阅读、围棋、科技、武术、版画、乐高、手工等十余门公益特色课程20余个固定兴趣班级；“保”贝公益特色活动，主要涵盖徐玲公益书屋“桔光妈妈”活动、“全家享·春（夏秋冬）日读宴”活动、丁老师心灵氧吧“保”贝心育课堂、丁老师心灵氧吧“保”贝家长课堂、“流动少年宫”、“六一”嘉年华系列活动等；“保”贝主题竞赛，通过读书征文、科技小发明、现场书法、专题绘画、创意手工、唱响红歌等比赛，让少儿在竞赛中展技能、亮水平、秀风采。全年三大系列特色活动开展约352场，服务群众超4.3万人次。（季　樱）

## 文化活动

**【概况】** 2023年，保税区围绕学习宣传贯彻党的二十大精神、“强国复兴有我”等主题，开展红色电影展播、二十大理论盲盒、“学习二十大”思政课堂、“她学堂”能力提升等理论宣讲、宣传、互动活动16次。大力弘扬社会主义核心价值观，深化“我们的节日”，传承传统文化、引导移风易俗，以传统文化、非遗培训、最美少年、最美家庭等新风文明宣传、展示、评比，将寓教于乐、家风家训、弘扬美德等紧密融合。围绕“‘莲’通美好”文化惠民服务项目，开展文化“莲”学、艺术“莲”享、书香“莲”品、老幼“莲”育、时光“莲”忆五大系列活动，实施“魅力女性”素养提升、“5+2”馆校研学、“七彩假日”公益培训班等，调动文化爱好者积极性，挖掘区街发展历史、民生热点等素材，共享市级资源，针对特定人群开展微活动、提供微服务，满足市民群众多样性、多层次的文化需求。

**【保税区首届民间艺术节开幕】** 10月20日，第二十一届苏州市民间艺术节暨张家港保税区“‘莲’通美好、‘艺’起有约”首届民间艺术节在金港文化中心开幕。现场公布第五届苏州市民间文艺（民间文艺类）创作推优活动结果及张家港首批“原味铺子”名单，授牌金港文化中心为苏州市民间文艺创作采风基地。活动精心打造“守正创新，千年传承”——苏州市民间工艺特邀作品展、第二十一届苏州市民间艺术节——民间工艺精品展，推出30余件（套）特邀作品及100余名苏州大市范围内民间工艺大师和新人的主题性创作作品。江苏（苏州、张家港）民间文艺精品节目会演、江苏省民间艺术展演暨江苏省文艺大奖·第七届民间文艺奖·优秀民间艺术表演评奖展演、“灯谜大家猜”、民间工艺民

10月21日，江苏省文艺大奖·民间文艺奖·优秀民间艺术表演在金港文化中心举办

俗文化市集等活动举办，参与群众近4万人次。（季　樱）

## 全民健身

保税区老年大学柔力球提高班开展培训

**【概况】** 2023年，保税区围绕人民群众日益多元的体育健身需求，探索构建更高水平的全民健身公共服务体系，链接张家港市老年体育大学资源，构建群众体育示范基地。金港文化中心挂牌张家港市老年体育大学保税区分校，每年春、秋两季开班，每期开设十余门专业课程，涵盖太极、养生功、柔力球、健身龙、舞蹈、形体模特等多种全民健身类课程，并通过结业技能考试、年终成果展示、组队参加比赛等形式，持续提升学员学习兴趣，营造全民健身的浓厚氛围。保税区老年体育大学代表队获“幸福江苏”2023年江苏省健身气功站点联赛团体奖、健身气功八段锦团体一等奖，个别队员获评“体育道德风尚奖”运动员。张家港保税区老年体育大学健身气功站点获评2023年度优秀健身气功站点。

**【体育设施】** 2023年，保税区优化阵地建设，精准对接居民健身需求，于金港文化中心西北侧建设健身公园并免费开放。金港文化中心健身公园占地面积0.62公顷，绿地率31%。围绕市民的舒适、愉悦与参与性，结合各类人群活动特点，打造集休闲广场、健身路径、篮球场、儿童游乐场、健身步道等于一体的综合性健身公园和开放式公共休闲空间，为群众提供运动休闲场所。

**【市老年体育大学保税区分校秋季公益培训班开班】** 9月18日，张家港市老年体育大学保税区分校秋季公益培训班在金港文化中心开班。张家港市老年体育大学保税区分校秋季公益培训班于9月至12月开班，设太极（四十二式）、养身功、健身舞蹈、形体模特班、柔力球、健身龙、抖空竹等公益课程，聘请具有国家级、省市级社会体育指导员资质的教师进行授课，吸引近300名中老年市民报名参加。（季　樱）

## 体育赛事

**【概况】** 2023年，保税区深入贯彻全民健身国家战略，全面推进体育建设。年内，张家港市第八届体育运动会马拉松赛暨2023张家港长江四分马系列赛（保税区站）在张家港湾开赛，全国老年人太极拳健身大联动苏州（张家港）分会场2023年度苏州市大众体育联赛苏州市老年人体育节太极拳（剑）比赛举行。年末，在“魅力江苏，最美体育”2023年度颁奖仪式暨江苏省第四届网络全民健身运动会闭幕式上，保税区获3项荣誉，分别为张家港湾健身步道获评2023年全省最美跑步线路及2023年全省最美跑步线路网络人气奖，博雅文体队获评2023年江苏省优秀民间健身团队。

4月16日，张家港市第八届体育运动会马拉松赛暨2023张家港长江四分马系列赛（保税区站）在张家港湾举行

**【市第八届体育运动会马拉松赛举办】** 4月16日，张家港市第八届体育运动会马拉松赛暨2023张家港长江四分马系列赛（保税区站）在张家港湾开赛。本次赛事设置半程马拉松赛（全程21097.5米）、四分马精英赛（全程10549米）2个竞赛项目，吸引北京、上海、无锡和江阴、常熟、昆山等周边地区的跑友以及区镇、街道企事业单位的2000名运动员参赛。此次马拉松的主赛道，以张家港湾为主线，充分体现张家港湾生态功能与价值，展现区街打造"滨江宜居新城"的高品质颜值。选手赵磊获半程马拉松男子组冠军、选手张柳红获半程马拉松女子组冠军。

**【2023年度苏州市老年人体育节太极拳（剑）比赛举行】** 5月23日，全国老年人太极拳健身大联动苏州（张家港）分会场2023年度苏州市大众体育联赛苏州市老年人体育节太极拳（剑）比赛在金港文化中心举行。苏州各县市（区）10支代表队100余名太极拳爱好者参赛。张家港市老年人体育协会获一等奖，苏州市老年人体育协会、太仓市老年人体育协会获二等奖，姑苏区代表队、园区老年人体育协会、相城区北桥盛南圆梦太极俱乐部获三等奖，常熟市老年人体育协会、昆山市锦溪镇老年体协太极拳队、吴江区老年人体育协会获优胜奖。（季　樱）

## 旅　游

**【概况】** 2023年，区街推动文旅融合，围绕乡村文创、乡村美食、民俗非遗、休闲农业等产业推动乡村文旅发展。年内，沙洲优黄文化园获评国家工业旅游示范基地，"长江文化走廊·张家港湾文旅产业融合提升"项目入选省重点文化和旅游产业项目。（蔡英杰）

**【沙洲优黄文化园】** 年内，沙洲优黄文化园对员工进行安全、讲解、销售、餐饮等服务培训320人次。先后举办首届"沙洲喜事"非遗文化游园会和后塍三月十四庙会，黄酒T7峰会，泸州老窖、华润等企业高层论坛活动，与各大型旅行社、抖音、美团、携程及张家港文旅集团合作，拓宽门票线上和线下销售渠道，入园游客80万人次。10月12日，文化和旅游部公布2023年国家工业旅游示范基地名单，沙洲优黄文化园入选，成为苏州市首个国家工业旅游示范基地。12月2日，《中国文化报》发表《沙洲优黄文化园：多业融合探索工业旅游新路径》的专题报道。沙洲优黄文化园重视黄酒文化与工业旅游之间的相互融合，建有优黄博物馆、黄酒小镇、陈年酒库、传统酿造车间、水戏台、卡通园、黄酒研究院等28个功能区与景点，游客可以体验真实的酿酒场景，如拌酒药、搭窝、制曲、煮酒、封坛等，另外还有黄酒试饮、研学、非遗市集等活动，内容丰富有趣，参与性强。1月，文化园获美国IDA国际设计奖3项大奖；5月，获意大利A' 设计奖；10月，沙洲优黄博物馆获中国建筑装饰行

沙洲优黄文化园

业科技创新工程奖一等奖，获评轻工业五星博物馆。园区全年吸引游客约80万人次，销售额约2600万元。（张　鉴）

**【长江文化走廊·张家港湾文旅产业融合提升项目入选省重点文化和旅游产业项目】** 3月9日，江苏省文化和旅游厅发布《2023年江苏省重点文化和旅游产业项目名录》，长江文化走廊·张家港湾文旅产业融合提升项目入选。该项目位于德积街道永兴村，占地面积66.67公顷，总投资3.2亿元。项目以“生态文旅产业融合”为主题，依托张家港湾生态公园和永兴生态园文旅资源，全面布局“一核、双环、三街、四区”文旅产业格局。“一核”即永兴生态园，“双环”为水陆两条观光线（田园徒步线和江村水乡），“三街”为现代文创街、民俗美食街和沿江老街，“四区”为江湾风情区、红色革命区、乡愁文化区和精品民宿区。至年末，江景客栈、江南长江文化走廊以及村埭改造同步推进中。

**【永兴村文旅服务套餐推出】** 2023年，张家港市长江湾旅游文化发展有限公司依托江湾江村联盟体系，创新推出“长江之境，文游永兴”文旅服务套餐，涵盖“主选项目、特色项目、定制项目、亲子项目、团建项目、体育+项目、课程项目、精品研学线”8个类目50余个子项目，完成与永联学院、苏州村政学院、苏州农干院研学签约，增设全国优秀村书记“名村挂职”“古韵集市”等服务项目和1门党建培训课程。年内，承接党建团建、乡村研学、商务聚会业务50余场，政务接待200余批，全年接待各类团队400余批、2.5万余人次。永兴村旅游发展分别受到央视新闻、江苏新闻、张家港新闻报道十余次。（丁　浩）

**【“品味新塍”盱眙龙虾美食节举行】** 8月16日，新塍村农贸市场东广场举办第二十三届中国·盱眙国际龙虾节张家港分会场暨“品味新塍”盱眙龙虾美食节。活动当晚有盱眙龙虾、精酿啤酒、“网红”小吃等各种美食以及各色文艺演出。启动仪式上，后塍街道新塍村、袁家桥村与淮河镇洪建村、仁和社区等共同成立“十村联动”党建引领乡村振兴产业联盟。新塍村与淮河镇洪建村共同成立载体公司，针对辖区群众平价销售优质农产品，现场举行淮塍生态农业发展有限公司揭牌仪式。（沈炯莹）

# 卫生健康

## 医　疗

【概况】 2023年，区街有医院4家，其中综合性医院3家、专科医院1家；基层医疗卫生机构35个。年内，金港社区卫生服务中心持续深化与张家港市中医医院、张家港市第二人民医院合作的区域医共体项目，保障5个市级医院中医适宜技术推广工作室运行。

【市第二人民医院】 张家港市第二人民医院位于同济路2号，始建于1958年，是二级甲等综合医院。医院占地面积6.11公顷、建筑面积3.7万平方米，核定床位308张。在院职工414人，其中卫技人员351人。有硕士研究生及以上学历30人，拥有国家级医学专业委员会常务理事1人、理事2人，省级常委2人，苏州市主委1人、副主委2人、委员15人，张家港市级主任委员1人、副主委3人、委员39人，张家港市学科带头人1人、技术骨干9人、临床新秀2人。医院设呼吸与危重症医学科、消化、神经内科、老年医学科、内分泌、心血管内科、普外、神外、骨科、妇科、产科、儿科、急诊科、ICU、麻醉科、眼科、耳鼻喉科、口腔科、中医科、皮肤科、康复科、预防保健科22个临床科室，检验、放射、超声、药剂、病理5个医技科室及健康管理中心，有中医科、消化科2个苏州市重点专科，妇产、呼吸、骨科、麻醉科、心血管内科、医学影像科6个张家港市临床重点专科（含建设单位），是张家港市中医医院医共体成员单位，2017年挂牌上海十院金港分院，2019年成为上海十院长三角一体化发展医院，在全市率先运行长三角高级专家诊疗中心，开设甲状腺、妇科微创肿瘤、皮肤病、肺功能、慢性肠功能紊乱五大中心。2023年，消化科创成苏州市临床重点专科，麻醉科、心血管内科创成张家港市临床重点专科，影像科创成张家港市临床重点专科建设单位。年内，医院举办各级继续医学教育项目19项，其中江苏省级1项、苏州市级5项、张家港市级13项。成功立项苏州市级项目2项、张家港市级项目8项；获苏州市2022—2023年度“讲理想、比贡献”创新创业“双杯赛”活动优秀项目1项；发表实用型专利4项，论文35篇，其中SCI论文4篇、科技核心论文12篇，出版专著1部。2023年，医院年诊疗总量29.8万人次，出院1.37万人次，手术3232台，业务收入1.59亿元，获评张家港市先进文明单位、“平安医院”等称号。

张家港市第二人民医院

【张家港广和中西医结合医院】 张家港广和中西医结合医院位于天台南路88号，创建于1987年，原为张家港市第二人民医院，是2004年转制的一所集医疗、预防、保健、康复为一体的二级甲等中西医结合医院，是南京中医药大学教学医院。医院占地面积约4公顷、建筑面积5万余平方米，核定床位450张，开放床位480张，养老护理床位250张，有职工500余人，其中高级职称102人、中级职称102人。医院开设中西医结合心血管病科、脾胃病科肝病科、肺病科、肾病科（血液透析）、外科一（普外科）、外科二（神经外科）、内分泌病科脑病科、肿瘤科、儿科和骨伤科、手足微创外科、肛肠科、妇产科、急诊科、重症监护、老年病科、老年护理病区、康复科病房等十余个临床病区和眼、耳鼻喉、口腔、皮肤、针推、理疗等临床科室，2023年新增中医护理门诊，开展十余项中医护理技术操作。内分泌病科为张家港市级重点专科建设单位，江杨清（我国第一位中医博士，全国名老中医）主导的中医脾胃科，为苏州市中医重点专科及苏州市优质护理服务先进集体。2016年，董事长江杨清博士获批设立全国名老中医药专家传承工作室，2020年通过验收。医院有张家港市医药卫生学会副主任委员1人、秘书1人、学组委员49人、青年委员会委员4人。2023年，全院参加各级各类学术会议1165人次，短期培训14人次；举办张家港市级学术活动6场；发表论文12篇；接收医学院校实习生30余人。2023年，医院通过二级甲等中西医结合医院复评，诊疗30.3万人次，手术3829人次，住院患者14262人，获评张家港市民营医院A级单位、张家港市文明单位、“平安医院”、金港街道慈善贡献单位等称号，为张家港市中医惠侨服务点，脾胃病科护理病区获评苏州市中医护理重点专科培育单位。

**【市香山医院】** 张家港市香山医院位于香山西大街585号，于2004年由南沙卫生院转制更名而来，是一家以骨科为主要特色，集医疗、教学、科研、康复于一体的二级专科医院。医院占地面积0.93公顷、建筑面积1.35万平方米，核定床位107张，开放床位182张，设22个临床、医技科室。全院在职职工176人，其中卫技人员142人、高级职称16人、中级职称33人。医院拥有64排螺旋CT（美国GE）、永磁型核磁共振、C臂数字减影系统（美国GE）、全数字化多功能彩色多普勒超声诊断仪（美国GE）仪、GE Vivid E95彩色超声诊断仪；超声骨刀、德国进口关节镜、椎间盘（孔）镜、日本奥林巴斯290高清电子胃肠镜系统、腹腔镜、宫腔镜；高级别层流净化手术室（百级）、高压氧舱等先进设备设施。医院以骨科为重点，广泛开展脊柱退行性病变后路微创腰椎减压融合术（MIS—TLIF），颈椎前后路减压融合术，颈胸腰经皮椎体成形术，颈胸腰脊柱（脊髓）损伤切复减压固定术，膝关节（全膝、单髁）置换术，全髋关节翻修置换术，四肢关节骨折微创内固定术，椎间孔镜手术、关节镜手术、腹腔镜手术及胃肠镜、支气管镜、宫腔镜等诊疗技术。骨科为张家港市临床医学重点专科，消化内科电子胃肠镜检查技术为张家港市A级特色诊疗服务。医院先后获苏州市医学新技术引进一等奖1项、张家港市科技进步奖2项、张家港市医学新技术引进奖5项、苏州市科研项目2项、张家港市科研项目3项、国家专利12项（其中发明专利2项）。医院连续多年获评张家港市文明单位、“平安医院”、“老年友善医院”。2023年，医院门急诊116456人次，出院5091人次，手术1585台次，三、四级手术占比常年保持在70%以上，其中四级手术占比76.8%。

**【市沙洲医院】** 张家港市沙洲医院位于长江东路215号，前身为德积卫生院，1962年建立，2004年5月改制，并更名为张家港市沙洲医院有限公司，是一所集临床、急救、妇幼保健、计划生育、老年护理于一体的一级综合性医院。医院占地面积0.94公顷、建筑面积9800余平方米，有在职职工85人，其中卫技人员75人，副高职称3人、中级职称12人。医院开设床位87张，有内科、外科、妇产科、中医科、口腔科、麻醉科、医学影像科、医学检验科等科室和2个住院病区，配备美国GE的CT机、深圳市深图数字化X射线成像系统（DR）、德国西门子ACUSON

OMNI彩色B超、全自动生化分析仪、法国进口五分类全自动血球计数仪等大型医疗设备。2023年，医院门诊60008人次，入院1487人次，出院1498人次，业务收入2314万元。（薛丁萍）

## 社区卫生服务

【概况】 2023年，区街社区卫生服务中心认真履行基本医疗、公共卫生服务职能，卫生健康工作稳步发展。港西村香山服务站按照甲级卫生室标准改造提升并投用，封庄村、占文村家庭医生工作室建成投用。社区卫生服务中心通过苏州市健康单位复评，中心中医馆通过苏州市四级中医馆评审；镇山服务站创成江苏省甲级村卫生室；中心预防接种门诊获苏州市"创优同行"儿童预防接种示范门诊展评一等奖。实施社区卫生服务站6S创建活动，辖区服务站6S管理覆盖率70%，服务站整体形象大幅提升。至年末，区街有社区卫生服务中心1个、分中心3个、社区卫生服务站28个及家庭医生工作室3个，配有卫技人员184人，其中执业（助理）医生94人、全科医生72人。

【基本医疗服务】 2023年，金港社区卫生服务中心继续深化与市中医院、市二院合作的区域医共体项目，保障黄晶晶中医适宜技术推广工作室等5个工作室运行；推进"千医巡诊万村行""家庭药师进万家"活动。由市二院选派9名医生专家，每周点对点下沉10个服务站，开展日常带教及诊疗服务，提供诊疗服务363人次，转诊9次，入户联合诊疗13人次。社区卫生服务全年门急诊64.03万人次，比上年增长2.8%。

【居民健康档案】 2023年，区街建立居民电子健康档案23.55万份，建档率92.08%；每季度对已建档案的封面、基本信息表等信息进行梳理核对，确保档案逻辑性和准确性；主动在医疗卫生服务中应用、动态更新居民电子健康档案，动态使用率50%以上。

【家庭医生服务】 2023年，区街继续落实家庭医生签约，开展孕产妇及0至6周岁儿童签约服务，全年孕产妇家庭医生签约1238人，签约率97.56%；完成0至6周岁儿童家庭医生签约4517人，签约率96.83%。高血压、糖尿病等慢性病重点人群家庭医生签约35456人，计生特殊困难家庭和大病困难群众家庭医生签约覆盖率99.2%。计生特殊困难家庭和大病困难群众签约502户，白血病儿童和居家离休干部实际签约率100%。二级以上医院专科医生提供面对面服务1838人次，提供健康咨询4396人次，开具个性化健康处方763张。提供检查269人次、转诊13人次。健康服务卡刷卡1865次，发生费用45万余元。高血压患者、糖尿病患者、孕产妇、0至6周岁儿童等重点人群签约率74.89%，大病困难群众和计生特殊困难家庭签约率99.2%；白血病、居家离休干部、重疾劳模自愿签约率100%；全市"点单式"健康管理综合签约服务签约1979例。

7月18日，市二院家庭医生周中标下沉社区服务

【健康教育】 2023年，金港社区卫生服务中心更新宣传栏12期456次；发放预防出生缺陷、中医养生知识等各类健康教育资料22种65900份；开展世界肝炎日、肿瘤防治宣传周、世界无烟日等咨询义诊活动24次，参与人数5230人；开展糖尿病防治、中医养生等健康讲座27次，参与人数1628人。年内，推进健康素养促进行动，开展健康素养监测和烟草流行监测，在中圩社区、塍丰社区、金丰社区、封庄村、德丰社区监测点开展入户调查135户；承办全市"321"健康素养提升党建项目——世界无烟日专场活动暨健康"益"起来党员志愿服务集市活动、全市社区卫技人员业务技能大比武决赛等多次健康促进大型主题活动。

【社区药品管理】 年内，金港社区卫生服务中心规范社区药品管理，推进慢病药品下沉社区管理项目，新增山北社区卫生服务站、新塍社区卫生服务站为推荐目录实施主体。落实阳光采购政策，认真执行招标采购价格；优先使用基本药物，基本药物使用金额占62.82%，及时关注、上报药品短缺情况，满足群众合理用药需求。

【中医药服务】 2023年，区街做好"全国基层中医药工作示范县"创建相关工作，至年末，区街社区卫生服务中心（站）中医门诊量23.96万人次，占总门诊量37.44%；中医非药物治疗人次数占10.12%，中医处方（中药饮片、中成药和中医非药物处方）数24.96万份，占39.72%。 （薛丁萍）

## 疾病防治

【概况】 2023年，区街强化各类传染病疫情监测预警、风险评估、流行病学调查、检验检测、应急处置能力，全面推进艾滋病、结核病等重大传染病防治，统筹做好肿瘤、脑卒中等慢性疾病防控工作，扎实抓好免疫规划、学校卫生、口腔卫生、环境卫生等公共卫生工作。中心预防接种门诊获苏州市"创优同行"儿童预防接种示范门诊展评一等奖；中心预防接种门诊、后塍预防接种门诊、德积预防接种门诊全面建成数字化门诊。

【免疫接种】 2023年，区街计划免疫各类疫苗接种总量及接种率均列全市前三，乙肝疫苗接种率99.46%，乙肝疫苗首针及时率95.36%，卡介苗接种率98.96%，脊灰疫苗接种率99.59%，百白破疫苗接种率99.52%，含麻疹成分疫苗接种率99.45%，麻疹成分疫苗及时率86.9%，流脑A疫苗接种率99.33%，乙脑疫苗接种率99.67%，甲肝疫苗接种率99.66%，流脑A+C疫苗接种率99.69%，白破疫苗接种率99.64%。规范管理预防接种，新生儿建卡率和6周岁以下儿童建卡率均达100%，累计接种66556针次（其中儿童57594针次、成人8962针次），强化免疫、应急免疫接种率和群体性接种率95%，未发生接种差错事故；报告疑似接种副反应52例，副反应发生率0.78‰，均为一般反应。

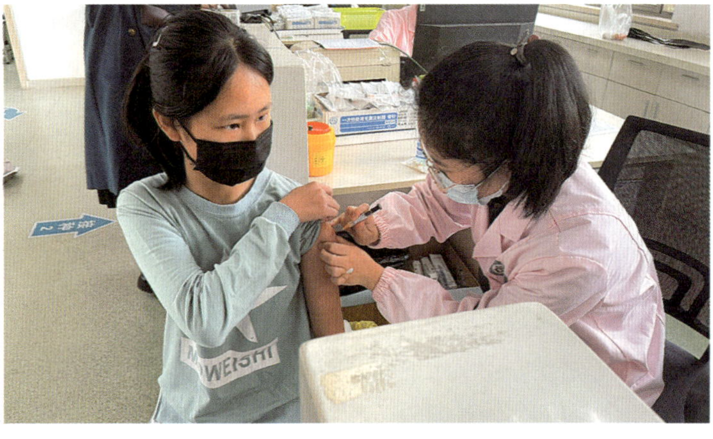

4月15日，金港社区卫生服务中心为初一女生接种HPV疫苗

【传染病防治】 2023年，区街制定完善传染病和突发公共卫生事件报告与管理制度，每月开展一次传染病漏报自查，指导医疗机构规范开设肠道门诊、动物咬伤门诊，督导医院规范填写门诊日志、入出院登记本等，阳性检测结果有反馈；登记上报各类传染病2078例，报告完整率、准确率和及时率100%；开展学校等聚集性场所传染病监测和指导76次，报告突发公共卫生事件1起。做好肺结核患者健康管理，全年各社区卫生服务站推荐转诊疑似结核病患者677人，推荐就诊人数占辖区服务人口2.3‰；对142名肺结核患者开展追踪，追踪率100%，追踪到位率99.19%；各医疗机构登记报告60人，转诊59人；开展结核病症状问诊筛查工作，问诊筛查39740人次，体检拍片老年人31419人；新建卡治疗64人，督导治疗率、患者管理率及规则服药率均达市级目标；对患者72小时内首次入户随访率100%，开展强化期和继续期随访582人次，全年患者结案评估20人。按照上级要求开展慢性乙肝等重大专项相关工作，结核病人规范管理率100%。对新发20例HIV感染者及时开展流行病学调查和报告，至年末，感染病例146人，随访管理率95.89%，治疗覆盖率95.89%。开展艾滋病防治宣传讲座5次，完成娱乐场所艾滋病哨点监测162人次，全年开展艾滋病筛查检测3.4万人。做好丙肝病例追踪和转介治疗工作，抗病毒治疗率86.67%，2004年至2021年丙肝既往病例追踪率79.03%，核酸检测率100%，转介治疗率25%。

【慢性病管理】 2023年，区街为35周岁及以上常住居民进行血压测定，对糖尿病高危人群进行空腹血糖筛查，在管高血压25355人、糖尿病9378人。对确诊的高血压和糖尿病患者进行随访，每季度开展随机电话抽查，提高随访规范性和准确性。对慢性病患者开展个性化年度体检工作，进行有针对性的健康指导，规范化管理率超60%，血压、血糖控制率超40%。做好国家慢性病综合防控示范区动态管理和复评准备工作，完成慢性病及社会影响因素调查1825人，完成示范区参与度和满意度调查1825人，12组慢病自我管理小组完成基线调查及8次课程。

【严重精神障碍患者管理】 2023年，区街做好严重精神障碍患者建档、随访管理、危险性评估、服药指导等服务，至年末，区街报告患病率4.76‰，在册患者1209人，在管患者1164人，在册患者管理率96.28%，规范管理率96.28%；服药人数1093人，服药率90.41%；规律服药人数1030人，规律服药率85.19%；面访人数1164人，面访率96.28%；体检率85%。在册患者中，673人为精神分裂症患者，其中服药人数612人，服药率90.94%；规律服药人数582人，规律服药率86.48%。加强精神卫生综合管理，举办严重精神障碍患者亲情照护活动及家庭护理技能教育4场，线索调查复核诊断36人，危评40人，联合随访1056人。 （薛丁萍）

## 妇幼保健

【概况】 2023年，区街开展各类妇幼健康惠民工程，0至6周岁儿童视力筛查率、孤独症筛查覆盖率、监护人孤独症核心信息知晓率均达上级要求。中心预防接种门诊、后塍预防接种门诊、德积预防接种门诊全面建成数字化门诊。大力提升辖区托育机构整体水平和托位率，新增普惠制托育机构3家，金港幼儿园获评苏州市普惠制托育机构。落实家庭医生签约，开展孕产妇及0至6周岁儿童签约服务，全年孕产妇家庭医生签约1238人，签约率97.56%；完成0至6周岁儿童家庭医生签约4517人，签约率96.83%。

【出生缺陷综合防治】 2023年，区街深化出生缺陷综合防治民生实事项目，落实涵盖婚前、孕前、孕产期、新生儿和儿童各阶段的预防、筛查、诊断、治疗和康复等全程出生缺陷防治服务，结婚登记适龄青年免费孕前优生检查宣教动员全覆盖，知识知晓率100%，孕前优生健康检查完成率100%，发放叶酸1225瓶。儿童视力筛查率95%，0至6周岁儿童孤独症筛查覆盖率90%以上，接受筛查的儿童监护人孤独症核心信息知晓率80%以上。

【"两癌"筛查】 2023年，区街在金港街道开展"两癌"筛查工作，目标15000人，完成15116人，完成率101.1%%。复查阴道镜614人，实做阴道镜570人，查出宫颈癌前病变160人，宫颈癌6人；复查钼靶714人，实做钼靶683人，查出乳腺癌10人。

【母婴安全】 2023年，区街规范孕产妇全程管理，活产数1145人，产妇数1134人，早孕建卡1095人，早孕建卡率95.63%；5次产检数1094人，5次产检率95.55%；产后访视1131人，产后访视率98.78%；高危管理率100%，产前筛查率98.15%，产后42天体检率90.83%。新生儿出生1145人，新生儿家庭访视2次及以上访视率96.07%；满月新生儿及儿童建册率100%，0至3周岁儿童系统管理率95.04%，高危新生儿和体弱儿规范管理率超95%，漏筛查率低于5%。

（薛丁萍）

## 卫生监督

【概况】 2023年，市卫生监督所金港分所重点做好职业健康重点监管企业检查、诊所违法案件查处等工作，开展职业卫生、医疗卫生、学校卫生等专项执法检查7次，消毒产品监督抽检2次。至年末，分所累计监督766户次，新发、延续变更卫生许可证136张，受理举报投诉6起，完成行政处罚8起，处罚金额8.05万元，移送金港街道、后塍街道、德积街道综合行政执法局案件22起。

【卫生监督执法】 2023年，市卫生监督所金港分所开展医疗服务、公共场所、学校卫生、饮用水卫生、职业健康等专项检查20余次，配合保税区相关部门打击非法行医行动2次，监督检查766户次。处理各类投诉举报6起，移送街道综合执法局案件22起，实施行政处罚8户次，罚款金额8.05万元。

【公共场所监督】 2023年，市卫生监督所金港分所对区街公共场所开展监督检查400余户次，游泳场所单位专项监督检查4户次，公共场所集中空调通风系统卫生监督检查8户次。

【医疗卫生监督】 2023年，市卫生监督所金港分所对区街医院、诊所、门诊部、厂矿医务室、护理站等完成多轮次卫生监督检查，包括日常监督检查、双随机抽检、个体诊所依法执业监督检查等，累计检查100余户次。

（刘凯敏）

【学校卫生监督】 2023年，区街协助开展饮用水卫生安全、学校卫生巡查6次，其中每季度对饮用水卫生单位和学校供水情况进行一次安全巡查，累计4次；学校卫生安全巡查2次；对学校校医（保健老师）进行传染病防病知识培训2次。

【职业卫生监督】 2023年，区街委托有资质的第三方技术机构开展重点企业日常职业卫生巡查，包括企业职业病危害申报、职业健康自评、职业病危害因素检测、职业健康体检、职业卫生培训、职工个人防护用品发放、工作场所异常等情况，累计巡查企业1200余家。

（薛丁萍）

# 金港街道篇

JINGANGJIEDAOPIAN

金港街道

中共张家港市金港街道工作委员会
市人大常委会金港街道工作委员会·
市政协金港街道工作委员会
张家港市人民政府金港街道办事处
纪检监察
群众团体
法治·军事
乡村振兴
商贸服务业
文化·体育
卫生健康
社会民生
村（社区）

张家港保税区年鉴（2024）

# 中共张家港市金港街道工作委员会

## 综　述

**【概况】** 2023年，金港街道召开综合性会议6次、领导班子会议10次，开展党工委理论学习中心组学习12次，党工委发文62条，主要涉及领导班子述职、党工委理论学习中心组学习、党建述职等方面内容。4月8日，金港街道党工委理论学习中心组专题学习会召开。会议传达党的二十届二中全会精神及习近平总书记参加十四届全国人大一次会议江苏代表团审议时重要讲话精神。会议强调，要在学习领悟中站稳政治立场，深刻领会党的二十大以来党和国家事业展现的新气象、取得的新成效，更加坚定拥护"两个确立"，不断增强"四个意识"、坚定"四个自信"、做到"两个维护"，自觉把思想和行动统一到党中央决策部署上来，更加信心满怀地紧跟习近平总书记奋进新征程、夺取新胜利；要在学以致用中提升工作实效。党工委副书记何兴娟，党工委委员包金华、柏杨，围绕学习贯彻党的二十届二中全会精神作交流研讨。

**【"125"工作思路提出】** 1月14日，在第一届议政代表大会上，金港街道党工委紧扣市委中心工作，结合街道发展实际提出将"125"工作思路作为新一年各项工作的指导思想。"1"即紧扣"深入学习宣传贯彻党的二十大精神"这一主线，全力争当全市街道板块排头兵；"2"即聚焦"治理体系和治理能力现代化迈上新台阶，全面推进乡村振兴实现新突破"两大任务，以实干实绩回应市委对街道发展的殷切期望、人民对美好生活的向往；"5"即实施"乡村振兴夯基行动""宜居品质跃升行动""和谐善治标杆行动""文明典范攀登行动""党建引领护航行动"五大行动，在实干担当中破浪前行，在勇争一流中提质创优，在敢为先锋中走在前列，全力打造中国式现代化的金港实践，不断擦亮实力金港、美丽金港、幸福金港、文明金港的靓丽底色。8月2日，金港街道贯彻落实市委十二届五次全会精神暨半年度工作会议召开，传达学习贯彻习近平总书记视察江苏重要讲话精神，全面落实市委十二届五次全会、保税区学习传达市委十二届五次全会精神会议和保税区半年度工作会议精神，动员街道上下为高质量完成街道"125"年度目标任务接续奋战，在"全市推进'强富美高'新江苏现代化建设张家港实践，打造'物质文明和精神文明相协调'的中国式现代化县域先行区"新征程中振奋前行。街道全体班子成员、各村（社区）书记、各办（局）副股职以上人员和相关市镇单位负责人参加会议。

（王子琪）

**【领导班子述职会、基层党建工作汇报会暨基层党员冬训工作部署会议召开】** 1月14日，金港街道2022年度领导班子述职会、基层党建工作汇报会暨基层党员冬训工作部署会议召开。党工委书记奚卫明，党工委副书记、办事处主任杜锁军等领导，机关中层正职、各村（社区）和企事业单位党组织书记参加会议。会议指出，要强化政治引领，确保街道事业始终沿着正确方向前进；要坚持担当作为，推动街道各项工作稳步实现新的突破；要聚焦强基固本，为街道高质量发展筑牢坚强政治保障。下一步，金港街道将切实扛起使命担当，深入推进街道"125"年度目标任务，以拼搏拼抢的先锋姿态奋力打造中国式现代化的金港实践，为张家港打造"物质文明与精神文明相协调"的中国式现代化县域先行区扛起金港担当。

【"现代化建设先锋年"部署大会暨作风效能提升动员会议召开】 1月31日，金港街道"现代化建设先锋年"部署大会暨作风效能提升动员会议召开。街道领导，各村（社区）书记、副书记，相关市镇单位负责人，获奖代表等参加会议。会议传达苏州市推进"敢为、敢闯、敢干、敢首创"动员会暨作风建设大会、张家港市推进"敢为、敢闯、敢干、敢首创"暨"现代化建设先锋年"动员大会、保税区"现代化建设先锋年"动员大会暨作风建设会议精神。会议强调，加强作风建设必须要有勇立潮头敢为先的担当魄力，关键是要锚定发展目标、提振争先锐气；加强作风建设必须要有乘势而上谱新篇的昂扬姿态，关键是要展现更大作为、创出精彩实绩；加强作风建设必须要有带头示范作表率的自觉意识，关键是要树立过硬标准、锤炼过硬队伍。

（丁桂兴）

【庆祝中国共产党成立102周年主题活动】 6月20日，"'敢'字当头，勇当先锋"金港街道庆祝中国共产党成立102周年主题活动举行。保税区党工委委员、管委会副主任季峰等领导出席活动。活动中，季峰为街道"产业'金'旺""文明'金'典""田园'金'耕""微网'金'治""惠民'金'享""海棠'金'英"等"金海棠6+N"先锋队授旗，授予长江村"家风馆"等5个阵地为优秀先锋阵地，授予长山村瞿云云等15人为优秀党务工作者，授予长江村徐芬等26人为优秀海棠先锋，授予港区派出所等6家单位为党建共建金伙伴。长江村党委书记郁霞秋、长山村党委书记陈强、中德社区党总支书记李兰、张家港港务集团黄强分别围绕农村共治共享共富、村级经济高质量发展、基层治理、打造工匠精神等方面进行"先锋共话，聚力在金港"访谈。

（金　良）

【金港街道"金文明六百工程"启动】 4月2日，2023年张家港市诗词品鉴大会暨金港街道"金文明六百工程"启动仪式在金港街道长欣社区举行。市委宣传部副部长、市文明办主任、市新时代文明实践工作指导中心主任钱晓东等领导出席活动。"金文明六百工程"通过寻访100名"乡风文明带头人"、打造100个"金港典范楼道"、培育100个"金港最美庭院"、拓展100个"同创共建伙伴单位"、推进100项"美丽金港攻坚行动"、做亮100个"金文明"特色品牌，以文明乡风扮靓美丽金港，为全市创建工作成效的持续提升贡献"金港力量"。活动中，金港街道"金文明六百工程"正式启动，钱晓东致辞，长山村党委书记陈强发布长山村"文明提升"五大行动并授旗。

【贯彻落实市委十二届六次全会精神会议】 12月29日，金港街道贯彻落实市委十二届六次全会精神会议召开，传达学习省委、苏州市委、张家港市委全会及上级经济工作会议精神，动员街道上下把思想和意识统一到市委会议精神上，奋力谋求街道高质量发展的新突破，街道班

12月29日，金港街道贯彻落实市委十二届六次全会精神会议召开

子领导、各办（局）正股职干部及村（社区）、相关市镇单位、重点企业负责人参加会议。会议要求，街道上下深入学习贯彻、把牢前行方向、全力谋求突破，交出让上级放心、人民满意的街道高质量发展答卷，为加快推进“强富美高”新江苏现代化建设张家港实践贡献“金港”力量。会议强调，要素更集聚，在发展提质上干出新业绩；重点更突出，在城乡融合上彰显高品质；情怀更深厚，在基层善治上增添幸福感。（丁桂兴）

## 组织工作

【概况】 2023年，金港街道有党员4411人，其中新发展党员34人。党组织236个，其中党委13个、党总支部23个、党支部200个。全年围绕乡村振兴和基层治理，重点培育“智慧巫山”“金岛先锋”“德邻善治”“暖心街区好儿郎”等一批特色党建品牌，案例“长江长治——共治共富共享”被中组部列为全国村党组织书记、主任培训案例，长江村获评全国乡村治理示范村。6月20日，金港街道举办“‘敢’字当头，勇当先锋”庆祝中国共产党成立102周年主题活动。9月26日，金港街道全面启动学习贯彻习近平新时代中国特色社会主义思想主题教育。

【基层党组织建设】 2023年，金港街道新建金康社区党总支、金港街道社工站党支部、市苏龙塑业有限公司党支部、金科智慧服务集团股份有限公司张家港保税区分公司党支部、港城驿站（港区）共配集散中心党支部。动员102名流动党员主动向党组织报到；科学划分“海棠微网格”586个，择优选聘“海棠先锋”626人，建立“海棠名册”；实施“网格融‘新’”工程，挖掘64名新就业群体加入治理队伍；利用居民楼道、小区口袋公园等资源，建设居民“家门口”的海棠花红微阵地36个。

【“两新”党组织建设】 2023年，金港街道组建南沙工业集中区产业集群党委，组建南沙装备材料、长欣科创园、木材交易、商圈经济4个产业链党建联盟，常态化开展“红链先锋”“百链千企”行动，推动链上企业合作共赢。开展“凝‘新’聚力”行动，依托金港街道34个“海棠·暖新窝”阵地，精心组织3个大类12场“爱骑月”主题活动，定制3类“益骑行”服务项目，发布《金港街道新业态新就业群体积分管理细则》，在服务保障、关心关爱、作用发挥等方面为新业态党建工作注入“新”动能。

【基层党建“书记项目”】 2023年，围绕“125”年度目标任务，金港街道扎实推进党工委书记项目《“金海棠”赋能乡村和谐善治》，深入实施“金海棠6+N”先锋行动，联合机关职能部门组建“文明‘金’典”“田园‘金’耕”等6支先锋队，领办移风易俗、美村建设等重点领域服务项目8项。实施基层党组织书记“头雁领航”工程，依托港区、南沙2个区域大党委，实施5个大类34个基层党建重点项目，组建“红领先锋”等行动支部28个，解决一批群众急难愁盼问题为群众办实事，粉刷翻新老旧小区外墙面1.2万平方米，清理卫生死角8处，改造配套残疾人住房12户。（丁桂兴　刘　庆　金　良）

【干部队伍建设】 2023年，金港街道党工委建立年轻干部常态化谈心谈话机制，及时了解干部工作思想状态，全年累计与各类干部谈心谈话50余次。通过直插一线开展常态化考察，建立干部工作纪实机制，注重在文明创建、科技招商中考察识别干部，及时了解掌握辖区内机关干部工作现实表现，为干部调配使用奠定基础。11月22日至24日，金港街道开展新录用人员培训。（蒋毓雯）

【老干部工作】 每月15日，金港街道分港区、南沙、双山3个片区组织老干部活动；每季度举行双山、港区、南沙3个片区老干部扑克比赛、书画比赛、象棋比赛。3月，根据市委老干部局工作安排，启动“银发生辉·银铃行动”，引导老干部参与银发宣讲、社会治理以及关心下一代工作。4月20日，街道办事处召开副镇级以上老干部情况通报会，鼓励老干部们为街道发展建言献策。6月，组织老干部参加体检。12月9日，组织部分老干部赴苏州开展“初心印党旗，银发看变化”实景教育主题活动。（施华芳）

## 宣传文明工作

**【概况】** 2023年，金港街道党工委理论学习中心组开展集中学习12次。围绕党员冬训和推进党史学习教育常态长效，引导广大基层党员读原著、学原文、悟原理。街道党工委宣讲团成立后，赴基层单位开展学习贯彻党的二十大精神宣讲40余场；组织基层宣讲团队，走进校园、企业、农村、社区等，开展对象化、分众化、互动化理论宣讲。将意识形态工作纳入党工委重要议事日程，纳入年度《宣传思想工作要点》。党工委召开意识形态专题研判会议2场，举行街道意识形态工作联席会议2次。常态化开展习近平新时代中国特色社会主义思想和党的二十大精神宣讲，用理论武装头脑。加强“金港号”微信公众号的规范化运作，严格执行“三审三校”制度。常态化开展宗教场所安全检查，开展“民宗政策法规宣传月”系列活动，举办统战对象和少数民族民俗运动会。

**【意识形态工作】** 2023年，金港街道深化文化市场“网格化”管理，常态化开展“扫黄打非”专项行动，开展文化市场专项执法检查和“扫黄打非”行动20场，促进文化市场健康发展。开展宗教活动场所安全检查，排查宗教领域风险隐患，结合传统节日，开展民宗政策法规宣传活动。持续深化乡风文明建设，积极培育和践行社会主义核心价值观。创新工作机制，打造“金文明”创建品牌，启动“金文明六百工程”，组织100家“同创共建大联盟”成员单位持续开展“美丽金港”志愿行动，印发《金港文明手册》2万份，评选首批“乡风文明带头人”30人，深化文明楼道、文明家庭等系列创评活动，评出文明楼道32个、美丽家庭30个。全年开展新时代文明实践志愿服务活动近3000场，举办广场文艺、送戏下乡、全民阅读、天天书场、电影下乡等文化活动近2000场。

**【理论武装】** 2023年，金港街道围绕学习贯彻习近平新时代中国特色社会主义思想、党的二十大精神等主题组织理论宣讲活动550场。创新理论宣讲模式，把理论武装和常态化开展党史学习教育相结合，发挥街道“草根讲师团”作用，组织理论“金”讲，打造“金英学堂”理论宣讲品牌，实施“每日一‘习’话”“青锋夜话”“理响金港”特色理论宣讲项目。结合“学习强国”学习平台、街道及村（社区）微信公众号等平台开展线上“云端学习”，利用“书记课堂”“庭院讲堂”“小板凳微课堂”等开展线下“实境学”。用活理论宣传阵地，充分利用街道各新时代文明实践阵地，融合各村（社区）先锋阵地、青年学习社等服务阵地，同时发挥“香邻客厅”“四有先锋亭”等微阵地服务效能，将党的创新理论融入全民阅读、文艺演出等各类群众性活动之中。开展“理响张家港”理论宣讲活动13次，打造“求是读书汇”理论学习点位2个。

**【舆论引导】** 2023年，金港街道综合运用“金港号”微信公众号和各级媒体平台资源开展宣传报道，提升街道知名度和美誉度，全年“金港号”微信公众号发布推文650余条，在苏州市级以上主流媒体发稿50余篇。9月28日，由金港街道主办，占文村、金香社区承办的“人间烟火家国梦”主题晚会在金香社区广场举行。晚会现场表彰占文村及金香社区的“最美家庭”“最美党员”“最美占文人”“最美金香人”“最美志愿者”“最美楼道长”。发挥网络文明传播志愿者队伍作用，助推网络文明建设，策划“强国复兴有我，我为文明添彩”网络文化季系列活动，全年开展各类网络宣传活动23场，营造清朗健康的网络生态环境。

【网络综合治理】 2023年，金港街道根据区域调整实际，及时更新优化网格划分，增设三级网格2个，至年末，有一级网格1个、二级网格23个、二级专属网格3个、三级综合网格91个、三级专属网格30个，做到“人在格中走，事在格中办”；金港街道23个村（社区）有微网格1105个，微网格联络员由社区党员、楼栋长、村民小组长、社会工作者、退休村（社区）干部、志愿者等担任，有网格微信群329个、微网格联络群600余个。年内，围绕信息采集、治安巡查、隐患排查、矛盾调解、重点人员和特殊人群服务管理、城乡环境巡查、政策法规宣传、便民服务等开展培训，提高服务水平。通过统一协调多部门处置治理事项，受理“12345”疑难工单、网格重难点事件，推动群众诉求高效解决。全年受理张家港市城市运行管理服务平台工单2165条，办结率100%。落实“一格三员”反诈大走访工作机制。8月，金润社区二号网格开展“金网融合、服务万家”网格大走访试点活动，提升居民安全防范意识和识别能力。开展警网银联动走访，由社区民警、网格员、反诈金融卫士组成反诈走访小组，全力构筑防范网络诈骗坚实防线，全年走访15133户；通过“线上+线下”构建“上下畅通、直达末端”的微网格宣传机制，线下推行一系列安全排查行动，线上构建包括社区工作者、专职网格员、微网格员联络员、社区民警等各行业专业人士微信群，健全多元力量联系居民的常态化沟通渠道。

（张　恒　金　良　丁桂兴）

【文明实践】 2023年，金港街道有新时代文明实践所1个、实践站23个，重点开展理论宣讲、文化体育、科普教育等活动。推进金都社区新时代文明实践站、金香社区“香邻客厅”新时代文明实践点等示范站点建设。打造“金英学堂”理论教育品牌，做亮春节“幸福金港年”系列活动、清明集中祭扫活动、中秋家风主题活动、重阳银发老人欢乐登香山等“我们的节日”活动品牌，以活动为载体弘扬新时代文明风尚。街道有志愿服务团队37支，注册志愿者8620人，全年开展志愿服务活动1849次。街道联合金港义工联盟持续开展“爱心家园”“乡村振兴爱心助燃”“绿野寻香”“志愿路长”等系列主题活动。

（周　琳）

【文明镇村建设】 2023年，金港街道强化文明创建，常态化开展文明行动，印发《金港文明手册》2万份，举办公益广场文艺、送戏下乡、全民阅读、天天书场、优秀电影下乡等活动近2000场；创作音乐快板《金港礼数》、小品《一楼、二楼、三楼》等优质节目；举行“起舞新时代，文明向未来”广场舞大赛、张家港市长江马拉松联赛——亲子马拉松赛、石锁邀请赛、民俗运动会等赛事，不断丰富群众文化生活，浓郁全民健身氛围。开展“青阅·沙龙”主题阅读、“青阅·成长”TTT讲师孵化、“青阅·魅力”说课比赛、“青阅·梦想”户外拓展等活动，做优“书式金港”阅读品牌。各村（社区）增设景观小品，打造文明镇村建设“一村一品”特色品牌，创新山北村“乡贤引领”、金都社区“睦邻合伙人”、金香社区“香邻客厅”、南沙社区“文明书场”、中德社区“红色长廊”、长山村“家风家训广场”、占文村“农民运动纪念馆”、张家港村“老队长工作室”、金润社区“七色花大讲堂”等文明创建模式。全年开展文明实践志愿服务活动近3000场，评选“乡风文明带头人”30名，朱丽等10人获街道道德模范称号，巫山村志愿队等6个志愿队获街道优秀志愿团队称号，黄瑞荣等10人获街道优秀志愿者称号。

【社会主义核心价值观弘扬】2023年，金港街道打造弘扬“社会主义核心价值观”大课堂。各村（社区）利用宣传橱窗、LED显示屏不间断宣传社会主义核心价值观，布置社会主义核心价值观文化墙版面86个，在建筑工地张贴有标语51条，辖区内各单位大厅均在醒目位置营造践行社会主义核心价值观的浓厚氛围，开展社会主义核心价值观理论宣讲69场。全年评出文明楼道32个、美丽家庭30个，戴雪峰获评张家港市道德模范。（金　良）

【党员冬训】2023年，金港街道以“党音民声，‘典’亮金港”——“身边有理”宣讲品牌为抓手，制定下发《2022—2023年度金港街道基层党员冬训工作实施方案》，通过云课堂、送学上门等措施，开展集中冬训学习活动56场，党员受训率100%。冬训期间，录制“我是冬训主讲人”视频2个，打造“理论研学线路”“基层宣讲骨干风采展示”冬训特色品牌活动2个。发挥新时代文明实践阵地作用，打造金都社区“理响金都·云端冬训”、南沙社区“理响书场”等冬训样板课堂，通过上好冬训理论学习课、开展主题大讨论等方式灵活组织基层党员开展冬训学习。将冬训理论与为民实践相结合，组织党员志愿者开展公益集市、文明引领志愿服务、“美丽金港”义务劳动、走访慰问困难群众等活动，推动党员冬训见行见效。（张　恒　丁桂兴）

## 统战工作

【概况】2023年，金港街道坚持党对统战工作的全面领导，坚持大团结大联合工作方法，发挥统战资源优势，提升统战服务水平，加强统战干部队伍建设，组织学习党的二十大和各级统战会议精神2次，开展统战理论、民宗政策培训活动2场。确定“求是书屋”阅读学习专题4个，以“线上+线下”、“集中学习+小组学习”相结合的方式，组织统战对象开展读书学习活动，增强统战文化建设的吸引力、凝聚力。组织民主党派成员、少数民族人士、新社会组织从业人员参与金港街道第三届民俗运动会。

【侨务工作】2023年，金港街道举办大型招聘会2场，邀请侨商侨企参与，为非公企业以及员工提供招聘、维权、融资、招商等一站式服务。至年末，街道有涉及卫生和健康工作、住宿和餐饮业、制造业侨企4家，其中张家港广和中西医结合医院有限公司加入市侨商会、市侨青会。（刘晓晨）

【统战阵地建设】2023年，金港街道统战工作站迁至金港街道新时代文明实践所二楼，面积55平方米。工作站将新联会组织架构、活动掠影、统战工作规章制度等内容上墙，利用实践所电子屏、功能室等资源，满足统战工作日常活动开展、理论宣传宣讲等多元化需求。年内开展活动20场。

【民族团结工作】2023年，金港街道以“民族宗教政策法规学习宣传月”“民族团结进步宣传月”为契机，依托专题讲座、主题党日、党史教育等活动，通过宣传栏、板报、微信公众号等载体，以信息、标语形式，深入宣传民族宗教政策及相关法律法规。金港街道持续推进少数民族管理体系建设，依托村（社区）的文明实践站，建立社区民族工作站24个，开展法治宣传教育和法律援助工作，充分保障少数民族群众在劳动就业、卫生健康、文化教育、入学入托、社会保障、职业培训、法律服务等方面的权益和在饮食、丧葬、养老等方面的需要。

【宗教场所管理】 2023年，金港街道依法登记开放宗教活动场所3处，即金港基督教堂、南沙基督教堂和港区基督教堂。金港街道扎实开展安全生产、消防安全、燃气安全、森林草原防灭火、食品安全、防灾减灾、应急管理工作。（金　良　陈苏宁）

【金港街道新的社会阶层人士联谊会一届一次会议召开】 3月16日，金港街道新的社会阶层人士联谊会召开一届一次会议，首届新联会会员代表参加会议，金港街道党工委宣传（统战）委员、政协工委副主任柏杨主持会议。会议审议通过《金港街道新的社会阶层人士联谊会章程细则》《金港街道新的社会阶层人士联谊会理事选举办法》，选举产生金港街道新的社会阶层人士联谊会第一届理事会，张家港市绿山军志愿服务队负责人周忠平当选金港街道新联会第一届会长。新的社会阶层人士联谊会的成立，引导广大新的社会阶层人士在发展自身事业的同时，关注关爱“一老一少一困”群体，开展爱心帮扶、心理疏导、技能培训、法律援助等活动。依托基层新时代文明实践所，组织开展民宗政策宣传活动，统一制作政策宣传资料和帆布袋、围裙、纸巾盒等宣传品，在村村演、文艺汇演等场合发放。全年承办“新联会”成员座谈会、交流会3次，搭建成员间联谊交友、学习分享平台。（刘晓晨）

## 史志档案

【概况】 2023年，金港街道史志档案室完成2022年全年文书档案、照片档案、实物档案、会计档案、科技档案（设备档案）、专业档案（司法调解档案）的立卷归档，其中文书档案3302件、照片档案104件、实物档案17卷、会计档案231卷、设备档案5卷、司法调解档案31卷。年内，根据《张家港年鉴（2024）》征编工作要求，金港街道做好资料征集与撰稿工作，将街道概况、经济建设、社会事业、福民工程、村（社区）基本情况、大事记等素材报送市委史志办，并进行后续修改；滩上村启动村志编纂。

【档案工作】 2023年，街道配合保税区对村（社区）档案工作强化监督指导，推进各项工作落实。配合保税区开展村（社区）档案工作培训，通过实地检查完成辖区内23个村（社区）档案工作年度评价，发现问题及时反馈尽快整改落实。向上级部门申请开通数字档案室，合理使用档案管理软件，编制各门类档案管理检索工具，街道档案数据库建设进一步完善。（袁秋雯）

【红色纪念地史料归档】 2023年，金港街道史志档案室将区域内巫山渡江战役纪念碑、占文桥农民暴动纪念地、金港红色教育纪念馆的史料进行整理，形成文书归档。1991年，张家港市人民政府在巫山之巅建渡江战役登陆纪念碑；1995年4月10日，巫山渡江战役纪念碑被张家港市人民政府确定为全市爱国主义教育基地；2007年7月被列为张家港市第三批文物保护单位。占文桥农民暴动纪念地位于金港街道占文村的中街，2009年6月，占文桥农民暴动旧址被列为张家港市第四批文物保护单位。金港红色教育纪念馆设在崇真中学内，建筑面积150平方米，分“星火”“烽火”“曙光”“荣光”4个展区，其中有张家港境内第一位共产党员孙逊群在同学会上赋诗“男儿有志死异域，干革命甘愿马革裹尸还”、农运先烈茅学勤4次组织指挥后塍农民武装暴动等史料。（金　良　丁桂兴　吕嘉仪）

# 市人大常委会金港街道工作委员会
# 市政协金港街道工作委员会

## 人大综情

【概况】2023年，市人大常委会金港街道工作委员会全面贯彻市人大常委会和街道党工委决策部署，围绕中心、服务大局，全年围绕街道企业发展、乡村振兴、社区基层治理、社会民生事业、交通安全等领域开展视察、调研9次，代表接待、轮值48次。1月17日，金港街道第一届议政代表大会第二次会议召开。议政代表大会召开和闭会期间，代表提出各类建议、批评和意见28条。票决产生“口袋公园”建设、道路交通安全提升、老旧小区改造、老旧农房更新、安全隐患消除、养老服务能力提升、未成年人关爱行动、污水治理提质增效、高标准旧农田改造、农村人居环境提升10个2023年度街道民生实事项目。5月18日，人大金港街道工委以“牢记嘱托，感恩奋进”学习实践活动为契机，组织100余名人大代表参与“‘学思践行’二十大，代表行动在金港”主题活动。7月8日，人大金港街道工委开展“牢记嘱托，感恩奋进”读书分享会，与会代表学习习近平总书记的重要讲话和对江苏工作的重要指示精神，结合工作实际谈感想体会。9月25日，制定《人大金港街道工委关于推进全过程人民民主基层示范基地建设的工作方案（试行）》，启动金港街道推进全过程人民民主基层实践基地建设，部署基层示范基地创建工作。11月9日，“金港人大”微信小程序与“民呼我应”直播间同步上线，为辖区代表搭建独具金港特色的履职平台。

【人大会议】1月17日，金港街道第一届议政代表大会第二次会议在街道办事处底楼会议室召开。会议应到代表73人，实到代表69人。会议听取并审议通过街道办事处政府工作报告、人大工委工作报告，通过《市人大金港街道工委关于办理代表建议、批评和意见的实施办法》。票决产生2023年度街道民生实事项目10项。会议期间，收到各类代表意见、批评和建议8件。

1月17日，金港街道第一届议政代表大会第二次会议召开

【代表之家】2023年，人大金港街道工委在“议政代表履职中心”“代表联络站”开展代表轮值、接待日活动、选民代表见面会、代表座谈会、代表进网格等多形式活动，听取选民意见、把握选民需求、回应选民诉求，全年共收集交通安全、教育卫生、民生保障等领域建议40余条。

**【代表接待选民】** 2023年，人大金港街道工委组织市、街等各级人大（议政）代表深入田间地头、生产车间，开展联系、接待选民活动48次，收集民意问题100余条，“销号”中德社区篮球场夜间扰民、金润社区老旧小区楼道改造、安定社区“三线”杂乱等问题。8月28日上午，市人大常委会主任接待日暨常委会组成人员联系代表和选民活动在金港街道开展。市人大常委会委员高翔、翟梓均、彭烨等和选民进行面对面交流，围绕老旧小区改造、天然气入户、道路硬化修复等问题进行研究探讨，收到代表和选民们提出的意见建议9条。

**【人大自身建设】** 2023年，人大金港街道工委持续推进“民呼我应”代表行动工程，构建以“民呼我应直播间”“新经济联盟”“读书分享会”3个特色平台领衔的履职“品牌”矩阵，践行全过程人民民主。“民呼我应直播间”是利用网络直播裂变作用，广泛、快速征集民意，促进人大代表高质量履职的一个创新探索。利用代表直播“流量”，带来民生幸福“增量”。“新经济联盟”由企业家代表组建，多次赴外地开展考察调研活动。“读书分享会”推出以“爱学习、善读书、常分享、勤履职”为主旨的系列活动。与理论学习、调查研究、建言献策等紧密结合，以书香引领代表好学之风，以读书分享活动赋能代表履职。4月、8月、11月，开展“学先进、促履职、助发展”主题学习交流活动，通过赴先进地区学习，进一步拓宽人大（议政）代表们的视野。

（赵　丹　金　良　丁桂兴）

11月9日，“民呼我应”直播间直播现场

## 依法监督

**【概况】** 2023年，人大金港街道工委积极探索“人大+纪工委+党政办”联合监督模式，对重大项目、重点工程等联督、联评、联检、联促，形成人大（议政）代表跟踪进展、纪工委同步督查、党政办督促落实的闭环机制，清单化督质量、督进度、督责任。同时，做好民生实事人大代表专题调研活动，根据视察中了解到的情况与问题，对相关单位、村（社区）提出针对性的意见建议，为各项工作推进提供人大力量，确保“实事办实”。

**【政府工作评议】** 2023年，人大金港街道工委关注街道各项工作，认真听取和审议《金港街道办事处工作报告》，对标张家港市委、市政府的工作要求，充分肯定街道办事处的工作，在民生保障、城市建设、生态环保等方面提出合理化建议。年内，街道人大工委就“口袋公园”“雨污分流”“能耗双控”等政府工作，组织人大代表座谈交流、评议。

**【重点工作监督】** 2月10日，人大金港街道工委组织辖区内人大（议政）代表开展交通安全工作监督。监督组实地察看宝岛路和香南西路，详细了解辖区内交通安全管理工作现状、存在问题等情况，指出相关

10月19日，“人大+纪工委+党政办”联合督察区域消防工作

部门要加强消除安全隐患工作力度，切实保障群众安全出行，不断增强金港人民的安全感。10月19日，金港街道人大工委联合街道纪工委、党政办公室，对区域内消防安全工作开展专题督察。督察组详细察看金港消防救援站基础设施建设、南沙工业区企业消防安全整治成效、餐饮门店“瓶改电”“瓶改管”等工作推进情况，召开座谈会听取相关职能办（局）的情况汇报，强调要结合冬季火灾特点，持续推进纺织企业、镇（村）工业集中区、商场市场和商业综合体消防安全专项整治行动，有序推进餐饮场所“无罐”改造工作，坚决筑牢消防安全防线，严防各类事故发生，全力保障人民群众生命财产安全。

（赵　丹　金　良　丁桂兴）

## 检查视察

**【概况】** 2023年，人大金港街道工委围绕企业发展、乡村振兴、基层治理等领域开展专题调研4次，“新经济联盟”专业代表小组专题调研2次，市代表小组活动联组调研3次。通过视察调研，收集街道发展中遇到的难点堵点问题、老百姓关心的急难愁盼问题及解决问题的方案，形成调研报告2篇。

**【企业视察调研】** 5月17日，张家港市人大代表、金港街道党工委书记奚卫明带领市人大第一代表小组开展企业走访调研，实地走访南沙工业集中区的科华化工装备制造有限公司、力源输送机械有限公司、赛胜新材料科技有限公司等，详细了解企业的发展、生产销售、科研创新等情况，并询问企业当下面临的问题和困难。调研组表示，要进一步发挥人大代表密切联系群众优势，做好企业的宣传员、监督员、服务员，聚焦企业反映的急难愁盼问题，及时为企业发展排忧解难，在营造良好营商环境上，以实际行动展现人大代表担当作为。

5月17日，人大代表走访调研赛胜新材料有限公司

【教育专题视察】 6月7日，人大金港街道工委组织市、街两级部分人大（议政）代表，对教育“优质均衡”发展情况开展专题视察。视察组一行实地察看金港中心幼儿园、南沙小学、南沙中学现场教学、硬件资源、特色文化等情况。视察组建议，基层教育条线、管理者要在素质引领、扩容提质、优质均衡发展工作上，积极探索、开拓创新，不断激发教育活力、优化师资队伍、提升学校管理水平和教育质量，努力打造具有金港特色的教育品牌。

【三产服务业调研】 7月5日，人大金港街道工委组织人大（议政）代表调研辖区三产服务业发展情况，现场感受夜间经济发展浓厚氛围。调研组一行到滩上村名顺美食城，详细了解夜间经济业态运营模式和发展状况，听取责任部门汇报场所管理工作。调研组指出，大力发展夜间经济是激发集镇活力、促进消费提升、推动高质量发展的重要途径，有利于稳定就业、拉动消费、保障民生。调研组建议，要把发展夜间经济作为助力乡村振兴和城乡融合发展的重中之重，全力推动辖区三产服务业发展形成特色、做优做强。

【民生实事项目检查视察】 12月中旬，金港街道人大代表先后实地检查视察安定社区破旧围墙修复和“三线”整治工程、金都社区二期停车棚、张家港河景观提升工程、巫山村口袋公园等民生实事项目点位，现场听取项目完成情况的汇报。在随后召开的座谈会上，金港街道党工委委员、建设管理办公室主任曹军就建设口涉及的2023年民生实事项目推进情况进行汇报。人大金港街道工委主任彭烨强调，街道的民生实事项目是议政代表票决、政府承诺、百姓关注、关乎人民群众切身利益的大事，要深刻认识做好民生实事项目的重大意义，全力以赴、攻坚克难，向人民交出一份满意答卷。

（赵 丹 金 良 丁桂兴）

## 政协综情

【概况】 市政协金港街道工作委员会（简称政协金港街道工委）成立于2021年。2023年，政协金港街道工委设有主任、副主任、工作人员各1人，有市政协委员28人、特聘委员10人。年内，政协工委被市政协评为2023年度宣传信息工作先进集体。

【委员之家】 2023年，政协金港街道工委在马桥社区建立“金”委员工作室，面积75平方米，为政协委员、特聘委员协商议事、活动开展等提供专门场所。打造“金”字特色的集体委员工作室品牌，工作室内有市政协金港街道工作委员会组织网络图、政协委员反映社情民意制度、政协委员联系群众接待日制度、政协委员调研和视察制度等委员履职制度，以及委员风采、委员轮值表、2023年度“金”委员工作室轮值表、政协金港街道工委2023年度重点工作等内容。全年开展政协活动近30次。

【“委员三联”活动】 5月10日，政协金港街道工委组织部分政协委员、企业家代表到凤凰七侠产业园走访调研，就产业园发展定位、招商引资、服务保障、产业链完善、提升品牌形象、高质量发展等方面进行交流。7月19日，政协金港街道工委开展“夏日送清凉，委员在行动”活动，委员们关心问候环卫工人，为街道环卫工作建言献策，委员张文明为金港环卫工人提供水蜜桃200箱。9月8日，政协金港街道工委组织部分政协委员到中集安瑞醇科技股份有限公司视察调研，深入了解企业发展和经营状态，询问企业面临的问题和困难，为企业高质量发展出谋划策。 （丁桂兴）

【文明楼道打造】 7月22日，政协金港街道工委选择“文明楼道高质量建设”协商议题，邀请政协委员、村(社区)负责人、居民代表等针对楼道矛盾问题开展“文明楼道高质量建设”协商议事。会上，政协委员、居民代表等就因“楼”制宜打造特色文明楼道、激发自治活力、挖掘资源、延伸服务触角、做好试点推广等方面进行充分协商，提出切实可行的意见和建议。(金　良)

## 协商议政

**【概况】** 2023年，政协金港街道工委选择无障碍改造推进、香山农副产品批发市场启动、流动摊贩安置、天然气入户、文明楼道创建、电瓶车充电桩建设等20余个群众急难愁盼问题，走访江苏灿勤科技股份有限公司、江苏立万精密制管有限公司、江苏华盛铝电材料股份有限公司等5家委员单位，了解委员动态，以点带面解决实际困难。年内，政协金港街道工委发挥“有事好商量·暨时议”协商议事平台和“联村联企联社区”机制作用，全年开展协商议事17次，上报协商议事案例10件。协商议事案例“弘扬三刘文化，推进传承创新”获评苏州市2023年度协商议事优秀典型案例。

**【社情民意信息收集】** 2023年，政协金港街道工委上报市政协社情民意信息16条，其中转报苏州市政协1条。集体提案《关于加快产业用地更新，推进村镇园区高质量发展的建议》转化为市政协十三届三次会议大会发言材料，集体提案《关于促进张家港口岸资源优化整合的建议》转化为市政协十三届三次会议大会书面交流材料。

**【“有事好商量”协商议事活动】** 2023年，市政协金港街道工委开展“有事好商量”协商议事活动，为老旧小区改造出谋划策，开辟停车位68个，与社区协调安装电瓶车充电桩20余个，为老旧小区设施改造提出合理化建议4条，通过协商议事解决群众的生活困难。年内，协商议事相关活动信息在张家港市政协微信公众号录用30余次。其中，《“微改造”解锁“幸福密码”》在《人民政协报》发表，《张家港金港街道助力社区微改造》《张家港金港街道产业园里议发展》《张家港金港街道协商共解群众看病难》信息在《新华日报》发表，《建设文明楼道》《为流动摊贩“安新家”》《天然气入户点亮幸福生活》等6条信息在《苏州日报》发表。(朱婧颖)

**【增设充电棚协商议事】** 10月，中德社区邀请政协金港街道工委助力社区解决相关民生问题。中德社区有61幢居民楼，底楼为车库。为杜绝电瓶车充电导致火灾等事故发生，保障居民人身财产安全，社区禁止居民在车库内充电，社区虽已建造多个充电棚，但仍无法满足需求。政协委员们应邀走进中德社区实地察看，同中德社区党总支书记、居民代表在“有事好商量”协商议事室开展专题协商，就增设充电棚的选址、成本等问题进行探讨，确定方案。(金　良　丁桂兴)

# 张家港市人民政府金港街道办事处

## 政府施政

**【概况】** 2023年，市政府金港街道办事处召开综合性会议8次，发文40件。主要涉及深化乡村振兴、持续优化城乡环境品质、保障改善民生福祉、提升基层治理效能等内容。

**【水环境污染攻坚整治工作会议召开】** 2月13日，金港街道水环境污染攻坚整治工作会议召开。保税区规划建设局、政法和社会管理办公室、城乡发展局以及街道相关部门、金港水利站、长顺给排水公司负责人和各村（社区）书记参加会议，金港街道党工委副书记、街道办事处主任杜锁军主持会议。会上，街道污防办通报水环境排查及进展情况，具体分析国考断面及重点关联河道水质情况，解读整治任务分工及清单；相关部门就整治任务清单讨论交流。会议要求，各部门各单位要齐心协力，锚定目标，实施科学精准整治，把水环境整治工作落细落实；要深化认识、提高站位，坚定不移扛起整治责任；要明确目标，精准发力，强化监管力度推动整治；要加强领导、履职担当，抓好整治不达目的不罢休。

**【金港街道《餐饮场所“瓶改管”“瓶改电”集中改造工作实施方案》出台】** 3月3日，金港街道办事处印发《金港街道餐饮场所“瓶改管”“瓶改电”集中改造工作实施方案》。方案包含总体目标、条件、步骤、职责分工、建设费用及补贴标准、工作要求6个部分。其中，第一部分明确具体目标及要求。第二部分明确依法取得营业执照、食品经营许可证的经营主体，餐饮场所原则上处于天然气管网覆盖100米范围内、用气场所符合管道天然气商业配套安装的基本要求实施“瓶改管”；餐饮场所不符合燃气使用安全条件的实施“瓶改电”。第三部分明确调查摸底、动员准备、全面实施、巩固提升等4个实施阶段时序进度安排。第四部分明确职责分工，采取专班化推进模式，各单位、部门依据各自职能负责具体工作。第五部分明确建设费用及补贴标准。第六部分要求加强组织领导、联动合力、加强宣传引导、加强工作督导。至年末，排查工矿企业、餐饮企业、学校等使用燃气1023家，发现隐患116处，均完成整改；完成“瓶改”餐饮门店561家。（丁桂兴）

**【项目签约】** 3月29日，山北村香山农副产品批发市场改造升级项目和长山村、港西村联合收购三林法兰项目资产2个项目签约，金港街道领导奚卫明、杜锁军、张惠锋，保税区城乡发展局袁达新、李国柱等出席签约仪式。香山农副产品批发市场是张家港市第二大农副产品批发市场，项目占地面积约1.6公顷，是区街农副产品批发交易的主要集散地。新项目计划投资5000万元，建成后可提供海鲜、肉类、禽类、水产、蔬菜、水果、南北货等农副产品的批发与零售，设计批发门面93间、零售铺位50间。三林法兰锻造有限公司位于长山村高峰区域内，厂区占地面积7.27公顷，厂房面积3.7万平方米。年租金收益1100万元。

**【“智汇金港”人才夜市】** 8月1日，金港街道第二场“智汇金港”人才夜市暨高校毕业生专场招聘会在中骏世界城举行。参加单位43个，提供就业岗位686个，涉及装备制造、电子信息、生物制药、新材料、新能源等多个领域，达成就业意向220人次。同时，此次人才夜市采用“线下+线上”同步招聘的形式，线上“直播带岗”吸引群众852人次，收获点赞4015人次。此外，招聘会现场设置政策咨询服务区，通过发放宣传资料、现场答疑等方式，为求职者提供社保政策、医保政策、公积金政策等咨询服务。

**【对口帮扶】** 2023年，金港街道深化结对帮扶工作，与宿迁市来龙镇、新疆维吾尔自治区巩留县阿尕尔森镇开展结对帮扶，加强村企对接交流，推进产业转移、劳务协作、消费协作等工作。结对帮扶宿迁方面，长山村全年为来龙镇保安社区提供各类援助资金3万元。援疆结对方面，山北村全年为二道湾村提供各类援助资金3万元；长山村全年为提克阿热克镇阔那桑村提供各类援助资金5万元。

（刘　庆　金　良）

**【无人督导“5G+AI”智能化垃圾分类小区试点启动仪式举行】** 10月23日，“科技‘智’生活，垃圾‘慧’分类”保税区首个无人督导“5G+AI”智能化垃圾分类小区试点启动仪式在金都社区举行。保税区党工委委员、管委会副主任季峰，中国建设银行张家港分行行长詹伟等出席。金都社区是张家港市第4个智能化垃圾分类试点小区。金港街道以金都社区为试点，对小区内6座生活垃圾收集房进行智能化改造，成为标准四分类“5G+AI”垃圾分类驿站，实现垃圾分类驿站实现投放点语音提醒、典型事件抓拍、视频照片取证等功能，有效解决人工督导能力不足等问题。社区居民通过“智能垃圾分类”微信小程序绑定手机和银行卡，后台系统对投放情况进行打分，累计积分可以兑换数字人民币红包在相应的商户进行消费。

**【生态环境保护工作推进会召开】** 11月8日，金港街道生态环境保护暨四季度污防攻坚指挥部工作推进会召开。街道相关领导、区街相关职能部门负责人、各村（社区）主要负责人参加会议。会议强调，要提高站位、深化认识，坚决扛起生态环境保护担当；要聚焦重点、全力攻坚，坚决打赢污染防治大仗硬仗；要加强领导、凝聚共识，充分形成治污攻坚工作合力。会议还传达市生态环境保护大会精神，通报街道生态环境保护及污防攻坚工作进展，建管办、农工办（河长办）、长山村、占文村进行交流发言。

**【林长制工作方案印发】** 2月21日，金港街道办事处印发《金港街道林长制工作实施方案（试行）》，方案深入贯彻习近平生态文明思想，坚持走生态优先、绿色发展之路，按照山水林田湖草系统治理要求，通过全面推行林长制工作，提升森林资源质量，实现森林资源“一增、二稳、三防”及增加森林蓄积量，稳定森林覆盖率、稳定林地保有量，防控森林火灾、防治林业有害生物、防范破坏森林资源行为目标。方案明确加强组织领导、健全工作机制、注重工作成效等保障措施。

（王子琪　丁桂兴）

**【民生实事项目实施】** 2023年，金港街道投入3105万元，实施“口袋公园”建设、道路提优工程、老旧小区改造、老城农房更新、安全隐患消除、养老服务能力提升、未成年人关爱行动、污水治理提质增效、农村人居环境提升工程、“民生微实事”工程10项。至年末，完成“口袋公园”建设3个、16个老旧小区9460余户居民“三线”整治、老年人家庭适老化改造148户、“小散乱”门店排污许可证申领1040家等项目。年内，投入320万元，实施村（社区）“民生微实事”项目99项，其中服务类项目46项、工程类项目53项。镇山社区获评苏州市老年人家庭适老化改造先进集体，中德社区获评苏州“一刻钟便民生活圈”。

表27　　2023年金港街道民生实事工程项目一览表

| 项目名称 | 投资金额（万元） | 项目内容 | 完成情况 |
|---|---|---|---|
| “口袋公园”建设 | 302 | 实施中港路街头公园提升、巫山口袋公园建设等工程，调整绿化布局，增补休闲功能设施，提升文明文化内涵，进一步改善宜居品质，满足群众多样化需求 | 至年末，张家港河、巫山君秀口袋公园建成 |
| 道路提优工程 | 144 | 实施南沙工业区长阳路（张家港河—天永路）面层改造，长500米，宽14米；实施南横泾河道驳岸道路硬化，长470米，宽5.5米 | 至年末，项目已完成 |
| 老旧小区改造 | 745 | 对海港社区房屋外立面进行修补改造；对部分老旧小区实施屋檐破损及墙面隐患消除、外墙面翻新，运维改造小区市政配套设施（道路、停车位、无障碍设施等），实施“三线”梳理整治及路灯、雨污水管道运维改造等 | 至年末，项目已完成 |
| 老城农房更新 | 674 | 开展中苑社区张大圩岸农房翻建，配套实施沿线（振兴路至黄泗浦东路段）强电入地、雨污分流、道路建设等，涉及5个箱变，全长约300米；实施江海中路（长江中路至天福北路段）西侧城市更新房屋翻建，更新完成后，临街立面更加干净、整洁 | 至年末，项目已完成 |
| 安全隐患消除 | 135 | 推动部分餐饮场所实施“瓶改管”“瓶改电”工程，强化安全监管，切实消除潜在隐患 | 至年末，项目已完成 |
| 养老服务能力提升 | 150 | 高标准建设1处具有日间照料、助浴、助餐、时间银行、辅具推广、健康管理、文体娱乐等功能的示范性综合养老服务中心，建成后为老年人提供专业养老服务；新增5处老年人就餐点，满足该区域部分老年人就餐需求；对街道148户老年人家庭开展适老化改造服务，进一步提高老年人生活便利性和安全性 | 至年末，项目已完成 |
| 未成年人关爱行动 | 18 | 面向双职工家庭未成年人子女，开办集中式课程化或分布式活动类青少年暑托班点位18个，受益家庭约500户，累计服务5000人次；整合阵地资源，构建“三位一体”心困未成年人服务格局，推出专业化、特色化心理健康服务。依托3个中心站N个次级站（儿童关爱之家），服务由点及面双向输送、服务礼包下沉、需求对象上浮 | 至年末，项目已完成 |
| 污水治理提质增效 | 266 | 推进污水处理提质增效达标区建设，加快雨污水主管网、住宅小区管网排查整治；落实工业企业、企事业单位、小散乱门店等排水许可管理，督促排水户内部雨污水管网整改，同步完善雨污水支管网 | 至年末，项目已完成 |
| 农村人居环境提升 | 351 | 围绕美村建设，打造长山村冯家埭、小郁埭、朝东岸、六圩里4个特色康居乡村点位，实现美村全覆盖；对长山村尤家巷、左家埭2座村级公厕提档升级 | 至年末，项目已完成 |

续表

| 项目名称 | 投资金额（万元） | 项目内容 | 完成情况 |
|---|---|---|---|
| 实施“民生微实事” | 320 | 开展社区治理营造、消除安全隐患、整治社区环境、文化体育特色和关爱居民公益等民生微实事项目，充分发挥居民议事会作用，解决社区居民身边的小事、急事、难事 | 至年末，项目已完成 |

【政务服务】 8月，金港街道便民服务中心挂牌成立。中心位于金港街道府前街5号，建筑面积75平方米，设有人社、医保、城管、计生等业务服务窗口。年内，中心提档升级“15分钟便民惠企服务圈”，推行“服务质量零差错、服务流程零障碍、宣传咨询零距离、服务对象零投诉”等举措，提高办事效率，强化服务理念，营造亲商为民的良好环境。2023年，金港街道便民服务中心医保报销580份，报销金额465万元；安排社保退休人员免费体检7442人，办理居保退休、一次性退费、居保退休死亡等85人，超龄补缴72人，正常农保征收203人，精准扶贫75人，办理城保退休201人，城保遗属待遇申领148人。

（王　颖　丁桂兴）

## 应急管理

【概况】 2023年，金港街道围绕事故压降根本目标，严格落实安全生产15条硬措施，突出工贸企业、消防和城镇燃气等重点行业领域，全面推进重大事故隐患专项排查整治行动。完成重大事故隐患政府挂牌督办整改2处。加强重点领域排查整治，开展安全生产专项整治行动，有效防范安全风险，全力压降一般事故，杜绝较大以上事故发生，全年安全生产形势总体稳定。

【安全生产管理】 6月1日，金港街道召开建设工程消除安全隐患督促会。6月6日，金港街道召开二季度安委会、消委会全体成员（扩大）会议暨街道重大事故隐患专项排查整治行动部署会议。6月7日，金港街道应急管理局召开村（社区）安全工作会议暨工贸企业重大事故隐患专项排查整治行动工作推进会。9月14日，金港街道召开第三季度安委会、消委会全体成员扩大会议暨燃气安全工作推进会。11月23日，街道召开文明创建工作推进会暨城管委联席会议。12月11日，金港街道党工委副书记、办事处主任杜锁军带队深入辖区集贸市场、主次干道、居民小区等点位，现场协调解决整治工作中遇到的难题；街道党工委委员钱小潇带队考察，督促指导各部门单位扎实开展风险隐患排查，通过“重点帮扶”等方式，聘请第三方安全专家开展针对性指导服务，精准查找、科学治理重大事故隐患，“诊断式”检查生产经营单位，建立问题隐患台账，对重大事故隐患工作实行排查、上报、治理、验收、核销“闭环式”管理。至年末，街道专项行动共排查重大隐患8处，其中张家港市挂牌督办1处；部门抽查检查企业893家，帮扶指导重点企业46家，行政处罚4次，罚款10.02万元。

【安全生产责任制落实】 2023年，金港街道将安全生产列入党工委理论学习中心组专题学习计划，党工委班子会议全年学习和研究安全生产工作4次，办事处办公会议研究部署安全生产工作6次，理论中心组学习安全生产内容2次，每季度召开安委会全体成员会议。党政主要领导带队针对重要节日及特殊时期开展安全生产检查，累计带队检查7轮次，督察点位143处。推动上级督导反馈问题隐患整改落实，迎接各类督导5次，完成各类督导问题整改。12月，街道下发《关于调整金港街道安委会、消委会组成人员的通知》，调整完善安委会、消安委会组织机构，确保安委办、消安委办实体化运作。部署重点行业领域安全生产风险专项整治巩固提升年行动、重大事故隐患专项排查整治行动、"安全生产月"活动、防灾减灾日活动、特殊（危险）作业、委外作业安全专项治理行动等工作，全年召开工作会议12次、发布安全生产文件13件。

【消防安全】 2023年，金港街道消防接警213起。其中各类火灾报警144起、社会救助7起；出动车辆713次，出动警力3085人，抢救疏散各类遇险人员13人。开展"消防在我心，安全伴我行"主题活动，将重点企业、关键环节、特殊作业作为日常检查重点，年内，累计检查393家次，发现消防隐患2466处，复查389家次，整改隐患2464处；录入苏州安全隐患平台隐患2037处，闭环整改率100%。开展重点行业消防安全生产约谈24次；抄送消防安全违法行为10起，处罚金额28.15万元；持续推动企业较大以上风险报告和管控责任落实，强化企业消防"精准监管+及时处置"；持续对消防重点领域开展精准化排查整治，开展危化品、烟花爆竹专项治理，累计检查烟花爆竹经营单位11家，查处违法违规存放烟花爆竹点位3处，暂扣烟花330余箱；检查危化品使用企业34家，组织辖区企业对消防安全进行自查自改，发现并整改重大隐患10条。建设完善村（社区）微型消防站9个，在农村出租房内安装独立式感烟火灾报警器4000余个、增添灭火器3122个、规范电气线路穿管129家，社区新建标准化电动自行车充电桩17个、智能充电头132个，开展消防安全宣传教育、培训演练活动35次。

【安全生产专项整治行动】 2023年，金港街道以重点行业领域安全生产风险专项整治巩固提升年行动为契机，抓好危险化学品使用、有限空间"上锁设柜"、重大事故隐患专项排查整治等重点工作任务。制定下发各类文件，细化实施方案，严格监管重点企业，结合街道实际，采用集中检查、突击夜查、交叉检查和第三方专家检查相结合的方式，对街道工贸企业开展大排查、大检查，持续对重点领域开展精准化排查整治。开展危化品、烟花爆竹专项治理。督促辖区内各相关企业开展"上锁设柜"行动，累计检查企业32家，发现并整改隐患218条，张家港中集圣达因低温装备有限公司、江苏东源纺织科技实业有限公司、江苏立万精密制管有限公司被评为模范企业。组织辖区企业自查自改重大隐患10处，部门检查重大隐患8处，其中张家港市动态挂牌1条，抄送处罚7条，罚款10.02万元。

【安全监督检查】 2023年，金港街道推动企业落实安全生产主体责任，落实"三管三必须"，将重点领域、关键环节、特殊作业作为日常检查重点，严厉打击违法违规行为。年内，累计检查企业393家次，发现隐患2466处，复查389家次，整改隐患2464处；录入苏州安全隐患平台隐患2037处，闭环整改率100%。开展重点行业安全生产约谈24次；抄送安全违法行为10起，处罚金额28.15万元；完成丰益钢构苏州市级挂牌督办问题整改。持续推动企业较大以上风险报告和包保管控责任落实，完成二级标准化企业复评2家，三级标准化企业创建22家、复评16家。强化"精准监管+优质服务"，探索开展分级分类监管模式，定期曝光违规企业，倒逼主体责任落实。

【安全宣传教育】 2023年，金港街道开展"5·12"全国防灾减灾日、"安全生产月"集中宣传日等活动，利用村（社区）电子屏、橱窗宣传栏、微信群、实地走访等方式开展安全生产和防灾减灾宣教活动。组织开展“百团进百万企业千万员工”宣讲活动，街道主要领导开展安全生产主题宣讲2次，参加宣讲活动300余人。协同各行业部门开展安全生产“五进”活动，督促企业自觉履行安全生产主体责任，牢固树立“零事故”安全生产发展理念。印发“十条红线”“防灾减灾”相关海报3000张，宣传折页2500册、工业集中区指导手册500本。开展双重预防和创蓝平台操作线下培训2场，覆盖企业400余家。组织企业主要负责人和安全员安全管理知识初训复训2场，培训354人次。组织参加防灾减灾主题宣传日活动、高层建筑火灾事故疏散演练120人次。

【防灾减灾】 2023年，金港街道面对高温、台风、雨雪冰冻等灾害性天气，及时转发各类灾害预警信息提醒，制定下发预警通知和工作提示11份，分3组督促重点企业和单位全力抓好应急预案、队伍、装备、物质等基础保障工作，严格执行24小时值班和信息报告制度，增强自然灾害防范应对能力。加强值班值守，加大对重点企业和单位检查频次，确保重要时间节点街道安全生产形势稳定。全国“两会”前后，及时开展安全防范工作和隐患排查整治，对薄弱地区、部位和环节开展专项检查，每天安排检查小组3个，督察生产企业安全管理，汇总检查情况。

（金　良　丁桂兴）

## 信访工作

【概况】 2023年，金港街道严格把握政治安全和社会稳定形势，深入研判信访形势，扎实推进安全稳定各项工作，街道社会稳定形势可控向好。街道信访接待室全年共登记接待到访群众93批次238人次，收到阳光信访转办件210件、市长信箱信件60件。化解国家信访局和省信访局交办信访事项，化解信访积案，全力巩固好“百日会战”“双月攻坚”等专项工作成果，有力维护群众合法权益。

【矛盾排查化解】 2023年，金港街道持续优化信息员队伍，充分发挥他们对属地人熟、地熟、情况熟的优势，围绕劳动保障、城乡建设、涉法涉诉等各重点领域，全年排查18批次，查出劳动纠纷23件、邻里纠纷16件、家庭纠纷9件、征地动迁14件、合同纠纷2件，及时化解51件。通过强引领，抓联动，构建矛盾纠纷化解共同体，向引导和疏导端发力，优化工作流程，通过“简案快办、普案优办、难案精办”，实现快速依法及时就地化解矛盾，最大限度钝化矛盾、减少矛盾上行。

（程子钧）

## 保密工作

【概况】 2023年，金港街道加强机关工作人员保密教育培训，定期召开保密工作领导小组全体成员会议，研究部署各项保密工作，开展保密工作专项检查和自查，落实各项保密措施，全年未发生失泄密事件。党政办指定专人负责涉密工作，定期对党员干部、工作人员进行保密教育和管理，积极开展自查自评工作，真正做到制度严格、措施严密、纪律严明，形成主要领导亲自抓、分管领导具体抓、各办（局）重点抓、党政办公室督导抓的街道保密工作格局。

【保密教育培训】 2023年，金港街道将保密教育工作贯穿于日常工作中，采取多种形式宣传教育，提升干部保密安全意识。4月，党政办组织街道和村（社区）工作人员观看保密警示教育片《国安部“十大反间谍案例”》。5月，组织相关涉密人员和街道全体工作人员参加保密教育线上培训，培训167人次。7月，街道党工委召开班子会议，学习《中华人民共和国保守国家秘密法》，街道全体班子成员及各办(局)负责人参加。9月，街道召开党工委理论中心组学习会，学习习近平总书记关于保密工作重要指示批示精神，街道全体班子成员和各办(局)负责人参加。

**【保密检查】** 2023年4月，金港街道根据《张家港市机关、单位保密自查自评工作实施办法》要求，结合实际工作，对照检查目录表，逐条自查自纠。5月，街道以领导干部和涉密人员为宣传教育重点，专人负责，做好涉密计算机、移动存储介质等的保密措施，对容易失密的文件收发、传阅、打印等程序完善相应的防范措施。12月，结合法治宣传日活动，在全体工作人员中开展《中华人民共和国保守国家秘密法》的宣传学习并做好信息保密自查工作。（金　良　丁桂兴）

## 关心下一代工作

**【概况】** 金港街道关心下一代工作委员会(简称关工委)成立于2021年。年内，关工委依靠各级党组织和全社会的力量，充分发挥“五老”作用，紧扣学校教育、家庭教育、社会教育3个重要环节，以立德树人为根本任务，引导街道未成年人树立正确的人生观和价值观，帮助他们健康成长。年末，街道有村(社区)校外辅导站24个、“五老”关爱者工作站21个，王泓丽获评苏州市“最美五老”、张家港市关工委先进个人。

**【青少年爱国主义教育】** 2023年，金港街道关工委组织辖区各村(社区)在清明节、儿童节、建党纪念日、国庆节、烈士纪念日、国家公祭日等时间节点，组织“强国复兴有我”、“传承家风家训”一封家书征集、“点亮‘六一’微心愿”、“童心向党、感恩家乡”、“听老兵讲过去的故事”、观看红色电影、师生到香山烈士陵园和双山渡江纪念碑青少年校外实践教育基地参观学习等爱党爱国教育活动200余场1万余人。街道关工委组织辖区内中小幼学生参加2023年省关工委办公室、省教育系统关工委秘书处《关心下一代周报》联合举办的“我是强国小主人”征稿活动，街道选送的各类作品获奖33篇。

**【青少年心理健康教育辅导】** 2023年，金港街道关工委整合资源，联合保税区社区教育中心，深入推进家校社协同。遴选优秀心理教师、村(社区)工作人员、家长志愿者等组建本土队伍，推进“一期一会智慧父母课堂”走进学校、村(社区)、企业，开办讲座200余场；与妇联协同推进“三全”教育，安排优秀家庭教育指导师到村(社区)进行专业指导；链接市家庭教育指导中心，在南沙社区、马桥社区等建立指导服务站，定期提供家庭教育指导；融合家庭教育与心理健康教育，创新开展“心动力”青少年成长

9月，中德社区开展心理健康教育活动

营心理团辅活动50余场，与未成年人保护站联合开发“育见心世界”心理项目，受益2000余人次。

【校外教育辅导站建设】 2023年，金港街道各基层关工委开展校外辅导活动300余场，惠及学生1万余人次。街道关工委围绕“老少心向党、喜迎二十大”主题教育，依托校外教育辅导站开展形式多样、寓教于乐的未成年人活动。4月28日，街道关工委邀请市关工委副主任陆玉生到村（社区）对基层关工工作人员进行培训。依托香山烈士陵园和双山渡江纪念碑青少年校外实践教育基地，全年接待学生参观学习5000余人次。

【青少年校外实践活动】 3月，金港街道组织学生清理环境、搞好卫生，宣传雷锋精神，树立文明新风。5月，开展“承五四精神，扬青春风采”专题讲座、红色微创意、红色故事会以及青少年红色阅读观影等活动。暑期期间，街道关工委联合保税区教管办、退休教师协会，利用村（社区）校外辅导站，组织有一定特长、身体健康、热心校外教育的在职教师和退休“五老”100余人，开展校外辅导活动300余场，惠及学生1万余人次。11月20日，金港街道计生协会在香山湖公园开展“大手拉小手，乐享好时光”——“育之美”亲子趣味活动。12月14日，张家港市新四军暨沙洲革命根据地研究会在南沙小学举行革命传统教育基地授牌仪式暨红色故事宣讲活动。授牌仪式上，市新四军研究会向学校赠送《张家港英烈》等红色书籍并作《新四军在沙洲革命斗争故事》专题宣讲。12月20日，张家港市南沙中学关工委与张家港市港城藏报馆、中国共产党日记博物馆日记文化研创基地联合举行“纪念毛主席诞辰130周年日记文化与藏报文化分享报告会”。 （施华芳）

# 纪检监察

## 党风廉政建设体制机制

11月，金港街道纪工委廉政专题党课举行

【概况】 2023年，金港街道将廉洁乡村建设与全面从严治党、产业发展、乡村建设、乡村治理等工作同部署同推进。以问题为导向，对乡村振兴过程中出现的问题加强分析研判，充分运用“四种形态”“三项机制”精准处置。挖掘本土特色廉洁元素，依托乡贤文化馆、邻里微站廉洁文化廊等文化阵地，打造系列“廉洁打卡地”。开展廉洁文化活动，促使廉洁文化涵养廉洁乡村。

【党风廉政建设】 2023年，金港街道对照新形势下党风廉政建设工作的各项要求，召开全面从严治党主体责任专题会议，印发《金港街道村（社区）书记廉政档案管理办法（试行）》，分层分级开展廉政谈话，强化对村（社区）“一把手”的日常监督。要求全体党员领导干部以“清、慎、勤”为镜，履职尽责、担当作为，通过党工委会议、中心组理论学习等方式，及时向党工委汇报党风廉政建设和反腐败工作的重大事项，街道党工委全年听取案件情况汇报10次，召开党风廉政建设专题会议讨论3次。

7月，金港街道年轻干部廉政教育参观访学活动举办

【纪检队伍建设】 2023年，金港街道纪工委召开街道纪检条线季度座谈会、廉洁乡村主题研讨会，开办纪检干部专题培训班，加强街道与村（社区）、村（社区）与村（社区）的沟通交流，提升村（社区）纪委书记（纪检委员）、村（居）廉勤监督员、村（居）廉勤信息员等队伍的规范化、信息化、专业化建设。创新探索村（社区）纪委书记（纪检委员）“跟班”学习计划，

为基层监督力量赋能，提高村（社区）纪检队伍综合素养。同时，开展廉政教育和警示教育。组织机关青年干部参观苏州党风廉政教育基地、况公祠、冯梦龙纪念馆等，引导青年干部自审自省，廉洁从政。组织村（社区）纪委书记（纪检委员）及条线工作人员赴市家风教育基地、暨阳清风馆等廉洁文化示范点参观访学。

（黄嘉诚　丁桂兴）

## 廉洁文化建设

**【概况】** 2023年，金港街道纪工委推进“一镇一品”“一村一品”“场厅+”模式，将监督嵌入乡村振兴、文明创建、社会治理等工作，不断提升廉洁文化与廉洁乡村建设的整体质量和效能。

**【廉洁教育】** 2023年，金港街道结合基层大走访，促进廉洁文化入楼道、进人家、传乡村。2023年，在“5·20”廉政宣教月期间，街道纪工委牵头组织开展“共创金港优良家风”系列主题活动，将长山村家风家训主题公园、长江村家风馆、金都社区睦邻清风社、金香社区廉洁客厅等阵地联动起来，集中开展座谈问答、参观实践、红色阅读活动。在长山村家风公园开展“‘长’风破浪·廉守初心”活动，在金香社区廉洁客厅开展“香山清风·‘廉’动金香”活动，在金都社区开展“清风倡廉·吾家贻风”活动，凝聚街道“清风港”廉洁品牌影响力，不断深化“一镇一品”“一村一品”特色亮点，扩大廉勤阵地的辐射力。鼓励引导广大党员领导干部在廉洁修身、廉洁齐家上走在前列、争做表率。发动街道各级基层党组织，以“一则廉政短信”“一份助廉倡议”“一句廉洁宣言”“观影学廉知”“彩笔绘廉心”“书信扬家风”等多种活动形式弘扬清廉之风。

**【廉洁文化阵地】** 2023年，金港街道打造“廉”接幸福家风品牌，通过实体化的家风广场建设，以有形的文化载体、多样的文化形式对抽象的廉洁理念加以呈现和传递。调动整合辖区传统资源，“廉”接起长江村家风家训文化园、山北村“乡贤驿站”、金香社区家风广场、金都社区睦邻清风社等阵地，鼓励有条件的村（社区）结合美丽乡村建设打造“一村一品”特色亮点，逐步推进以点带面、条块结合的家风阵地建设。金港街道突出多元融合，探索立体化廉洁文化宣传方式。借助街道机关楼道氛围布置，融入廉洁元素与正面典型宣传，并将楼道布置向村（社区）延伸推广，借助老旧小区楼道翻新等时机，在楼道布置中嵌入廉洁文化色彩，展陈优秀家风、树立典型榜样，着力塑造“崇廉向善”的社会氛围。

（黄嘉诚　金　良）

金香社区家风广场一角

## 正风肃纪

**【概况】** 2023年，金港街道纪工委不断完善“一人一委一网”

基层监督体系，开展全周期立体督察，探索“纪检+人大”联合监督模式，日常监督和靶向监督并重、发现问题和解决问题并进、强化震慑与促进治理并举。将监管视野向“八小时外”“退职退岗后”延伸，持续强化执纪问责，坚定不移正风肃纪。

【监督检查】 2023年，金港街道纪工委聚焦环境卫生、乡村振兴、安全生产、惠民项目等工作开展日常督察。根据市纪委部署，开展招投标第三方采购领域、养老服务领域、村级工程、稻谷秸秆补贴、群众性活动经费、环卫领域等专项督察，推动上级重大决策部署落实落细。年内，开展各类监督检查20余次，提出意见建议30余条，约谈党员领导干部50人次，运用监督执纪“第一种形态”69人次，下发纪律检查建议1篇，制发通报3则。围绕乡村振兴、安全生产、社会治理、民生实事等工作，加强对重要领域关键环节的点穴式督导，全年针对街道重点工作推进进度集体约谈2次，风险报备4件，对2名干部进行澄清正名，深化落实巡视、审查调查、监督执纪等“三项机制”，激发干事创业活力，既问效纠偏，又保驾护航。借力“监督一点通”、“营商环境监督平台”、农村“三资”监管平台等信息化手段，常态化开展“清风行动”，利用线上线下多形式加强平台宣传推广，不断提升受理、处置、答复的工作质效。年内，通过平台解决群众反映问题347条，满意度超95%。

【纪律审查】 2023年，金港街道纪工委探索区街纪工委联动监督办案模式，在保税区纪工委的统筹下，联合后塍、德积2个街道纪工委，坚持问题导向，积极配合省委巡视、苏州市委巡察相关工作，对特殊领域开展专项监督，通过摸排梳理相关底数底册、集体会商、一事一议、多轮研判等方式方法发现问题线索，重点针对违反中央八项规定精神、违反工作纪律、农村集体“三资”监管不力等共性问题加强分析研判，扎实做好审查调查各项工作。全年对各类违纪违法行为立案审查9人（其中自办案件3件），移交保税区成案线索4件，配合市纪委查处17件，对6名党员干部开展帮教治本工作，推动长山村、占文村公墓管理建章立制，做好监督执纪“后半篇文章”，坚持以严的基调强化正风肃纪，营造风清气正的政治环境。 （黄嘉诚）

## 巡察与督察

9月，金港街道在社区开展监督检查

【概况】 根据苏州市委统一部署，市委第一联动巡察组于2022年10月11日至12月7日对张家港保税区党工委开展巡察，在2023年3月23日巡察组向保税区党工委反馈的问题中，金港街道涉及“基层治理机制不顺、人居环境有待提升”需要整改，至年末均整改完成。

【巡察整改】 2023年，金港街道针对“基层治理机制不顺”问

3月，金港街道纪工委走访群众

题，依托金香社区前期在党员管理、居民服务等方面取得的成效，总结出具有普适性的工作机制。对党员关系、户口登记仍保留在原村的问题，实施"双管双融"机制，党员双方共管、服务多元供给，解决党员关系、户籍关系问题，避免居民办事两头跑、补齐治理管理短板。在此基础上全面推进涉及动迁人员党员关系应转尽转，根据党员数据库信息，摸排出未落实管理的党员，在开展主题党日活动、党员大会时进行动员并做好解释说明工作，抓住主要矛盾，找准切入点，落实整改要求。金港街道针对"人居环境有待提升"问题，部署开展问题整改，围绕人居环境整治、垃圾分类、美村建设、爱国卫生运动等重点任务，推进"树立一个品牌，聚焦两个方向，开展三大行动，落实四项机制"工作。经过整改，2023年四季度金港街道人居环境考评得分排名第七，整改任务完成，并形成完善的制度体系。

【专项监督】 2023年，金港街道纪工委牵头开展巡察反馈整改工作，压实责任、动态跟进，督促职能部门对标对表，"对账销号"巡察指出的全部整改事项，推动出台5则"小特精"制度，坚持"当下改"与"长久立"相结合。督促各职能部门做好巡视巡察反馈问题的整改，不断巩固整改成效，做好巡察整改"后半篇文章"。年内，街道纪工委聚焦群众反映强烈的垃圾分类问题，念好"细"部署、"重"督察、"严"执法、"强"宣传、"广"动员垃圾分类"五字诀"，通过发动村（社区）"小单位"，凝聚出垃圾分类"大能量"。

（黄嘉诚　丁桂兴）

# 群众团体

## 工　会

【概况】 2023年，金港街道有工会组织137家，其中村（社区）工会联合会15家、村（社区）联合工会3家、街道工会联合会1家、单建工会118家，会员近1万人。年内，金港街道工会联合会规范推进工会组织基础建设，不断推动下辖单建工会、联合工会、工会联合会提高工会工作水平。4月11日，张家港市人大常委会党组成员，市总工会党组书记、主席夏立新一行到金港街道调研工会工作；8月16日，淮北市相山区总工会一行到张家港港务集团港埠分公司考察。年内，长江润发集团有限公司工会委员会获评张家港市十佳模范职工之家、贝内克长顺汽车内饰材料（张家港）有限公司工会委员会获评张家港市模范职工之家、张家港广和中西医结合医院有限公司肿瘤科工会小组获评苏州市模范职工小家、张家港检验认证有限公司矿产部工会小组和张家港市长江国际大酒店有限公司客房部工会小组获评张家港市模范职工小家。

【工会组织建设】 2023年，金港街道工会联合会坚持党建带工建，与街道相关条线部门加强联系合作，与村（社区）工会联合会加强联动，细致摸排辖区企业及村（社区）的工会建会情况，努力破解工会建会的难点堵点。拓展网上入会渠道，加强工会政策宣传，线上线下相结合，大力发展会员入会。年内，新建工会组织2家，单位建立工会筹备组4家。金港街道工会联合会组织培训、参观学习，提高工会干部的履职能力。组织工会干部参加省总工会的全省工会干部线上网络专题培训；开展线下工会干部能力素质提升培训，到中粮东海粮油工业（张家港）有限公司参观学习，全年培训工会干部及新任工会主席50人次。

【工会帮扶惠企】 2023年，金港街道工会联合会组织开展送温暖、走访慰问、困难职工帮扶等活动。1月，走访慰问困难职工13人、困难劳模4人、环卫工人189人，发放慰问物资206份。2月，金港街道工会联合会联合街道社会事业办等部门，举办“春风行动”大型公益招聘会，吸引90家企业参加，提供就业岗位2495个，收到有效简历1597份，初步达成就业意向512人。7月，金港街道工会联合会开展夏季安康“三送”（送清凉、送安全、送法律）走访慰问活动，街道领导班子分别带队慰问环卫工人、消防员、建筑工人、货车司机等户外作业人员，以及张家港化工机械股份有限公司、张家港中集圣达因低温装备有限公司等企业一线职工，发放物资850份，价值6.8万元。推进产业工人队伍建设改革工作，做好长江润发集团有限公司、长江润发（张家港）机械有限公司、张家港检验认证有限公司3家企业试点指导工作，长江润发集团有限公司在张家港产业工人队伍建设改革“优服务、创品牌、争示范”立功竞赛活动中获“试点示范奖”一等奖。

【职工服务】 2023年，金港街道工会联合会实施“金彩服务”暖人心项目，开展“以心连‘新’，与‘新’同行”新业态新就业群体关爱行动6次、“‘金’彩服务，等你约‘惠’”职工普惠活动十余次，7月开展“普惠月月礼”活动，10月开展“近自然、心相遇”单身青年职工交友活动，11月组织一线职工40余人参加金港街道职工疗休养活动。金港街道工会联合会联合街道司法所等部门，与村（社区）工会联合会联动，常态化开展法律咨询、普法讲座、法律培训、专题解读、法律知识答题等多种形式的法治宣传活动。分类推进集体协商，指导开展能级工资集体协商、女职工专项集体协商、集体合同签订等工作，维护职工合法权益。指导张家港金港大润发商业有限公司、张家港市长江国际大酒店创立苏州市工会“妈妈驿站”示范点，指导张家港市香山医院有限公司创立苏州市女职工康乃馨服务站，为女职工提供哺乳、身心健康知识宣传等服务。指导长江土地股份专业合作社创立张家港市职工交友联谊活动基地，为单身青年职工提供婚恋交友服务。

**【劳模先进评选】** 2023年，金港街道工会联合会按照上级要求，做好劳模先进评选工作，长江润发（张家港）浦钢有限公司轧钢车间甲班获评江苏省工人先锋号，张家港中集圣达因低温装备有限公司技术部经理刘东进和张家港市人民政府金港街道办事处工会联合会主席黄显获张家港市五一劳动奖章，张化机（苏州）重装有限公司伍红英获评张家港市最美班组长，港城驿站（港区）共配集散中心权建伟获评张家港市最美快递员。金港街道工会联合会结合劳动节、中秋节等重大节日，开展劳模志愿服务、劳模宣讲、“我与劳模面对面”主题沙龙、劳模先进关爱活动。推进劳模家庭医生签约服务项目，依托家庭医生团队为病困劳模提供专业细致的健康服务。

**【技能人才培育】** 2023年，金港街道工会联合会实施“金港匠学”助成长项目。加强劳模先进的带动作用，开展技能知识讲座、课题攻关帮助等活动，培养岗位能手，提高团队的业务能力，助力企业发展。完善“普工英”学堂和狐素琴劳模创新工作室的阵地建设，发挥阵地的示范引领作用，引导辖区企业广泛开展技能培训、“传帮带”等活动。8月，开展金港街道“安全隐患随手拍”活动，引导广大职工争当安全卫士，用镜头排查隐患，用行动整改隐患，主动学习安全知识，提高安全技能水平。11月，组织40余名职工参加金港街道职工技术交流活动。12月，开展金港街道“金工匠”观光车驾驶技能竞赛，提高观光车司机的驾驶技能水平和安全意识。同时，金港街道工会联合会动员指导辖区企业广泛开展以技能比武、岗位练兵等为主要内容的群众性活动。

**【“两在两同”系列活动】** 2023年，金港街道开展“两在两同”系列教育活动，召开“两在两同”建新功动员会1次，举行“两在两同”党课25次，观看廉政教育片3次。开展“两在两同”建新功、为民服务零距离摆摊活动2次，提供量血压、补轮胎、理发等服务。设立咨询站，进行政策宣讲、现场问答、分类咨询、专题辅导3次。

（丁桂兴　章　慧　金　良）

## 共青团

**【概况】** 2023年，金港街道团工委紧紧围绕街道中心工作，聚焦主责主业，汇聚青年建功合力，围绕青年需求办实事解难题，做好引领服务联系。金港街道有共青团组织273个，其中团委12个、共青团工委1个、团总支16个、团支部244个，年内新建团组织19个。街道在册团员2488人。年内，金都社区成为团中央社区青春行动实施社区、中央专项彩票公益金支持青年社会组织服务社区青少年“伙伴计划”示范项目实施社区、共青团城市基层组织改革试点社区省试点。街道团工委全年获国家级荣誉2项、省级荣誉2项、苏州市级荣誉2项、张家港市级荣誉10项。

**【青年阵地建设】** 2023年，金港街道团工委设有“青年之家”6家。其中新建金都社区“睦邻家园青年之家”，长山村长欣社区“青欣青年之家”云平台上线；设有“青年学习社”4家，其中年内新建的“金都青年滙”青年学习社获评2023年度苏州市级“青年学习社”。

【青年队伍建设】 2023年，金港街道团工委配齐配强团干部，从街道、村（社区）、非公企业、学校、社会组织选择优秀青年担任团干部；村（社区）设团组织兼职副书记覆盖率100%，涵盖青少年事务社工、专职网格员等，并全部颁发聘书。

【青少年思想引领】 2023年，金港街道团工委深入开展“青春向党学思想，感恩奋进建新功”“青春心向党，建功新时代”等学习教育，引领青年坚定听党话、跟党走。开展专题学习，线上推进“青年大学习”网上主题团课，线下推进“青年学习社”建设，参与学习1万余人次。

【青年志愿服务】 2023年，金港街道团工委围绕文明创建、基层治理、学习赋能、常态服务等，开展形式多样的青年志愿服务活动60场，参与1800人次。坚持青年志愿服务队伍“特色+普惠”共育，以各类青年志愿服务队为主体，吸引、凝聚、招募热心公益的青年，让青年志愿服务成为新时代青年思想政治引领的重要支柱。

（王勰娇）

## 妇　联

【概况】 2023年，金港街道有下级组织25个，其中新建廊桥物业联合妇联1个。至年末，街道妇联执委31人，村（社区）妇联执委345人，其中村（社区）妇联主席全部进“两委”。街道妇联2023年获评国家级荣誉1项、省级荣誉1项、苏州市级荣誉5项、张家港市级荣誉20项。

【妇女创新创业】 2023年，金港街道妇联推进“创业创新巾帼建功行动”，推荐1名优秀女性加入市科技者工作联盟，推荐2名优秀女性加入市女企业家协会；金港街道妇联为“木兰启航”2023年度苏州市女大学生创业就业提供岗位9个。长江大酒店餐饮部获评全国巾帼文明岗；“长江村：小家美扮靓乡村美，美丽庭院为乡村振兴增色”入选张家港市乡村振兴巾帼行动优秀案例；获评苏州市美丽庭院24户、美丽庭院示范户1户、张家港市美丽庭院标兵户7户。

【妇女儿童权益维护】 2023年，金港街道妇联推进“标准化家事调解工作室”“反家暴联调工作室”建设，探索建立婚姻家庭纠纷妇联调解与司法调解、行政调解相衔接的工作机制。组建安家小组，重点对存在矛盾隐患的家庭开展“走亲”行动，将隐患家庭及时录入安家平台，持续跟进走访。实施“金”心育未来——金港街道家庭教育服务项目，开展“社会妈妈”暖心陪伴等主题活动。

【家庭文明建设】 2023年，金港街道妇联推进文明家庭创建，开展寻找“最美”系列活动，获评张家港市文明家庭标兵1户、文明家庭1户。开展“把爱带回家，传承好家风”“清风倡廉•吾家贻风”等家风家教主题宣传活动。参加张家港市巾帼志愿服务征集，山北村“曙光妈妈、携爱前行”项目获评2023年巾帼志愿服务十大优秀项目，金香社区获评2023年巾帼志愿服务十大优秀社区。

【妇联阵地建设】 年内，马桥社区巾帼志愿阳光站获评江苏省“在你身边”文明实践巾帼志愿阳光站、苏州市“木兰花开，在你身边”文明实践巾帼志愿阳光站；长山村长欣社区首批入选苏州市级“三全”家庭教育指导服务示范点；港区派出所“金盾”反家暴联调室首批入选张家港市反家暴联调工作室；金香社区、马桥社区成功创建2023年度张家港市儿童友好社区；初心花园妇女微家获评2023年度张家港市“暨阳玫瑰·最美妇女微家”；金香社区“相邻驿站”家事调解工作室获评张家港市标杆家事调解社区工作室。

【妇女干部培训】2023年，金港街道妇联开展线上、线下“巾帼大学习”“巾帼心向党，奋进新征程”巾帼大宣讲20余场，服务约1800人次。坚持“党建带妇建、妇建促党建”，把思想政治工作贯穿于妇联工作的全过程。组织妇联干部参加省巾帼志愿服务团队负责人“头雁赋能计划”云培训、“牢记嘱托，感恩奋进”张家港市基层妇联“领头雁”训练营，通过政策解读、理论学习、调研考察等多形式，提升妇联干部的政治素质、业务能力、履职水平。

【妇女节庆祝活动】2023年，金港街道妇联开展“奋扬她力量，逐梦新时代”——“金港的她”故事展播、巾帼大学习答题挑战赛线上有奖答题、“童心绘金港，携手向未来”2023年金港儿童友好绘画、“‘敢’字当头蹚新路，巾帼实干创未来”——金港街道女性基层治理带头人研学及座谈、“巾帼同心，情暖三月”走访慰问等纪念“三八”国际劳动妇女节113周年系列活动。

（王勰娇　金　良　丁桂兴）

【妇女联合工会品牌项目建设】2023年，金港街道妇联实施“我助妇儿康·一户一策微关爱计划”项目、“让爱不再孤单”——金港街道困境妇女关爱项目、“金”心创未来——家庭教育介入儿童友好社区建设实践项目。其中“金”心育未来——金港街道家庭教育服务项目，入选张家港市优秀妇女儿童家庭公益服务项目。开展一户一策个案服务20场、困境妇女关爱活动16场、家庭教育主题活动16场，服务妇儿约960人次。

（陈莲萍）

## 科　协

【概况】金港街道科学技术协会成立于2021年9月28日，至2023年年末，协会有科技工作者代表15人，设主席1人、副主席4人、秘书长1人。其中，村（社区）代表3人，占代表总数的20%；企事业单位代表8人，占代表总数的53%；街道相关条线科室代表4人，占代表总数的27%；代表中，45周岁以下7人，占代表总数的47%；非公有制企业代表3人，占代表总数的20%；女代表3人，占代表总数的20%；本科以上学历10人，占代表总数的75%。

【“弘扬科学家精神”主题宣讲】11月24日，南沙小学举行“弘扬科学家精神”主题宣讲，邀请退休教师吴剑雄讲述院士吴剑旗的故事。吴剑旗是金港街道人，中国电子科技集团首席科学家，连续30年从事反隐身雷达理论的探索和研究，成功研制首型固定式和首型机动隐身雷达，推动中国反隐身雷达技术从“跟跑”到“领跑”转变。南沙小学四、五、六年级学生800余人参加活动。

（钱　斌　金　良）

## 文　联

【概况】2023年，金港街道文学艺术界联合会组织开展公益文艺巡演进村（社区）、优秀电影“村村映”、文明书场“天天说”等活动，不断丰富群众文化生活。启动“金港印象”第二届无人机影像大赛，围绕“书式金港”主题，组织开展15场“青阅·沙龙”主题阅读、“青阅·梦想”户外拓展等全民阅读活动。走进中小学，结合传统节日，举办系列读书志愿活动6次。走进有关村（社区），围绕“赓续红色血脉，扛起新的使命”为主题，诵读红色经典、讲好红色故事，宣传中德社区张家港市第一位共产党员孙逊群的故事，通过山北乡贤馆讲述金港有识之士的故事。

【金港街道文学艺术界联合会成立】 3月18日，金港街道文学艺术界联合会举行成立大会。会议审议通过金港街道文学艺术界联合会章程、选举办法，选举产生金港街道文联第一届委员会和主席团，明确金港街道文联的工作目标和任务，柏杨当选文联主席，朱阿云当选副主席，李彩霞当选秘书长，吕嘉仪、李正当选副秘书长。市委宣传部副部长李忠影、市文联主席钱梁斌、市文体广电和旅游局党委委员徐牡丹到会指导，街道党工委书记奚卫明，街道党工委副书记、办事处主任杜锁军，街道党工委副书记何兴娟，以及市相关协会负责人，街道文联筹备组全体成员，街道宣传文明办及工联会、团委、妇联负责人，各村（社区）分管负责人、文体干部以及街道广大文艺爱好者100余人参加会议。

（吕嘉仪　金　良）

3月18日，金港街道文联成立

【文联活动】 春节前夕，金港街道文联在中骏世界城、南沙、中德等地开展新春嘉年华活动。在有关中小学开展读书志愿服务，走进村（社区）举办“诵读红色经典，讲红色故事”主题趣味读书活动，组织戏曲专场演出16场。

（吕嘉仪　丁桂兴　金　良）

## 社科联

【概况】 2023年，金港街道强化社科联组织建设，吸收辖区内中小学有关专业老师等11人，充实到街道社科研究队伍，其中南沙中学老师缪一喜辅导学生星空天文、航天知识，广和医院医生丁琳、弓敏开展中西医结合预防肿瘤讲座。年内，街道开展各类社科活动40余场，受益群众近1000人次。金港中心小学教师陆卫辅导的航模、车模、电子技师分别在苏州市、江苏省比赛中获团体一等奖1个、团体二等奖2个。街道以文明实践站（所）为主阵地，通过剪纸、刺绣、包粽子等非遗技艺，引领广大居民成为传统文化的传播者。

【社科普及工作】 4月15日，金港街道文明实践所邀请广和医院专家李茂松作“保持健康生活习惯，积极预防肿瘤发生”讲座，部分退休教师、南沙社区居民100余人参与活动。5月10日，中兴小学教师丁海燕在中德社区作“愉悦身心、健康生活”心理健康辅导，50余人参加活动。

（周　琳　金　良）

# 法治·军事

## 依法治街

**【概况】** 2023年，金港街道加强法治建设领导班子集中学法4次，召开年度法治政府建设工作专题部署会议，全面落实行政执法“三项制度”、重大行政执法决定法制审核制度，开展行政执法人员学习培训考试，确保行政行为的合法性和专业性。全年办理政府信息依申请公开1件，完善行政复议行政应诉衔接机制，遵守行政复议案件办理程序，严格落实行政机关负责人出庭应诉制度，出庭应诉率100%，依法自觉履行法院生效裁决和复议机关决定。坚持人民调解预防为主，开展社会矛盾和安全隐患大排查大整治实体化工作，每半月排查一次，摸排纠纷线索1000余条。

**【法治政府建设】** 2023年，金港街道深入推进依法行政，全面建设法治政府，推动落实《关于进一步深入学习贯彻习近平法治思想的实施方案》，开展习近平法治思想专题学习、专题报告、专题研讨、专题培训“四个专题”活动，形成理论学习中心组学法的常态化机制，组织集中学习和研讨，发挥领导干部学法用法带头作用。重视优化营商环境建设，不断强化服务意识，落实提升行政执法规范化水平要求，推进营商环境不断改善。强化涉企执法领域问题排查整治，围绕优化执法监管环境，对涉企执法领域问题进行全面排查，全面推行“双随机、一公开”，推进行政执法与刑事司法“两法”衔接，贯彻落实首违“免罚轻罚清单”制度。严格落实规范性文件合法性审查制度，审核政府购买服务协议，坚决杜绝行政执法权外包现象。

**【法治阵地】** 2023年，金港街道有法治文化阵地2个。金港宪法广场位于金港江海桥西，蟠港东路横套河旁，占地面积500平方米。广场两边的立柱上刻有社会主义核心价值观，宪法广场有主题分别为安邦定国的根本大法、我国第一部宪法的诞生、指导法治实践的现代理念、永葆本色的法治根基、历年“12·4”宪法宣传日的主题、古今中外名人有关法治的论述。金都法治文化街坐落在金都美食街西部，文化街以法治逸石小品为载体，以秀书雕刻为形式，分别设计中国领导人雕像、法治文化地砖、领导人名言、石雕法治故事、法治文化石柱、法治竹简造型、法律体系等组合造型，依托原有的美食一条街，汇聚普法宣传与环境美化于一体，成为街道传播法律知识、弘扬法治文化的新途径。

金港宪法广场

**【法治宣传教育】** 2023年，金港街道各村（社区）实现“援法议事”基层治理模式全覆盖，通过

5月23日，金港街道开展预防养老诈骗法律知识宣传活动

议事机制，聚焦基层社会治理突出问题，深入挖掘群众智慧参与民主协商议事，构建议事多样化模式，让群众有事依法、有事协商，促使“援法议事”制度发挥实效。利用“法律明白人”、普法志愿者以及顾问律师等组成普法人才队伍，在农民工学法周、民法典宣传月、“4·8”司法日、国庆节、重阳节、宪法日等重要节日，对新市民、妇女儿童、老年人等不同的群体开展有针对性的普法宣传活动11场。在各村（社区）宣传阵地进行《中华人民共和国长江保护法》专题宣传，助推辖区形成人人护江的良好法治氛围。以公共法律服务平台为基础，组建预防养老诈骗法治服务工作队伍，开展“关爱民生法治行之预防养老诈骗行动”，为辖区老年群众提供强有力的法律服务和法治保障。春节期间，在社区广场开展防范非法集资普法宣传活动；节后，利用农民工群体返乡潮，开展农民工学法周普法宣传活动，宣传宪法、民法典等法律法规，普及保障农民工工资支付条例知识。三八妇女节期间，开展“情系半边天·法在你身边”女职工专题普法活动，维护女性职工权益。落实“4·8”司法日全面普法工作要求，在辖区开展法律知识宣传活动，提供免费法律咨询和法律援助服务。在第三个民法典宣传月期间，结合法律顾问千场讲座及新时代文明实践活动实际，举办民法典专题普法讲座。开展法治文化作品征集活动，征集优秀法治书法及绘画作品，提升法治宣传形式的丰富度。

**【社会治理网格化】** 2023年，金港街道网格化工作突出智慧网格和网格员队伍2个重点，立足网格化社会治理需求，推动民生福祉跃上更高品质、基层治理跃上更高效能。根据街道部分村（社区）辖区调整实际，分中心及时更新优化网格划分。年内，长山村以党员干部分片包块为基础，将支部建在网格上，深入实施融入式党建，推动治理力量下沉，划分自然网格8个、专属网格3个，将2名社区民警、9名专职网格巡查员、16名综治联防人员、20个党支部、45名治安中心户

3月22日，金港街道工会联合会在长江村开展普法知识讲座

楼长、48名村干部、523名党员覆盖于网格，画出服务包干图，领取“责任田”，落实“五星文明家庭”考核细则，切实为基层治理充实力量、赋权增效。各村（社区）筑牢“无诈网格”，汇聚网格力量，加大打击整治养老诈骗专项行动力度，常态化开展防范养老诈骗宣传活动，用实际行动提升老年人防诈、反诈意识，守护老年人的养老“钱袋子”。按照“问题群众点、难题网格解”工作思路，以农村埭组、小区楼栋为单位，实施“一埭一楼”网格行动项目计划，设立专项经费，对运行好的项目进行奖励，放大网格化服务管理效应，推进“一埭一楼”网格行动项目30项。重点围绕信息采集、治安巡查、隐患排查、矛盾调解、重点人员和特殊人群服务管理、城乡环境巡查、政策法规宣传、便民服务等开展培训20场。

**【综合行政执法】** 2023年，金港街道强化行政执法监督，落实行政处罚案件“一案一卡”监督制度，制发行政处罚案件回访规定。全年发放执法监督卡近2000张，回访案件180件。开展行政执法评议“面对面”行动，制定《金港街道行政执法评议考核办法》，举办线上行政执法评议、“执法会客厅”活动，发动社会公众参与监督。建立年度“回头看”常态化工作机制，确保问题整改落实到位，不出现反弹回潮。

（赵　沂　丁桂兴　金　良）

## 司　法

**【概况】** 2023年，金港司法所坚持“需求导向，服务群众”的基本原则，落实各项公共法律服务内容，推进“八五”普法工作，开展普法宣传活动，举办执法人员法律知识培训讲座，完善行政执法监督制度体系，提升行政执法规范化水平。将公共法律服务与基层社会治理深度融合，落实村（社区）公共法律服务站及司法行政工作室全覆盖，为村（社区）配置专属律师或法律服务工作者，形成村（社区）与法律顾问一对一服务模式，实现法律顾问8小时现场服务完成率100%，顾问律师参与村民自治活动，通过代写文书、普法讲座、法律咨询、协助村集体处理法律事务等多种形式，把法律服务资源输送到基层网格。

**【社区矫正与安置帮教】** 2023年年末，金港街道在册社区矫正对象76人，安置帮教对象196人，后续照管对象23人，“千人工程”对象21人。司法所落实社区矫正对象分级管理，按规定落实走访、汇报、社区服务和教育学习等社区矫正工作，开展社会调查，严格社区矫正对象请假外出程序，每日定位轨迹核查，细化落实各项矫正对象的接收、日常监管、教育帮扶等各个环节的工作，确保辖区社会环境安全稳定。

**【公共法律服务】** 2023年，金港司法所落实公共法律服务要求，持续培育优秀法治人才，招募

11月10日，金港街道联合德积街道、后塍街道开展张家港市“‘法律明白人’素养提升工程”轮训活动

培育“法律明白人”及“人民调解员”队伍，开展“法律明白人”法治素养提升工程培训活动，将法律服务触角延伸到基层，充分发挥优秀法治人才在参与社会治理、化解矛盾纠纷、引导法律服务等方面的优势，切实加强基层社会治理，维护基层社会稳定。提供人民调解、律师咨询等多种非诉矛盾调处方式，全年办理人民调解案件2621件、受理法律援助案件14件、接待群众法律咨询500余次，充分发挥司法行政系统非诉讼纠纷化解的职能作用。深化公共法律服务体系创新，建立街道融诉驿站，为群众提供方便快捷的公共法律服务。（赵　沂　丁桂兴）

## 人民武装

**【概况】** 2023年，金港街道党工委树立经济建设和国防建设协调发展的理念，坚持党管武装原则和制度，确保党对武装工作的绝对领导，把准武装工作的政治方向。年内，开展民兵政治教育，做好民兵整组工作。按照强化组织领导、强化宣传动员、强化摸排走访和强化审核把关“四强化”原则，以打造“精品、亮点”为重点，做好兵役工作，保持金港街道民兵基层规范化建设水平居全市前列。

**【兵员征集】** 2023年，金港街道人武部按照征兵要求，挑选初检合格青年，参加市检、政审，对辖区内“双合格”青年进行家庭走访，了解个人思想、家长意见、本人病史等情况。遵循择优选兵原则，初定兵名单报街道主要领导审定后报市人武部定兵会议讨论通过，最终确定新兵名单，及时张榜公布，接受社会各界的监督，做到公开、透明、廉洁征兵。9月14日，金港街道举行2023年下半年新兵入伍欢送仪式。年内，做好新兵回访工作，让新兵在部队安心服役，未发生退兵、争议等问题。

**【民兵组织整顿】** 2023年，金港街道人武部按照应急和支援等序列，完成民兵整组工作。5月15日，苏州军分区到张家港市组织年度民兵整组点验，街道应急队伍参点率100%，官兵相识抽查准确率100%，军事技能考核优秀。金港街道多措并举，以新时代强武工作为目标，不断巩固和深化规范化建设成果，扎实推进基层武装阵地和村级民兵营规范化建设。年内，印松平获评苏州市优秀民兵工作者，占文村民兵连获评苏州市民兵工作先进单位，金港街道人武部获评张家港市民兵工作先进单位。

**【民兵军事训练】** 2023年，金港街道人武部组织基干民兵参加各类集训，平均训练天数15天。12月，在张家港市马拉松比赛期间，出动基干民兵80人，进行安全保障，确保比赛顺利进行。年内，组织24名优秀基干民兵担任教官，负责张家港崇真中学、凤凰高级中学为期7天的新生军训，受训学生约5000人。

**【金港中心小学国防教育】** 2023年，金港中心小学秉持“允文允武、爱党报国”少年军校精神，以红色基因滋养精神品格，以特色活动培养本领担当。年内，学校发挥环境育人功能，打造“三园一室”国防教育特色阵地，在“军事园”中研习军事知识，追寻先辈足迹；在“军魂园”中走进英雄人物，品读红色精神；在“军校室”中凝聚“允文允武、爱党报国”的昂扬斗志；在“军梦园”里激发“爱我中华、扬我军威”的国防誓言。学校组织“迷彩绿”系列国防教育活动，在“扬军旗”活动中重走长征路，致敬民族英雄；在“练军能”活动中参加军事训练，磨炼坚强意志；在“铸军魂”活动中重温战争历史，接受精神洗礼。学校深入挖掘国防教育素材，通过故事品读、人物演绎、诗词创作、艺术展演等方式，不断建构学生对新时代国防教育的认知，培养对党、对祖国、对人民军队的热爱和信仰。年内，学校获评江苏省国防教育先进学校，六（1）中队（刘胡兰中队）获评2023年度全国红领巾中队。

（郁志勇　金　良　丁桂兴）

## 退役军人事务

【概况】 2023年，金港街道完成各村（社区）退役军人服务站规范化建设，各村（社区）退役军人服务站站长由村书记兼任，工作人员由退伍专岗人员担任。至年末，街道有退役军人服务站21个，其中街道服务站1个，村（社区）服务站20个。年内，金港街道退役军人服务站、长山村退役军人服务站、金都社区退役军人服务站获评张家港市五星级退役军人服务站。

【抚恤优待】 2023年，金港街道为优抚对象发放优抚金，为现役义务兵发放优待金，为退役返乡士兵安排工作，并为立功受奖的现役军人与退役军人送上喜报与奖励金。退役军人事务部门为部分因病因灾导致生活困难的退役军人申请生活困难救助及退役军人关爱基金，为优抚对象购买医惠保，组织符合条件的优抚对象免费体检。按照村（社区）周探望、街道月走访的要求，对街道退役军人及现役军人家庭进行走访慰问，实现走访全覆盖。年内，金港街道及时发放退役军人安置就业费，招收录用退役士兵3人。街道退役军人服务站做好退役士兵自主就业指导，鼓励用人单位在招收录用工作人员时，同等条件下优先聘用退役士兵。

【双拥工作】 2023年，金港街道退役军人服务站与市人武部融合共建“人武+退役”服务阵地，建有服务大厅、服务展示区、老兵调解室、心理咨询室、法律援助中心站、会议室和档案室等7个功能区。整理双拥体制机制建设和历年的双拥活动材料，按照江苏省统一标准建立健全台账资料，规范老兵服务管理机制。在八一建军节、春节等重大节日，街道主要领导与分管领导上门走访慰问抗美援朝老兵、残疾军人家庭、现役军人家属等，为优抚对象发放慰问金25万余元。街道、村（社区）退役军人服务站结合重大节日开展各类主题活动，年内，组织开展“缅怀红色历史，追忆峥嵘岁月”对越自卫反击战老兵系列活动、“粽叶飘香，艾意相传”端午活动、“相聚在‘金’秋，情浓意更浓”中秋活动、“九九重阳，献爱老兵”重阳活动等。举行欢送新兵入伍仪式，举办迎接退役返乡士兵活动。

（李铭源　丁桂兴）

# 乡村振兴

## 综　述

东山村月湖里公园

【概况】 2023年，金港街道认真落实张家港市率先基本实现农业农村现代化目标任务，集中精力做好“三农”工作。南沙工业集中区载体更新项目、长欣科创园厂房改造项目提档升级。融入全市乡村振兴“4+N”示范片区规划，投资4.49亿元实施香山小学、长山村茶香故里、新建高标准农田等3个项目。长阳路、东山南路完成改造提升。香山农副产品批发市场项目稳步推进。有序实施第五次全国经济普查、村集体审计等工作任务。超额完成农房更新年度任务，中苑张大圩岸组团翻建做法在全市推广。长山村实施茶香故里特色田园乡村建设，获评省生态宜居美丽示范村；冯家埭、六圩里获评苏州市特色康居乡村，东山村月湖里公园获评苏州市十佳美丽乡村健身公园，长江村获评江苏省乡村振兴示范村、第三批全国乡村治理示范村，长江村东区钱家埭获评2023年度张家港市特色宜居乡村。4个村上榜江苏百强股份经济合作社，巫山村获评苏州市智慧农村，香名扬家庭农场获评苏州市示范家庭农场，长欣路获评苏州市美丽农村路，金港街道“强村美居”品牌获苏州市农村人居环境整治提升典型案例提名奖。全年在张家港市级以上媒体推送关于乡村振兴方面信息98条，其中被人民网录用1条、被《新华日报》录用6条。

【东山村月湖里公园获评苏州市十佳美丽乡村健身公园】 金港街道东山村月湖里公园位于南沙天华路1号，毗邻国家AAAA级香山风景区，北邻东山村遗址，是集体育健身、休闲娱乐、宣传教育等功能于一体的综合性公园，园内设有石锁传习所、党建文化广场、袁家巷健身步道、月湖里羽毛球场、新村健身路径及篮球场等阵地。公园充分利用居民、商圈集中区建设体育健身设施、场所，完善10分钟体育健身圈，让居民随时随地畅享便捷愉悦健身运动。6月21日，金港街道东山村月湖里公园被苏州市农业农村局、苏州文广旅游局、体育总会评为2023年苏州市美丽乡村健身公园、2023年苏州市十佳美丽乡村健身公园。

【长山香名扬家庭农场获评苏州市级示范家庭农场】 长山香名扬家庭农场位于金港街道长山村朝阳3组，农场种植销售谷物、蔬菜、食用菌，开展农产品、水产批发零售及休闲观光农业等业务。2023年，香名扬家庭农场销售农产品215吨，总效益75万元。7月13日，长山香名扬家庭农场被苏州市农业农村局评为2023年度苏州市级示范家庭农场。

【"三长制"工作推进会召开】 10月23日，金港街道召开路长制、林长制、河长制"三长制"工作推进会。会上解读路长制、林长制目标任务、工作措施等相关内容，分析当前河长制实施情况、存在问题，并部署下一步重点工作。会议强调，各单位、部门要凝聚合力，实施好"护绿工程"，科学排定绿化改造任务；坚持水污染防治攻坚，加强消劣增优攻坚，常态化开展河湖"清四乱"和碍洪问题排查；强化农路排查，重视农路养护，强化路域环境整治。（金　良　丁桂兴）

## 美丽乡村建设

【概况】 2023年，金港街道投入433万元，对农路、桥梁进行维保、检测，乡村道综合优良率93.12%；试点探索村庄组团式集中规划归并翻建中苑社区张大圩岸，全年改善农房120户，翻建农房81户。年内，金港街道获评第二批苏州市重点中心镇，长山村茶香故里入选苏州市特色精品乡村第七批实施点位名单。

【公用设施维保】 2023年，金港街道投资650万元用于公用设施维修保养，其中房建工程300万元、市政工程200万元、"三线"工程80万元、文明楼道及外墙刷新70万元。街道共有18个小区，其中无物业安置小区10个、有物业安置小区4个、镇村联建小区4个。小区市政、消防设施、楼道灯改造等由长乐物业公司负责维修，房建项目由中标单位对安置房小区申报的各类房建维修项目进行维修，并根据文明创建要求对相关安置小区楼道进行刷新。

苏州市三星级康居乡村金港街道柏林村孙姚庄一角

【农村公路管理建设维护】 2023年，金港街道投资433万元，对105千米街道、村道进行管养维护，对55座桥涵洞进行检测维修。其中南沙工业区长阳路（张家港河—天永路）进行整体性改造，涉及面积7000平方米；金港街道东山南路进行道路白改黑，涉及面积5700平方米。至年末，乡村道综合优良率93.12%，长欣路获评2023年度苏州市美丽农村路。

【生态建设】 2023年，金港街道推进水、气、声、渣等各项重点工作落实落细，创成江苏省生态宜居美丽示范村1个、苏州市人居环境整治提升工作示范村3个。疏浚河道24条，建成污水处理提质增效达标区4个，完成河道治理2条，连片整治河道11条。企业超低排放改造、挥发性有机物（VOCs）与工业炉窑综合治理有序推进，全年空气质量优良天数比例94.7%，$PM_{2.5}$平均浓度每立方米29.2微克。年内，金港街道严格落实重污染天气重点行业应急减排管控措施及应急预案要求，完善40家涉气企业预警减排措施，开展"小微环境""两治一提升"专项整治工作，加快相关单位国一及以下柴油叉车淘汰。年内，国考张家港闸断面累计水质达Ⅱ类，15个绩效考核断面累计水质优Ⅲ比例100%，C组中列第一。聘请专业第三方机构，完成省考顾家桥水站搬迁调试工作。牵头推进工业企业排水许可证申领工作，累计领证企业108家。2023年，原张家港市鑫达镀层有限公司、原张家港市第二农药厂、原张家港市化建材料厂等高风险历史遗留地块均完成土壤污染初步调查并通过评审。完成5家土壤污染重点监管单位土壤污染隐患排查及“回头看”问题整改工作。金港街道对75家涉危废企业加强监管，指导企业更新更换危险废物识别标志，规范危险废物产生、贮存、转移、利用和处置的全过程环境风险监管，提升企业危险废物管理水平。年内，金港街道完成75家涉危废企业加强危险废物贮存防治指导工作，对危险废物识别标志进行更换，规范危险废物收集、贮存、转移、处置及利用行为；金港街道深入开展辖区“散乱污”企业（作坊）专项整治工作，累计摸排整治“散乱污”企业（作坊）15家，其中关停取缔12家、整治提升3家，整改完成率100%。完成“回头看”核查751家，复核覆盖率100%。

**【绿化养护】** 2023年，金港街道投资约700万元用于绿地维保，绿化补种2.2万平方米，累计绿化1.85万平方米，完成行道树及老旧小区4200棵树木修剪工作，实施张家港河景观公园及巫山口袋公园建设。

**【现代农业设施建设】** 2023年，长山村、山北村规划建设高标准农田42公顷，总投资568万元。项目由高效节水灌溉区工程与渠道灌溉项目工程组成，高效节水灌溉区工程包括新建节水2座、一体渠0.12千米、暗渠0.2千米，配套渠系设施包括铺设低压管道智慧灌溉系统，新建生态沟1.3千米，平整田块21公顷，新建2.5米宽混凝土道路1.8千米；渠道灌溉项目工程包括新建灌溉站2座、梯形渠道1.98千米，新开土沟0.11千米，新建生态沟1.5千米等。

（张建凯　张立宪　金　良）

## 水　务

**【概况】** 2023年，金港街道有南横套、北横套、张家港运河、巫山港等市级河道32.2千米，石头港、侯家港等街道级河道35.5千米，其他水体131条、21.7千米。街道践行“防汛防旱、科学治理、提升效益”的水务方针，加强河长制管理，4月，召开水务工作会议，研究防汛、防旱、工程管护、水资源利用等工作；6月，街道对圩堤8.5千米、排涝站9座、圩口闸1座进行安全检查，对3个排涝站、2个圩口闸进行加固，确保排涝设施安全使用。

**【水利工程建设】** 2023年，金港街道做好泵站、船闸及建筑物的维修，做好电机设备的预防性试验、防雷检测、水下检测、安全鉴定等工作，完成张家港船闸、张家港节制闸闸门封闭性检查，提升船闸抗洪性能。常态化开展运河两边及主要河道的巡查，现场制止违法违章行为11起。投资500余万元，疏浚河道13条、4.8千米，重建桥梁3座，建设涵洞5个，在张家港运河两岸拆除违章建筑1200余平方米，绿化河坡6000余平方米，建成景观带4千米，建成口袋公园2个。

**【防汛防旱】** 2023年，金港街道防汛抗旱指挥部与各村（社区）签订防汛抗旱目标责任书，制订年度防汛预案，执行汛期24小时值班制和领导带班制度。境内有自西往东长江岸线13千米，4个长江闸门直通内河。汛前，储备足量的防汛物资，包括麻袋草包5000只、吸水膨胀袋2500只，以及高扬程水泵、投光灯等。防汛抗旱指挥部根据应急预案，在长江潮汛时开闸进水，保持内河水在较高水位，保证街道农业灌溉用水和工业用水。

**【河长制管理】** 2023年，金港街道各级河长常态化履职，认真开展巡河、治河、管河、护河。年内，街道、村（社区）河长累计巡河1220次，完成市级河道“一事一办”清单32项，完成街道河长签发交办单135项，推进河湖“四清”专项整治，完成34处市级河道违章建筑点位整治工作，完成街道河道“两违”项目清理。清理河道水生物及漂浮物近200吨、河边生活垃圾20余吨、河边杂树120余处，簖网和地笼34处、河边乱堆乱放52处、废弃船3条。开展河长制宣传活动4次，组织民间河长、网格员队伍开展巡河。12月，廊桥社区殷秋冬被苏州市全面深化河长制改革工作领导小组办公室评为“苏州市最美民间河长”。

表28　　2023年金港街道市级河长一览表

| 序号 | 市级河长 | 职务 | 河道名称 | 河道长度（千米） | 流经村（社区） | 街道河长 | 村级河长 |
|---|---|---|---|---|---|---|---|
| 1 | 韩　卫 | 市委书记 | 长江张家港段 | 14.75 | 长山村<br>长江村<br>巫山村 | 奚卫明 | 陈　强<br>郁霞秋<br>申小芳 |
| 2 | 邵军民 | 市委副书记、政法委书记 | 张家港河 | 7.80 | 柏林村<br>滩上村<br>张家港村<br>巫山村<br>山北村<br>东山村<br>港西村 | 奚卫明 | 殷品龙<br>李永奇<br>施忠法<br>申小芳<br>庞建华<br>宋国芳<br>王海荣 |
| 3 | 王亚方 | 市人大常委会主任 | 南横套 | 2.10 | 柏林村<br>金润社区 | 杜锁军 | 殷品龙<br>周金良 |
| 4 | 陆崇珉 | 市委常委、保税区党工委副书记、管委会副主任 | 太字圩港 | 1.23 | 长江村东区 | 张惠锋 | 郁霞秋 |
| 5 | 钱云华 | 市人大常委兼党组成员 | 十字港 | 2.90 | 中德社区 | 彭　烨 | 李　兰 |
| 6 | 顾　放 | 市人大常委会副主任 | 东横河 | 4.10 | 港西村<br>占文村 | 彭　烨 | 王海荣<br>顾凯洪 |
| 7 | 王文伟 | 市政协副主席 | 五节桥港 | 3.00 | 中兴社区<br>中苑社区<br>中南社区<br>中德社区 | 杜锁军 | 居正平<br>葛海卫<br>许　珂<br>李　兰 |

**【水资源利用和管理】** 2023年，金港街道取用地表水2.3万吨，浅层水1.6万吨，计划用水执行率100%。持续强化水资源管理工作，建立健全用水户台账资料，规范水费征收及票据管理，全年征收“两费”4.27万元，其中水资源费1.9万元、水利工程费2.37万元。

**【长江大保护】** 2023年，金港街道开展长江大保护主题宣传活动3次，进行网络知识竞赛，开展巡江护江行动，组织志愿者清理江边垃圾约10吨，劝退钓鱼、捕鱼者23人次，清理网簖、地笼11处，清理江边废弃船2条。

（金　良）

## 信息化

**【信息基础设施建设】** 2023年，金港街道加强农村信息基础设施共建共享，加快农村宽带通信网、移动互联网、数字电视网建设，各村（社区）宽带、互联网数字电视接入率100%；广播电视基础设施建设和升级改造率100%。开发适应“三农”现代化的信息终端、技术产品、移动互联网应用App软件，实施信息进村入户工程，构建为农综合服务平台。（金　良）

**【信息技术应用】** 2023年，金港街道铺设通达各村（社区）的光纤网络，与运营商合作制定价格优惠政策，降低农村用户费用，提供宽带、话费、短信农村用户专属套餐，支持农民在线办理各种证件和手续，并提供远程医疗服务。农村社区居民全年在线办理各种手续2.39万人次，预订机票2500余张，预约就诊1.3万余人次。（凌　涵）

## 乡村产业

**【概况】** 2023年，金港街道粮食种植面积133.98公顷，大豆种植面积19.67公顷。完成高标准鱼池改造80.73公顷，设施农业总面积209.67公顷，蔬菜总产量2.1万吨。通过认定的绿色优质水稻生产基地面积133.33公顷，绿色食品有西红柿、西瓜、草莓等18种，绿色优质农产品占全部农产品的85%，上市农产品抽检合格率100%。水产养殖面积86.67公顷，总产量943吨。全年新增农机及配套机具325台套，农机投入120万元，农业保险投入235万元。

**【农业产业】** 2023年，金港街道新增苏州丰倍生物科技股份有限公司1家苏州市级农业产业化龙头企业。至年末，街道有省级农业产业化龙头企业3家，即湖南威胜集团有限公司、益江（张家港）粮油工业有限公司、中粮东海粮油（张家港）有限公司；苏州市级农业产业化龙头企业5家，即威胜生物医药（苏州）股份有限公司、阿胡斯卡尔斯油脂（张家港）有限公司、张家港保税区麦福生物制品有限公司、张家港福吉佳食品股份有限公司、苏州丰倍生物科技股份有限公司；张家港市级农业产业化龙头企业3家，即张家港市大秦珠宝有限公司、张家港市高峰茶场、张家港市香山农副产品批发市场有限公司。

**【家庭农场】** 2023年，长山村香名扬家庭农场种植蔬菜、水果、园艺作物及其他农作物，开展家禽饲养、水产养殖、观光休闲采摘服务，种植草莓新品种黑珍珠、建得红和番茄新品种豫艺甜优5号、豫艺酸甜果共计3.33公顷，获评绿色产品3个（草莓、番茄、黄瓜），年收入55万元。7月，香名扬家庭农场获评苏州市级示范家庭农场。尹标家庭农场是苏州有机肥试验点之一，新品种示范方主推小麦镇麦18号、水稻宁香粳9号，是苏州市有机作物试点农场之一。长江村土地股份合作社进行苗木花卉栽培，年收入15万元。

**【新型职业农民培训】** 2023年，金港街道认定生产经营型、专业服务型等新型职业农民40人，产业涉及稻麦种植、果树栽培、园艺技术、农机服务等。全年培训高素质农民16人，组织参与市级以上农业学习培训6批12人次。

**【高峰茶场】** 高峰茶场位于长山村，占地面积2.4公顷。茶场生产的张家港高峰鹿液茶，条索紧结，色泽嫩绿，带有清香，用水冲泡，色碧、味感鲜醇，有生津止渴、解乏提神作用。高峰鹿液茶曾于2016年在江苏省品茶会上获第一名。2023年，茶场产量3500千克，营业收入400万元，利润60万元。

【珍珠养殖加工】 张家港市大秦珠宝有限公司位于金港街道江海南路18号，成立于1992年，是一家珍珠养殖、抛光、打孔、染色和销售及旅游购物企业，珍珠养殖场位于双山岛，水域面积66.6公顷。公司除经营淡水珍珠的养殖加工外，还制作和出口珍珠首饰、金银首饰、半宝石首饰。产品涵盖项链、手链、手环、手镯、吊坠、耳环、戒指、脚链、套装9个大类，8000多个款式。2023年，公司销售额1829.62万元，利润31.46万元。（金　良）

## 农村资产管理

【概况】 2023年，金港街道有村级集体经济组织17个，包括10个行政村和7个涉农社区。至年末，村级集体资产22.40亿元，负债11.41亿元；村级集体经济组织内有各类经营性资产46.21万平方米。17个村（社区）平均集体经营性收入1397万元；10个村平均可用财力2480万元，增幅16.94%；有可用财力超7000万村1个、超3000万村2个、超2000万村6个。新增联合收购三林法兰股权、建设中央广场二期开发项目等村级集体新增经营性建设项目12项，总投资约13.6亿元，建筑面积17.48万平方米。

【村级经济】 2023年，金港街道村级集体经济组织可用财力收入2.68亿元，比上年增15.84%。6个村可用财力超2000万元，其中长山村7636.94万元、长江村2541.75万元、柏林村2719.41万元、占文村2489.44万元、巫山村3607.83万元、山北村2806万元；港西村1550.05万元。

【农村集体资产管理】 2023年，金港街道村级集体经济净资产10.99亿元，比上年增3.12%，总收入2.94亿元，其中经营性收入2.38亿元。全面完善张家港市农村集体“三资”智慧监管平台资产管理模块相关内容，有效规范农村集体资产精细化管理，组织开展年度村级集体资产清查工作，集中整治农村集体资产管理领域突出问题，紧盯“资产资源管理、经济合同管理、债权债务管控、工程项目管理、集体经济审计”5个关键环节，在村（社区）自查自纠的基础上组织进行检查，建立整改台账，切实加强农村集体资产管理水平，健全农村集体资产监管长效机制。不断强化信息数据管理，完成成员信息异常校核1.57万个、“两头占”成员校核155个、资产数据校核23个。至年末，街道有村级经营性资产总量156宗，面积46.21万平方米。农村集体经济组织经营性资产共计20个单位，包括14个村（社区），5个联合发展公司以及1个综合性农贸市场，经营性资产总面积约53.04万平方米，其中已出租面积44.396万平方米、未出租面积8.65万平方米，全年租金总收入约1.21亿元。

【村级经营性重大项目】 年内，长山村联合港西村收购三林法兰股权，占地面积7.28公顷、建筑面积3.76万平方米，投资1.8亿元；联合港西村、占文村拍卖收购凤凰钢构资产，占地面积4.57公顷、建筑面积2.5万平方米、投资0.94亿元；联合国企收购久盛船舶有限公司拍卖资产，占地面积25.21公顷，建筑面积3.44万平方米，投资5.23亿元。长欣科创园以“腾笼换凤”为路径，投资1亿元，新建载体1.3万平方米，依托科技招商，招引高新材料、高新装备企业。南沙工业园以“城市更新”为重点，采用“国企参与、村村联合”的发展合作模式，充分发挥国有公司平台优势，构建村集体“抱团”资金资产入股、国企策划运营项目的村级经济发展新格局，投资5.3亿，启动园区10.43公顷载体更新工程。巫山村投资4500万元，实施中央广场二期开发工程，占地面积0.17公顷、建筑面积9000平方米；投资1000万元，实施建设智慧巫山综治大楼，占地面积0.07公顷、建筑面积2400平方米。由山北村牵头的香山小学项目，投资3亿元，占地面积

4公顷、建筑面积4.06万平方米；投资5000万元改造香山农副产品批发市场，占地面积1.6公顷、建筑面积2790平方米。（金 良 丁桂兴）

## 城乡一体化管理

【概况】 2023年，金港街道综合行政执法局有执法人员11人、执法辅助人员48人，执法车5辆、四轮电瓶车6辆，执法记录仪12台、移动执法记录仪终端3台。执法局深化城乡精细化管理，启用智慧城管系统，依托“指挥中心+区域网格”模式，推动城乡治理智能化、网格化。深化队伍建设，贯彻落实行政执法公示制度、行政执法全过程记录制度和重大执法法制审核制度及“一卡一案”监督机制，推进执法规范化建设，未发生行政复议和行政诉讼败诉案件，执法正确率100%。常态化开展城警联动、微执法、建筑工地巡查、垃圾分类、户外广告、危化品、燃气、烟花爆竹等专项整治行动，一般程序查处违法行为526起，行政处罚27.74万元；简易程序立案2026起，处罚8.9万元。市联动指挥平台立案1306起，市“12345”政务便民服务热线接收举报678起，结案率100%。组织整治活动113次、宣传活动3次，接待群众来访来电92人次。

【城乡精细化管理】 2023年，金港街道综合行政执法局采取“机动+定点”巡查模式，持续做好城乡精细化管理工作，全年规范占道经营1540起，清理乱堆放1162处、小广告1525处，整治摆摊设点2600余次。优化基础设施，刷新改造街道辖区主干道临街立面陈旧房屋约1.2万平方米，安装铝合金空调罩约2000平方米；完成蟠港北路、安利路、石头港路等街巷吊线“三线”整治1.17万米，修复路面约1300平方米、侧石约1650米、道板约700平方米，更换井盖1316个、井座404个。（蒋 红）

【违章建筑治理】 2023年，金港街道坚持多方联动、综合治理，开展人居环境整治等专项行动，持续深化违章建筑清零行动。完成3个市级挂牌督办案件治理并通过验收。落实暂缓交易3起，立案查处违章建筑行为1起、砍伐城市树木行为1起，共处罚金40826元；拆除违章建筑点位52个，拆除面积约18.8万平方米。（金 良 李奇鸿）

【环卫管理】 2023年，金港街道实行环卫精细化管理，区域保洁全覆盖。实行定区域、定人员全天候巡回保洁，涉及158万平方米清扫面积和26万平方米绿化面积，配备一线环卫保洁人员280余人、垃圾清运车16辆，不断提升街道主要道路的清扫工作标准，使用洒水车、抑尘车对主次干道进行每天不少于1次的洒水降尘，对重点区域增加洒水频次，每日垃圾清运不少于3次，杜绝垃圾混收混运现象。

【垃圾分类与收运】 2023年，金港街道垃圾分类覆盖10个村、14个社区及沿街2000余个商铺。现每个小区建有垃圾分类收集房，实行“三定一督”模式，即定时定点定人督导。根据垃圾种类、产生量等因素，合理规划收运路线和收运频次，听取群众意见，提升服务质量。街道在金都社区推进“5G+AI”无人督导智能化垃圾分类项目，改建6个“5G+AI”智能化垃圾分类驿站，有效缓解人工督导的压力，提高居民投放的效率，显著提升垃圾分类的准确率和分出率。街道平均每日收运的其他垃圾约130吨，转运至终端北控焚烧厂进行无害化处理；街道平均每天收集餐厨垃圾约10吨，送往江苏晨洁再生资源有限公司进行规范化处置。（金 良）

【户外广告接续整治行动】 2023年，金港街道推进户外广告设施整治提升工作。5月，开展公益广告整治提升行动，加强部门联动，排查高立柱、灯箱等各类公益广告设施247处，排查街道

12个公交站台公益广告设施，及时更换陈旧破损公益广告设施，全年拆除陈旧、破损、不规范户外广告设施 34处，拆除面积300余平方米；加强户外广告安全管理，落实安全主体责任，不断加强户外广告管理，靓化空间环境，全年共审批户外广告（店招标牌）548起，录入苏州市智能城管大数据平台信息1878条，拆除违规、破损广告设施86处、8199平方米。（蒋 红）

## 农 业

【概况】 2023年，金港街道将“三农”工作摆在突出位置，领导班子会议专题研究乡村振兴4次，召开街道会议5次，高位谋划推进农业农村工作。严格执行生态补偿政策，发放水稻生态保护财政补贴32.29万元。水稻统一供种面积49公顷，供种量2.43吨；小麦统一供种面积37公顷，供种量13.4吨。零差价配送农药2.5万元。配送肥料27.6吨、17.6万元。

【农业基础设施建设】 2023年，金港街道开展高标准农田工程项目建设，项目投资99万元，建设面积12公顷，涉及1个村。至年末，项目完成设计方案，各项准备工作有序推进。

【现代农业】 2023年，金港街道发放小麦穗肥施用技术意见、小麦赤霉病防治技术意见、水稻种子浸种技术意见，举办测土配方施肥技术、秸秆综合利用技术、流水线育秧技术、病虫害综合防治技术等培训班。加强新型职业农民队伍建设，新增新型职业农民40人。金港街道注重环境保护和可持续发展，在农业生产过程中，减少化学农药和化肥的使用，推广有机农业和生态农业，全年推广商品有机肥100吨，粪肥还田66.67公顷，农药配送率95％以上。

（凌 涵 金 良 丁桂兴）

## 种植业

【概况】 2023年，金港街道夏收夏种、秋收秋种等关键时段农机作业率100％。果树、蔬菜等园艺作物普遍采用设施农业栽培，农业条线定期派工作人员深入田间地头指导生产，试验引进新方法新品种。水稻种植面积49公顷，播种全为机插秧，其中南粳5055品种占88.97％，南粳3908品种占4.97％，其余为糯稻，每公顷产水稻9吨，总产量约450吨。小麦种植面积37公顷，播种全为机直播。其中扬麦23品种占70.51％，镇麦15品种占9.52％，其余为镇麦18，占比19.97％，每公顷产小麦6吨，总产量约220吨。

【育种】 2023年，街道有育秧点5个，总育秧面积1.56公顷，供秧田面积134.28公顷，其中标准化集中育秧点2个，采用硬盘基质流水线育秧模式建设露地集中育秧，集中育供秧面积占街道水稻生产总面积84％，全年下发育秧基质补贴5.72万元。金田公司滕思敏育秧点面积0.78公顷，购买基质172.5立方米；金田公司赵士清育秧点面积0.12公顷，购买基质25立方米；金田公司唐桂花育秧点面积0.04公顷，购买基质5立方米；金港街道占文村尹标育秧点面积0.53公顷，购买基质132.5立方米；金港街道柏林村周爱良育秧点面积0.1公顷，购买基质22.5立方米。

【农作物病虫绿色防治】 金港街道农作物主要病虫害有稻飞虱、纵卷叶螟、纹枯病、稻瘟病、赤霉病等，其中稻飞虱、纹枯病、稻瘟病较常见。3月、4月，金港街道出现少雨干旱天气，影响小麦幼穗分化，还产生赤霉病、白粉病，农技人员指导推广农药喷洒，确保小麦健壮生长，同时做好本地常规农作物重大病虫害监测，发布病虫害信息，指导农户用药，减少虫害。年内，街道有植保机4台、植保无人机1架。

表29　　2023年金港街道各村种植情况表

| 村 | 种植户与面积 | 粮食 | 蔬菜 | 水果 | 花卉苗木 |
| --- | --- | --- | --- | --- | --- |
| 长山村 | 户数（户） | 1 | 10 | 5 | — |
| | 面积（公顷） | 30.00 | 3.60 | 4.20 | — |
| | 设施面积（公顷） | — | 3.50 | 4.00 | — |
| 占文村 | 户数（户） | 1 | 1 | 1 | — |
| | 面积（公顷） | 13.20 | 1.20 | 1.50 | — |
| | 设施面积（公顷） | — | 0.60 | 0.80 | — |
| 柏林村 | 户数（户） | 55 | 550 | — | — |
| | 面积（公顷） | 17.38 | 25.80 | — | — |
| | 设施面积（公顷） | — | 1.12 | — | — |
| 山北村 | 户数（户） | 1 | 1 | — | — |
| | 面积（公顷） | 4.67 | 0.33 | — | — |
| | 设施面积（公顷） | — | 0.33 | — | — |
| 东山村 | 户数（户） | — | — | 2 | — |
| | 面积（公顷） | — | — | 1.66 | — |
| | 设施面积（公顷） | — | — | — | — |
| 港西村 | 户数（户） | 1 | 20 | — | — |
| | 面积（公顷） | 9.86 | 4.66 | — | — |
| | 设施面积（公顷） | — | — | — | — |
| 长山村 | 户数（户） | 1 | 40 | 1 | 1 |
| | 面积（公顷） | 4.00 | 12.87 | 0.60 | 109.70 |
| | 设施面积（公顷） | — | — | 0.60 | — |

**【耕地地力保护】** 2023年，金港街道水稻、小麦全部实施机械化秸秆处理，处理总面积289.34公顷，其中秸秆机械化还田236公顷、生态型犁耕深翻53.33公顷，处理率100%，推广使用商品有机肥100吨。　（凌　涵）

## 养殖业

**【概况】** 2023年，金港街道畜禽肉类总产量11.65吨，蛋产量21.37吨，总产值95.11万元，比上年增加34.61万元。主要养殖品种为羊、鸡、鸭、鹅、肉鸽等，散养为主，特色产业为肉鸽养殖。至年末，街道有生猪养殖户1家，存栏生猪5头；羊存栏138只，其中10只以上养羊户5家、存栏107只；家禽存栏1.1万羽，其中200羽以上养禽户4家、存栏7920羽（含两家肉鸽养殖户、存栏肉鸽7500羽）。全年生猪、羊、家禽出栏分别为5头、100只、1.36万羽。　（金　良）

**【动物防疫与监管】** 2023年，金港动物防疫站将街道家禽存栏200羽以上、羊存栏20只以上的养殖场（户）全部纳入监管对象，签订防疫及畜产品质量安全责任书，开展春、秋两季集中免疫和夏季补防等三大免疫行动，规模养殖场口蹄疫、高致病性禽流感、小反刍兽疫等重大动物疫病免疫密度均达100%，牲畜耳标佩戴率100%，春秋防散养禽免疫做到能免尽免，全年共计免疫牲畜口蹄疫238头次、羊小反刍兽疫238只次、羊痘205只次，禽流感免疫1.09万羽次、新城疫3.2万羽次、禽新二联1.55万羽次。全年未发生重大动物疫情和养殖环节农产品质量安全事故。开展家犬国产狂犬病疫苗免费注射工作，实现家犬狂犬病免疫应免尽免，全年家犬国产狂犬病单苗免疫2047只，20年保持狂犬病零发病记录。加强牛羊两病（布鲁氏菌病、结核病）防控，对规模畜禽养殖场开展"三灭四消"行动，指导畜禽场做好生物安全防控措施，每月对规模养殖场、农贸市场和大型超市鲜肉摊位指导开展大消毒，发放各类消毒药，全年累计消毒面积141万平方米，有效切断非洲猪瘟、禽流感等病毒传播。全年监测采集畜禽血样、病原学样品315份，免疫抗体合格率90%以上，无布鲁氏菌病、非洲猪瘟、高致病性禽流感等病原检出。严格做好养殖环节兽药、饲料等投入品监管，全面启用省农产品质量监管追溯系统，全年现场督查畜禽养殖场（户）、农贸市场及商超肉类销售摊位等场所180家；每季度开展猪羊"瘦肉精"专项监测抽样行动，全年抽样9户次48份，尿样检测均为阴性。

（徐晶军）

**【淡水养殖】** 2023年，金港街道有水产养殖户2户，养殖面积1.2公顷，产量11.2吨，其中常规鱼产量8600千克、虾蟹产量2600千克，养殖户2户。

（金　良）

## 农业服务

**【概况】** 2023年，金港街道扶持各类农业服务组织发展，提升农作物病虫害统防统治、农资集中统一配送、水稻集中育秧、农机农艺融合、动物防疫等农业服务社会化和专业化水平，农机化投入63.08万元，其中各项补贴20.39万元。扩大农业保险参保范围，指导农民科学购买农业保险。在"金港号"微信公众号等平台发布业内动态、农业信息20余次，农机人员下乡指导十余次。

**【农机服务】** 2023年，金港街道有农机户33家，农机从业人员53人，各式农用机具85台（套），农业机械总动力8567.4千瓦，农业机械净值1700.15万元。全年农机化投入63.08万元，其中农机化市级以上财政投入6.8万元、农民个人投入56.28万元。街道有农机户33家，街道农机从业人员53人。年内，培训农机操作人员63人次。

**【农资供应】** 2023年，金港街道有农业生产资料供应点1家，年供应化肥农药81.52吨。年内，街道推进农药化肥减量增效，农用化肥施用量为33.4吨，比上年降17.1%，同时实施果菜茶有机肥代替化肥，推广商品有机肥100吨。

**【惠农补贴】** 2023年，金港街道农业保险总保费约9500万元，农业保险险种涵盖钢管大棚、稻、麦、露地果园等，建立起比较完备的农业灾情援助机制。街道农业条线联合市农业农村局、保险公司对发生的灾情及时响应，补贴受灾农户，全年未发生灾情。对主栽作物水稻、小麦实行良种补贴政策，稻麦良种覆盖率97%以上。

（凌　涵　金　良　丁桂兴）

# 商贸服务业

## 商　贸

【概况】 2023年,金港街道商贸业整体平稳发展,有中骏世界城、金港中央广场、南方商场、义乌小商品市场金港店、长山及山北木材市场、大润发金港店、百里方超市、保意家电等大型商铺,商品种类丰富,满足广大消费者的需求。

【大润发(金港店)】 大润发(金港店)位于金港街道黄泗浦西路1号,2012年9月26日开业。卖场总建筑面积2.59万平方米,地上二层,地下一层,其中卖场面积9500平方米,商业街部分约5600平方米,地下室提供380个车位。卖场集各类食品、日用百货、服装鞋帽等零售、批发、网上销售于一体,商业街同时配备有餐饮、休闲、娱乐、服装百货、培训等商铺。2023年,实现销售收入1.35亿元,提供就业岗位300余个。

【中骏世界城】 中骏世界城位于金港街道中港南路99号,2021年12月18日开业。商场占地面积2.65公顷、总建筑面积8.9万平方米,营业面积3.5万平方米,总投资4.58亿元。中骏世界城甄选200余家优质品牌,其中70%为区域首进品牌,有区街首家麦当劳、三只松鼠和必胜客精致店,江苏首家苏望楼、湘船;区街首家小菜园、南枝记、有家酸菜鱼、谭鸭血、Nike、adidas、斯凯奇、ANTA、李宁、Pepsi、WARRIOR、百丽、哈森等高流量零售品牌。

【金港中央广场】 金港中央广场位于金港街道长江中路,于2006年1月开始营业,总投资4.1亿元,占地面积6.87公顷,有车位约500个。广场的整体建筑呈“回”字形分布,中间区域是旗舰店名都百货,外围区域是两排高低结合的专卖店,临街为四层楼的联排廊式店铺,有一心园、二龙园、三羊园等10个屋顶花园、2个集中绿地穿插其中。有休闲娱乐场所、餐饮店、品牌专营店、培训机构、美容机构等。2023年进行二期扩建,占地面积0.17公顷。2023年,广场实现销售收入10.2亿元。

【金永光生活超市】 金永光生活超市位于金港街道长江中路279号,2017年8月开始营业。卖场面积2300平方米,有食品销售、烟草制品零售、床上用品、服装鞋帽、劳保用品、文具用品、日用百货、初级农产品、水产品、鲜肉零售。2023年,实现销售收入350万元,销售利润25万元,提供就业岗位8个。　（丁桂兴　金　良）

## 市　场

【概况】 2023年,金港街道有农贸市场4个、农副产品批发市场1个,即金港农贸市场、中兴农贸市场、南沙农贸市场、滨江农贸市场、香山农副产品批发市场。市场设施完善,经营农副产品和居民日常用品。

【金港农贸市场】 金港农贸市场位于金港街道双龙南路,张家港运河边,占地面积0.52公顷,设固定摊位91个,店面30余间,有蔬菜、水产、海鲜、鲜肉、冷冻食品等交易区域,市场销售品种2000余个,主要配送到各大企业、饭店、食堂。每个摊位的电子屏和电子秤会显示支付二维码,实现实时支付。市场内配有电子屏幕、电子监控系统、检测室、公平秤、广播、导购图、宣传公示栏,产品溯源信息、快检结果、农副产品实时价格、商品供应等可同步查询。2023年,市场实现销售收入2.93亿元。

**【中兴农贸市场】** 中兴农贸市场位于金港街道黄泗浦东路117号,建筑面积7023平方米,有摊位68个。底楼经营蔬菜、水果、熟食干货、水面、粮油等,二楼经营鲜肉、水产、豆制品、冷冻食品等;四周店面经营服装、鞋帽、箱包、小百货种子、炒货等。市场配备农副产品快速检测室、智能电子秤,市场实现监控全覆盖。2023年,市场实现销售收入1.4亿元。

**【南沙农贸市场】** 南沙农贸市场位于南沙东山南路830号,占地面积0.2公顷,有固定摊位44个,经营蔬菜、鲜肉、活鱼、鲜货、冰鲜、水果南北货等,2023年,市场实现销售收入2997.8万元。

**【香山农副产品批发市场】** 张家港市香山农副产品批发市场有限公司创建于2002年,位于香山风景区北面,南临346国道,东近香山南路,西依张公港,北靠镇山路,占地面积1.6公顷,建筑面积9000余平方米,经营蔬菜、水果、副食、南北货批发等。市场另外设有1400余平方米小型零售菜场,设摊位70余个,经营猪肉、水产、南北货、活禽、豆制品等零售,市场配备农副产品检测室和相关专业设备、设施。2023年,市场实现销售收入4170万元。(金　良　丁桂兴　陈苏宁)

## 餐饮住宿

**【概况】** 2023年,金港街道有各类大小餐饮店800余家,从业人员2200人。其中四星级酒店有江南花园酒店、长江国际大酒店2家,三星级酒店有汀悦酒店1家;有一定规模的饭店有观月山庄、顺鑫苑大酒店、香山大酒店等;有香山面馆、徐家面馆等老字号早餐店;有卤江南、绝味鸭脖等卤菜店;有比比蒸包、阿青馒头、大嫂煎饼、老刘豆花等特色小吃;有朵瑞斯、福吉佳糕点等中西式糕点店;还有肯德基、汉堡小子、欧曼基、华莱士等西式快餐店。

**【江南花园酒店】** 张家港江南花园酒店是一家国家四星级的旅游涉外酒店,位于金港街道长江中路132号,是集住宿、餐饮、会务、休闲于一体的豪华商务酒店,酒店主楼高9层,附楼高3层,有各类豪华客房228间(套),不同风格的餐厅包厢21个,豪华宴会大厅3个、小型宴会厅5个,酒店另设有桑拿、棋牌室、桌球室、乒乓球、卡拉OK等娱乐设施。

**【长江国际大酒店】** 长江国际大酒店位于金港街道长江西路99号,是集餐饮、住宿、商务、娱乐为一体的四星级酒店。酒店有客房208间。酒店主楼集餐饮、会议于一体,有宴会大厅3个;二楼百桌宴会厅可容纳1180人;三楼豪华宴会厅可容纳400人;四楼多功能厅可容纳200人,有规格不同的会议室8个;五楼报告大厅可容纳428人参加会议,还有圆桌会议室及小型团队会议室。2023年,酒店有职工135人,实现营业收入2522万元。

**【汀悦酒店】** 汀悦酒店是香港文力发展有限公司投资兴建的四星标准的商务酒店,位于金港街道江海北路5号,占地面积1公顷、建筑面积3万余平方米。酒店紧靠长江,与双山岛隔江相望。中餐厅以传统正宗的广东菜以及本帮菜为主。有家宴、商务宴请、宾朋聚餐、零点等多种服务的渔人码头餐厅、豪华包厢、3个多功能宴会厅,能同时容纳1000人就餐。酒店的会议室及多功能厅配备高清投影仪、多媒体音响、大型舞台LED屏幕等设备,提供打印、传真、宽带上网等服务。酒店还设有健身房、桑拿足浴、棋牌等康乐项目。2023年,酒店有职工120人,实现营业收入1998万元。(丁桂兴　金　良)

# 文化·体育

## 综　述

**【概况】** 2023年，金港街道加强文化阵地的日常管理，确保街道及各村（社区）综合性文化服务中心、24小时图书馆驿站、农家书屋、香山书场等场所正常免费开放。开展体育健身设施全面巡查行动，完善室外健身设施长效管护机制，借助各阵地、设施开展公益性体育健身服务项目。开展送戏下乡、公益文艺巡演、优秀电影"村村映"、文明书场"天天说"等活动，丰富群众文化生活。围绕"书香金港"主题，组织开展文学讲座、说课比赛等全民阅读活动。寻访一批"金港领读者"，以阅读推广人队伍建设为基础，带动全民阅读持续深入。开展非遗进机关、进村（社区）、进学校、进企业"四进"活动，指导大秦珠宝有限公司申报苏州市非遗项目。举行石锁邀请赛、民俗运动会、彩带龙比拼赛等赛事，挖掘健身骨干，开展彩带龙、广场舞、石锁等培训活动，培育一批社会体育指导员，推进全民健身。做大做强街道书画、文学、摄影、舞蹈4个协会，举办文体干部、网格文化员、文艺团队、文艺爱好者培训班，建立街道文化人才库。深化文化市场网格化管理，形成"政府监管、企业自律、社会监督、技术监控"四位一体的文化市场监管体系，推进扫黄打非等联合执法行动，营造和谐有序的文化市场环境。加强文物保护和宣传，健全巡查制度，完善督查机制，确保文物安全。

**【公共志愿服务】** 2023年，金港街道打造文化志愿家·金港街道"金文明"志愿服务站。志愿站位于南沙香山西大街，建筑面积2200平方米，配备理论宣讲、教育服务、文化服务、科技与科普服务、健身体育服务等新时代文明实践五大服务平台。其中，慈善超市作为全市5家试点之一，实施"云上+实体"慈善超市融合项目，为低收入群体和普通大众提供便民、利民、惠民服务。年内，金港街道有市级志愿服务队2个、街道级志愿服务团1个、村（社区）志愿服务队24个，注册志愿者8620人，全年开展志愿服务活动1849场，服务近5万人次。金港义工联盟"爱之愿"志愿服务队持续开展"爱心家园""乡村振兴爱心助燃""绿野寻香""志愿路长"等系列主题活动。被张家港市文明办评为2023年度文明实践志愿服务优秀典型及最佳志愿团队；绿山军志愿服务队"把爱带回家，传承好家风"项目获评2023年度张家港市优秀文体旅志愿服务项目。

**【非物质文化遗产】** 2023年，金港街道新增省级非物质文化遗产擂石锁（香山石锁）项目，苏州市级非物质文化遗产苏州道教音乐（香山正一道教音乐）项目，至年末，金港街道江苏省级非物质文化遗产项目有擂石锁（香山石锁），苏州市级非物质文化遗产项目有苏州道教音乐（香山正一道教音乐），张家港市级非物质文化遗产项目有香山庙会、香山山歌、香山宝卷、香山俗语、香山小曲、云灯舞、马灯舞、香山算盘制作技艺、淡水珍珠加工技艺。街道宣传文明办开展非遗传承进机关、进村（社区）、进学校、进企业"四进"活动，年内，街道举办长三角石锁邀请赛。东山村文化遗址被国务院列为第七批全国重点文物保护单位，金港街道协助苏州博物馆、张家港市文物管理委员会对遗址进行保护性挖掘，遗址被纳入长江文化公园江苏段主题展示特色展示点范围。作为长江国家文化园张家港段重点建设工程之一，年内，该东山村遗址博物馆项目申请书向国家发改委申报纳入储备文化传承发展"专精特新"扶持项目。（陈莲萍）

【占文村正一道教音乐获评苏州市级非遗】 香山在其漫长的历史长河里，流淌着深厚的宗教文化遗韵。就宗教信仰而言，自古以来，香山周边地区的民众主要信奉道教，道教庙宇在香山周边林立。据清乾隆《江阴县志》卷十二寺观记载，位于香山东麓的柏林庵、渡船庵始建于明万历年间，慧凝庵建于清康熙年间。香山北面先后建有东宝灵庵、西宝灵庵、镇海庵、张公殿、都天庵、天官庵、财神堂等，香山顶上先后建有东岳殿、祖师殿、玉皇殿、朝南三官堂、朝北三官堂等，香山南部先后建有大王庙、茶庵、涌泉庵（城隍庙）、大桥庙等，这些庙宇大多属于道教庙观。近百年来香山地区“正一派”道教有清晰的传承谱系，其音乐，曲谱严谨规整，乐器丰富多样，既含古老昆曲之魂，又集民间音乐之神。香山正一道教音乐反映出国民诸多深层次文化心理与审美取向，是境内有影响力的民间音乐代表作。音乐演奏常用于法事的开头、结尾，唱曲的过门以及队列变换、禹步等场面。在法事过程中，音乐演奏可根据法师在供香、步罡、绕坛、礼拜等许多宗教仪式动作的需要，采取坐乐和引乐的形式演奏，并能根据变化动作的迥异，灵活地在音乐伴奏中加以旋律润饰、加花、变奏等，以协调出坛法师的动作。1月12日，占文村正一道教音乐被苏州市文化广电和旅游局评为苏州市级非物质文化遗产代表性保护项目。（金　良）

长山村农家书屋

## 文化阵地

【概况】 2023年，金港街道对综合性文化服务中心开展4轮村（社区）自查及街道摸排行动，各村（社区）文化中心图书阅览室开放、借阅正常，多功能活动室都配备音响设备，文化长廊定期更换，按计划开展群众性文化活动，体育设施器材维护良好。完善各类设施的长效管护机制，借助各功能室、户外阵地开展公益性文化服务项目；对24小时图书馆驿站实行补助；对香山书场全年24档评弹演出经费发放全额补贴19万元。

【农家书屋】 2023年，金港街道有农家书屋10个、图书室14个，藏书11.5万册，实现全市通借通还。其中，长山、长江、山北、金都、安定的农家书屋、图书室提档升级成24小时图书驿站。每个村（社区）以点位融合、阵地融合、资源融合的方式设置阅读空间，满足读者需求。柏林村农家书屋获评2023年度江苏省五星级示范农家书屋。

【香山书场】 香山书场位于金港街道南沙社区，建筑面积350平方米，可以容纳100名观众，每天下午聘请评弹演员演出，满足老年人的文化要求。2023年，书场演出300余场，主要曲目有《乾隆下江南》《林子文》《三探铜网阵》等，还有

香山书场

现代京剧《沙家浜》《智取威虎山》等。每次说书前，演员和群众一起分享党的创新理论，通过“理论+评弹”“乡音+党音”，让党的声音传播得更广、浸润得更深。

【山北村乡贤馆】 山北村乡贤馆位于镇山路山北村委大楼，建筑面积200平方米，介绍山北地区古代、近代、现代乡贤49人，其中有张家港河的开拓者张南山、全国十佳乡村医生张立新等。乡贤馆通过视频、音频、实物等形式，全方位展陈乡贤生平事迹和对山北经济社会发展所做的贡献，2023年接待参观100余人次。

【长江村家风馆】 长江村家风馆展示长江村村民的家庭、家教、家风，记录长江村从“江边滩涂”到“江畔名花”的美丽蜕变，从农业到工业再到大健康产业的华丽转型。长江村家风馆有5个板块，分别是历史淳风、郁氏家风、“六个一”、改革开放40年、数智长江。家风馆再现新中国农村的发展和改革开放历史，2023年接待参观1万余人次。

（金　良　丁桂兴）

## 文化活动

【概况】 2023年，金港街道开展公益文艺巡演进村（社区）10余场、优秀电影“村村映”332场、文明书场“天天说”300余场，丰富群众文化生活。年内，组织举办“金港印象”第二届无人机影像大赛；围绕“书式金港”主题，组织开展“青阅 • 沙龙”主题阅读、“青阅•成长”TTT讲师孵化、“青阅 • 魅力”说课比赛、“青阅梦想”户外拓展等全民阅读活动15场，参与群众1000余人；寻访一批“金港领读者”，以阅读推广人队伍建设为基础，带动全民阅读持续深入。街道文体干部挖掘地方特色和传统文化，创造具有金港特色的音乐快板《金港礼数》、歌曲《祝福你，我的金港》、小品《一楼、二楼、三楼》《瓜》《楼道 • 家》等优秀文艺作品节目，小品《瓜》获评第五届苏州市群众文化繁星奖舞台艺术类（戏剧）金奖。

【中兴区域群众文艺活动】 6月28日晚，中兴区域干部群众自编自演的文艺晚会在中德社区广场举行，独唱《山楂树》、舞蹈《我们走在大路上》、情景表演《小区的清晨》、居民才艺表演《江山颂》、快板《社区居民公约》等节目上演，现场观看居民283人。

（吕嘉仪）

【“金港印象”第二届影像大赛】 8月至11月，金港街道举办“金港印象”第二届影像大赛，收录摄影作品22件、视频作品13件，朱小清获摄影作品特等奖，马砚、张永康获摄影作品一等奖，潘志华获视频作品特等奖，王鑫磊、朱小清获视频作品一等奖。街道摄影协会推送的《南沙之夜》入选张家港市“体育让生活更美好”优秀摄影作品集。

【"金"悦同行亲子趣味活动】 11月20日，金港街道在香山湖举行"金"悦同行，大手拉小手，乐享好时光——亲子趣味活动。活动设置"我是家务小能手""收获总动员""就要逗你玩""零食宝宝"等环节，60余人参与，帮助孩子们在趣味中提升生活技能。

（吕嘉仪　金　良　丁桂兴）

## 文化产业

【概况】 2023年，金港街道宣传文明办会同公安、城管、消防等单位召开行业安全联席会议3次，对网吧、歌舞厅、电影院、健身房及各个宗教场所进行行业安全、消防安全、用电用气安全巡查4次，累计巡查1600余家次，分发通告140份，开展普法宣传2次、版权宣传10次。每次文艺演出，都做好应急预案，确保水电安全、食品安全。

【文化市场管理】 2023年，金港街道文化市场实行"网格化"管理，形成"政府监管、企业自律、社会监督、技术监控"四位一体的文化市场监管体系，全年举行公安、城管、消防、文体中心等联席会议3次，开展扫黄打非等联合执法行动4次。

【版权工作】 2023年，金港街道宣传文明办宣传版权保护和运用等相关举措。以"4·26"世界知识产权日为契机，开展版权宣传周系列活动，依托"金港号"微信公众号开展为期5天的版权保护线上有奖知识问答，参与人数1400人；联合长山村、张化机（苏州）重装有限公司等相关单位开展线下版权保护有奖知识问答，参与人数500人，发放奖品300件。此外，在大润发、中骏世界城等大型商超，村（社区）等人员密集场所，利用户外大型电子屏播放版权保护视频、横幅悬挂版权保护标语等形式进行集中宣传，提高群众保护版权的意识。7月，在张家港市大秦珠宝有限公司开展版权知识培训，引导企业通过著作权登记、打击盗版等多种方式全方位做好版权保护工作，提高企业自主创新的积极性。年内，金港街道宣传文明办版权登记652件，其中版权作品登记25件以上企业2家，作品涉及美术、文字、摄影3个类别，开展宣传活动9次。韩晓媛、朱珠被评为张家港市优秀版权推广人。

（陈莲萍）

## 群众体育

【概况】 2023年，金港街道承办2023年张家港市长江马拉松联赛——亲子马拉松赛，承办长三角全民健身"金港杯"石锁邀请赛，举行"起舞新时代，文明向未来"广场舞大赛，组织运动员参与张家港市第八届体育运动会，开展村（社区）体育健身设施普查。年内，开展室外健身器材安全隐患排查4次，出动巡查人员25人；更换健身路径9套、新换篮球架1个、维修损坏器材6件。

【体育设施】 2023年，金港街道不断拓展群众健身空间，新增全民健身路径20套，新建巫山口袋公园健身步道，新添配套全民健身设施12套（每套11件）、篮球架4个、乒乓球桌7张，金桥社区门球场新增有关配套设施器材，完善北横套健身步道建设、村（社区）健身路径，维修篮球架3个。文体服务中心对体育场馆开放情况督查3次，确保安全运行。11月，完成江苏省高质量体育场地调查信息录入。

【金港街道第三届民俗运动会】 10月25日，金港街道在香山风景区广场举办金港街道第三届民俗运动会，各村（社区）和有关单位的代表队

300余名运动员参加比赛。运动会设有拔河、跳长绳团体赛，掇板砖、双腿夹球跳接力赛4个项目。经过激烈角逐，张家港化工机械股份有限公司代表队获拔河团体赛第一名，巫山村代表队获跳长绳团体赛第一名，金都社区代表队获掇板砖接力赛第一名，中德社区代表队获双腿夹球跳接力赛第一名。

**【亲子马拉松赛举办】** 6月2日，金港街道在金香社区承办“2023年张家港市长江马拉松联赛——亲子马拉松赛”，市委宣传部副部长、市文明办主任、市新时代文明实践工作指导中心主任钱晓东，市文体广旅局、市教育局、市妇联、市体育总会、保税区党政办、金港街道办事处等相关领导参加活动。来自全市65个家庭195名运动员参赛，路线从金香广场出发，经南区、北区，再回到金香广场，全程2.8千米。陈昡婋等5组家庭荣获一等奖，林祺斌等10组家庭荣获二等奖，钱茜茹等15组家庭荣获三等奖。

6月2日，2023年张家港长江马拉松联赛——亲子马拉松赛举行

**【“起舞新时代，文明向未来”广场舞大赛举办】** 7月28日，金港街道“起舞新时代，文明向未来”广场舞大赛在金港文化中心文化馆剧场举行，10支代表队130余名广场舞爱好者参加比赛。张家港村云海舞蹈团获最佳风采奖，长山村舞蹈队、廊桥悦尚轻灵舞蹈队获最佳展示奖，柏林村百灵舞韵舞蹈队、金香舞蹈队、南沙社区齐欢乐舞蹈队获最佳魅力奖，中兴社区阳光新城队、长江名花舞蹈队获最佳潜力奖，山北舞蹈队、金润舞蹈队获最佳编排奖。

**【“长三角”全民健身大联动传统体育项目展示暨“金港杯”石锁邀请赛承办】** 10月27日，2023年“长三角”全民健身大联动传统体育项目展示暨“金港杯”石锁邀请赛在香山湖畔举行。石锁邀请赛是金港连续承办的第六届邀请赛，共设石锁花样、石锁功力等12个项目，长三角地区16个代表队150余名运动员参赛。无锡沈菊兰分获女子石锁花样、石锁功力一等奖，江阴沈海广获男子架肘（+75千克）一等奖，昆山罗明程获男子架肘（−75千克）一等奖，苏州诸葛勤获男子石锁技巧一等奖，无锡王云获男子石锁花样一等奖，昆山李波获霸王举鼎（+75千克）一等奖，无锡孙强获霸王举鼎（−75千克）一等奖；江阴马晓东获男子石锁上拳一等奖；昆山杨照兵、沈会俊分别获得男子石锁推砻（+75千克）（−75千克）一等奖。 （金　良）

# 卫生健康

## 综　述

【概况】 2023年，金港街道有医疗卫生机构19家。其中，医院有广和中西医结合医院、南沙医院2家，社区卫生服务中心1家，社区卫生服务分中心2家，社区卫生服务站14家。有执业医师243人，执业助理医师51人，全科医师36人。年内，卫生服务中心中医门诊量12.09万人次，中医处方（中药饮片、中成药和中医非药物处方）12.29万人次。

【健康教育】 2023年，金港街道指导各村（社区）更新健康教育专栏150多版次，对常见病、多发病防治进行广泛宣传。在医院、村（社区）发放各类健康教育折页、海报、书册3.13万份，通过各村（社区）的电子显示屏进行健康教育宣传560余次；邀请市中医院、广和医院专家进行健康教育讲座17次，累计听课1250余人次；结合街道卫生主题活动，为群众测血压、测血糖，开展健康咨询13次，受益近10万人次。

【老年人健康管理】 2023年，街道、村（社区）组织65周岁以上居民免费健康体检2.37万人，体检率84.7%。动态关注体检情况，及时处理体检过程中发现的问题，对体检过程中发现有异常的老年人建议定期复查，追踪复查结果，对确诊的原发性高血压、2型糖尿病患者及时纳入健康管理，落实干预措施。

【慢性病健康管理】 2023年，各村（社区）卫生服务站为辖区内35周岁及以上常住居民进行血压测定，对可疑继发性高血压患者及时转诊。全年开展高血压人群筛查856人，发现新发病例66例，新病人发现率7.32%；糖尿病高危人群筛查872人，发现新发病例72例，新病人发现率8.25%；按要求开展随访管理，加强规范性指导，纳入随访管理。开展高血压、糖尿病患者随访评估、分类干预和健康体检，开展患者血压、血糖监测，对连续2次血压和（或）血糖控制不满意的患者及时转诊。至年末，管理高血压病人1.17万人，随访1.57万人次，血压控制率98.5%，管理糖尿病患者1437人，随访2965人次，血糖控制率72.36%。

（金　良）

【红十字救护】 2023年，金港街道组织中小学生开展急救自救、火场逃生演练，让学生学习生命安全知识，提升防灾避险和自救互救技能。年内，按照市献血领导小组要求，组织机关、村（社区）、企业人员无偿献血。7月，根据市献血领导小组要求，金港街道组织开展无偿献血活

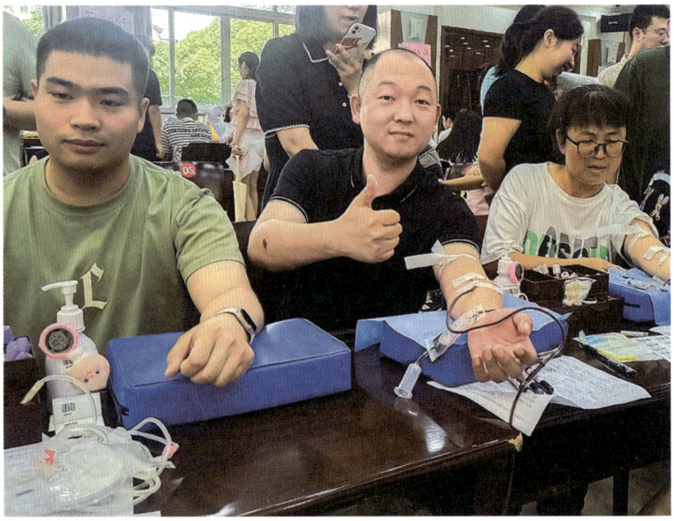

7月，金港街道组织开展无偿献血活动

动，街道各机关、企业、村（社区）318人无偿献血9.32万毫升。（王 颖）

## 社区卫生

【概况】 2023年，金港街道村（社区）卫生服务机构履行基本医疗、公共卫生服务职能，共投入80余万元，完善医疗设施。全年门急诊2.3万人次。

【基本医疗服务】 2023年，金港街道村（社区）卫生服务机构新建居民健康档案11436份，累计67982份，建档率92.7%，档案动态使用率73%。业务收入138.4万元，比上年降4.5%；人均处方72.3元，比上年增11.8%。村（社区）卫生服务站全年门急诊、接待群众健康咨询等服务31.6万人次，比上年增2.8%。

【家庭医生服务】 2023年，社区卫生服务机构把家庭医生签约服务列为重点工作，大病困难群众和计生特殊困难家庭签约204户，签约率99%；重疾劳模2人，自愿签约率100%；全市“点单式”健康管理综合签约服务签约942例；老年人、高血压、糖尿病、孕产妇、0至6周岁儿童等重点人群累计签约67782人，其中高血压、糖尿病人群签约18232人。二级以上医院专科医生提供面对面服务1003人次。中医门诊12.09万人次，开出中医处方12.29万人次，红十字救助提供健康咨询986人次，开具个性化健康处方672张，提供优先预约就诊634人次、检查178人次。（金 良）

## 爱国卫生

【概况】 2023年，金港街道爱卫办有垃圾清运车辆16台、垃圾转运车辆24辆、洒水车1台、垃圾清扫车2台，有垃圾中转站1个，环卫工人200余人。确保天天清运干净，时时保持整洁。结合爱国卫生月、爱国卫生宣传周、文明城市创建等，大力开展卫生宣传工作，设立咨询台5次，通过义诊义检、发放宣传品、摆放宣传展板等方式，围绕疾病防控、禁烟控烟、健康生活等开展科普宣传，引导群众养成不随地吐痰、不乱扔垃圾，不在公共场所吸烟等文明习惯和良好风尚，现场接受群众咨询1200余人次。发动各村（社区）居民开展灭“四害”活动，进行卫生综合治理。

【健康城市建设】 2023年，金港街道结合世界健康日、世界无烟日、爱国卫生月等时间节点，街道爱卫办、关工委会同保税区教管办进行健康教育巡回宣讲4次，听众约5000人次；邀请中医院专家开展健康讲座3次，听众100余人次。年内，廊桥社区获评苏州市垃圾分类四星小区、苏州市健康社区，马桥社区获评全国示范性老年友好型社区。11月，初蕾获评江苏省“暖心之星”工作者。

【灭“四害”行动】 2023年，金港街道爱卫办围绕“整治环境、消灭四害，提高全民健康水平”，开展灭鼠、蚊子、蟑螂、苍蝇“四害”活动，重点抓好越冬蚊子、苍蝇的消杀。号召各村（社区）保持大环境卫生，铲除蚊子、苍蝇滋生的环境，在垃圾桶、下水道及绿化带等蚊蝇容易滋生的区域进行喷雾清理；在各村（社区）布置灭鼠毒饵站、发放捕蝇笼，全年免费向居民发放灭蟑螂套装230套，包含230个蟑螂屋、230盒方便贴，230袋杀蟑螂剂。街道爱卫办举办灭“四害”培训2次，提升街道、村（社区）工作人员业务能力；制作灭“四害”科普展板4块，在各村（社区）展示，方便群众了解、掌握灭“四害”的科普知识。

【金港街道人居环境整治提升（垃圾分类）暨村庄垃圾清理专项行动工作推进会召开】 4月21

日，金港街道人居环境整治提升（垃圾分类）暨村庄垃圾清理专项行动工作推进会召开，金港街道党工委副书记、办事处主任杜锁军出席会议并讲话，街道相关部门负责人，各村（社区）书记和分管负责人参加会议。会议传达全省农村人居环境整治村庄清洁提升专项行动视频会议精神，通报街道农村人居环境整治春季战役开展情况，要求各行政村及涉农社区以村庄干净整洁有序为目标，将城乡接合部、“四沿”、“五旁”等作为重点区域，在辖区范围内组织开展农村垃圾清理专项整治行动，加快补齐农村人居环境短板弱项。（金　良　丁桂兴）

## 计划生育服务

【概况】2023年，金港街道出生691人，其中本省400人、外省291人。常住人口出生政策符合率100%。街道全面落实计划生育家庭利益导向政策，全年新增农村部分计划生育奖励家庭98人，审核企业退休人员一次性奖励金对象1048人。

【人口计生】2023年，金港街道有居民7.6万户，户籍人口21.03万人。生育登记691例。街道有育龄妇女8.2万人，其中已婚育龄妇女6.1万人。一孩家庭4.98万户，年内出生691人，其中一孩334人、二孩292人、三孩及以上65人。

【政策服务】2023年，金港街道惠及计划生育特困家庭159户251人，扶持资金234.89万元。其中，独生子女死亡家庭81户129人、独生子女死亡后收养家庭19户37人、独生子女伤残家庭59户92人。年内，街道向持独生子女父母光荣证的企业退休人员1048人发放一次性奖励377.28万元。落实计生特殊家庭联系人制度、家庭医生签约、就医绿色通道“三个全覆盖”，完善国家帮扶平台电子信息，推进特扶重困帮扶关怀工作。发挥金港街道“家庭健康服务中心”和“暖心家园”两个国家级计生协项目点的阵地优势，围绕家庭健康主题，常态化开展系列主题活动。2023年，金港街道被确定为江苏省唯一一家中国计生协2023年计生家庭维权项目点执行单位。（王　颖）

# 社会民生

## 劳动就业

【概况】 2023年，金港街道举办招聘会4次，提供就业岗位4076个，开发公益性岗位240个，协助企业培训高技能人才1692人，新增高技能人才1198人。8家企业申报劳动关系和谐企业、40家企业复审劳动保障A级信誉单位，协助申领补贴87.21万元。指导企业用好张家港人才官网等就业平台发布招聘信息，为企业及求职者提供高效便捷就业服务，收集企业用工信息，通过微信公众号、宣传栏张贴、电子屏滚动播放等形式进行宣传，方便广大求职者。开展省级和谐劳动关系综合配套改革试点工作，建成多功能“家门口的就业服务站”。

【就业创业服务】 2月8日，金港街道举办“春风行动”大型公益招聘会，组织90家企业提供2495个就业岗位。考虑居民的求职需要，举办“智汇金港”人才夜市招聘会，6月1日，人才夜市招聘会参加企业50家，提供就业岗位895个；8月1日，人才夜市招聘会毕业生专场参加企业43家，提供就业岗位686个。12月，与沙洲职业工学院、江苏联合职业技术学院张家港分院合作开展校园招聘，参与企业40余家。

【职业技能培训】 2023年，金港街道开办高技能人才企业培训班，协助企业开展高技能人才自主评价，新增高技能人才1198人。开设“企呼我应、惠企有我”高技能奖补专题讲座，邀请街道内中大型企业参会，将惠企政策有效落实。年内，对失业人员、就业困难人员、高校毕业生提供免费技能培训，其中创业培训38人次、家政服务员培训62人次。

【劳动争议受理】 2023年，金港街道人社服务中心把构建和谐稳定的劳动关系作为常态化工作。年内，申报劳动关系和谐企业8家，复审劳动保障A级信誉单位40家。全年完成用人单位书面审查19家，用工信息采集2300余次。充分发挥多渠道调解机制，多元化化解劳动纠纷，接待来电来访1243人次，劳资纠纷登记194起，成功调解181起，涉及人数225人，涉及金额232万余元，调解率95%，满意率99%。

【“春风行动”大型公益招聘会举办】 2月8日，金港街道“春风行动”大型公益招聘会在保税区长江大厦底楼举办。张家港化工机械股份有限公司、张家港中集圣达因低温装备有限公司等90家企业提供就业岗位2495个，既有品质工程师、技术工程师等专技岗位，也有钳工、车间操作工等技能岗位，还有品检、保安、保洁员一类的基础岗位，招聘会现场共收到有效简历1597份，初步达成就业意向512人。招聘会现场，设置社保、医保、公积金、工会政策咨询服务台，为广大求职者提供服务。（丁桂兴　全　良）

## 社会保障

【概况】 2023年，金港街道社会保险扩面新增9400人，医保扩面新增17.46万人，完成全市千分制目标任务的132%；完成就业人员职业伤害保险参缴1327人，住房公积金净增2100人；医保报销1252人次448.85万元。12月，金港街道便民服务中心获评15分钟医保服务圈苏州市示范圈。

【养老保险】 2023年，金港街道办理城保退休审批201人次，办理农保退休审批114人次，办理一次性退保42人次，办理城保死亡受理304人次，办理农保退休丧葬费171人次，开展春节慰问54人、重病慰问83人、亡故慰问482人、重阳慰问1468人，累计发放各类慰问金61.32万元。年内，为在社保系统无任何待遇的208人和7名农村退养干部解决无法领取尊老金的遗留问题。

【医疗保险】 2023年，金港街道完成参保医保17.46万人的费用收缴，其中城镇职工医疗保险13.25万人、城乡居民医疗保险4.21万人。完成苏州市“15分钟医保服务圈”建设。年内，街道人社服务中心办理门诊报销1252人次、金额448.85万元，办理住院报销332人次、金额809.96万元。全年组织退休人员免费健康体检20240人次。

【住房公积金管理】 2月，金港街道召开灵活就业人员办理公积金专题推进会，通过分发宣传折页、手把手演示操作，宣传《国务院公积金管理条例》《苏州市住房公积金管理办法》，贯彻灵活就业人员公积金开户补贴优惠政策，全年公积金扩面净增2100人。（金　良　丁桂兴）

## 社会救助

【概况】 1月，金港街道在册低保97户151人、低保边缘重病困难对象66户74人、特困对象29人、低保边缘家庭及其他困难家庭31户33人、重残救助对象613人、低保中享受生活补贴对象193人、一户多残17户29人、无业智力和精神残疾76人。至年末，有低保户102户161人，低保边缘重病困难对象25户30人，特困供养对象30人，重残救助对象574人，贫困学生96人，在册低保边缘家庭及其他困难家庭27户57人。全年临时救助16户，发放救助金6.98万元。年内，街道投入15万元开展社会救助援助项目。至年末，街道村（居）民医疗互助参加人数6.5万人，为1.05万人发放补助资金626.09万元。

（胡碧冬）

【最低生活保障】 2023年，金港街道享受张家港市城乡居民最低生活保障194户287人。其中，低保户97户151人，低保边缘重病困难对象66户74人，低保边缘家庭及其他困难家庭31户33人，特困对象29人。街道贯彻《张家港市城乡居民最低生活保障制度实施办法》，最低生活保障标准每月1115元，特困供养人员基本生活标准每月1600元，其他困难对象生活救助标准和困难残疾人生活补贴标准按原政策规定同步调整。

【扶困助学】 2023年，金港街道有各类困境儿童58人，其中事实无人抚养儿童14人、重病儿童10人、重残儿童34人，困境儿童应保尽保率100%，困境儿童个案服务全覆盖，发放贫困家庭学生生活补助金111.1万元。开展困难家庭学生慈善助学项目，发放慈善助学金15.35万元，惠及29人，完成困难家庭学生学习用品发放58份，给困境儿童发放图书卡58张，整合阵地资源，构建学校、社区、家庭“三位一体”为心困未成年人服务格局，推出专业化、特色化心理健康服务。“六一”儿童节前夕，街道组织社工给困境儿童59人发放标准近1万元的学习用品、生活用品。年内，街道未保站培育少年普法讲解员8人，开展品牌服务47次，受益1825人次，开展各类主题活动54次，受益1500余人次。

（朱依芸）

【走访慰问】 春节前夕，金港街道慰问生活困难群众家庭1464户1920人，送上米、油等生活用品和慰问金；“七一”前夕，党工委成员带领有关人员走访慰问老党员；“八一”前夕，街道组织走访慰问军属、烈属；重阳节前夕，向老年人送上长寿糕。街道还做好“阳光惠农”工作，常年走访慰问农村贫困户。全年累计发放慰问金1034.95万元，其中市财政支出191.14万元、街道财政支出843.812万元。

【社会福利】 2023年，金港街道有特困对象43人，供养标准每月1463元；困境儿童58人，其中事实无人抚养儿童生活补贴由原来的每月2450元提高至3000元。重病重残儿童8人，每人每月发放1240元；贫困家庭儿童61人。年内，开展困境儿童分级服务240人次，建成关爱青少年儿童的“青苹果之家”1个。街道每所学校配备“护苗工作站”，工作站站长全部通过培训考核上岗。学校为困境儿童提供“阳光午餐”，全年共有58人享受“阳光午餐”，支出午餐费4.8万余元。

【慈善公益】 2023年，金港街道慈善会加大慈善文化宣传，发挥慈善捐赠在市场调节、政府调节后的“第三次分配”作用，全年募集善款346.63万元，其中线下募集善款328.2万元、线上募集善款18.43万元。（胡碧冬）

## 民政专项事务

【概况】 2023年，金港街道下辖村委会10个、居委会23个。在金港街道服务的社会组织有张家港市金港街道广美社会服务社、张家港市金港乐朵儿童关爱中心、张家港市港城公益服务发展中心、张家港市华夏乐龄服务中心、苏州吉康养老产业有限公司、张家港市华夏启创公益服务发展中心、张家港市港城心理健康服务所、张家港市新志网格治理服务中心、微护（苏州）健康科技有限公司张家港马桥护理站等15家，其中街道培育注册的有张家港市金港街道广美社会服务社、张家港市金港乐朵儿童关爱中心2家；年内，调整优化金润社区，增设金康社区居民委员会。坚持党建引领社区治理，成立街道社工站党支部，依托社工站服务阵地，建立“枢纽站、资源站、服务站”“三站合一”社工服务模式，探索形成“金治荟”特色党建服务品牌。全年发放各类民政经费2404.18万元，其中，购买虚拟养老服务219.11万元、发放尊老金1150.16万元、春节慰问金1034.95万元。

（沈思齐　邱凤英）

【社工管理】 2023年，金港街道有户籍人口8.54万人，城乡社区工作者453人，其中持有社工证113人，新增持证社工38人。8—9月，社工站组织村（社区）工作人员9人参加首届张家港市社会工作者职业技能大赛，其中7人参加决赛，高美君获个人优秀奖、刘洁获评市优秀社会工作者。建立健全“站室联动”机制，实现23个村（社区）社会工作室全覆盖，按照“社工站—社工室—志愿者”三级管理服务体系，推动社工站与多个服务领域充分融合。金港街道社工站获评2023年度苏州市优秀红色社工站，金都社区社会工作室、中德社区社会工作室获评2023年度张家港市优秀村（社区）社会工作室。各村（社区）注册有老年协会、东山石锁俱乐部等社会组织28个；备案社会组织有南沙社区香山舞龙团、金润社区夕阳红文化艺术队等262个。

（邱凤英）

【村（社区）治理】 2023年，金港街道加强村（居）民委员会规范化建设，健全村（居）民自治机制，每季度召开村（居）民代表大会，充分发挥直接民主的作用，保障村（居）民合法权益。搭建议事平台，深化村（居）民议事会作用，全年通过居民议事会商议的“民生微实事”项目115项，经街道联席评审并落地实施项目99项，其中工程类项目53项、服务类项目46项，项目合同金额763.45万元，资金拨付总额557.69万元。镇山社区的"小楼道大变身，服务惠民新通道"项目被评为张家港市十佳优秀"民生微实事"项目。推行"五社"联动，实践社区与社会组织、社会工作者、社区志愿者、社会慈善资源联动机制，推动社区治理效能不断提升。年内，马桥社区获评江苏省巾帼志愿服务十大优秀社区。

（沈思齐　邱凤英）

【殡葬事业】 金港街道的公墓有位于长山村的高峰公墓和位于占文村的河山公墓。2023年，街道推进殡葬改革，做好清明时节祭扫服务保障，高峰公墓、河山公墓墓地管理处共接待群众2万余人次，祭扫活动平稳有序，未发生安全事故。9月，完成苏城数字殡葬管理系统公墓、骨灰堂等基本信息填报。12月，在长山村高峰墓区内开工建设金港街道殡仪服务中心。年内，街道集中文明办丧17户，发放文明办丧补贴3.4万元。

（陈　侃）

【区划地名管理】 2023年，金港街道做好部分道路街巷"有地无名"问题排查工作，对部分不规范路牌进行更换，做好东宝路、黄君秀棣路、岭南路、润德路、大德路5条道路的命名申请，并及时设置地名标志。"张家港市烈士陵园""巫山渡江战役登陆纪念处""占文农暴旧址"首批入选张家港市红色地名名录。配合做好金港街道与后塍街道、德积街道行政区域界线勘定工作。

（沈思齐）

【新市民管理】 2023年，金港街道登记出租房屋1.21万户，流动人口（新市民）3.42万人，其中16周岁以下8600人，就业2.13万人，党员248人。新市民协助破获治安案件4起、刑事案件1起，协助抓获行政处罚人员17人、刑事犯罪人员6人；提供线索取缔黑网吧、黑诊所、黑作坊等场所11家。2月，组织举行新市民欢度新春佳节活动；6月，在各社区开展新市民禁毒宣传，并举行有奖知识问答，6万新市民参加；9月，开展"迎中秋、送温暖、献爱心"新市民关爱活动，向新市民中的贫困家庭学生和特困户送上生活用品和月饼。全年有2143名新市民子女凭积分获参加居民基本养老保险资格，2425名新市民子女凭积分入学公办学校。

（金　良）

## 残疾人事务

【概况】 2023年，金港街道有持证残疾人1673人，占户籍人口的1.96%。其中肢体残疾913人、听力残疾144人、言语残疾14人、智力残疾194人、精神残疾186人、视力残疾148人、多重残疾74人。残疾人中享受低保补贴156人、低保边缘85人、重残救助202人、一户多残（依老养残）6户、精神（智力）残补助49人。3月，金港街道康复驿站获评江苏省精神障碍社区康复服务示范点。

【残疾人补贴发放】 2023年，金港街道做好年度残疾人入户调查，对持证残疾人实行动态管理，建立健全残疾人基础信息库。全年为84名无业重度残疾人和精神（智力）三级、四级残疾人发放社保补贴43.7万元，为36名残疾学生及贫困残疾家庭子女发放助学补贴4.9万元，为125名听力、言语、视力残疾人发放信息流量补贴4.27万元，发放困难残疾人生活补贴、重度残疾人护理补贴473.08万元、各种宣传手册3000余份。

【残疾人康复】 2023年，金港街道依托乐康康复中心，引入"新融合·心家园"障碍者服务项目，为28名残疾学员提供康复护理、日间照料等服务，聘请中医院康复医师进行每月4次的康复指导和技能示范训练，邀请精防医师、心理专家

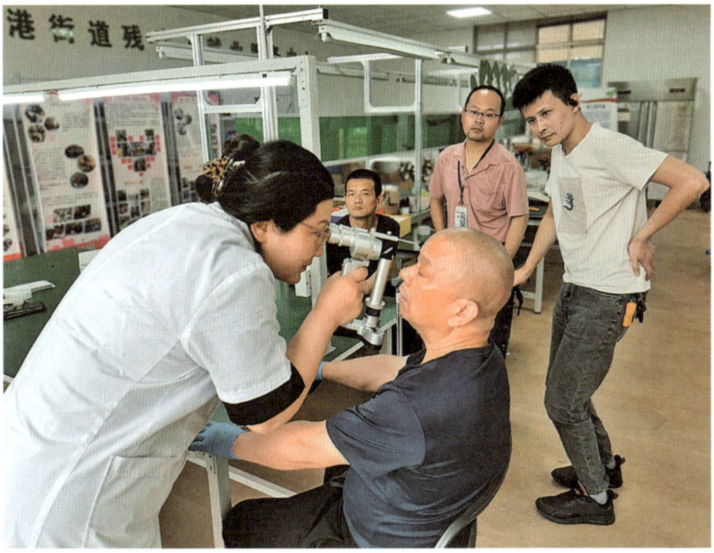


6月13日，金港街道乐康残疾人之家开展“爱心义诊”志愿助残服务

进行日常饮食、生活常识、健康讲座、心理疏导等服务，并设立视力筛查点，由张家港市枝叶儿童青少年视力康复中心提供筛查服务，全年服务5000余人次。

【残疾人就业】 2023年，金港街道通过年度需求调查，制定全年培训和就业促进计划，组织各类培训100余场，服务残疾人5000余人次；开展残疾人就业招聘会2场，推荐4名残疾人成功入职社会企业；组织15名残疾人进入张家港凯利雅特种纱线有限公司、顺德工业（江苏）有限公司、张家港市旗伟纺织有限公司参加就业实训，2名学员成功就业。同时，依托乐康就业中心开展残疾人辅助性就业项目，吸纳15名残疾学员，主要进行订单化手工香皂生产、眼镜布、绕鞋带、厨房网兜、手工花制作等作业，学员最高月收入1500余元。

【残疾人文体活动】 2023年，金港街道有残疾人文体团队2个，全年开展各类活动100余次，服务残疾人5000余人次。5月，金港乐康残疾人之家代表队在张家港市首届残疾人技能大赛中获团体第三名，听力残疾人代表冯敏夕获苏州市职业技能比赛咖啡师一等奖。

【残疾人服务阵地】 乐康残疾人之家成立于2018年4月，位于金桥路104号，建筑面积1500平方米，是全市规模最大的一家残疾人综合服务阵地，设有康复驿站、就业中心、孵化基地、乐康工坊等功能室，挂牌张家港市残疾人辅助性就业项目资源调配中心，先后获五星助残服务机构、苏州市星级残疾人之家、江苏省精神障碍社区康复服务示范点等荣誉。2023年，街道残联链接陶氏化学（张家港）有限公司，投入15万元升级载体功能，增设多功能会议室、助残志愿服务站，更新设施设备，提升乐康残疾人之家承载力，逐步打造残疾人“想就能”就业、创业孵化平台，满足残疾人事业发展和服务要求，让残疾人“梦圆金港”。

（钱 斌 金 良 丁桂兴）

## 养老服务

【概况】 2023年，金港街道有60周岁及以上老年人25475人，其中60—69周岁12814人、70—79周岁8953人、80—89周岁3255人、90—99周岁442人、100周岁以上11人；持证养老机构1家、床300张，入住50人，工作人员9人；发放尊老金19494人1256.87万元。年内，街道虚拟养老居家上门服务4.19万人次，结算服务费287.28万元；街道“银龄互助”注册志愿者112人，开展养老志愿服务1184人次；由养老服务组织承接“养老关爱服务时间银行”，免费为街道80周岁以上老人提供理发、剪指甲、拖地等服务。

【居家养老】 2023年，金港街道有社区居家养老服务中心23家，为老年人提供日间照料、观影、棋牌、书画等服务；打造“3+X”老年人就餐服务圈，以南沙、中兴、港区为地理区域，根据实际情况，改造建设老年人助餐点8处，全年提供老年人助餐服务近5万人次。年内，在建示范性综合养老服务中心1个，具有日间照料、助浴、助餐等功能，为老年人提供专业养老服务。

【尊老敬老活动】 2023年，金港街道落实老年人优待政策，开展适老化改造工作，全年完成148户。10月21日，金港街道联合保税区城乡发展局和柏林村在马桥社区初心花园为百余位老人举办重阳节专题活动。10月31日，金港街道组织55名老年代表参观游览河阳山歌馆、恬庄老街。在市第36个“老年节”到来之际，保税区党工委委员、管委会副主任季峰带队慰问中南社区百岁老人季二妹、中港社区百岁老人方正言，街道党工委书记奚卫明走访慰问中南社区百岁老人耿金书，街道党工委副书记、办事处主任杜锁军走访慰问中南社区百岁老人姚长娣。在百岁老人家中，领导向老人献上鲜花，询问老人的饮食起居、身体情况，并送上慰问金1500元和慰问品，向老人致以节日的祝福。

【华青老年公寓】 华青老年公寓位于金港街道蟠港南路123号，2013年3月动工，总投资2000万元，建筑面积6600平方米，2016年年底建成，是一家集养老、康复、护理等功能的民营养老机构。2023年，老年公寓有工作人员15人，有养老床位300张，其中自理床位120张、失智失能床位180张；入住老人50人。

（陈　侃　金　良　丁桂兴）

# 村（社区）

## 长江村

【概况】 长江村位于金港街道西北部，东依巫山，南面、西面与长山村接壤，北濒长江。1990年12月，港区镇第一居民委员会成立，2002年，更名为长江社区居委会，与长江村合署办公，属村居合一管理体制。2004年5月，原后塍韩家港村跨区域并入长江村，为长江村东区。长江村东区位于后塍街道东北部，东接杨舍镇，南邻高桥村，西靠三角滩村，北依晨阳村。2023年，村域总面积5.2平方千米，辖村民小组22个，居民1931户7296人。有少数民族人口10人。常住人口1587户5723人，暂住人口599户2919人。年内，长江村入选第三批全国乡村治理示范村、江苏省乡村振兴示范村。

村级经济　2023年，长江村耕地面积107.25公顷、园林种植面积107.25公顷，全村土地流转到长江村土地股份合作社种植苗木。润发机械投资收益230.14万元、长江润发集团投资收益465万元、村绿化物业费收益233.11万元，东区农贸市场、东区林地、上海振华港机、木头人木业租金收益合计1528.78万元。全年村经济总收入5323.73万元，可用财力2541.75万元，比2022年增加244.94万。村级总资产2.34亿元，净资产2.16亿元。村民人均可支配收入5.2万元。

社会事业　长江村在中心区沿江堤建有2.5千米的健身步道，东区建有总面积2万平方米的郁金香体育公园，两地辅以党建引领、文明科普和运动健康标识，内设篮球场、乒乓球场、全民建设路径等健身设施并定期维护。2023年，完善居家养老服务，6月，在中心区开展老年人助餐服务，年服务2.8万人次。投入400万元提升长江社区卫生服务分中心医疗设备，免费为村民提供体检以及女性“两癌”筛查，并建立村民健康档案。出资31万元补贴村民购买重大疾病保险，出资8万元补贴80周岁及以上老人购买江苏医惠保，出资90万元实行新型农村合作医疗全额贴补。春节慰问当年度因病致贫村民305人，发放慰问金32万元。奖励优秀学子，发放应届大学生奖学金6.7万元。推出二胎、三胎生育福利，发放二胎奖励金2万元。全年共计发放各项村民福利620.25万元。

长江村村容村貌

村务管理　2023年，村党委下辖党支部11个，有党员352人。长江村建有“党旗飘扬长江之路”展示厅、家风馆、妇女儿童之家、党代表工作室、三八红旗手联合工作室、24小时图书馆、党群服务中心、新时代文明实践站等特色文化阵地，周一至周六均免费开放。全年开展理论学习24次，其中主题党日活动12次、书记讲党课4次。年内，组织党员参观镇江世业洲，赴江阴山泉村、金港街道长山村学习交流。有志愿服务团队2支，注册志愿者1138人，年志愿服务总时长2920小时。成立综治办、绿卫办，长江村中心区、东区每周交换检查，做到“每周一清单、每月一点评”。申报“友邻聚合力·长江幸福家”“共享美丽菜园”服务类项目2项，开展活动28场。举办长江村第7届村民运动会、第8届长江村村晚“幸福路上”。开展理论宣讲、科技科普、教育服务、文化服务、健身体育服务等各类活动121场。通过数字长江小程序，运用“大数据+网格化+铁脚板”，实现村情信息互通，6名网格员每天开展日常走访巡查工作，全年上报网格化管理平台民情日志360篇，处置各类上报事件108件。开展“331”专项整治，发放防诈骗、安全用气、消防安全宣传资料900余份，完成“瓶改管”1户、“瓶改电”6户，对辖区内246户出租户进行安全隐患检查，发现有安全隐患问题126户，一周内配齐消防“四件套”。全年有22篇信息、5个视频被苏州市级以上媒体录用，其中《金港街道长江村：党建引领绽放“长江名花”》被苏州“引力播”录用，《江苏张家港：百万郁金香，花开香满村》被中国新闻图片网录用，第八届村晚“幸福路上”在江苏“荔直播”和苏州“引力播”直播。

**【长江村获评全国乡村治理示范村】** 11月，长江村获评第三批全国乡村治理示范村。长江村将退休老党员划分成5个支部，实现“支部建在小区，组织覆盖村组，党员联系家庭”，推动社区治理向组、向户延伸。长江村与长江润发集团组建“村企党建联建”党员先锋队2支，企业党员助力乡村振兴，为有需要的村民提供就业岗位、创业支持，实现企业发展和村级经济发展双赢。广纳村民意见，年内推出“民生十件实事”。建立村级议事平台，引导村民积极参与村级事务管理，打造人人共建、共治、共享的和美乡村。线下建好用好法治文化主题公园等载体，线上以村民组为单位建立法润民生微信群，派出所副所长兼职社区民警，以身边事为案例，为村民科普防骗知识。搭建老干部议事会、初心板凳议事会、妇女议事会等平台，村里重大事项决策经过村民代表大会讨论表决后实施。大力推广垃圾分类、文明楼道评比、美丽庭院建设等活动，让环境整治稳步提升。理论宣讲志愿服务队、郁金香巾帼志愿服务队、平安长江志愿服务队等6支分队常态化开展志愿活动，做群众的贴心人，办惠民的贴心事。在全民参保的基础上，长江村落实好社会救助、抚恤优待、残疾人关爱、大病保险等托底保障，加大教育惠民力度、减轻村民就医负担，把好事实事做到群众心坎上。

**【长江村获评江苏省乡村振兴示范村】** 长江村紧紧围绕乡村振兴战略，以“农业起家、工业发家、资本富家、健康安家、幸福居家”的创业创新发展路径，走出一条独具长江村特色的乡村振兴道路。立足长江润发总部经济，推动三次产业协调发展，发挥“医药+医疗”大健康产业优势，做强中西药结合的医药板块，让更多良心药惠及百姓，做优妇产、颐养及康复联动的医疗板块，切实关爱“一老一幼”，提供全生命周期健康关爱。积极发挥村书记带头人作用，培养一批“懂农业、爱农村、爱农民”的“三农”工作队伍，把人才优势汇聚成推动长江村高质量发展的优势。利用长江村“家风馆”，注重家庭家教家风，让文明之风在长江村蔚然成风。牢固树立“两山”理念，践行“长江大保护”，深化“美丽岸线”

建设，以“6S”的标准做好农村人居环境常态化管理，加快路面黑色化改造，“三线”落地整治，新增口袋公园，因地制宜逐步推进农房翻建，打造留住乡愁的滨江新村；建设特色田园乡村，以“花林田园景，颐养幸福乡”为规划总目标，展示乡村人文历史和环境风貌，融入乡愁记忆。2022年，长江村获第九批次江苏省特色田园乡村。2023年12月29日，长江村获评江苏省乡村振兴示范村。（周晓兰）

## 长山村

**【概况】** 长山村位于金港街道西部，东与长江村接壤，南临香山风景区，西依长山，北濒长江。2004年2月，高峰村、朝阳村并入长山村。2019年4月，成立长欣社区居民委员会，属村居合一管理体制。2023年，长山村村域面积5.8平方千米，有自然村21个，村民8035人，新市民12000余人。年内，长山村获评江苏省民主法治示范村、长山村股份经济合作社获评江苏百强股份经济合作社。

村级经济　2023年，长山村集体资产总收入7722.61万元，工业企业开票收入42.8亿元，入库税收1.88亿元，全村净资产超5亿元，村级可支配收入7636.94万元，文昌学校、三林法兰、凤凰船舶、久盛船业舾装码头等优质项目综合增收5480万元。优化产业结构，打造保税区长欣科创园，全年清退低效工业企业2家，清退厂房5600平方米，引进新材料研发生产的上海禾福、江苏聚艺鸿2家优质科技企业入驻并投产。年内，长山村股份经济合作社获评江苏百强股份经济合作社，位列全省第16位。

社会事业　2023年，长山村发放村民福利户均达到5000元，总发放额超1000万元，其中五星文明家庭奖励金249万元、尊老金256万元、新生儿祝福金及去世人员慰问金20万元、“福村宝”92万元、大病慰问金51万元。年末股金分红增至每股200元，追加“幸福港城惠老保险”“乡村振兴保意外险”，共发放150万元。完成朝阳区域及香山河西侧河道疏浚驳岸及绿化提升、朝东岸农房集中翻建高压线入地、冯家埭和潘家埭“一事一议”道路建设、怡馨苑小区天然气管道铺设等一系列民生实事工程，共投入资金767.6万元。

村务管理　2023年，村党委下设党总支1个、党支部20个，党员504人。全年投入120万元，升级完善长山村党群服务中心、长欣社区“悦邻益家”党群服务中心及“村口驿站”“家风公园”“巷里书屋”等“海棠花红”阵地链点位功

长山村村容村貌

能及设施。2月，与保税区发改局、张化机公司、东山村等兄弟单位联合成立"乡村振兴"行动支部。年内，对各自然村落进行地毯式整治，累计出动1232人次、动用挖机70个台班、清理垃圾杂物7536车。投入110万元采购最新扫地车、洒水车、垃圾收运车等环卫绿化车辆，常态长效管理好村庄整体环境，有效提升整村保洁服务效率。全年走访检查全村出租房574户、"九小场所"165家，同步签订消防安全责任书，完成整改出租房105户，完成小餐饮"瓶改电"验收37家、关停1家，对3家宾馆、1处员工宿舍楼实施消防喷淋改造，完成各类整治工单814件。

**【长山村巷里书屋】** 2023年，长山村出资60万元，租赁村民房屋，建成农家书屋——长山村巷里书屋。巷里书屋位于长山村高峰尤家巷内，建筑面积270平方米，内设"巷润童心""巷扬清风""巷蕴书香""巷里欢颜""巷砺初心""巷聚未来"主题功能室6个，藏书3000余册，涉及习近平新时代中国特色社会主义思想、专业技术、新农村建设、经济、法律、卫生、文化艺术、少儿等图书20余种，配备桌椅、多功能会议平板、耳机森岭、借阅机等设施，设管理人员1人。按照《长山村巷里书屋管理制度》，书屋定时开放，借阅手续科学，方便群众阅读。年内巷里书屋接待村民阅读10000余人次，借阅5100余人次。（邢万里）

## 巫山村

**【概况】** 巫山村位于金港街道西部，东临张家港运河，南依山北村，西连长江村，北接港务集团。全村村域面积2.12平方千米，村名以境内的巫山而得名。1990年12月，成立港区镇第二居民委员会。2002年12月，港区镇第二居民委员会更名为巫山社区居委会，属村居合一管理体制。2023年，下辖村民小组14个、居民小组3个，居民1727户5175人，暂住人口926户4112人。年内，巫山村获评江苏省民主法治示范村、苏州市智慧农村，巫山村股份经济合作社获评农行农担杯江苏百强股份经济合作社。

村级经济　2023年，租金收入是巫山村村级经济重要来源，金港中央广场是巫山村重要的经济载体平台。年内，巫山村把中央广场的恢复和扩大消费摆在优先位置，聚焦假日、夜间经济，持续开展促消费系列活动；在北门新建中央广场二期改扩建项目，年底完成对外招商，丰富中央广场的业态；在西门增设餐车，引进各种特色小吃，为广场增加人气；优化改造南门公共停车场，提升和完善商圈配套。滨江新城集贸市场由超市、生鲜、儿童乐园、餐饮等综合业态组成，为周边社区居民一站式邻里购物中心。两者既是巫山村经济增长的主力军，也是对外

巫山村村容村貌

的靓丽名片。同时，巫山村在确保资金安全、收益稳健的前提下，不断转型、提档、扩展，变资金为股权，为村级经济注入新的增长点。全年村集体总收入3667万元，可用财力3607万元，村级净资产2.7亿元，村民人均可支配收入4.35万元。

社会事业　2023年，巫山村围绕安全生产，对辖区14家企业、2家木材市场、150家“九小场所”、250家商户开展常态化走访机制，按照安全生产工作要求，签订消防安全生产责任书和安全生产、环境保护目标责任书；进行“331”安全隐患整治夜查24次，出租房、群租房安全隐患专项检查12次，开具整改通知书121份，完成餐饮店铺“瓶改电”60家。年内，巫山村开展“文明新风户”评选工作，达标965户，发放奖励金144万余元。投入10万余元专项资金整治人居环境，出动330人次、各类车辆590辆次，清理卫生死角63处，整治家前屋后乱堆乱放283户。出资26.13万元为3734名村民补贴福村宝医疗救助项目，累计报销1110人30.28万元。出资15.31万元补贴847人购买农村合作医疗保险，其中全额补贴157人。发放股金分红2135人248万元。开展“巫山村暑托班”“第四届巫山村千百度艺术文化节”等活动，弘扬中华优秀传统文化。

村务管理　2023年，村党委下设党支部7个和非公企业党支部3个，有党员258人。巫山村深入开展主题教育，组织主题党日活动12次，讲授专题党课4次。通过组织开展“忆峥嵘岁月、树理想信念、明职责使命”红色观影、缅怀先烈文明祭扫等活动，引导党员干部敢闯敢干，坚定红色信仰，汇聚奋进力量。实施海棠先锋走访机制，开展“四敢”活动大走访，深入村民家中听民声、察民情、解民忧，收集各类困难需求近100条，解决村民切实需求。年内，巫山村完成旧房改造11户，解危2处，小型工程报备36件，规范完善矛盾调解机制，开展法治教育讲座4次、禁毒讲座1次、防范电信诈骗宣传12次。坚持治理与长效建设相结合，完成69家“九小场所”雨污分流改造及排水证领取。（周郁彬）

## 山北村

**【概况】** 山北村位于香山北麓，东临张家港运河，南靠香山和东山村接壤，西隔张公港与长山村相接，北临巫山港和张家港运河，与巫山村、滩上村相望。2004年2月，港上村、镇山村并入山北村。2018年4月，镇山社区居民委员会成立，隶属山北村，属于村代管社区（二级社区）。2023年，山北村区域面积5.8平方千米，下辖村民小组31个，户籍人口1565户6261人，外来人

山北村村容村貌

口3862人。年内，山北村获评江苏省民主法治示范村、张家港市“现代化建设先锋年”先进集体、张家港市文明村标兵等荣誉。

村级经济　2023年，山北村全力推进“一校一场”2个重点项目建设，香山小学新建工程项目总投资约3亿元，联合6个村2个社区，实行村村抱团发展模式，计划2025年5月验收交付；香山农副产品批发市场改造提升项目总投资约5000万元，计划2025年5月投入运营。年内，科学调整土地、厂房租金，将部分税收贡献少、环境污染大、科技含量低的企业逐渐清退，实现腾笼换凤。全年村集体总收入3915.49万元，可用财力2806.78万元，村级净资产1.29亿元。

社会事业　2023年，山北村继续推广重大疾病保险“福村宝”，年内报销992人次70.13万元，单笔最高金额2.47万元。为村民（男年满60周岁、女年满55周岁）发放重阳节慰问金每人200元、春节慰问金每人300元。对每位村民进行股金分红，发放每股400元。对应届录取的本科生、硕士生和博士生实行助学奖励，博士及以上每人奖励5000元、硕士研究生每人奖励3000元、本科生每人奖励2000元。由村购买团体大病医疗重疾险，以5325人的基数，按照每人42元的标准，支出金额22.37万元，其中大病报销给付13人，金额5.51万元；死亡给付32人，金额6.4万元。为60周岁以上老年人购买意外保险，村补贴每人50元，支出金额7.9万元。居家养老站点运作稳定，通过实施托管第三方社会化运行，常态化开展每月惠老服务和主题活动1至2次。“全科社工”模式运行稳定，服务大厅2个综合窗口，实行“一窗受理、后台分拨、全科服务”，优化服务流程，提升服务效能。

村务管理　2023年，村党委下设镇山社区党总支1个、党支部10个，有党员293人。年内，山北村开展“我们的节日”主题活动，重点打造特色品牌“粽香情浓，与爱同行”主题活动和“爱满重阳节，浓浓敬老情”志愿服务活动，常态化开展“八礼四仪”养成教育和关爱未成年人活动。整合各级资源，引入社工组织，全年开展活动40余次，其中关爱孤寡老人4次、结对帮扶困境儿童4次、文体竞赛1场、送戏下乡13场、播放爱国主义影片12次、青少年阅读活动12次。在镇山小区二期，建设500平方米的健身广场，设置儿童素质拓展基地。组织力量建设美丽村庄，发动村党员干部、网格员、志愿者等70余人参与到一线，村党员干部、网格员及3家保洁公司参与美丽村庄建设，全年组织500余人次，出动大型机械30台次，拆除残垣断壁7处，清理淤泥90吨、农业生产废弃物15吨，整治卫生死角90余处、乱堆乱放100多处，清理畜禽圈舍320平方米，处置家禽600余只。全年总支出3319.07万元，其中福利费支出571.1万元、管理费用支出1331.81万元、其他支出710.69万元。

**【“党建+乡贤”特色党建项目】** 2023年，山北村党委始终把乡贤文化根植故土，走出一条“党建+乡贤”的红色“品牌”之路。村党委依托党建书记项目，全年开展专题培训12次，组织“三会一课”、学习党的二十大等主题党日活动12次。健全“党委—党总支—党支部—楼栋党小组—党员中心户”5级组织体系，纵向组建“党委—村委—自然村—村民小组—户”网格体系，把支部建在网格、把党小组设在楼栋、把党员纳入网格管理，推动党的工作触角进网、入格、到户。按照“一网多员、一员多岗、一岗多责”原则，选优配强专职网格员8人、微网格员64人，吸纳退休老党员42人、老干部38人、企业代表4人担任村乡贤，从村民小组长、楼道长、热心居民、志愿者中聘任“海棠先锋”74人，让党员做好表率、乡贤做好导向、志愿做好带动，着力打造一支“头雁领航，雁阵齐飞”的基层治理队伍。年内，新建初心广场1座，打造文明楼道2个。2023年“乡贤驿站”开展议事40次，“文明楼道”开展社区活动12次。（周子恒）

## 柏林村

【概况】 柏林村位于保税区滨江新城核心区，东邻封庄村，南邻袁家桥村，西连东山村，北临南横套，地处国家AAAA级景区香山风景区东麓，张杨公路横贯境内。村内殷家埭是“刘氏三杰”刘半农、刘天华、刘北茂的祖籍地。2004年2月，三省村、马桥村并入柏林村。2018年4月，成立马桥社区，属村居合一管理体制。2023年，柏林村区域面积4.7平方千米，下辖46个村民小组，有户籍人口2166户7481人，管辖二甲里小区、柏林小区和马桥小区3个拆迁安置小区。年内，柏林村（马桥社区）获评2023年全国示范性老年友好型社区，柏林村股份经济合作社获评江苏百强股份经济合作社。

村级经济　2023年，柏林村有耕地面积14公顷、粮食种植面积4.67公顷，水稻亩产550千克。柏林工业园位于柏林南路南北两侧、张家港运河东侧，园内建有标准型厂房8万平方米，入驻企业60余家，涉及纺织、机械、电器、冶金和木业加工等行业。全年土地租赁收入165.78万元，厂房租赁收入1404.42万元。村集体经济总收入2771.35万元，村级可用财力2719万元。村集体总资产2.77亿元，村民人均可支配收入4.7万元。

社会事业　2023年，柏林村对马桥、柏林2个安置小区进行升级改造，投入16万元在马桥小区内增设休闲文化长廊，在楼道口和公厕增设无障碍扶手；投入55万元对柏林小区开放式草坪翻新改造、安装菜园围栏、统一更换破损窨井盖、路侧石，新增停车位、汽车充电桩、电动自行车充电桩。为改善人居环境，投入9.66万元建设300平方米的垃圾分类桶清洗场地；投入21.58万元对全村1000余只农户两分类垃圾收集桶进行更换；投入3.6万元在孙姚庄、七房庄、二甲里等自然村庄增加6座垃圾收集亭；投入21.06万元对七房庄4座公厕完善硬件设施进行改造提升；投入222.87万元整治人居环境，出动1568人次、各类车辆310辆次，清理卫生死角525处，整治农户家前屋后乱堆乱放285户，清理垃圾46.5吨；对周家弄南侧约1000平方米农田进行改造，通过加装围栏、浇筑农田内部田埂、规范农户种植，打造“美丽田园”；投入100余万元打造数字乡村平台，推动乡村治理现代化。投入80余万元对工业区部分企业约7000平方米厂房屋面彩钢瓦进行更换，改造污水管网，实施可视化管理，规范企业安全生产。出资21.8万元对困难群众进行春节慰问，出资80.37

柏林村村容村貌

万元对60周岁及以上老年人发放重阳节、春节慰问品。出资29.74万元为村民每人购买一份“和谐港城，惠民保险”大病保险；出资5.73万元对本村购买“幸福港城惠老保险”（意外险）加保的群众给予50%的保费补贴；出资2.76万元为全村80周岁及以上老年人购买“苏惠保”补充医疗保险;出资66.46万元用于福村宝补贴，参与村民人数8307人，全年报销1126人次，报销金额63.5万元。出资4.8万元对24名高考优秀学子及硕士研究生进行表彰奖励。出资150.4万元为全村2148户村民7520人发放股金分红。

村务管理　2023年，柏林村党委下设党支部11个，有党员349人。组织党员干部开展理论学习12次，召开党员大会3次、支委会议110次、党课72次，党员参学率100%。组织开展学雷锋公益集市、“美家园”人居环境整治、廉政主题教育等活动20次，累计参与党员312人次。探索“党建+”发展模式，落实开展党建赋能绘就乡村振兴“新画卷”书记项目，充分发挥党组织统筹引领作用；与保税区广电中心、金港供电所结对共建，合作开展“三聚三优”党建共建项目，以数字赋能基层治理提质增效；与张家港市应急管理局第一党支部结对共建，合作开展“安全连心桥”项目，为辖区企业安全生产、居民安全生活保驾护航。依托新时代文明实践站，持续围绕“理论宣讲”“教育服务”“文化服务”“科技与科普服务”“健康促进与体育服务”五大平台，开展文明实践活动。建有志愿服务团队1支——“柏林村新美公益联盟”，下设8支志愿分队，至年末，团队在册志愿者618人，年志愿服务总时长327小时，参与服务225人次，柏林村（马桥社区）文明实践巾帼志愿阳光站获评江苏省“在你身边”文明实践巾帼志愿阳光站，柏林村（马桥社区）“她”行动志愿服务队获评2022年度张家港市“巾帼文明岗”。扎实推进文明创建，组织“我们的节日”系列活动6场，举办各类技能培训、主题观影、健康讲座、文艺演出、暑托班等活动40余场。每季度开展道德讲堂，积极开展身边好人、文明家庭等评选活动，5月，由村推选的翁健家庭获评保税区“最美家庭”；11月，村民孙士龙、孙阿青被张家港市文明办评为见义勇为身边好人“张闻明”。全村有网格6个，设兼职网格员6人，全年常态化开展网格走访巡查，上报走访日记360余条。常态化推进“331”专项整治行动，全年累计摸排“九小场所”92家，走访出租房960户，整治隐患772条。排查调处矛盾纠纷9起，处理“12345”平台各类投诉纠纷意见132条。

**【“三马工作法”】** 基于社区居民对本土文化的认同感和归属感，马桥社区深挖地域文化，围绕“马”字做文章，以需求征集马上听、资源链接马上来、项目落实马上办的“三马工作法”为指引，着力打造“三全三聚”党建服务品牌。需求征集马上听，依托乡情议事厅、楼道微自治、居民议事会，打造全民自治平台，2023年累计召开居民议事会议20余次，居民反映强烈的增设休闲座椅、休闲广场、口袋公园问题通过民生微实事项目得到妥善解决；资源链接马上来，年内，联系条线组织力量7支、乡亲先锋力量4人、伙伴社会力量十余支，实现队伍全域覆盖；项目落实马上办，围绕打造“党群连心桥”“民生幸福桥”“文明和谐桥”的“三桥”主题，以共建共享美好家园为目标，充分发挥社区、社会组织、社工、社会资源、社区自治组织“五社联动”运行机制，落实开展“能力提优，伴侬成长促和谐”“服务争优，文明实践树新风”“生活无忧，实事项目惠民生”的“三U计划”，全年实施“睦邻楼道，乐享美好”楼道长增能计划、“四季风韵”亲子关系促进计划2个项目，为民服务聚智精准提供全心服务。“三马工作法”把基层党建工作与社区治理有机融合，推动居民由“要我参与”转向“我要参与”，社区由“做服务”转向“优服务”，社会组织由“做我想做的”转为“做

你需要的”，努力构建“共建共治共享”的社区治理新格局。（瞿佩珊）

## 张家港村

【概况】张家港村地处金港集镇，位于张家港港通江出口处，东至江南宾馆，南临天福北路，西濒张家港运河，北接永嘉码头。1990年12月，成立港区镇第三居民委员会。2002年12月，港区镇第三居民委员会更名为安利社区居委会，属村居合一管理体制。2023年，张家港村总面积1.38平方千米，下辖自然村9个，设19个行政管理区域。总户数2649户，其中自然村823户，居委1826户，户籍人口4488人，暂住人口6433人。年内，张家港村获评张家港市文明村。

村级经济　2023年，张家港村有张家港市万顺焊管有限公司和张家港市同达自攻螺丝有限公司工业企业2家，实现销售收入9685万元，完成入库税金122.1万元。村集体总收入431.8万元，村级可用财力245.19万元，村级可支配收入341万。

社会事业　2023年，张家港村新建张家港村队长工作站，以16名老队长为骨干成员，外加部分老党员、志愿者，成为村民与村委之间沟通的纽带，协助村委开展理论宣讲、便民服务、助困帮扶、法治宣传等活动，全年开展党建活动12次，矛盾调解30余次。年内，投入5万元对辖区内所有老旧小区楼道进行氛围布置，其中安利新村一村1至16幢楼道获评保税区“最美楼道”；投入9万元对安利新村一村1至16幢飞线进行“空中飞管”改造。年内，发放村民福利70余万元，组织93名65周岁以上农保退休老年人和1345名城镇职工退休人员免费体检，组织1100余名妇女参加“两癌”筛查。

村务管理　2023年，张家港村党委下辖党支部7个，有党员236人。组织“两委”班子成员学习12次、主题研讨2次，开展主题党日活动12次；组织全体党员集中授课2次，各支部自行组织学习6次；组织开展一把手“四敢”活动大走访，实施惠民实事零距离工作制，收集民生诉求30余条，根据民生诉求和实地调研，对辖区内一条长约150米的臭水沟进行彻底整治。以污水改造工程为契机，将整治后的土地进行合理利用，规划设置党建文化长廊，聚力打造具有本村特色的红色风景线，构筑加强党组织凝聚力和党性教育新阵地。年内，开展集中环境卫生整治22次，参与人数620余人，清理楼道100余个，清除卫生死角300余处，整治河道1条，治理脏乱道路300平方米，清除各类建筑和生活、生产垃圾300余吨，清除乱张贴300余处，消灭蚊蝇滋生地30处。开展企业安全生产标准化减排提级5家，摸排发现新增“散乱污”小作坊6家，当年完成“回头看”核查6家，整治6家，联合街道进行消防安全夜查超20余次，迎接配合市机制办各类督察7次，检查各类场所200余家次，办结隐患1258条。

【村云海舞蹈团】张家港村云海舞蹈团成立于2005年4月，是张家港市最早成立的村级舞蹈

张家港村文艺晚会

团队，每年参加各类主题演出、文艺下乡、舞蹈比赛达30余场。在苏州市“繁星奖”舞蹈大赛、张家港市舞蹈大赛和各行业艺术展演出中屡获佳绩，其中舞蹈《居有竹》获张家港市“沙洲之春”新人新作舞蹈大赛金奖，《酒魂》获张家港市第一届舞蹈大赛银奖，民俗舞蹈《青青麦香》于2016年获苏州市首届群众文化“繁星奖”银奖，红色主题舞蹈“芦花红”获苏州市第二届“繁星奖”铜奖。2023年，云海舞蹈团获金港广场舞大赛金奖、鼎植口腔杯广场舞大赛第二名，参与第二十一届苏州民俗艺术节、江苏省艺术节、金港街道“倡导移风易俗，我为文明添彩”公益文艺巡演、香山民俗运动会开幕式等演出。

（朱　敏　黄丽娟　顾亦娟　朱阿云）

## 滩上村

【概况】 滩上村地处金港街道镇区中心地带，东至中兴南路，南至张家港运河，西至蟠江南路，北至天福南路。1996年10月，成立港区镇第四居民委员会。2002年12月，港区镇第四居民委员会更名为滩上社区居委会。2004年2月，三节桥村并入滩上村。2023年，滩上村区域面积4.15平方千米，下辖社区居委会（滩上社区、金桥社区）2个、村民小组29个，常住人口15382人，暂住人口8475人。滩上社区属滩上村下辖社区，面积约2.8平方千米，管理区域为东至黄泗浦路，西至蟠港南路，南至张家港运河，北至天福南路，下辖村民小组16个，居民小组21个。金桥社区是隶属滩上村管理的动迁安置小区，成立于2011年10月，占地面积0.38平方千米，分3个区域，共有安置房2679套，门面房22幢，另有商品小区紫竹庭园436套，社区总人口11893人，下辖村民小组13个，居民小组31个。年内，滩上村获评保税区政务服务工作优秀集体。

村级经济　2023年，滩上村有原老村委办公楼、紫竹庭园大酒店、益智教育培训机构等自有资产年租金收入181万元；蟠港南路闲置土地，引进名顺夜宵经济城，土地租赁年收入10万元。强化江海路江南建材城、蟠港南路华伟达工业小区等产业管理服务，确保集体资产保值增值。全年村集体总收入498万元，可用财力246万元，村集体总资产38189万元，净资产3051万元，村民人均可支配收入4.5万元。

滩上村村容村貌

社会事业　2023年，滩上村设有党群服务中心、居家养老服务中心、新时代文明实践站，驻站社工为老年居民开展休闲娱乐活动48场，链接社会资源为辖区妇女、未成年群体开展教育提升服务16场。对1700名35—64周岁妇女提供免费“两癌”筛查，发放独生子女父母奖励金642人19.26万元。办理独生子女父母一次性奖励金68人。出资1.8万元奖励16名高等院校录取学生。出资23.75万元为4095名辖区村民缴纳“福村宝”互助基金，理赔266人13.61万元。出资86万元为1220名60周岁以上村民发放重阳节、春节慰问物资及水电补贴。为困难家庭46人发放春节慰问金9.24万元。出资22.85万元为428名60周岁以上村民购买农村合作医疗。

村务管理　2023年，滩上村党委下设党总支2个、党支部9个，有党员245人。组织党员干部集体教育学习12次，召开党员大会3次、支部大会12次，开展学习习近平新时代中国特色社会主义思想、党史学习教育主题宣讲24次，党员参学率100%，组织党员95人到常州金坛茅山映山红党史馆，开展沉浸式主题党日实践活动。常态化开展“331”消防安全整治24次、集中整治4次，发放宣传资料1000余份，检查并整改出租屋80户、“九小场所”24处，餐饮场所“瓶改管”“瓶改电”71家，全年无一起安全事故。年内，组织开展河长巡河48次。开展防诈骗活动12次，参与人数1000人次。开展文艺巡演3次，惠及群众7000余人次。全村有志愿服务队1支，志愿者156人，服务队用好新时代文明实践站载体资源，组织开展志愿服务行动，年服务总时长3120小时，志愿服务小分队为残疾人、低保户、失独家庭、未成年人等群体开展垃圾分类、重点帮扶等志愿服务25次。开展“我们的节日”系列活动10场，参与人数1600余人次。开展“一站式说事儿”小组活动，处理邻里纠纷、信访等事件8起；成立金桥办证专班，为金桥社区530户业主办理房产证，办证率达95.5%。

**【“和美”党建促自治】**　为进一步提升党员在基层治理中的参与能力，调动党员群众参与自治的积极性，2023年，滩上村启动“‘和美’党建促自治、携手共建美家园”党建项目。结合党员个人情况，设置诸多服务岗位，鼓励党员转变角色，群策群力推动滩上村精细化治理，真正让党员从“幕后”走向“台前”，充分调动党员智慧，为村级发展提供富有建设性的意见和建议。年内，有45名党员参与进来，“党员议事会”开展30余场，通过“点单+派单”、众事众议的模式，收集村居民反映较为集中的问题，全年收集路灯破损、楼道灯不亮、房屋漏水、空中飞线、楼道占道、堆放杂物等问题175个，响应处理问题158个，化解矛盾纠纷30余起。（朱雪栋）

## 占文村

**【概况】**　占文村位于金港街道西南部，东以大桥驿站路为界，与港西村为邻，东南与江阴市周庄镇稷山村毗邻，西南、西部与江阴市城东办事处交界，北与香山风景区相连，东北与东山村接壤。东横河、香南西路（延陵东路）横贯东西，沿江高铁经过村域南部，香山湖坐落境内。2023年，占文村区域面积2.41平方千米，下辖村民小组26个，户籍人口1041户4205人，有少数民族人口19人，常住人口169户500人，暂住人口99户580人。年内，占文村获评苏州市民兵工作先进单位、张家港市文明村、张家港市生活垃圾分类工作优秀单位、金港街道村级经济发展优胜单位。

村级经济　2023年，占文村投资收益288.23万元。其中永兴生态园借款利息150万元、保税区财政局借款利息118.23万元、亿丰实业公司借款利息20万元；土地流转承租赁收益15.26万元，其中尹标水稻、小麦承包种植租金收益14万元，张彭丽蔬菜大棚承包种植租金收益1.26万元；工业用地租赁收益49.22万元，其中顾建惠工业用地租赁收益9.76万元、张家港市润扬无纺布有限公司工业用地租赁收益11.63万元、张家港市废气处理设备厂工业用地租赁收益4.77万元、顾建文工业用地租赁收益16.28万元、张军工业用地租赁收益4.88万元、铁塔公司工业用地租赁收益1.9万元；其他收益3168.65万元，其中动迁区域土地租金191.32万元，河山公墓收益2890.79万元，水厂、农贸市场收益22.81万元，补助收益39.13万元，活期利息收益11.25万元，过渡房租金收益11.72万元，零星收益1.63万元。全年村集体经济总收入3521.36万元，可用财力2489.44万元，村集体总资产1.78亿元，村民人均可支配收入3.8万元。

社会事业　2023年，占文村投入63万元对占文大桥南北约700米道路进行整体硬化，投资71.26万元完成金香花苑便民服务点位和河南巷配药点改造。年内，在缴纳农村医疗保险、“福村宝”、重疾险、意外险等保险基础上，为4000多名村民缴纳“苏惠宝”共计32万元；居民医疗保险参保人数1420人，其中村委补贴54万元；为547位“福村宝”缴纳者补助38.93万元，单笔报销最高金额25300元，单人年度累计报销最高金额29015元，单人年度累计报销最高次数12次。出资3.34万元为667名60周岁以上老人投保特别团体意外保险；出资5.7万元为9名大学生发放教育奖金；重阳节发放敬老金12余万元；为90周岁以上老年人发放尊老金3万余元，为1017名65周岁以上老人办理尊老卡。组织200余名65周岁及以上农保退休老年人和1110名城镇职工养老退休人员免费体检。为29名一级、二级残疾人员申请重残补贴。全年为各类困难弱势群体发放慰问金30万余元；出资38.92万元为3892名村民发放股金分红。做好清明节期间安保工作，接待扫墓群众5万余人次，安排机动车辆8000余辆。

村务管理　2023年，占文村党委下设党支部5个，有党员155人。全年组织全体党员进行“七一党课”、“党员冬训”大党课2次，开展意识形态专题学习2次；围绕学习贯彻习近平新时代中国特色社会主义思想主题教育，支部书记讲党课5次、宣讲5场、主题研讨5次、专题学习20次，支部党员主动汇报11人；组织120名党员开展“学习强国”学习平台学习活动，年累计积分125万分。以原村民小组为基础，设置基础网格员16人，以片为单位设置网格长4人，村委设专职网格员1人、民警网格员1人，新增微网格联络员5人（海棠先锋户5户）。在“331”整治行动中，村委工作人员定期巡查30余次，摸排企业10家，对65户出租户进行安全隐患排查，发现电动车室内停放问题5起，对5户商家实施“瓶改电”，确保村民生命财产安全。投入10万元对河南巷、占文大街和菜场部分门面房改造，建成健康卫生、居家养老、党建服务综合服务中心。全村有志愿服务团队7支，志愿者120人，年志愿服务总时长330小时。其中扶弱帮困志愿服务团队和助学教育志愿服务团队为20名孤寡老人、困难学生等重点帮扶对象开展爱心服务17次，环境保卫志愿服务队开展人居环境整治、垃圾分类、防止诈骗、禁毒、禁赌宣讲活动36次。

**【河南巷便民配药点位建设】**　因香山风景区建设，占文村大部分村组已经动迁，境内仅剩下东横河以南的老年过渡房以及河南巷自然村，居住在河南巷的村民不足五分之一。为切实解决居住在老年过渡房和河南巷自然村的老年人看病、配药、就医的实际困难，占文村投入5万元，将原村卫生服务站搬至河南巷卫生便民服务点，并在增强医务人员、配齐常用药品、配套互助服务3个方面下功夫，让村民有病就能在自然村内

占文村河南巷便民配药点

直接就医，也为老年过渡房的老年人就医提供方便。（张建良）

## 东山村

**【概况】** 东山村位于金港街道南部，地处香山东麓，东临张家港运河，南接工业区，西邻江阴山观镇，北枕346国道，江海路穿村而过。2004年2月，香山村并入东山村。2023年，东山村区域面积3.21平方千米，下辖村民小组19个，总户数975户，常住人口3300余人。6月，村口袋公园获评苏州美丽乡村健身公园。11月，“撂石锁（香山石锁）”获评第五批江苏省级非物质文化遗产代表性项目。

村级经济　2023年，东山村通过参与抱团发展的模式增加村级经济发展后劲，实施参股香山小学、收购浩波公司资产、收购久盛船业股份等项目建设。村下属圆梦公司业务盈利能力逐年增长，全年总收入约120万元。2023年，村集体总资产5729.27万元，总收入1159.75万元，村级可用财力957万元。

社会事业　2023年，东山村出资32.23万元补贴2829名村民购买“福村宝”；出资9.54万元购买重大疾病及意外保险；出资33.43万元购买农村合作医疗；发放墓地补贴款32万元，涉及人数32人；慰问生活困难家庭、90周岁以上老人、发放老年人“三节”福利费、年终福利共计72.42万元。年内，东山村落实“三治”工作，走访发放安全宣传材料、张贴海报500余份；摸排整改出租房隐患100处；摸排整改“九小场所”隐患50处。做好全村环境整治工作，全年清理家前屋后堆放200余处，卫生死角100余处，清理各类垃圾200余吨，整治河道8条；每月开展垃圾分类评比工作，奖励垃圾分类优秀家庭200余户；常态化督察整治点位350余处。

村务管理　2023年，东山村党总支下设党支部5个，有党员169名。全年组织党员集中学习40次，书记上党课4次，开展讨论4次，参观学习1次。党员干部带头开展义务劳动50余次。东山村深化“党建+综治”双网融合治理模式，通过“党总支—微网格—党员—群众”四级

文旅东山团队在月湖广场开展迎新春集市活动

组织体系，畅通居民反映问题的渠道，打通协商议事、解决问题途径，推进民生实事工程，全面提升服务能级。持续发挥网格队伍“微力量”，打造富有凝聚力和战斗力的“网格堡垒”，持续擦亮乡村振兴底色。通过东山村“文旅东山”微信公众号、村务公开栏、宣传栏等形式打造阳光村务。全年总支出1324万元，其中经营支出291万元、管理费用581万元、福利费支出153万元、其他支出299万元。

**【月湖里苏州市级乡村健身公园】** 公园充分利用居民、商圈集中区建设体育健身设施、场所，进一步完善10分钟体育健身圈，让居民随时随地畅享便捷愉悦健身运动。借助现有体育场地设施优势，东山村自主举办趣味运动会、登山徒步行和环湖骑行等活动。（朱 珠 范一志）

## 港西村（香山社区）

**【概况】** 港西村位于金港街道南面，东临张家港运河，南接江阴市周庄镇，西与占文村接壤，江海路南北贯穿其中。2004年3月，青桥村并入港西村。2023年，港西村占地面积2.6平方千米，下辖村民小组27个，户籍人口1090户3558人。至年底，自然村农户动迁安置到各小区。2023年，港西村获评张家港市文明村、张家港市铁路建设先进集体、张家港市“安康关爱行动”先进单位。

村级经济　2023年，港西村耕地面积20公顷，其中粮食种植面积17公顷、油菜种植面积2公顷，各类水果、蔬菜种植面积1公顷，全年收入90余万元。港西村与长山村联合收购“三林法兰”项目，完善凤凰船舶破产重组项目、久盛船业项目以及浩波化工项目的收购手续，加快推进香山小学建设项目，村集体经济总收入1370万元，总资产8736万元。全年村可用财力1550万元，比上年增长23%。

社会事业　2023年，港西村为村民“瓶改管”出资28万余元。为村民购买农村合作医疗、“福村宝”、惠民等保险出资89.48万元，为60周岁及以上老年人加保一份意外险出资4.75万元，全年累计报销18人次4.35万元。为考取研究生和本科的本村籍学子奖励2.75万元。村为合作社持股村民发放股权分红63余万元，全年村民各项福利支出255万元。年内，投入20余万元完成香山社区卫生服务站改造扩建工程200余平方米；投入惠民演出2万元；完成香山社区和动迁区域集中整治工作，动员300余人次，清理垃圾杂物450余车；投入4.7万元改造辖区垃圾分类亭8个；投入38万元清理下家桥、凤凰钢构北面、青墩上的废品、杂物、垃圾；投入12万余元对辖区河道进行保洁，投入3万余元对旱塘泾排水口重新铺管维修及坡岸环境整治。

村务管理　2023年，村党委下设党支部7个，有党员133人，年内转正预备党员1人。全年组织党员集中学习48次、书记上党课5次、参观学习1次。党员干部开展环保公益志愿活动90余次。村登记辖区内外来人口2286人，其中

港西村“七一”大党课

企业住宿1992人。每月对出租屋57户、群租房6户、企业住宿83户巡查。全年接待信访80余人次，调解矛盾16起，处理完成“12345”求助30余件。开展防诈骗宣传，走访300余户，发放各类宣传资料500余份，劝阻高度疑似受骗行为3起。整治南沿江高铁沿线私搭简易棚21处300余平方米。全年组织入户检查140余次，其中夜查12次，排查整改各类隐患117处。带领小餐饮负责人参加电灶具展销会3次，完成小餐饮“瓶改电”5家，完成率100%。签订安全生产责任书64份，组织安全生产检查98次，整改隐患230余条。举办“我们的节日”主题活动7场、道德讲堂4次、移风易俗议事4次。

**【“老有颐养，幸福晚年”敬老爱老项目】** 2023年，村60周岁及以上老人1000余人，为750位老人办理尊老卡、145位老人办理虚拟养老服务，服务内容包括洗头、理发、刮胡子、剪指甲、按摩等。重阳节给60周岁及以上老年人每人发放慰问金100元，年底发放食用油，村“两委”班子入户慰问90周岁以上高龄老人并送上慰问品。村依托新时代文明实践站以及居家养老服务站开展“老年人运动会”“太极拳公益活动”“寒冬送粥”“健康义诊”等“老有颐养，幸福晚年”敬老爱老活动200余次。全年“老有颐养，幸福晚年”项目参与达1万人次。

（顾渊淇）

## 中德社区

**【概况】** 中德社区位于金港街道东南部，东临老套港，南至镇山路、西接港东北路、北靠黄泗浦东路。社区成立于2004年3月，是动迁安置小区，主要安置原大德村、善政村村民。2023年，中德社区占地面积0.17平方千米、建筑面积21.58万平方米，有居民楼61幢1743户，常住人口5200人，其中新市民人口占比约50%。

村级经济　2023年，中德社区集体经济总收入585.93万元，总资产3835.29万元，可用财力265万元，比上年增长6%。善政工业园纳入工业统计的企业有11家，其中规模以上企业5家，全年销售收入2.07亿元，入库税收576万元。

社会事业　7月，中德社区与港城心理健康服务所联合开展“德邻阳光计划——耆童心理关爱”项目，利用“五社联动”关爱社区“一老一小”的心理健康，由社会工作者、社区志愿者和青少年等20余人组成的“德邻阳光·心灵种子”团队，全年线上直播、心理讲座短视频观看人数1万次以上，直接受益群体约180户，间接受益群体2000余人。9月，位于中德社区广场的“小实市”便民服务亭开张，为理发和缝补衣物提供场所，方便周边居民生活；为辖区残疾、困难群体积极搭建就业平台，将服务亭用作他们经营场地。年内，社区出资10万余元补贴600余名居民参加合作医疗；“福村宝”理赔147人次，理赔金额16.07万元；组织65周岁以上老人体检80人；处理“12345”政务服务工单82件；开展各类志愿活动60余场，参与约900人次。

村务管理　2023年，中德社区党总支下设

中德社区凉亭里的课堂

党支部3个，有党员84人。社区针对门面商铺、出租房、车库居住、充电棚等重要点位，每月开展消防安全检查2次以上。年内，大力推进“瓶改”工作，门店15家餐饮全部完成“瓶改”工作，提高餐饮门店安全性；针对电瓶车乱停放、飞线充电等问题，新增电瓶车充电棚10个充电车位180个；排查车库住人且做饭49户，均完成整改；全年开展消防安全知识宣讲或演练活动9次。12月，中德社区获评张家港市心防社区、张家港市示范老旧小区。

**【“一刻钟便民生活圈”创建】** 2023年，中德社区对照《苏州市一刻钟便民生活圈建设标准（试行）》，积极申报创建，不断提升居民生活品质。社区周边商业发展较为成熟，有中骏世界城、大润发、百里方、集贸市场等大型购物中心，沿街商铺188家，涵盖基本保障类26种、品质提升类16种、智慧提升类3种，居民购物便利。设立35个非机动车充电棚和27个汽车充电桩，严格规范非机动车停放秩序，提升居民安全感。通过民生微实事项目，优化人居环境，投入14.55万元对社区广场重新铺设大理石，投入13.69万元建设德康公园；投入9.26万元升级改造小区东侧健身步道及周围环境，投入14.84万元翻新“红蕴驿站”党建长廊，投入11.74万元对6个楼道进行彩绘亮化。依托本地资源，打造提升便民贴心生活圈，在原居家养老服务中心的基础上增设助餐服务，提升社区及周边老年人的归属感和幸福感。年末，中德社区创成苏州市第二批“一刻钟便民生活圈”。（邱雨莲）

## 中港社区

**【概况】** 中港社区位于金港街道东部，东与张家港保税区隔老套港相望，南与中南社区毗邻，西与中苑社区接壤，北临侯家港。黄泗浦东路横卧社区东西，2条主干道纵贯社区南北，交通便捷，区位优势独特。中港社区成立于2003年1月，居民主要来自原中兴镇高东、大德、善政等村的保税区配套项目部分拆迁安置户。2023年，中港社区区域面积0.14平方千米，有居民住宅楼38幢1260户，设10个居民小组，有户籍人口2460人，外来暂住人口1652人。

集体经济　2023年，中港社区下属企业中港装卸运输有限公司上缴利润164.78万元，全年集体经济总收入299.59万元，总资产768.08万元，可用财力165.06万元，比上年增长5.15%。12月，由中港社区主导，中圩社区、中兴社区、安定社区共同参与，成立江苏兴之港粮油有限公司，成为社区经济新的增长点。

社会事业　2023年，中港社区有便民服务中心、新时代文明服务实践站、退役军人服务站等，常态化开展政策咨询、志愿服务、关爱退役军人等活动20余场，惠及500余人。农家书屋藏书2500余册，免费向辖区群众开放。年内，出资1.07万元补贴136名80岁及以上居民购买“苏惠保”；出资11.65万元补贴691名居民参加合作医疗；出资4.97万元补贴993名居民购买“福村宝”，全年理赔71人次共9.91万元；出资6.8万元为60周岁及以上老年人发放重阳节慰问金；出资6.4万元为60周岁及以上老年人发放春节慰问金；出资7.35万元慰问社区生活困难群众。新增低保户1户、保障人口2人。至年末，中港社区有低保户7户、保障人口14人；特困人员1户，保障人口1人；残疾人57人，享受重残护理补贴25人，精神（智力）残疾1人，享受重残生活补贴6人，困境儿童2人。补办独生子女证2户，办理一次性独生子女奖励金33人次，办理生育登记20人次，组织35周岁至64周岁妇女400余人进行“两癌”筛查。对辖区内失业人员、“4048”大龄困难就业人员等培训家政服务1人、咖啡师1人，完成年度创业培训人员2人。组织辖区65周岁及以上老年人215人体检，参检率84%；城保退休人员体检638人，完成公积金扩面49人。

村务管理　2023年，中港社区党总支部下设党支部2个，有党员65人。年内，开展主题党日活动12次、召开党员大会4次、上党课4次，组织60余名党员赴常熟沙家浜爱国主义教育基地参观及苏州相关点位参加“走看学做比党建”学习交流活动。社区设有网格2个，专职网格员1人、兼职网格员4人，全年常态化开展网格走访巡查，上报走访日记61条。常态化开展“331”消防安全整治工作，发放宣传资料500余份，走访出租房195户，全年发现整治火灾隐患86处；开展夜查活动12次，整改出租房乱接电线、消防器材缺失等问题36个。每季度开展环境整治工作，出动100余人次清理各类垃圾200余车。投入25万元对活动广场及周边设施进行维修保养，新增智能化摄像头9个。有志愿服务团队3支，志愿者56人，年内开展“我们的节日”服务、洁美家园等志愿服务活动20次，服务居民300余人次。

**【“爱楼行动”——楼道提升计划】**　2023年，中港社区启动“爱楼行动”——楼道提升计划，项目计划周期为2023年6月至2024年1月。项目在社区30幢至38幢开展，惠及居民112户，期间围绕“我的楼道我做主”“我的楼道我维护”及“我爱我的楼道”三大板块开展活动25次。其中，“我的楼道我做主”板块联合海棠先锋及社区工作人员开展5次共101户的入户走访调研，收集到路灯不亮、树木遮挡通道、楼道灯无人维修、墙面脱落、电瓶车乱停乱放等公共问题，并将问题及时反馈社区，做好后续跟进与整改；围绕“楼道卫生”“电瓶车乱停放”“高空抛物”3个主题开展邻里事务协商会3次；召集海棠先锋、居民代表、社区代表开展文明楼道评比标准制定活动2次，共同制定评比标准，用于后期评比活动；开展文明楼道评比宣传活动1次，发放宣传单页400余份，社区居民宣传文明楼道评比意义、评比内容等。“我的楼道我维护”板块开展楼道清理活动3次、文明楼道评比活动5次、最美楼道家庭日活动5次，楼道清理活动招募社区海棠先锋和居民代表参与楼道环境卫生检查及楼道杂物清理，评出最美楼道5个并授予红旗，在最美楼道各开展1次手工或节日主题活动，增强邻里互融，提升居民荣誉感。“我爱我的楼道”板块开展项目总结及回顾活动1次，采用户外展板展示的方式向居民宣传项目服务内容和成效，进一步宣传楼道治理理念，项目直接受益266人，间接受益797人次。（赵俐敏）

中港社区“走看学做比”党建活动

## 中南社区

**【概况】**　中南社区位于金港街道东南部，东临五节桥港，南靠中德社区，西至中兴南路，北达三节桥港。中南社区成立于2000年10月，是由原中兴镇9个村的部分动迁安置户组成的混合型社区。2023年，中南社区区域面积0.15平方千米，有安置房44幢1549户，其中河畔美墅21幢28户、中兴南路门面房48户、中康路门面房33户，常住人口4350人，其中户籍人口2300余人、外来人口约2000人。

集体经济　中南社区标准型厂房位于晨港西路270号，建筑面积1.6万平方米、占地面积2.3公顷，承租社区标准型厂房企业5家，分别是中南泡塑、天久橡塑、锦铁合金、国邦保温以及好时达运输公司。2023年，社区主要收入来源是标准型厂房以及中兴南路138号、中康路54号门面房出租的租金。年内，社区根据市场实际情况，分别对中兴南路138号门面房以及中兴南路和中康路交界处门面房的租赁价格进行相应调整，调整后每年增加可用财力3万元。为进一步优化营商环境，投入28.64万元将中南经贸有限公司一号车间作为试点，对车间进行维修改造。全年集体经济总收入326.65万元，总资产2169万元，可用财力338.98万元。

社会事业　2023年，中南社区以推进乡村振兴为抓手，以优化社区服务、加强基层治理、改善人居环境为重点，实施多项民生实事工程。落实“整洁楼道”“明亮楼道”“美化楼道”三大任务，投入4.45万元打造10个多元化特色楼道，清洁楼道窗户、修复完善楼道灯及墙面等基础设施。开展“双路”整治，投入3.44万元在辖区主干道安装道路分隔栏，修复破损路面，同时整理凌乱线路，消除居民出行和居住隐患。投入5.18万元修整红色步道，投入15万元打造“老八幢”口袋公园，提升居民生活品质。全年对辖区企业开展消防安全演练2次、安全生产专题培训4次、企业安全普法宣讲4次；每月至少组织1次安全专项夜查行动，对辖区所有出租房及“九小场所”实行动态管理，确保辖区门店、出租房安全稳定。社区重新划分汽车停车位421个、非机动车停放点100处，新建电动车停车棚25个、新能源充电站1处、新能源充电桩12个，有效缓解居民停车难、充电难问题。对辖区内的低保低边、高龄老人、困难党员等各类弱势群体730户，发放各类补助、慰问金33.88万元；投入补贴社区居民购买公众责任险2.36万元；提供合作医疗补助12.68万元；为辖区内412户居民购买“福村宝”。社区全年总支出472.7万元，其中经营支出125.11万元、管理费用237.06万元、其他支出78.06万元、福利费用支出32.47万元。

村务管理　2023年，中南社区党总支下设党支部2个，党员61人。中南社区统筹利用党群服务中心、居家养老服务中心等阵地，建理论宣讲、市民教育、文化活动五大平台，围绕宣传宣讲党的政策、培育践行主流价值、丰富活跃文化生活等五大工作任务，积极开展各类文明实践服务活动100余场，其中利用“学习强国”学习平台、“智慧党建”、微信公众号等渠道，开展理论宣讲、微党课等学习党的创新理论活动18场，开展迎春节、庆元宵、颂中秋等“我们的节日”活动7场，开展宪法宣传、民法典宣传、禁毒、防范非法集资等法治活动14场，开展交通、消防安全、防溺水等安全培训6场，开展义剪、义诊、家电维修等惠民活动12场，开展书法展览、电影赏析、“悦”读伴成长等文化活动25场。将文明实践触角延伸至理论学习、文明创建等各个领域。年内，社区有1名预备党员转正，发展预备党员1人。全年开展“三会一课”、民主生活会和组织生活会、谈心谈话、民主评议党员、主题党日等活动30余场。充分发挥党员作用，聚焦民生“小事”，组织开展“党员先锋岗”“志愿服务我先行”“美丽楼道我助力”等党员活动，推动党员干部主动深入一线，发挥党员率先垂范作用，化解邻里、家庭婚恋等矛盾纠纷50余起，录入苏州市社会矛盾纠纷调处化解平台50起，化解率100%。全年组织开展大环境整治4次，清运杂物120余车、清理卫生死角500余处。

**【“七彩科普之旅”打造】** 2023年，中南社区教育条线组织开展“七彩课堂——七彩科普之旅”系列活动，聘请辖区内有中医、气象、航天等方

中南社区“七彩科普之旅”特色项目

面专业知识的志愿者任科普老师，组织少年儿童利用寒暑假到社区学习中草药、气象、航天等知识，全年举行科普之旅15场，吸引1000余名少年儿童参加。（赵腾飞）

## 中苑社区

**【概况】** 中苑社区位于保税区西侧，东与张家港保税区相隔、老套港相望，南与滩上村相连，西与滩上村、张家港村相毗邻，北以三汊港为界。中苑社区成立于2004年4月，2023年中苑社区下辖保留自然村庄9个、居民小区5个。区域面积约2.1平方千米，有常住人口10139人，其中外来人口5846人。

**集体经济** 2023年，中苑社区集体经济总收入615.73万元，其中租金收入436.07万元，分别是张家港市优聚精密管业196.36万元、张家港市三圆管业有限公司161.06万元、宏锦园超市51.8万元、香色满园22.8万元、铁塔公司4.05万元；补助收入153.59万元，分别是农村公共服务综合补助46.67万元、老社区运行经费16万元、其他补助收入90.92万元；其他收入26.07万元。社区总资产2147.03万元，可用财力436.07万元。

**社会事业** 2023年，中苑社区组织65周岁以上无社保体检的老年人健康体检。“福村宝”报销162人次28.11万元，“福村宝”报销门槛全面降低，社区承担的集体部分由每人20元提高到50元。为辖区80周岁以上的老年人投保“苏惠保”。提高70周岁及以上老年人村级慰问待遇，由原来的每人200元，调整为70—79周岁的每人200元，80—89周岁的每人250元，90周岁以上每人300元。为失业人员、未有保障的老年人办理经济补贴12人次，办理死亡丧葬补贴8人次。针对退管系统内人员进行信息完善、变更、移交，为814名退管人员体检。

**村务管理** 2023年，中苑社区党总支下辖党支部3个，利用“三会一课”定期组织社区党员、干部、工作人员开展学习贯彻习近平新时代中国特色社会主义思想主题教育20余场，在“爱廉日”“七一”等重大节日举办知识竞赛、文艺演出等活动十余场，定期举行文明乡风“锋”

中苑社区“走看学做比”党建活动

享会，打造“小苑留声机”服务品牌，传播理论学习新成果。借助“学习强国”学习平台，组织在职党员线上学习；通过专题党课、主题党日等形式开展宣讲活动50余场，覆盖人群2000余人，年内，预备党员转正1人，发展积极分子1人，慰问老党员、生活困难党员35人次。紧紧围绕基层治理、民生保障、困难救助等热点、难点、堵点问题，采取上门入户、集中座谈等形式，收集群众需求28条。发挥“党建联盟+服务联盟”优势，依托党组织为民服务项目，以“便民义诊+上门慰问+咨询宣导”等活动形式，链接社会资源，全年开展文明实践活动60余场，惠及1500余人次。常态化开展反电信诈骗、反养老诈骗等各类普法宣传18次，按期对社区58名特殊人群提供关爱走访、心理咨询等帮教服务。针对调研中群众反映的突出问题，采取“两委商讨、群众共议、集中整治”三步走机制，集中解决江海弄道路老旧破损、张大圩岸配套设施跟进等问题4件，形成党员谋“事”、群众说“事”、集体议“事”、社区办“事”良好氛围。辖区商铺170家、出租户598家，平均每月检查2次，整改隐患1592条，整改率100%。

**【“童”心协力见文明】** 2023年，中苑社区新时代文明实践站针对社区存在的基础设施老、人员观念旧、居住情况杂等问题，坚持党建引领，以“一米高度”的儿童视角为切入点，鼓励儿童参与社区治理，以“小举止”带动“大文明”，“小管家”带动“大社区”，小手拉大手，构建中苑社区文明治理新格局。围绕“议题来源”“议事原因”“议事要解决的问题”“如何形成议事建议”等多维度开展儿童议事能力提升训练，搭建儿童议事平台，培养社区青少年参与、发现、探索、思考的能力，让青少年能够有更多的渠道和方式参与到社会发展和社区建设中。通过儿童议事员的视角观察社区的治理问题，提出文明社区的意见和建议，促使儿童议事员们从基层社会治理的“旁观者”变成“参与者”。带领儿童议事员将所学所看所思转化成实际行动，深化到文明引导的行为中，化身为社区文明宣传员，参与社区治理，开展社区环境美化、环保理念传递等活动，共护美丽家园。年内，项目先后在“引力播”App、“交汇点”App及“张家港市新时代文明实践中心”“享学金港”“中苑社区”公众号上报道10次。 （丁　佳）

## 中兴社区

**【概况】** 中兴社区位于金港街道中北部，东接张家港保税区，南邻安定社区，西至中兴北路，北依长江。社区成立于1993年1月，以原中兴乡柏木村拆迁安置户为主，另有原中兴乡高东村、善政村、大德村的部分动迁安置户、今日新城的商住户以及中粮东海粮油集团有限公司、江苏江海粮油有限公司宿舍楼职工等入住社区。2023年，中兴社区区域面积0.12平方千米，户籍人口849户1487人，常住人口2330人。年内，中兴社区获评张家港市文明社区、张家港消防安全专项治理机制工作心防建设社区。

集体经济　2023年，中兴社区有标准型厂房两处，于2006年建成，一处位于善政工业园，厂房面积3104.74平方米，全年租金62.6万元；另一处位于长埭工业园，厂房面积6069.92平方米，全年租金133.2万。社区通过中兴农贸市场获得分红收入33万元。12月，社区联合中港、安定、中圩3个社区成立江苏兴之港粮油有限公司，占股16%，当年投资款8万元。2023年，社区集体经济总收入360万元，总资产1475.98万元，可用财力253.84万元。

社会事业　中兴社区设有党群服务中心、居家养老服务中心、妇女儿童之家、退役军人服务站、徐玲书屋等，常态化开展政策咨询、未老服务、关爱妇女儿童、关爱退役军人等各类活动

100余场，服务群众2000余人。2023年，社区出资3.77万元为60周岁以上老年人335人发放重阳节慰问金；对70周岁及以上老年人、残疾人、生活困难群体236人发放春节慰问金6.78万元。出资4.19万元补助270人购买基本医疗保险，出资0.23万元补助80周岁及以上老年人29人购买"苏惠保"，出资2.79万元补助辖区居民558人购买"福村宝"互助基金，理赔43人次4.75万元。全年办理独生子女城保退休一次性奖励金人员14人，办理生育登记手续16人，发放独生子女费53人2610元，宫颈癌、乳腺癌筛查320人。农保退休人员体检24人，城镇职工保险退休人员体检412人。年内，社区有低保户1户、低保边缘户2户、低保边缘家庭认定1户、重度残疾户3户，办理老年人家庭适老化改造2户。

社区治理　2023年，中兴社区党总支下设党支部2个，有党员55人。全年召开党员大会12次，组织党员干部集体学习十余次，党员参学率75%。11月，组织党员13人赴苏州新四军太湖游击队纪念馆开展"走看学做比"党建活动。年内，开展消防安全专项整治工作，排查上报并整改各类隐患问题40条；完成辖区小餐饮场所"瓶改电"15家，完成率100%。开展燃气安全专项整治行动60次78户，排查出租房48户。常态化开展人居环境整治工作，通过"社区工作人员+网格员+志愿者"三方力量，加大巡查力度，组织开展小区人居环境整治行动26次，清运杂物320车，清理卫生死角47处、乱张贴165处、乱堆放78处、楼道电瓶车乱停放115辆，垃圾分类督导员培训14次。年内，依托新时代文明实践站和居家养老服务中心，围绕"一老一小"开展项目化服务，服务未成年人871人次、服务老年居民8956人次。社区有志愿服务团队1个，年累计开展志愿服务66次，参与活动1600余人次。

【中兴红色党建项目】 2023年，社区党总支坚持以居民需求为导向，以党建引领强化基层治理，整合有效资源，立足社区现状，开展"扛起首位担当，新征程展'兴'风貌"红色党建项目。成立海棠先锋志愿队1支，以党支部书记为领头雁，组织开展爱心义诊、暖心慰问、送学上门、环境整治等志愿服务70余次，引导居民养成良好习惯，促进形成良好风气。党员干部定片分组走访群众300余人次，收集意见建议20余条，解决居民房屋漏水、厨卫改造50户，刷新居民楼道2处，提升人民群众生活品质。对小区因雨污分流改造实施结束后受损的路面、车位进行统一整修，优化环境，方便居民出行。投资17万元重建中兴社区门楼，拓宽居民出行视野；投资14万余元，建设口袋公园1处，设置健身游乐设施，给予居民良好的健身体验，惠及群众约400余人次。新建新能源电动车充电桩1处、电瓶车停车棚3处，增设路灯5处，解决居民停车难、充电紧张等实际问题。推进人居环境整治工作，全年组织义务劳动20余次，清理清运垃圾死角47处，清运垃圾300余车，并通过微信群、电子屏等形式开展宣传教育50余次。（闵滕杨）

中兴社区居民协商共治活动

# 安定社区

【概况】 安定社区位于金港街道中兴南路东侧，东临中港社区，南至三节桥港，北依侯家港。社区始建于1993年1月，区域面积0.069平方千米，有住宅小区3个，总建筑面积8.6万平方米，是为安置张家港保税区拆迁户而新建的住宅区之一。2023年，社区户籍人口2525人，常住人口3173人。年内，社区获评张家港市文明社区、金港街道城市管理先进单位。

集体经济　2023年，安定社区有标准型厂房2处和闲置土地1块，一处位于善政工业园，厂房面积3677.34平方米，2006年建成，全年租金86.42万元；厂房旁附带闲置土地7937.3平方米，全年租金35.7万元。一处位于长埭工业园，厂房面积6025.11平方米，2008年建成，全年租金141.59万元。通过中兴农贸市场获得分红收入34万元。此外，社区通过贷款融资方式（其中自有资金300万）投资1000万参与香山学校项目建设，项目已开工。12月，参与成立江苏兴之港粮油有限公司项目，占股16%，当年投资款8万元。社区全年集体经济总收入453.6万元，总资产1260.42万元，可用财力298.81万元。

社会事业　安定社区设有便民服务中心、居家养老服务中心、妇女儿童之家、退役军人服务站等，常态化开展政策咨询、未老服务、关爱妇女儿童、关爱退役军人等各类活动100余场，服务群众2000余人。2023年，社区出资8.65万元给60周岁及以上老人739人发放重阳节慰问金；对70周岁及以上老年人、残疾、生活困难群体591人发放春节慰问金17.06万元；出资11.21万元补助居民712人购买基本医疗保险；出资0.81万元补助80周岁及以上老年居民102人购买“苏惠保”；出资8.51万元为辖区居民1691人补贴“福村宝”互助基金，理赔114人11.52万元。年内，办理独生子女城保退休一次性奖励金人员24人，办理生育登记手续11人，宫颈癌、乳腺癌筛查305人。农保退休人员体检130人，城镇职工保险退休人员体检629人。

村务管理　2023年，社区党总支下辖党支部2个，有党员85人。全年召开党员大会12次，组织党员干部集体学习十余次，党员参学率75%。11月，组织党员40人赴苏州新四军太湖游击队纪念馆开展“走看学做比”党建活动。年内，开展消防安全专项整治工作，排查上报并整改各类隐患问题60条；完成辖区小餐饮场所“瓶改电”32家，完成率100%。全年依托新时代文明实践站和居家养老服务中心，围绕“一老一小”开展项目化服务，服务未成年人200余人次，服务老年居民600余人次。社区有志愿服务团队1支，全年累计开展志愿服务49次，活动人次872人，志愿服务总时长1655小时。

【“微服务”激发新活力】 2023年，安定社区党总支从辖区居民最关切、最现实的问题入手，通过强化“微阵地”、立足“微网格”，开展“微行动”，实施“微服务”的方式，推动党建引领基层治理，激活基层治理的“神经末梢”。通过小

安定社区幸福之旅出行活动

区墙面微改造，绘制文明创建、垃圾分类、优良家风、红色文化等内容，传播中国优秀传统文化、提升红色氛围，形成标识统一、各具特色的红色“微”氛围。完善社区海棠网格组织链条，组建16个服务微网格，选优配强海棠先锋16人，通过居民议事会、书记接待日、楼道畅聊会等形式听民声、访民意，收集并解决居民需求20余条，切实把党组织力量延伸到基层治理的每一个微单元。组建“支部党员+群众+志愿者+社工”的志愿者队伍，定期开展垃圾分类、周末义务劳动、环境维护、楼道整治、移风易俗宣传等志愿服务活动，组织开展“我们的节日”主题活动、便民微服务，健康天地，普法宣讲、消防演练等文体活动和丰富社区居民日常生活。

（张　霞）

## 中圩社区

【概况】 中圩社区位于金港街道东北部，东与安定社区毗邻，南至三节桥港，西至中港路，北至从善路。社区成立于1993年1月，区域面积0.4平方千米，下辖中圩社区一区住宅楼13幢、二区住宅楼12幢、三区住宅楼18幢、新建区住宅楼34幢和新开发的商品房金港现代城，黄泗浦路朝北门面房3幢46间，朝西门面房2幢35间，别墅楼34套；多层楼6幢，小高层2幢及原中兴村未动迁的第七、八组居民小组老居住区。2023年，社区户籍人口1809户3427人，有少数民族人口8人，常住人口5158人，暂住人口2070人。年内，中圩社区获评张家港市文明社区、乡村振兴示范村（社区）。

集体经济　2023年，中圩社区通过抱团合作、收购资产、项目转型等举措，形成以生物高科技企业为主、其他载体出租、三产服务业为辅的经济支柱产业。2023年，长埭工业园标准型厂房租金收入112万元，与中兴社区合资的张家港三区仓储分红28万元，联合中兴社区、安定社区实施金港第二农贸市场托管工作收益33万元。社区门面房出租、存款利息等其他收入约29万元。社区全年集体经济总收入549.44万元，总资产4625.93万元，可用财力202.11万元。

社会事业　2023年，中圩社区有便民服务中心、新时代文明服务实践站、退役军人服务站等，常态化开展政策咨询、志愿服务、关爱退役军人等服务。社区有低保户6户、低保边缘1人、残疾人71人。全年完成“两癌”筛查800人，办理生育登记22人，发放独生子女费91人5130元，重阳节慰问998人12万元，中秋节慰问90周岁以上老人16人3200元，春节、建军节慰问现役军人5人4000元。社保退休人员录入125人、退休人员体检发放904人，企业信息核查65家，灵活就业人员补缴社保补贴办理与查询225余人，对于社保因故去世人员的补贴发放45人、居民医疗保险参保1022人，发放2023年合作医疗补贴13.01万元。年内，启动“福村宝”民生实事项目，为1455名社区居民购买“福村宝”共计14550元；为2236名社区居民购买惠民保险111800元；为社区80周岁及以上老年人

中圩社区主题党日活动

购买苏惠保保险费169人11351元。新增“银发餐桌”老人助餐食堂，办理老年人适老化改造6户，为21幢居民楼新增便民晾衣架772米。

村务管理　2023年，中圩社区党总支下设党支部3个，有党员118人、流动党员3人。年内，实施党心“圩”民——中圩社区党建引领文明创建书记项目全年开展主题党日活动12次，组织党员20余人赴苏州参加“走看学做比”党建学习交流活动。开展消防演练3次，参与群众900余人次；开展燃气安全专项整治行动6次38户，排查“九小场所”10次96户，排查出租房12次。组织开展小区人居环境整治行动24次，清运杂物400余车，清理卫生死角100余处、乱张贴200余处、乱堆放50余处、楼道电瓶车乱停放200余辆，洁白小区楼道177处，开展垃圾分类督导员培训12次。全年厨卫间管道改造35户、解决屋面渗水37户、楼道灯修理232处、落水管修理35处、楼道玻璃更换20处。社区有志愿团队1支，志愿者111人，通过社区道德讲堂、妇女儿童之家、家长学校等阵地，开展理论宣讲、文化文艺、志愿服务等文明实践活动152场，其中开展老年人健康讲座14场，组织爱心义诊义剪12场，举办老年人防诈骗、安全知识宣讲6场。开展道德讲堂、家长学习活动8次，组织移风易俗、垃圾分类等宣传活动11场，惠及群众1100人；开展体育和健身活动5场，参与100余人次。开展“情系端午，传承文明”“做青团，忆清明”“月圆中秋，点亮幸福”等“我们的节日”系列活动8场。开展“家门口的暑托班”、党史学习、手工制作等青少年活动26场，参与520人次。在小区和楼道内张贴居民公约、文明家庭“金五条”，调解处理邻里纠纷5起，开展身边好人、善行义举榜、文明家庭、文明楼道评比12次。

**【红心联动“绘”心愿党建服务项目】** 2023年，中圩社区党支部组织实施红心联动“绘”心愿——中圩社区党建服务项目，全年开展“牵手圆梦微心愿”活动16次，并督促党员志愿者积极完成“微心愿”。开展“美丽家园共创建”25次，开展“文化传承微阵地”活动12次，老党员为群众讲党史59次，受益党员119人及中圩社区居民500人。

（许媛源）

## 南沙社区

**【概况】** 南沙社区于1998年8月由原南沙一居委、二居委合并而成，位于金港街道南沙集镇区，东与柏林村相邻，南与东山村相连，西接香山，北至张杨公路。区域总面积0.8平方千米，有居民小组10个。2023年，社区户籍人口968户2810人，常住人口1542户5228人。年内，南沙社区获评张家港市文明社区标兵。

社会事业　2023年，南沙社区建有党群服务中心、便民服务站、居家养老服务站、老年大学、香山书场、香亲饭庄、退役军人服务站、图书馆等，常态化为居民群众提供各类服务。年内，为60周岁以上老年人发放福利1万余元，办理生育登记15人、退休人员一次性奖励金13人，为35—64周岁妇女开展“两癌”筛查358人，组织65周岁及以上老年居民13人进行体检。办理尊老金4人、虚拟养老4人、廉租房补贴1户，寒衣被发放12件，公积金扩面7人、退休人员体检321人、灵活就业补贴3人，调解纠纷事件12件，开展防诈骗、防非法集资、反恐、禁毒、防邪教等日常宣传60余次，开设法律讲座4次、提供免费咨询12次、提供法律援助1次。年内，南沙社区以打造优美人居环境为主题，对居住环境进行重点综合整治。清理卫生死角350余处，清理乱张贴小广告290余处，发放垃圾分类宣传单页3400余份，清除道路和居民区内杂草，清理绿化带内的暴露垃圾以及建筑垃圾240余吨，对辖区内的古建、窨井盖、健身器材等进行定期维护。

南沙社区香亲饭庄

社区管理　南沙社区党总支下设党支部2个，有党员67人。年内，开展理论学习24次，召开党员大会4次、支委会议24次、党课8次，党员参学率100%。开展“香山海棠别样红，社区治理满园春”书记项目，因地制宜开展“海棠暖心”行动，有“闲置空地，华丽变身‘香樟园’”“香亲饭庄，打造家门口的暖心幸福‘食’光”“提质改造，党建引领老旧小区‘蝶变’”等专项工程。开展消防安全整治工作，日常检查12次、夜查9次、累计发现安全隐患39处，其中灭火器过期22处、私拉乱接7处、通道堵塞5处、未足量配备逃生器材3户、固定式防盗窗1处，整改问题39处。社区为商户、出租房安装烟感报警器200余个、处理“12345”政务服务工单16个。社区建有志愿服务团队1支，全年开展各类志愿服务活动400余次，为辖区内环境清理、文明宣传、书场维持秩序等事项提供日常服务。

**【“小板凳”微宣讲项目】** 2023年，南沙社区开展“小板凳”微宣讲项目，该项目以楼道、党员中心户等为主要阵地，通过在党员干部、身边好人等群体中挑选政治素质好、理论水平高、宣讲能力强的宣讲员，发挥他们的专业特长，设置宣讲菜单，根据居民需求点单，以“宣讲+服务”为理念，通过理论宣讲、展板宣传、便民服务、邻里活动、志愿互助等形式，做到群众在哪里，“小板凳”就搬到哪里，年内，社区建立宣讲队伍1支，有宣讲人员20人，其中党员干部占比40%、身边好人占比30%、其他优秀群众占比30%；设置党的创新理论、律师在线、健康卫士、防诈骗知识、文明共筑、社保政策等宣讲菜单十余个。全年开展“小板凳”微宣讲30余次，其中理论宣讲24次，每次宣讲参与人数约50人，覆盖人数1500余人；组织展板宣传15次、便民服务12次、邻里活动8次、志愿互助12次，参与志愿者人数约300人。年内，“小板凳”微宣讲获评保税区最美新时代文明实践项目。（潘　阳　吴亚萍）

## 海港社区

**【概况】** 海港社区位于金港街道西北部，东与巫山村毗邻，南至长江中路，西依香山北路，北

海港社区“国家安全教育日”普法活动

靠港务集团港埠分公司。社区于2007年8月成立,区域面积0.58平方千米,下辖海港二村住宅楼9幢、海港三村住宅楼40幢、外代公寓住宅楼1幢。2023年,社区户籍人口1126户1745人,有少数民族人口13人,常住人口3575人,暂住人口1661人。年内,海港社区获评张家港市文明社区。

社会事业　2023年,海港社区有低保户1户、残疾人12人。全年办理生育登记8人,发放独生子女费13人390元;重阳节慰问191人共计1万元;春节、建军节慰问现役军人4人共计6400元。社保退休人员录入10人、退休人员体检359人、灵活就业人员补缴社保补贴办理与查询35人、办理因故去世人员丧葬补贴4人、居民医疗保险参保180人、开展就业帮扶工作50余人、办理老年人家庭适老化改造1户。全年开展消防演练2次,参与群众400余人次;开展燃气安全专项整治行动8次59户,排查出租房12次。年内,调解处理邻里纠纷十余起。组织小区人居环境整治行动12次,清运杂物200余车,清理卫生死角80余处、乱张贴100余处、乱堆放50余处、楼道乱停放电瓶车100余辆,开展垃圾分类督导员培训12次。全年解决屋面渗水95户、楼道灯修理66处、落水管修理23处。

社区管理　海港社区党总支下设党支部3个,有党员129人。实施"幸福海港,海棠相伴"五方共治社区书记项目,投入5.7万元,依托社区党群服务中心、口袋公园等阵地,立足社区居民的角度扮靓"家门口"公园,鼓励社区居民参与社区事务,提高社区居民融合度,推进自治基础入民心。社区有志愿团队1支,志愿者85人。通过社区道德讲堂、妇女儿童之家、家长学校等阵地,开展理论宣讲、文化文艺、志愿服务等文明实践活动152场。其中开展老年人健康讲座12场,参与380余人;老年人防诈骗和安全知识宣讲6场,参与100余人;道德讲堂、家长学习8次,移风易俗、垃圾分类等宣传活动13场,体育和健身活动4场、参与105人次。开展"海港一家亲·迎春送福""文明祭祀,绿色清明""真心海港,浓情端午""情暖中秋话团圆,移风易俗沐新风"等"我们的节日"7场。开展"家门口的暑托班"、党史学习、手工制作等青少年活动18场,380人参与。在小区和楼道内张贴居民公约,开展身边好人、善行义举榜、文明家庭、文明楼道评比16次。

**【"海港相伴"特殊群体援助项目】** 2023年,海港社区有残疾人、低保户、孤寡老人、高龄老人等群体45人,海港社区联合第三方社会组织实施"海港相伴"特殊群体援助项目,开展入户调研、援助喘息服务51次,康复护理服务3次,小组活动4次,向社区居民展示项目成果1次,提升弱势群体的生活和精神面貌,帮助他们培养兴趣爱好,消除孤独感和负面情绪。　(卢建平)

## 金润社区

**【概况】** 金润社区成立于2013年3月,办公地位于金港街道蟠港东路130号。社区东至中港南路,南至蟠港东路,西至江海南路,北至长江中路,是区街第一个纯商品房社区。2023年,金润社区下辖紫金花苑、阳光绿城花园、滨港玉园、艾庐和江城源著花苑、和璞院、观河锦园7个商品房小区,区域面积0.41平方千米、总建筑面积85.28万平方米,商住楼149幢4447户,常住人口约11120人,其中户籍人口4679人、暂住人口6441人。社区居委会有工作人员8人、网格员1人,党员38人。年内,金润社区获评张家港市文明社区。

社会事业　金润社区设有党群服务中心、一站式便民服务站、新时代文明实践站、图书室等功能设施,提供社保、民政、卫健、矛盾调解等民生服务。2023年,社区办理虚拟养老3人,开

金润社区第一届"润运会"

展银龄互助服务52次，办理灵活就业人员补贴6人，发放退休人员体检通知单260份，"两癌"筛查体检1200人，办理生育登记119人，独生子女证申领1人、独生子女一次性奖励10人，完成孕前筛查26对。年内，社区对辖区内33户生活困难家庭发放救助金3万元，为20户独居老人发放清凉礼包，为户籍老人60人发放重阳慰问品。年内社区链接张家港市永联惠民服务中心、张家港市港城公益服务发展中心2家社会组织开展民生微实事项目4个。投入38万元对江城源著花苑小区居家养老用房进行打造，建成金润社区居家养老服务中心，面积345平方米，设有舞蹈房、观影室、保健室、手工室、书画室、雕刻室、阅览室、棋牌室和乒乓球室等多个功能活动室，为辖区老年群体提供高质量"综合一体化"居家养老服务。

社区管理　2023年，金润社区始终践行"自治、互助、共建、分享"的工作理念，做细做优微网格，提高社区治理规范化、精细化水平。联合社会组织、农商银行、社区民警等力量，开展网络安全普及讲座8次、防诈骗入户宣传志愿服务活动10次。全年排查整改"九小场所"安全隐患32家45处，出租房安全隐患35家35处，完成小餐饮"瓶改电""瓶改管"24家。联合翔宇救援社普及消防安全知识和技能，全年开展消防急救培训3场、大型消防演练活动2场。全年开展垃圾分类活动45场，过时投放处罚140户。年内，社区获评金港街道美好楼道建设试点单位，艾庐小区30幢1单元获评张家港市2023年度美丽楼道，董炳书家庭获评苏州市健康家庭、金港街道"最美家庭"（楼道"金"邻里）。金润社区党总支推动"红色物业"建设，探索"党建引领+物业服务"服务模式，有效串联社区治理的各个环节，打通堵点难点，不断提升社区居民的满意度和获得感，举办的"共建聚合力，融合谱新篇"——党建引领"红色物业"主题党日活动入选全市"组织生活开放日观摩点"。

【"和润"党建增能计划】 2023年，金润社区依托张家港市益路邮你志愿服务社，开展"'和润'党建——党员增能计划"。党建项目通过建强海棠先锋、红色物业、红邻先锋3支队伍，以组织共建、资源共享、发展共谋的共建共治共享模式，搭建民主协商、多元共治，文明实践、服务一体的区域平台，做实连心建强平台阵地、暖心提供精准服务、聚心守护民生温度的"三心"服务，进一步打响社区"和润"党建品牌。2023年，社区开展主题系列活动29场，受益党员群众1500人次。金润社区党总支获评金港街道2023年度"书记项目"实施先进单位，金润社区"红色力量"激活"和润"治理动能项目获评金港街道"金文明"——文明实践创新品牌。　（鞠玲燕）

## 金都社区

【概况】 金都社区位于金港街道东南部，由30多个村（社区）的动迁户组建而成。东临金港路，西靠中港南路，南至潘港东路，北抵老套河。金都社区成立于2014年，下辖安置小区（金都花苑）1个，商品小区（美好风华和云悦时光）2个，商业广场（美好广场）1个，共6924户，入住居民1.5万余人。小区占地面积47.82万平方米、总建筑面积约110.98万平方米。

社会事业　2023年，金都利用楼道微信群、微信公众号、“金都社工”智能助手等技术手段，加强重点人群分级分类关注保护。同时，重点聚焦不同年龄层次居民需求，打造“移动办公桌”，吸纳更多睦邻合伙人参与社区治理。优化楼道长、网格员、社区医生、社区民警的联动协同机制，在88个楼道建立楼道群，在每个楼道群里加入“金都社工”，居民需要帮助时可启动后台链接报送事件，所有工单第一时间通过系统流转到社区，后台将居民上报的问题分类派单，居民可随时查看工单进度和完成情况。“金都社工”全年办结居民疑难杂事1767件，办结率98.1%，最快事件办结时间15分钟，复杂事件协同社区、公安、消防、物业、规建等7个部门办结。年内，新增电瓶车停车位9处，投入4.51万元完成三期广场便民座椅改造升级，投入12.26万元完成篮球场塑胶地面翻新、更换篮球架，投入14.69万元对闲置的核酸小屋进行改造升级，投入4.5万元修剪居民区绿化。3月，社区升级改造金都社区居家养老活动中心，打造适合老年人空间布局的服务场馆。10月，在美食街邻里坊1幢008号打造养老助餐点位，每天有居民60余人用餐。

社区管理　2023年，金都社区以“睦邻合伙人”党建品牌为依托，多维度放大品牌效应的带动力和影响力，组织搭建“金岛先锋”党建服务品牌矩阵。会同双山岛新圩村、老圩村、渡口村、双中村探索“4村1居”融合治理新模式，通过村居联动，由岛上的村干部入驻居委会定点办公，免去群众摆渡之劳，满足离岛安置居民就近办理社保业务的现实需求。年内，开展“书记接待日”“老家来人”“睦邻益家亲”等各类惠民便民活动，帮助解决需求近60件。年内，社区根据居民户籍、年龄、职业等情况，选优配强一批威望较高、群众基础好、管理能力强的居民代表担任楼道长，制定《楼道长服务积分管理办法》和积分记录卡，定期培训、谈话、收集民意。切实解决“上楼村民”急难愁盼，达到“1加4大于5”的治理效果。2023年，金都社区被共青团中央选定为全国社区青春行动试点社区、“伙伴计划”实施社区，社区团总支因地制宜打造“青春金都·聚力前行”社区青春行动品牌，通过收集青年需求、整合社区资源、优化服务阵地、构建多元体系等举措，团结带领社区青年深度融入社区治理，解决社区四期篮球场破损地面翻新、小区车位紧张、青少年活动场所等青年群体关心关注的问题十余件。

金都社区党群服务中心

【“睦邻合伙人”】“睦邻合伙人”借鉴经济领域“合伙人”的概念，统筹辖区内各类组织和资源，吸引社区党员（双联双管党员）、居民骨干、志愿者、社区工作人员、社工、物业、社区机构、共建单位等力量成为“睦邻合伙人”，合伙人以资金、人力、时间、专业服务等方面入股参与社区治理，开放融合资源场景，精准服务居民群众，弥补社区工作人员不足，进一步提升社区基层治理系统和治理能力现代化水平。2023年，“睦邻合伙人”团队人数268人，根据社区居民个性化需求，定制服务项目30项，开展“书记接待日”“金都纳凉节”“老家来人”“睦邻益家亲”等各类惠民便民活动500余场，年服务6万余人次，帮助解决群众急难愁盼问题近60件。年内，金都社区获评优秀书香社区，社区团总支获评苏州五四红旗团支部，社区志愿服务队获评张家港市优秀青年志愿服务组织。

（陆彦良）

## 金香社区

**【概况】** 金香社区紧邻国家AAAA级景区香山景区，地理优越，交通便捷，南临张杨公路，北至镇山路，东濒张家港河，西依江海中路，区域面积0.33平方千米，建有高层住宅61幢，住房6313套，2023年，金香社区入住5564户11000人。

社会事业　2023年，金香社区完成自行车车库出入口雨棚建设、电动车充电棚基础改造，新增充电棚27个、充电口634个，缓解电动车充电难问题。升级小区内240台电梯无线五方通话功能，提高乘梯安全性。年内，社区有低保边缘户1户、困难党员2人、高龄老人209人。扎实推进家庭适老化改造工作，为辖区老年人安装床边护具、卫生间多功能扶手、防滑垫等设施，为独居老人安装智能烟感报警装置，保障老人居家生活安全。推进儿童友好社区建设，充分利用社区现有资源，增添儿童游乐设施、优化儿童活动空间，年内获评张家港市儿童友好社区。

社区管理　2023年，金香社区党总支下设党支部2个，有党员53人。金香社区深挖“双管双融”党建引领动迁社区治理品牌内涵，依托香邻客厅，组建楼道自治队伍，年内解决邻里矛盾、民生问题300余个。社区全面开展网格化管理，划分网格责任区8个，实现党建、治理、服务“三网融合”的自治格局，形成社区党总支、小区党支部、楼幢党小组、党员中心户的“四级治理”构架。年内，对辖区内出租屋626家、“九小场所”137家（其中小商店112家、小餐饮17家、小休闲健身场所8家）进行安全隐患排查，5户商家实现“瓶改电”，保障居民的生命财产安全。全年开展各类文化惠民演出、体育活动十余场，开展爱心义诊、免费理发、“美加净”人居环境提升行动等各类志愿服务活动50余次，常态化开展“我们的生活有滋有味”系列活动90余场。2023年，金香社区社会治理获评江苏省社会组织协同基层治理社区社会组织优秀案例，金香社区获评张家港市创新转型加速年先进集体，金香社区党总支获评张家港市党建引领基层治理示范社区党组织，金香社区物业管理获评张家港市党建引领物业管理服务工作优秀示范点，金香社区“红堡”阵地获评张家港市级“海棠花红”先锋阵地，金香社区获评张家港市“枫桥式

金香社区口袋公园

村(社区)”、获评张家港市文明社区标兵、张家港市巾帼志愿服务十大优秀社区、全市党建工作会议唯一社区调研点位,金香社区社会治理获评张家港市全市党建引领复杂区域基层治理优秀案例等荣誉。

**【“双管双融”党建引领动迁社区治理】** 为破解动迁社区治理难题,金香社区在全市“海棠管家”党建引领社区治理模式的基础上,进一步创新实践,探索形成“双管双融”动迁社区社会治理新路径,即通过组建金香社区大党委,整合社区内外资源,搭建居民自治载体,实现社区事务“大家管”,推动“城乡共融,村居互融”。组建金香社区大党委,成立“金香邻”党建共同体,实施“五心五微”(顺心微政务、舒心微村务、安心微解忧、暖心微助困、贴心微志愿)基层治理党建项目,构建社区党总支牵头引领,金香大党委成员积极响应,社会组织承接,党员、楼道长、志愿者等多方参与的海棠先锋服务格局。为解决社区停车难问题社区与大党委成员商量对策,新增停车位189个,有效缓解路面停车压力。年内,社区组建楼道自治队伍61个,解决邻里矛盾、民生问题300余个。新市民理发师义务为60周岁以上老年人理发500余人次。(唐　飞)

## 廊桥社区

**【概况】** 廊桥社区成立于2016年10月,位于廊桥雅苑西门入口100米处,下辖廊桥雅苑和廊桥美墅2个小区,东至金港路,南至张杨公路北侧规划地块,西至勤政路,北至崇真路。2023年3月,廊桥社区管辖范围调整为东至金港路,南至祥云路,西至江海中路,北至崇真路、张家港运河,办公地点维持不变。下辖廊桥雅苑、廊桥美墅、悦港名邸、云锦名邸、中骏璟悦澜庭、建发玉璟雅苑6个商品房小区和印象天都、中骏世界城2个商业广场,有住宅楼138幢9298户,总建筑面积148.74万平方米。其中廊桥雅苑住宅10幢,别墅85套,共计2618户,入住2090户;廊桥美墅住宅11幢,别墅86套,共计672户,入住430户;悦港名邸35幢225户,入住12户;云锦名邸20幢264户,入住6户;建发玉璟雅苑24幢3209户,入住335户;中骏璟悦澜庭12幢2310户,入住12户。其中户籍人口约4600人,社区常住人口约9000人。年内,廊桥社区获评苏州市健康社区,雅苑、美墅小区获评苏州市四星级垃圾分类小区。

社会事业　廊桥社区有党群服务中心、新时代文明实践站,定期链接社工为辖区居民开展休闲娱乐活动,链接社会资源为辖区妇女、未成年、新业态新就业群体开展教育提升服务。2023年,社区图书馆藏书5000余册,免费向辖区群众开放。办理生育登记79人、节育登记4人,出生人口为57人,办理独生子女父母光荣证退休人员一次性奖励5人,孕前优生检查14对。开展居民健康素养网上测评350份,每季度开展1场健康知识讲座、社区健康活动以及公益性宣

廊桥社区一景

传活动。完成“两癌”筛查工作，发放体检通知单586人，后期追踪发放复查通知单及报告73人。节假日，廊桥社区走访生活困难群体，慰问全年医保自付超2万的患者3人。每季度，社区对老年人进行防盗窃、禁毒等知识宣传，组织老年人开展智能手机培训；年内，社区组织65周岁及以上老年人体检1次。廊桥社区妇联对辖区未成年人定期开展心理辅导，促使他们健康成长，年内，对辖内学生进行心理治疗1人。

社区管理　廊桥社区设党支部1个，有党员53人。全年组织党员学习习近平新时代中国特色社会主义思想、党的二十大精神等教育活动12场。年内，社区有文明志愿服务队伍140余人，开展志愿服务活动59次，开展线上文明宣传12次、线下文明整治20次。联合物业实施“小广告，大清理”活动5次，实现商圈零非法广告；拆除商业广场陈旧破损、内容不和谐的广告牌，更换破损广告牌6处、大幅公益广告4处。以文明楼道建设为抓手，聚焦“家门口”的文明，以“幸福家”为主线，打造“竹林童趣家”“国潮乐活家”“邻里运动家”等主题楼道，“邻里运动家”主题楼道获评张家港市美丽楼道。全年在社区范围内悬挂“331”宣传横幅30条，发放规范电动车停放通知书2000余份，利用小区门岗LED屏宣传“331”行动内容20余次，整治“三合一”场所7家。督促物业对乱停放车辆进行整改，累计整改500余次。年内，孙超人获评张家港市优秀文化网格员、2023年张家港市公共文化服务先进个人，顾峰铭获评苏州市能手网格员。

**【三方联动·共奏“悦尚”幸福曲社区治理项目】** 2003年，廊桥社区党支部以居民需求为导向，以党建引领“悦尚”品牌五大建设，打造“悦尚廊桥”服务品牌，寓意居民“悦爱自己、悦爱家庭、悦爱社区、悦爱社会、悦爱国家”的五悦初衷，遵循“崇尚品德、崇尚文明、崇尚民主、崇尚和谐、崇尚文化”的五尚理念，凸显新时代党建引领、文明实践、社区全面发展和进步的目的和要求。年内，组织“道德讲堂”4次、“道德模范”评比活动1次、“文明家庭”评比活动1次。组织社区党员干部、居民群众认真学习宪法、民间借贷法、治安管理处罚条例等法律法规，通过写笔记、版面宣传、发放知识手册、宣传单等形式，巩固学习效果，开展各类普法活动十余次，提高居民学法、懂法、用法水平。社区整合现有资源，开展“廊桥课堂”，打造“悦耳动听”吉他课、“悦滋悦味”烘焙馆、“悦爱廊桥”亲子园、“悦尚轻灵”舞蹈队等多个功能课堂，全年开展各类活动60余次。（施云浩）

## 金康社区

**【概况】** 金康社区成立于2023年3月，东临中港南路，南临黄泗浦西路，西至江海中路，北至长江中路。居民委员会办公地点位于金港街道金港湾25幢，下辖金港湾、锦绣金港、攀华豪

金康社区

苑（上耀新村16幢）、江南公寓、香山苑、伊顿花园和映月华庭，区域面积0.34平方千米，有住宅133幢3883户，户籍人口1062人，常住人口7300余人。

社会事业　2023年，金康社区提供社保、民政、卫计、法律咨询等民生服务。社区有困境儿童1人、残疾人2人、孤寡独居老人11人，全年电话、视频巡访困境儿童2次，上门巡访独居老人2次、电话巡访1次。春节发放慰问金1.9万元，其中慰问生活困难家庭和重病家庭22户1.8万元、慰问生活困难党员1人1000元，申请“红十字博爱送万家”春节慰问1人500元，为辖区居民10人发放棉衣7件、棉被3条。办理生育登记14人、独生子女父母光荣证退休人员一次性奖励3人。组织企业退休人员体检149人，收缴城乡居民基本医疗保险费35人。

社区管理　金康社区党总支成立于2023年9月，下设党支部2个，有党员49人。年内，召开支委会会议2次、党员大会1次，举行专题党课1次、主题党日活动2次。规范打造金康社区党群服务中心，统一制作门牌标识，倡导“一室多用、一室多能”，设置金康社区便民服务站、党员活动室、居民议事会等功能室，标准化打造金康社区新时代文明实践站，设立志愿服务站点、青少年图书角、道德讲堂等，配备多媒体电教设施，搭建集理论宣讲、党员教育、志愿服务、文化服务于一体的综合性服务平台。配合做好2家新物业入驻小区的相关工作，完善小区垃圾房规范化建设，督促各物业单位落实“30分钟快速保洁机制”，健全物业管理长效机制。开展侯家港河道清漂专项行动，联合相关社区形成治理合力，将水中漂浮物打捞上岸、打包清运，做到水面无漂浮废弃物、河岸无垃圾。压实河长工作职责，加强巡河常态化，营造良好的水生态环境。以“党建引领+文明实践+基层治理”为载体，以“红先锋”“橙礼仪”“黄文艺”“绿护苗”“青环保”“蓝平安”“紫公益”为工作品牌，组建七彩志愿先锋队，发扬党员志愿者先锋引领作用，打造“康贤之家”、成立居民议事会，解决小区治理难点热点问题，全年解决居民生活安全问题1件、小区出行不便问题2件、邻里纠纷3件。

**【幸福康宁社区打造】**　2023年，金康社区依托口袋公园服务阵地，投入32万元打造“金康驿站”，配备桌椅、饮水机、书柜等设施，为新业态新就业群体提供红色教育、充电赋能、休息饮水等多种暖心服务，提升新业态新就业群体的幸福感、获得感和满足感。投入8万元打造“民呼我应”听事亭，通过书记大碗茶形式，实现零距离听民声、汇民智、解民忧，架起党群“连心桥”，打造共建共治共享幸福康宁社区。

（闵紫阳　林　昕）

# 后塍街道篇

HOUCHENG JIEDAOPIAN

沙洲优黄文化园水戏台

中共张家港市后塍街道工作委员会
市人大常委会后塍街道工作委员会·
市政协后塍街道工作委员会
张家港市人民政府后塍街道办事处
纪检监察
群众团体
法治·军事

乡村振兴
农　业
商贸服务业
文化·体育
卫生健康
社会民生
村（社区）

# 中共张家港市后塍街道工作委员会

## 综　述

【概况】 2023年，后塍街道召开党工委会议12次、党工委专题会议4次，党工委发文41件。主要涉及“三重一大”，即重大事项决策、重要人事任免、重大项目安排和大额度资金使用情况事项议事规则和决策程序等。1月13日，后塍街道党工委理论学习中心组专题学习会召开，江苏省党校社科英才、党课名师魏欣作党的二十大精神专题学习辅导。

【“现代化建设先锋年”动员大会暨作风建设会议】 1月31日，后塍街道召开“现代化建设先锋年”动员大会暨作风建设会议。会议传达学习市、保税区“现代化建设先锋年”动员大会暨作风建设会议精神，表彰2022年度街道先进集体和先进个人。会议聚焦全市“现代化建设先锋年”工作主题，动员街道上下“作示范，勇争先”的担当作为，在新发展阶段、新发展格局中找准定位、提升站位。树立良好作风，锚定年度目标，构筑街道高质量发展的最优格局。高桥村、后塍中心社区、宣传文明条线、爱卫条线负责人作表态发言。

【绩效考核分析暨二季度重点工作推进会议召开】 5月6日，后塍街道绩效考核分析暨二季度重点工作推进会召开。街道班子全体成员，各村（社区）主要负责人，机关各办局（条线）负责人参加会议。会议传达学习全市“奋战二季度，跑赢‘上半场’”工作推进会、保税区“巩固新优势，确保双过半”工作推进会精神，补短板、强弱项，做好落后指标整改，协调解决年度考核反映出的突出问题、指标落实过程中的困难和问题，确保各项主要指标按计划顺利推进。持续向作风顽疾“亮剑”，展现担当作为，以工作“实绩”检验行动“实效”。

【后塍街道半年度工作会议】 7月15日，后塍街道半年度工作会议召开。会议深入学习贯彻习近平总书记考察江苏重要讲话精神，深刻领会总书记对江苏、苏州工作提出的重大要求，继续在改革创新、推动高质量发展上争当表率。继续高扬开拓进取、奋发有为的精神状态，推动各项工作提质增效。全面落实保税区半年度工作会议精神，回顾总结上半年工作，研究部署下半年任务。会议要求，狠抓村级项目，大力发展“文旅”经济；强化基层治理，实现安全发展两不误；持续深化创建，打造更多特色亮点；凝心聚力推进民生实事工程；紧盯绩效考核抓好工作落实。

【“现代化建设先锋年”党的建设工作要点确定】 5月10日，后塍街道党工委印发《中共张家港市后塍街道工作委员会2023年度党的建设工作要点》，明确以习近平新时代中国特色社会主义思想为指导，围绕“现代化建设先锋年”工作主题，紧贴“123”年度目标任务，实施“政治聚魂、思想聚合、解忧聚心、堡垒聚能、党群聚力、先锋聚智”六大行动。打造“塍心话坊”党建品牌：实施党建引领基层治理“1+N”系列举措，启动“书记接待日”，及时倾听群众心声、解决群众诉求；推广智慧便民服务平台，搭建“解忧云铺”“智慧新塍”等多元化治理服务平台；实施红领解忧行动，共创“近邻”党建圈，实现跨界共治，活动共办，资源共享。聚焦新业态党建，打造“塍新港湾”党建品牌。出台“塍新港湾”行动“1+3”系列

12月13日，“先锋行动·书记项目秀”“塍心话坊”品牌发布仪式

文件，发布八大类暖“新”服务清单，上新“金蜂”“心驿”等暖新服务点，破解新就业群体服务难题；推出“塍哥行动”积分管理，发起一分钟“交规守护员”、一分钟“文明监督员”等12项行动，激发新就业群体投身基层治理的内生动力。聚焦产业链党建，打造“红链科创”党建品牌：依托梵创产业园做优“党建+资本+服务”模式，实施强化一条“组织链”、搭建一条“人才链”、构建一条“服务链”、打造一条“阵地链”4个“链”行动计划，培育、带动和辐射11家“链”上企业。配套个性化商务写字楼、人文中心、商务中心、生活广场等载体，推动形成“链”上企业“15分钟党建服务圈”。

（施栋凯）

## 组织工作

【概况】 2023年，后塍街道党工委有党组织32个、党员2526人，其中新发展党员18人。全年实施基层党建项目29项。3月8日，张家港市恒强冷却设备有限公司党支部成立。5月24日，江苏柯力纺织股份有限公司党支部、张家港市国宏纺织有限公司党支部、张家港市鸿盛化纤制造有限公司党支部、张家港市金陵纺织有限公司纱厂党支部撤销。7月7日，张家港市后塍街道社工站党支部成立。

（陆　瑶）

【基层党组织建设】 2023年，后塍街道围绕重点工作开展党的建设，动员21名流动党员向党组织报到；打造“塍心话坊”“塍新港湾”“红链科创”等党建品牌；开展先锋阵地融合赋能行动，推动57个治理功能和服务资源在“海棠花红”先锋阵地集成赋能，高标准建设晨阳村“民生哨站”、封庄村“和丰小院”、塍德社区“幸福号小火车”等家门口的红堡阵地。开展“书记接待日”“塍心面对面”等活动228场，创新海棠先锋“1+N+1”模式，遴选279名海棠先锋服务群众2.4万人次，推广“智慧新塍”“民生早摊”等17个议事服务平台，通过“线上+线下”双通道，实现服务群众“零距离”。春节、“七一”前夕，街道发放慰问金366800元，惠及困难党员、低保、低边等生活困难群体291人次；春节为82名困难党员家属办理“红堡关爱计划”保险9840元；“七一”系列活动开展期间，颁发“光荣在党50年”党龄纪念章45枚、40年党龄纪念章8枚、30年党龄纪念章18枚；走访慰问党员中心户59户，发放资助慰问金40800元。

【“两新”党组织建设】 2023年，后塍街道坚持系统谋划、统筹推进暖“新”海棠路径布局。聚焦新业态新就业群体休息难、如厕难、充电难等现实问题，整合街道党群服务中心资源，规划街道新业态新就业群体暖“新”驿站地图，打造

“金蜂”暖心服务点

“金蜂”“心驿”等16个暖“新”服务点，内设微波炉、便民药箱等12种服务设施。

【基层党建“书记项目”】 2023年，后塍街道党工委打造“精耕细作‘微服务’，激活治理‘新动能’”书记项目。聚焦基层治理的重点难点问题，实施29个基层党建“书记项目”。3月10日，后塍街道召开“党建引领基层治理”推进会暨“塍新港湾”启动仪式，出台《后塍街道新业态新就业群体党建“塍新港湾”行动“1+3”系列文件》，发布八大类暖“新”服务清单。6月30日，开展“‘益企’奋进，先锋有我”主题活动。7月，依托梵创产业园区打造“红链科创”4个“链”行动计划，利用园区资金和服务优势，培育、带动和辐射11家“链”上企业。开辟“海棠善治·七一展播”专栏，展播各村（社区）书记项目实绩。12月13日，街道举办2023年度“先锋行动·书记项目秀”展评会，开辟“优秀书记项目展播”专栏。（蔡晨辉）

【干部队伍建设】 2023年，后塍街道党工委召开研究干部任免相关事项领导班子会议2次，全年调整干部47人，其中提拔16人。启动“360度干部家访”工作，对机关、行政村（社区）开展专项调研，通过进机关、进村（居）委、进村组，访干部、访代表、访群众的“三进三访”模式，全面掌握200余名干部的现实表现，为干部调整提供重要依据。建立“上挂下派”“帮带培养”等工作机制，选派年轻干部到上级单位进行“上挂”培养、到急难险重岗位进行“下派”锻炼。年内，街道干部轮岗交流8人，结对帮带培养2人，挂职锻炼7人。

【老干部工作】 3月，后塍街道开展离退休干部“银发生辉，银龄行动”，组织老干部进村（社区）开展政策宣讲、基层治理、文明创建、关心下一代等志愿服务活动40余次。7—8月，老干部们开展青少年暑期软笔书法、主题征文比赛活动。

12月13日，“先锋行动·书记项目秀”展评会召开

9月18日，后塍街道老干部座谈会召开

9月，街道召开2023年度老干部座谈会，通报街道各项工作的开展情况及下阶段工作打算，鼓励老干部为街道发展建言献策。（夏颖超）

## 宣传文明工作

【概况】 2023年，后塍街道认真培育和践行社会主义核心价值观，深入实施公民道德建设工程，统筹推进文明创建工程，为后塍街道全面建设社会主义现代化提供强大精神力量。12月，组织开展后塍街道“美塍有你”系列评比活动。街道严格按照建设更高水平文明城市工作要求，结合“苏州市文明镇”争创目标，实施“美塍行动”，开展“美塍有你”系列评比活动，建立文明创建“日查日清”工作机制，形成发现问题、交办处置、反馈监督的闭环运转工作机制。街道申报关于农村人口的迁移、社区养老服务民生问题研究等张家港市社科应用研究课题3个，申报晨阳村“走进科学”等社科普及创新引导扶持项目3个。9月19日，钱氏祖宅获评张家港市社会科学普及示范基地。12月21日，首个张家港市社科之家——袁家桥村“健康乐袁”揭牌仪式在袁家桥村举行。年内，街道获评张家港市文明区镇（街道）。

【意识形态工作】 2023年，后塍街道坚持把意识形态工作作为党的建设重要内容，纳入党工委重要议事日程，纳入党建工作责任制，纳入领导班子、领导干部目标管理，做到意识形态领域工作与党的建设工作统筹谋划，整体推进，确保责任落实。注重思想引领，开展党工委理论学习中心组集中学习12次，其中意识形态专题学习1次、专题研究部署意识形态工作2次，对基层意识形态工作进行经常性分析研判。班子成员按照“一岗双责”要求，从严抓好分管部门、单位和职责范围内的意识形态工作。深化宣传教育，发挥“后塍街道新时代文明实践所”“塍心讲堂”“小微说理”等宣教阵地作用，加强意识形态工作阵地建设和管理。利用集镇区、主干道和各村（社区）、镇域单位的宣传栏、展板、户外LED大屏等媒介，宣传习近平新时代中国特色社会主义思想和社会主义核心价值观，组织“塍心诚意”志愿宣讲队开展互动式微宣讲56场，开展“奋进新时代，谱写新篇章”微讨论活动16次。（杨　泳）

【理论武装】 2023年，后塍街道党校按照街道理论学习中心组学习计划，协助街道党工委理论学习中心组开展理论学习及研讨交流12次。其中1月13日，江苏省党校社科英才、党课名师魏欣作《五个牢牢把握——深入学习贯彻党的二十大精神》的专题学习辅导；7月13日，传达学习贯彻习近平总书记在江苏考察时的重要讲话重要指示精神。（童　凯）

【舆论引导】 2023年，后塍街道综合运用“百年后塍”微信公众号和上级合作媒体平台资源，围绕基层治理、乡村振兴、文明创建等工作，加强对外宣传力度，扩大街道影响力和美誉度。全年在苏州级以上主流媒体发稿50余篇，“百年后塍”微信公众号信息发布严格落实“三审三校”制度，确保方向正确、内容准确。（邱晓华）

【文明实践】 2023年，后塍街道扎实推进新时代文明实践工作。以街道新时代文明实践所为“轴心”，统辖11个实践站、5个实践点，健全工作机制、丰富活动内涵，打造初心小筑、车间课堂、庭院行“理”箱、说理茶社4个理论宣讲平台，推进各村（社区）新时代文明实践站、点建设。以村民需求为出发点，继续提升就学、就医、养老、休闲等服务，让暖心服务延伸到居民身边。2023年，后塍街道新时代文明实践所打造阅读推广品牌项目——《塍室漫读City Reading》，依托村（社区）资源，策划主题阅读活动，努力打造具有辨识度的阅读活动，将主题阅读活动延伸至9个新时代文明实践站、132个活动对象，阅读量13000余次。全年开展“小微说理”“翰墨写春”“红红火火过大年”“乡村文化节”等各类活动121场，惠及群众8000余人。2023年，后塍街道新建文明口袋公园2处，重点打造高桥村、学田村新时代文明实践站，塍德社区“幸福小火车”新时代文明实践微站和袁家桥村“袁栋里”新时代文明实践点。年内，扶持各村（社区）新时代文明实践站惠民项目11项、社会志愿服务骨干团队3支，建成学勤广场“文明美塍”工作站1个，完善人民路公益广告一条街建设。街道新时代文明实践站（点）与各党群服务中心、居家养老服务中心等资源阵地进行联动，开展“我们的节日”主题活动100余场，通过媒体宣传、线下活动、基层宣讲等载体，开展各类新时代文明实践活动近1000场。（张　妍）

【文明镇村建设】 2023年，后塍街道新增塍德社区“童乐塍”幸福小火车文明实践微阵地以及袁家桥村“袁栋里”新时代文明实践点2个。在市级和保税区“文明楼道”“文明示范楼道”2项标准基础上，进一步深化文明楼道建设，引导各村（社区）创新打造“儿童友好”“移风易俗”“文明健康”“家风家训”“和睦邻里”“海棠小栈”等主题楼道，推动党组织和党员进小区、入楼道、倡文明。11月25日，2023年度张家港市文明楼道展示交流暨首届后塍街道社区文化节启动仪式在金港文化中心举行。街道建成文明楼道97个，其中保税区最美楼道66个、张家港市美丽楼道5个。后塍街道晨阳村获评江苏省文明村，塍丰社区获评江苏省文明社区，朱家宕村、晨阳村获评苏州市文明村，塍德社区、后塍中心社区获评苏州市文明社区。三角滩村、塍德社区先后获2021年度、2022年度全市最美志愿服务村（社区）。

【社会主义核心价值观弘扬】 2023年，后塍街道利用未保站、藏报馆、学勤广场等阵地资源，开展研学、培训等活动，常态化推进爱国主义教育进学校、进社区、进家庭、进机关、进企业。开展“强国复兴有我，韶华不负使命”主题活动，及抗战纪念日、烈士纪念日等活动。加强未成年人思想道德教育，围绕“塍心守护，伴你成长”、科普“塍”相伴——科学小实验、“情绪七彩花，快乐有方法”、“童心童心、筑梦塍长”、“关爱万家塍宝计划”、国防教育普及等主题，开展“强国复兴，逐梦成长”系列实践活动，引导广大青少年树立正确的世界观、人生观、价值观。

【志愿者工作】 2023年，后塍街道有志愿服务团队25支、在册志愿者2441人，由村（社区）干部、党员示范引领，群众、企业代表、新市民等组成。年内，街道组织“张家港市文明楼道展示交流活动暨首届后塍街道社区文化节”“应急救护培训助力护航生命”“塍室漫读阅读品牌推广项目”“‘塍心为民，塍意惠民’后塍街道首届庆农民丰收节暨‘多彩夜沙洲，后塍欢乐购’志愿服务活动”等各类志愿服务1500余场。街道未成年人保护站“塍少年”青年志愿者团队面向未成年人开展志愿服务活动100余场。“拾光奶奶”、乐塍青翼未成年人保护、“幸福号”小火车、民生魔方等项目，是街道志愿服务四大亮点。年内，晨阳村志愿服务团队获评2023年保税区最美志愿服务团队，学田村志愿者孟桓宇获评2023年度张家港市最美志愿者。

【党员冬训】 2023年，后塍街道贯彻落实《关于认真组织开展2022—2023年度全市基层党员冬训工作的意见》，打造“小微说理”理论宣讲品牌，统筹辖区资源，推进“求是读书汇”“说理小院”“初心小筑”等一批特色理论宣讲阵地融入新时代文明实践所（站、点）建设。打造“说理茶社”“初心小课”“说理小院”“车间课堂”，开展“特色理论小课”18场，累计开展各类宣讲53场。街道冬训工作经验先后被《新华日报》《苏州日报》等媒体报道11篇次，“小微说理”课堂项目获全市“理论宣讲”三等奖。（童　凯）

## 统战工作

【概况】 2023年，后塍街道有22个少数民族共201人，占街道人口总数的2%；留学生、侨胞侨眷、留学归国人员等各类侨界人士22人；市政协委员7人。

【党外人士统战工作】 2023年，后塍街道以街道统战工作实践站为载体，融合“理论氧吧”、“求是读书汇”、“塍心讲堂”讲师团等力量，面向民主党派成员、新的社会阶层人士、党外知识分子等群体宣讲党的二十大精神，组织开展“阅读推广”“故事分享”等宣讲活动12次。后塍街道新的社会阶层人士联谊会有成员17人，年内，组织开展读书会、赏梅踏青、联谊等活动3场，引导新联会成员加入“塍心诚意”公益志愿队，开展“小手拉大手”“金钟罩守护银铃家”“拾光奶奶”等志愿服务12场。发挥基层人大、政协组织优势，组织统战人士参与人大工委、政协工委组织的协商议事、议政建言等履职活动，就镇区下穿通道安全提升工程、便民服务大厅改造扩建、慈善超市改造运营等课题展开调研，撰写社情民意信息十余条，助力党委政府科学决策、精准施策。

【侨务工作】 2023年，后塍街道有侨眷6人、海外侨胞3人，其中埃塞俄比亚、尼日利亚和韩国籍各1人。有留学人员9人，其中3人为留学归国人员，主要在美国、英国、法国等7个国家留学。街道持续关注侨情动态，不定期召开座谈会、交心会、迎春茶话会等，与侨眷、归国留学生和留学生家属谈心交流，年内，对2户侨眷家庭进行慰问。

【民族团结工作】 2023年，后塍街道以“民族宗教政策法规学习宣传月”“民族团结进步宣传月”为契机，依托专题讲座、主题党日、党史学习教育等活动，通过宣传栏、板报、公众号等载体，深入宣传民族宗教政策及相关法律法规。以线上与线下、集中学习与小组学习相结合的方式，组织统战对象开展读书学习活动。多次与保税区教管办和学校沟通，为2名少数民族群众子女解决就近入学问题。做好2023年民族教育专项助学资金申报工作，摸排上报困难家庭少数民族学生1人，通过佛教协会对生活困难学生进行资助。开设“家门口的暑托班”8个，为少数民族群众解决假期“看娃”难题。6月28日，“民族团结一家亲，共建乡村幸福园”民族团结进步主题实践活动在朱家宕村举行。

**【宗教场所管理】** 2023年，后塍街道专题部署宗教场所安全检查和隐患整改，实施“网格员+宗教场所”巡逻机制，由街道统战条线牵头，联合基层单位网格员，对宗教场所进行常态化巡逻12次，并按照宗教事务条例要求，指导后塍天主教堂、西章卿寺等宗教场所建立健全财务管理、治安管理、消防安全管理等相关制度。8月，督促指导2个宗教活动场所做好瓶装液化气用户减量工作，完成后塍天主教堂综合楼重建工程。

（王丽娜）

## 史志档案

**【概况】** 2023年，后塍街道完成2021年5月至2022年12月文书档案、基建档案、设备档案、照片档案、声像档案、实物档案、专业档案（司法调解档案）等门类的整理工作。其中文书档案2945件、照片档案4册、声像档案1册、基建档案8卷、设备档案3件、实物档案11件、会计档案251册、司法调解档案4册。修订《后塍街道档案分类方案、文件材料归档范围和档案保管期限表三合一制度》，完成档案工作检查评价自查报告。年内，加快推进《新塍村志》《高桥村志》编纂工作,整理完善街道史志馆资料，做好《张家港年鉴（2024）》后塍街道相关资料征集与撰稿工作。7月，召开《高桥村志》终审会。

（刘　彤　邱晓华）

**【档案工作】** 2023年，后塍街道开展家庭家风档案与乡贤名人档案征集工作，确定高桥村藏报馆为张家港市家风档案研学点位。开展村（社区）档案工作培训，对村（社区）档案工作强化监督指导，推进各项工作落实。配合保税区通过实地检查完成11个村（社区）档案工作年度评价，发现问题及时反馈，整改落实到位。

（刘　彤）

**【高桥村村史馆】** 高桥村村史馆位于酒香路与高梧庄路交会处西南侧高桥村党群服务中心、村民委员会办公楼二楼，面积约500平方米，采用回廊式，多媒体、图片、文字和实物等，设置高桥形象墙、高桥印象、文化长廊、活力产业、魅力高桥、红色高桥、侨·建幸福墙7个展区，以视频、讲解员解说等方式展示高桥村有关历史文化、民俗文化、奋斗史、生活变迁和历史荣誉，展现乡贤人文故事、当代文化、社会风土、乡音、特色产业、传说故事、农民生活、党建引领、未来发展等，展示农业、农村发展和农民物质精神文化生活发生的巨变。2023年，高桥村村史馆接待参观9场、100余人次。

（刘　彤　施韵怡）

**【红色传承报纸展览馆】** 红色传承报纸展览馆位于后塍街道高桥村酒香路37号，由高桥村党委和张家港市港城藏报馆合作，于2019年12月建成并对外开放。该馆以“没有共产党就没有新中国”为主题，展出280余份报纸，系统展示在中国共产党的领导下，中国革命发展的历程和中华人民共和国建设所取得的辉煌成就。分为建党、建军、抗战、解放、建国和成就6个展室，时间跨度超过100年，真实记录中国百年间发生的重大历史事件，用史实证明没有共产党就没有新中国的科学内涵。自开馆后，成为党政机关、企事业单位和中小学校开展红色宣传教育的活动场所，先后被中国共产党党员日记博物馆和张家港市新四军暨沙洲革命根据地研究会、张家港保税区老年协会、南沙中学等确定为“日记文化研创基地”“革命传统教育基地”和“爱国主义教育基地”等，2021年，红色传承报纸展览馆被列为张家港市十大红色旅游场馆。馆主李永芳为中国报业协会集报分会常务理事，获张家港市优秀共产党员、张家港市十佳百姓学习之星、张家港保税区优秀党务工作者等荣誉。

（李永芳）

# 市人大常委会后塍街道工作委员会
# 市政协后塍街道工作委员会

## 人大综情

【概况】 2023年，市人大常委会后塍街道工作委员会常态化开展轮值接待、代表学习、走访调研活动，扎实开展人大代表“立新功见行动”“三进站”“双联系”“主任接待日”等一系列活动。在常规代表轮值接待的基础上，联合市第二人民医院开展“轮值接待+志愿服务”活动，组织中医康复科、妇科、心内科等6个专科开展志愿服务活动，惠及群众120余人次。围绕美丽乡村建设、农村人居环境、民生实事工程等方面，开展联合督察6次。完善街道议政代表会制度，通过《人大后塍街道工委关于办理代表建议、批评和意见的实施办法（试行）》。探索特色工作机制，建立“双问诊”“双学习”“双走访”“双评议”机制。11月，后塍中心社区党委书记奚洋获评优秀市人大代表。

【人大会议】 2月2日，后塍街道第一届议政代表大会第二次会议在街道办事处一楼会议室召开，会议应到代表52人，实到代表52人。会议听取和审议街道办事处工作报告、人大工委工作报告，通过《人大后塍街道工委关于办理代表建议、批评和意见的实施办法（试行）》、《第一届议政代表会第二次会议2023年民生实事项目票决办法》、办事处工作报告决议、人大街道工委工作报告，票决确定街道2023年度民生实事项目，涉及道路交通安全提示、老旧小区改造、污水治理提质增效、高标准农田改造、“口袋公园”建设等10项。会议收到代表建议、批评和意见6件。

2月2日，后塍街道第一届议政代表大会第二次会议召开

【代表之家】 2023年，人大后塍街道工委重点打造三角滩村“民主亭”、朱家宕村“田园书房”、封庄村“海棠小栈”等特色代表联系站（点），至年末，建有代表履职中心1个、代表联络站9个、代表联系点6个。年内，人大后塍街道工委结合各站点区域位置和驻站代表优势，发挥各站点负责人主观能动性，开展法律宣讲、代表引领全民阅读、“摆摊”听民声、植树为民等特色活动，制定《全过程人民民主基层示范基地建设方案》，进一步丰富袁家桥村“民生茶馆”内涵，放大“民生茶馆”品牌效应。

【代表建议】 2023年，人大后塍街道工委收到关于文明创建、道路交通、河道治理、环境卫生等方面的意见建议270条。通过组织代表走访、邀请参与办理有关工作等，对代表提出的意见建议及时跟进督办，办结率100%、代表满意率100%，切实做到事事有回音、件件有落实。

【代表接待选民】 2023年，人大后塍街道工委开展接待选民活动16次，各代表小组开展活动4次，共接待选民825人次，收集选民意见建议270条，全部答复办理。每月10日为“代表轮值接待日”，代表按照全年的轮值计划，在轮值站点接受群众咨询、倾听群众诉求。8月18日，市人大常委会在后塍街道人大代表履职中心开展主任接待日暨常委会组成人员联系代表和选民活动，部分市人大代表和选民代表、议政代表16人参加活动。11月20日，在后塍街道人大（议政）代表履职中心开展苏州市人大代表“统一接待日”活动，苏州市人大代表聂登、蔡玫、吴晴、奚涛，以及部分市人大（议政）代表和选民代表15人参加活动。

【人大自身建设】 2023年，人大后塍街道工委建立市人大代表联系议政代表、议政代表联系群众的“双联系”工作机制，进一步完善街道人大工作网络。确定每月20日为“代表学习日”，通过代表微信群向代表推送政治理论、法律法规、工作政策等内容，提升代表履职能力。4月14日，人大后塍街道工委召开党的二十大精神宣讲暨代表小组工作会议，各代表小组组长、副组长及联络员参加会议，会议集中学习党的二十大报告的新观点、新论述和新要求，传达贯彻全市人大代表工作推进会精神，研究部署各代表小组的工作任务。会前，与会人员赴杨舍镇、大新镇和德积街道人大工作示范点位参观学习。 （陈 燕）

## 依法监督

【概况】 2023年，人大后塍街道工委探索建立与街道纪工委的联合监督工作机制，定期会商研究监督议题，开展专项联合督察，全年围绕美丽乡村建设、农村人居环境、民生实事工程等工作开展联合督察6次。通过共建机制、多维联动，发挥双方职能优势，推进人大监督与纪检监督的贯通协作。

【政府工作评议】 2023年，人大后塍街道工委认真听取和审议《后塍街道办事处工作报告》，充分肯定街道的工作。年内，围绕民生实事、河道治理、文明创建、安全生产等工作，组织人大（议政）代表座谈交流，进行评议。 （陈 燕）

【代表建议督办】 3月7日，人大后塍街道工委就街道第一届议政代表会第二次会议期间代表提出的建议、批评和意见进行集中交办，明确责任部门、办理时间、办理要求等，相关承办部门负责人参会。各承办部门高度重视，坚持问题导向、目标导向、结果导向，积极与代表沟通对接，做到“人大吹哨，部门报到”“民有所呼、我有所应”。 （孙 君 陈 燕）

【民生实事项目监督】 11月30日，人大后塍街道工委会同街道纪工委联合开展2023年度民生实事项目督察。督察组一行先后实地督察嘉鹏路、袁塍路西段改造、塍德社区居家养老服务中心、新塍农贸市场、高桥村高标准农田、高桥村新时代文明实践站等项目，详细了解民生实事项目实施情况，并对民生实事工程建设提出意见建议十余条。督察组强调，要统一思想认识，民生实事项目事关老百姓的切身利益，社会关注度高。代表们要多倾听群众呼声，多反映群众诉求，多回应民生关切。要精心组织实施，各

11月30日，人大后塍街道工委会同纪工委在高桥村新时代文明实践站联合开展2023年度街道民生实事项目督察

相关职能部门要区分轻重缓急，对群众急需解决的问题加快实施；对结转项目一抓到底、抓出成效。要打造精品工程，相关职能部门要严格监管，把好质量关，努力将民生实事项目打造成“民心工程”“精品工程”，不断提高群众满意度和幸福感。（陈　燕）

## 检查视察

【概况】 人大后塍街道工委坚持常态化开展视察调研，每月月底为走访调研日，紧扣街道工作重点和人民群众关注的热点问题。全年人大（议政）代表参与视察督察活动120余人次。

【水环境治理专项督察】 4月23日，后塍街道人大工委、纪工委对水环境治理工作开展联合督察。督察组实地走访朱家宕村30号河、高桥村46号河、北横港等河道，召开座谈会听取职能部门关于河道治理的情况汇报，并提出意见建议。督察组要求，要拔高站位聚共识，提高政治站位，进一步增强工作责任感、紧迫感，加大治理力度，加强宣传，形成广泛的社会共识；要聚焦问题抓攻坚，聚焦突出问题，加强统筹协调，加快工作进度，更好地提高水环境的治理水平；要完善机制促成效，进一步完善长效管理机制，把各级河长、职能部门的责任压紧压实，把河道治理的措施落到实处，不断提高水环境治理的整体水平。

【人居环境整治专项督察】 6月2日，人大后塍街道工委联合纪工委对人居环境、垃圾分类开展联合督察。督察组实地走访学田村倪家埭、善政社区、金丰社区、塍丰社区和高桥村（保禾庄），现场听取人居环境长效管理、垃圾分类、存在的问题和下一步举措等情况汇报。座谈会听取街道人居环境和垃圾分类工作情况汇报，街道纪工委书记周凯燕提出建议，代表们就进一步做好该项工作建言献策。9月1日，人大后塍街道工委会同街道纪工委对街道人居环境整治及城市管理工作进行联合督察，十余名人大（议政）代表参加督察活动。督察组实地督察后塍综合市场西墩路沿线、封庄村陆房庄、袁家桥村闵家低田、新塍村何家坝、高桥村腰沟埭等点位。座谈会上，代表们为进一步提升人居环境及城市管理工作水平建言献策。督察组强调，村（社区）、职能部门要确立强烈的问题导向，紧盯工作短板和薄弱环节，立行立改，务求实效；村（社区）、职能部门要落实好常态长效机制，强化齐抓共管责任，共同推进人居环境及城市管理工作取得新进展、开创新局面。

【安全生产专项视察】 7月25日，人大后塍街道工委组织部分人大（议政）代表对街道安全生产工作进行专项视察。视察组一行先后实地查

看江苏英瑞世家实业有限公司、张家港市环球不锈钢铸造有限公司、张家港保税区梵创产业发展有限公司等企业，并召开座谈会听取情况汇报，代表们对近年街道安全生产工作给予充分肯定，并提出意见建议十余条。视察组强调，要始终绷紧安全生产这根弦，加强安全生产警示教育，进一步营造安全生产的良好氛围；持续加强安全生产隐患的整改，借助第三方力量，加大隐患的排查整改力度，加强应急救援机制的建设，督促企业落实好防暑降温、用电安全、防范火灾等措施；进一步压紧压实安全生产的工作责任，各职能部门要始终保持监管执法的高压态势，广大企业要切实强化主体责任，把生产流程规范到位、技改设备配备到位、企业员工教育到位、隐患整改到位，坚决杜绝安全生产事故发生。

**【重点工作监督】** 4月23日，人大后塍街道工委、纪工委对水环境治理工作开展联合督察。督察组实地走访朱家宕村30号、高桥村46号河、北横港等河道，召开座谈会听取职能部门关于河道治理的情况汇报，并提出意见建议。6月2日，人大后塍街道工委联合纪工委对人居环境、垃圾分类开展联合督察。督察组实地走访学田村倪家埭、善政社区、金丰社区、塍丰社区和高桥村保禾庄，现场听取人居环境长效管理、垃圾分类、工作中存在的问题和下一步举措等情况汇报。座谈会听取街道人居环境和垃圾分类工作情况，街道纪工委书记周凯燕提出建议，代表们就进一步做好工作建言献策。9月1日，人大后塍街道工委会同纪工委对街道人居环境整治及城市管理工作进行联合督察，十余名人大(议政)代表参加督察活动。督察组实地督察后塍综合市场西墩路沿线、封庄村陆房庄、袁家桥村闵家低田、新塍村何家坝、高桥村腰沟埭等点位。座谈会上，代表们为进一步提升人居环境及城市管理工作水平建言献策。11月30日，人大后塍街道工委会同纪工委联合开展2023年度街道民生实事项目督察。督察组一行先后实地督察嘉鹏路、袁塍路西段改造、塍德社区居家养老服务中心、新塍农贸市场、高桥村高标准农田、高桥村新时代文明实践站等点位，详细了解民生实事项目实施情况，并对民生实事工程建设提出意见和建议十余条。

**【市人大第一代表团第三代表小组会前集中视察】** 12月20日，市十五届人大保税区代表团第三代表小组开展会前集中视察活动。代表们先后到朱家宕村“田园书房”、高桥村新时代文明实践站、文昌小学、文昌幼儿园、后塍中心社区施家埭、江苏英瑞世家实业有限公司现场进行视察调研。结合现场调研，围绕党委关注、群众关心、社会关切的热点焦点问题提出意见建议。

（陈　燕）

## 政协综情

**【概况】** 2023年，市政协后塍街道工委设有主任、副主任、工作人员各1人，市政协委员7人，特聘委员6人。年内，市政协后塍街道工委认真履行政治协商、民主监督、参政议政三项职能，切实发挥专门协商机构作用，围绕党政中心工作和群众期盼，发挥“有事好商量·暨时议”协商议事平台和“联村联企联社区”机制作用，引导委员广泛开展调研视察，促进发扬民主和增进团结相互贯通、建言资政和凝聚共识双向发力，为推动街道经济社会各项事业高质量发展作出积极贡献。

**【委员之家】** 2月28日，张家港市政协主席赵建明带队赴后塍街道调研，走访张家港市科泽生态农业有限公司、塍德社区·诸葛议事会、朱家宕村田园书房等点位。3月15日，张家港市政协

10月31日，后塍街道工委“委员之家”活动在袁家桥村民生茶馆开展

副主席顾放赴后塍街道出席民盟张家港市委和后塍街道袁家桥村党委共同举办的“袁·盟”项目启动暨“袁栋里”全龄活动室开馆仪式。6月28日，政协后塍街道工委组织市政协挂钩联系后塍街道的政协委员先后走访调研了钱家祖宅、梵创产业、沙洲优黄文化园等点位。10月31日，市政协后塍街道工委组织开展四季度“委员之家”活动，围绕“关爱特殊群体，共享健康生活”开展民生专题协商议事，市政协副主席顾放、政协后塍街道工委主任程艳杰及市政协委员、特聘委员和村民群众代表等参加活动。委员们围绕“保障低保、特困、重残、失独家庭、困境儿童等特殊困难群体的身体健康”开展协商议事。

**【“委员三联”活动】** 政协后塍街道工委深入开展“委员联村联企联社区”走访活动，组织挂钩联系辖区市政协委员分批走访委员企业，把党委、政府的关心与支持送进企业。全年组织委员走访张家港酿酒、伟诺复合材料、榱木堂古典家具、锦达建设等委员企业。委员们深入基层广纳良言、广聚众智、广汇合力，一批符合实际、有价值的意见建议被相关部门采纳。政协后塍街道工委邀请民盟市委共同开展“委员三联”履职活动3次，用心用情架起委员联系服务群众的“最后一公里”。（施栋凯）

## 协商议政

**【概况】** 年内，政协后塍街道工委围绕城市更新、危旧房屋改造等方面问题，组织政协委员深入开展调研，收集社情民意，助推经济社会发展。政协后塍街道工委通过组织委员积极建言献策，成功推动善政社区“新建电瓶车充电桩”、袁家桥村“老年活动中心改造”、塍德二区“新建儿童友好广场”、封庄村“增设便民电动车充电服务点”等群众关心关注的民生问题得到解决。

**【“有事好商量”协商议事活动】** 2023年，政协后塍街道工委根据新调整的市十三届政协委员联村、联企、联社区名单，对1个镇级、11个村（社区）级“有事好商量”协商议事室更新完善，明确委员接待流程和协商工作制度。全年开展“有事好商量”协商议事活动4次，街道、村两级共开展协商议事活动15次，上报协商议事案例6篇。其中“袁盟共建，爱心为民”协商议事案例获评苏州市2023年度协商议事优秀典型案例，“城市更新之危房翻建”协商议事案例获评张家港市2023年度协商议事优秀案例。

**【社情民意信息收集】** 2023年，政协后塍街道工委整理上报反映社情民意50篇，其中苏州市政协采纳录用2篇。上报的集体提案《关于推进后塍有机更新助力古镇文旅融合的建议》转化为政协十三届三次会议大会书面交流材料；《基层社工人才短缺问题亟待重视》提案获市民政局高度重视，在全市范围内进一步发动社工证考试报名，助力全市基层专业初级、中级社工配备人数增加。

**【公交线路优化协商】** 6月1日，联合民盟界政协委员之家共同开展辖区“公交线路优化调整”专题协商议事会，促成同济路公交线路优化，解决袁家桥村老年人就医出行难题。

**【危房解危专题协商议事】** 10月20日，组织召开“城市更新之危房解危”专题协商议事会，破解后塍西墩新村21幢危房翻建面临的规划和办证难题，该项目成为张家港市首例危房解危试点项目，创新更新路径获苏州市委主要领导批示肯定，为后续全市范围内危房更新翻建积累经验。

**【民主监督】** 2023年，政协后塍街道工委上报集体提案2篇，工委主任程艳杰递交的《关于进一步推进危旧房屋改造助力城市有机更新的建议》《提升耕地质量面临的困难问题和相关建议》提案，均得到相关部门有效办结。

（施栋凯）

# 张家港市人民政府后塍街道办事处

## 政府施政

**【概况】** 2023年，后塍街道办事处聚力聚焦“现代化建设先锋年”工作主题，召开城市管理、文明创建、劣质河道销号等会议，壮大村级集体经济，做好街道精神文明创建，抓好安全工作，确保人民生命财产安全。年内，后塍街道村级经济总收入1.5亿元，比上年增10%，晨阳村和学田村出资5230万元收购久盛船业10%股权，后塍新能源装备产业园一期立项，三角滩村文昌“两校”项目为抱团村增财1000万元。文明创建整改问题超1400个，新建口袋公园和多个文明实践站（点）。完成89.6公顷高标准农田等建设，天然气开户通气900余户，危房解危10幢，医保参保26806人，完成率102%，投入184.6万元实施27个“民生微实事”项目，群众满意度全市第一。检查场所1100余家次，整改隐患320余处，“瓶改管”“瓶改电”完成率94.5%，开展安全月活动，举办培训5场。

**【后塍街道“瓶改电”“瓶改管”工作会议】** 8月14日，后塍街道“瓶改电”“瓶改管”工作会议召开，街道党工委副书记、办事处主任陈立主持会议，街道党工委政法委员张平，建管办、“331”机制办、供电部门、燃气公司、应急管理局、综合执法局、宣传文明办、财资办、保税区市场监管局和相关村（社区）负责人参加。会议听取“瓶改电”“瓶改管”工作进度及推进过程中存在的问题，并进行集体会商。会议强调，要摸清区域内餐饮场所底数，提升宣传教育工作质效，加强执法力度，增加安全检查频率，完成219家餐饮场所“瓶改电”“瓶改管”任务。

**【后塍街道劣V类河道销号专题会议】** 11月8日，后塍街道劣V类河道销号推进会召开。街道党工委副书记、办事处主任、街道总河长陈立，党工委委员周峰，办事处副主任李杏珍，保税区规划建设局副局长黄国华，市水务局、保税区规划建设局及有关部门负责人，新塍村、高桥村、塍德社区、塍丰社区等有关负责人参加会议。会上，对河长办、爱卫办、建管办、污防办明确职责分工，对新塍村、高桥村、塍德社区、塍丰社区明确配合截污纳管、常态管理等要求，营造爱河护河良好氛围。对塍西河、北横港、后塍中心社区河3条重点河道的截污沟通工作进行部署。推进劣V类河道销号，力争街道河长制工作在年度绩效考核中不扣分、得高分。

**【“文明美塍”行动】** 2023年，后塍街道建立健全城管委联席会议制度和文明创建专班“日查日清”管理制度，充分发挥城管委的牵头抓总作用，以争创“苏州市文明镇（街道）”为目标，大力开展“文明美塍”专项攻坚行动。9月2日，后塍街道文明创建专题会议召开，党工委副书记、办事处主任陈立主持会议。街道党工委副书记、宣传（统战）委员杨彬，办事处副主任叶浩翔，宣传文明办、爱卫办、消防安全专项治理办负责人，新塍村、学田村、三角滩村等村（社区）书记和文明创建分管领导出席，会议商定塍丰社区、封庄村、学田村、学田村、新塍村文星南路、张杨公路以南、新塍村新塍路6个区域垃圾分类和塍丰社区、封庄村、学田村、塍德社区、三角滩村5个区域消防安全专项治理，以及学田村内的金港街道企业安全生产专项治理等12个区域范围有关问题。年内，完成辖区主要路段两侧3万余平方米的外立面修复，对主干道沿线961个空调外机加装围挡，增划机动车停车位460个、非机动车停车区域162处，酒香路打造成无烟头示范道路，对农贸市场、学勤广场、沙洲优黄文化园等创建重点区域开展常态化督察，累计完成保税区15批次1415个反馈问题整改，整改率100%。完成集镇区13座公厕的无障碍改造。年内，后塍街道办事处获评江苏省健康机关和苏州市健康单位，学田村获评省级健康村，晨阳村、袁家桥村、善政社区获评苏州市健康村和健康社区。新塍村“扎根数字健康，为民主动服务”获评健康苏州建设优秀案例。三角滩村文星桥、高桥村腰沟埭、高桥村朝东埭3个自然村获评张家港市特色宜居乡村。封庄村金丰社区29幢、塍德社区2区218幢、文昌社区59幢获评张家港市美丽楼道。

【民生实事项目实施】2023年，后塍街道实施“口袋公园”建设、道路提优工程、老旧小区改造、文明实践功能提升、安全隐患消除、养老服务能力提升、高标准农田改造、污水治理提质增效、新塍农贸市场改造、民生微实事项目等民生实事工程项目10项，投入资金2589.18万元。至年末，2个“口袋公园”建成投用，改造提升高桥村农田76公顷，高桥村新时代文明实践站投入使用，塍德社区居家养老服务点（约800平方米）完成改造升级。年内，投入184.6万元，实施村（社区）“民微项目”27项，其中服务类项目8项、工程类项目19项。（王东宇）

表30　2023年后塍街道民生实事工程项目一览表

| 项目名称 | 投资金额（万元） | 项目完成情况 |
|---|---|---|
| “口袋公园”建设 | 49.83 | 实施塍南路口袋公园建设工程，调整绿化布局，增补休闲功能设施，进一步改善宜居环境品质。塍南路与张杨公路中间2个口袋公园建成投用 |
| 道路提优工程 | 442.91 | 对嘉鹏路进行道路改造，东起新塍路，西至跃新河桥头。全长907米，宽6米，本次改造维修拆除老路面5442平方米，浇筑C30混凝土面层，局部排设过路管、砌筑雨水边井及D300双臂波纹管（雨水管120米）；对袁塍路西段（长江明珠路-张家港河）道路维修，东起长江明珠路，西至张家港河，为东西走向道路，道路全长1639米，砼老路面宽15米；对文星路进行道路黑色化改造，铺设沥青路面约4800平方米，同时更换抬高窨井、修补损坏路面、局部增加雨水管；对双朱路-巷头桥进行沥青路面改造，主要含修复及拓宽混凝土路面630平方米、铺设沥青3932平方米、检查井升高22座。至年末，项目已完成 |
| 老旧小区改造 | 355.26 | 2023年，文昌小区篮球场、塍德社区垃圾中转站、文星新村游乐场、金成三期停车位新建、塍丰小区地下室地面维修及塍德小区道路拓宽工程等一系列民生工程建成投用；同时对老旧小区路灯、雨污水管道、水电等市政设施做好正常运维，确保安置小区外观及各项配套设施完善，保证居民的居住安全 |
| 文明实践功能提升 | 44.00 | 街道新时代文明实践所阵地进一步整合，各村（社区）实践站进一步优化，高桥村新时代文明实践站建设完成投入使用，学田村新时代文明实践站抓紧推进中，各类新时代文明实践活动持续开展中，形成了“塍室漫读”等系列品牌。至年末，项目已完成 |
| 安全隐患消除 | 76.11 | 推动部分餐饮场所实施“瓶改管、瓶改电”工程，强化安全监管，切实消除潜在隐患。至年末，项目已完成 |

续表

| 项目名称 | 投资金额（万元） | 项目完成情况 |
| --- | --- | --- |
| 养老服务能力提升 | 46.34 | 通过对塍德社区现有居家养老服务点（约800平方米）改造升级，增设助餐、康复、助学等功能室，满足周边老年人多元化需求。至年末，项目已完成 |
| 高标准化农田改造 | 976.68 | 后塍街道办事处投入920万元对高桥村76公顷农田进行了全面改造提升，新建和改造泵房10座，新建管道6.19千米，新建生态排水沟2.47平方米，新建衬砌渠道0.40平方米，土沟3.54平方米，土地平整2.13公顷，新建硬质道路1.66平方米，新建砂石路2.16平方米，对项目区内各类管线进行重新布线归并，新立管桩21根，新建各类管线3500余米，拆除各类废旧管桩70余根，整治收回各类自留地、垦荒地约2.33公顷 |
| 污水治理提质增效 | 138.45 | 推进污水处理提质增效达到标区建设，加快雨污水主管网、住宅小区管网排查整治；落实工业企业、企事业单位、小散乱门店等排水许可管理，督促排水户内部雨污水管网整改，同步完善雨污水支管网。至年末，项目已完成 |
| 新塍农贸市场改造 | 275.00 | 按照苏州农贸市场三年改造提升要求，推进新塍农贸市场改造提升，在市场摊位升级改造、适度引进智能化服务、优化环境卫生等方面进行提升。12月完成全部改造工程 |
| “民生微实事” | 184.60 | 2023年，党建为民服务项目与民生微实事合并，为确保此项资金效能最大化，街道严把项目关，实施有影响力的为民服务项目（如塍德社区“幸福小火车”、后塍中心社区“民生魔方”、塍丰社区“邻里公园”），至年末，实施项目27项（工程类19项、服务类8项） |

**【政府信息公开】** 2023年，后塍街道持续在政府信息公开规范化、制度化、标准化上下功夫，有序做好政府信息发布、解读及回应工作，切实保障人民群众的知情权、参与权和监督权。坚持“公开为常态、不公开为例外”原则，依托村（社区）宣传栏、移动展板等渠道公布政府信息，通过市政府网站、“百年后塍”及村（社区）微信公众号等，线上、线下同步公开政府信息。2023年，累计主动公开政府信息35条。“百年后塍”微信公众号关注人数6094人，2023年推送图文信息353条，点击量26.1万次。畅通申请渠道，完善申请登记、审核、办理、答复归档等办理制度，引入法律顾问参与申请公开答复合法性审查等工作。年内，街道通过信函方式收到信息公开申请2件，其中1件在已规定时间内予以答复、1件结转下年度办理。（王东宇）

**【后塍街道西墩新村21幢公寓房恢复性重建】** 西墩新村21幢公寓房，是20世纪70年代建设的二层砌体结构公寓房，占地面积228.6平方米，总建筑面积443.71平方米，有居民8户，户均面积55.46平方米。该房屋经危房检测后，被鉴定为D级危房。通过2年时间的筹备、协调、规划，确定通过恢复性原地翻建的方式解危。项目采用“产权人自主更新+政府扶持+国资公司辅助”的资金模式，总投资186万元，其中居民投资146万元。项目于10月启动，解决恢复性重建中立项主体不明、消防间距不够等问题9个，在保持产权人房屋原址原高的基础上，从原有套房形式变更为一户一宅，户均面积扩至65.6平方米，燃气、污水管网等配套设施完善。该项目也是苏州首个居民自筹资金危房恢复性重建试点项目。

【老旧小区改造】 2023年，后塍街道投入355.26万元，对塍德社区、塍丰社区、金丰社区、文昌社区等老旧小区进行屋檐破损及墙面隐患消除、墙体地面防水修复、厨卫改造及围墙维修改造。完成府院新村、文星小区、叶家埭新村天然气入户支管网安装。文昌小区篮球场改造、塍德社区垃圾中转站建设、塍德二期地下室车库照明改造维修、文星新村游乐场改造、金成三期停车位新建、塍丰小区地下室地面维修及塍德小区道路拓宽等项目完工投用。（史倩倩）

## 政务服务

【概况】 后塍街道便民服务中心大厅设置受理服务区、等候区、自助服务区、政务公开区等功能区。配备医保自助服务机、轮椅、雨伞、饮水机、老花镜、医药箱、针线盒等便民设施，新增母婴室，为办事群众提供温馨舒适的服务环境。

【一站式政务服务】 2023年，后塍街道塍南路1号底楼200平方米的便民服务中心大厅6个服务窗口提供“一站式”服务，同时设立自助服务区，承接公共服务事项47项，涉及人社、医保、民政及计生相关事务。依申请服务事项26项，事项清单和办事指南均在中心展示。在服务中心高效运行苏州市级“15分钟医保服务圈”示范点，推动医保公共服务在更深层次、更广范围实现“网上办”“自助办”“就近办”“一次办”，为提升医保公共服务精细化管理水平提供有力保障，指导医保参保人员利用“江苏医保云”App自助办理居外信息登记和自主转诊业务55人次。指导相关咨询人员利用微信小程序“江苏税务社保缴纳”完成医疗保险个人基金缴纳50余人次。便民服务中心群众满意度和业务办结率均达到100%。推进“一网通办”平台延伸至街道11个村（社区），中心社保、医保等事务实现网上“一键申办”，全程网办率达到85%以上。

（章慧琳）

## 应急管理

【概况】 6月28日，街道安委会、消委会暨燃气安全工作会议召开。9月27日，街道三季度安委会、消委会全体会议暨中秋国庆安全防范部署会议召开。11月22日，街道冬季安全防范工作暨安委会、消委会全体会议召开。年内，街道推进重大隐患整治和动态清零专项治理，加强特殊（危险）作业、户外作业安全专项治理，规范镇村工业区和出租厂房安全治理，提升安全本质水平，全面加强商场市场和大型商业综合体消防安全专项整治，杜绝较大以上和有影响的事故发生，生产安全事故起数、死亡人数实现“双下降”。

【安全生产管理】 2023年，后塍街道深入开展燃气安全专项整治工作，推进群租厂房和“九小场所”消防安全专项整治工作，推进重点场所瓶装液化气用户减量专项整治百日攻坚行动工作，规范村级工业集中区安全治理及群租厂房标准化安全整治，提升街道中小微企业安全管理和本质安全水平，村级工业集中区示范点位创建1个，对辖区5家劳动密集型企业开展火灾隐患安全检查。年内，组织制定村（社区）应急预案，组织开展应急演练，提升突发事件现场处置能力。

【安全生产责任制落实】 2023年，后塍街道调整安全生产委员会、消防安全委员会组成人员，与辖区内11个村（社区）签订安全生产目标责任书，形成“一级对一级、层层抓落实”的工作格局。3月18日，后塍街道举行“百团进百万企业千万员工安全生产专题”宣讲。全年街道党工委会议研究安全生产工作4次，召开安全生产委员会及应急管理局相关安全生产

专题会议10次，听取安全生产相关汇报，部署节假日、“两会”等重要时间节点安全生产监管工作。（杨丽帆）

【安全生产专项整治行动】 2023年，后塍街道发挥安委会统筹协调作用，深入推进燃气安全专项工作、群租房和“九小场所”消防安全专项整治。制定下发《后塍街道岁末年初安全生产重大隐患专项整治方案》《后塍街道重大安全生产事故隐患动态清零行动工作方案》《后塍街道重大事故隐患专项排查整治行动实施方案》《后塍街道冶金等工贸行业重大事故隐患专项排查整治行动实施方案》等文件。细化实施方案，严格监管重点企业，结合街道实际，采用集中检查、突击夜查和第三方专家检查相结合方式，对街道危险化学品、工贸行业、建筑施工、消防和城镇燃气等重点行业领域开展大排查、大检查，持续对重点领域精准化排查整治。应急管理局推动劳动密集型企业专项整治工作，检查劳动密集型企业5家，发现隐患10处，整改率100%。组织开展“安全生产月”、安全宣传咨询日、应急演练等活动。街道、村（社区）组织应急演练5次，开展主题活动6场，覆盖群众600人次，发放宣传资料1000份。专项整治有限空间企业34家，发现隐患117处，整改率100%。开展电镀企业专项整治，检查电镀企业7家，发现隐患49处，整改率100%。苏州安全生产问题处置监管平台上报2288条，整改率100%。扎实推进创蓝创建407家，创建率100%。（朱震宇）

【消防安全】 2023年，后塍街道消安委办协调组织各成员单位积极开展“九小场所”消防安全大排查大整治、高层住宅建筑消防安全专项检查等专项行动，重点整治消防安全责任落实、用气用火用电管理、疏散逃生、消防设施设备等重要环节问题。全年累计排查消防重点单位16家、中小旅馆17家、高层住宅建筑144幢、老年过渡安置房181间、企业340家、出租房（群租房）3621家、小餐饮232家、“九小场所”1080家，整治各类消防安全隐患7380处，查处各类消防违法案件35起。建设完善村（社区）微型消防站9个，在农村自建房、出租房内安装独立式感烟火灾报警器5000余个，增添灭火器1850具，规范电气线路穿管758家，新建标准化电动自行车充电桩74个、智能充电头650个，开展消防安全宣传教育、培训演练活动50次。晨阳村获评张家港市消防安全专项治理机制示范村（社区），高桥村、新塍村、袁家桥村获评张家港市消防安全专项治理机制心防村（社区）。（李　浩）

【防灾减灾】 2023年，后塍街道定期组织防灾减灾活动，组织村（社区）开展应急演练5次，开展安全主题活动6场，发放宣传资料1000余份，覆盖600余人次。组建“平安塍德”志愿服务队，定期组织培训，加强团队应急救援能力；健全应急物资储备体系和“三合一”机制，签订联动协议，建立防灾储备室；拓宽宣传渠道，线上线下同步定期开展防灾减灾知识宣传教育活动。防范灾害性天气，转发灾害预警信息提醒，制定下发预警通知，严格执行24小时值班和信息报告制度，增强自然灾害防范应对能力。（陈功闯）

## 信访工作

【概况】 2023年，后塍街道成立人民来访接待中心，畅通信访接待沟通渠道，增设意见簿、来访受理电话，健全民意表达。信访部门接访，职能部门、村（社区）参与复杂、重复信访，接访即办、当场答复。年内，街道办理人民来信投诉80余件、重复信访1件，接待群众来访73批183人次，网络投诉群众满意率100%，办理“12345”便民服务热线1900余件，办结率100%。全面落实领导包案制，及时回应群众关切，保证社会和谐稳定。

【矛盾排查化解】 2023年,后塍街道扎实做好矛盾隐患排查预警,不断提高矛盾发现能力、防范能力和化解能力。坚持实行每周矛盾排查研判化解。推进"网上信访、精准信访、阳光信访、法治信访"建设,优化访调、诉调对接工作机制,主动作为化解难题。全年各类风险隐患排查50余次,受理劳动纠纷23件、邻里纠纷13件、家庭纠纷8件、征地动迁16件、合同纠纷5件,及时化解各类纠纷60余件,对于缺乏事实依据、超出法定权利范围或违背公共利益的不合理诉求进行沟通解释、宣讲政策,实现"案结、事了、人和"。 (袁　炜)

## 保密工作

【概况】 2023年,后塍街道加强机关工作人员保密教育培训,定期召开后塍街道保密工作领导小组全体成员会议,研究部署各项保密工作,开展保密工作专项检查和自查,落实各项保密措施,全年未发生失泄密事件。党政办机要工作人员负责做好纸质涉密文件收发、登记、传阅、保管工作,统一汇总后存档。根据街道信息公开保密审查制度,对通过政务新媒体和市政府门户网站公开的政务信息实行发布审核制度。遵循"谁主管、谁负责;谁公开、谁审查"的原则严格履行保密审查审批程序,确保涉密信息不上网、上网信息不涉密。

【保密教育培训】 2023年5月,后塍街道组织相关涉密人员参加保密教育线上培训,完成培训45人次。8月,街道党工委理论学习中心组(扩大)学习会学习《中华人民共和国保守国家秘密法》,街道班子成员和各部门(条线)负责人参与学习。

【保密检查】 2023年4月,后塍街道开展政务信息系统安全保密管理专项检查,反馈市保密局政务信息系统排查表2张、自查报告1份。6月,后塍街道对纪工委涉密信息系统、涉密信息系统接入点和涉密单机进行排查。10月,后塍街道各部门开展工作秘密信息保密自查工作。 (严子城)

## 关心下一代工作

【概况】 2023年,后塍街道关心下一代工作委员会(简称街道关工委)坚持"党建带关建、关建促党建"思路,落实立德树人根本任务,深入学习贯彻党的二十大精神,坚持用习近平新时代中国特色社会主义思想铸魂育人。后塍街道关工委深化多部门联动,组建"五老"宣讲团,联合妇联开展青少年法律课堂、女童保护、反家暴宣传等主题活动60余场。至年末,街道有村(社区)校外辅导站11个、"五老"关爱工作站11个。后塍街道关工委获评苏州市"五有五好"基层关工委优秀单位,徐关兴获评苏州市"最美五老"。

【青少年爱国主义教育】 2023年,后塍街道关工委开展"牢记嘱托、感恩奋进、走在前列,关工委怎么办"大讨论,唱响"老少心向党"主旋律,积极开展"五老校园行""五老暑期社区行"宣讲活动,走进学校和社区,面向青少年开展党的二十大精神宣讲活动;组织骨干"五老"参加"老少心向党、奋斗新征程"主题教育;在青少年中持续开展习近平新时代中国特色社会主义思想宣传教育活动。全年街道各级关工委累计开展爱国主义主题教育82场,覆盖青少年2500余人次。2023年暑期,后塍街道关工委举办以"家乡美,笔墨情"为主题的征文和书法比赛,收到征文127篇,其中获评优秀作品41篇。

【青少年心理健康教育辅导】 2023年,街道各级关工委持续深化"校站结合",联合辖区内各

7月12日，青少年法律课堂在塍德社区开展

学校、村（社区）开展联合家访行动，关心关爱学生学习和生活情况；联合妇联开展青少年法律课堂、女童保护、反家暴宣传等主题活动60余场，帮助青少年增强法治观念和守法意识；联合团委、司法等条线开展“安家”“走青”行动，摸排“五失”重点青少年动态底数；联合妇联在三角滩村、封庄村、后塍中心社区分别打造“三叶草”“和丰”“豌豆荚”家事调解室，关心关注青少年在家庭生活和学习中的心理发展和疏导问题；联合民政办、未成年人保护站、派出所等部门打造反家暴联调室，构建家庭暴力联合干预机制，形成多维度的社会保护体系，保障青少年合法权益。

**【青少年校外实践活动】** 后塍街道关工委积极开展“心怀梦想、心想成才、心有文明、心愿劳动、心系苏州”教育实践活动，依托崇真小学、新塍小学、后塍学校、文昌小学4所学校，充分运用沙洲优黄博物馆、港城藏报馆、朱家宕村新农村建设等本土红色资源和非遗文化资源，开展“心有家乡，走近非遗”“心有大家，把文明装进口袋”“我心向上，塍心漫读”等系列活动50余场，覆盖青少年1300余人次；开展2023年“家乡美、笔墨情”暑期中小学生征文和书法比赛，收集征文127篇，38名参加书法比赛的中小学生现场挥毫泼墨，其中10幅获评优秀书法作品。街道各级关工委通过开展各类型的线上线下科普、座谈、研学等活动，将传统讲授与新媒体、课堂与社会实践有机结合，增强校外教育对青少年的吸引力。

**【“校站结合”工作机制】** 2023年，后塍街道关工委有序推进辖区校外辅导站和“五老”工作站的升级创新。塍德社区校外辅导站、塍丰社区校外辅导站等点位坚持立德树人，强化“校站结合”工作机制，探索创新，助力开展好家风好家规好家训教育，形成家校社协同教育合力；崇真小学、后塍学校、新塍小学、文昌小学持续做好在职教师驻点蹲村工作，利用节假日在校外辅导站开展各类主题活动。结合春季、暑期、秋季和寒假特点，制定校外教育辅导方案，做到春秋季教育不断线，暑寒假教育常态化“校站结合”。

**【“五老”队伍】** 2023年，后塍街道关工委抓实基层组织全覆盖，横向到边，纵向到底，推动关工委组织队伍建强优化；及时把热爱青少年工作的老同志充实进队伍，2023年，新聘任4名积极热心的退休教师加入“五老”队伍，持续增添新鲜血液和活力；街道关工委常务副主任徐关兴、田国兴等“五老”主持策划暑期征文和书法主题活动，定期走访村（社区）和学校，召开“牢记嘱托，感恩奋进，走在前列，关工委怎么办”主题讨论会，助力打造高素质关工干部队伍。

（吴依娇）

# 纪检监察

## 党风廉政建设体制机制

【概况】 2023年，后塍街道纪工委认真学习贯彻党的二十大精神，坚持教育与监督同向发力，基层治理与执纪问责并行，加强对重要岗位和关键环节监督管理，为街道高质量发展提供坚强保障。

【党风廉政建设】 2023年，后塍街道党工委始终把党风廉政建设列入党工委班子重要议事日程，在强化领导、明确责任、加强督察上下功夫。与领导班子成员及11个村（社区）党组织签订党风廉政建设责任书，突出党组织书记“第一责任人”、班子成员“一岗双责”的责任要求，做到任务明确，责任到人，将街道党风廉政建设责任进一步细化、分解和落实。时刻绷紧责任之弦，配合做好省委巡视和苏州巡察问题整改工作。在促进党员干部筑牢拒腐防变的思想防线上下功夫，开展党风廉政建设和反腐败教育，进一步擦亮“三廉三新”廉洁文化品牌，推动解决党员干部在思想上、作风上存在的问题，提高党员干部拒腐防变的能力。推动党风廉政教育治病于初始、严管厚爱在日常，落实“三项机制”，选树一批担当作为好干部，更好地激励机关干部担当作为，打造过硬干部队伍。定期召开专题组织生活会，深入开展批评与自我批评，党组织一把手定期与班子成员谈心谈话，用好警示教育大会、集体廉政谈话、典型案件通报等载体，常态开展各类警示教育活动，打好“教育+监督”的组合拳，全方位、多角度抓好干部纪律和作风。把加强纪律建设作为深入推进干部作风转变的重要抓手，结合享乐奢靡4个方面突出问题专项行动，进一步规范机关考勤、请销假、值班、公车使用等多项现行规章制度。指导各基层党组织完善管理机制，进一步提升党员干部廉洁意识和履职能力，督促各村（社区）落地实施“村干部月度考核机制”“党员干部诫勉谈话机制”，规范村（社区）干部的日常履职和言行举止，持续巩固和发展风清气正的良好政治生态。街道党工委班子经常性采取“四不两直”方式，深入基层一线、走进企业车间，开展“民生面对面”活动，走访、接待基层群众，不断优化基层治理水平。年内，街道、村两级共开展矛盾纠纷调解420余次、化解230余件。搭建“海棠小栈”“民生茶馆”等阵地载体60个，探索线上先锋阵地、廉勤监督、营商环境监督平台等，全年通过线上线下渠道收集的意见建议105条，均得到妥善处理。

【党风廉政建设责任书签订】 后塍街道党工委强化领导、明确责任、加强督察，1月31日，与党政领导班子成员及11个村（社区）党组织签订党风廉政建设责任书，党组织书记为“第一责任人”、班子成员“一岗双责”，党风廉政建设责任细化、分解和落实省委巡视和苏州巡察反馈问题整改。党员干部擦亮“三廉三新”廉洁文化品牌，落实“三项机制”，选树一批担当作为好干部，加强干部队伍建设。“一把手”定期与班子成员谈心谈话，用好警示教育大会、集体廉政谈话、典型案件通报等载体，打好“教育+监督”组合拳，抓好干部纪律建设专项行动，围绕“享乐”“奢靡”等方面突出问题，规范机关考勤、请销假、值班、公车使用等规章制度。

【纪检队伍建设】 2023年，后塍街道纪工委坚持打铁必须自身硬的工作要求，把加强队伍

9月14日，后塍街道纪检监督工作会议召开

建设摆在突出位置，强化自身建设和内部监督，严格落实内部管理制度，打造忠诚干净担当的纪检铁军。持续优化廉勤监督队伍，推进街道、村（社区）组级廉勤监督员的更替工作，选优配强街道和村级廉勤监督核心力量，将政治素养高的离退休干部、老党员，以及有专业特长、热心村（社区）事务的年轻党员、群众等充实组级廉勤监督员队伍。建立《廉勤监督员工作制度》《“清廉驿站”工作制度》等制度，指导廉勤监督员清晰把握监督工作要求，落实日常监督任务。年内，后塍街道纪工委围绕“四重温四强化”“坚定理想信念，传承绝对忠诚的政治基因”“严守纪律规矩，守护永不蒙尘的立身之本”“锤炼优良作风，擦亮敢为善为的铁军本色”等主题开展交流研讨活动4次；与保税区纪工委、香山旅游度假区纪工委联动，组织街道纪检干部赴香山烈士陵园、香山文化馆、长江村家风馆等学习。

（孙　君）

## 廉洁文化建设

**【概况】** 2023年，后塍街道纪工委扎实开展廉洁文化建设，结合“清廉驿站”阵地，推动廉勤监督员以“阵地坐班+现场走访”的形式开展常态化监督。利用“百年后塍”微信公众号推出“清风课堂”栏目，定期播放党纪法规知识微课，适时发布廉洁教育信息，传播清廉家风家训。持续推进“一村一阵地一小品”建设，利用村（社区）广场、活动中心、户外墙面等空间，打造廉洁文化亭、廉政阅读吧等廉洁文化微空间，进一步丰富廉洁文化主题宣传氛围。

**【廉洁教育】** 2023年，后塍街道开展“清廉为政”系列廉政教育活动。在村（社区）开展“清廉为政”主题宣讲会，组织党员干部开展廉政主

2月9日，后塍街道警示教育大会召开

题学习会，观看警示教育片，交流讨论党风廉政建设。开展廉洁文化与宣纸、竹扇等传统非遗文化相结合的“剪廉颂清风”“纸扇传清风”“童心画廉洁”“清韵廉塍”系列廉洁文化活动。联合后塍中心社区在学勤广场组织开展“清风传家，‘塍’心向廉”家风集市活动。通过“大家一起找清廉”“风清气正吹气球”“纸短‘廉’长谐家风”等趣味性游戏，开展“清风传家”系列家风教育活动，提升倡廉、护廉意识，共享崇洁尚廉的价值理念。各村（社区）组织党员干部开展“清风在我家”廉洁家风分享会，书写家风倡议书。

**【廉洁文化阵地】** 2023年，后塍街道纪工委进一步整合藏报馆、钱家祖宅等历史文化资源，构筑党员干部党风廉政教育的坚实载体。开展“廉在我家”家风教育活动，将廉洁教育融入党员干部家庭日常生活，推动各村（社区）将廉洁乡村建设融入文明创建、美丽乡村建设，打造晨阳村廉洁文化口袋公园、学田村家风步道、塍德社区廉洁文化亭等一系列微景观，让廉洁文化融入基层、融入群众，扩大廉政文化的影响力。

（孙　君）

9月25日，廉洁文化活动在塍德社区开展

## 正风肃纪

**【概况】** 2023年，后塍街道纪工委把作风建设摆在重要位置，纠治“四风”顽疾，聚焦主责主业精准监督执纪。年内，主动约谈重点岗位党员干部28人次，运用监督执纪“第一种形态”处理25人次，立案审查5人次。运用基层小微权力“监督一点通”平台，处理群众投诉69起，投诉处理率、按期办结率均为100%。

**【监督检查】** 2023年，后塍街道纪工委聚焦贯彻落实全面从严治党主体责任规定，抓实抓细基层廉勤监督。打造“三廉三新·基层廉勤生态建设”项目品牌，对主体责任落实情况进行监督检查。年内，主动约谈党员干部18人，其中包括6名村（社区）党组织书记，对违纪苗头等一般性问题谈心谈话，坚决查处违纪违法问题。以街道与社区两级、纪检干部与廉勤监督员协作、N种活动模式的“2+2+N”，开展接访议事及信访举报信息收集，完善驿站工作机制，形成“定期接访—监督落实—后期回访”流程闭环，群众需求与困难得到有效解决。完成群众纾困解难累计588件。其中平台处理69件、现场办理519件。

**【纪律审查】** 2023年，后塍街道纪工委围绕民生领域损害群众利益等群众身边腐败问题集中整治，用好监督大数据平台，坚守重要节点，结合“清风行动”，紧盯薄弱环节，对顶风违纪的从严查处，将“四种形态”落实到执纪执法贯通全过程，扎实做好容错纠错、澄清正名、暖心回访等工作，激励干部担当作为。结合监督检查和巡察整改

9月28日，后塍街道纪工委书记调研督察后塍街道综合执法局

情况，对重点岗位党员干部开展主动约谈28人次，运用监督执纪"第一种形态"处理25人次，立案审查5人次，制发通报1则。（孙　君）

## 巡察与督察

【概况】2023年，后塍街道纪工委结合巡察反馈意见，对照整改措施开展督察，压紧压实相关单位责任，持续推动问题整改到位。3月23日，苏州市委第一联动巡察组向张家港保税区党工委反馈2022年10月11日至12月7日的巡察意见，其中涉及后塍街道问题2个，街道纪工委细化巡察组反馈意见，列出问题清单，明确职能部门，督促各职能部门细化整改台账，逐项逐条抓好整改落实，年内全部整改完毕。

【专项监督】2023年，后塍街道纪工委多形式开展专项监督，聚焦上级决策部署、围绕街道重点工作，组织开展农村"三资"、文明创建、安全生产、物业采购、招投标、养老惠民、良种补贴等专项监督工作，聚焦重点岗位开展"小切口"整治，全年累计开展监督检查20余次，督促问题整改落实8个。在梵创产业园建立营商环境监督联系点，常态化收集企业及职工反映问题和诉求，用好苏州市营商环境监督平台载体，线上线下监测惠企政策落实、公职人员作风建设等情况，推动优化营商环境。（孙　君）

# 群众团体

## 工　会

【概况】 2023年,后塍街道有工会组织115家,其中非公企业工会98家、村(社区)工会联合会9家、村(社区)联合工会7家、街道工会联合会1家,会员近4000人。年内,街道工会联合会深入企业走访交流,大力推动基层工会规范化建设工作,加大百人以上企业、小微企业工会组建力度,加强工会联合会、联合工会建设,拓展网上入会渠道。

【工会组织建设】 2023年,后塍街道各级工会持续推进工会组织建设工作。街道工会联合会坚持党建带工建,深入企业开展宣讲、解疑释惑,增强工会组织的吸引力。年内,新建工会组织3家,新增会员125人。依托市总工会培训项目,组织新任工会干部进行线上网络专题培训,提升履职能力。

【工会帮扶惠企】 2023年,后塍街道工会联合会组织开展送温暖、困难职工帮扶等活动。慰问困难职工5人、困难劳模3人。3月,联合街道社会事业办开展春风行动现场招聘会,张化机(苏州)重装有限公司、张家港市恒强冷却设备有限公司等50家企业提供工种219个,岗位1687个,进场求职3000余人,现场登记1200余人,初步达成就业意向400余人。6月,张家港市产业工人队伍建设改革“优服务、创品牌、争示范”立功竞赛活动启动,街道试点企业积极响应、踊跃参与,江苏张家港酿酒有限公司获“试点示范奖”三等奖。7月,组织开展夏季安康“三送”走访慰问活动,街道领导分别带队慰问环卫工人、快递员、外卖员、电网抢修班组、建筑工人等户外作业人员,以及张家港保税区华瑞工程有限公司、张家港市弘强制管有限公司等企业一线职工,发放价值6万元的慰问品690份。

【职工服务】 2023年,后塍街道工会联合会积极推动职工生活品质提升,推荐沙洲优黄文化园入选苏州市职工(劳模)疗休养活动点。关注单身青年职工的婚恋交友需求,朱家宕村童话半岛入选张家港市职工交友联谊活动基地。7月,开展普法宣传活动。8月,组织开展青春联谊会,搭建沟通交友平台。11月,组织40余名一线职工开展职工疗休养活动。

【劳模先进评选】 2023年,后塍街道工会联合会做好先进典型选树工作,推荐产生苏州市五一劳动奖状1个、张家港市五一劳动奖章1人、张家港市模范职工之家1个、张家港市模范职工小家1个、张家港市五一巾帼标兵1人。年内,街道工会联合会推进劳模家庭医生签约服务项目,依托家庭医生团队为病困劳模提供专业细致的健康服务,全年签约劳模家庭医生3人。

【技能人才培育】 2023年,后塍街道联动下属村(社区)工会联合会开展各类技能培训活动。其中封庄村开展消防、应急技能竞赛,30名各企业职工通过综合应急救援、甩接消防水带、过障碍及油盆灭火等比赛内容,以赛促学,增强职工消防安全意识,提高职工队伍的消防技能和应急处突能力。同时组织劳模先进立足本职岗位,走进多家企业、深入工厂一线,现场为企业提供相关指导、班组长培训、加强工会建设和职工服务保障等系列解决方案，并结合自身所长进行技术交流，通过"传帮带"的形式培养岗位能手，充分发挥劳模工匠引领作用，提高团队的业务能力，助力企业发展，有效发挥劳模工匠引领作用。

10月9日，"青春微聚会"系列活动在后塍街道新时代文明实践所开展

**【"两在两同"系列活动】** 2023年，街道工会联合会以《江苏省集体协商条例》出台为契机，推动各级工会向企业发出集体协商要约，本着"有事好商量、遇事多商量，有困难共承担"的原则，通过协商解决企业发展和职工需求之间的矛盾。6月，开展安全隐患随手拍、我为安全生产献一计合理化建议征集活动，动员职工立足本职岗位，用手中的镜头，排查安全风险隐患，落实全员安全责任，随手拍征集作品50余份、合理化建议3条。广泛开展安全教育，通过悬挂横幅、设置安全宣传展板等方式，宣传安全生产相关法律法规，发放宣传资料1000余份，接受咨询60余人次，构筑群防群治的安全生产防线。

（黄泽希）

## 共青团

**【概况】** 2023年，中国共产主义青年团后塍街道工委在册团员1521人，有基层团组织218个（团委11个、团工委1个、团总支10个、团支部196个）。其中非公企业团支部84个、社会组织团支部8个、机关及社会事业单位团支部9个、农村团支部68个、社区团支部27个；年内新建基层团组织12个。街道团工委在"智慧团建"系统；线上接转组织关系，学校、社区衔接率100%。

（瞿　桢）

**【青年阵地建设】** 2023年，后塍街道新建封庄村"和丰"青年学习社阵地1家，开展读书分享会、青少年科普活动、手工活动、安全警示宣讲等涵盖各类节日活动20余次，参加人数250余人次，充分发挥青年学习社、青年之家等阵地作用，常态化开展"青春微聚会"主题活动。每月"青年之家"有效活动不少于2次、每次活动签到人数不少于20人、全年活动转发次数不少于400次。

**【青年队伍建设】** 2023年，后塍街道团工委配备专职副书记1人、委员9人、专职青年工作者1人。街道各村（社区）团组织书记100%进入村（社区）"两委"班子，并设（兼职）副书记1人。12月，成立中国少年先锋队新塍村工作委员会、中国少年先锋队学田村（善政社区）工作委员会，相应配备少工委委员4人、主任1人，实现辖区内有中小学校的村（社区）少工委全覆盖。年内，塍德社区团总支获评张家港市"五四"红旗团总支，新塍小学少先队辅导员罗羚嘉获评张家港市优秀共青团干部。发展社会领域共青团员8人，28周岁以下青年团员经团组织推优入党4人。

【青少年思想引领】 2023年，后塍街道团工委组织开展习近平新时代中国特色社会主义思想、党的二十大、习近平总书记“五四”重要回信精神、习近平总书记同团中央新一届领导班子成员集体谈话时的重要讲话精神等专题学习。开展“青春向党学思想，感恩奋进建新功”“强国复兴有我”等主题宣讲活动，“青年大学习”网上主题团课每期参学400余人。

【青年志愿服务】 2023年，后塍街道团工委利用学校暑期，重点实施青少年暑托班项目。设置集中式课程点位1个和分布式活动点位5个，覆盖青少年3000余人次，招募志愿者240余人次。承办市级“放飞心灵”游港城活动，招募青年志愿者10人。街道青年志愿服务队全年开展志愿服务活动26次。10月，学田村“河小志”志愿队相关服务信息在市“友爱青春网”发布，志愿队获评张家港市优秀志愿服务组织。

（瞿　桢）

## 妇　联

【概况】 2023年，后塍街道妇女联合会深入学习贯彻习近平总书记关于妇女儿童和妇联工作的重要论述，不断延伸服务触角，实现妇联“小阵地”服务“大周边”。年内，新建种植行业妇女联合会“四新”领域妇联组织1个。至年末，街道有妇联组织13个，其中机关妇联1个、基层村（社区）妇联11个、“四新”领域妇联1个。

【妇女创新创业】 2023年，后塍街道妇联立足党建带妇建，紧密联系女企业家、女能手、巾帼新农人、新兴领域创业女性等各类妇女群众，排摸挖掘新业态女性创业典型；成立后塍街道种植行业妇联，带动更多农村妇女在创业创新、乡村振兴中发光发热；积极探索“妇女微家”建设，三角滩村“圆梦工坊”妇女微家获评“暨阳玫瑰·最美妇女微家”；学田村“庭院议事会”入选张家港市乡村振兴巾帼行动优秀案例；张丽芳获评张家港市巾帼建功标兵；获评苏州市美丽庭院21户、美丽庭院示范户2户。

【妇女儿童权益维护】 2023年，后塍街道妇联围绕家庭暴力、婚姻家庭纠纷、未成年人保护等问题，打造保障妇女儿童权益的“塍心”守护站；深入推进“安家”工程，实施“一户一策微关爱”“益家有我·小塍大爱”等女性关爱帮扶项目，开展活动40余场；开展爱心助学、困难家庭慰问、民生集市等活动14场；调解家庭矛盾27起，提供法律咨询11人次；重点关注隐患家庭27个；打造三角滩村“三叶草”、封庄村“和丰”、后塍中心社区“豌豆荚”家事工作调解室；联合后塍派出所打造“反家暴联调室”。

【家庭文明建设】 2023年，后塍街道妇联推进文明家庭创建，获评张家港市文明家庭1户；每月开展《习近平走进百姓家》执委领读活动，聆听百姓故事、感悟家国情怀；开展“‘幼’见美好”“家长学校”“亲职”特训营等主题活动，厚植好家风好家教，构建“多元共治”的“家校共育”新模式；袁家桥村“四美”巾帼志愿服务队获评张家港市巾帼志愿服务十佳组织；后塍中心社区获评2023年度张家港市巾帼志愿服务十大优秀社区。

【妇女儿童品牌项目建设】 2023年，后塍街道妇联深入推进“塍惠家”家庭增能计划、“益家有我，小塍大爱”女性关爱项目，持续实施“一户一策微关爱”、妇儿“双护”课堂等关爱帮扶项目，开展活动40余场；开展爱心助学等系列活动14场。

6月3日，“一户一策微关爱”项目志愿者开展服务

【**家庭教育阵地建设**】 2023年，后塍街道妇联联合“家校社”协同育人力量，因地制宜打造家庭教育阵地，开展家庭教育指导服务，组织亲子阅读、家风故事征稿、集训倡扬等活动，共同推进家庭教育发展。年内，朱家宕村入选首批苏州市级“三全”家庭教育指导服务示范点；塍德社区创建张家港市儿童友好社区；三角滩村“三叶草”家事调解工作室获评张家港市标杆家事调解社区工作室。

【**妇女干部培训**】 2023年，后塍街道妇联积极参加“牢记嘱托，感恩奋进”张家港市基层妇联“领头雁”训练营。探索实施“塍心姐姐，巾帼引擎”计划，开设“执委说”系列课程，围绕政治思想、社会治理、政策法规、能力拓展、心理赋能等主题开展理论和业务培训，助力妇联执委提质增能。

【**女性思想引领**】 2023年，后塍街道妇联深化“塍心巾帼”大宣讲活动，开展“巾帼心向党，奋进新征程”主题宣教活动80余场，开展“学习二十大，塍心颂党恩”专题学习，每月定期落实开展《习近平走进百姓家》等“六进”活动。推进妇女议事会建设，进一步规范各村（社区）妇女议事会发展，创新打造议事空间，将议事场所拓展到妇女微家、美丽庭院等阵地中，同时吸纳相关领域专家、“两委”代表、社会组织等相关方，通过走访入户议事、微家议事、微信议事等多种方式，回应群众关心的热点难点问题，为创新基层社会治理贡献巾帼智慧和力量。

【**妇女节庆祝活动**】 2023年，后塍街道妇联开展“妍蕴塍心，巾帼奋进”纪念“三八”国际妇女节113周年系列主题活动，激励街道广大妇女家庭敢闯敢干勇担当、巾帼筑梦启新航，以比学赶超的劲头掀起大干快干热潮。3月5日前后，

后塍街道三角滩村“三叶草”家事调解工作室

街道各级妇联组织开展全方位、多层次学雷锋纪念日主题实践活动，对村（社区）女书记、女校长、女企业家等优秀女性代表进行慰问；3月6日，街道妇联联合后塍司法所、塍德社区开展“她权益·法维护——女性维权咨询活动”，增强街道妇女的法律意识和维权能力，为共同建设平安幸福家庭、积极维护社会和谐稳定贡献“她”力量；3月7日，街道妇联组织开展“学习二十大·执委说”巾帼大宣讲活动，妇联执委围绕学习党的二十大精神，结合自身工作和创业经历进行主题宣讲；开展“新心相印，塍韵匠心”花艺实践活动，为在平凡岗位上坚守奉献的女性送上关爱和祝福。

**【妇儿民生服务】** 2023年，后塍街道妇联持续开展“我为妇女儿童办实事”实践活动和各类妇儿家庭巾帼志愿项目，优化“网格+妇联”服务模式，加强家庭教育指导服务，开展“传家训，扬家风”主题活动12次。年内，获评苏州市最美家庭1户、张家港市文明家庭1户；开展“书香里·遇见你”青年阅读联谊活动，30余名单身青年参加活动。（吴依娇）

## 科 协

**【概况】** 后塍街道科学技术协会成立于2021年11月。2023年7月，组织500余人次参加线上江苏省全民科学素质大赛。8月，在新时代文明实践站开展科普细胞工程（创新屋、健康屋、安全屋）；在后塍中心社区设立的健康屋，面向中老年开展健康咨询等活动；组织“弘扬科学家精神”宣讲进校园活动。9月至10月，各村（社区）线上线下宣传科普知识。11月，组织村（社区）观看电影《谷魂》。11月至12月，村（社区）与企业联合拍摄《专业钣金的加工》《高端复合材料的生产线》等作品，参加张家港首届工业科普抖音微视频大赛。12月4日，中国科协科普部副部长顾雁峰到沙洲优黄文化园调研。（刘　青）

**【青少年科技活动】** 2023年，后塍街道针对辖区青少年开展丰富的科普活动，通过手工制作、科普阅读、宣讲教育等形式，带领青少年弘扬传统文化、探秘自然奥秘、感悟非遗魅力、体会科技趣识。年内，开展“小小科学家”“‘袁’气少年”“共绘绿色地球”“科普小课堂”“秋田野趣”农作物科普青少年阅读活动等趣味科普活动90余场，提高青少年科学素养，培养青少年科学思维和创新能力。（戴茗卉）

**【中药养生黄酒研发基地揭牌】** 11月9日，由江苏张家港酿酒有限公司与张家港市中医医院合作设立的中药养生黄酒研发基地在沙洲优黄文化园举行揭牌仪式，苏州市卫生健康委二级调研员倪川明出席活动并致辞，张家港市卫生健康委副主任何一雷主持活动，后塍街道分管领导，市中医医院主要领导、分管领导，市酿酒有限公司常务副总经理等相关负责人共40余人参加活动。市酿酒有限公司常务副总经理欣立荣和市中医医院党委书记强胜共同为基地揭牌。基地将以坚守传统为根本，科技创新为驱动，推动中医药养生文化与中国黄酒文化相融合。（邱晓华）

## 社科联

**【概况】** 2023年，后塍街道申报农村人口的迁移、社区养老服务民生问题研究等张家港市社科应用研究课题3个，申报晨阳村“走进科学”等社科普及创新引导扶持项目3项。袁家桥村“健康乐袁”成为全市首个“社科之家”点位。

**【袁家桥村社科之家】** 袁家桥村“健康乐袁”位于自然村庄肖家庄村2组，阵地面积1280平方米，室内设多功能活动区、健康阅读区、心理咨询区、名医工作室等，外设健康小广场、中医文化长廊、中药科普种植园。“健康乐袁”作为社科活动平台和红十字培训基地，内部提供互联网和高清投影仪等设施，能够同时满足学术交流、项目对接、成果发布、社科普及、理论宣讲、业务培训、急救知识培训等需求，实现与市图书馆联网，可实现社科普及类、健康卫生类书籍的流转和借阅。“健康乐袁”依托“中医文化长廊”“中药种植科普园”“健康小广场”等活动场地，链接民盟医卫支部、市一院、市二院等资源，打造集“中医知识科普基地”“健康知识传播窗口”“中医药科普知识宣讲课堂”于一体的健康服务综合阵地，把“健康服务”送到群众家门口，打通服务群众“最后一公里”。

**【钱家祖宅获评张家港市社会科学普及示范基地】** 9月12日，市哲学社会科学界联合会公布市社会科学普及示范基地认定名单（2023—2024年），钱家祖宅被认定为市社会科学普及示范基地。钱家祖宅位于后塍街道南街，系张家港市第六批文物保护单位（后塍街道唯一）。钱家祖宅原为三进三开硬山式砖木结构，占地近400平方米，共有屋舍十余间。重修后的钱家祖宅为三间硬山式砖木结构，共有屋舍六间，可作为开展党建、统战、文化交流等工作的阵地，以及开展新时代文明实践活动的展示窗口。

（童　凯）

# 法治·军事

## 依法治街

**【概况】** 2023年，后塍街道领导班子专题学习法治5次。在安全生产月、民法典宣传月等重要时间节点，对行政执法人员、“法律明白人”、“农村学法用法示范户”等加强培训，开展《习近平法治思想学习纲要》进农村、进企业、进学校等活动。年内，调整后塍街道全面依法治街委员会组成人员，对党政主要负责人履行推进法治建设第一责任人职责清单实行动态管理。严格政府合同合法性审查，全年共审查重要政府合同15份。制定争创全过程人民民主基层示范基地实施方案，持续扩大袁家桥村“民生茶馆”、朱家宕村“田园书房”、塍德社区“协商诸葛汇”等“援法议事”品牌的覆盖面和影响力。建成塍德一区、金丰小区“法治小区”2个，推进“商铺议事联盟”“议事庭院”等基层民主法治项目在村（社区）实现全覆盖。强化调解工作队伍建设，发挥人民调解社会稳定“润滑剂”作用，全年街、村两级调解矛盾纠纷920余次，化解率99%。

（吴　峥）

**【法治政府建设】** 2023年，后塍街道深入开展习近平法治思想专题学习、专题报告、专题研讨、专题培训“四个专题”活动，落实党工委理论学习中心组常态化学习机制。组织党员干部参加第六届江苏省“百万党员学宪法学党章考法律活动”和“中国普法”宪法宣传周学习，提高依法决策、依法管理、依法办事的能力水平。街道党工委将法治政府建设摆在全局重要位置，专题研究部署法治政府建设工作，不断完善全面依法治街委员会工作制度，开展行政执法监督、法治建设督察、“八五”普法宣传等工作。与北京盈科（张家港）律师事务所签约，新聘政府法律顾问，发挥在重大行政决策、行政规范性文件、行政机关合同、重大行政执法决定法治审核中的参谋作用，全年征求法律顾问意见30余次。制发《关于调整张家港市后塍街道全面依法治街委员会组成人员、健全街道法治建设工作机制的通知》，扩大依法治街委员会成员范围，推进行政执法“三项制度”，行政执法案卷自评自查；行政执法投诉举报途径，“一案一卡”监督制度。全年行政处罚案件1839起，罚款14.99万元；其中一般程序案件251起，罚款9.47万元；简易程序案件1588起，罚款5.52万元。未发生因行政执法产生的行政复议被纠错、行政诉讼败诉的情况。后塍街

后塍街道社会治理综合服务中心

道充分发挥人大代表、政协委员等群体的议政监督作用，优化代表建议、委员提案办理，在轮值接待、走访调研中发现法治政府建设的短板和薄弱环节，人大代表提出意见建议17件，政协工委开展协商议事活动15次，“人大+纪委”协同监督6次，一批群众关心关注的问题均得到妥善解决，助推街道基层依法治理实现良性循环。

**【法治宣传教育】** 2023年，后塍司法所围绕“八五”普法工作规划，全面落实“谁执法谁普法”责任制，深入开展“八五”普法工作。结合“4·8”司法日、“12·4”国家宪法日、民法典宣传月等时间节点，加强行政执法人员、“法律明白人”、“农村学法用法示范户”培训。以“美好生活·法典相伴”为主题，征集宣讲需求，开展线上线下“菜单式”点单，解答群众问题，征集问题53条，邀请村（社区）法律顾问开展现场法治讲座42场。开展民法典“十进”主题宣传，组织“法律明白人”、网格员、普法信息员等法治宣传力量开展形式多样的宣传活动，张贴宣传海报100余份、播放视频标语60余条，让民法典真正走到群众身边、走入群众心中。依托塍德社区“家立方”暑期幼托班和街道未成年人保护站，持续在少年儿童群体中开展青年志愿者普法活动。

**【社会治理网格化】** 2023年，后塍街道设三级综合网格41个、微网格492个，有网格员41人、微网格员439人，每个微网格员平均服务约50户。村（社区）组织网格员和海棠先锋（微网格联络员）常态化上门入户走访，积极开展政策常识宣传、基础信息采集、社情民意收集、矛盾纠纷调解、民生诉求服务等工作。在小区出入口、电子屏、小区集中宣传栏等阵地张贴网格化工作标语，定期推送微信公众号、宣传短信，提高群众知晓率和满意度。年内，收到举报工单1686条，处置率100%。街道综合执法局有执法队员6人、协管员23人，施行非机动车拖移、违停机动车贴单、垃圾分类、户外店招规范审批，建筑垃圾偷倒乱倒违法行为查处以及建筑垃圾转运许可等街面市容管理。

（侯钦文）

**【综合行政执法】** 后塍街道有执法队员8人、执法辅助人员22人，重点围绕“城市精细化管理、综合行政执法工作、建筑垃圾（工程渣土）治理、生活垃圾分类、违法建设治理”5个方面，构建“及时发现问题、处理问题、解决问题”一体化的城市管理快速反应机制，提升严格执法、精细化管理能力。严格落实综合行政执法“三项制度”，实现行政执法信息及时准确公示、行政执法全过程记录和可追溯管理、重大行政执法决定法制审核全覆盖，推动执法、管理无缝衔接，提升事前、事中、事后高效监管水平。2023年共计查处行政执法案件1451起，其中一般程序案件212起，罚款金额7.6万元；简易程序案件1239起，罚款金额4.52万元。全年行政执法案件无行政复议、行政诉讼，办案质量稳步提升。

（刘佳琳　吴鑫智　朱　静）

## 司　法

**【概况】** 2023年，后塍司法所认真履行法治建设工作职责，紧抓法治政府建设、依法治理工作和“八五”普法宣传等重点工作。易地新建规范化司法所、公共法律服务中心，后塍街道将规范化司法所建设列入年度重点工作项目推进，11月中旬，规范化司法所基础设施建设完成，后塍司法所迁至临街的塍南路11号新址办公。新址办公面积约为200平方米，与街道社会治理综合服务中心共用办事大厅，规范设置有法治建设、执法管理、“五站点”服务室

（区）、社区矫正室、调解室、共享法庭（融诉驿站）等功能室（区），并依托紧邻的后塍街道退役军人服务站建设有老兵法律援助工作室，夯实依法治理硬件基础，为街道经济社会高质量发展提供坚强法治保障。

【人民调解】 2023年，后塍司法所严格落实矛盾纠纷排查、调解专项行动，强化调解工作队伍建设，充分发挥人民调解社会稳定“润滑剂”作用，进一步提升矛盾纠纷调处化解效果。全年排查化解矛盾920余次、化解纠纷560余件，其中工亡等重大矛盾4起、动迁安置分家析产调解114起，析产房屋153套，未发生因矛盾排查不及时、调解不到位导致矛盾激化或群体性事件。联合街道妇联，新建全市标杆家事调解社区工作室——三角滩村人民调解委员会“三叶草”家事调解工作室，提升基层调处婚姻家庭类纠纷化解能力水平。街道人民调解委员会成员吴峥获评张家港市优秀人民调解员、苏州市人民调解工作先进个人。

【社区矫正与安置帮教】 2023年，后塍街道在册社区矫正对象21人，其中严格管理对象15人、普通管理对象6人；安置帮教对象95人，衔接安置帮教对象24人，解除安置帮教协议51人，后续照管对象1人，其中“千人工程”1人。后塍司法所实施社区矫正对象分级管理，落实走访、汇报、公益活动和教育学习等社区矫正工作，全年入矫30人、解矫28人，开展社会调查48人次，走访779人次，谈话教育253人次。严格审批社区矫正对象请假外出，每日定位轨迹核查。深耕集中教育和公益活动多元化发展，挖掘社区矫正对象正反典型，激励社区矫正对象积极参与矫正。年内，后塍司法所开展集中教育24场，社区矫正对象参与集中教育380余人次，参与公益活动200余人次。

【公共法律服务】 2023年，后塍街道完善街道、村（社区）公共法律服务工作室建设，建成街道公共法律服务中心、三角滩村（文昌社区）公共法律服务示范站室，提升矛盾纠纷调处化解效果。依托法律援助工作站等阵地，充分发挥村（社区）法律顾问、专兼职人民调解员、“法律明白人”、普法志愿者等群体优势，扩大公共法律服务覆盖面，满足人民群众法律服务需求，拓展群众获得法律服务路径。全年，接待法律咨询群众200余人次，引导完成法律援助案件12起。

【司法所所长列席街道党政工作会议规定出台】 11月15日，后塍街道党工委出台《司法所所长列席街道党政工作会议规定》。规定提出，深入贯彻落实习近平法治思想，扎实推进基层依法行政，全面提升街道法治建设水平。规定明确，司法所所长列席街道涉及学习贯彻基层法治建设的重要文件、会议精神，研究制定街道行政规范性文件，研究制定街道重大公共措施、经济和社会发展等重要规划等议题的党政工作会议。以上议题未经征求司法所意见或司法所出具意见认为不合法的，不得提交党政工作会议审议。

（吴　峥）

## 人民武装

【概况】 2023年，后塍街道坚持以新时代强军目标为引领，牢固树立国防动员和后备力量建设高质量发展理念，严格落实党管武装制度，推动街道武装工作和经济建设协调发展，完成民兵整组、军事训练、兵员征集和国防教育等工作。

【民兵组织整顿】 2023年，按照上级整组部署，街道民兵对应编组市应急连、街道应急排、桥梁抢通排、车辆(工程机械)维修排、网络装备维修排等序列。街道武装部结合民兵预备役整组、军事训练、国防教育、征兵及民兵干部会议等时机，学习宣传贯彻习近平强军思想。加强新时代党管武装，检验基干民兵整组质量，提升民兵分队应急应战能力，更好地担当起新时代国防和军队建设新使命。5月15日，组织后塍街道应急排基干民兵参加全市点验大会，经苏州军分区抽点，参点率100%，参点民兵军事素质过硬、作风优良，受到上级好评。高桥村民兵营营长冯海明获评张家港市2023年民兵工作先进个人。

【民兵军事训练】 2023年，后塍街道人武部坚持以《民兵军事训练大纲》为依据，切实抓好军事训练任务落实。先后组织基干民兵参加“四会”教练员、市应急连、街道应急排等各类集训和拉动点验，出动街道基干民兵100余人次。8月下旬，组织8名优秀基干民兵骨干担任教官，完成沙洲中学(北校区)800余名学生军训任务；12月上旬，执行张家港市冬季马拉松比赛安保任务，动用应急分队民兵70余人次。加强民兵应急分队在春节、劳动节、国庆节等节假日期间战备值班，确保应急时刻迅即反应、有效应对。

【国防教育】 2023年，后塍街道人武部整合军地教育资源，联合街道退役军人服务站，开展国防教育进学校、进机关、进社区活动。组织民兵干部骨干和优秀退役军人前往金港中心小学开展“军民共庆海军节，老兵宣讲润童心”主题活动，宣传海军文化，加强国防教育，弘扬红船精神，传承红色基因；开展“军娃心向党，童心共筑梦”主题活动，增强辖区军娃的集体荣誉感和使命感；进社区开展“七一”建党纪念日及“八一”建军节活动，深入开展党史学习教育，弘扬爱国主义精神，扎实有效开展青少年爱国主义教育和红色教育，激发青少年爱国热情，共铸强军梦；9月，联合金港中心小学开展“以青春之名，向烈士致敬”烈士纪念日活动；11月，组织基干民兵及退役老兵共同观看“山川同念·英雄回家”迎接第十批在韩志愿军烈士遗骸回国现场直播，学习革命精神，积蓄继续前进的力量，牢记使命担当；12月，在后塍幼儿园开展“铭记历史苦难，汲取前进力量”国家公祭日主题教育，让孩子们认识历史、了解历史、正视历史，缅怀受难者，祈愿和平。

【兵役工作】 2023年，后塍街道制订征兵工作计划，成立征兵工作领导小组，充分利用微信推送、宣传单、LED显示屏、宣传栏、橱窗、标语以及手机短信等形式，开展《中华人民共和国国防法》《中华人民共和国兵役法》《征兵工作条例》等法律法规和国家优抚安置政策宣传教育，介绍入伍青年建功军营、献身国防的感人事迹，激发适龄青年参军热情。适龄青年兵役登记率100%，按照征兵“五率”考评标准，适龄青年经网上报名、初审初检、体格检查、政治考核、走访调查、役前训练、积分定兵等程序，预定新兵名单报街道党工委领导审核通过，及时张榜公示，做到公开透明、廉洁征兵，接受社会各界的监督。做好新兵欢送及运输工作，无退兵情况、争议问题发生，按时保质完成全年兵员征集任务。年内，后塍中心社区工作人员钱毅江获评张家港市征兵工作先进个人。 (钱嘉麒)

## 退役军人事务

【概况】 2023年，后塍街道退役军人服务站有专职工作人员1人，负责退役军人和优抚对象就业创业、走访慰问、帮扶解困、信访接待、权益保障等退役军人事务领域的服务性、保障性、事务性、延伸性工作。街道设立村(社区)服务站11个。年内,后塍街道退役军人服务站获评张家港市镇级“五星级”退役军人服务站,新塍村、三角滩村、后塍中心社区退役军人服务站获评张家港市“五星级”村(社区)退役军人服务站。

**【抚恤优待】** 2023年,后塍街道发放各类抚恤经费249.2万元,为退役士兵、士官发放一次性补助费209.44万元。组织优抚对象参加体检。为荣立三等功的现役军人送立功喜报。深入开展退役军人“六必访”活动,为街道遭遇疾病、突发事件等情况的退役军人提供帮扶。

**【退役军人安置】** 2023年,后塍街道接收退役军人17人,其中复学7人,组织退役士兵10人参加市退役军人专场招聘会、适应性培训班、落实免费教育培训政策,协助退役士兵完成档案移交、社保转移、落户复学等事宜。召开退役士兵座谈会,宣讲相关退役安置政策,开展就业需求问卷调查17人次。组织退役军人参加专场招聘会2场,推荐退役军人就业10人。

**【双拥工作】** 2023年,后塍街道开展新兵入伍尊崇活动、退役士兵返乡关爱活动和上门悬挂光荣牌仪式。3月与9月,欢送新兵入伍,举行座谈会、挂光荣牌、拍集体照;9月,迎接退役军人返乡,举行谈心谈话、宣讲政策、推介岗位活动。落实定期走访慰问机制,对辖区内退役军人及优抚对象每季度走访联系1次,对退役军人和重点优抚对象逐一“建档立卡”,动态掌握辖区内退役军人和其他优抚对象的家庭状况、思想状况、需求状况等。“八一”建军节期间,张家港市退役军人事务局、后塍街道退役军人服务站对现役军人家庭开展节日慰问,送去慰问金和慰问物资。春节期间,后塍街道成立走访慰问小组,由街道主要领导带队,走访慰问退役军人,了解退役军人工作和生活现状。全年向退役军人优抚对象和现役军人家庭发放慰问金累计24万元。

(郁和惠)

# 乡村振兴

## 综　述

**【概况】** 2023年,后塍街道认真落实张家港市率先基本实现农业农村现代化目标任务,集中精力做好“三农”工作。乡村振兴示范片区23个项目全部开工,计划总投资超16亿元,涉及绿色农业协同发展、农文旅联动发展、特色田园乡村建设、道路交通提升、河湖生态环境治理等方面。片区协同规划完成编制发布,高桥村“后塍新能源装备产业园”、三角滩村“文昌两校”、学田村“保税区垃圾分拣中心”、高标准农田建设提升工程等重点项目持续推进,高桥村金东湾和新塍村朱家桥苏州市特色田园乡村项目开工建设。农业生产再上台阶,有序推进张家港市农业生产全程全面机械化示范镇(区、街道)创建工作,获张家港市农业生产全程全面机械化示范镇示范等次。江苏张家港酿酒有限公司复评农业产业化国家重点龙头企业,“酒的故事·沙洲优黄文化园”项目获第六届苏州市农村创业创新项目创意大赛成长组二等奖。

**【后塍街道获农业生产全程全面机械化示范镇示范等次】** 张家港市农业生产全程全面机械化示范镇(区、街道)创建后,后塍街道高度重视,抓好责任落实,有序推进创建工作。街道购置农机、推广应用农业“四新技术”,农业生产形势良好。整体水平稳步提升。2023年街道水稻机插秧面积484.8公顷,机插秧率100%,较上年增4.48%;夏季秸秆还田564.29公顷,较上年增24.75公顷,秸秆处理机械化率100%。通过科技入户等形式大力宣传,使广大农户、合作社负责人了解到全程全面机械化的重要性,营造创建全程全面机械化示范镇的浓厚氛围。明确创建指标,对照任务,确定水稻规模育秧、生态型犁耕深翻、智能农机入网、设施农业机具等信息化、智能化、绿色化应用重点工作,街道在2023年度张家港市农业生产全程全面机械化示范镇评定中获示范等次。（陈英豪）

**【“酒的故事·沙洲优黄文化园”项目获苏州市农村创业创新项目创意大赛奖】** 8月,苏州市举办第六届苏州市农村创业创新项目创意大赛,江苏张家港酿酒有限公司报送的“酒的故事·沙洲优黄文化园”项目获成长组二等奖。沙洲优黄文化园位于张家港市后塍街道,占地面积5.53公顷、建筑面积3万平方米,“沙洲优黄”依托得天独厚的江南水乡资源和源远流长的酿造史,秉持“塑造新江南人文产品内涵”的核心理念,着力打造集工艺、文化、研发、体验于一体的工业旅游项目——酒的故事·沙洲优黄文化园,展示黄酒工艺,传承中国黄酒文化,对黄酒及其文化的产生、发展进行搜集、表达、呈现和传播。（夏秋燕）

**【袁家桥村创成苏州市健康村】** 2023年,袁家桥村对肖家庄小屋进行整改升级为“健康乐袁”,占地面积0.12公顷,内设多功能活动区、健康阅读区、心理咨询区、坐诊区,外设“健康乐袁”小广场、中药文化长廊、中药种植园等。“健康乐袁”设驻点社工、健康管理师,为村民建立家庭健康档案,定期进行家访,为行动不便的村民提供免费送药上门、测量血压血糖等服务。全村798户自来水普及率、生活污水接管率、农厕改造提升均为100%,1座公厕达到三类标准,20家企业完成排污审核登记并办理排污许可证。袁家桥村定期对35条村组河道清理整治,定期督察辖区7家餐馆、3家超市、6家企业食堂食品安全。发放二分类垃圾分类小桶798只，设立四分类垃圾收集亭62个，配备垃圾清运车2辆、二分类收运三轮车3辆、电瓶收运车1辆、辅助备用车辆2辆。每季度开展灭鼠行动、灭蝇行动2次，灭蟑行动1次，设置鼠药投放点位26个。向全村798户常住村民发放宣传单、宣传册，35周岁以上人群血压测量率和高血压危害知晓率达到90%。健康管理师和村卫生服务中心联合开展“健康管家”项目，建立村居民个人电子健康档案800余份，建档率99%，高血压、糖尿病、重症神经障碍规范化管理100%。10月，袁家桥村获评苏州市健康村。（高　阳）

**【袁汁袁味“袁动力”】** 2023年，袁家桥村启动“‘五色’党建，激发乡村振兴‘袁动力’”项目。创新成立“一村三片五行动”红色海棠微网格。开展人居环境整治、红色便民服务、红色家访等活动，落实人居环境的改善、企业生产的规范化、走访慰问困难家庭等，充分发挥党支部的战斗堡垒和先锋模范作用。村党委与民盟张家港市委员会合力打造“袁栋里”全龄活动室，共建“健康乐袁”活动阵地。开展科普类、亲子类、廉洁类等活动30余场，开展红色阅读活动十余场，组织健康讲座等活动十余场，义诊村民2000余人次。组建“袁栋里”田间“先锋队”，入乡串户宣传党的二十大精神。村党委与金港供电所支部委员会党建联盟，共建“袁动力—村级电力便民服务点”，帮助200余村民成功自助缴纳电费，维修完善电力系统100余户。袁家桥村整合文、体、科、法等各方面资源，创新打造“筑梦青巢，未来可期”青少年成长服务项目，通过形式多样的理论宣讲、户外拓展、科普学习、法治教育、健康卫生等服务活动，增强青少年的社会实践能力和沟通能力。全村600余名青少年参与。（高　阳）

## 美丽乡村建设

**【概况】** 后塍街道以城乡环境提升工程为着力点，围绕“三巩固三提升”工作目标，探索出“补链、强链、延链、升链”新路径，坚持环境整治和长效管护两手抓、典型示范和争先创优同发力、产业融合和智慧积分强联合，让人居环境由一时整治向动态整治转变，由集中管护向常态长效迈进。年内，后塍街道“四链串珠成片，构画醉美香村”案例入围2023年苏州市人居环境整治提升镇级典型案例；新塍村“小数字撬动大环境，村庄蝶变焕新颜”和晨阳村“齐心共绘绿美乡村新画卷”入围2023年张家港市人居环境整治提升村级典型案例；高桥村获评2023年苏州市宜居宜业和美乡村，三角滩村文星桥、高桥村腰沟埭、高桥村朝东埭3个自然村获评张家港市特色宜居乡村。（许　婷）

袁家桥村民生茶馆

**【农村公路建设】** 2023年，后塍街道投资240万元，对54.53千米农村公路的路面路基、沿线附属设施及36座乡村道桥梁开展小修保养，维修路面8000平方米。投入约200万元，对文星路、双朱路到巷头桥路段、塍南路、双朱路、新街等路面实施改造，投入50万元桥梁维保资金，确保街道36座农村公路桥梁的技术状况均保持在二类及以上等级，保障农村公路桥梁安全平稳运营。至年末，街道乡村道综合优良路率84.75%，泗后线获评苏州市美丽农村路。后塍街道完成嘉鹏路道路改造、袁塍路西段（长江明珠路—张家港河）道路维修、文星路道路黑色化改造及双朱路—巷头桥沥青路面改造工程。

（许哲峰）

【生态建设】 2023年，后塍街道推进水、气、声、土等各项重点工作落实落细，在全市年度“散乱污”企业（作坊）专项整治考核中位列前茅。创成江苏省生态宜居美丽示范村1个。全年空气质量优良天数比例86%，$PM_{2.5}$平均浓度每立方米29微克，与上年持平。

【大气治理】 2023年，后塍街道严格落实重污染天气重点行业应急减排管控措施及应急预案要求，制定秋冬季应急减排名单，完善9项企业秋冬季重污染天气应急管控措施，紧盯企业气体排放数据，落实排放大户科学有序深度减排措施，压降污染浓度和总量。定期开展检查，督促在建施工工地落实扬尘管控“六个百分百”要求，深化工地扬尘防控和道路洒水保洁。开展夏秋季秸秆禁烧和综合利用及垃圾禁烧工作，未发生200平方米以上火点及20平方米以上垃圾焚烧火点，完成秸秆禁烧工作。

【水环境治理】 2023年，开展专项水质监测81次，完成11个整治类长江入河排口整治验收及29个整治类太湖入河排口整治验收。推进辖区55号、56号、58号、59号、60号达标区创建。牵头推进工业企业排水许可证申领工作，督促68家企业申领排水许可证。督促1家环境重点企业完成清洁生产报告编制及验收工作，规范化整治涉磷企业9家。

【土壤污染治理】 2023年，督促6家土壤污染重点监管单位报送土壤和地下水自行监测报告、有毒有害物质排放报告。

【固废治理】 2023年，后塍街道对59家纳入省危废系统的产废单位开展拉网式排查整治，要求其更新2023年最新危废标识，督促其如实记录生产危险废物种类、数量、贮存、处置等信息，规范现场管理，及时整改发现问题，实现一般固废、危险废物规范化环境管理。

【散乱污治理】 2023年，后塍街道突击检查“散乱污”企业（作坊）10家，出动检查人员30余人次，发现问题6个，全部督促整改完毕。全年新增“散乱污”企业（作坊）5家，至年末，关停取缔1家、整治提升4家，完成率100%。

（韩江华）

【绿化造林】 2023年，后塍街道完成公共绿地养护面积56.87公顷，市属道路养护面积50.65公顷，全年完成造林小班面积1.65公顷。

【绿化养护】 2023年，后塍街道投资约200万元用于绿地维保，绿化补种3700平方米，完成行道树及小区2100棵树木修剪工作，完成塍南路与张杨公路中小微绿地“口袋公园”建设。

（史倩倩）

【农房建设】 2023年，后塍中心社区施家埭面积约1.2公顷，常住人口77户、267人，房屋均为自建房，大多建设于80年代，出现老旧漏水、墙体开裂等问题，居民翻建意愿强烈。后塍街道会同中心社区统一规划，优化房屋间距，落实消

后塍街道中心社区施家埭农房翻建全景

防通道，完成翻建36户、外立面翻新5户、原地翻建14户。朱家宕村和新塍村分别有3户与2户原地翻建开工建设。（吴 涛）

【公用设施建设】 2023年，文昌小区篮球场改造、塍德社区垃圾中转站、文星新村游乐场改造、金成三期停车位新建、塍丰小区地下室地面维修及塍德小区道路拓宽工程等民生工程建成投用。（史倩倩）

## 水 务

【概况】 后塍街道积极践行“节水优先、空间均衡、系统治理、两手发力”治水方针，合理规划并组织实施年度各项水利建设任务，加强防汛工作、工程管护、水资源管理、河长制管理等工作。2023年，后塍街道有镇级河道14条，长度30.81千米；村组河道295条，长度112.17千米。有圩区2个，面积2617.67公顷，排涝站10座，圩口闸（橡胶坝）1座，圩堤28.23千米，达到20年一遇的防洪标准。

【水利工程建设】 2023年，后塍街道投资345万元，实施晨阳村7号河、8号河、9号河，长埭1号河、28号河等河道连片整治工程，通过清淤疏浚、生态修复、景观建设等综合整治水利工程，打造一批幸福河湖，累计清淤5000立方米，新改建生态岸线1.5千米、绿化面积5000平方米。完成迎新河、苗港、肖丰港等生态河道覆盖率提升工程，3条河道共整治河坡15000平方米，新建生态护岸500米、绿化1000平方米。年内，朱家宕村64号河至85号河获评苏州市级幸福河湖，晨西河获评张家港市级幸福河湖。

【防汛防旱】 2023年，后塍街道建立村（社区）防汛指挥网络。汛前，水利站对区街范围内的排涝闸站、在建涉水工程、河道堤防等水利工程进行全面排查，完成全部维修和养护任务，备足备齐防汛物资，落实装载机5台、挖掘机7台、土方车18辆。长顺给排水公司负责保税区两区一园内部防汛工作，组建20人防汛抢险队伍1个，有抢险车辆10辆、动力站2台、50千瓦移动发电站1辆、抽水机2台。年内，采购防汛块石800吨和防汛抢险工具若干，累计储备防汛块石2200吨、应急潜水泵18台套、渣浆泵1台套、高扬程潜水泵1台套、20千瓦发电机组（柴油）4台、150千瓦发电机组（柴油）2台、汽油发电机（科勒）1台、伊藤全方位照明汽油机组2台、冲锋舟1艘等，专人看管，随调随用。

【河长制管理】 2023年，后塍街道持续深化河长制改革，组织召开河长制工作会议10次。印发《后塍街道河长制工作手册》，规范河长巡河职责，督促河长开展常态化巡河，镇级河长每月完成巡河任务，村级河长每周巡河。全年镇级河长完成巡河156次、村级河长巡河563次。与德积街道共同对交界河道缪家港开展4次现场办公，落实联合巡河活动。整改完成张家港巡检网交办事项231项。紧扣"消劣、治违、争优"三大任务，狠抓"断面水质稳定达标"一个关键，全面压实工作职责，统筹协调水污染治理。街道印发《后塍街道河长制工作要点》，梳理河道问题清单，聚焦重点难点，明确时间表和路线图。同时，通过现场督察、河长批办、季度通报等形式，攻坚河道问题治理，解决一些影响河道水质的堵点问题。推动达到标区建设，整治"小散乱"185家，领取排水登记证150家，治河治水治污取得一定成效。年内，4条劣V河道通过系统治理顺利销号，学田村15号河安装水动力装置、三角滩村5号河创新投运河面垃圾自动收集器等。

【水资源利用和管理】 2023年，后塍街道对年用水量10万立方米以上的企业全面实施计划用水管理并录入市级水资源管理系统。严格把关用水申请，系统性地做好各项节水政策宣传贯彻工作。配合市水资源处下达年度用水计划，监督用水单位规范正确用水，做好多景服饰1家自备水企业延续取水，完成港通路桥地表水取水证的注销等工作。指导企业建立完善用水台账资料和各项水资源数据填报工作。3月，水法宣传周期间，主动联系社区、学校等，开展社区广场宣传贯彻、参观市水资源科普馆等线下宣传活动。2023年，后塍街道完成张家港市金陵纺织有限公司、张家港市酿酒有限公司2家省级节水型企业创建，获奖励用水指标0.85万立方米。

【污水治理】 2023年，后塍街道整治"小散乱"门店，污水处理提质增效达标，加快雨污水主管网、住宅小区管网排查整治；落实工业企业、企事业单位、小散乱门店等排水许可管理，申领排水许可证198家，排水户内部完善雨污水支管网。

【长江大保护】 2023年，后塍街道根据区域内长江禁捕退捕工作特点，做好政策宣传、日常检查等工作。2月24日，街道禁捕专班开展辖区内渔具店经营检查工作。2月27日，街道农村工作办会同保税区市监局、街道综合执法局、爱卫办、农工办市场条线开展街道集贸市场管理暨长江禁捕工作专项检查。7月7日，配合市农业综合行政执法大队开展2023年上半年全市长江流域重点水域禁捕工作督察。8月11日，街道农村工作办联合市农业综合行政执法大队举办2023年后塍街道长江"十年禁渔"主题宣讲会，进一步夯实群众长江禁捕意识，利于形成群众广泛参与的良好禁渔氛围。

（王　彬　陈英豪）

## 乡村产业

【概况】 2023年，后塍街道实施高标准农田改造提升项目，建设面积89.6公顷，总投资970.7万元。水稻统一供种面积508公顷，供种量30.5吨；小麦统一供种面积590公顷，供种量111吨。有农业产业化国家重点龙头企业1家，张家港市级农业龙头企业2家，其中江苏张家港酿酒有限公司5月复评农业产业化国家重点龙头企业，张家港市企源生态农业有限公司、张家港市甲江南酿酒有限公司2023年复评张家港市农业龙头企业。（陈英豪）

【农业产业】 2023年，后塍街道农业产业以农业种植为主，农产品以水稻、小麦、油菜等粮油作物为主。街道通过项目实施，促进农业产业化进程，实现规模经营，鼓励精细种植、科学养殖，打造高端养生休闲精品农业，塑造品牌特色，促进三高（高产、高质、高效）农业可持续发展，提升农产品质量，提高农产品附加值。

（赵华军）

【家庭农场】 2023年，后塍街道有家庭农场50家，其中苏州市级示范家庭农场5家、张家港市级示范家庭农场10家。7月，张家港市后塍有利家庭农场、张家港市后塍罗子家庭农场获评苏州市级示范家庭农场；12月，张家港市后塍袁家家庭农场、张家港市后塍新安家庭农场、张家港市后塍周胜奎家庭农场获评头雁家庭农场。

（夏秋燕）

表31　　2023年后塍街道示范家庭农场一览表

| 农场名称 | 家庭农场主 | 示范级别 | 获评时间（年） | 地址 |
|---|---|---|---|---|
| 录堂家庭农场 | 江录堂 | 苏州 | 2022 | 高桥村 |
| 学为家庭农场 | 冯胜平 | 苏州 | 2022 | 高桥村 |
| 顾建明家庭农场 | 顾建明 | 苏州 | 2022 | 高桥村 |
| 罗子家庭农场 | 罗会全 | 苏州 | 2023 | 高桥村 |
| 有利家庭农场 | 潘　强 | 苏州 | 2023 | 三角滩村 |
| 小刚家庭农场 | 谢刚志 | 张家港 | 2022 | 三角滩村 |
| 朱忠伟家庭农场 | 朱忠伟 | 张家港 | 2021 | 高桥村 |
| 周胜奎家庭农场 | 周胜奎 | 张家港 | 2023 | 高桥村 |
| 保丰家庭农场 | 夏乃保 | 张家港 | 2021 | 封庄村 |
| 袁家家庭农场 | 王　磊 | 张家港 | 2023 | 袁家桥村 |
| 顺风顺水家庭农场 | 祁德华 | 张家港 | 2021 | 学田村 |
| 美禾家庭农场 | 瞿美和 | 张家港 | 2022 | 三角滩村 |
| 新安家庭农场 | 卜新安 | 张家港 | 2023 | 封庄村 |
| 洪根保家庭农场 | 洪根保 | 张家港 | 2021 | 封庄村 |
| 汇农家庭农场 | 吴情义 | 张家港 | 2021 | 封庄村 |

## 农村资产管理

【概况】 2023年，后塍街道有村级集体经济组织9个，包括8个行政村和1个涉农社区。年末，村级集体资产10.43亿元，负债6.63亿元，银行各类存款1.48亿元，短期投资1.18亿元，长期投资3.11亿元。村级集体经济组织内有各类经营性厂房、三产用房、设施类等资产21.15万平方米，其中二产、三产经营性土地81.73公顷。

【村级经济】 2023年，后塍街道村级集体经济组织可用财力收入11873.52万元，村均可用财力1319.28万元，比上年增13.41%。有可用财力超2000万元村2个，其中晨阳村2697.71万元、朱家宕村2205.01万元；可用财力超1000

万元村3个，其中高桥村1717.59万元、学田村1250.92万元、三角滩村1130.41万元。

【农村集体资产管理】2023年，后塍街道村级集体经济净资产3.80亿元，总收入1.6亿元，其中经营性收入1.50亿元。村均净资产4221.67万元，比上年增7.61%；村均总收入1783.82万元，比上年增14.02%。村级公益设施和公共服务投入2223.14万元。街道完善农村集体“三资”智慧监管平台各模块内容，及时掌握村级收支情况、收入结构、支出构成、资产债务状况，对村闲置资产和应收款进行分析和预警。完成9个村级集体经济组织、4个联合发展公司、5个下属集体单独建账单位资产清查工作，处置账实不一致资产26.99万元、负债0.81万元，做到账证、账账相符。开展村级集体经济组织“三年一审”审计，完成6个村级集体经济组织和5个下属单独建账单位审计业务。

【村级经营性重大项目】文昌小学和文昌幼儿园项目由后塍街道三角滩村主导，联合长山村、封庄村、袁家桥村共同投资建设，开辟“村建设、政府承租”的村集体经济发展新模式。项目于2022年年初动工，总投资超2亿元，2023年9月投入使用。文昌小学占地面积2.67公顷，办学规模为5轨30班，可容纳1350名学生入学；文昌幼儿园占地面积0.73公顷、建筑面积6000平方米，开设小、中、大3个年龄段共3轨12班，可容纳360名幼儿入学。2023年，后塍街道以学田村为主体抱团封庄村、袁家桥村，围绕生态环保、规范运作、立足长远、合作共赢的原则，联合投资建设建筑装潢垃圾分拣中心项目，成立张家港田源再生资源有限责任公司，总投资近1.2亿元，占地面积2.53公顷、建筑面积1.8万平方米，10月正式投产，有建筑垃圾处置线、制砖线、工业固废处置线3条生产线，每年处理工业垃圾约20万吨。（夏秋燕）

## 城乡一体化管理

【概况】2023年，后塍街道综合行政执法局为进一步提高城市精细化管理水平，以“百日提升”、“三色管理”、重点区域市容整治等行动为抓手，“狠抓平时、突出重点、全面覆盖、讲求效果”，开展以店外经营、占道经营、乱堆乱放、乱搭乱挂、乱停乱放为重点的市容市貌专项整治行动，实现“有乱必治、有差必整”。规范门店占道经营1021起，清理各类不规范乱张贴308处，教育管理流动摊贩563人次。完成墙体外立面破损修复31200平方米；完成人民路、塍西路等15条道路沿线的767个空调外机加装围挡工作；完成2023年民生实事项目增加停车位供给项目，施划机动车停车位460个，施划非机动车停车位62个，加大执法力度，实施行政处罚案件833起，罚款87980元，其中一般程序案件164起，罚款65830元；简易程序案件669起，罚款22150元。做好施工单位工程项目建筑垃圾处置方案的备案工作，建工地备案率100%。开展夜查30次，开展“双证”检查9次，出动125人次，规范渣土车不篷盖行为46起，查处建筑垃圾类案件17起，处罚金额1.71万元。（姚佳琪）

【违章建筑治理】2023年，后塍街道建立健全“地上查、群众报、视频探”三位一体综合监管体系，不断强化违法建设源头发现响应机制。围绕“零增长”和“减存量”两条主线探索创新，聚焦违法建设治理重点难点问题，完成治理面积24.6万平方米，治理违章建筑点位171处。完成企业消防通道违章建筑专项整治13处点位，治理面积1.5万平方米。完成科威泽机械、合肥锐杰织及华源染织地块张家港市重点项目和挂牌督办项目2项。加强治违宣传，全年新媒体录用14篇，省级以上媒体录用1篇。

（封　瑜）

【环卫管理】 2023年7月31日前，后塍街道道路保洁、生活垃圾收运、公厕保洁由张家港市大德物业管理有限公司提供服务；8月1日至年末，由张家港保税区长乐物业管理有限公司提供服务。张家港保税区长乐物业管理有限公司配备专职管理人员3人、内勤保障1人、保洁环卫人员75人。负责保洁道路16条，面积21.18万平方米；河道4条，长度1.01千米；绿化带面积3.61万平方米；公共卫生间13座。年内，街道有镇山库和高桥库生活垃圾中转站各1座、澄杨路可回收物分拣中心1处、晨丰公路建筑垃圾终端处置中心1处、解放路有害垃圾暂存库1处、晨丰公路大件垃圾终端处置中心1处。

【垃圾分类与收运】 2023年，后塍街道生活垃圾分类涉及行政村8个、居民社区6个（含代管社区3个）。街道通过微信公众号、宣传栏、广场活动等形式进行垃圾分类宣传，累计宣传2.3万人次，发放宣传折页1.4万份，志愿服务活动130余次。设置四分类垃圾亭（房）395个，6120户农村家庭配套厨余垃圾和其他垃圾二分类桶，配备分类收运车辆70辆，收运处置实行市场化运作。其他垃圾运送至镇山库和高桥库生活垃圾中转站；厨余垃圾由张家港市华新环保服务有限公司收运处置，餐厨垃圾由江苏晨洁再生资源科技有限公司收运处置，可回收物由苏州同茂再生资源公司收运处置，有害垃圾由张家港市缤纷物业管理有限公司收运处置，建筑垃圾和大件垃圾由张家港良延生态环保产业服务有限公司处置，园林绿化垃圾运送至长山库进行处置。年内，收运处理餐厨垃圾1785.86吨、建筑（装修）垃圾17797.14吨、大件垃圾1351.96吨、有害垃圾3吨、可回收物3583吨、家庭厨余垃圾6500吨、焚烧和填埋其他垃圾23886.69吨。生活垃圾回收率33%。

（许　婷）

【建筑装潢垃圾分拣中心投用】 2023年，根据全市“清江行动”总体规划部署，后塍街道以学田村为主体，联合封庄村、袁家桥村，围绕生态环保、规范运作、立足长远、合作共赢的原则，联合投资保税区（金港镇）建筑装潢垃圾分拣中心项目，成立张家港田源再生资源有限责任公司。总投资近1.2亿元，项目位于后塍街道中华路东侧、晨丰路北侧区域，占地面积2.53公顷、规划建筑面积1.8万平方米。8月，由上海良延环保科技公司负责运行，10月正式投入生产。涵盖建筑垃圾处置线、制砖线、工业固废处置线3条生产线，每年处理工业垃圾约20万吨。

（夏秋燕）

【户外广告管理】 2023年，后塍街道综合行政执法局全面推进户外广告安全隐患排查整治行动，对破损、脱落、脏污、陈旧的广告设施及时巩固、修缮和更换，拆除严重影响市容、内容过期和设置违章广告各类不规范户外广告设施29块，拆除面积约2079平方米。落实大型户外广告设施的安全巡查打卡，督促各产权单位继续做好高炮广告的安全检测，常态化做好户外广告隐患排查、消除工作，完成安全鉴定9家。（朱　静）

# 农　业

## 综　述

**【概况】** 2023年，后塍街道将“三农”工作摆在更加突出位置，召开乡村振兴发展大会，高位谋划推进农业农村工作，未实施耕地轮作休耕，实施高标准农田改造提升项目，建设面积89.6公顷，总投资970.7万元。水稻统一供种面积508公顷，供种量30.5吨；小麦统一供种面积590公顷，供种量111吨。农药实行零差价配送，做好测土配方肥料配送和废旧农膜回收工作。配送销售农药111万元，配送销售肥料1014.19吨、273.38万元。回收废旧农膜毛重11.3吨，农药废弃包装物10.85万只，回收率100%。农、林、牧、渔业总产值1.28亿元，比上年增6.16%。

**【农业基础设施建设】** 2023年，后塍街道开展高标准农田工程项目建设，投入970.7万元对高桥村76公顷和晨阳村13.6公顷农田进行全面改造提升，6月，项目全面完成建设，其中高桥项目区新建道路3821米、管道6185米、生态排水沟2474米、衬砌渠道404米、土沟3539米，新改建泵房10座，平整土地2.13公顷，新建硬质道路1.66千米，新建砂石路2.16千米，结合特色田园乡村建设工作，整治自留地、垦荒地约2.33公顷，清理废旧管桩70余根，完成管线重新布设，新立管桩21根、新建各类管线3500余米。项目建成后，域内农业生产机械化水平大幅提升，农田管护基本实现了数字化、可视化，高桥村专属的智慧农业应用模式初步形成。项目投入使用后，生态、经济、社会效益逐步显现，农田内单位播种面积化肥施用折纯量减少23%、农药施用量减少27%，生产成本减少32%，总体用工减少45%，亩均收益提升9.7%，绿色生态、科技集成、连畴接陇的特色田园乡村风貌，吸引大量市民参观体验现代农业发展，有效推动农文旅融合发展，成为后塍街道成立以来首个现代化镇级农田示范方。晨阳项目区内新建电灌站1座，新建土渠742米，新建B70衬砌灌溉渠道674.9米，新建B90衬砌灌溉渠道346.1米，2.5米宽道路330米，3米宽道路410米，土地平整19.63公顷、配套渠系建筑物等。

后塍街道高桥村高标准农田

**【现代农业】** 朱家宕现代农业示范园区集中连片面积658.7公顷，核心区面积140公顷，田容田貌、园容园貌整洁，具有能够满足生产和经营需求的农业建设用地、配套设施用地及配套用房。园区内有国家级农业龙头企业1家（张家港酿酒有限公司）、张家港市级农业龙头企业2家（张家港市企源生态农业有限公司、张家港市藏联生物研究

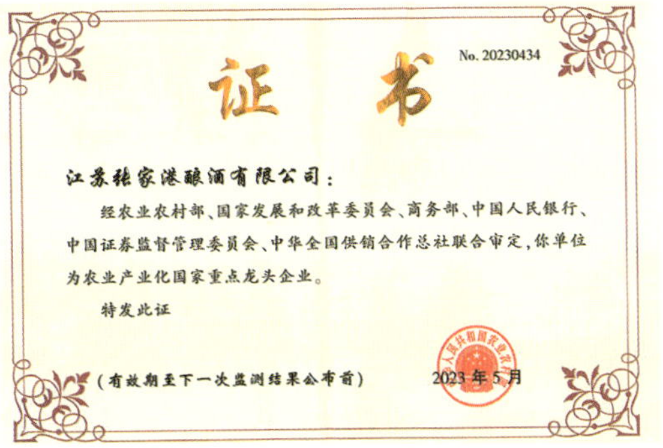
No. 20230434

证 书

江苏张家港酿酒有限公司：

经农业农村部、国家发展和改革委员会、商务部、中国人民银行、中国证券监督管理委员会、中华全国供销合作总社联合审定，你单位为农业产业化国家重点龙头企业。

特发此证

（有效期至下一次监测结果公布前）

2023年5月

5月，江苏张家港酿酒有限公司复评农业产业化国家重点龙头企业

所有限公司）。园区共形成2个主导产业，以国家级农业龙头企业沙洲优黄和张家港市后塍粮油购销有限责任公司为主导的稻麦种植加工销售的三次产业融合发展产业链，及以黄酒小镇和朱家宕村为主导的绿色生态水果休闲旅游等产业融合发展产业链。后塍粮油购销有限责任公司的“鸿珠大米”和金丰生态发展有限公司的“金丰大米”“老雷沟大米”等实现对园区内稻麦的基本覆盖，成为张家港市老百姓熟知的粮食品牌。（赵华军）

## 种植业

**【概况】** 2023年，后塍街道水稻品种主要有“南粳”系列的南粳3908号、南粳5055号、南粳46号，搭配种植少量宁香粳9号、常农粳14、苏香粳100等品种。机器插秧占种植总面积的98.5%，机直播为1.5%。小麦品种主要为镇麦15号和镇麦18号，以及少量扬麦23号，播种方式以机条播为主，搭配少量机灭茬。有0.33公顷以上集中育秧点4个。年内，高桥村镇级稻麦核心丰产方种植面积76公顷，小麦品种为镇麦15号，产量456吨；水稻种植品种为常农粳14和宁香粳9号等，产量741吨。经济作物主要有油料、蔬菜和果品，油料主要有油菜、大豆、少量芝麻等，种植方式以直播或移栽为主；蔬菜冬春季以叶类蔬菜为主，生产方式以设施蔬菜为主、露地季节性蔬菜为辅；果品主要种植葡萄、梨、蓝莓、草莓等，葡萄、蓝莓大多为避雨大棚栽培，草莓为双层大棚设施栽培，其他果树均为小面积露地栽培。街道全年粮食总产量7652.5吨、油料总产量84吨、蔬菜总产量7945吨、果品总产量536吨。年内，街道成立录堂家庭农场绿色防控示范区，提供专业化服务。老雷沟大米、糯米，沙洲优黄二年陈酿（12.0%vol半甜型黄酒）、沙洲优黄三年陈酿（12.0%vol半干型黄酒），蛹虫草5个产品通过绿色食品认证。（赵华军）

**【育种】** 2023年，后塍街道有0.33公顷以上标准化集中育秧点4个，育秧面积2.04公顷，供秧面积184.2公顷，集中育供秧面积占街道水稻生产总面积35%。采用“三改”（软盘改硬盘，营养土改基质，人工改流水线）技术的标准化规模育秧点4个，补助育秧面积5.96公顷，运用基质硬盘流水线育秧面积508公顷，发放基质补贴31.686万元。（赵华军）

4月21日，后塍街道粮食绿色高质高效创建技术培训会举办

【农作物病虫绿色防治】 2023年，后塍街道农作物主要常见病虫害水稻有稻飞虱、纵卷叶螟、大螟、纹枯病、稻瘟病、恶苗病等，小麦有纹枯病、白粉病、赤霉病、蚜虫等，其中稻飞虱、纹枯病、纵卷叶螟、稻瘟病、蚜虫较常见。3月、4月，天气干旱少雨，蚜虫偏重发生，街道农技人员密切关注虫情，指导农户应用高效低毒低残留农药喷洒灭除，保障小麦丰收。年内，街道有植保机18台、植保无人机7架。

（林义超）

表32　2023年后塍街道各村种植情况表

| 村名 | 种植户与面积 | 粮食 | 蔬菜 | 水果 | 花卉苗木 |
|---|---|---|---|---|---|
| 朱家宕村 | 户数（户） | 1 | 1 | 5 | 6 |
| | 面积（公顷） | 6.70 | 1.00 | 11.40 | 2.00 |
| | 设施面积（公顷） | — | 1.00 | 11.40 | 2.00 |
| 高桥村 | 户数（户） | 7 | 2 | — | — |
| | 面积（公顷） | 143.10 | 2.13 | — | — |
| | 设施面积（公顷） | — | — | — | — |
| 新塍村 | 户数（户） | 2 | 2 | — | 1 |
| | 面积（公顷） | 56.70 | 1.30 | | 0.07 |
| | 设施面积（公顷） | — | — | — | — |
| 袁家桥村 | 户数（户） | 6 | 6 | — | — |
| | 面积（公顷） | 88.10 | 7.60 | — | — |
| | 设施面积（公顷） | — | — | — | — |
| 封庄村 | 户数（户） | 4 | 2 | — | — |
| | 面积（公顷） | 21.00 | 7.00 | — | — |
| | 设施面积（公顷） | — | — | — | — |
| 学田村 | 户数（户） | 1 | 1 | — | — |
| | 面积（公顷） | 23.10 | 4.70 | — | — |
| | 设施面积（公顷） | — | — | — | — |
| 三角滩村 | 户数（户） | 7 | 3 | — | — |
| | 面积（公顷） | 66.80 | 3.50 | — | — |
| | 设施面积（公顷） | — | — | — | — |
| 晨阳村 | 户数（户） | 8 | 4 | — | — |
| | 面积（公顷） | 109.20 | 6.00 | — | — |
| | 设施面积（公顷） | — | — | — | — |

【绿色种养】 2023年，后塍街道实行农药统一集中配送，配送率100%，水稻、小麦用药按照全市植保站的病虫情报指导，按照本地农药使用规定，选取高效低毒、低残留农药和生物农药，由市惠农公司统一配送。采取精确施肥，推广应用化肥减量增效技术。对朱家宕现代农业示范园区内各类型（畜牧业、种植业、水产业）农业企业、家庭农场、种养大户进行定期农产品质量安全检查，一年2次。开展农药使用知识科普宣传，农药安全检查，台账资料建立等工作，帮助企业、家庭农场和农户做好生产工作。

（林义超）

【缓混一次施肥技术应用】 2023年，后塍街道8户农户142公顷水稻面积和3.33公顷小麦面积推广应用缓混一次施肥技术，节约劳动成本每公顷2元，单产提高5%以上，农工办发放水稻侧深施肥作业补贴7.52万元。（赵华军）

【耕地地力保护】 2023年，后塍街道水稻、小麦全部实施秸秆机械化还田，秸秆机械化还田、犁耕深翻1023.04公顷，还田率100%。推广使用商品有机肥300吨，开展绿色种养循环农业试点粪肥还田733公顷。街道全年支持农业补贴面积551公顷，每公顷补贴1798.8元，补贴总额99.11万元。（林义超）

## 养殖业

【概况】 2023年，后塍街道畜禽肉类总产量42.24吨，蛋产量49.69吨，总产值217.1万元，比2022年减少13.96万元。畜牧业主要养殖品种为猪、羊、鸡、鸭、鹅、鹌鹑等，规模以下养殖为主。至年末，辖区共有1家生猪养殖户，存栏生猪158头，其中能繁母猪18头、肉猪140头；街道羊存栏183只，其中20只以上养羊户6家存栏158只；全区家禽存栏0.79万羽，其中200羽以上养禽户5家存栏1800羽。全年街道生猪、羊、家禽出栏量分别为156头、207头、3.27万羽（鸡鸭鹅8700羽、鹌鹑2.4万羽）。新塍村新塍养猪场创建获评2023年度苏州市规模以下畜禽养殖户美丽牧园。

【动物防疫与监管】 动物防疫站将街道所有养猪场以及家禽存栏200羽以上、羊存栏20头以上的养殖场户全部纳入监管对象，并签订防疫及畜产品质量安全责任书。在做好日常程序化免疫的基础上，组织开展春秋两季集中免疫和夏季补防等“三大免疫行动”，规模养殖场牲畜口蹄疫、高致病性禽流感、羊小反刍兽疫等重大动物疫病免疫密度均达到100%，牲畜耳标佩戴率100%，春秋防散养禽免疫做到能免尽免，全年未发生重大动物疫情和养殖环节农产品质量安全事故。街道全年免疫牲畜口蹄疫1095头次、猪瘟518头次、猪蓝耳病448头次、猪链球菌448头次、羊小反刍兽疫272只次、羊痘272只次，禽流感、新城疫免疫分别为1.71万羽和1.58万羽，犬猫狂犬病1454只；全年监测畜禽血样、病原学样品313份，免疫抗体合格率90%以上，无布鲁氏菌病、非洲猪瘟、高致病禽流感等病原检出。严格做好养殖环节兽药、饲料等投入品监管，全面启用省农产品质量监管追溯系统，通过手机App实现现场监管实时上传，进一步完善各类养殖台账记录管理，确保各类生产活动追溯可查，全年现场督察畜禽养殖场户、农贸市场肉类销售摊位等场所155场，向市农业综合行政执法大队提供违法涉农线索1个。每季度开展猪羊“瘦肉精”专项监测抽样行动，全年共计抽样7户次83份尿样检测均为阴性。（徐晶军）

【淡水养殖】 2023年，后塍街道水产养殖面积21.87公顷，养殖户7户，其中高桥村2户、袁家桥村2户、三角滩村3户，主要养殖品种为鱼类，水产品总产量400吨。（陈英豪）

## 农业服务

【概况】 2023年，后塍街道农机投入85.5万元，发放农机补贴104.71万元，新增农机20台（套），农机总动力1.08万千瓦。年内，后塍街道获张家港市全程全面机械化示范镇评比示范等次，街道农村工作办获评2023年度苏州市农业农村现代化工作先进集体。

【农机服务】 2023年，后塍街道农机补贴投入104.71万元，其中市级及以上财政投入91.71万元、镇级投入13万元。街道有农机总动力1.08万千瓦；农机原值3134.9万元、净值1609.97万元。年内，新增各类农机具20台（套），其中大中型拖拉机2台、高地隙植保机1台、育秧播种设备3台、高速插秧机3台、侧深施肥机1台、旋耕机3台、旋耕播种机4台、埋茬起浆机3台。至年末，街道有大中型拖拉机18台、联合收割机8台、播种机械18台、插秧机47台、自走式植保机械18台、无人植保飞机7台。水稻机插秧面积500公顷，机插比例96.4%。主要农作物耕种收机械化水平99.46%，特色农业机械化水平85.64%。

【农资供应】 2023年，后塍街道农药零差价配送销售111万元，配送销售肥料101.4吨、273.34元。回收废旧农膜毛重11.3吨，农药废弃包装物10.85万只，回收率100%。

【惠农补贴】 2023年，街道对主栽作物水稻、小麦实行良种补贴政策，稻麦良种覆盖率超98%。水稻统一供种面积511公顷，供种量31吨，每亩优惠12元；小麦统一供种面积590公顷，供种量111吨，每亩优惠18元。小麦价外补贴发放45万余元，水稻价外补贴发放45万余元。发放稻谷补贴77万余元，粮食生产实际种植户一次性补贴17.1万元。农业保险总保费69.28万元，保险险种涵盖钢管大棚、稻麦、露地果树、水产等种类，完善农业灾情援助机制，联合市农业农村局、保险公司对发生的灾情及时响应，补贴受灾农户。

【农产品质量监督管理】 2023年，后塍街道农产品品种有稻麦、水产、蔬菜、果品等。年内，指导、督促食用农产品生产经营主体和种植大户使用农产品质量安全追溯系统，及时录入相关信息，农产品追溯系统使用率100%，农产品追溯标签使用率100%。监管巡查食用农产品生产单位324人次，巡查种植户324人次，未发现使用违禁农药现象，抽检蔬菜农药残留快速检测400批次，上级主管部门监管抽检和风险监测30批次，未出现不合格情况。

（林文超）

# 商贸服务业

## 商贸·市场

【概况】 2023年，后塍街道规模以上服务业企业有5家，全年实现营业收入1.42亿元，比上年增4.64%；规模以上批发零售企业有9家，全年实现限额以上商品销售总额5.15亿元，比上年降11.49%。

后塍刘家巷农贸市场

【后塍街道新塍农贸市场】 2012年，后塍街道投资建设位于文星南路的新塍农贸市场，辐射范围3万人，整体占地面积1.1公顷、主体建筑面积6500平方米。2022年，按照苏州农贸市场三年改造提升要求，进行标准化改造，引进智能化服务、优化环境卫生等，2023年12月改造完成。设摊位35个、门面房15间，配备农副产品快速检测设备、智能电子秤、信息显示屏、电子大屏幕、全覆盖监控等智能设备。

【后塍澄杨农副产品交易市场】 张家港市后塍澄杨农副产品交易市场由原后塍镇出资300万元于2001年建成，位于澄杨路和文星北路交叉口，建筑面积2700平方米，设计摊位30个。2023年，经营鲜肉类、鱼类、蔬菜类项目9个摊位，全年营业额110万元。

【后塍刘家巷农贸市场】 张家港市后塍刘家巷农贸市场（别称综合市场）由原后塍镇人民政府于2000年建成，位于后塍东隆西路和西墩路交叉路口，经营面积约2600平方米。2021年，张家港保税区对农贸市场进行标准化改造，设计摊位64个。2021年11月底完成，由后塍中心社区托管。2023年，后塍中心社区引入苏州市天天绿生鲜市场有限公司专业经营主体包租运营，设鲜肉类、海鲜类、禽类、蔬菜类、豆制品类、糕点类、半成品类、百货类、南北货类等摊位31个。配备快速农副产品检测设备、智能电子秤、溯源系统监管、农贸市场信息化管理系统、放心农贸查询系统、全面覆盖监控设备。

【后塍吉麦隆超市】 张家港市后塍吉麦隆超市位于后塍街道塍中路2号，2017年7月营业，建筑面积2500平方米，一楼主要经营鲜肉、水产、蔬菜、水果等，二楼主要经营食品、日用百货、化妆品等。是一家高性价比，高质量的生活超市。2023年销售额3300万，提供就业岗位50余个。

（杨晓锋　林义超）

【海淋超市】 海淋超市位于后塍街道健康南路45号，2022年9月26日开业。总建筑面积1100平方米，地上二层，其中面积800平方米。有各类食品、日用百货、服装鞋帽等商品。2023年，实现销售收入1000万元，提供就业岗位20余个。超市提供新鲜、便宜、舒适、便利购物环境，重大节日商品提前囤货，备足备齐货品，协助稳定物价，做好市场保供。

（邱晓华）

凯隆大酒店

## 餐饮住宿

**【概况】** 2023年，后塍街道有规模以上餐饮企业1家，为张家港市兴塍苑·顾家庭院，该企业全年实现营业额1122万元；一定规模的个体户有凯龙大酒店、后塍大酒店等。

（邱晓华）

**【兴塍苑·顾家庭院】** 兴塍苑·顾家庭院位于塍南路，占地面积1.9公顷、建筑面积9000平方米，集餐饮、客房、桑拿休闲、茶座、会议于一体，设宴会大厅3个、多功能厅1个、包厢13个，有商务套房、娱乐房、桑拿休闲中心、停车场，可同时容纳1200人用餐，为江苏餐饮名店、张家港市爱心企业、三星级涉外饭店。企业以“健康、诚信、文化、创新、互助”为经营理念，“健康饮食融文化，健康餐饮深发展”为经营方向，“诚信与爱心同行，美食与幸福共享”为经营宗旨，以江浙菜系为主，实行4D食品安全现场管理体系，庭院式明厨亮灶，用餐环境与食品安全。2023年，接待顾客11.8万人次，营业收入1122万元。

（朱琳贤）

**【后塍大酒店】** 后塍大酒店位于张家港后塍街道镇山路51号，2012年开建，2013年完工，占地面积0.25公顷，投资500余万元，为周边居民百姓提供优质餐饮服务。餐饮区有中式独立餐饮包厢10个，满足不同规格的接待宴请需求；有配备音响、投影等设备的宴会厅1个，既可容纳300至400人同时用餐，又可作为百人会议或团建使用，参与者能享受商务宴请、企业团建、会展会议等全方位服务。

**【凯隆大酒店】** 凯隆大酒店位于健康南路与东隆东路交会处东，建筑面积3000平方米，集餐饮设宴会大厅2个、包厢12个、可同时容纳600人用餐，菜系以本帮融合为主。2023年，接待顾客8万人次，营业收入980万元。

**【雅居大酒店】** 张家港市后塍雅居大酒店位于后塍街道金丰广场内，创建于2019年，占地面积0.4公顷。酒店装修精致典雅，有大小不同的宴会厅4个，其中婚宴中心可以最多容纳50桌。酒店有大小不同的独立包厢、连通包厢、豪华包厢共计18个，可以满足客户的各种宴请需求。雅居酒店主营淮扬菜、广东菜、浙江菜、川菜等菜系。

（邱晓华）

# 文化・体育

## 综　述

【概况】2023年，后塍街道宣传文明办围绕“我们的节日”主题，开展“红红火火过大年”新春文体系列活动、“翰墨写春”义送春联、“雅韵贺春”戏曲展演、“灯谜话春”大家猜、张家港市第八届文体运动会老年组竞赛活动太极拳比赛暨后塍街道首届武术文化节、街道首届社区文化节等文化惠民活动30余场，参与人数2万人次。5月，“沙洲喜市”非遗文化游园会暨2023年后塍“三月十四庙会”首场活动举办。巡回演出30场，参与人数3万人次，参与文化志愿者100余人。

【公共志愿服务】2023年，后塍街道宣传文明办推动公共文化服务项目申报和项目点选配送，提高公共文化云覆盖率，加强线上、线下阅读平台推广。通过各村（社区）宣传栏、路边道旗、户外大屏、新媒体等线上线下阵地，向群众宣传传统文化、非遗文化、黄酒文化的重要作用与相关知识，调动群众参与热情。年内，开展“新春文化月”系列活动、“塍满书香”全民阅读月活动、“沙洲喜市”非遗文化游园会暨2023年后塍“三月十四庙会”活动、后塍街道“塍心惠民・文化下乡”文艺巡演、后塍街道首届社区文化节、后塍街道“塍”心迎新文化惠民轻骑兵公益展演等文化活动。街道组队参加“张闻明”之歌——张家港市群众合唱大赛、“大地欢歌”2023年张家港市乡村文艺星级团队大展演暨张家港市第四届广场舞展示活动、张家港市公共文化服务基层从业人员业务培训等活动，街道结合年度重点工作“网”观后塍，拍摄后塍文化人物志系列视频以及后塍时光合唱团宣传视频，推送至苏州市级“学习强国”学习平台。文化骨干开展红色文化、传统文化、艺术舞蹈等培训，营造公共文化新氛围。

【非物质文化遗产】2023年，后塍街道新增省级非物质文化遗产手工弹棉絮技艺项目，苏州市级非物质文化遗产后塍梅花糕制作技艺项目。至年末，后塍街道江苏省级非物质文化遗产项目有后塍优黄酿造技艺、后塍竹编、雷沟大布制作技艺、手工弹棉絮技艺，苏州市级非物质文化遗产项目有后塍梅花糕制作技艺，张家港市级非物质文化遗产项目有戴定光传说。街道开展丰富多彩的非遗主题活动。年内，街道指导封庄村手工弹棉絮技艺申报江苏省非遗项目，被录入第五批省级非物质文化遗产代表性项目名录。4月20日至5月5日，后塍街道与沙洲优黄文化园联手打造“沙洲喜市”非遗文化游园会暨2023年后塍“三月十四庙会”，通过一系列活动形式，打造沉浸式游园体验，展示后塍街道非遗文化的独特魅力与深厚底蕴。2023年，封庄村有江苏省级非物质文化遗产项目后塍竹编和手工弹棉絮技艺两项非物质文化遗产。第二批张家港市非遗传习所暖制被所，针对青少年群体，开展“童识非遗，童享快乐”项目活动6场，服务青少年120余人，让更多青少年传承本土文化、感受非遗魅力。

（马佳裕）

## 文化阵地

【概况】2023年，后塍街道基层综合性文化服务中心标准化建设100%，图书馆分馆、农家书屋、社区阅读站、24小时图书馆驿站31家。各类公共文化设施运行规范，每周开放56小时，充分发挥基层文化阵地作用，居民综合阅读指数

提升书香城市建设和全民阅读工作，联合村（社区）开展全民阅读活动1163场。（马佳裕）

【晨阳村24小时图书驿站】 晨阳村24小时图书驿站位于晨阳村乐邻港湾综合性文化服务中心，面积100平方米，有座位20余个，电脑2台，具有图书借阅、无线网络、二维码电子书下载、电子阅览、报刊阅览等功能，是一个环境幽雅、功能齐全、开放式的现代化智能型图书室，担负着晨阳村传承文化、传播知识、提升教育的重要职能。图书驿站藏书5000余册，报刊20余种，适合各层次读者需求。图书驿站采用开放阅读方式，实行零门槛进入，实现一卡通用、通借通还。通过文化志愿者参与日常管理，为读者提供咨询、求助等各项服务。2023年，晨阳村积极围绕“书香晨阳”主题，采用视觉、听觉、触觉等多维阅读方式，在完善硬件设施的同时推广全民阅读，充实民众精神粮仓，不断提升全村文化软实力。（朱震宇）

【塍丰社区24小时图书驿站】 2023年，塍丰社区24小时图书驿站面积220平方米，藏书1万余册，是全市面积最大、藏书最多的24小时图书馆驿站，具备免费图书借阅、无线网络、二维码电子书下载、电子阅览、亲子阅读、咨询等功能。驿站全天候无人值守，实行全智能操作，一站式集中公共阅读全部基本服务功能；站内图书由市图书馆统一调配、统一流转，与全市各级公共图书馆、图书馆驿站实行资源共享，数字阅读平台共享市图书馆数字资源。通过招募文化志愿者，协助参与日常管理，为读者提供咨询、求助、图书排列、阅读活动等服务，是市民身边自助、自主、自由的免费开放阅读空间。（何云燕）

【三角滩村24小时图书驿站】 2023年，三角滩村24小时图书驿站面积80平方米，藏书3000余册，组建有小荷书苑阅读、三联职工读书会团队2支，根据不同的阅读群体，常态化开展内容丰富、形式多样的阅读活动，2023年获评张家港优秀图书馆驿站。（陶丽英）

## 文化活动

【概况】 2023年，后塍街道11个村（社区）均建有一支12人以上的固定文体队伍。后塍博雅太极俱乐部、封庄村美丽依旧舞蹈队、晨阳村晨光舞蹈队、新塍村舞蹈队等文体团队，有固定训练场所、稳定活动经费和专业指导老师，创排文艺作品多次参加各类大型活动。小品《向幸福出发》获第十届小戏小品大赛金奖。

【“沙洲喜市”非遗文化游园会】 5月1日，市委宣传部、市农业农村局、市文体广电和旅游局和后塍街道党工委主办，沙洲优黄文化园承办的“张家港市‘沙洲喜市’非遗文化游园会”暨2023年后塍“三月十四庙会”在沙洲优黄文化园举办。市委常委、宣传部部长陈卫兵，副市长梁曦、蒋新峰，保税区党工委委员、管委会副主

5月1日，“沙洲喜市”非遗文化游园会暨2023年后塍“三月十四庙会”在沙洲优黄文化园举办

任沈琳，以及市委宣传部、市农业农村局、市文体广旅局、保税区、后塍街道相关领导，后塍地区老干部代表、乡贤代表等参加本次活动。张家港酿酒有限公司副总周静波致辞。活动现场观看《砥砺奋进观后塍》新闻短片、《沙洲喜市·人文后塍》形象片。乡贤代表茅永良、季涌华介绍"沙洲优黄"历史渊源及优秀传统文化"三月十四庙会"。现场开展画龙点睛、舞龙舞狮巡游、非遗文化展示和民俗文艺巡演、汉服快闪和游园灯会等活动。有非遗文化市集摊位80余个，现场展示黄酒制作工艺、后塍竹编、后塍梅花糕等非遗技艺作品，吸引游客12万人次。

**【首届后塍街道社区文化节启动】** 11月25日上午，2023年度张家港市文明楼道展示交流暨首届后塍街道社区文化节启动仪式在金港文化中心举行。活动中，经开区（杨舍镇）花园浜社区、冶金园（锦丰镇）书院社区、大新镇大新社区、后塍街道文昌社区分别做美丽楼道建设展示交流，市委常委、市委宣传部部长陈卫兵为2023年度张家港市文明楼道代表颁奖，保税区党工委委员、管委会副主任陈雪明为慈善企业代表颁发荣誉奖牌，保税区党政办主任金鑫、市文明办副主任蔡磊为2023年度后塍街道优秀社区志愿者颁奖，保税区城乡发展局局长袁达新、后塍街道人大工委主任沙卫军为2023年度后塍街道优秀民生微实事项目、最美社工颁奖。启动仪式结束后，还进行了文艺演出，歌曲串烧、情景诗朗诵、情景舞蹈、音乐快板等演出。社区文化节还包括"美塍家园"社区文化集市、"塍心惠民 文化下乡"文艺巡演、"童画家园"社区儿童美术创作展、文化志愿服务等多项活动。（马佳裕）

11月25日，2023年张家港市文明楼道展示交流暨首届后塍街道社区文化节在金港文化中心开展

## 文化产业

**【概况】** 2023年，后塍街道辖区内网吧1家、歌舞厅1家、健身房1家、文体培训机构13家，对1家印刷企业下发市局加强印刷发行行业安全生产工作有关事项提示，累计巡查30余次。印刷企业危化品治理、文明创建网吧市场巡查、出版物市场检查、复打印点专项治理、"小耳朵"专项整治、艺术培训、文化娱乐经营等场所用气端燃气安全等专项行动30余次。

**【文化市场管理】** 2023年，后塍街道开展联合执法行动4次，检查文化娱乐场所16家次；联合市文体广旅局对辖区内旅游景区、民宿安全排查3次；开展扫黄打非等联合执法行动4次。5月24日，后塍街道召开境外卫星电视传播秩序专项整治工作部署会议，对境外卫星电视传播秩序专项整治工作进行全面部署。6月2—3日，文化条线、派出所、城管、广电站等部门在后塍街道内开展卫星电视地面接收设施专项整治行动。重点整治未经许可擅自安装和使用的俗称"小耳朵"的卫星电视地面接收设施。对非法安装和使用"小耳朵"的单位和个人没收其设施，对违法销售"小耳朵"的店主除没收其售卖的设施外，还进行法律知识宣传、教育，责令其立即整改，停止贩卖卫星地面接收设施。有效打击区镇安装和售卖非法卫星地面接收设施的违法行为，进一步规范广播电视传播秩序，收缴各类对非法安装和使用“小耳朵”十余件。

【版权工作】 2023年，后塍街道宣传文明办运用各种平台载体，全方位、多形式地宣传街道版权运用、保护、管理重要举措。以“4·26”世界知识产权日为契机，开展版权周宣传活动。利用“百年后塍”微信公众平台号召大家读好书、读正版书，保护版权。各村（社区）利用LED大屏幕，滚动播放版权保护公益宣传片和宣传标语，利用QQ群、微信群等方式向辖区门店、企业发送版权保护相关视频。7月，组织相关单位人员参加版权知识培训，提升版权工作能力和服务水平。结合推进实施“文化惠民”工程，在文化娱乐场所、出版物经营点、网吧等场所张贴版权保护相关标识和图片，利用“村村演”文艺演出，营造宣传版权保护良好氛围和环境。深入企业进行版权宣传及登记申报指导，激发自主创作热情。年内，街道宣传文明办组织各村（社区）开展版权宣传活动11场，一般著作权登记613件，其中版权作品登记25件以上企业2家。徐玲文字作品《怀抱》获评市优秀版权奖三等奖，周清的文字作品《金鑫大酒店》和高龙兴的文字作品《古镇凤凰》获评市优秀版权奖优胜奖。何云燕、邱晓华2人获评2023年度张家港市优秀版权工作推广人。（邱晓华）

## 群众体育

【概况】 2023年，后塍街道通过各村（社区）宣传栏、路边道旗、户外大屏、新媒体等线上线下阵地，加强宣传群众体育活动、全民健身、运动健康的重要作用与相关知识，调动群众参与热情。组织开展职工趣味运动会、“展职工风采，凝团队力量”五一劳动节主题职工运动会等。年内，承办张家港市第八届体育运动会老年组太极拳竞赛、张家港市全民健身大展示（太极拳）暨后塍街道首届武术文化节活动，推出群众太极拳培训、武术运动健康知识巡讲、寻找民间“武林高手”等一系列活动，其中培训、讲座11场，拍摄寻找民间“武林高手”视频在“学习强国”学习平台苏州平台发布。

【体育设施】 2023年，后塍街道升级改造高桥村综合文化服务中心，打造街道多功能文体场所，满足群众文体需求。依托村（社区）新建高桥村新时代文明实践站、袁家桥村“袁栋里”全民健身服务驿站2个，学田村、三角滩村健身步道2条，协助文昌社区阵地改造，制定方案，精准对接，打造文昌社区多功能运动场。委托第三方专业机构开展全民健身点设施保养和安全检查2次，做好跟踪记录。更新健身路径6套、篮球架3套、乒乓球台3套，室外健身器材维护79处，拆除6处，修理15次。

【后塍武术文化节】 8月18日，后塍街道举行张家港市第八届体育运动会老年组太极拳比赛、张家港市全民健身大展示(太极拳)暨后塍街道首届武术文化节启动仪式。活动现场，市文体广电和旅游局副局长、市体育总会副主席钱凯为全民健身志愿服务驿站授牌。张家港市9支代表队150名太极爱好者参赛，后塍街道博雅太极队获太极拳比赛第一名。后塍街道武术文化节还推出太极拳培训、武术健康知识讲座、“寻找后塍武林高手”主题宣传等系列武术文化活动，吸引更多市民投身到体育运动中。

（杨　泳）

# 卫生健康

## 综　述

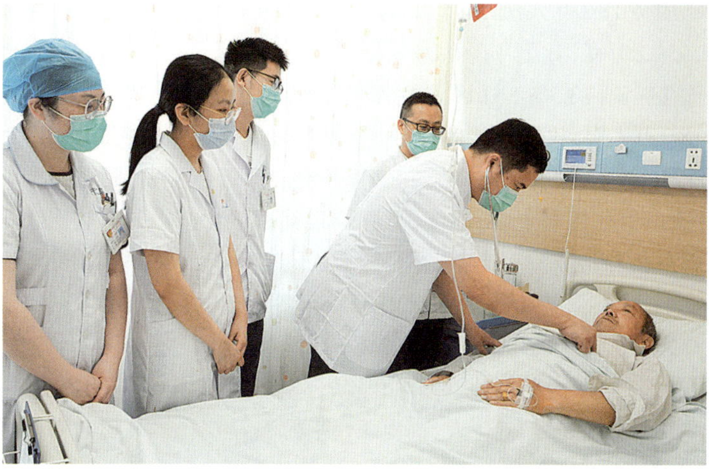

市二院党总支书记、院长黄丽强带领中医科医务人员开展教学查房

【概况】 2023年，后塍街道推进健康素养促进行动，开展健康素养监测和烟草流行监测，在塍丰社区、金丰社区、封庄村监测点开展入户调查；规范社区药品管理，推进慢病药品下沉社区管理项目，新塍社区卫生服务站为保税区推荐目录实施主体。落实阳光采购政策，认真执行招标采购价格；优先使用基本药物，及时关注、上报药品短缺情况，满足群众合理用药需求。年内，强化各类传染病疫情监测预警、风险评估、流行病学调查、检验检测、应急处置能力，推进艾滋病、结核病等重大传染病防治，统筹做好肿瘤、脑卒中等慢性疾病防控工作，抓好免疫规划、学校卫生、口腔卫生、环境卫生等公共卫生工作。年内，落实家庭医生签约，开展孕产妇及0—6周岁儿童签约服务。老年人、高血压、糖尿病、孕产妇、0—6周岁儿童等重点人群累计签约30474人，其中高血压、糖尿病人群签约9720人。

【健康教育】 2023年，后塍街道指导各村（社区）更新健康教育专栏132版次，对常见病、多发病防治进行广泛宣传。在医院、村（社区）、活动场所发放多种健康教育折页、海报、书册20141份，通过各村（社区）的电子显示屏进行健康教育宣传450余次；邀请中医院、市二院等专家进行健康教育讲座66次，累计听课3300余人次；结合街道卫生主题活动为群众测血压、测血糖，开展健康咨询10次，受益近8万人次。

【老年人健康管理】 2023年，后塍街道、村（社区）组织65周岁及以上居民免费健康体检8956人。动态关注体检情况，及时发现处理体检过程中出现的问题，对体检过程中发现有异常的老年人建议定期复查，追踪复查结果，对确诊的原发性高血压、2型糖尿病患者及时纳入健康管理，落实干预措施。

【慢性病健康管理】 2023年，各村（社区）卫生服务站为辖区内35周岁及以上常住居民进行血压、血糖测定，对疑似高血压急症、血压控制不佳、可疑继发性高血压患者、难以控制的高血糖、糖尿病并发症患者及时转诊。　（许　玮）

## 社区卫生

【概况】 2023年，后塍街道各社区卫生服务机构履行基本医疗、公共卫生服务职能，全年门急诊181679人次。

【基本医疗服务】2023年，街道社区卫生服务机构新建居民健康档案1161份，累计73097份，建档率92.59%，档案动态使用率62.86%。全年服务18.2万人次，比上年减1.4%；业务收入1450.2万元，比上年降0.2%；人均处方83.7元，比上年增13.5%。社区卫生服务全年门急诊18.2万人次，比上年减1.4%。

【家庭医生服务】2023年，后塍街道社区卫生服务机构把家庭医生签约服务列为重点工作，大病困难群众和计生特殊困难家庭签约146户，签约率100%；重疾劳模2人，自愿签约率100%；全市“点单式”健康管理综合签约服务签约人数586例；老年人、高血压、糖尿病、孕产妇、0至6周岁儿童等重点人群累计签约30474人，其中高血压、糖尿病人群签约9720人。二级以上医院专科医生提供面对面服务296人次。中医门诊6.7万人次，开出中医处方6.9万人次，全年门急诊18.17万人次，提供健康咨询289人次，开具个性化健康处方197张，提供优先预约就诊186人次、检查53人次。（许　玮）

## 爱国卫生

【概况】2023年，后塍街道推进一系列爱国卫生活动。4月，开展第35个爱国卫生月活动，主题为“文明健康绿色环保，提高健康素养”；5月，开展第36个世界无烟日宣传活动，倡导居民远离烟草，自觉抵制烟草诱惑。城乡接合部卫生秩序管理到位，清理卫生死角100余处；卫生基础设施及周边管理到位，增设灭烟柱30余个，完善公共卫生间无障碍设施13套，建设江苏省健康机关1个、苏州市健康机关1个、江苏省健康村1个、苏州市健康社区1个、苏州市健康村2个。后塍街道“四链串珠成片，构画醉美香村”案例入围2023年苏州市人居环境整治提升镇级典型案例；新塍村“小数字撬动大环境，村庄蝶变焕新颜”、晨阳村“齐心共绘绿美乡村新画卷”入围2023年张家港市人居环境整治提升村级典型案例；高桥村获评2023年度苏州市宜居宜业和美乡村，三角滩村文星桥、高桥村腰沟埭、朝东埭获评2023年度张家港市特色宜居乡村，新塍村“扎根数字健康，为民主动服务”获评健康苏州建设优秀案例；街道“小小督导员，垃分领头人”获评张家港市2023年美好环境和幸福生活共建共享品牌；金丰社区等4个单位获评2023年张家港市生活垃圾分类优秀单位；曹晓东等9人获评2023年张家港市生活垃圾分类优秀个人；曹俊家庭等9个家庭获评2023年张家港市生活垃圾分类优秀家庭。

【健康城市建设】2023年，后塍街道落实健康城镇村（社区）长效管理工作，设健康宣传栏12个、室外健康设施30余个，开展健康宣传教育活动40余场，受益群众1300余人次。开展职工运动会1场。机关单位无偿献血1次，全员健康体

3月15日，后塍街道袁家桥村举办“健康益家”项目活动

检1次，心理健康指导1次。实施健康管理专业化行动，联合张家港市惠群社会工作服务中心，开展健康“益”家义诊服务8场、主题健康讲座4场、上门送药20次、趣味行2场，受益群众2500余人次，健康“管家”配备健康管理师1人，管理会员20人，发放智能手环20个，健康管理师制定合理干预方案，倡导健康生活方式，“乡医有约”链接医护资源，创立名医工作坊，开展坐诊活动7次，组织专家义诊2次，服务群众600余人次。后塍街道办事处建成江苏省健康机关、苏州市健康机关。

【灭“四害”行动】 2023年，后塍街道规范管理防制药械，采购溴敌隆和溴鼠灵120千克、灭蟑套装222套，更换毒饵站175个，处置过期药品80千克。降低病媒生物密度，街道病媒生物密度监测实行市场化运作，由张家港市杨舍东城绿之园消杀技术服务部提供服务，年内，开展病媒生物密度监测14次，制作布雷图指数法监测报表7张，平均密度控制在每灯每小时0.2只以内。推进季节消杀工作，开展夏季“健康进万家”公益灭蟑活动1次，中心社区小圩新村发放灭蟑套装180余套，提升动手灭除蟑螂能力。开展春季、冬季灭鼠及露头蚊蝇消杀活动3次，张贴防制事前告知书40余张，密度控制在国家标准C级。组建街道应急处置队伍，3月，街道4名工作人员通过江苏省有害生物防制员中级考试，提升街道应急处置队伍专业能力。

（许　婷）

## 计划生育服务

【概况】 2023年，后塍街道常住人口出生158人，出生率2.41‰，人口自然增长率为-6.69‰。人口出生政策符合率100%，人口出生性别比年均102.56。三孩及以上出生人数5人，占出生总数的3.16%。全年新增农村部分计划生育奖励家庭80人，审核企业退休人员一次性奖励金对象585人。

【人口计生】 2023年，后塍街道生育登记291例。育龄妇女管理以户口为基准，实行现居住地管理服务，推行育龄妇女分类管理，做好随访服务、孕情跟踪、免费发放避孕药具。育龄妇女13804人，其中已婚育龄妇女9919人，有一孩家庭5406户。年内出生158人，其中一孩101人、二孩52人、三孩及以上5人，应落实已落实措施6255人。

【政策服务】 2023年，后塍街道继续推进出生缺陷综合防控工作，完成免费孕前优生健康检查61人次。计划生育奖励扶助政策兑现到位，计划生育特困家庭惠及77户121人。向585个持独生子女父母光荣证企业退休人员发放一次性奖励210.6万元；养老关爱帮扶活动持续深化，关爱暖心活动按时序推进。为40户特殊家庭每季度发放油、米等物资。

（陈　艳）

## 红十字救护

【概况】 2023年，后塍街道结合世界红十字日等重要节日，开展红十字志愿服务和宣传工作；开展“红十字博爱送万家”春节困难家庭慰问50户及困难党员家庭慰问15户。袁家桥村完成红十字博爱家园建设，“健康乐袁”占地面积1280平方米，室内设多功能活动区、健康阅读区、心理咨询区、名医工作室等，外设健康小广场、中医文化长廊和中药科普种植园中医药养生健康教育特色区等区域。

【献血活动】 5月，后塍街道组织开展无偿献血活动，街道各机关、企业、村（社区）200人无偿献血57800毫升。

（陈　艳）

# 社会民生

## 劳动就业

【概况】 2023年，后塍街道人社服务中心开展系列招聘活动、就业援助“暖心活动”和“131”服务，充分发挥“互联网+就业”形式开展就业工作的同时，做好辖区内企业优秀毕业生招聘会和高校毕业生就业工作；开展工伤预防及劳动法律法规培训，提升企业法律意识；开展劳动关系和谐构建工作，及时处置欠薪隐患，做好矛盾化解及纠纷调处工作，街道劳动人事争议调解中心被授予苏州市2023年金牌劳动人事争议调解组织称号。

【就业创业服务】 2023年，后塍街道开展线上线下招聘会6场。其中，后塍街道2023年度“春风行动”现场招聘会，组织辖区内张化机（苏州）重装有限公司、张家港市恒强冷却设备有限公司等50家优质企业参会，提供219个不同工种，累计1687个岗位，6场招聘会累计报名企业103家，提供岗位2469个，收到简历2493份，达成就业意愿412人；开展就业援助“暖心活动”和“131”服务，集中为失业人员及高校毕业生开展就业帮扶，确认高校应届毕业生名单262人，实现应届毕业生就业率99%；加强对就业困难群体的创业培训指导，扩大创业培训群体范围，配合市人社局组织有创业意愿和培训需求的1位劳动者参加创业培训并取得合格证书。

【职业技能培训】 2023年，后塍街道为有创业意愿的群众提供精准创业实名制创业服务，带动就业99人；对失业人员、就业困难人员、高校毕业生提供免费技能培训。

【劳动监察与保护】 2023年，后塍街道人社服务中心组织召开企业用工保障政策线上宣传会2次。8月，开展夏季高温劳动保护检查，累计检查各类用人单位208家，涉及职工5509人。12月，开展各类项目欠薪隐患排查，排查企业239家，并及时处置欠薪隐患化解。年内，开展劳动关系和谐构建工作，推荐指导辖区内31家单位参加张家港市劳动关系和谐企业的评定，江苏张家港酿酒有限公司被评为苏州市级和省级劳动关系和谐企业。

【劳动争议受理】 2023年，后塍街道人社服务中心做好矛盾化解及纠纷调处工作，调处各类劳动纠纷225起，其中调解成功219起，调解率达到97.3%。8月，街道劳动人事争议调解中心被苏州市人力资源和社会保障局、苏州市总工会、苏州市工商业联合会、苏州市工业经济联合会评为苏州市2023年金牌劳动人事争议调解组织。

（施莉娜）

## 社会保障

【概况】 2023年，后塍街道坚持以政策制度全覆盖、制度衔接无障碍、保障需求多样化为目标，宣传《中华人民共和国社会保险法》《住房公积金管理条例》等相关法律法规和政策，推进全民参保计划。新增社会保险扩面人数1114人，住房公积金净增241人，医保扩面人数26806人，“江苏医惠保1号”扩面人数2800人，分别完成下发目标任务的101%、120%、102%和100%。

【养老保险】 2023年，后塍街道人社服务中心为220人办理灵活就业人员参保手续；办理居保集体补助295人，金额7.23万元；年度城乡居民养老保险正常征收187人，金额61万元；办理低保、重残、特困人员城乡居民养老保险代缴133人；办理企业职工基本养老保险退休审批269人次，企业职工基本养老保险退休人员信息采集表736人次，办理城乡居民养老保险退休审批119人次，办理一次性退保10次，办理企业职工基本养老保险退休死亡受理159人次，办理城乡居民养老保险退休死亡受理162人次；办理就业困难人员认定174人次。退休人员体检14330人次，重病慰问41人，亡故慰问197人，重阳慰问866人，春节慰问21人，发放各类慰问金29.57万元。

【医疗保险】 2023年，后塍街道医保便民服务中心办理门诊报销629人次，住院报销231人次，总金额320.58万元；年度居民基本医疗保险集中征收14946人，医疗救助对象478人，资助医疗救助对象个人缴费金额24.36万元；根据江苏省“15分钟医保服务圈”三年全覆盖行动计划，12月，11个村（社区）完成江苏省村（社区）医保公共服务点建设工作通过市医保局考核。（方　敏）

【住房公积金管理】 2月，后塍街道召开灵活就业人员办理公积金专题推进会，通过分发宣传折页、手把手演示操作，宣传《国务院公积金管理条例》《苏州市住房公积金管理办法》，贯彻灵活就业人员公积金开户补贴这一优惠政策，真正把惠民政策送到每个人的身边，全年公积金扩面净增241人。（陈　瑶）

## 社会救助

【概况】 1月，街道在册低保户90户129人，低保边缘重病困难对象8户9人，特困供养对象20人，在册低保边缘家庭及其他困难家庭11户24人，低保中享受残疾人生活补贴57人，重残救助对象214人，无业精神和智力残疾人40人，特殊残疾人（一户多残）6人，享受重度残疾人护理补贴443人。2023年7月低保标准调整为每月1115元。至12月末，有低保户101户140人，低保边缘重病困难对象8户9人，特困供养对象18人，在册低保边缘家庭及其他困难家庭12户25人，低保中享受残疾人生活补贴60人，重残救助对象179人，无业精神和智力残疾人39人，特殊残疾人（一户多残）6人，享受重度残疾人护理补贴436人。全年临时救助16户，发放救助金4.62万元。年内，后塍街道投入16.82万元用于开展社会关爱援助项目。至年末，后塍街道村民医疗互助参加人数3.11万人，为0.43万人发放补助资金262.90万元。年内，后塍街道发放贫困学生助学金8.9万元，受益人数19人，发放图书卡18张。（黄　轩）

【最低生活保障】 2023年，后塍街道在册低收入人口139户192人。其中低保户101户140人、低保边缘重病困难对象8户9人、特困对象18人、低保边缘家庭及其他困难家庭12户25人。街道贯彻《张家港市城乡居民最低生活保障制度实施办法》，最低生活保障标准每月1115元，特困供养人员基本生活标准每月1600元。其他困难对象生活救助标准和困难残疾人生活补贴标准按原政策规定同步调整。

【扶困助学】 2023年，后塍街道有各类困境儿童27人，其中事实无人抚养儿童1人、重病儿童10人、重残儿童6人；困境儿童应保尽保率100%，困境儿童个案服务全覆盖；开展困难家庭学生慈善助学项目，发放慈善助学金8.9万元，惠及19人，完成困难家庭学生学习用品发放18份；年内，街道未成年人保护站开展品牌服务22次，受益965人次；开展各类主题活动35次，受益725人次。（田　莉）

10月19日，重阳节慰问社区高龄老人

**【走访慰问】** 春节前夕，后塍街道慰问困难群众834户1835人，慰问资金163.08万元，其中市财政承担26.53万元，街道财政承担136.55万元；“七一”前夕，党工委成员带队走访慰问困难老党员，关心他们生活；“八一”前夕，街道组织走访慰问军属、烈属；重阳节前夕，组织慰问百岁老人。做好“阳光惠农”工作，常年走访慰问农村贫困户。（黄　轩）

**【社会福利】** 2023年，后塍街道有特困对象18人，供养标准每月1600元；困境儿童27人，其中事实无人抚养儿童生活补贴由原来的每月2450元提高至3000元。重病重残儿童10人，每人每月发放1240元；年内，开展困境儿童分级服务180人次。街道每所学校都有“护苗工作站”，工作站站长全部通过培训考核上岗。困境儿童学校提供“阳光午餐”，全年有29人享受“阳光午餐”，支出午餐费2.4万元。（田　莉）

**【慈善公益】** 2023年，后塍街道“爱满港城”慈善募捐290.89万元。其中江苏张家港酿酒有限公司捐款100万元。年内，后塍街道联合各村（社区）、企事业单位，落实款物募集、困难群体救助、慈善文化宣传等服务。依托“百年后塍”网站，打造线上线下一体化慈善综合服务平台。（黄　轩）

## 民政专项事务

**【概况】** 2023年，后塍街道对192名“全员全科社工”进行上岗考试和资格复评。开展“五社联动，关爱一老一小”社工日主题活动，传播社工知识，弘扬社工文化。年内，村（社区）有持证社工72人，其中初级56人、中级16人。（黄　轩）

**【社工管理】** 2023年，后塍街道组织全国社工考试相关考前培训和模拟考试，同时开展“五社联动，关爱一老一小”社工日主题活动，传播社工知识，弘扬社工文化。至2023年末，街道各村（社区）有持证社工72人，其中初级56人、中级16人。开展年度全科社工上岗考试和资格复评，有“全员全科社工”192人。

7月4日，“塍芯塍益·共筑美好”公益大篷车进社区系列活动

【社工站(室)建设】 2023年,后塍街道推进基层社会工作站(室)建设,开展街道第三届"社区服务社会化"项目,发挥社会工作在保障和改善民生、加强和创新社区治理作用,提供专业服务,满足居民多元化需求。打造塍丰社区"物业+"、后塍中心社区"慈善+"、塍德社区"未保+"、晨阳村"养老+"、金丰社区"健康+"五大特色社工室品牌。成立社工站支部,以"塍芯"党建为红色引领,夯实社会组织的红色堡垒,构建"融思想、融资源、融服务"的三融合战略,创新"联社区、联党员、联社工、联商家、联组织"运行模式,街道社工站、社会组织联合会、社工之家等统筹支撑、培育指导、直接服务,建立社区与社会组织、社会工作者、社区志愿者、社会慈善资源的"五社联动"机制,实现优势互补,优化资源配置,将街道社工站打造成"一核多元"综合服务平台。年内,后塍街道社工站获苏州市社会组织党建工作示范点、苏州市优秀红色社工站等称号。

【村(社区)治理】 2023年,后塍街道加强村(居)民委员会规范化建设,健全村(居)民自治机制,每季度召开村(居)民代表大会,发挥直接民主作用,保障村(居)民合法权益。搭建议事平台,深化村(居)民议事会作用,发动居民群众广泛参与,通过居民议事会商议的民生微实事(党组织为民服务)项目58项,落地实施项目27项,其中工程类项目19项、服务类项目8项,累计预算总额立项184.6万元,完成社区覆盖率100%,预算完成率100%,以"短平快"的方式解决群众的"小急难"事。推行"五社联动",实践"社区与社会组织、社会工作者、社区志愿者、社会慈善资源"的联动机制,激活基层社会力量,推动社区治理效能不断提升。 (唐 敏)

【殡葬事业】 后塍街道的公墓位于高桥村。2023年,街道推进殡葬改革,做好清明期间祭扫服务保障,墓地共接待群众9000余人次,祭扫活动平稳有序,未发生安全事故。9月,完成苏城数字殡葬管理系统公墓、骨灰堂等基本信息填报。年内,街道集中文明办丧29户,获文明办丧财政补贴5.8万元。

【区划地名管理】 2023年,后塍街道排查辖区内"有地无名"道路街巷,更换不符实际的路牌,申请命名下墩路、沙家桥街道路2条。配合做好后塍街道与金港街道、德积街道、杨舍镇行政区域界线勘定工作。 (黄 轩)

【新市民管理】 2023年,后塍街道登记在册新市民31107人,比上年降2.01%,其中男性16348人,占52.55%;女性10363人,占33.31%;16周岁以下4396人。从文化素质分析,初中及以下学历23016人,占86.69%;高中和中专学历2308人,占8.69%;大专及以上学历1227人,占4.62%。从就业情况分析,一产(农业)216人,占1.10%;二产(工业与建筑业)13801人,占70.50%;三产(服务业)4649人,占23.75%;投资经商909人,占4.64%。从民族分析,街道登记少数民族30个、少数民族新市民688人。从出租类型分析,街道登记出租房屋7659户,其中出租房个人出租3938户,占51.42%;单位出租232户,占3.03%;自购房3456户,占45.12%。街道流动人口信息采集率94%、准确率98%。2023年,积分申请入学199人,其中124名新市民子女获得积分入学资格,准入率62.31%。

(褚夏玲)

## 残疾人事务

【概况】 2023年,后塍街道有各类持证残疾人1001人,其中肢体残疾493人、视力残疾99人、听力残疾77人、言语残疾9人、智力残疾146人、精神残疾129人、多重残疾48人。

【残疾人补贴发放】2023年，后塍街道享受无业重度残疾人和精神（智力）三级、四级残疾人社会保险补贴28人、燃油补助1人、听力言语及视力残疾人信息（流量）补贴28人，发放补贴17.5万元；向贫困残疾人家庭子女及残疾学生计10人次发放助学金5000元。完成亮居工程改造1户、智慧系统改造9户、无障碍改造7户，辅具适配85人，享受家庭托养服务6户。

【残疾人康复】2023年，后塍街道依托村（社区）活动基地，对三角滩村三新家园部分功能室进行改造，新建后塍街道残疾人之家，设有辅助性就业室、日间照料室、康复室、多功能活动室等功能室，有固定学员17人，其中辅助性就业人员13人、日间照料对象4人。辅助性就业工场自4月引进项目后一直常态化开展，年内有辅助性就业项目3种，长期稳定参与辅助性就业13人，累计拆布片2110包、剪线头101件、修剪汽车零件18708个，总收入18822元，人均月收入500元。

【残疾人就业】2023年，后塍街道把残疾人就业项目作为民生实事项目，开展就业培训、岗位试训等相关工作，残疾人参加培训500人次，推荐残疾人就业3人。利用后塍街道残疾人之家，为残疾人提供辅助性就业岗位10人，主要进行拆布片、剪线头、修建汽车零件等作业，最高月收入800余元。年内，街道组织开展残疾人就业招聘会2场，推荐3名残疾人入职。（章　玲）

【助残项目】2023年，后塍街道开展“七彩羽翼”残障人群精神文化建设及“椅路相伴”行动障碍人士社区融入助残服务项目。通过“七彩羽翼”项目培育后塍街道“破晓艺术团”，原创节目《向往》在后塍街道助残日活动、市残联庆祝全国助残日活动、市“幸福零距离”关爱项目发布仪式上演出。新编节目《我要工作》在苏州市第十届社区型残疾人文体活动兴趣团队（小组）展评活动、苏州市残联“文化润残·共享美好”——送文化进基层公益巡演（张家港站）活动中演出。“椅路相伴”项目针对出行困难群体解决出行难、行动不便等实际问题，帮助行动障碍人士打开心扉、走出家门、融入社会，给予家庭照料者及其家庭成员心理上的支持。

（田　莉）

【残疾人活动】2023年，后塍街道整合各类资源，搭建助残平台，更好服务辖区残疾人。5月，联合后塍街道社会工作站、张家港市馨声康复教育培训中心、张家港枝叶眼科诊所、张家港市盛博康复辅具服务有限公司等机构，开展助残日相关活动，通过宣传、表演、展示、体验等形式，让辖区百姓理解残疾人群体，营造良好的助残氛围。6月，邀请枝叶眼镜进社区开展爱眼专场活动。在爱耳日、国际残疾人日等节日，开展相应活动，在提供服务的同时做好相关宣传工作，引导社会扶残助残。通过多元化培训方式，提升残疾人职业技能，组织残疾人到咖啡馆参加咖啡师技能培训，邀请“油彩花艺”花艺师到残疾人之家做插花技能培训，选拔优秀选手参加张家港市残疾人职业技能比赛，取得计算机辅助设计比赛第一名和团体第四的成绩。做好“康复体育进家庭”工作，为残疾人申请合适的康复体育器材，在家实现康复锻炼并提升体育技能，全年上报13户，申请器材29件。对历年体育器材申请对象进行摸排走访，组织6名体育爱好残疾人报名参加张家港市第八届体育运动会残疾人组，报名14项比赛，取得3金1银3铜的成绩。

【残疾人之家】2023年，后塍街道依托村（社区）活动基地，对三角滩村三新家园部分功能室进行改造，新建后塍街道残疾人之家，设有辅助性就业室、日间照料室、康复室、多功能活动室等功能室，固定学员17人，其中辅助性就业人员13人、日间照料对象4人。4月，引进辅助性就业工场项目并常态化开展活动，有辅助性就业项目3项，长期稳定参与辅助性就业13人，获得收益18822元，人均月收入约500元。（章　玲）

## 养老服务

**【概况】** 至2023年年末，后塍街道有60周岁及以上老年人16519人，其中60—69周岁8112人，70—79周岁5931人，80—89周岁2137人，90—99周岁335人，100周岁以上4人。辖区内有养老机构1家，床位264张，入住特困老年人52人。至年末，街道有尊老金发放对象11709人，全年发放尊老金775.1万元。

**【居家养老】** 2023年，后塍街道有居家养老服务点位15个，其中服务中心8个、服务点7个，实现居家养老服务全覆盖，社会化运营率100%，全年虚拟养老居家上门服务老人2.76万人次。有4家老年人助餐点，其中，塍丰社区助餐点、乐享养老服务中心2家助餐点为标准型老年人助餐点。年内，新建三角滩村、塍德社区辅助型老年人助餐点2家。（薛志健）

**【尊老敬老活动】** 2023年，后塍街道开展适老化改造122户。重阳节前夕，市委常委、保税区党工委副书记陆崇明，后塍街道党工委书记糜正等领导，走访慰问街道百岁老人，送上慰问金和亲切问候。年内，后塍街道筹资2.1万元，开展走访慰问高龄老人、困难老人活动，其中敬老月活动惠及50人次。各村（社区）开展敬老月主题活动共计30次、惠及1.5万人次。（黄　轩）

**【塍德社区养老服务点改造升级】** 2023年，塍德社区投入46.34万元，对现有居家养老服务点约800平方米改造升级，服务点设辅助型助餐区、茶话室、观影区、康复理疗区、棋牌室、日照室、舞蹈房、阅览室等功能，满足周边老年人多元化需求。2023年12月开馆试运行。

（薛志健）

**【颐沁苑】** 颐沁苑位于后塍街道澄杨路1号，始建于1982年，2021年3月至2023年6月进行提档升级改造，总投资5000万元。颐沁苑占地面积1.8公顷、建筑面积11000余平方米，设置床位264张。院内绿植繁茂、空气新鲜、环境洁美；房间类型多样、设施设备完善；棋牌室、活动室、幸福大礼堂（老年大学）以及户外健身休憩小花园等场所一应俱全，是一家集养老、康复、护理等功能于一体的养老机构。2023年，入住老人70余人，工作人员17人。（陆静华）

# 村（社区）

## 新塍村

【概况】 新塍村位于后塍街道西南部，东与朱家宕村、高桥村接壤，南与江阴市华士镇和周庄镇交界，西与袁家桥村相邻，北与后塍集镇相连。2002年3月，朱家桥村并入新塍村。全村区域面积3.01平方千米，下辖37个村民小组，在册居民1500余户，常住人口4596人，有少数民族人口17人。

村级经济　2023年，全村耕地面积80公顷，粮食种植面积56.67公顷，水稻小麦产量分别为510吨，272吨。油菜种植面积2.67公顷，产量12吨。水果蔬菜种植面积2公顷，产量60吨，全村土地流转承包面积56.67公顷。新塍村主要收入来源为资产资源出租，全年经营性收入872.87万元，总收入1005.9万元。新塍村投资1000万元，与江苏润美嘉共同投资成立慧联塍科技建材有限公司，占股23.33%，分红120万元，实现村可用财力914万元，比2022年增长9%。村集体总资产1亿元。

社会事业　新塍村党群服务中心为村民提供民政、社保等一站式服务，服务中心妇女儿童活动室链接社会资源为辖区内妇女、未成年群体开展各项服务活动。2023年，投入30万元常态化维保村级道路、桥梁、路灯等基础设施，惠民福利发放70余万元，投入300万元对新塍农贸市场提升改造，投入8万元打造居家养老服务中心。慰问困难人员186人，慰问金额15.96万元；大病补助慰问人次9人，慰问金额18000元；“福村宝”报销495人次，报销273842元；村级惠民慰问2.74万元；为15名高等学校新生发放奖学金1.8万元；为60周岁及以上的老年人购买农村新型合作医疗投入33.53万元，为70周岁及以上老年人补助23.81万元，入户走访特殊困难群体56人，对在册救助对象家庭资产核查22户。

新塍村村容村貌

村务管理　2023年，新塍村党委下辖支部4个，党员180人。组织召开党员大会3次，开展主题党日活动6次，组织辖区内党员去上海一大会址参观学习1次，组织开展家风家训、人居环境整治、廉政主题教育20次，累计参与党员265人次。有网格3个，网格员3人。年内，开展网格走访巡查，上报走访日记180条，整改出租房乱拉电线、泡沫夹芯板火灾隐患30余件。推进“331”专项整治行动，常态化排查整治出租户（含群租房）消防隐患357家，安装报警器120个，整改私拉乱接12处。全年建设科普宣传、理论宣讲、市民教育、卫生健康以及文化体育5支志愿服务队伍，持续开展周末义务劳动、科普志愿项目以及文化志愿项目等活动，累计开展69场。招募志愿者128人次，服务总时长475小时。“‘童’‘塍’共阅”志愿项目获得2023年后塍街道优秀志愿项目。扎实推进文明创建工作，组织“我们的节日”系列活动7场，举办各类文化展览、送戏下乡、安全知识讲座、健康讲座、文艺演出、暑托班等活动30余场。全年开展文明家庭、好人好事、好邻里好婆媳评选活动，并通过每季度一次的道德讲堂进行学习和宣传，在文明创建栏进行展示，为全村树立典型，榜样引路。每季度开展全村人居环境整治评比，组织村工作人员、小组长、党员代表，通过上门检查家前屋后整洁程度、垃圾分类桶设、改厕是否达标等方式，评选出“文明新塍示范户”228户、“人居环境四星达标户”235户次，发放各类奖励物资价值8万元。与港区初中党支部党建共建，开展“党建引领，村校同行”主题党日活动，切实发挥党建结对作用，提升融合共建水平，通过校村资源的合理利用，共创“家门口好学校”，共促乡村振兴；与盱眙县淮河镇党委党建共建，互相学习优秀基层党建示范点先进做法，有效提升党组织队伍建设水平；发展农文旅特色产业。

**【“智慧新塍”平台建设项目】** 2023年，新塍村与工商银行张家港分行党建共建，上线“智慧新塍”系统，成立“海棠工新”行动党支部。“智慧新塍”系统涵盖“互联网+党建”“互联网+基层社会治理”“互联网+村务管理”等板块。“互联网+基层治理”板块主要依托人居环境整治、安全整治等工作，构建端到端数字化管理应用场景，结合网格化管理，37个村民小组划分成3个网格16个片区，借助数据可视化和民情地图，以数字驱动治理，提升乡村治理“精准度”。“互联网+村务管理”板块包含智慧医疗、智慧农业、文明新塍、智能农贸等内容，构建乡村智慧化为民服务新体系。“智慧新塍”借购工行张家港分行资源，落地卫星遥感图像服务功能，监测农作物生长情况，精准农事指导，成为智慧农业“新农具”；监测毁林砍树、倾倒建筑垃圾、乱挖宅基地等情况，成为乡村智慧治理“新平台”。8月，新塍农贸市场改造提升，11月中旬正式运营。村民可通过新塍E钱包村民信用积分兑换金融消费。该项目获选2023年健康苏州建设优秀案例。新塍村以党建促文明创建，抓“全员参与”让环境“美”起来。持续开展以“文明新塍”为主题的文明创建活动，凝聚党群力量，党员带头，实行“党员干部包片责任制”、“全体村民包组责任制”，着力打造美丽新塍升级版，年内，村民郑丹获评保税区2023年度最美庭院。

（沈炯萤）

## 高桥村

**【概况】** 高桥村位于后塍街道东部，东邻杨舍镇善港村、南新村，南接朱家宕村、新塍村，西依后塍中心社区、三角滩村，北靠长江村东区，村名以境内徐家高桥而得名。2004年4月，高桥村、李家港村合并为新的高桥村。2023年，高桥村总面积4.8平方千米，辖18个自然村43个村民小组，有村民2023户6591人，少数民族人口24人。2023年，高桥村获评张家港市文明村、苏州市宜居宜业和美乡村。

村级经济　2023年年末，境内有可耕地面积184公顷，水稻、小麦产量分别为1287.6吨、年产量643.8吨。全村土地流转承包耕地143.3公顷。年内，后塍新能源装备产业园纳入苏州扬子江高端装备产业园范畴，11月获得《江苏省投资项目备案证》。年内，获财政补贴105万元，村属企业租金1460万元。全村集体收入2346.78万元，可用财力1717.59万元，总资产16298.25万元。

社会事业　高桥村居家养老服务中心委托张家港市耆彩社会工作服务社定期为辖区内村民组织开展休闲娱乐活动，定期联合社工组织提供上门测血压、血糖等服务。农家书屋藏书5000册，其中年内更新书籍500册，免费向辖区村民开放。对3处健身广场运动设施定期更新。16名全科社工错时上岗，全年解决家庭困难补助、邻里界址纠纷等问题460个。全年投入超200万元用于发放村民福利和保险补助，其中老年人中秋节、春节慰问金近60万元；“福村宝”补贴保费超22万元，惠及648人次，报销金额近35万元；60周岁以上老人农保自费全额补贴50余万元；出资25万元为全村村民购买大病险、财产险、房屋险等商业险作为补充。为考上研究生或本科院校的22名新生发放奖学金5万余元。办理独生子女城保退休一次性奖励金人员72人。帮助4人申请评残领证，为10名残疾人申领辅助器具，到期换证5人。帮助27人办理重残补助、63人办理残疾人护理补贴，年终发放补助36万元，惠及452名困难群众。出资129万元用于人居环境整治，拆除鸡鸭棚15处，清理地笼、网筛72处，累计清理杂物460吨。

村务管理　村党委下辖党支部11个，党员224人。开展“海棠先锋”专题研学活动、寻访“三杰”忆初心，践行“四敢”再奋进等主题党日活动12次，党课4次，党员参学率100%。开展“331”消防安全整治工作，本年度共进行消防

高桥村村容村貌

安全检查177次，整改隐患344处，治理散乱污企业3家，"6S" 达标企业3家。为出租房新建室外充电插座60余个，督促群租房新建智能充电桩2处，提档升级5处；企业新建1处，提档升级2处。在辖区范围重点 "三合一" 场所、群租房等地悬挂宣传横幅40余条，张贴宣传画300余份，发放宣传册200余份，并设置专题专栏，进行消防安全讲座3次。针对夏季频发火灾进行消防演练一次，提高居民火灾应变能力和逃生技能。全年网格员上报事件180条，全部自行处置完毕，民情走访录入系统240条。组织居家养老服务活动36次，服务村民482余人。有志愿服务团队2支，志愿者105人，年志愿服务总时长600余小时。其中村志愿服务团队为辖区老年人开展健康义诊、趣味运动会、DIY手工等活动48场，服务老年人12000人次。村志愿服务团队为辖区青少年开展文明礼仪知识宣讲、亲子手工、安全教育宣讲等服务20场，服务青少年300人次。

**【实践站升级改造】** 高桥村新时代文明实践站建筑面积约1400平方米，是融 "思想引领、道德教化、文化传承、服务惠民" 等功能于一体的综合性宣传思想文化阵地。2023年，为进一步提升实践站功能，后塍街道投入70余万元，扩建约200平方米，新增志愿服务接待大厅、社会工作站、手工坊、户外休闲区、残疾人工作站，其中文化大礼堂内部新增乡风文明展示区，进一步倡导村民移风易俗。实践站始终以群众需求为导向，主动收集群众意愿，建立需求库；链接社会资源，建立资源库；依托志愿服务团队，建立项目库。设立理论宣讲、教育服务、文化服务、科技与科普服务、健身体育服务五大服务阵地，充分发挥志愿服务团队的力量，以项目活动为有效抓手，统筹使用，协同运行，与百姓贴身贴心，打通宣传群众、教育群众、关心群众、服务群众的 "最后一公里"。

**【高标准农田建设】** 年内，高桥村全方位夯实粮食安全根基，打造高标准农田。对69.33公顷农田进行高标准农田改造，该工程于2023年全面完工并投入运行，共平整土地3.33公顷，新建和改造泵房11座、生态水渠2500米、渠道改造成低压管7000米左右，增添智能化设备11套，完成绿化氛围布置5000平方米，为高桥村农业增产、增收打下了坚实的基础。

**【海棠惠民集市】** 高桥村在十字路口附近建立了 "桥建海棠 · 惠民集市"，在兼顾维护交通安全秩序和保护群众切身利益的同时，统一规定了摊位位置、外观和经营要求。2023年上半年，针对高桥路十字路口长期存在的不文明现象，高桥村又联合爱卫办、城管执法中队进行现场调研、制定整治方案，选取合适位置设立农特产品自产自销疏导点，将原核酸小屋改造为海棠暖心铺，安排小摊贩有序入驻、规范经营，不仅解决了周边商铺占道经营、流动摊贩乱摆摊的现象，也为村民购买蔬菜和早餐、进行小修小补提供方便的去处。（施韵怡）

## 袁家桥村

**【概况】** 袁家桥村位于后塍街道南部，东邻新塍村，南与江阴周庄接壤，西连封庄村，北依张杨公路，区域面积约3.5平方千米。2003年3月，由原肖家庄村、姚浜村、袁家桥村合并而成，下辖35个村民小组。2023年，有户籍人口1749户5229人，出生7人，死亡46人，常住人口807户2211人，男女之比0.9877。年内，袁家桥村获评苏州市健康村、张家港市文明村。

村级经济　2023年，全村耕地面积116公顷，粮食种植面积93公顷，小麦产量1200吨、水稻产量780吨；油菜种植面积0.8公顷，产量3.6吨；各类果蔬种植面积3公顷，产量120吨。全

袁家桥村袁家桥

村土地流转承包96公顷。年内，投资学田村垃圾分拣中心项目1322.5万元，投资文昌“两校一场”项目585万元，投资高桥产业园300万元。全年村集体经济总收入2129.67万元，开票收入5.06亿元，比上年下降17%，利税696.1万元，比上年增加9%；村集体总资产5552.93万元，可用财力929.5万元，比上年增16%。

社会事业　2023年，袁家桥村有便民服务站、居家养老服务中心、“袁栋里”全龄活动中心、“健康乐袁”、退役军人服务站等服务阵地，常态化开展政策咨询、为老服务、志愿活动、义诊服务、关爱退役军人等服务100余场，惠及3000人次。农家书屋藏书3200余册，免费向辖区群众开放。7月，出资20.816万元为村民5206人购买“港城惠民”民生保险，实现全村在册村民村级民生保险全覆盖；出资33.593万元为4799名辖区村民缴纳“福村宝”，理赔616人次45.27万元；出资113万元整治村民家前屋后、动迁区域垃圾，整治乱堆放1300余处，拆除废弃农作物棚75余处，清理卫生死角120余处，疏浚河道3条，清理垃圾650车共计270吨。出资31.95万元为639名60周岁以上老年村民发放合作医疗补贴。出资54.54万元为1600余名60周岁及以上老年人发放中秋节、重阳节、春节福利。为240名重病困难家庭人员发放困难补助15.13万元。本村持二代残疾证人员135人，低保户16户，低保边缘1户，精神（智力）残疾1人，特困1人，重残24人，“一户多残”1户，享受护理补贴47人，困境儿童4人，享受重度残疾人护理补贴47人。为6名大学新生发放奖励金0.8万元。发放独生子女父母一次性奖励金54人19.44万元。辖区内失业人员、“4050”大龄困难就业人员补贴办理26人，为80岁以上老人、低保低边等人群购买300份“医惠保”，为106名85周岁老年人发放老年手机，组织24名特殊人群免费体检。城保退休人员体检1100余人。

社会治理　2023年，袁家桥村有网格3个，海棠微网格20个。年内，网格工单、“12345”热线处置45件。村党委下设党支部7个，有党员194人，预备党员1人。上党课6次，召开党员大会2次，开展主题党日活动、党员学习培训12次。召开党风廉政建设工作部署会议4次，观看反腐倡廉警示教育专题片，受教育党员150人。开展党员干部谈心谈话18次18人。组织开展“传家训，立家规，扬家风”“做一个爱岗敬业的人”“孝老爱亲，传承美德”等道德讲堂主题活动4期。开展文明家庭评比活动，评选村文明家庭3户，张晓东、吴红梨、张建芬、黄士明、张岳华家庭入选市级文明家庭。许寿菊被评为张家港市最美娘家人，“四美”巾帼志愿服务队入选张家港市妇联文明实践优秀项目。有志愿服务队2支，志愿者98人，依托“四美”志愿服务团队、“四美”巾帼志愿服务团队，组织开展“我们的节日”、文化惠民、健康义诊等活动120次，服务3000余人次。推进消防安全专项检查，发放宣传资料1000余份，排查消防安全隐患90余处。利用平安志愿者、法治宣传栏、专题讲座等方式，开展平安、法治宣传20余次，惠及700余人次，上报街道法治宣传信息15条。加强重点人群管理工作，开展重点人员谈心谈话20余次。利用村干部红色家访、网格员日常走访、联防队日常巡逻等，开展燃气安全及小型零星工程安全建设活动20次，“九小场所”“瓶改电”7处。村级管理的45家企业聘请安全监管第三方管理，并签订安全生产、自然灾害防御和环境保护目标管理责任书和“创蓝”。每2个月对企业进行网格巡查，完成网格巡查6轮，全面筛查2轮。做好纺织、橡塑、木材、冶金、“厂中厂”等重点企业的安全检查并提供安全生产技术指导。组织企业完成安全生产培训60次、应急救援演练45次。督促企业完成每日“班前班后五分钟”安全会议、“一季一课”等安全教育培训，并每月进行安全隐患自查。

**【“袁·盟”计划】** 袁家桥村党委与民盟张家港市委携手，实施“袁·盟”项目，进行为期三年（2023—2025）的合作，围绕“乡村振兴”目标，开展产业、人才、文化、生态、组织5个方面的联合行动，为袁家桥村“焕新强体”注入新力量、贡献新智慧。根据现有新时代文明实践站、说理茶社、“袁栋里”新时代文明实践点、红歌广场等宣讲阵地，由党员、志愿者、网格员、盟员组成3支立体化、分众化宣讲队伍，定期开展书记上党课、微党课和理论宣讲活动。举办“弘扬农耕文化，助力乡村振兴”插秧比赛、“同声颂党恩，学习二十大”红色诗歌朗诵会等活动18次，服务1000人次。举办3场“融媒亲子游”、2场袁家桥村特色农产品直播活动，给村企和农户带来增收。3月，打造“袁栋里”全龄活动室和益智乐园，集党建、文明、文化、体育、健康于一体，全年开展活动30余场。民盟、村党委、村民向“爱心漂流书架”、“五民服务·文化润民”书架捐赠图书2000余册。7月，建成“健康乐袁”服务阵地，内设多功能活动区、健康阅读区、心理咨询区、坐诊区，外设“健康乐袁”小广场、中药文化长廊、中药种植园等，为村民提供全方位健康卫生服务，开展“专家义诊送健康，暖心服务零距离”健康义诊、健康讲座等活动十余场。8—11月，每月义诊4次，累计服务村民2000余人次。

（高　阳）

## 晨阳村

**【概况】** 晨阳村为原长埭、晨西、新村、高科、晨阳五村合一的行政村。2004年2月，原晨西村并入长埭村，原新村村和高科村并入晨阳村；2010年7月，原晨阳村和长埭村合并为新的晨阳村。晨阳村位于保税区东部，东临太字圩港，南与长江村（东区）接壤，西邻张家港保税区，北依扬子江化工园，行政区划总面积8.7平方千米，下辖69个村民小组。年末，有户籍3567户8482人。2023年，晨阳村获评张家港市2022年度文明村、2023年张家港市乡村文艺五星级团队、2022年度苏州市住户调查优秀调查点、2022年江苏百强股份经济合作社等荣誉称号。

村级经济　2023年，全村粮食种植面积276.772公顷，其中水稻112.925公顷、小麦163.847公顷、其他粮食作物50公顷、大豆种植面积20公顷、油菜播种面积30公顷。全村土地流转承包160.2公顷。村内有企业50家，其中规模以上工业企业全年实现总产值11.9亿元，营业收入12.2亿元，利润0.52亿元，有销售收入超1亿元企业5家。年内，投资久盛船厂收购项目2650万元，投资高桥产业园600万元，投资永兴村生态园3000万元，全年村集体经济总收入3120.08万元，经营性收入2697.71万元，比上年增8%。

社会事业　年内，村出资38.49万元，为村民购买“港城惠民”民生保险8572人，实现

晨阳村长埭美村

全村在册村民村级民生保险全覆盖；出资26.13余万元，为村民缴纳"福村宝"；出资69.38万元，为1354名60周岁以上老年村民发放合作医疗补贴。春节慰问60周岁以上老人3160人117.84万元，重阳节慰问70周岁以上老人1698人50.94万元。投资20万元签约港城公益社会组织，开展健康养老、日间照料活动。晨阳社区卫生服务站有执业（助理）医师2人，被列入保税区五星级卫生服务机构。年内，办理一孩生育登记3人，办理独生子女父母光荣证2张，办理持独生子女父母光荣证企业退休人员一次性奖励74人。补办优待证3人，发放60岁以上农村退役军人生活补助、优抚对象抚恤金、伤残退役军人补助金共计29.16万元。办理灵活就业查询200余人、灵活就业退保登记24人、城镇职工灵活就业人员退休待遇登记52人、企业职工基本养老保险因病或非因公死亡遗属待遇及个人账户存储额待遇申领23人、居民养老保险居保费补缴30人、居民养老保险待遇核定30人。村有低保户11户20人、低保边缘重病2户7人、特困人员7人，享受重残补贴36人、低保内残疾人生活补贴8人、护理补贴对象56人、无业精神（智力）三四级残疾人7人、困境儿童3人。有享受尊老金对象2030人。对2户家庭开展适老化改造。

社会治理　村党委下设党支部9个，有党员234人，年内发展预备党员2人。年内，党委书记带头上党课9次，党员大会2次，开展主题党日活动、党员学习培训12次。召开党风廉政建设工作部署会议4次，开展党员干部谈心谈话20次20人。村有网格2个，设网格员2人，全年常态化开展网格走访巡查，民情走访120余件，上报有效入格事件68件，结案率100%。全年接访群众785人次，受理"12345"政务服务便民热线68条、市长信箱信访事1件，及时回访率100%；主动排查化解信访矛盾5件、信访突出事件1件，建立案宗4件，开展普法活动25次，受众500余人次。开展《丁香花开》话剧展演、"红领心向党，绿境诵春意""铭记抗日历史，传承红色基因"等爱国主义主题活动十余场，培育"晨红先锋""书香晨阳"等志愿服务队伍9支，常态化开展"家门口的暑托班""十元公益课堂”“缝缝补补”等志愿服务活动350余场，服务1万人次，年内，获评保税区最美新时代文明实践站、最美志愿服务团队，志愿者冯家妮获评苏州市青少年暑托项目优秀志愿者，“家门口的暑托班”获群众赠送锦旗一面。2023年，晨阳村出资70.14万元，整治村民家前屋后、动迁区域垃圾，整治乱堆放582处，拆除乱搭农作物棚1750平方米，清理卫生死角238余处，规范养殖6处，清理垃圾124吨。疏浚河道6条，3条河道1170米联排木桩护坡，建溢流坝2座，拆坝建涵1座。长埭29组建设80.27公顷高标准农田改造项目，建设电灌站1座、灌溉渠道1021米、排水涵洞1座、过路涵洞4座，分水井11座，整修田埂16条、垄沟463米。投资117.34万元完成金纶纺织、新富纺织、银龙纺织、昇源制管屋面维修、更换；投资27.5万元改造昇源制管、银龙纺织、新富纺织、晟祥纺织企业门口道路改造，协助完成动迁安置在杨舍镇晨阳小区的341户天然气管道安装；投资23万元对晨阳4号河附近排水管道改造。推进企业安全监管检查324批次，排查整改隐患237处。开展火灾逃生等应急预案演练3场，拆除铁栅栏45处，电线线路穿管103家，取缔室内明火做饭176处，拆除泡沫夹芯板13家220平方米。新设微型消防站2处，新建电动自行车集中充电棚17个，住宅室外加装425个便民充电插座，增添消防器材256套。强化燃气和小型工程领域的监管与整治，4家餐饮单位完成“瓶改电”，完成率80%。消防安全治理被评为市消防安全管理红榜单位，年内，被评为张家港市消防安全专项治理示范村。

**【晨阳村创建成苏州市健康村】** 年内，晨阳村打造健康主题公园1个、健康步道800米、健康活动室1间，健康自助监测点2个，拥有健身广场3个、舞蹈房1间、健身房1间、养生保健室1间，健康教育宣传栏8个，持续推进“健康义诊”项目，聘请二级医院医疗服务专家团队定期举办《预防白内障生活小常识》《健康膳食》等健康知识讲座，开展健康家庭评比、万步有约健走、慢性病普查、健康咨询等主题活动16次，入户发放限盐控油壶、腰围尺、跳绳等健康支持工具，传播健康生活理念。配备健康生活方式5人指导小组，完善常住人口健康档案，65岁以上2244人，高血压909人，糖尿病270人，精神障碍42人，健康管理率达到87.7%。通过“病人+医生+指导员”的队伍形式，每2个月开展1次慢性病小组活动，收集调查问卷3697份，发放健康宣传资料3887份。培育晨光舞蹈队，常态化开展“舞动夕阳”体育健身活动，鼓励他们走出去参加比赛，提高村民健身锻炼的积极性，年内获评“大地欢歌”张家港市乡村文艺五星级团队。

**【“红哨管家”项目】** 2月，村党委积极探索“双引双融”基层治理新路径，推出“红哨管家”项目，以“一事一哨、网格报到”的“哨响报到”工作体系建设为抓手，通过“党的组织前置”“党的资源下沉”“党的队伍先行”，切实打通服务群众“最后一米”，努力推动党建引领基层治理效能实现新提升。将美村点位闲置的小平房、新时代文明实践广场旁的小木屋进行提档升级，打造成群众身边的“民生哨站”，将基层党建工作与网格服务、社会治理等工作相结合，不断将党建服务的触角延伸到村民的家门口。以党建引领网格化社会治理，进一步细划4个微网格，遴选配备了想干事、能干事、有口碑的“红哨管家”。通过举行聘任仪式，激发身份认同、强化使命意识；以深耕“红色网格”责任田的方式，做优微网格服务清单、实现为民服务精准化。推行“一事一哨、网格报到”的“哨响报到”工作体系建设，完善分级分类处理的“哨响报到”受理处置流，以“网格报到”回应民生诉求、破解治理难题，不断推动治理重心下移，实现乡村治理的善治共治。全年“吹哨”120余次，累计解决环境卫生、服务民生等多个领域中关系群

众切身利益的问题30余个，群众幸福感、满意度得到明显提升。（丁　姣）

## 朱家宕村

【概况】朱家宕村位于后塍街道东南部，东靠杨舍镇闸上村，南接江阴市华西八村，西邻新塍村，北连高桥村。辖区总面积2.5平方千米，辖14个自然村、18个村民小组，2023年，有村民1110户3250人，少数民族人口6人。年内，出生6人，死亡31人。年内，朱家宕村获评江苏省生态宜居美丽乡村示范村、首批苏州市级“三全”家庭教育指导服务示范点、张家港市文明村标兵等。

村级经济　全年土地租赁收入812.61万元，厂房租赁收入290万元，童话半岛、“隐”、青少年活动基地收取租金共81.5万元，与江苏双山建筑工程有限公司合作投资收益500万元，收缴企业社会事业费284.89万元，“三优三保”地块收益损失补贴353万元。全年村集体经济总收入2322万元，村经营性收入2205.01万元，比2022年增15.85%。村集体总资产8865.15万元，村民人均可支配收入4万元。

社会事业　2023年，朱家宕村依托便民服务中心、乡村振兴学堂、田园书房、香樟议事厅、居家养老服务站等阵地，常态化开展政策咨询、业务培训、养老服务、关爱未成年人等活动70余场，惠及全村3000余人。田园书房藏书2000余册，免费为村民开放，开展阅读类活动十余次，接待参观15次。为村民发放合作医疗补助、“福村宝”补贴、“港城惠民”保险、“医惠保”保险以及城乡居民养老保险参保人员补助共计36.6万元，惠及全村2900余人，“福村宝”全年报销224人，23.47万元，“港城惠民”保险全年报销66人9.72万元；为全村老人发放春节、中秋节、端午节、重阳节等节日福利共计72万元，惠及1100余人；发放8名大学新生奖学金1.9万元，发放股金分红61.54万元。全年累计发放村民福利200万元。2023年，辖区内有低保13户，低保边缘2户，重残16人，发放救助补贴6.46万元；发放175位80周岁及以上老年人村级尊老金9.85万元；发放困难扩面慰问金9.37万元；发放独生子女费208人6.24万元。年内，每季度走访慰问特扶家庭4户；办理退休人员独生子女费32人，办理农保退休12人，灵活就业大龄补贴23人，发放农保体检通知书324份。第三方运营人居环境、垃圾分类、河道保洁、绿化维护工作，投入经费145万元。

朱家宕村

社会治理　村党委有下属党支部5个，党员115人。年内，村党委各支部开展理论学习32次，召开支部党员大会22次，支委会议20次，党课43次，党员参学率100%。朱家宕村有微网格2个，东片为第一网格，西片为第二网格。组织开展党的二十大精神、习近平总书记考察江苏重要讲话精神专题学习研讨活动6次，与保税区科技人才局共同实施“智创红谷”党建联盟项目，开展“科技进村”“科技进企”行动，专题宣讲惠企政策1次，邀请种植、养殖行业专家学者进村开展技术交流会，助力花农、果农技术革新。村8支志愿服务队伍189名志愿者开展文明实践活动70余场，其中开展爱心义诊，为80岁以上老人上门体检等便民服务，参与超200人次；开展社区教育项目“寻找自然之美”青少年研学6次，惠及村民100余人；依托“我们的节日”，开展各项主题活动7场。人民网、中国共产党新闻网、《新华日报》、交汇点新闻、扬子晚报网等媒体报道58篇次。开展消防安全“地毯式”排查，涉及出租房210家，“九小场所”11家、企业64家，排查隐患240条，签订村民防火公约370余份、消防安全责任状386份，4家企业及3家小餐饮完成“瓶改电”整改，整改完成率100%。调解处理大小矛盾纠纷30余起、“12345”平台移交问题32个。举办消防安全演练3次、急救知识培训1次、安全生产讲座7次。每月10日为人大（议政）代表接待日，每月15日召开村民小组长会议，完成多项民生实事工程，包括3组闸口处路面修补工程、13组村级道路修补工程、九龙庭门口道路黑化工程等民生实事，17组迎新桥如期竣工、顺利通车，安装主干道路灯，迎新河17组段新建石驳岸，老年活动阵地搬迁至朱家宕村8组。10月，朱家宕村与保税区社区教育中心共同打造中小学生研学教育基地，占地面积33.33公顷，种有绿植1.33公顷、500余个品种，实践菜园1.5公顷，养殖30余种小动物。

【“海棠私塾”党建项目】 2023年，朱家宕村推进“海棠私塾”党建项目。依托“三会一课”，开设名师讲堂，邀请市委党校教师开展理论宣讲4期，带领农村党员干部深学理论、摸清政策、读懂文件。开展书记讲党课1期、行走的党课1期、组织生活开放日1期。建立联学、送学、互学机制，以党员中心户为阵地，组织开展送学上门行动5期。围绕“岗位建功”，开设“海棠私塾”童生班4期，着力提升年轻干部“提笔能写、开口能讲、遇事能办”的综合能力。开展全科技能培训班1期、农村基层工作知识竞赛1期、经验分享交流会3期，提升基层年轻干部专业素养和岗位技能。从岗位实际出发，排摸先进典型、好人好事，设立专项奖惩，激励基层干部向先进学习。推进“我沉一线听民生”“我为群众解民忧”“我向他村学经验”“我与多方谋合作”4项行动，督促青年干部下村组，收集社情民意、解决矛盾问题、探索建设方向、谋求合作共建。

（陈丽华）

## 封庄村

【概况】 封庄村位于后塍街道西部，东与后塍集镇相连，南与袁家桥村接壤，西至庙港与南沙相隔，北濒南横套。2004年2月，曹场巷村并入封庄村。2023年，区域面积3.8平方千米，下辖34个村民小组，有户籍人口1542户4043人，外来

封庄村金丰社区

人口3518人。2015年托管金丰社区，常住人口5506人，异地安置4970人。年内，封庄村获评苏州市创业孵化C级基地、张家港市文明村、张家港市文明社区、张家港市优秀备案社区社会组织、张家港市生活垃圾分类工作优秀单位、张家港市文明楼道等。

村级经济　2023年，封庄村耕地面积33.33公顷，土地流转承包面积21.64公顷。粮食种植面积21.64公顷，水稻、小麦亩产分别为580千克、350千克；各类水果、蔬菜种植面积1.33公顷。村集体投资1320万元，与学田村、袁家桥村投资建设建筑装潢垃圾分拣中心——田源再生资源有限责任公司；投资2000万元，与三角滩村、长山村、袁家桥村投资建设“文昌两校”（文昌幼儿园和文昌小学）项目；投资250万元参股高桥村主导的张家港锦塍企业管理有限公司（新能源产业园）；投资375万元，配合张创投集团组建市村联合发展公司。年内，村集体净资产2349万元，总收入1016万元，村可用财力484万元，村民人均可支配收入2.98万元。

社会事业　2023年，封庄村党群服务中心设有便民服务大厅、党员活动室等多个服务阵地，实现服务多元化、综合化、常态化，是涵盖理论宣讲、教育服务、文化服务、科技与科普服务、健身体育服务等多个方面的“全人群、全方位、全过程”一站式党群服务“共同体”。农家书屋藏书1500余册，免费向辖区群众开放。设有新时代文明实践站、“和丰小院”、“金蜂”暖心驿站、居家养老服务点、海棠小栈等便民阵地，定期链接社工针对辖区老年群体、新业态新就业群体、青少年儿童等开展休闲娱乐活动。年内，为18名高等学校新生发放奖学金2.08万元。开展生态环境整治工程，投入70万元开展人居环境河道管理，投入28万元完善农业配套设施，有效提升整体生态环境。投入20万元开展医务室改造、居家养老服务点提升工程，对原老年公寓警务室及原居家养老服务点实行改造提升，服务群众更加便利。

村务管理　2023年，村党总支下设党支部13个，有195名党员。年内，开展理论学习20次，党员参与率95%。村银铃党支部参与基层治理、志愿服务，获评苏州银发先锋党群驿站。村有志愿服务团队1支，下设多个小分队，志愿者91人。开展“金钟罩守护银铃家”“启迪智慧、助你成长”服务项目2项，开展志愿活动45场，参与活动达到251人次，志愿服务时长599.5小时。村有网格2个，设兼职网格员2人，全年常态化开展网格走访巡查，上报民情日记200余条，并开展消防安全专项整治行动，检查出租房345户，整改出租房电线穿管40户85间，整改出租房样板房40户，取缔违规使用明火灶16处，整治违规停放电瓶车124辆。

**【海棠小栈】** 2023年，封庄村“海棠小栈”网格体系在居民楼道、健身广场等接地气的场所设置5个“小栈”点位，将实践站工作与网格化治理相结合，确保服务覆盖无死角，问题反馈零距离，提升文明实践辐射力。以书记项目为抓手，组建“海棠尖兵”行动支部、“海棠先锋”网格队伍，设立海棠小栈“围桌共话”新品牌，定期坐班、走访调研，听民声、汇民智、解民忧，处理实事问题共计55件。针对辖区老年群体、青少年群体、新业态新就业群体及创业群体定制服务，打造“栈长说事”服务品牌，组建“手拉手”帮帮团，设置“流动图书角”等，打通关心群众、服务群众的“最后一百米”，将文明实践融入百姓生活，提升村（居）民幸福指数。年内，村（社区）获评2022年度文明村、2022年度文明社区。

（张　甜）

## 三角滩村

**【概况】** 三角滩村位于后塍街道北部，东以韩家港为界，与高桥村、长江村一港之隔；南至南横套，与后塍中心社区相邻；西以天生港为界，与学田村隔港相望；北与长江村接壤。澄杨公路、晨丰公路贯穿东西，韩家港路、港华路、三新路纵贯南北。南横套从村域最南端穿过，文滩河、苗新河横穿东西，与韩家港、天生港相通。1995年9月，新苗村并入三角滩村。2019年8月，托管文昌社区。2023年，总面积4.5平方千米。全村辖29个村民小组，常住人口6850人，流动人口2800人，有少数民族白族1人。年内，三角滩村获评张家港市文明村，文昌圩、林家埭获评苏州市特色康居乡村，刘寒芳家庭获评张家港市农村人居环境整治美丽庭院标兵户。

村级经济　2023年，三角滩村有企业54家，其中规模以上企业1家。由三角滩村主导，与长山村、袁家桥村、封庄村投资共同2.1亿元共建的公立学校“文昌两校”项目全面竣工，9月正式开学。年末稳定性收入超过1000万元，实现历史性突破。村内大部分村民小组主要种植小麦、水稻、各种蔬菜、草莓、葡萄、梨、花草、苗木等作物。年内，村集体总资产15143.34万元，总收入1384.13万元，村可用财力1130万元。

社会事业　2023年，村“两委”班子根据区域特点和发展趋势，打造“宜居、宜养、宜学、宜业”15分钟村（居）民生活圈，先后完成文昌圩（林家埭）特色康居乡村建设及整村宜居改造，以三角滩村主干道三新路与三角滩路为坐标，投入300万元新建高标准农村卫生服务站，改建综治及警务服务站，投入30万元改造居家养老服务中心，投入7万元新增残疾人之家和老年人助餐点，常态化开展政策咨询、为老服务、助残等活动100余场，惠及1000余人。24小时图书馆驿站藏书5300余册，免费向辖区群众开放。出资14.9万元为村民购买“港城惠民”民生保险，实现全村在册村民村级民生保险全覆盖；出资3.8万元扩面慰问生活困难群众；出资4.1万元慰问重大病患者；出资8.28万元对80周岁及以上老年人进行节日慰问；出资40.86万元为60周岁及以上老年人发放中秋节、重阳节和春节慰问物资；出资10.94万元用于“福村宝”补贴，理赔301人次15.39万元；出资31万元为596名老年人全额补助农村合作医疗保险；为7名大学新生发放奖励金1.7万元；发放独生子女父母一次性奖励金46人共16.56万元；完成年度创业培训2人。年内，投入20万元在新时代文明实践站二楼建造600平方米的“文德”宴会厅，方便群众节俭办宴，全年承办宴席6000余桌。

村务管理　2023年，三角滩村党总支下辖支部6个，党员163人，预备党员1人。年内，组织党员干部集体教育学习12次，召开党员大会3次、支委会议39次、党课36次。组织开展“敢当新时代乡村振兴先锋”“继往开来承使命，四敢精神谱新篇”“学思践悟二十大，踔厉奋发新征程”“学思践悟强党性，担当作为建新功”“网格先锋故事会”等活动7次。开展“民生早摊、惠民治滩”书记项目，广泛倾听民声、精准服务惠民，切合农村群众早起特点，针对治

三角滩村村容村貌

理难点，围绕"传声、服务、解忧"设立"民生早摊"，以定期流动的方式走近群众身边，深入群众心间，提升综合治理水平。开展志愿服务活动17场，服务6000余人次。关于人居环境、书记项目、社区教育、服务残疾人等方面的62篇信息稿在紫牛新闻、扬子晚报网、江苏经济新闻网、学习强国学习平台、新华网、中国网等平台发布。设立文明创建项目"三美家园"，融合人居环境、垃圾分类、文明新风、移风易俗等多个要素，开展"三美三新"项目季度评比，通过"小家"美带动"大家"美，提升综合治理能力，打造农村（社区）治理新样本。全年常态化开展企业安全检查，查出事故隐患100处，整改率100%。开展"331"消防安全整治，出租房370户、"九小场所"52家，小餐饮完成"瓶改电"工作，拆除各类违章建筑2.1万平方米。年内，共调处大小矛盾46起，其中邻里纠纷43起、婚姻纠纷1起、赡养纠纷1起、租赁纠纷1起。

**【"民生早摊"激活治理动能】** 2023年，三角滩村"民生早摊"项目走近群众身边，通过"传声、服务、解忧"激活基层治理红色动能，促使全村综合治理水平有效提升。村总支牵头，组织辖区内在职党员干部、先锋志愿者担任"宣讲摊主"，为群众开展各类政策和理论宣讲活动。结合主题党日，在党员积分管理制度中新增相应考核指标，支部党员走村入埭，靠近群众参与宣讲。全年开展理论与政策宣讲7期，参与党员45人，在群众家门口传达党的声音，把好理论好政策送入百户千家。培育本土服务志愿者团队2支，志愿者参与"早摊"服务，理发、修家电、量血压、帮缴费等服务满足群众需求。年内，"民生早摊"共开展8期，服务农户350户，惠及村民670人次。村组织在职村干部、律师、老干部、老教师、乡贤等热心人士担任"解忧摊主"，在与群众拉家常的过程中访民情、解民忧，帮助解决群众提出的合理诉求，暂时不能解决的问题予以明确答复。年内，通过"早摊"收集建议62条，解决纠纷17起，落实整改21件，实施民生工程7项。"民生早摊"服务活动先后被《张家港日报》、紫牛新闻、中国网、新华社和"学习强国"学习平台报道。

（沙琳贤）

## 学田村

**【概况】** 学田村位于后塍街道西北部，东邻三角滩村、长江村东区，南连后塍中心社区、封庄村，西接滩上村，北依保税区。2002年4月，由原学田村、善政桥村合并而成，辖区面积3.68平方千米，有自然村庄17个，下辖村民小组31个。2022年10月，善政社区成立，由学田村代管，共有住宅27幢2117套。2023年，全村有户籍人口1392户4950人；常住人口1358户3835人；暂住人口500户2870人；出生14人，死亡54人。辖区内有少数民族9个，共36人。年内，学田村获评江苏省健康村、张家港市文明村，善政社区获评苏州市健康社区。

村级经济　2023年，学田村耕地面积574亩、水域面积3.9公顷，粮食种植面积23.13公顷，水稻，小麦总产量分别为170吨、100吨；油菜种植面积1公顷，总产量2250千克；各类水果蔬菜种植面积15.13公顷。全村土地流转承包面积38.27公顷。年内，投资2615万元入股长盈公司，占股5%，每年可增加收入165万元。7月，学田村田源建筑垃圾分拣中心投入运营，共有建筑垃圾处置线、工业固废处置线2条生产线，预计年处理工业垃圾约20万吨、年销售收入1亿元。2023年，村工业开票收入8.71亿元，比上年增5.3%；利税403.2万元，比上年增1%；村集体经济总收入1488.7万元，可用财力1250万元，比上年增14.7%；村集体总资产1.15亿元，村民人均可支配收入4万元。

社会事业　学田村便民服务中心为群众提

供民政、社保等一站式服务。年内，为村民发放股份分红23.4万元；出资32.2万元为4031名村民补贴“福村宝”医疗补助项目，报销541人34.8万元；为646名60周岁以上老年人补贴农村合作医疗保险27.13万元；为1626名60周岁以上老年人发放中秋节、重阳节慰问金32.52万元；为1614名60周岁以上老年人发放年终慰问金27.2万元；为11名大学新生发放奖励金1.55万元；发放独生子女父母一次性奖励金46人16.56万元、年终困难人员补助259人20.62万元。年内，新增低保1户，共有低保10户，其中特困4户，重残12人，无业精神（智力）残疾3人；为14人办理灵活就业补贴；为24名大学生进行毕业生信息登记和提供就业帮扶；为52人办理退休人员信息登记；为1246名退休人员免费提供体检服务；新增发放80周岁及以上老年人尊老金34人、90周岁及以上尊老金7人，新增虚拟养老34人。为23人办理生育登记，其中一孩17人、二孩5人、三孩1人。全年开展便民健康义诊4次。在学田村居家养老服务中心开设老年食堂。完善居民电子健康档案，全村电子健康档案建档率达到79%。年内，现役军人刘希晨荣立三等功，获“八一”慰问金10000元；办理退役军人全国优待证3张、现役军人家属优待证4张。

社会治理　2023年，村党委下辖支部10个，在册党员178人。年内，开展理论学习26次，召开党员大会4次、支委会议96次，党课25次，民主协商23次。组织68名党员赴南通开展主题党日活动。年内，全村清理垃圾600余吨，维修整改倪家埭区域自建篱笆23处，平整土地2700平方米，拆除农田违章搭建5处，在张家港市农村人居环境评分中，学田林被评为市级进步村。开展巡河48次、河道清理33次、“河小志”志愿服务活动12次，学田村15号河实现劣Ⅴ类河道销号。开展垃圾分类宣传26次，发放垃圾分类宣传资料1500份，垃圾分类工作保税区、后塍街道红榜4次。全村有基础网格3个，网格员5人，其中专职网格员3人、驻村民警1人。运用“港城网格通”App，上报公共安全、矛盾纠纷等信息100余条，民情走访录入180条，处理各类纠纷12起，调解成功率100%；处理“12345”信息单52次、网格工单15次，反映问题全部得到解决。全年开展“331”消防安全

学田村村容村貌

整治150次，走访出租房229户、群租房23户、“九小场所”17家，在善政社区新建电瓶车充电桩点位2处，缓解居民电瓶车停车充电困难。开展企业安全生产专项整治行动5次，整治隐患150余处；组织企业开展消防安全培训2次、消防演练1次。年内，开展“善邻集会”便民集市、“文明楼道”创建道德讲堂等活动60余场，参与1200余人次。村有志愿服务团队1支，志愿者260人，年志愿服务时长120小时，开展未成年人思想道德建设、理论宣讲等志愿服务活动40余次，参与活动800余人次。村“河小志”志愿服务队获评张家港市优秀志愿者组织。

**【学田村获评省健康村】** 学田村积极发挥村党组织战斗堡垒作用，在优化人居环境上下功夫，深耕美丽庭院创建，依托“庭院微圈”等项目开展环境整治行动，刘凤琴家庭被评选为苏州市美丽庭院精品户，朱秀红家庭被评选为苏州市美丽庭院。为优化村民卫生条件，对全村户厕进行改造，使用无害化卫生厕所家庭比例达100%。聘请第三方公司开展病媒防治工作，规范“四害”防制设施，密度控制在国家标准以内。建立健全健康管理体系，为村民推行健康专业化服务，联合医疗机构开展现场诊疗、健康宣讲、走访帮扶等，在社区卫生服务站设置健康自助监测点，提高群众对血压、血糖、体重指数等知识的知晓率。成立健康自我管理小组，通过开展家庭医生签约、健康知识讲座等方式，指导慢性病患者有效自我进行管理。建设健康阵地，对倪家埭、善政社区健康场所进行提档升级，新增健身广场400平方米、健身步道1600米。通过村里大力宣传和动员、村民积极参与，学田村村民健康知识知晓率不断提升，文明健康的生活方式不断养成，“饮健康水，读健康书，做健康人”的健康生活理念深入人心。12月，学田村获评省健康村。 （严　鹏）

## 后塍中心社区

**【概况】** 后塍中心社区地处后塍集镇镇区，东靠高桥村，南邻新塍村，西接封庄村、学田村，北依三角滩村。2009年5月，城关村、城北村、后塍街道6个居委会合并组成后塍中心社区。2023年，辖区面积4平方千米，常住人口5509户1.47万人，其中户籍人口3109户7977人，有少数民族人口12人。2023年，社区获评苏州市第一批“家门口的老年大学”项目金牌、张家港市文明社区标兵、张家港市巾帼志愿服务十大优秀社区、张家港市最具影响力公益慈善组织、张家港市优秀“民生微实事”项目、张家港市优秀村（社区）社会工作室和保税区最美新时代文明实践站等。

村级经济　2023年，后塍中心社区通过整合闲置门面房、厂房，盘活农贸市场等方式，对

后塍中心社区“民生魔方”

低效使用的集体资产进行盘活使用，特别是后塍刘家巷农贸市场重新招租，通过与金港街道巫山村沟通，引入滨江菜场专业经营主体包租运营，改变原有摊位拍租、经营亏损的状态，增加社区收入40万元；社区利用收购的中国银行闲置固定资产进行拍租运营，增加年可用财力30万元。年内，社区各类租赁收入526万元，其中房屋租金445万元、土地租金81万元。全年社区集体经济总收入727万元，可用财力556万元，社区集体总资产1754万元。

社会事业　2023年，后塍中心社区出资34.54万元，为60周岁以上老人购买江苏“医惠保”1号；出资8.81万元，为50周岁以上老人购买惠民险，理赔61人次12.2万元；为80周岁以上高龄长者助餐补贴1.11万元；出资2.67万元，为70周岁以上老人发放重阳节物资；出资5.13万元，对低保、失独家庭、医护等群体发放慰问物资；出资17.67万元，对85周岁以上老人、重大病患者发放救助；出资3.6万元，对71名亡故人员家属进行慰问；组织226名农保退休人员和2719名城保退休人员免费体检；出资3.85万元，对当年度考取本科院校的大学生给予奖励；出资1.8万元为0—18周岁青少年购买护苗险；投入13.43万元改造核酸小屋，建成“民生魔方”服务阵地；投入0.98万元增设背街小巷路灯。

社会治理　社区党委下设15个支部，有党员492人。社区党委通过组织覆盖网格化、优质服务人文化、沟通互动贴心化，建立健全“社区党委一片区‘两委’一微网格”组织体系，把党的组织体系构建到群众身边、服务网格覆盖到千家万户、社区矛盾化解在网格，以网格之“智”助力基层之“治”，切实打通基层治理“最后一米”。2023年，社区党委通过走访入户、每周一至周五班子成员在“民生魔方”及“红星驿站”常态化开展“五说吾事”居民接待日等，广泛收集居民需求，全年征集居民需求178个、解决160个；处置网格工单225条，完成“12345”平台投诉处理176起，完成率100%；化解建房、继承等方面的矛盾182起。引进张家港市惠邻社会工作服务中心专业社工，合作打造社工室，承接运营“小‘塍’故事汇”“拾光奶奶”“同‘新’协力”等服务项目12项，开展各类活动260余场，累计服务1.5万余人次。依托慈善资金开展“沙优时光里”左邻优里赋能行动，用慈善资金激励、培育、孵化社区“类社工”团队，有效增强社区的互助意识，引导居民、社区社会组织等多方主体参与社区治理。

**【塍心“探照灯”照亮百姓“幸福路”项目】** 2023年，后塍中心社区党委着力打造塍心“探照灯”，照亮百姓“幸福路”项目，使老社区焕发新生。社区党群服务中心提档升级，新增公共空间300平方米，年服务近1800人次。拓展“民生魔方”休闲议事新阵地，开展“五说吾事”接待居民，重新整合乡贤、能人、热心志愿者海棠先锋队伍，形成“38+9”的海棠先锋A、B岗网格员；施家埭13户抱团式原地翻建项目、西墩新村21幢全国县城首例居民自筹资金的商品房危房解危项目，让“塍”市更新。创立“拾光奶奶”服务品牌，高质量陪伴新市民孩子。新市民、新业态群体积极加入社区红领先锋志愿服务队，协助“塍阿姨”团队为高龄老党员送学、送餐，在公益集市摆摊设位，参与社区各类志愿服务活动，使广大居民“家门口的幸福感”倍增。

（张　丹）

## 塍德社区

**【概况】** 塍德社区位于后塍街道南端，分两个区域，一区位于文星南路东西两侧，东至大张家巷，西至新塍路，南至南横港河，北至新塍花苑路，共有101幢2470套；二区东至新塍路，南至南横港河，西至袁家桥村民宅，北至袁塍路，共

塍德社区二区

有33幢2270套。成立于2010年4月，为动迁安置社区。2023年，社区占地面积50公顷、建筑面积75万平方米，常住人口1万余人，户籍人口670户2054人。年内，出生15人，死亡5人。年内，社区获评2023年度张家港市文明社区、张家港市儿童友好社区，“童乐塍”儿童友好志愿服务项目获评张家港市“文明实践志愿服务项目大赛”优秀奖，获评最美新时代文明实践站最佳展示奖、2023年保税区最美新时代文明实践站、2023年保税区最美新时代文明实践点。

社会事业　塍德社区有低保户5户9人、低保边缘2户4人、残疾人48人、享受重残护理补贴16人、精神（智力）残疾2人、重残生活补贴8人、困境儿童2人。社区为154人发放尊老金，为困难家庭发放寒衣8件、寒被8条。独生子女证补办1人，办理一次性独生子女奖励金26人、生育登记43人次，办理灵活就业补贴申领4人、农奖2人。社区卫生服务站加装电梯；增设“幸福号”小火车新时代文明实践点，将“童乐塍”儿童友好广场2个突出的窨井盖下沉，保障儿童游玩安全；增设电动汽车充电桩29个；针对辖区青少年爬高、故意破坏公共游乐设施、玩火等情况，开展儿童安全宣传教育。投入14.14万元，改造老旧凉亭为“塍心园”主题公园；投入44.5万元，升级改造居家养老服务中心（其中35万由后塍街道承担，9.5万元由社区承担）；投入5.66万元，增设65张楼道休闲座椅；投入4.24万元，修缮健身场地塑胶地面；增设“百穗银发”餐厅，为辖区老人提供助餐服务。11月，社区配合动迁办开展二区房产证和地下汽车库产证办理资料发放，申购地下汽车库795个，发放房产证材料1758份，发放汽车库产证材料400份。

社会治理　社区党总支下设3个党支部，在册党员65人。社区党组织全年开展主题党日活动36次，党员大会12次，党课6次，组织生活会3次。开展防范“非法集资”活动12次、“扫黑除恶”宣传活动2次、“反邪教”摸排1次、精神障碍人员摸排统计4次，矛盾调解平台数据录入130余条、法院联动平台16条，开展消防演练3次、逃生演练2次、消防讲座7次，社区结对的法律顾问黄志良律师每月定期驻点社区1—2次，开展妇女节、未成年人保护、长江大保护、国家安全、宪法日等活动，转发法治知识100余次，参与民事调解4次。社区有租户230户，出租房消防器材基本配齐，烟感等器材配备占比90%左右。社区整治南横港河北侧400米长的河岸环境，拆除违章搭建、私自圈地种菜，恢复绿化3000余平方米，加装护栏500米。打捞迎新河漂浮垃圾，加强河道卫生巡查，确保无生活垃圾进入河道。全年开展志愿服务活动123场，参与志愿服务1500余人次，服务居民3000余人次。

**【解忧方“塍”式社区治理工作新模式】**　塍德社区是老动迁安置小区，呈现安置村多、楼道多、老年人多、新市民多、辖区分布广的“四多一广”特点。社区党总支践行“双引双融”党建引领基层治理新路径，以提升居民幸福感为目标，探索建立“党建引领把方向、网格管理促治理、协商议事解民忧”的解忧方“塍”式社区治理工作模式，通过打造“解忧格子铺”网格体系，民意收集做“加法”，全年收集居民需求200余条；实行“红色微网格”管理模式，居民办事做“减法”，将辖区划分成40个“海棠微网格”，聘选40名“海棠先锋”入驻各个海棠微网格，实行“解忧”轮班制度，促进优化居民和社区之间的供需对接；构建“三谈一汇”议事平台，社区治理做“乘法”，全年开展解忧夜谈12次、议事会谈12次、乡贤月谈12次、协商诸葛汇6次；凝聚“融塍共治”共建力量，消除矛盾做“除法”；巧解治理“方程式”，减少问题“未知数”，提高为民服务“准确率”。面对人户分离、居民办事难、社区治理难等难题，塍德社区与晨阳村、朱家宕村成立“串朱晨联”红色联盟，邀请动迁村以“娘家人”的身份参与社区治理，让居民感受到村和社区的双重关爱，增强居民对社区的归属感，打造共建共治共享村居联盟样板模式。

（黄若艳　周　嬌）

## 塍丰社区

【概况】 塍丰社区东至跃进河，南靠张扬公路，西连金港路、北接镇山路，占地面积0.32平方千米。有居民住宅楼多层41幢、小高层37幢，安置房3236套，安置区街31个村（社区）的动迁户。组建于2012年12月。2013年11月，成立社区居委会。2023年，有常住人口8000余人，其中户籍人口225户679人。年内，获评2023年度张家港市文明社区。

社会事业　2023年，社区有退役军人4人，残疾人2名，享受重残护理补贴2人，社会救助对象2人（单人保）。年内，社区为77名65周岁及以上老人每月发放3300元尊老金；发放红十字慰问金3900元、独生子女费6900元，为高龄空巢独居老人发放寒衣9件、寒被8条，为186户困难家庭发放春节慰问金12.5万元；办理生育登记34份、人口出生28人、户籍灵活就业人员社保补贴申领3人、农奖2人、退休人员独生子女一次性奖励金补贴13人；开展医保政策宣讲18场、帮办代办业务55人次，通知退休人员一次性补缴医保31人次，组织退休人员健康体

塍丰社区

检250人次，完成人口普查抽样调查入户40户。社区通过民生微实事项目，投入4.38万元，打造集老人助餐点、棋牌室、阅读室、居民议事、便民服务等功能于一体的“邻里客厅”；投入17.8万元，改造闲置地块，增设石桌石椅，打造群众家门口的邻里公园。

社区管理　2023年，社区党支部有党员41名，举办书记领学活动4次、专题党课1场、书记讲党课1次、党史教育参观学习活动1次。针对商圈治理、停车问题、垃圾分类、惠民工程等方面开展专题研讨4次、调研座谈3次，制定专项工作方案4套。30名海棠先锋编入社区先锋治理网格，参与社区治理，形成“社区党支部—党员网格长—网格员—居民小组—海棠先锋队伍”的五级组织体系，全年走访2868户，制订特殊老人家庭档案300余件。社区有“小家大爱”志愿服务团队1支，成员247人，全年开展志愿服务活动27次，年志愿服务总时长达到262.5小时。召开文明创建专题会议4次、道德讲堂4次、暑托班活动26次、文化活动40余次。全年组织开展垃圾分类入户宣传3000余户、组织广场宣传活动12场、督导员指导培训20次，清理建筑垃圾1000余吨、大件杂物垃圾900余吨。开展“331”消防安全整治等专项工作，全年累计摸排“九小场所”75家，走访出租房129户，年内，完成镇级挂牌点位摘牌，点位内35家出租房安全隐患全部整改到位。社区有网格5个，设专职网格员1人、兼职网格员4人，全年常态化开展网格走访巡查，上报走访日记300条。

**【温暖“童”行——困境儿童护航计划】** 塍丰社区团支部与上海电气张化机（苏州）重装有限公司共建合作，针对社区内10户困境青少年家庭，从物资帮扶、关爱服务及心理帮扶三个方面，开展“六个一”活动，即一次微心愿、一次读书汇、一次走访帮扶、一次科普教育、一次集体生日、一期心灵成长营。通过此项目，社区成功建立一个青少年支持小组，帮助困境青少年打开心扉，树立自信，正向引导、健康成长。年内，该项目获评2023年张家港市“立体关护·成长护航”工程优秀项目。

**【“社区+物业+养老”服务模式】** 塍丰社区是苏州首批“社区＋物业＋养老”的试点项目服务点。2023年，塍丰社区将项目化建设和阵地建设双管齐下，6月3日，“红枫管家”——塍丰社区养老服务促进项目启动仪式暨塍丰社区邻里客厅开业活动正式启动。社区发挥物业在养老服务中的作用，提供免费维修、上门送餐等服务，结合第三方专业养老社会组织的服务内容，组建“红枫管家”志愿服务队开展社区养老服务，打造“物业+养老”的服务品牌。以居家养老服务中心为依托，发动爱心单位、社会组织、志愿队伍为居民提供健康义诊、养老助餐、便民服务、日间照料、个档管理、文化活动、困难帮扶等志愿服务，年内，开展走访慰问活动10次，服务447人次；志愿服务活动59次，服务1330人次，居家养老服务中心场馆日均人流量超160人。

（邢泽茜）

# 德积街道篇

DEJIJIEDAOPIAN

3月11日,“党音民声·‘典’亮德积”学习接力项目启动

# 中共张家港市德积街道工作委员会

## 综　述

【概况】 2023年，德积街道召开党工委、办事处办公会议18次，全年发文46次。全年工作以建设“宜居宜业美德积”为奋斗指向，围绕“13355”重点事项任务、责任清单开展。

【德积街道“13355”责任清单出台】 2023年年初，德积街道制定年度“13355”重点事项任务、责任清单目标计划，明确全年总体发展思路为，聚焦一个目标，建设“宜居宜业美德积”；抓好三项建设，思想政治建设、人才队伍建设、作风效能建设；实施三大计划，平台载体筑巢计划、振兴项目引凤计划、营商环境提档计划；打造高端纺织集聚地、村级经济活力带、宜居宜业生态区、暖在德积幸福园、作风过硬排头兵“五张名片”；推行五大工程，“四敢”主题活动先锋工程、文明创建冲刺达标工程、人居环境靓颜焕新工程、社会治理除患安心工程、暖在德积惠民幸福工程。5月15日，德积街道召开“奋战二季度，绩效争前列”工作推进会。会议聚焦一季度重点绩效指标推进，并就二季度重点工作部署进行强调。会议传达市、保税区两级二季度工作推进会会议精神，通报2022年度绩效考核情况，街道各分管领导对绩效工作简要分析并部署二季度工作，街道宣传文明办、农村工作办、建设管理办、北荫村、德丰社区围绕重点工作交流发言。10月10日，德积街道召开“决战四季度，全力挑大梁”工作推进会。会议指出，要紧扣街道“13355”重点任务清单和考核要求，抓住重点，展现亮点，对标对表抓好落实。绩效指标要紧盯时序进度，排查短板弱项，利用四季度收官季全力抓好落实，通过定期加强指标监测评估、召开专题会议研判、常态查漏补缺等多管齐下，合力在全年绩效指标上得高分、争前列。会议传达上级有关会议精神，通报街道“13355”重点任务事项、责任清单落实情况，部署四季度工作。

【“现代化建设先锋年”动员大会】 1月30日，“现代化建设先锋年”动员大会在福民村4楼会议室召开。会议传达苏州市推进“敢为、敢闯、敢干、敢首创”动员会暨作风建设大会、张家港市“敢为、敢闯、敢干、敢首创”暨“现代化建设先锋年”动员大会、保税区“现代化建设先锋年”动员大会暨作风建设会议精神，传达学习市委2023年一号文件内容，公布全力支持和鼓励干部敢于担当作为“先锋大礼包”。

【建设更高水平文明城市攻坚大会暨作风建设会议】 2月22日，建设更高水平文明城市攻坚大会暨作风建设会议在福民村4楼会议室召开。会议传达全市作风建设会议精神，表彰2022年度先进集体与个人，解读街道文明创建“13510”常态长效机制，农村工作办、建设管理办、文明创建专班、小明沙村、北荫村（学前社区）和永兴村6个单位代表作表态发言。街道班子成员、各村（社区）书记递交党风廉政建设责任书，各科室分管领导、各村（社区）书记递交工作目标责任书。

【庆祝中国共产党成立102周年大会】 6月29日，“不忘初心跟党走，踔厉奋发启新程”庆祝中国共产党成立102周年大会暨大党课在双丰村4楼会议室举行。会议进行“光荣在党50

年”党龄纪念章颁发仪式，为“基层治理行动支部”授旗，为“海棠先锋”授牌和发放工作包，发布党建引领基层治理重点项目，朝南村、元丰社区、农村工作办、应急管理局与江苏永盛流体科技有限公司5个单位结合实际作交流发言。

**【“江畔研习社”】** 9月19日，德积街道“江畔研习社”开班。学员36人，来自街道机关和各村（社区），分为文明创建、社会事业、乡村振兴、安全治理4个专业研习社。每个专业研习社各有3个调研小组，调研主题涵盖沿街门店“五治融合”、楼道“文明微治理”、慈善超市、“五社联动”社区治理、农业产业结构新模式、产业融合、户外广告牌治理、氨纶纱安全等。年内，研习社开展外出研学、读书分享等主题活动30余场，撰写《探究农业产业结构新模式，研析“德”字农产品品牌打造最优解》《探索“五社联动”推动社区治理新格局》《外来人口与城市治理存在的困境及破解路径》等调研报告12篇，评选出优秀学员5位，翌年2月结业。

（王子斌　张　翼）

9月19日，德积街道“江畔研习社”开班

## 组织工作

**【概况】** 2023年，德积街道有党员1653人，其中新发展党员11人；党组织112个，其中党委5个、党总支部8个、党支部99个。全年实施基层党建项目38项。12月，街道通过市“两新”组织党务工作者资质认证中级1人、初级5人。

**【基层党组织建设】** 2023年，德积街道围绕重点工作开展党的建设，动员13名流动党员向党组织报到；打造“美美江湾连片示范带”“德治锋行”“德新运手”等党建品牌；以“先锋行动”为依托，择优聘用209名海棠先锋，建立党员先锋队12支、先锋岗22个、责任区23个；高标准谋划特色阵地，打造福民村“本色党群服务中心”、永兴村“两山理论”大讲堂、元丰社区“邻理庭”、德丰社区“网格红巴士驿站”等“家门口的红堡”。9月21日，新建社会工作站党支部；12月8日，新建市长江湾旅游文化发展有限公司党支部。至年末，党支部比上年增加2个。春节、“七一”前夕，街道向困难党员、低保、低边等困难群体309人次，发放慰问金397357元，春节为85名困难党员家属办理“红堡关爱计划”保险10200元；“七一”期间，颁发“光荣在党50年”党龄纪念章24枚、40年党龄纪念章15枚、30年党龄纪念章22枚；走访慰问党员中心户81户，发放资助慰问金60284.46元。年末，街道81个党支部开展专题组织生活会，参与党员1529人。

**【“两新”党组织建设】** 2023年，街道新业态新就业群体党建打响“德新运手”品牌。依托12家“德新驿”党群驿站，提供健康义诊、安全讲座、充电休息等驿站服务项目8项，开展理论学习、走访慰问、先锋行动等暖“新”赋能系列活动20余场。启动打造德积高端纺织产业园非公党建阵地，年内完成招投标工作。深化包芯纱产业链党建，更新完善产业链党建“三张清单”，开辟“党建红携手消防蓝”联建平台，联合德积消防救援站、街道应急管理局，举办安全检查、政策宣讲、法规解读等活动5场，排查整改安全隐患60余处，护航企业高质量发展。

【基层党建“书记项目”】 2023年，街道党工委聚焦生态之美、产业之美、人才之美，实施“先锋领航，美美江湾”基层党建“书记项目”。依托江湾江村联盟体系，探索建立“长江之境”片区化联动发展模式，发挥德积街道永兴村、朝南村和北荫村等生态优势，链接整合企业资源，打造一条贯穿德积北部的生态实境线，推动夷雅安耘酒店、江景民宿、会务中心、农家乐等乡村旅游产业提档升级。建设高标准农田91.33公顷，围绕生鲜农产品，推出“朝南人家”“小明沙生态产品”“江边人家”等一批农字号注册商标，培育健康猪肉、金花菜、生态米等7种特色农产品。“江海交汇第一湾——张家港湾”特色精品示范区通过苏州验收，永兴村入选中国乡村振兴服务优秀单位。打造产业园行业先锋阵地，为街道包芯纱支柱产业链上企业提供党建指导、安全生产、资源链接等服务68次。推进村村抱团、联合创投、飞地发展等多项举措，通过调优项目、科技招商、产村联合等方式，推动北荫村老旧厂房翻建等项目落地，德积乡村发展有限公司向暨阳创业投资基金投资5000万元。江村联盟各村党组织联合投资3000万元建成张靖皋大桥展厅，完成红色革命区基础建设。实施“德Young·引航”项目，遴选36名优秀青年干部参加“江畔研习社”，强化乡村振兴人才培养。面向社会选聘209名海棠先锋，开展岗前培训、互学互访等活动22场，提升海棠先锋服务能力和履职水平，全年解决群众急难愁盼问题800余个。组建新业态新就业群体志愿服务队伍，融入基层“治理圈”，为新就业群体提供理论培训、技能竞赛等36次，形成“组织引领、治理联动、行业协力”的氛围。12月5日，德积街道举行“书记项目秀”展评会，各村（社区）党组织负责人围绕本单位书记项目进行现场述职，评选出优秀项目和优良项目各5项，并进行现场颁奖。其中优秀项目分别为元丰社区党总支的“‘邻理学堂’·吾邻理事赋能善治”项目、永兴村党总支的“党建‘领航’精细治理，文旅‘点睛’最美江村”项目、朝南村党总支的“打造‘田园党建’新模式，点燃乡村振兴‘新引擎’”项目、福民村党委的“红网格引领微治理，打造村民自治红色微圈”项目、德丰社区党总支的“蜂巢‘六联六新’”项目。

【干部队伍建设】 2023年，德积街道调整干部18人次，其中提拔为机关中层正职1人、副职4人，提拔村（社区）工作人员9人，平调4人。建立年轻干部常态化谈心谈话机制，及时了解干部工作思想状态，全年累计与各类干部谈心谈话30余次。按照《张家港市新时代加强村、社区党组织书记队伍建设五年行动计划（2022—2026年）》要求，建立村（社区）书记队伍后备人才库，对他们进行系统培养。年内，街道启动“德Young·引航”年轻干部培养计划，举办各类培训、活动20余场，覆盖年轻干部60余人。4月19日，组织开展“青年心语对党说”学习贯彻党的二十大精神主题交流分享活动。5月29日，组织开展“薪火传承，共话成长”新入职人员“系扣计划”主题活动。9月19日，“江畔研习社”开班。

【老干部工作】 年内，德积街道新增退休老干部2人，至年末，有老干部64人。每月10日，街道定期组织老干部活动。4—5月，组织老干部开展书画摄影、主题征文、青老对话等主题系列活动。10月，街道召开老干部座谈会，鼓励老干部为街道发展建言献策。11月，开展“初心映党旗，银发看德积”实境教育活动。年内，丁桂兴获评张家港市首届“最美老干部”。

【新入职人员“系扣计划”主题活动】 5月29日，德积街道组织开展“薪火传承，共话成长”新入职人员“系扣计划”主题活动。现场举行结对仪式，12名新入职人员和相关科室负责人结成师徒8对，并颁发成长导师聘书和“德Young青年，菁才致远”成长礼包。9月，结对成员在街道小剧场开展理论学习，在德积消防站开展素质拓展训练。10月，在永兴村明清园开展趣味团建，赴苏州宪法宣传教育馆、宋锦文化园、盛泽镇黄家溪村开展主题研学。

【“三学三亮”主题培训】 6月16日，德积街道在新时代文明实践所开展以“学二十大精神、学公文写作、学服务保障，亮职责、亮绩效、亮作风”为主题的“三学三亮”培训活动，就宣传信息写作“色香味”3个维度进行专题业务辅导，通报街道相关科室、村（社区）工作的特色亮点成效，党政办、纪工委、永兴村、朝南村的4名青年干部作交流发言。

（倪　双　杨晓明）

## 宣传文明工作

【概况】 2023年，德积街道坚持理论引导，聚焦文明创建、文明实践、文明培育，持续开展“美在德积”文明行动，实施“党音民声·‘典’亮德积”学习接力项目，举办德积街道首届全民运动会，为打造“宜居宜业美德积”凝聚强大精神力量。年内，德积街道获张家港市2023年度文明区镇称号；江苏德丰建设集团有限公司、张家港欣欣高纤股份有限公司获张家港市文明单位称号。永兴村党总支原书记黄学贤获评苏州时代新人；朝南村村民顾海林获评第八届张家港市道德模范。

【意识形态工作】 德积街道全年召开意识形态工作研判部署会议1次、专题学习会议2次。街道制定《2023年德积街道党工委理论学习中心组专题学习计划》，明确每月学习主题、交流人员、理论学习分享进基层人员安排、调研课题等，推动中心组理论学习制度化、规范化、常态化。街道落实党委（党组）网络安全工作责任制，提升网络安全工作水平。9月，网络安全宣传周期间，举办网络安全进社区、进学校、进企业等相关活动。10月，联合属地派出所开展“百日反诈”宣传活动。组建网络舆情信息员队伍，信息员由原先的2人扩展到16人，覆盖各村（社区）。“美在德积”微信公众号严格落实“三审三校”制度，确

5月29日，“薪火传承，共话成长”德积街道新入职人员“系扣计划”主题活动举行

保内容正确、方向正确。全年未接到市委网信办发布的网络安全通报，未发生网络安全重大事项和事件。

【理论武装】 2023年，街道认真开展学习贯彻习近平新时代中国特色社会主义思想主题教育，组织举行集中学习、研讨座谈、观看视频、参观研学等活动，提升广大党员干部的理论水平。中心组全年开展集体学习15次、专题研讨6次、外出研学1次。年内，街道打造“线下+线上”冬训样板特色课堂，实训党员1656人，获苏州市级媒体报道5次、省级及以上媒体报道29次。街道“江畔民声讲师团”增至15人，组建“求是领学辅导员”“学习接力员”队伍46人，整合理论氧吧、求是宣讲团、求是读书汇、乡间书集等资源，开展各类宣讲近300场，累计参与1.9万人次。实施“党音民声·‘典’亮德积”学习接力项目，在新时代文明实践所（站）形成每月“学习接力”共学交接机制，提升街道全域理论宣传质效，被推荐为苏州市优秀项目。街道北荫村陈晓雯获“学习新思想，奋进新征程”2023年张家港市“学习达人”挑战赛三等奖、苏州市优胜奖；街道朝南村匡欣雨、永兴村施剑南获评张家港市2023年新时代文明实践基层理论宣讲集中评比“优秀宣讲员”。

【舆论引导】 2023年，德积街道“美在德积”公众号累计推文845篇，其中原创文章403篇。全年在苏州市级以上媒体发稿233篇，向“学习强国”学习平台供稿38篇，其中苏州平台录用12篇、省级平台录用1篇、全国平台录用5篇。《光明日报》“新春走基层”栏目专题报道《生态红利带火了“小渔村”》，央视新闻《约定“苏”城，“县”在出发》关注报道永兴村打造江畔风光乡村旅游。《长江边的耕读者》《我是江畔美丽彩虹》等被“学习强国”全国平台录用。《江苏张家港：美美永兴，与长江和鸣》获评2023年航拍“我的美丽家乡”短视频征集活动优秀作品，播放超341万次，点赞超3万次。

【文明实践】 2023年，街道优化完善各新时代文明实践所（站）功能，每月开展活动不少于8场，开展“德阅”乡间书集，孵化“德善”志愿团，讲好“德暖”好人故事，开展“德惠”文化服务行等项目，做优做实文化惠民活动。全年开展各类文化惠民活动200余场次，人均文化服务7人次。开办“暑托班”8家，开展“夜实践”活动10场，冲刺市第八届体育运动会，举办德积街道首届全民运动会。依托“江村江湾”深挖张家港湾文旅资源，打造江南水乡风味浓厚、长江风情突出的IP。挖掘培育有德积特色的原创文化作品，拓展“一条大河波浪宽”主题内涵。街道打造“益起来”“小暖团”“大鱼海棠”“I DO”等一批品牌项目与品牌志愿团队。组织开展“志愿有我，德善同行”学雷锋志愿服务月、“德美”志愿服务集市等活动。全年开展各类志愿服务活动800余场，参与活动近7000人次，服务时长1万余小时。年内，2人获评张家港市道德模范，黄学贤获评苏州时代新人，创成苏州市美丽庭院示范村1个。

【文明镇村创建】 2023年，德积街道持续开展“美在德积”文明行动，落实“问题自查自改闭环机制、问题即查即改联动机制、问题实查实改常态机制”三项创建机制，推进九大攻坚项目，围绕文明行为提升、移风易俗主题宣传月等，开展“千店百言，文明相牵”“德美相伴，文明同行”周末义务劳动，以及“文明啄木鸟”“文明随手拍”等文明行为促进活动。通过“12345”小微执法联动机制，整合街道执法力量，形成常态化、精细化执法模式，实现“快联、快修、快执、快整、快督”部门联动快速反应。发挥网格员、楼道长、志愿者作用，做好文明城市线上调查问卷入户走访工作，普及文明城市创建常识。定期“四不两直”，常态开展创建专班巡查、通报、曝光，下发创建通报25期，以日保周、以周保旬、以旬保月。开展秩序整治，整治门店占道经营行为243家，处罚违停机动车、非机动车667辆，查处无证无照经营及建筑垃圾类案件27起，教育疏导各类流动摊贩122个，处罚教育未按规定投放生活垃圾116起。完成千禧路、长江路，德申路、德积老菜场、小明沙村及双丰村局部区域的“三线”整治。开展楼道整治，推进文明楼道建设，楼道外立面刷新约800平方米，文明楼道刷新60个，打造B级文明楼道54个，获评张家港市美丽楼道5个。开展主次干道整治，新增道旗35套，维修道板砖600平方米、侧石220米、井盖180块，新增补种绿化约1100平方米。年内，街道小明沙村、永兴村获张家港市文明村标兵称号；双丰村、新套村、德积村、朝南村、北荫村获张家港市文明村称号；元丰社区获张家港市文明社区标兵称号；德丰社区获张家港市文明社区称号。

**【社会主义核心价值观弘扬】** 年内，街道挖掘区域红色资源，推出“江边红船故事”特色研学课程，常态化推进爱国主义教育进学校、进社区、进家庭、进机关、进企业。开展“强国复兴有我”纪念沙洲虎将陈泾主题活动及“9·30”烈士纪念日等活动。加强未成年人思想道德教育，围绕“课堂讲学、基地研学、阅读共学”“好少年评选”“国防教育普及”等，开展“强国复兴、童心逐梦”系列实践，引导广大青少年薪火相传。永兴村入选苏州市第二批红色地名名录。

**【党员冬训】** 1月17日，德积街道召开2022—2023年度基层党员冬训动员部署会。会上，通报2021—2022年度街道冬训工作情况，对先进集体进行表彰，下发《2022—2023年度全市基层党员冬训工作实施方案》和《德积街道2022—2023年度冬训工作手册》，发布2022—2023年度基层党员冬训工作特色项目11个。在冬训期间，街道创新学习方式，拓展学习渠道，以党员为主体，结合“敢为、敢闯、敢干、敢首创”的研学交流，创设“两山理论”学堂、本色实境教室、江畔学堂等实景课堂，打造“线下+线上”冬训样板特色课堂，推动冬训走深走实。累计实训党员1656人，街道冬训工作分别获苏州市级媒体报道5次、省级及以上媒体报道29次。

表33　德积街道2022—2023年度冬训特色项目品牌一览表

| 品牌名称 | 建设单位 |
|---|---|
| “党音民声·‘典’亮德积”宣传贯彻党的二十大精神学习接力 | 德积街道 |
| “本色之乡”唱响乡村最强音 | 福民村 |
| 明心闪耀——小明说 | 小明沙村 |
| 红耕课堂 | 朝南村 |
| 理“润”新套 | 新套村 |
| 海棠领学，联盟送学 | 德积村 |
| 江村学习社 | 永兴村 |
| 知行课堂 | 双丰村 |
| 江湾红学堂 | 北荫村 |
| “巴士送学”，学习接力进楼道 | 德丰社区 |
| “邻”理论坛 | 元丰社区 |

9月16日，2023年"我家住在长江边"德积街道科学普及宣传周系列活动启动

【社科工作】 2023年，德积街道有科普宣传栏12个，配备科普员11人，在用好"江畔学堂""本色之声""江村学习社""24小时图书馆驿站"等社科阵地的基础上，选址"最美江村"永兴村，申报"德积街道社科之家"，打造长江文化社科特色驿站。通过"德阅"乡间书集场景阅读、"德美"我家住在长江边沉浸式研学、"德惠"文化服务行、"德暖"红色故事会等载体，开展理论学习、志愿服务、科普交流、展览展陈等社科活动，上报基层科普宣传推广工作信息21篇。培育"和美江湾戏曲票友会"文艺科普团队，全年开展文艺宣传、非遗体验、红色剧本杀、江边红船故事宣讲50余场，接待全国各地团队100余个。9月16日，2023年"我家住在长江边"德积街道社会科学普及宣传周系列活动在北荫村（学前社区）中心广场启动。活动中北荫村（学前社区）、德丰社区、元丰社区、护漕港中学、德积小学、德积幼儿园共同结成德积街道"社会科学普及合作联盟"，开展社科普及活动，延伸社科触角。年内，申报《基于长江文化的农文旅产业的逻辑建构与内涵创新》社科应用课题和"我家住在长江边"苏州市社科普及惠民扶持项目。

（张　翼　潘逸雯　陈　洋）

## 统战工作

【概况】 5月23日，德积街道成立街道党工委统一战线工作领导小组，街道党工委书记王苏嘉任组长，党工委副书记、政协工委主任陆云松，党工委组织委员黄晓旻、宣传（统战）委员王溆任副组长。年内，街道党工委组织开展统战、民宗事务学习与专题研究2次，将各级统战部长会议和统一战线相关会议精神纳入街道党工委理论学习中心组学习计划，开展统战专题学习2次。

【党外人士统战工作】 年内，德积街道以"石榴树下"统战工作实践站为载体，融合"理论氧吧""求是读书汇""江畔民声"讲师团等力量，面向各民主党派成员、新的社会阶层人士、党外知识分子等群体大力宣讲中共二十大精神，组织开展"阅读推广""故事分享"等宣讲活动10次。德积街道新的社会阶层人士联谊会有成员29人，年内组织开展植树、阅读、歌会、联谊等活动6场。街道引导新联会成员加入"德善"公益志愿队，开展"江湾童堡守护未来""德惠文化服务行""守护一江清水"等志愿服务20余场。发挥基层人大、政协组织优势，组织统战人士参与人大与政协工委组织的协商议事、议政建言等履职活动，就长江大保护背景下的文旅融合、民营企业发展壮大、青少年暑期安全保护等课题展开调研，撰写社情民意信息十余条，助力党委、政府科学决策、精准施策。

【侨务工作】 年末，德积街道有侨眷8人、海外侨胞5人，其中美国籍3人、瑞典和挪威籍各1人。留学人员18人，其中7人为留学归国人员，主要在美国、英国、日本等8个国家留学。街道关注侨情动态，不定期召开各类座谈会、交心会、迎春茶话会等5次，与街道侨眷、归国留学生和留学生家属谈心交流，对2户侨眷家庭进行慰问。开展“江畔逢君”统战特色品牌活动，邀请青年归国留学生开展“优秀事迹分享”对话交流会，现场分享创新创业经历。

**【民族团结工作】** 年末，定居在德积街道的少数民族人员有66人，包括满族、蒙古族、回族、维吾尔族、苗族、布依族、侗族、土家族等民族。德积街道开展民族团结进步进基层创建，构建民族关爱体系，对5户困难民族家庭进行定向慰问，对1户困难民族家庭学生进行助学慰问。开展“铸牢中华民族共同体意识”主题宣传活动，全年开展主题宣讲2场、集市宣传6次、线上答题2次。组织各民族群众参与街道文体活动，创排小组唱《奋斗吧我们》、情景朗诵《我家住在长江边》等节目，组织全民运动会，开展篮球、足球和羽毛球友谊赛。

**【市两岸美丽乡村交流中心建成投用】** 张家港市两岸美丽乡村交流中心位于德积街道永兴村忆乡林内。6月13日，中心户外氛围创意设计景观布置项目启动建设，7月8日竣工投用。中心面积6666.67平方米，工程造价19.96万元。建成后，交流中心开展活动6次。7月20日，中心接待台湾社区发展协会联合总会、台湾乡镇市民代表会联合总会总会长刘冠雄一行32人，刘冠雄在忆乡林里和市台办主任张耀清共同种下一棵同心树。9月24日，德积街道统战工作站、新联会联合市台办、民进张家港市基层委员会在中心举行“明月同心共此时”统战人士中秋联谊，有50余名统战人士出席活动，市台青会秘书长、张家港保税区康开塑料模具有限公司总经理吴志成朗诵诗《中秋》表达乡愁情愫，有台胞以一首闽南语歌曲《世界第一等》表达对祖国的祝愿。

（王振宇）

张家港市两岸美丽乡村交流中心

## 史志档案

**【概况】** 德积街道档案室于9月建成并投入使用，保存2021年文书档案556件（永久62件、30年118件、10年376件）、实物档案16卷、照片档案7张、会计档案83卷；2022年文书档案1770件（永久367件、30年694件、10年709件）、实物档案3卷、照片档案172张、会计档案144卷。年内，应《张家港年鉴（2024）》征编工作要求，德积街道做好资料征集与撰稿工作，将包含概况、经济建设、社会事业、富民工程、村（社区）基本情况、大事记的稿件报送市委史志办，并进行后续修改。

**【德积街道档案室建成】** 9月，德积街道将一楼服务大厅西侧库房改建为档案室，包含阅览室1间、人事档案室1间、可容纳至少5年档案资料存放的库房1

间，总面积约100平方米，并配备专职档案员1人。根据档案柜管理“八防”（防火、防盗、防潮、防鼠、防虫、防光、防霉、防尘）要求，配备空调、监控、灭火器、防盗门窗、防晒窗帘等基础设施，并配备密集架、档案柜、办公设备、档案专用软件等档案存放设备，场所改造及设备购置费用共计19.23万元。街道将档案信息化建设作为重要环节，对纸质档案全部录入政务网数字档案室。年末，街道档案工作获评全市优胜等级。

**【永兴村入选苏州市第二批红色地名名录】** 永兴村位于德积街道东北部，形成于明朝嘉靖年间（1522—1566）。清朝道光五年（1825），始有人垦殖。抗日战争和解放战争时期，大沙流漕是新四军、地下党、武工队南来北往的地下交通站，是德积地区地下交通的秘密渡口。1940年6月，东进新四军“江抗”二团和被新四军收编的地方武装李善生部200余人，大部分从此地渡江去苏北参加黄桥战役。1940年11月，新四军沙洲地区江防局局长张国珍被土匪薛应文捆绑后从此处流漕用小船送入江心，沉尸长江永兴村段中。1941年2月，沙洲县抗日民主政府成立后，为表彰烈士张国珍，沙洲县政府将德积和中兴一带改称为国珍区。6月30日，苏州市第二批红色地名名录向社会发布，永兴村入选重大事件发生地。（陈　洋）

# 市人大常委会德积街道工作委员会
# 市政协德积街道工作委员会

## 人大综情

江湾民声堂

【概况】 2023年，市人大德积街道工委聚焦街道年度“135”（紧扣1个定位：建设“宜居宜业美德积”；勾勒3份愿景：让二十大精神学用成果更实，让德积企业家驻区发展更好，让街道人民群众获得感更足；打造5张名片：高端纺织集聚地、村级经济活力带、宜居宜业生态区、暖在德积幸福园、作风过硬排头兵）发展目标，持续做优做实“德行在线，履职为民”人大工作品牌，全年召开议政代表大会1次，闭环督办代表书面意见建议14件，完成街道第一届议政代表大会第二次会议确定的各项目标任务。至年末，有苏州市人大代表1人、张家港市人大代表18人、德积街道议政代表52人。

【人大会议】 1月11日，德积街道第一届议政代表大会第二次会议召开，来自街道各行各业的议政代表和列席代表70余人参加会议。大会听取和审议街道办事处工作报告、市人大德积街道工委工作报告，票决产生2023年德积街道民生实事项目10项。

1月11日，德积街道第一届议政代表大会第二次会议召开

【代表之家】 2023年，街道有代表履职中心1个、代表联络站10个、代表联系点6个，形成“一中心多站点”工作体系。根据《市人大常委会关于高质量建设人大代表之家“一中心多站点”工作体系的实施意见》，街道于2021年建成集宣传、议事、办公、接待等功能于一体的人大（议政）代表履职中心——江湾民声堂。年内，德积街道围绕全过程人民民主“七有、九化”总要求，通过制度完善、硬件升级、活动勤办、代表常驻，人大代表之家获上级人大肯定。7月，江湾民声堂被苏州市人大授予全过程人民民主基层实践基地。

【代表接待选民】 年内，市人大德积街道工委按每个代表定向联系10名不同类型选民的标准，以点带面实现代表联系选民“零距离”。开展“苏州市人大代表统一接待日”“常委会组成人员联系代表和选民”“代表接待选民”等活动15场，接待选民300余人，收到意见建议350条，办结率99%。每月15日开展代表轮值活动，累计组织代表进网格接访50轮次，收集关于社会治理、环境整治、停车位改造等意见建议117条。

【代表建议】 2月7日，德积街道召开人大（议政）代表建议、批评和意见办理交办会。会议解读《德积街道人大工委关于办理代表建议、批评和意见的实施办法》，对街道第一届议政代表大会第二次会议期间收集的14条代表意见建议，按照“谁主管、谁主办”“谁牵头、谁主办”的原则，明确责任部门、办理时间、办理要求等，逐一交办。会议强调，各承办部门要思想上高度重视，落实代表建议办理工作；措施上扎实有效，提升代表建议办理质效。以代表满意度作为衡量办理工作的标准，努力把每一件意见建议办好、办实、办到位，真正让代表满意、群众受益。各承办部门通力协作，均在规定时间内完成办结和答复，满意率100%。其中市人大代表陆惠芳提出的《关于加强“三线”整治工作的建议》获评市优秀代表建议，议政代表陈亚军提出的《关于提升德积辖区道路保洁标准的建议》、孙惠提出的《关于处理南海路车辆违停、道路两侧占道经营的建议》获评街道优秀代表建议。

【人大自身建设】 2023年，市人大德积街道工委紧扣“牢记嘱托、感恩奋进”学习实践活动主题，认真组织主题教育，建立理论学习“第一议题”制度，开展“代表微讲堂”“学习宣传贯彻党的二十大精神”“理响之声唱响代表好声音”等宣讲活动8次，实现三级代表参训全覆盖。以弘扬“四敢”精神为抓手，围绕代表法、地方组织法等法律法规开展常态化学习活动6场，参与代表158人次。

【代表联络站负责人座谈会】 3月2日，市人大德积街道工委组织召开代表联络站负责人座谈会。会议传达市人大常委会关于推进人大工作创新发展要求，明确街道人大工委2023年度工作要点。会议强调，要聚焦市委“现代化建设先锋年”工作主题，持续擦亮“德行在线，履职为民”人大工作品牌。以服务大局为主线，在加快推进街道高质量发展上更加主动作为；以群众利益为根本，在积极践行全过程人民民主上更加奋发有为；以务实高效为原则，在提档阵地平台建设上更加善作善为；以“四敢”要求为导向，在街道人大工作争先进位上更加倾力而为。

【德积街道人大（议政）代表“统一接待日”活动】 5月15日，市人大德积街道工委开展德积街道人大（议政）代表“统一接待日”活动，60余名人大（议政）代表参加。活动现场，各联络站群众代表围绕社会治理、美村建设、公共设施配套等方面踊跃发言，代表们认真倾听、详细记录，与群众代表对话交流、耐心沟通，收到建议意见68条。此次活动让代表更直观了解基层群众的呼声和诉求，进一步畅通“上情下达、下情上传”渠道，提升百姓的获得感、幸福感、安全感。

【市人大常委会主任接待日活动】 8月14日，市人大德积街道工委开展市人大常委会主任接待日暨常委会组成人员联系代表和选民活动，与选民零距离沟通交流，面对面倾听社情民意。活动现场，与会人大代表、选民结合自身实际提出意见建议20余条，市人大常委会组成人员孙惠芳、钱耿和丁萍芬一一记录，对能现场解答的问题逐一解答；不能现场解答的按照相关程序提交有关部门办理，并督促落实。

11月20日，苏州市人大代表“统一接待日”活动在德积街道开展

**【苏州市人大代表“统一接待日”活动】** 11月20日，市人大德积街道工委开展苏州市人大代表“统一接待日”活动。代表们现场察看朝南村美村建设、埭上家委会人大代表联络站、元丰社区议政微广场等点位，了解环境整治、乡村治理、基础设施建设等情况。在随后的座谈会上，基层群众围绕全市工作大局、人民代表大会制度和人大工作、民生福祉及代表联系群众4个方面，提出关于基层民生社会保障、城建交通、征地安置等方面的意见建议9条。苏州市人大代表对群众反映的问题认真做好记录，与群众深入交流，进一步了解情况。

**【人大（议政）代表履职能力培训班】** 9月20—22日，市人大德积街道工委举办人大（议政）代表履职能力培训班，近40名代表参加培训。培训班邀请苏州市人大研究室副主任刘海龙、苏州大学教务处副处长刘方涛专题授课。代表们参观平江路历史文化街区、苏州铁铃关战斗史迹陈列馆、太仓双凤镇、横泾镇人大代表之家、中国美丽乡村电站村5个教学点位，提升代表履职素养。 （陈　铖）

## 依法监督

**【概况】** 2023年，市人大德积街道工委探索建立人大监督和纪工委监督贯通协调新机制，形成人大监督和纪工委监督合力，联合开展农村人居环境整治、企业消防安全、民生实事项目、重大项目建设等督察活动4次，参与代表60人，排查问题20余件。

**【民生实事项目督察】** 年内，德积街道聚焦街道中心工作、重大事项，建立常态化跟踪督办工作机制，全程督办第一届议政代表大会第二次会议票决产生的10项民生实事项目工程进度，做好民生实事项目票决制的“后半篇文章”。至年末，乡村融合发展中心建设、公共厕所新建、老旧小区改造等10项工程均按计划完工。

**【“人大+纪工委”联合督察】** 年内，人大、纪工委联合督察4次。4月20日，街道人大、纪工委

7月26日，街道人大、纪工委联合督察街道民生实事项目

联合督察企业消防安全，对发现的问题提出针对性的意见建议，要求企业强化红线意识，坚守底线思维，时刻绷紧消防安全这根弦，全力确保各项安全防范措施落地见效。6月20日，街道人大、纪工委联合督察农村人居环境整治，针对工作中存在的问题、短板，提出整改意见，强调要坚持问题导向，围绕整治工作中的难点和堵点问题，加强指导督促，全力打好人居环境整治攻坚战。7月26日，街道人大、纪工委联合督察街道民生实事项目，实地察看民生实事项目推进情况，强调要科学组织施工，紧盯时间节点，加快项目建设进度，保质保量完成各项民生实事项目。11月6日，街道人大、纪工委联合督察重大项目建设，详细了解项目建设进度，深入研究项目建设过程中遇到的难点和困难，强调要强化服务意识，统筹协调配合，抓紧时间持续推进各个项目进度，切实帮助企业解决相关问题。

（陈　铖）

## 检查视察

【概况】 2023年，市人大德积街道工委紧盯燃气安全、社区治理、防汛排涝等社会热点，组织苏州市、张家港市、街道三级人大代表开展视察调研活动6次；围绕群众关心的问题，组织代表走进村（社区）、企业、学校12次，形成《关于优化老旧小区电瓶车充电桩使用率》调研报告。

【文明创建工作视察】 3月7日，市人大德积街道工委组织部分代表督察文明创建工作。督察组一行实地察看协兴路加油站、太丰路环宇北路交界处、天霸路灿香路路口等地，详细了解路面环境卫生、“三线”问题整治、道路两旁停车秩序等情况。强调要深化认识提高站位，坚持把争创更高水平文明城市作为街道高质量发展的重要抓手，认真解决在城市管理、社会治理中存在的问题，促进街道形象稳步提升；要主攻短板补强弱项，主动对标更高水平文明城市要求，把职责摆进去、把工作摆进去，提升精细化管理水平；要推动常态保持长效，准确把握当下改和长久立的关系，紧盯问题整改，以务实举措逐条逐项调整优化、整改落实，确保创建活动取得实绩实效。

【防汛抗旱工作视察】 5月17日，市人大德积街道工委视察防汛抗旱工作。视察组一行察看严子港排涝站、拦门沙险工段抛护工程、太字圩港闸站改建工程等项目，详细了解防汛排涝基础设施、物资储备等情况，并召开座谈会听取职能部门情况汇报。视察组强调，要坚决克服麻痹侥幸思想，切实增强风险防范意识，细化完善各类专案预案，做到人员物资设备与险工险段、重要设施一一匹配，严格执行汛期值班制度，确保各类防汛指令、信息及时传递到位、落到实处。

5月17日，市人大德积街道工委视察防汛抗旱工作

【"凝聚代表力量，助力社区治理"视察】 9月11日，市人大德积街道工委开展"凝聚代表力量，助力社区治理"视察活动，实地察看学前社区的大环境整治、垃圾分类及停车位改造，元丰社区的老旧房屋维修、绿化维护，德丰社区的电瓶车充电桩及垃圾房等配套设施使用情况。代表们肯定3个社区在基层治理、民生微实事等方面所做的工作和取得的成效，对存在的问题和社区治理举措建言献策。提出要进一步提高政治站位，把群众满意度作为抓好社区治理的出发点和落脚点；要进一步健全和完善社区治理体系，提升社区治理能力，引导居民参与社区治理；要进一步搭建网格、社区、街道三级联动机制，让更多力量下沉基层一线听民意、解民忧、帮民困，推动民生问题及时发现解决，形成多元共治基层治理新格局，全面提升社会治理水平。

【"服务重大项目、助推经济发展"专题调研】 2023年，市人大德积街道工委召开重点企业企业家座谈会3次，专题走访调研企业6次，督促各项惠企政策落地，推动帮助企业办实事解难题13个。针对德积包芯纱产业市场疲软、工业用地供应紧缺等现实难题，8月，组织部分代表赴广东、佛山学习考察，为规模型企业和包芯纱行业商会实施智能升级、科学管理、产业延伸、提档转型增智赋能。11月，组织部分代表赴常熟、温州部分区县学习考察"工业上楼"等先进经验。 （陈　铖）

## 政协综情

【概况】 市政协德积街道工作委员会（简称政协德积街道工委）成立于2021年，设主任、副主任、工作人员各1人，有政协委员8人、特聘委员4人。2023年，政协德积街道工委创新实施"1234"工作法，构建更多履职载体。运用政协各类协商平台，通过调研视察、提案和社情民意等多种渠道建言献策，加强同委员的沟通联系，落实党员委员联系党外委员、委员谈心谈话等联系制度，不断推动"委员之家""有事好商量"议事平台制度化、常态化。9月，陶飞、孙清、周洪、姜炜被聘为政协特聘委员。年内，政协德积街道工委围绕党政中心工作和群众所盼，发挥"有事好商量·暨时议"协商议事平台和"联村联企联社区"机制作用，组织委员开展调研视察，积极建言献策，提升委员履职尽责的能力。全年开展"有事好商量"活动7次，上报协商议事案例5件。5月15日，苏州市政协副主席、党组副书记王竹鸣带队到德积街道永兴村调研，先后考察永兴村忆乡林、苏州市特色田园乡村朱家埭以及政协德积街道委员之家。

【"委员三联"活动】 2023年，政协德积街道工委开展"委员联村联企联社区"活动4次。4月7日，开展"委员三联"一季度走访，实地察看长江东路千禧南路沿线部分商住楼、老菜场、元丰路德申路口等点位，详细了解路面环境卫生、"三线"问题整治、屋后杂物堆放等情况。6月13日，开展第二季度"委员三联"活动。委员们先后走访朝南村智慧田园线、永兴村乡愁拾忆线等特色乡村文旅路线，了解街道乡村文旅发展。9月12日，开展第三季度"委员三联"活动。委员们到朝南村、德丰社区、福民村、双丰村，现场视察村（居）务公开情况，了解村务公开内容、流程、做法及公开栏设置、村（居）民意见反馈等。12月12日，开展第四季度"委员三联"活动。政协委员们前往乡村融合发展中心、环宇南路口袋公园、小明沙村安置房工地、永兴村江景民宿进行现场视察调研，了解街道2023年民生实事项目建设情况。

【政协德积街道工委实施“1234”工作法】 政协德积街道工委创新实施“1234”工作法，提高政协工作质量和水平，提升政协形象。“1”即一个品牌，打造书香政协。依托街道德“阅”品牌，线上线下开展丰富多样读书交流活动，以撰写读书心得、录制接力读书音频等举措提升委员履职能力。“2”即两个平台，打造智慧政协。用好履职平台，实时记录委员履职情况，及时上传社情民意，以“云履职”的高效协同推动“勤履职”的日常实践；搭建成长平台，积极拓展学习培训渠道，定期组织委员外出参观，学习先进做法，开拓思路眼界，为委员搭建履职能力提升、知识边界拓展、业务素养涵育的全方位成长平台。“3”即“政协协商+基层协商”“委员视察+代表视察”“要事提案+解决方案”“三+”议事，打造活力政协。“政协协商+基层协商”要求培育村（社区）协商议事队伍，组织村（社区）书记、社区贤人、联络员进行协商议事工作专题培训，邀请参与协商议事活动；组织委员定期走基层、下乡村，同村（居）民议事会共同协商，让群众切实感受到政协在身边；“委员视察+代表视察”要求街道人大工委创新尝试“委员+代表”齐调研、共督察的工作模式，凝聚政协、人大合力，靠前监督，发现问题、提出建议、推动整改；“要事提案+解决方案”要求常态化关注群众关切和社会热点，以专题协商、专题议政、民主监督等履职形式，配合重点提案督办打出“组合拳”，推进解决方案落地。“4”即“议、联、访、研”四项活动，打造有为政协。“议”即围绕乡村振兴、文明城市创建、长江大保护、大环境整治、社会治理、安全生产、民生福祉等中心工作，定期开展“有事好商量·暨时议”；“联”即紧盯群众急难愁盼重点问题，每季度开展一次“委员联村联企联社区”活动，做到“走联系点、设联络站、搭联心桥、促联合体、推联办制”这“五联”；“访”即定期寻访田园乡村，挖掘农业增收、乡村振兴、生态建设等方面的优秀案例，寻访当地革命先烈的后代，多做史料抢救保存，把他们的事迹讲好，把红色精神传承好；“研”即围绕街道产业、区位特点，组织对包芯纱、氨纶纱、密封件企业，永兴村、朝南村等农文旅建设，组织专题调研活动。

【张育诚委员工作室成立】 10月27日，政协德积街道工委张育诚委员工作室揭牌成立。张育诚委员工作室以市十三届政协委员、德丰产业总经理张育诚命名。工作室以服务社区居民、赋能社区治理、靠前了解民情、推动协商共议为主要任务，依托德丰集团与德丰社区区企共建优势，拓展资源链接，提供更多可落地的基层服务项目。同时，根据委员张育诚专业特长，开展建筑科普、书香阅读等公益活动2次，推出“同心助餐、委员陪餐、巴士送餐、护苗套餐、协商汇餐”五项套“餐”服务。

（王振宇）

10月27日，张育诚委员工作室揭牌成立

# 协商议政

【概况】 年内，政协德积街道工委聚焦中心工作，围绕文明城市创建、安全生产、特色重点产业等方面问题，组织政协委员深入开展调研，收集社情民意，助推经济社会发展。重点组织委员对包芯纱、氨纶纱、密封件企业进行安全生产形势调研，对永兴村、朝南村等农文旅建设进行调研，完成《依托长江文化品牌，推进文旅产业高质量发展》《以德积包芯纱传统行业转型升级为例，探索高质量发展新路径》2篇调研报告。

【社情民意信息收集】 2023年，德积街道政协委员通过“张家港市政协”App对履职、社情民意收集等工作进行录入、上传，为全市、街道经济社会发展建言献策，全年递交《关于全力提升燃气安全水平的相关建议》《关于完善城市养犬管理的建议》《关于〈长江保护法〉实施背景下解决禁捕三大难点的建议》《关于建设“生育友好型社会”的建议》等30余条社情民意。

【“主次干道增设停车位”协商议事】 2月23日，政协德积街道工委就主次干道增设停车位开展“有事好商量·暨时议”专题协商议事。委员们现场察看长江东路、交通路、港龙路停车位线施划及停车秩序，察看小明沙路—天霸路口点位、南海路沿线大型货车停车情况。委员们认为，停车问题关乎老百姓的出行，也影响着市容环境，属地村及相关部门要多倾听民生诉求，细化工作举措，赢得群众理解支持；要针对停车位缺乏，大型货车停车难、停放乱等问题，因地制宜，一点一策，拿出符合实际的可操作方案，通过改造、更新、调整，逐步解决；要进一步加强对群众文明行车、停车的宣传教育与管理，要增设技防设施，对不文明交通行为要劝导与执法并进，多措并举改善停车秩序。

【“大环境整治提升”协商议事】 4月7日，政协德积街道工委开展“有事好商量·暨时议”，为街道大环境整治提升建言献策。委员们实地察看长江东路千禧南路沿线部分商住楼、老菜场、元丰路德申路口等点位，详细了解路面环境卫生、“三线”问题整治、屋后杂物堆放等情况。在协商会议上，委员们提出，人居环境整治提升应先易后难，从整治难度小的地方着手，治理一处巩固一处，循序推进；将大环境整治提升与城市更新相结合，制定好改造计划；要在日常维护的基础上，充分发挥志愿者团队的作用，定期开展集中整治。

【“乡村农文旅融合发展”协商议事】 6月13日，政协德积街道工委以“农文旅融合发展助力新时代乡村振兴”为主题组织开展“有事好商量·暨时议”。委员们先后走访朝南村智慧田园线和永兴村乡愁拾忆线，感受德积农文旅发展。委员们提出，通过农文旅融合发展推动乡村振兴大有可为，德积街道要进一步整合、优化、提升现有资源，在配套建设上拓宽思路、创新举措；在文化层面深度挖掘、讲好故事。

【“村（居）务公开”协商议事】 9月12日，政协德积街道工委开展“有事好商量·暨时议”。委员们先后走访朝南村、德丰社区、福民村、双丰村，现场视察村（居）务公开内容、流程、做法、公开栏设置及村（居）民意见反馈等情况，针对村（居）务公开提升群众满意度开展专题协商。委员们提出，村（居）务公开要务实有效，创新形式，可开设线上线下多种方式，及时回复村（居）民的疑问和异议；职能条线要加强指导，确保公开内容规范准确；要加强民主

9月12日，市政协德积街道委员走访调研村（居）务公开情况

监督，通过采取实实在在的举措，提升群众满意度。

**【"提升背街小巷环境"协商议事】** 10月9日，政协德积街道工委以"提升背街小巷环境"为议题，开展协商议事月第一场"有事好商量·暨时议"。委员们走访小明沙村、太丰港套闸桥、农商行等地，实地察看周边背街小巷改造、道路硬化、垃圾分类、"三线"整治等情况。委员们提出，要系统性开展工作，明确责任，齐心协力，由相关部门牵头，细分责任，以点带面，逐步改善；要向优秀案例学习，倡导良好的民风民俗；通过最美庭院评比，加强榜样宣传力度，形成环境整治全民参与的社会氛围。

**【"村社联动治理问题"协商议事】** 10月19日，政协德积街道工委开展协商议事月第二场"有事好商量·暨时议"，政协委员们围绕村社联动治理问题讨论，建言献策。会议认为，社区治理是一项需要全民参与的工作，要加强部门协同与村社联动合力，巧用奖惩并举、典型示范的牵引力，齐心协力推动社区治理提档升级。

**【"乡村融合发展中心功能建设及运行"协商议事】** 12月12日，政协德积街道工委就乡村融合发展中心功能建设及运行开展"有事好商量·暨时议"民生实事项目专题协商议事。政协委员们前往乡村融合发展中心、环宇南路口袋公园、小明沙村安置房工地、永兴村江景民宿进行现场视察调研，了解街道2023年民生实事项目建设情况。在协商会议上，委员们提出，街道乡村融合发展中心不仅是街道谋转型、促发展、惠民生的一号工程，更是补齐街道宜居短板的关键一步，要围绕"打造全市一、二、三产融合发展新地标"的目标定位，做好融合发展中心后半篇文章。（王振宇）

12月12日，市政协德积街道委员走访调研街道环宇南路口袋公园

# 张家港市人民政府德积街道办事处

## 政府施政

德积高端纺织产业园项目

【概况】 年内,德积街道高端纺织产业园一期项目全面竣工,首批引进6家龙头企业,3家进入试产环节,八村一社区与企业联合注资1.15亿元,预计年回报率5%。乡村融合发展中心项目完成30%工程量,村均可用财力比上年增16.34%。朝南村张靖皋大桥展示馆建成投用,北荫村与善港农业公司合作打造江湾农文旅样板。张家港湾特色精品示范区高分通过苏州市级验收,朱家埭创成江苏省特色田园乡村,严子港创成省级县乡生态河道。启动大环境“365整治提升行动”、环境综合整治“百日提升”七大行动、综合执法效能“1111”工程。市民广场、德积幼儿园外立面改造,老菜场雨污分流改造工程,学前路拓宽工程,停车位增设,德申路黑色化改造等一批民生工程建成投用。永兴村获评中国乡村振兴服务优秀单位。

【德积街道粮食和油料生产目标确定】 5月5日,德积街道办事处下发《关于印发2023年德积街道粮食和油料生产目标的通知》,明确2023年福民村粮食播种面积174.93公顷,粮食产量1191吨,大豆播种面积4公顷,油料播种面积3.33公顷;小明沙村粮食播种面积188.47公顷,粮食产量1283吨,大豆播种面积5.27公顷,油料播种面积2.67公顷;北荫村粮食播种面积305.6公顷,粮食产量2081吨,大豆播种面积0.13公顷,油料播种面积0.67公顷;朝南村粮食播种面积378.27公顷,粮食产量2576吨,大豆播种面积13.33公顷,油料播种面积6.67公顷;新套村粮食播种面积163.87公顷,粮食产量1116吨,大豆播种面积4公顷,油料播种面积2.67公顷;德积村粮食播种面积144.67公顷,粮食产量985吨,大豆播种面积15.33公顷,油料播种面积4.67公顷;永兴村粮食播种面积175.47公顷,粮食产量1649吨,大豆播种面积7.07公顷,油料播种面积为5.33公顷;双丰村粮食播种面积30.8公顷,粮食产量210吨,大豆播种面积5.33公顷,油料播种面积为2公顷。文件要求各村要提高政治站位,扛起粮食安全政治责任,全面落实粮食安全党政同责;要稳定粮食播种面积,深入贯彻落实粮食安全责任制,巩固提升粮油产能,优化品种布局,强化岔口衔接,深挖单产特别是小麦单产潜力。德积街道农业部门要落实各项惠农政策,多措并举健全种粮农民收益保障机制,确保粮食生产目标任务如期完成。

【德积街道骨干企业新春座谈会】 2月4日,街道骨干企业新春座谈会在永兴村会议室召开。街道党工委书记王苏嘉,党工委副书记、办事处主任孙亮,人大工委主任丁萍芬,办事处副主任

12月27日，《德积街道军人军属优待礼遇办法》发布

到10亿元，入库税金3000万元。年末，德积产业园项目（德积高端纺织产业园）获评苏州市“工业上楼”示范项目。

赵新浩，德丰集团、欣欣高纤、周氏纺织等20家街道骨干企业负责人参会。会议回顾2022年街道经济社会发展总体情况，传达苏州和全市“四敢”会议精神，分析与会企业生产经营现状、当前面临挑战及新一年形势任务。

**【德积高端纺织产业园一期项目投产】** 3月23日，德积高端纺织产业园入园企业政策宣讲会暨工作推进座谈会在永兴村会议室召开。市工信局信息化管理科和行业规划科的工作人员分别就产业创新集群高质量发展扶持政策和高端纺织认定规则方面进行解读。讲座内容丰富，阐述到位，对街道、企业了解政策规定、把握纺织行业发展趋势、规范入园投产具有指导意义。6月，德积高端纺织产业园一期项目竣工。项目位于德积街道长江东路南侧，北京路西侧，福民路北侧，于2021年11月启动建设，总占地面积30.4公顷，规划建筑总面积42万平方米，容积率2.0。项目分三期建设，其中一期用地面积6.72公顷、建筑面积13.49万平方米，总投资4.8亿元，包括10幢生产车间、1幢办公楼及配电房、消防水池泵房等。首批入园的市华亿氨纶纱业有限公司、市恒韵纺织品有限公司、市周氏纺织有限公司3家企业实现投产，投产后容纳纱锭35万个，销售额达到10亿元，入库税金3000万元。年末，德积产业园项目（德积高端纺织产业园）获评苏州市“工业上楼”示范项目。

**【军人军属优待礼遇办法发布】** 12月27日，德积街道在全市率先举行军人军属优待礼遇办法发布仪式。街道各村（社区）党组织书记、民兵营（连）长、街道人民武装部和退役军人服务站工作人员、部分现役军人家属、拥军单位、退役军人志愿者代表等参加活动。活动现场，发布《德积街道军人军属优待礼遇办法》，与会领导为街道拥军单位颁发市“戎耀沙洲惠军平台加盟单位”牌匾、观看德积街道双拥成果展示宣传片，军属代表作感想发言。礼遇办法共20条，分2个方面内容。拥军方面：新兵入伍时，举办欢送仪式，上门慰问送入伍喜报，为家庭悬挂光荣牌；服役期间，及时发放优待金及奖励金。有立功表现的，第一时间送达立功喜报。有突出贡献的，提请相关单位给予表彰奖励。军人名录和事迹符合相关条件的，提请纳入地方志；退出现役时，举办返乡欢迎仪式，宣讲安置优待政策，推介就业岗位。优属方面：统一购买现役军人父母相应保险，协调联系老年大学，搭建就业平台。对生活发生重大变故，遇到突发性、临时性困难的，申办并送达军属优待卡，按规定给予必要的帮扶援助。开展60周岁以上现役军人父母助餐服务、免费体检、健康义诊等关心关爱，组织过集体生日。为独居或80周岁以上现役军人父母居所安装智能安防设备。街道层面在重要节日开展走访慰问，重要活动邀请军属代表参加。

**【民生实事项目实施】** 年内，德积街道办事处投资4721万元，实施政府实事工程项目10项，分别为乡村融合发展中心建设、环宇南路综合改造、公共厕所新建、特色康居乡村建设、残疾人之家建设、新时代文明实践广场功能提升、集镇区域公共停车位增设、集镇区道路提升改造、集镇区口袋公园新建、老旧小区改造。

（聂晨星　孙　超）

表34　　2023年德积街道民生实事工程项目一览表

| 项目名称 | 投资金额（万元） | 建设内容 | 年内进展情况 |
|---|---|---|---|
| 乡村融合发展中心建设 | 3500 | 利用德积幼儿园南侧约0.41公顷预留地块，建设集乡村文化供给、乡村人才培养、振兴项目孵化、三农成果展示、本土特色培育等功能模块的乡村融合发展中心，总建筑面积约0.8万平方米 | 乡村融合发展中心在取得用地批复、施工许可证的基础上全面进场施工，底板混凝土浇筑完成 |
| 环宇南路综合改造 | 70 | 提升环宇南路综合形象，结合沿线实际进行立面改造并增设停车位 | 施工单位进场，进行基础砼浇筑等工作，完成总工程量的60%左右 |
| 公共厕所新建 | 95 | 提升安置社区惠民便民配套，在元丰社区南片广场南侧、永兴村朱家埭各新建公共卫生间1座 | 2处厕所全部完工 |
| 特色康居乡村建设 | 420 | 围绕进一步拓展村庄内涵，打造与苏三堂、定心圩连片的康居样板，在朝南村腰河埭改造改善现有基础设施及人居环境 | 在张家港湾特色精品示范区高分通过验收的基础上，开展针对性提档升级和常态长效管护。康居乡村点位建设接受苏州市第三方检查，根据指导意见进一步整改提升 |
| 残疾人之家建设 | 30 | 整合德丰社区居家养老服务中心现有资源，打造以残疾人辅助性就业为主，集托养、康复、培训、文化体育、维权等各项服务为一体的残疾人综合服务机构 | 正式运营 |
| 新时代文明实践广场功能提升 | 50 | 提升新时代文明实践广场整体文化氛围，共建一批实践站点，将文明实践触角延伸覆盖更多群众 | 开展理论“夜·宣”传精神、唱响“夜·曲”职工歌友会初场选拔、惠民“夜·戏”进基层3场、文明“夜·集”暖人心3场等活动 |
| 集镇区域公共停车位增设 | 10 | 继续摸排可利用的集镇空间，以应划尽划的原则，科学合理增设约170个机动车公共停车位，方便群众出行，提升群众满意度 | 年内增设267个公共停车位 |
| 集镇区道路提升改造 | 96 | 提升德申路、友邦路通行能力，在德申路（千禧路至灿香路段）、友邦路（护漕港桥至灿香路段）进行黑色化改造，全长约1260米 | 德申路黑色化改造、友邦路黑色化改造全部竣工 |
| 集镇区口袋公园新建 | 50 | 在集镇区新建1—2个口袋公园，服务街道居民，提供休闲娱乐场所 | 施工单位进场，进行基础砼浇筑等工作，完成总工程量的60%左右 |

续表

| 项目名称 | 投资金额（万元） | 建设内容 | 年内进展情况 |
|---|---|---|---|
| 老旧小区改造 | 400 | 修缮处理安置社区屋檐破损及墙面隐患，运维改造小区市政配套设施，实施“三线”梳理整治及路灯、雨污水管道改造、汛期排水应急处置等 | 至年底，老旧小区改造涉及墙面粉刷约850平方米，屋面防水修缮约2500平方米，楼道灯修缮涉及151个楼道，更换破损井盖92个 |

## 政务服务

【概况】 德积街道便民服务中心大厅位于德积街道办事处一楼西侧，面积114.75平方米，设置受理服务区、等候区、自助服务区、政务公开区等功能区域，配备医保自助服务机、轮椅、雨伞、饮水机、老花镜、医药箱、针线盒等便民设施，新增母婴室，为办事群众提供温馨舒适的服务环境。

【一站式政务服务】 年内，德积街道便民服务中心大厅6个服务窗口提供一站式服务，其中医保业务综合窗口2个、社保业务综合窗口2个、民政及计生业务综合窗口1个、潮汐窗口1个。中心设立“绿色通道”，打造暖心服务大厅，为老弱病残孕等特殊群体提供人性化服务。年内，德积街道便民服务中心承接公共服务事项47项，涉及人社、医保、民政及计生相关事务。依申请服务事项26项，事项清单和办事指南均投放电子屏，“帮代办”事项以窗口摆放形式对外公布。全年服务中心办理4284件，其中人口监测与家庭发展、社保、医保办理件数分别为759件、2755件、770件，分别比上年增15%、24%、11%。推进“一网通办”平台延伸到街道10个村（社区），中心社保、医保等事务实现网上“一键申办”，全程网办率达到85%以上。便民服务中心群众满意度和业务办结率均达到100%。

【公交“德积便民专线”试运营】 10月，德积街道会同市港城公交集团开展“德积便民专线调研”专题，对各村、社区及周边商铺百姓公交出行诉求进行调研，经多次论证和实地勘察，决定推出公交“德积便民专线”。12月28日，公交“德积便民专线”试运营，专线连通德积、后塍、金港3个街道，单程31.3千米，沿途设立21个站点，全天6个班次，投入车辆2辆，全程票价4元。

（蒋梓屹）

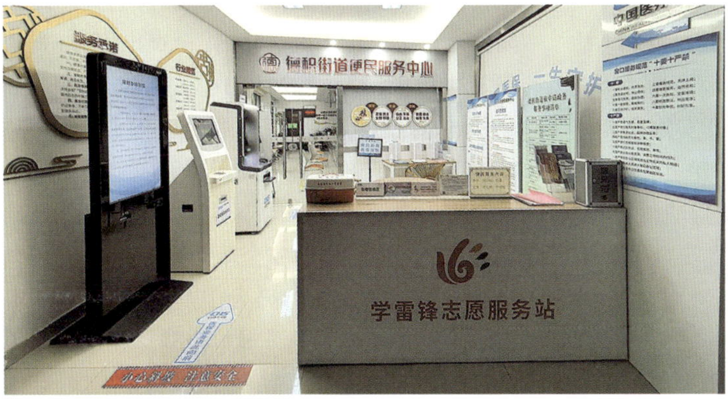


德积街道便民服务中心

## 应急管理

【概况】 2023年，德积街道应急管理局开展各类专项整治行动，做好防灾减灾各项工作，辖区安全生产形势持续稳定。与上年相比，各类安全生产事故起数和死亡人数实现“双下降”，未发生较大及以上事故。年内，德积街道应急管理局获“应急能手，匠心筑安”张家港市安全生产和劳动保护技能竞赛优秀组织奖。

**【安全生产管理】** 年内，街道应急管理局在强化专兼职安全员配备方面，重点企业全部设置安全管理机构并配备专兼职安全员，发放391个专兼职安全管理人员臂章，并登记造册。在强化企业安全风险报告方面，组织辖区391家企业开展风险报告系统填报和扫码自查，完成351家，销号40家，上报率100%。在强化企业安全标准化建设方面，完成苏州捷斯芬化妆用品有限公司、张家港攒鑫特种纤维有限公司和张家港天铭纺织印染有限公司3家企业二级标准化考评，完成35家企业三级标准化定级评审工作。在推进创蓝行动方面，完成创建企业323家，均为“蓝码”。在强化劳动密集型企业火灾防范方面，摸排98家，逐步推动企业完成烟感装置全覆盖，推动村（社区）和氨纶纱企业微型消防站建设，提高企业火灾预警和初期处置能力。在中小企业现场安全管理规范化建设方面，摸排319家，开展自评14家，其中11家达标，2家通过三级标准化定级评审。在安全宣传教育方面，开展企业主要负责人和安全员取证培训3场，覆盖300余人，结合安全生产月、防灾减灾日开展系列活动，提升辖区居民安全意识和避险逃生能力。

**【安全生产责任制落实】** 年内，街道与各村（社区）、企业层层签订安全生产目标责任书，全面落实企业安全生产主体责任。召开安委会会议4次、政府月度会议12次，传达上级会议精神，听取安全生产汇报，部署各项专项行动，街道主要领导、分管领导带队赴企业开展安全生产督导检查6次。

**【安全生产专项整治行动】** 年内，街道应急管理局常态化开展企业安全风险巡查，累计检查企业688家次，排查隐患1393处；开展重大事故隐患专项排查整治行动，制定印发《德积街道重大安全生产事故隐患动态清零行动工作方案》和《德积街道重大事故隐患专项排查整治行动实施方案》，完成企业自查337家，整改一般隐患25处，部门抽查企业293家，发现重大隐患3处、一般隐患363处，全部完成整改。统筹推进纺织印染和冬春火灾风险专项整治行动，累计检查企业204家，排查隐患406处，全部完成整改，其中企业安装烟感1224个；督促指导工贸企业开展安全生产和消防安全自查自纠，签订承诺书400余份。推进瓶装液化气减量百日攻坚行动，排查工贸企业（食堂）194家、小餐饮场所245家、机关事业单位11家，推动工贸企业（食堂）改电36家、改用送餐等其他方式8家，小餐饮场所改管11家、改电95家、关闭等其他方式47家，机关事业单位改管1家，实现燃气管道覆盖范围内瓶装液化气“清零”目标。持续紧盯4家粉尘涉爆企业，开启“一企一档”专项治理。

**【消防安全】** 2023年，德积街道全年消防接警79起。其中各类火灾报警47起、抢险救灾12起、社会救助12起、虚假警8起；出动车辆237次，出动警力1185人，抢救疏散各类遇险人员11人。德积街道消防安全专项治理机制办围绕消防安全专项治理机制工作重点，狠抓责任落实，强化隐患治理，增强防范能力，力促辖区消防安全形势稳定向好。年内，排查出租房（群租房）2449家，整改隐患2216处；排查“三合一”场所6处，全部整改完毕；排查小餐饮场所635家，整改隐患566处，各场所累计签订消防安全承诺书3090份。排查辖区中小旅馆29家，整改隐患77处，签订消防安全承诺书29份。开展电动自行车消防安全隐患大排查，集中撤离违规停放充电的电动自行车800余辆。完成对元丰社区14幢、15幢华昌宿舍，永兴村朱家埭，朝南村长明十一组、十二组，灿香路小餐饮门店4处挂牌督办点位整改验收工作。推进小餐饮场所“瓶改”工作，累计签约244家，完成“瓶改管”“瓶改电”184家（其中“瓶改管”11家、“瓶改电”173家），停气、停业、其他类型小餐饮场所54家。推进消防安全领域宣传工作，累计开展消防安全知识培训、消防演练活动200余次，营造浓厚的消防安全宣传氛围，有效强化群众消防安全意识。

4月14日，德积消防救援站揭牌

【消防安全专项会议】 6月20日，街道办事处召开二季度安委会、消委会会议暨重大事故隐患专项排查整治行动部署会议。会议要求，要守牢底线思维，顺势而为、压实责任敢担当。要强化隐患整改，靶向出击、有的放矢重落实。要凝聚工作合力，到边到底、齐抓共管促发展。会议传达上级安全生产相关会议精神，通报1—5月街道安全生产和火灾事故情况，部署既有建筑领域安全排查整治工作，重大事故隐患专项排查整治、消防安全大排查大整治等专项行动。11月22日，街道办事处召开四季度安委会、消委会会议。会议就做好下阶段安全生产和消防安全各项工作提出相关要求，通报全国重特大事故情况和街道安全生产工作情况，部署纺织印染企业安全专项治理行动和下阶段安全防范工作。

【防灾减灾】 年内，街道应急管理局完成街道层面14个预案编制印发，建立街道、村（社区）两级灾害信息员队伍，配合市应急管理局开展灾害信息报送模拟演练工作；落实领导带班和24小时值班制度，及时核实并反馈辖区内发生的各类突发事件，对上级下发的各类灾情风险提示和预警信息第一时间传达到辖区所有企业，累计转发各类风险提示单、预警通知34份；定期开展应急预案演练，累计开展应急演练20余场。

【德积消防救援站揭牌】 4月14日，德积消防救援站揭牌仪式暨2023年张家港市“乡村振兴，消防伴行”活动启动仪式举行，活动介绍德积消防救援站相关情况并宣读《2023年张家港市“乡村振兴，消防伴行”主题行动实施方案》，苏州市消防救援支队支队长朱亚明，张家港市委副书记、市长蔡剑峰共同为德积消防救援站揭牌。德积消防救援站位于德积街道灿香路119号，建筑面积5999平方米，承担辖区45平方千米灭火救援战勤保障任务。该站于2022年11月竣工，建设标准为一级消防站，至2023年年末，配备人员40人、执勤消防车8辆，并按标准配备防护、堵漏、救生、照明、破拆等灭火救援器材。

【氨纶纱企业消防安全知识培训暨消防大演练】 12月14日，德积街道开展氨纶纱企业消防安全知识培训暨消防大演练，市消防大队参谋对企业消防安全工作进行专业性指导，德积消防救援站站长围绕消防安全法规要求、火灾预防基本概念、火灾种类、灭火的基本方法、火场逃生术等方面讲解消防安全知识要点和基础技能，并提供学习方案。街道按照企业消防安全知识培训和消防演练计划，下午在欣锦阳工业区进行消防演练。（许梦洁）

## 信访工作

【概况】 2023年，德积街道全年接待到访群众62批98人次。市信访局接待街道群众38批101人次。阳光信访平台流转件91件次全部办结，审核办结率100%。聚焦动迁转户、征地安置及欠薪领域，妥善处理信访案件十余起。召开信访例会十次，134人次参加，掌握重点人员思想动态。妥善处理辖区某公司职工被欠薪信访事宜，与德积司法所、市法律援助中心和市人民法院执行局协作，多措并举依法化解信访矛盾，追回欠薪300余万元。全年有效调处各类矛盾纠纷20余起。

【矛盾排查化解】 德积街道坚持以稳定保改革发展，持续加强社会治安防范和管理。落实矛盾纠纷排查、人民调解专项行动，杜绝因矛盾排查不及时、调解不到位导致矛盾激化或群体性事件的发生。紧盯征地动迁、劳资纠纷、电信诈骗、网络新型违法犯罪、非法集资、劳动社保、环境保护、城乡建设、涉法涉诉等重点领域、重点群体及重点人员，逐项排查可能引发个人极端事件或重大群体性事件的突出问题，切实做到“三到位一处理”（即诉求合理的解决到位、诉求无理的思想教育到位、生活困难的帮扶救助到位、行为违法的依法处理）。年内，街道累计开展各类矛盾纠纷排查164次，调解矛盾纠纷27件。其中疑难复杂矛盾纠纷2件、死亡赔偿矛盾纠纷4件、一般矛盾纠纷21件，调解成功率100%。德积街道人民调解委员会冯晓峰获评张家港市优秀人民调解员。

【职工欠薪矛盾化解】 6月，张家港市某有限公司职工代表多次赴德积街道反映欠薪问题，涉及职工121人。街道迅速介入，多次组织市法律援助中心律师、企业负责人和属地村干部协商发放欠薪事宜。经沟通，各方达成“调解协议+司法确认”方案，由市人民法院制作人民调解协议书、出具民事裁定书、确认调解协议有效，并要求企业负责人在规定期限履行付款。10月，该企业仍未履行付款，街道在做好企业职工思想工作的同时，协调律师协助职工办理申请强制执行相关手续。12月，市人民法院查封该企业资产，并委托评估公司对该企业的厂房、设备进行拍卖评估并完成司法拍卖。至年末，该企业所欠职工薪资300余万元全部发放到位。（王佳怡）

## 保密工作

【概况】 2023年，德积街道重视保密工作，结合工作实际，将保密工作融入街道日常工作当中。制定街道范围保密工作各项制度和操作规程，组织开展街道涉密信息系统及其接入点、涉密档案数字化保密管理等专项排查，报送自查报告2份、自查项目表1份，向市保密局报送年度保密自查自评报告1份。年内，德积街道未发生泄密失密事件。

【保密教育培训】 德积街道将保密安全教育纳入机关日常学习计划，及时传达贯彻市保密工作会议精神，定期组织专题教育，营造人人自觉遵守保密纪律的良好氛围。街道保密主官全程参与市委保密局组织的专题培训。召开专题会议传达上级会议精神。开展覆盖机关各科室2023年度保密员线上培训，各科室保密员13人参与培训。（聂晨星）

## 关心下一代工作

【概况】 德积街道关心下一代工作委员会（简称关工委）成立于2021年。2023年，关工委充分发挥“五老”作用，紧扣学校教育、家庭教育、社会教育3个重要环节，以立德树人为根本任务，引导街道未成年人树立正确的世界观、人生观和价值观。至年末，街道有村（社区）校外辅导站10个，“五老”关爱者工作站10个。2023年，永兴村关工委获评苏州市基层单位先进集体，姚汉彬获评苏州市最美“五老”；德丰社区获评苏州市基层优秀校外辅导站，刘兴培获评苏州市基层校外辅导站优秀个人。

**【青少年爱国主义教育】** 2023年，德积街道高度重视青少年爱国主义教育。4月22日，市委宣传部、德积街道党工委在永兴村举行纪念新四军老兵“沙洲虎将”陈泾诞辰一百年主题活动；街道关工委组织范洪兴、丁桂兴、姚汉彬等“五老”巡讲团成员深入各村（社区）、中小学校进行“强国复兴有我·薪火相传在今朝”宣讲教育。9月28日，街道组织120余名党员、群众、退役军人及师生代表在永兴村戗戾亭平台举办国家第十个“9·30”烈士纪念日主题活动，街道关工委校外教育辅导员、江畔民声讲师团成员姚汉彬讲述革命先烈张国珍的英雄故事。张国珍烈士外孙、市新四军研究会办公室主任张帆分享其外祖父与德积的革命友谊。12月13日，开展南京大屠杀死难者国家公祭日活动，在街道青少年活动基地，由校外教育辅导员姚汉彬主持，街道党工委委员、关工委主任黄晓旻在师生集会上作“不忘国耻”主题演讲。12月26日，举行纪念毛泽东诞辰130周年活动，街道关工委组织“五老”进校园、村（社区）宣讲红色革命故事40余场。年内，辖区各基层村（社区）关工委以“学党史、育新人、感党恩、跟党走”为主题，组织开展“诵党情国史，承红色精神”观看红色电影等爱国主义教育活动100场。

**【青少年心理健康教育辅导】** 年内，街道关工委整合资源，联合保税区社区教育中心，开展家校社协同，遴选优秀心理教师、村（社区）工作人员、家长志愿者等组建本土师资队伍，推进“一期一会智慧父母课堂”走进学校、村（社区）、企业，开设讲座50余场；与妇联协同推进“三全”教育，安排优秀家庭教育指导师到村（社区）进行专业指导；融合家庭教育与心理健康教育，开展“心动力”青少年成长营心理团辅活动30余场，与未成年人保护站联合开发“育见心世界”心理项目，受益青少年2000余人次。对街道网吧开展巡察，检查未成年人上网情况。年内，姚汉彬获评张家港市文化市场优秀义务监督员。

**【青少年校外实践活动】** 年内，街道关工委围绕“老少心向党”主题，依托村（社区）校外辅导站开展校外辅导活动。8月25日，邀请市关工委副主任陆玉生到德丰社区对村（社区）基层关工工作人员进行培训。暑假期间，街道关工委联合中小学校、退休教师协会，利用村（社区）新时代文明实践站，组织50余名有一定特长、身体健康、热心校外教育的在职教师和“五老”，办暑托班、夏令营，开展多种校外教育辅导活动。街道各基层关工委全年开展校外辅导活动200余场，惠及学生5000余人次。（姚汉彬）

4月22日，纪念“沙洲虎将”陈泾同志主题宣讲活动举行

# 纪检监察

1月15日，德积街道党风廉政建设专题分析会议召开

## 党风廉政建设体制机制

【概况】 2023年，德积街道党工委理论学习中心组集中学习14次，深入学习党的二十大精神、习近平总书记视察江苏重要讲话精神等；分层分级签订《党风廉政建设责任书》，形成“一把手”负总责、一级抓一级、层层抓落实的党风廉政建设责任落实体系。

【党风廉政建设】 德积街道党工委每半年召开一次党风廉政建设专题分析会议，明确重点任务，细化工作措施，落实责任分工。街道纪工委督促各级“一把手”认真履行党风廉政建设第一责任人职责，累计开展“一把手”提醒谈话30余次，指出问题25个，督促制定整改措施25条。落实党工委主体责任、党工委书记第一责任人、纪工委专责、班子成员一岗双责、各办（局）行业监管责任，探索建立“1+N”（纪检部门+N个其他部门）监督机制，签订党风廉政建设责任书21份，构建“五责贯通”（纪检、巡察、审计、财会、法律监督职责）同时发力、同向发力、综合发力的责任格局。

【纪检队伍建设】 德积街道纪工委以纪检监察工作“三化”（规范化、法治化、正规化）建设为契机，切实提高纪检干部综合素质和履职能力。建立每周学习例会制度，采取集中学习、个人自学和专题研讨相结合的方式，常态化开展周学堂26期，警示教育9期，跟进学习纪检监察法规18期。持续强化纪检干部业务培训及实践锻炼，联合农业农村、应急管理、建管等部门，加强对“小微权力”清单涉及部门的对口指导。贯通融合街道村组三级监督网络，选聘40名廉勤监督员组建“晓德廉兵”监督队伍，激活基层监督末梢。（孙亚栋）

## 廉洁文化建设

【概况】 德积街道纪工委落实谈心谈话制度，通过廉政讲座、实地参观、影视教育、书籍熏陶等

6月15日，德积街道“江湾清风·崇德积廉”廉政教育活动开展

8月11日，德积街道廉政专题党课举行

形式引导党员干部自觉筑牢拒腐防变的思想防线。定期开展部门（科室）集体廉政谈话，举办“七一”廉政专题党课，全年组织廉政警示教育30余场，赴张家港家风教育基地、中共一大纪念馆、张家港鉴园等地开展实境教育6次。深挖本土“廉”元素，开展“江湾清风 • 崇德积廉”等系列活动。

**【廉洁教育】** 年内，德积街道纪工委开展《严守纪律规矩，增强底线意识》专题党课，印发“廉卡”6期1200余册，连续3年印发“廉卡”3000余册。打造特色品牌，推行“六廉共建”（党建领廉、文化育廉、警示促廉、监督护廉、制度管廉、家风助廉）工作法，开展廉政警示教育活动30余场，发出“树清廉家风，建文明家庭”倡议书500余份，征集廉洁文化作品39件。推进“一村一品”建设，重点培育“清廉村居”品牌，鼓励开展各具特色的廉洁文化活动，形成街道、村两级廉洁文化集群，走实“亲”“清”“勤”新时代廉洁文化之路。深挖红色文化资源，融通新时代文明实践所（站）等，讲好先贤廉洁故事，弘扬清风正气。量化纪检监察信息工作目标任务，紧扣反腐倡廉工作重点，报送外宣信息累计录用36篇，其中中国纪检监察杂志、中央纪委国家监委网站、新华网、“清廉江苏”微信公众号各录用1篇；报送内网信息累计录用28篇，省纪委内网发表15篇，包括省纪检监察信息网图片新闻7篇、省纪检监察信息网基层之窗8篇，以及苏州纪检监察信息网基层之窗3篇、张家港市级图片新闻10篇。

**【廉洁文化阵地】** 德积街道纪工委开展现场调研督导、监督检查，召开专题会议，推进村（社区）“一村一品”廉洁文化品牌建设。福民村实施“333”监督工作法，即村务监督员、廉勤监督员、志愿监督员三支队伍，监督一点通线上阵地、党群服务中心、锋云堂线下阵地三大阵地，监督党务、村务、财务三大内容，打通服务群众和群众监督的“最后一公里”；小明沙村将弘扬优秀家风与清廉文化相融合，打造“‘廉洁+’清

福民村廉洁文化长廊

廉小明”特色品牌；北荫村打造廉洁“五分钟”学习微课堂；元丰社区开辟“邻理道”社区治理传输反馈渠道，实现纪检工作全覆盖、无盲区；德丰社区组建“德韵清廉”宣讲队伍。德积街道纪工委将建成的10个“一村一品”特色清廉村居与清廉学校、清廉站所等清廉单元相串联，扩大“崇德积廉”本土特色清廉品牌效应，开展“江湾清风”系列活动。（孙亚栋）

## 正风肃纪

**【概况】** 2023年，德积街道纪工委坚持问题导向，精准运用监督执纪“四种形态”处理41人，聚焦日常监督检查和专项监督，通过精准监督、执纪问责、专项治理等手段，巩固深化风清气正的政治生态。

**【监督检查】** 年内，德积街道纪工委制定实施《关于开展德积街道重点事项专项监督的工作方案》《德积街道全面从严治党制度》，构建长效机制。强化日常监督，狠抓作风建设，编发机关作风督查通报5期。紧盯重要时间节点，组织开展正风肃纪监督检查、“清风行动”8次；紧盯文明创建、农村“三资”“两违”治理、安全生产等重点工作、关键环节，开展“点穴式”监督。

**【纪律审查】** 2023年，德积街道纪工委推动街道相关村（社区）进一步完善制度机制，建立信、网、电、访“四位一体”信访举报体系，畅通群众举报渠道，拓宽线索来源。年内，提供成案线索2件，立案审查调查7人次，办结信访举报件8件，适用监督执纪“第一种形态”40人次，开展主动约谈70余人次，帮教治本20余人次，澄清正名4人，制发问题通报3份、纪律检查建议1份。（孙亚栋）

## 巡察与督察

**【概况】** 2023年，德积街道纪工委开展巡察整改“回头看”专项行动，根据市委巡察组反馈意见，研究部署问题整改工作，督促街道相关责任部门、被巡察村（社区）党组织，紧盯问题清单，压实整改责任，针对巡察、督审中发现的问题，举一反三查找机制体制漏洞，推动标本兼治。

**【巡察整改】** 街道巡察采用“巡镇（街）带村（居）”模式，深入查找被巡察党组织履行职能责任存在的偏差、重大风险隐患和落实全面从严治党战略部署方面的突出问题，加强对“一把手”监督。2022年10月开始，街道配合保税区接受苏州市委第一联动巡察组巡察，涉及问题2个，2023年6月全部整改完成。街道发动分管条线优化细化各自整改方案，对照整改时限要求，明确分工，责任到人，攻坚到位，抓住“关键少数”、落实“关键环节”、把握“关键节点”，切实压紧压实整改责任，确保各项整改任务不折不扣落实到位。

**【专项监督】** 街道纪工委坚持问题导向，紧盯纠正“四风”、营商环境监督治理、民生领域问题整治和正风肃纪等问题，开展专项整治，推动监督执纪问责向纵深发展。构建“区街贯通、街村（社区）联动、纪工委监督与行业监管并重”的监督体系，配套建立“周督察、月调度、季反馈、定期整改”工作机制，形成“督察—反馈—督办—整改”的全周期管理和闭环式督察模式。制定实施《关于开展德积街道重点事项专项监督的工作方案》，明确7个方面重点监督任务，开展“小切口”专项督察。年内，累计开展各类监督检查50余次，提出意见建议36条，落实问题整改36个。（孙亚栋）

# 群众团体

## 工　会

6月26日，德积街道“人人讲安全，个个会应急”职工安全行主题活动开展

【概况】 德积街道工会联合会成立于2022年12月，至2023年年末，有下级工会组织101家，其中非公企业工会76家、村级工会联合会8家、村级联合工会5家、村（社区）工会委员会10家、机关工会委员会1家、行业联合工会1家，会员5679人。全年新建德积街道办事处机关工会委员会、德丰社区工会委员会、德积街道快递行业联合工会、江苏德丰混凝土有限公司工会委员会和江苏德丰建设集团管桩有限公司工会委员会5家工会组织，吸纳工会会员368人。

【工会组织建设】 2023年，德积街道工会联合会坚持党建带工建，与街道相关条线部门加强联系合作，与村（社区）工会联合会加强联动，细致摸排辖区企业及村（社区）的工会建会情况，深入走访交流，努力破解工会建会的难点堵点，工会组织建设成效显著。拓展网上入会渠道，加强工会政策宣传，线上线下相结合，大力发展会员入会。年内，推进6个单位新建工会组织，指导7家村级工会联合会完成换届选举工作。做好苏州市工会会员管理系统和“张家港工会通”云平台的信息数据动态管理工作。

【工会帮扶惠企】 2023年，德积街道工会联合会推动企业实行集体协商制度，提高“一合同三协议”签订率，着力把包括农民工、女职工在内的职工就业质量、工资支付情况、劳动保护状况等纳入劳动合同和工资集体协商内容。开展集体协商“集中要约行动”，签订集体合同、工资专项集体合同及劳动安全卫生专项集体合同，所有合同文本送人社服务中心审核备案。6—9月，推进“安康杯”安全生产竞赛和群众性安全生产隐患排查治理活动。开展安全文化行、安全知识培训等活动，引导职工增强安全生产意识，掌握安全生产知识，提升安全生产能力，实现由“要我安全”向“我要安全”转变，活动覆盖职工1000余人。

【职工服务】 春节期间，德积街道工会联合会开展“福送春联”进企业活动，邀请书法老师书写春联和福字，为职工送上工会新春福袋200份，组织开展送温暖、特困职工日常救助、困难职工大病救助等活动，慰问困难职工4人、困难劳模2人，发放价值2000元的慰问物资6份。元宵节期间，邀请百名职工群众参与“春色满园”主题活动，在永兴村明清园参加吃汤圆、猜灯谜、转盘抽奖等活动，传递节日祝福。7月，组织30名基层工会干部以及职工代表观看爱国主义题材

8月8日，德积街道工联会夏季安康“三送”走访慰问活动开展

纪录电影《单声》。七夕节，联合街道妇联、团工委，邀请30名青年职工开展“七待有你，夕望是你”交友活动。8月，开展“唱响江畔”职工歌会，40名职工参加；开展“清凉送一线，防暑保安康”职工防暑降温慰问活动，街道主要领导带队走访慰问德积街道派出所、综合行政执法局、大德物业管理有限公司、德积消防救援站和德积街道乡村融合发展中心工地等户外作业岗位职工，发放慰问物资900余份、价值7万元。11月，组织街道机关、各村（社区）、企业45名一线职工开展疗休养活动。

**【劳模先进评选】** 2023年，德积街道工会联合会做好先进典型选树工作，推荐产生苏州市五一劳动奖章2人、张家港市五一劳动奖状1个，在举办“新时代的我们”庆五一、迎五四主题活动上集中表彰。

**【技能人才培育】** 7月16日，德积街道工会联合会联合大新镇总工会在江苏金鹰流体机械有限公司举办“扬匠心精神·展技能风采”数控车工职业技能大赛，8家企业的16名职工围绕车床加工操作展开比拼。竞赛设置一等奖1名、二等奖2名、三等奖2名，金鹰流体的沈昱烨获一等奖。10月8日，德积街道和大新镇联合举办“‘德新’应手”快递行业劳动和技能竞赛，2个辖区5家快递站点的28名快递员同台竞技。竞赛分违禁品识别、快递包裹封装、快递包裹分堆排道3个项目，评出一等奖2名、二等奖3名、三等奖4名，其中尹文娟和穆永生获一等奖。

（黄佳豪）

## 共青团

**【概况】** 2023年，德积街道团工委有下级团组织165个，其中团委4个、团总支14个、团支部147个。年内，元丰社区“邻里”工作站获评张家港市青年文明号，永兴村团总支获评市级五四红旗团支部（团总支）。

**【青年阵地建设】** 2023年，德积街道设有青年学习社10家，新建“福小团”青年学习社，发布“一稻来朝南”青年学习社线路，其中“福小团”青年学习社获评张家港市十佳青年学习社。全年街道各青年学习社累计开展活动60余场，覆盖团员青年1000余人次。

**【青年队伍建设】** 年内，德积街道选聘12位政治立场坚定、理论素养较高、宣讲能力较强的基层优秀青年骨干组建“江畔民声”青年讲师团，常态化开展面对面、互动性宣讲交流56次。围绕街道中心工作，推进“青春de立方”项目品牌化建设，鼓励各村（社区）锻造“拿得出手”的项目，如永兴村长江生态保护、福民村“福务生”青年志愿服务项目、朝南村“我家朝南”青年在线直播项目、元丰社区“邻理庭”等特色项目，培育、新建“指尖活力社”“云上助农社”2个青年社团。

11月6日，德积街道青年主题研学活动开展

【青少年思想引领】 德积街道加强基层团组织建设，以"青年大学习"主题团课为资源，依托青年之家、联青服务站等团属阵地，常态化开展"三会两制一课""青年大学习"线下主题活动等。组织团员青年、青年骨干开展外出研学、互访互学等，赴苏州、上海调研学习，街道各村（社区）之间开展互访互学3次。年内，开展"青年创意市集""青春微聚会""榜样青年说"及"感沐二十大，青春著华章"主题征文等活动，以学雷锋日、植树节、重阳节等时间节点为契机，组织团员青年开展主题团日活动11次。

【青年志愿服务】 德积街道团工委定期开展志愿活动，重点围绕垃圾分类、巡河护河、美丽乡村建设等主题开展志愿服务。围绕暑期学生教育看护、事实孤儿身心健康、困境儿童关爱帮扶等问题，实施"爱心暑托班""梦想改造+""暖冬行动""团暖蒲公英"等服务项目，其中"青春成长伴我行"立体关护·成长护航工程项目获评市级优秀项目。实施"小镇青年青动力"工程，为青年企业家交流互动、成长发展搭建广阔平台，提供全方位服务。不断拓展"手绘乡村"志愿服务内容，以永兴村、朝南村为重点实施对象，组织创作一批精品墙绘助力打造乡村振兴示范村，永兴村团总支书记丁浩获评张家港市优秀青年志愿者。加强新业态新就业群体党建带团建工作，推动新兴领域从业者与城市基层治理深度融合，其中顺丰速递快递员周士成获评张家港市优秀青年团干部、张家港市青年岗位能手等。（陈佳钰）

## 妇　联

【概况】 2023年，德积街道有妇联组织13个。其中机关妇联1个、基层村（社区）妇联组织10个、"三新"领域妇联2个。德积街道妇联围绕市妇联重点工作与德积街道建设"宜居宜业美德积"的发展总目标开展工作，承办市级"花开正农"新农人一日研学活动，全市30余名巾帼新农人参加。8月，街道新建反家暴联调室。年内，朝南村获评苏州市美丽庭院特色村，朝南村首批获评苏州市级"三全"家庭教育指导服务示范点，德丰社区获评张家港市儿童友好社区。

【妇女创新创业】 年内，德积街道妇联推荐5名女企业家加入张家港市女企业家联盟，支持新创业女性吕冰佳创立的"江湾人家"成为妇女微家，并推荐其成为张家港市"心动联盟商家"，在其露营地开展七夕交友活动，近100名辖区适龄青年参加；搭建平台支持女能手展示产品，承办市新农人一日研学，朱海燕家庭农场、朝南村农产品直播间、江湾人家露营地等列为研学点位。

【妇女儿童权益维护】 年内，德积街道成立首批葵花妈妈团，成员为辖区企业家代表5人，针对街道范围内特殊困难妇女儿童家庭进行专项排查，在联合各村、社区、学校进行两轮摸底和筛选后，确定第一批爱心助学对象；和民政、司法紧密联动，参与家事调解调查7次，街道妇联后期调动多方资源，如志愿者、社会心理咨询老师共同参与回访，保证关爱维权落地闭环。年末，累计走访家庭231户，落实问题整改家庭27户。

【家庭文明建设】 年内，德积街道妇联开展家庭教育指导。启动朝南村乡园文化节暨“美家美院”文明实践行动，引进森林书屋在福民村开展“乡间书集”阅读指导活动3次，参与75人次；引进张家港“陆小游”亲子活动品牌在朝南村开展沉浸式农耕课堂；结合街道首届全民运动会开展乡村亲子徒步；在永兴村开展长江文化科普，在消防站开展安全教育等。推进家庭文明创建。推进“最美”系列和书香家庭评选活动，以家庭阅读为主线的融媒作品《长江边的耕读者》被“学习强国”全国平台录用。联合边防检查站策划组织“我家住在长江边”——“德阅”乡间书集暨“读万卷书、行万里路”共建共读主题活动，在活动中启动“爸爸的书房”子项目，引导父亲发挥家庭文明建设的主力军作用。探索农文旅发展和家庭文明培育相结合，在朝南村首次举办“陆小游”田野露营集市，两天时间有600余个家庭参与。

8月23日，德积街道“我家住在长江边”——“德阅”乡间书集暨张家港出入境边防检查站“读万卷书、行万里路”共建共读主题活动开展

【“我是江畔美丽彩虹”妇联工作品牌建设】 年内，德积街道深耕“我是江畔美丽彩虹”妇联工作品牌，以朝南村陆惠芳为主角，展现德积女性在乡村治理、乡村振兴、农文旅发展、巾帼志愿、巾帼新农人等“江畔美丽彩虹”女性风采的融媒作品“我是江畔美丽彩虹”，被“学习强国”全国平台录入。深度实施2023年度妇联执委领办项目，分为“她”初心、“她”温暖、“她”守护、“她”赋能、“她”行动、“她”活力六大类，涵盖“巾帼心向党，奋进新征程”群众性主题宣教、德暖“葵花妈妈”团、健康蓝图“前”意识安全教育营、“德阅”乡间书集、“家朝南”乡园文化节等18个项目，年内全部完成。

【妇女儿童阵地建设】 2023年，德积街道有妇女儿童阵地12个，其中新建妇女微家2个。“江湾人家”着重妇儿公益、长江文化普及、心动联盟商家婚恋服务；“青蛙驿站”着重新农人直播间、美丽庭院特色村打造、青少年沉浸式课堂等，从公益服务、宣传教育、议事维权、就业创业等多个方面发挥妇女儿童阵地作用；新建新兴领域惠群社工妇联；在德积派出所新建反家暴联调工作室，重点开展德丰社区儿童友好社区建设、朝南村苏州市美丽庭院特色村建设。

【妇女干部培训】 2023年，德积街道以“巾帼向美，学习接力”为主题，连续开展学习接力10场，学习接力员涵盖乡村振兴巾帼新农人、各村（社区）女性理论宣讲员、儿童友好阅读领读人、家风家教宣导员、心理指

10月25日，市巾帼新农人一日研学主题活动走进德积街道

导咨询师、各行各业优秀女企业家等；深挖"江畔讲师团""江畔研习社"优秀女性，提供增能培训，承办全市"花开正'农'"巾帼新农人一日研学活动，搭建好展示的平台。

【妇女节庆祝活动】 2023年，德积街道在三八妇女节开展"我是江畔美丽彩虹"主题活动，展示2022年"我为妇女儿童办实事"优秀执委项目，发布2023年"我为妇女儿童办实事"执委项目12项，成立"德善"葵花妈妈团，以"我是学习接力员"为主线，以"党的二十大精神在基层"为主题，进行巾帼大宣讲——我是学习接力员现场接力等。（陈　圆）

## 科　协

【概况】 德积街道科学技术协会成立于2021年11月，至2023年年末，有科技工作者代表33人，设主席1人、副主席4人、秘书长1人。其中村（社区）代表10人，占代表总数30%；企事业单位代表18人，占代表总数55%；街道相关条线科室代表5人，占代表总数15%。在代表中，45周岁以下25人，占代表总数76%；35周岁以下10人，占代表总数30%；非公有制企业代表14人，占代表总数42%；女代表8人，占代表总数24%。

【科普宣传活动】 2023年，德积街道通过科普阅读、手工制作、宣讲教育、技术培训、实地参观等形式，组织辖区居民开展"环保节能台灯制作""科普向未来，无人机测绘科普进社区""'智在指尖，悦享晚年'老年人智能手机培训""你好，火焰蓝（进消防站）""感悟航天精神，点燃航空梦想"等科普宣传活动15场，提高辖区居民科学素养，培养群众科学思维和创新能力。（陈　圆）

# 法治·军事

## 依法治街

**【概况】** 2023年，德积街道健全街道法治建设工作机制，调整全面依法治街委员会组成人员，制定印发《关于党政主要负责人履行推进法治建设第一责任人职责清单实行动态管理的通知》等文件，完善规范性文件制定、政府文件合法性审查等机制，落实重大事项议事决策制度，党工委全年召开会议16次，集体研究“三重一大”事项40余项。高标准运行街道公共法律服务中心（站），健全村（社区）法律顾问制度，街道、村（社区）两级累计接待法律咨询480余件，向困难人群提供法律援助145件，指引完成率位列全市第一。创建共享法庭融诉驿站，建成元丰社区、德丰社区市级公共法律服务站示范点、法治小区。加强法治队伍建设，开展行政执法人员综合素养提升行动20余次。全年办理政府信息依申请公开9件，妥善处理行政诉讼、行政复议各1起。各级调解委员会依法调处矛盾纠纷464件，涉及金额146.92万元，调解成功率100%。

德积街道市民广场法治主题雕塑

**【法治政府建设】** 2023年，德积街道强化法治政府建设推进机制，制定下发《2023年德积街道法治政府建设工作要点》，统筹实施18个方面重点法治工作。年内，围绕推动城乡基层“援法议事”、综合执法规范化建设等重点工作，听取法治政府建设专题工作汇报2次。落实领导干部学法制度及相关规定，制定《德积街道领导干部应知应会法律法规清单制度（试行）》，全年组织领导干部开展《中华人民共和国宪法》《中华人民共和国民法典》《中华人民共和国长江保护法》等法律法规专题学习8次。完善领导干部年度述法评议、考核制度，实现13位班子成员年终述法全覆盖，持续推动“述法”工作规范化、法治化。强化行政执法监督，健全“一案一卡”发放及行政执法投诉举报处理机制，2023年新申领执法证1人、执法监督证2人，参与市级行政执法案卷评查4批次，出具重大行政执法决定法制审核意见书1份。

3月11日，德积街道党工委组织学习长江保护法

**【法治文化阵地建设】** 2023年，德积街道提档升级法治文化阵地，将原法

治广场打造为德积市民广场，在保留广场原有法治书本雕塑、后母戊鼎雕塑、各类常用法律法规石刻、法治主题雕塑和法治文化墙等普法特色场景和优秀元素的基础上，新建德美小屋、观景长廊，完善车辆停放点位、公厕、道路等公共服务基础设施，并注入多种别具特色的文化元素，让广大群众在休闲健身的同时，感受法治文化熏陶，增加法律知识，强化法治理念。

**【法治宣传教育】** 德积街道围绕"八五"普法工作重点，制定下发《2023年德积街道普法依法治理工作要点》，明确年度普法计划。结合"4·8"司法日、民法典宣传月、宪法宣传周等时间节点，以"线上+线下"模式抓好领导干部、青少年、农民工等重点人群的法治宣传，组织开展宪法、民法典、长江保护法等主题宣传活动30余场，发放宣传资料2000余份，覆盖800余人次。

**【社会治理网格化】** 2023年，德积街道根据部分村（社区）辖区调整实际，及时更新优化网格划分，累计划分二级综合网格8个、二级专属网格1个、三级综合网格36个、三级专属网格13个，精细划分微网格231个。全年处理社会综合治理网格化联动平台工单1700余件、办结率100%，"12345"政务服务便民热线平台工单1188条、答复率100%。通过"联动张家港"App处置各类上报事件400余件。立足网格化社会治理需求，全年开展全覆盖走访4次，完成反电诈、防溺水、防范非法集资等宣传活动20余次，开展消防疏散演练20余次，参与500余人次。围绕化解群众矛盾纠纷、做好重点人群和特殊人群走访服务等主题开展培训5场。以网格为基础单元，配合消防机制办开展消防安全专项整治行动，全年累计检查整治出租房（群租房）2449家、小餐饮场所635家，开展日常巡查和集中夜查活动200余次。

2月2日，普法宣传走进永兴村明清园集会

**【综合行政执法】** 德积街道有执法队员6人、执法辅助人员22人，重点开展城市精细化管理、综合行政执法工作，推进建筑垃圾（工程渣土）、垃圾分类、违法建设治理执法保障，执行行政执法"三项制度"，落实行政执法全过程记录，实现执法、管理无缝衔接，事前、事中、事后高效监管。全年查处行政执法案件1753起，其中按一般程序查处305起，罚款金额12.09万元；按简易程序查处1448起，罚款金额5.11万元。全年行政执法案件无行政复议、行政诉讼，办案质量稳步提升。（邢凌波　王佳怡　张　燕）

## 司　法

**【概况】** 2023年，德积街道强化司法所规范化建设，临街设置司法所业务用房方便群众，提高公共法律服务惠民质效，基层民主法治建设持续深化，完成上级对街道"八五"普法中期考核验收。年内，德积司法所获评2023年度张家港市法律援助工作优秀集体。

**【人民调解】** 2023年，德积司法所做好企业调委会创建、人民调解员等级评定等工作，有本级人民调解委员会1个，调解工作室1个，村（社区）人民调解委员会10个，配备专（兼）职人民调解员66人，建立横向到边、纵向到底的基层人民调解网络。全年街道本级调解委员会调处各类纠纷50余起，沈东平获评苏州市人民调解工作先进个人，冯晓峰获评张家港市优秀人民调解员。

【社区矫正与安置帮教】 2023年年末，德积司法所在册社区矫正对象19人，均为缓刑对象，其中严格管理13人、普通管理6人；一次警告矫正对象1人，全年给予警告1人次、训诫2人次。年内，接收社区矫正对象20人，期满解矫14人，执行地变更1人，因违反矫正规定撤销缓刑1人，做到规范入矫、按时解矫。全年开展集中教育175人次，组织公益活动175人次，落实临时救助2人次，累计1800元，完成社会调查31份、执行地变更1份、居住地核实5份。按规定做好社区矫正对象安全稳定工作。在册安置帮教对象85人，其中刑满释放52人、社区矫正解矫转入33人，涉及重点人员8人；年内，新增接收安置帮教对象22人，其中刑满释放15人、社区矫正解矫转入7人，所有安置帮教对象均衔接安置妥当。发放临时性救助2800元，让困难安置帮教对象家庭基本生活得到保障。

【公共法律服务】 2023年，德积司法所结合“关爱民生法治行”“援法议事”等项目，常态化开展公共法律服务进乡村、进网格等活动，着力推动村（社区）法律顾问提档升级。年初完成10个村（社区）法律顾问签约工作，指导法律顾问参与村（社区）重大事项会商、民间矛盾纠纷调解、普法宣传讲座等。全年提供各类法律服务120余次，开展法治讲座40次。及时调整“法律明白人”队伍，至年末，街道有“法律明白人”70人。

（邢凌波　孙春香）

## 人民武装

【概况】 2023年，德积街道完成民兵整组、军事训练、基层规范化建设、兵员征集、国防教育、学生军训和双拥共建等工作任务。街道人武部抓好民兵分队组织建设，按照常态化、规范化、科学化要求，开展民兵军事训练，先后组织民兵分队集训、集中点验、文明创建、战备拉动演练等集训演练6批次。年内，德积街道制定征兵工作计划，成立征兵工作领导小组，通过微信公众号、电子屏、宣传栏、宣传手册、横幅等开展征兵宣传，电话联系、入户走访每个适龄青年，做到宣传动员全覆盖、无遗漏。加强监督执纪，通过新兵和家长填写廉洁征兵问题排查表、签订廉洁征兵承诺书、聘请廉洁征兵监督员等方式，全面落实廉洁征兵工作。

5月24日，元丰社区组织举办民法典知识讲座

【民兵组织整顿】 2023年，德积街道人武部按照市人武部要求，制定基干民兵整组工作方案，完善信息填报。对照民兵编制，完成编组任务，统一配发训练装具、服装等物品。按照年度思想政治教育计划，通过集中授课、杂志刊授和刊授作业等形式，每月组织各村（社区）民兵营（连）长、基干民兵开展政治学习。5月，组织民兵参加全市基干民兵点验大会，民兵参

6月16日，街道人武部与市人民武装部、德积小学等联合开展“国防教育进校园，军民共筑强国梦”活动

点率100%。9月，组织民兵参加市战备拉动演练，全体基干民兵参演率100%。对照上级人武规范化建设要求，规范战备器材库建设，按任务需求更换、补充相应战备物资器材，对部分村（社区）民兵营（连）基层规范化建设提档升级。

【国防教育】 2023年，德积街道整合辖区教育资源，开展国防教育进校园、进机关、进社区等活动，通过开展以爱国主义为核心的国防教育，不断提升全民国防意识和国防观念。6月，与市人武部、德积小学等联合开展“国防教育进校园，军民共筑强国梦”活动。8月，组织6名学生军训教官到沙洲中学北校区开展新入校学生军训。11月，组织部分抗美援朝老兵、村（社区）民兵营（连）长、2023年退役士兵等参观市“双拥”展示馆。（孙　超）

## 退役军人事务

【概况】 2023年，德积街道退役军人服务站坚持“关心关爱退役军人、用心用情用力服务”宗旨，践行“忠诚、担当、争先”工作理念，打造“德融兵心·红耀江湾”退役军人服务品牌，为辖区退役军人及其他优抚对象提供事务办理、政策咨询、救援帮扶、就业创业、学习交流、权益保障等服务。探索基层“部站融合”新模式，协同完成征兵、民兵编组训练、悬挂光荣牌、送立功喜报、走访慰问等各项任务，满足适龄青年从征兵入伍、现役跟踪服务到退役返乡安置等多样化服务需求，实现从入伍到退役的全过程有效衔接和闭环管理。

7月5日，接待苏州市退役军人事务局参观调研。10月30日，接待新疆霍尔果斯市退役军人事务局参观调研。

【抚恤优待】 2023年，德积街道向义务兵家庭发放优待金和奖励金，向重点优抚对象（烈士遗属、因公牺牲军人遗属、病故军人遗属、在乡1—6级残疾军人）发放优待金，全年发放各类抚恤补助245.81万元。年内，德积街道做好退役士兵接收工作，协助退役士兵完成档案移交、社保接续、落户复学等事宜，发放一次性经济补助。组织退役士兵参加退役军人专场招聘会、适应性培训，落实补贴性教育培训政策，提供就业信息，协助退役士兵完成复学及推介就业，并组织退役士兵参加“积分进村”工作。

【双拥工作】 2023年，德积街道落实各项拥军优属举措。春节、“八一”建军节发放慰问金（慰问品）24.8万元。全年联合市人武部、市退役军人事务局，为荣立三等功现役军人家庭送喜报；召开新兵入伍欢送会，赴河南、甘肃等地进行入伍新兵回访。落实军人军属优待礼遇，聚焦官兵现实需求，营造崇军爱军的社会氛围。（孙　超）

# 乡村振兴

## 综　述

【概况】2023年，德积街道村均可用财力1353.37万元，比上年增16.34%，8个行政村及元丰社区（涉农社区）集体总资产9.93亿元。街道八村一社区以乡村发展公司为载体，联合德丰集团、包芯纱商会建设高端纺织产业园，首批入驻企业3家投产，并联合投资5000万元参投暨阳创投基金。依托江湾江村联盟体系，探索打造“长江之境”片区化联动发展模式。街道确定2023年度各村粮食和油料生产目标任务，完成粮食播种面积1628.73公顷，油料播种面积28公顷，常年菜地最低保有量101.33公顷。街道有省级示范家庭农场1家，苏州市级示范家庭农场3家，县级示范家庭农场17家，黄振家庭农场种植的“粉玉”和“红颜”草莓品种在2023年冬季果品品鉴会上分获金奖与银奖。年内，街道有序实施并完成总投资800万元、总面积91.73公顷的高标准农田改造提升任务，朝南村定心圩创成2023年省级水稻绿色高质高效示范片。街道挖掘新型职业农民10人，50余人参加省级农户培训，小农户培训比例超80%。张家港湾特色精品示范区高分通过苏州评审验收，创成苏州市特色田园乡村4个、苏州市康居乡村1个、张家港市级特色宜居乡村9个，永兴村朱家埭、沙泥圩获评江苏省绿美村庄，朝南村获评苏州市美丽庭院示范村。永兴村酒店民宿、江楠院子等一批特色项目建成投运，永兴村获评“中国乡村振兴服务优秀单位”。朝南村连续三年举办“乡园文化节”，获评苏州市和美乡村。打好蓝天碧水净土“三大保卫战”，严子港获评省级县乡生态河道。

【张家港湾精品示范区建设】8月24日，由苏州田园办牵头相关部门组成验收评审组，实地察看张家港湾精品示范区各点位，对重点工程建设成果表示肯定，并提供现场指导。张家港湾生态提升工程建设得到各级领导的高度关注，多次被央视新闻联播、《人民日报》等主流媒体宣传报道。张家港湾特色精品示范区建设于2019年9月启动，总投资8781万元，规划面积10.1平方千米，构筑140万平方米滨江亲水景观带，涉及北荫村、永兴村、朝南村及小明沙村4个行政村。近年，区街联合发力，重点打造“四区”，即舒适宜居的生态生活区、可观可感的农业展示区、富具特色的文化体验区和共享普惠的发展示范区；实施“五大提升工程”，即百年江堤提升、水产养殖清理、生产岸线腾退、道路交通优化、生态环境修复；贯通水廊路

8月24日，张家港湾特色精品示范区验收评审会召开

网，改造提升道路20千米，疏浚河道6千米，拆坝建桥8座，实现污水收集全面入网、水质明显提升、水系四通八达；集中拆违300余处、面积约1万平方米，集中开展示范区内农户家前屋后整治行动，新增绿化面积2万余平方米，新批农房翻建15户；配套公共服务，精心打造明清园、忆乡林、埭上家委会等一批特色阵地，增设公交站点，打造村民活动室、健身步道、游园小景、亲水栈道15处，新建公共厕所3处、停车场（地）5处，划定车位50余个。2022年，张家港湾滨江生态廊道建设项目获江苏人居环境范例奖，张家港湾生态整治工程景观设计项目获IFLA AAPME Awards 2022“杰出奖”。

6月19日，德积街道乡村融合发展中心奠基

【德积街道乡村融合发展中心奠基】 1月，德积街道以社会捐建捐赠形式，启动筹建公益性乡村融合发展中心。其中德丰集团捐建主体建筑及周边配套设施，张家港市包芯纱行业商会39家单位捐资625.3万元。作为全市首个由爱心企业捐建、捐赠的大型社会公益类项目，中心选址在护漕港东、德积幼儿园南侧，集乡村文化展示、文体服务、特色农产品展销等功能于一体。项目总投资约3500万元，规划占地面积0.41公顷、建筑面积约6500平方米，容积率1.49。6月19日，中心奠基仪式举行。主体建设工期约200天，累计投资额2000万元。至年末，乡村融合发展中心土建工程竣工。

【永兴村获评中国乡村振兴服务优秀单位】 11月10日至12日，在第五届中国乡村文化振兴高层论坛上，德积街道永兴村获评2023年度中国乡村振兴服务优秀单位。永兴村持续深化文旅产业发展，构筑“一核双环三街四区”文旅布局，全力打造“江愁田园综合体”项目。锚定“生态兴村”战略，围绕“乡村即景区，旅游即生活”理念，实施“区街牵头、村企合作”的江湾同程农文旅项目，以“互联网+文旅+乡村振兴”模式运营，打造高端宴会中心、农家美食及百套江景客房等功能区域。年内，夷雅安耘度假酒店、江楠院子特色餐饮、43套江景民宿等一批项目建成投运，推动特色餐饮、民宿、田园生活等乡村旅游产业向集群高效聚集发展。

（李　新　丁　浩）

## 美丽乡村建设

【概况】 年内，德积街道制定《德积街道大环境“365整治提升行动”方案》，明确“三份清单”“六大整治行动”“五项创建”，贯穿全年人居环境整治。把美丽乡村纳入乡村振兴建设年度街道督察检查考核内容，引入社会资本，做优人文底蕴，完善治理机制，引导全民参与，助力区街打造集沿江湿地公园、现代农业产业园、民俗休闲度假区、永兴明清园老宅保护群、临江传统自然村落于一体的生态型示范区，至年末，德积街道累计建成特色田园乡村4个、特色康居乡村10个、特色宜居乡村16个，美丽乡村建成率超35%。年内，张家港湾精品示范区通过苏州市级验收，永兴村沙泥圩、朝南村腰河埭完成特色康居乡村建设，朝南村、小明沙村等9个自然村庄被命名为张家港市特色宜居乡村，永兴村朱家埭、沙泥圩及朝南村定心圩、苏三堂4个村庄创成苏州市特色田园乡村，元丰社区及朱家埭各新建公厕1座，德积街道《“一村一策”打造人居环境新名片》入选2022年苏州市农村人居环境整治提升典型案例提名，朝南村《“三美三亮”激发村民参与环境整治内生动力》获2023年度张家港市农村人居环境整治提升村级典型案例奖。

**【农村公路建设】** 德积街道有农村公路11条，总里程21.35千米，均为四级以上道路。年内，街道抓好乡村公路养护，落实规范化管理，投入100万元用于农村道路日常养护及道路附属设施的维修更新，并完成辖区内所有“路长制”公示信息牌的设置。全面落实农村公路“路长制”会议制度、巡路制度、督察制度、信息报送和公开制度四项制度，设置乡级路长1人、村级路长6人。乡、村两级路长开展巡路76次，乡级路长进行督察1次。

**【生态建设】** 2023年，德积街道应急管理局推进大气、水、土壤污染防治工作，生态环境质量不断向好。环境质量方面，街道$PM_{2.5}$平均浓度每立方米29微克；空气质量优良天数比例86%，与上年持平；地表水绩效断面达标率100%，环境质量稳中向好。大气污染治理方面，街道制定秋冬季应急减排名单，完善18项企业秋冬季重污染天气应急管控措施，紧盯企业气体排放数据，落实排放大户科学有序深度减排措施，压降污染浓度和总量。定期开展检查，督促在建施工工地落实扬尘管控“六个百分百”要求，深化工地扬尘防控和道路洒水保洁。开展夏秋季秸秆禁烧和综合利用及垃圾禁烧工作，未发生200平方米以上火点及20平方米以上垃圾焚烧火点，圆满完成秸秆禁烧工作。水污染治理方面，开展专项水质监测107次，完成28个整治类长江入河排口整治验收。开展太字圩港省考断面水质监测291次，对3处问题河道开展溯源排查，发现生活污水管道问题290余个，约谈相关责任人及房东8人，配合保税区规划建设局、街道建设管理办推进辖区39号达标区创建，督促69个主体责任单位114家企业申领排水许可证。完成3家印染企业清洁生产报告编制及验收工作，规范化整治涉磷企业3家。完成2条劣V类水体治理，7条幸福河湖创建任务。土壤污染治理方面，督促1家土壤污染重点监管单位报送土壤和地下水自行监测报告、有毒有害物质排放报告。土壤污染高风险遗留地块涉及福利化学原料二厂地块和新亚化肥有限公司地块，会同新套村约谈德丰集团、新亚化肥负责人，做好地块现状排查及风险管控情况报告，对29家纳入省危废系统的产废单位开展拉网式排查整治，要求其更新2023年最新危废标识，督促其如实记录生产危险废物种类、数量、贮存、处置等信息，规范现场管理，及时整改发现问题，实现一般固废、危险废物规范化环境管理。“散乱污”专项整治方面，开展夜间突击检查“散乱污”企业（作坊）154家，出动检查500余人次，发现问题12个，全部督促整改完毕。累计新增26家“散乱污”企业（作坊），至年末，关停取缔18家、整治提升8家，完成率100%。

**【绿化造林】** 2023年，德积街道强化林地、湿地和自然保护地的管理，严格湿地资源用途管制，做好辖区内湿地保护宣传工作，加强日常巡护，完善湿地生态补偿机制，推进天然林保护生态修复工程，投资75万元用于绿地维护保养，全年完成公共绿地养护面积49.84万平方米，完成造林小班面积1.13公顷。

**【农房建设】** 2023年，德积街道接收农村宅基地和建房（规划许可）申报、审批11户，其中小明沙村9户、永兴村2户；完成9户，其中小明沙村6户、永兴村3户。

**【公用设施建设】** 年内，德积街道完成市民广场改造工程，小剧场新建工程，老菜场雨污分流改造工程，学前路拓宽工程，元丰、德丰、学前3个社区停车位增设工程，德申路、友邦路黑色化改造工程。持续推进环宇南路街景提升工程（含口袋公园），完成总工程量的60%；德丰三期安置房建设完成总工程量的70%。

**【朝南村腰河埭、永兴村沙泥圩获评苏州市特色田园乡村（特色康居乡村）】** 11月17日，苏州市特色田园乡村建设工作联席会议公布2023年苏州市特色田园乡村（特色康居乡村）名单，德积街道朝南村腰河埭、永兴村沙泥圩上榜。朝南村腰河埭位于朝南村中部，有农户40户、村民158人。2023年，朝南村建设更新院墙立面，畅通河道沟渠、改善提升水质，改造建设廉政广场，拓展群众活动空间。永兴村沙泥圩位于永兴村中部，有农户86户、村民308人。作为张家港湾精品示范区重要点位，永兴村投入资金1000余万元，高标准打造康居乡村暨人居环境整治示范点，推进人居环境整体质量提升。

（李　新　周　倩　丁誉伟　许梦洁）

德积街道市民广场

## 水　务

**【概况】** 德积街道践行“节水优先、空间均衡、系统治理、两手发力”治水方针，合理规划并组织实施年度各项水利建设任务，加强防汛工作、工程管护、水资源管理、河长制管理等工作。2023年辖区有镇级河道12条，长度26.62千米；村组河道170条，长度116.7千米。有圩区2个，面积1421.73公顷，排涝站12座，圩口闸2座，圩堤18.31千米，达到20年一遇的排涝标准。

**【水利工程建设】** 2023年，德积街道投资440万元推进水利工程建设。实施生态幸福河湖建设工程，连片整治小明沙9号河、10号河、11号河、12号河、13号河、16号河、17号河等河道，通过清淤疏浚、生态修复、景观建设等综合整治，累计清淤1.5万平方米，新改建生态岸线3.5千米，新增绿化面积3000平方米；在永顺圩与太字圩港河口新建6米闸坝1座，以完善圩区基础设施，提高区域防洪能力。实施太字圩港闸站改建工程，该工程项目位于太字圩港河与长江交会处，占地面积1.05公顷。德积街道新建排涝泵站1座，设计流量为每秒30立方米，净扬程3.14米，安装

永兴村沙泥圩

部的防汛工作，组建防汛抢险队伍1支，人员20人，抢险车辆10辆、动力站2台、50千瓦移动发电车1辆、抽水机2台。防汛物资由保税区防汛办公室统一采购和使用管理。年内，采购防汛块石800吨和防汛抢险工具若干，累计储备防汛块石2200吨、应急潜水泵18台套、渣浆泵1台套、高扬程潜水泵1台套、20千瓦柴油发电机组4台、150千瓦柴油发电机组2台、科勒汽油发电机1台、伊藤全方位照明汽油机组2台、冲锋舟1艘等，专人看管，随调随用。10月，组织开展汛后检查，对辖区内13座排涝站、4座圩口闸、河道堤防等防洪工程全面检查，重点检查主机泵启闭机、电气设备、钢闸门等易损设备，查找问题和安全隐患，编制维修清单，确保各类防汛设施安全有效运行。

2台2200ZGB15—3.14竖井式贯流泵，单台配套850千瓦电机，总装机功率为1700千瓦；拆除老闸并改建为28米三孔节制闸，两边孔均为6米，中孔为16米。工程等级为Ⅱ等，主要建筑物工程级别为2级，次要建筑物工程级别为3级，临时工程级别为4级。防洪标准为100年一遇高潮位设计，300年一遇高潮位校核。排涝标准为20年一遇、24小时降雨后24小时排除。工程由市长江防洪工程管理处具体实施，由张家港市张水项目管理有限公司代建，工程土建部分由江苏盐城水利建设有限公司中标承建，上海东华工程咨询有限公司监理，苏州市水利工程质量检测中心有限公司负责质量检测，工期589天。2021年12月15日工程开工，至2023年年末，主体工程建设基本完成，计划2024年5月完工验收。

**【防汛防旱】** 德积街道建立防汛领导组织体系及村（社区）防汛指挥网络。汛前，全面排查辖区排涝闸站、在建涉水工程、河道堤防等水利工程，在汛前完成维修养护任务。备足备齐防汛物资，落实装载机5台、挖掘机7台、土方车18辆。长顺给排水公司负责保税区“两区一园”内

**【河长制管理】** 年内，德积街道规范河长巡河职责，推进河长履职尽责，召开河长制工作会议10次。督促河长开展常态化巡河，镇级河长每月巡河，村级河长每周巡河，全年镇级河长巡河132次、村级河长巡河480次。更新河长制公示牌63块，整改完成张家港巡检网交办事项194项，苏州市区、县河道巡检网交办问题3项。完成劣V类河道销号1条、劣V类河道整治2条。年内，会同后塍街道河长办落实联合巡河活动，对交界河道缪家港开展现场办公4次。督促企业、商业门店进行雨污分流整治及接管工作，全年完成企业整改122家、沿街商户整改93家。镇级河道严子港通过省级县乡生态河道验收，永兴村4条河道完成市级幸福河湖创建，小明沙村7条河道完成连片整治。街道在“学习强国”学习平台和“紫牛新闻”App各发布信息1次，“水

7月10日，德积街道长江禁捕工作会议召开

润港城”微信公众号发布信息3次，“美在德积”微信公众号发布信息3次。

【水资源利用和管理】 2023年，德积街道高度重视水资源管理利用，有省级节水型企业江苏华昌化工股份有限公司、张家港保税区长源热电有限公司、张家港保税区胜科水务有限公司等20家。水资源管理方面，对年用水量10万立方米以上的企业全面实施计划用水管理并录入市级水资源管理系统。配合市水资源处下达年度用水计划，监督用水单位规范正确用水，做好江苏华昌化工股份有限公司、张家港保税区长源热电有限公司等7家自备水企业延续取水工作，完成张家港天铭纺织印染有限公司、张家港市港城针织有限公司2家地下水用户注销工作，指导企业建立完善用水台账资料和各项水资源数据填报工作。3月，开展“水法宣传周”活动，组织社区广场宣传、参观市水资源科普馆等线下宣传活动。完成2家节水型企业创建，获奖励用水指标0.85万立方米。

【长江大保护】 年内，护渔队在辖区范围内开展定时巡查，专人专职，分段分时巡逻，规范处理相关事项。提升巡护人员的责任意识和技能水平，制定巡护队员考核办法，开展巡护人员培训4次。7月10日，街道召开“三无”船舶整治与长江禁捕退捕工作会议。12月5日，街道在辖区长江流域沿线设立护渔队网格化公示牌，确保一个护渔员对应一块区域，专人专区。至年末，街道印制分发集贸市场、各村（社区）、餐饮单位等宣教资料约500份，移交渔政执法部门和双山水上派出所处理违规垂钓9起12人。 （黄　磊）

## 乡村产业

【概况】 2023年，德积街道水稻种植面积752公顷、小麦种植面积822公顷，有示范家庭农场21家，有苏州市、张家港市农业产业化龙头企业各1家。其中张家港市绿色中药饮片有限公司于2021年获评苏州市农业产业化龙头企业，是一家专业生产中药饮片、精制饮片和高档参茸滋补品的企业；张家港市小明沙养殖有限公司于2023年被复评为张家港市农业龙头企业，是一家生产鲜猪肉、香肠、猪肉脯的企业。年内，街道常年菜地最低保有量100公顷，蔬菜总产量6155.33吨、果品总产量101.2吨。区域果品主要为草莓、西瓜、桃子、梨等，其中福民村种植大户培育的草莓连续2年获评张家港市冬季果品品鉴会金奖。

【农业产业】 德积街道农业产业业态主要为农业种植，农产品以水稻、小麦、油菜等粮油作物为主。有2家农业产业化龙头企业，其一为张家港市绿色中药饮片有限公司，拥有知名品牌“永

小明沙养殖有限公司生产的猪肉脯

盛”牌企业商标，2023年销售额1.5亿元，比上年增20%；其二为张家港市小明沙养殖有限公司，下设健康猪场、太字种养专业合作社、小明沙肉类加工场和健康猪肉销售店，年线上销售额约500万元。至年末，街道有4家休闲观光基地，营业收入为68.4万元，其中主要来源为农副产品销售收入和餐饮住宿收入，全年接待游客13.6万人次。

【家庭农场】 德积街道重点培育一批张家港市级以上示范家庭农场，共有示范家庭农场21家。其中，省级示范家庭农场1家、苏州市级示范家庭农场3家、张家港市级示范家庭农场17家。年内，新增惠平家庭农场、魏军东家庭农场、孙群肆家庭农场3家苏州市级示范家庭农场。

【新型职业农民培训】 2023年，德积街道新培养以45周岁以下、大专以上学历为主的新型职业农民10人。10月，在朝南村、新套村、福民村开展农户省级培训，参训50人，课程内容涉及安全生产、乡村振兴、电商营运等，小农户参训比例达到80%以上。

【德积街道首个远程竞价拍租项目“落槌”】7月，德积街道北荫村千禧南路门面房126号1至2层拍租项目成功“落槌”，成为街道推出的首个“远程不见面”竞价拍租项目，对推动农村产权交易进入“线上不见面”具有示范意义。此次竞价会通过“远程不见面”电子竞价方式，标的交易面积为302平方米，由苏州星诚医药连锁总店以每年35万元的价格成交，远高于每年13万元的起拍价，溢价率169.23%。近年，德积街道农村工作办探索招租形式下对外公开竞价的操作方式，推进农村产权交易从现场报名到手机报名、从现场竞价到远程竞价的转变，做到全链条全流程让“数据多跑路”。

（李　新　穆丽霞）

## 农村资产管理

【概况】 2023年，德积街道村均可用财力达到1353.37万元，比上年增16.34%。年内，下拨村级组织运转保障经费425.85万元，涉农社区补助10万元。街道强化村级集体经济和农村基层干部的审计监督，完成8个村级经济组织（包含村级单独建账单位）“三年一审”的审计工作，完成村党组织书记离任审计2人。

【村级经济】 2023年，德积街道有可用财力超1000万元村6个，分别为福民村、小明沙村、北荫村、朝南村、新套村、德积村，其中新套村以2008万元可用财力位列村级第一，也是德积街道村级可用财力首个突破2000万元的村。全年实施“一事一议”村级公益事业财政奖补道路改建项目1项，朝南村投资63.3万元。

【农村集体资产管理】 街道全面规范运行农村集体“三资”智慧监管平台，完成年度村级集体资产清查工作，做到账实、账证、账账相符。至年末，街道8个行政村及元丰社区（涉农社区）集体总资产9.93亿元，比上年减1.97%；总负债4亿元，净资产5.93亿元，总收入1.42亿元；村均净资产6592.04万元，比上年增13.60%；村均总收入1579.34万元，比上年增11.33%。通过“江苏省农村产权交易中心”网络平台交易农村集体资产、资源交易项目320项，成交额3444.87万元，成交面积1014.99万平方米。其中土地项目251项，成交额1862.69万元，成交面积1005.04万平方米；资产项目69项，成交额1582.18万元，成交面积9.95万平方米。

【德积乡村发展有限公司重大投资项目实施】德积乡村发展有限公司成立于2021年10月28日，注册资本1000万元。2023年，张家港市德积乡村发展有限公司对外投资2家公司，分别是江苏德积高端纺织产业园有限公司和张家港暨阳创业投资合伙企业（有限合伙）。德积乡村发展有限公司联合德丰集团、包芯纱商会抱团注资1.15亿元建设高端纺织产业园，占股30%，年兜底收益率5%，10月，获投资收益574.5万元。该产业园于2022年12月27日交付启用，2023年首批入驻企业3家投产，“涡流纺”等一批世界先进应用场景落地，获评2023年度苏州市“工业上楼”示范项目。同时，德积乡村发展有限公司统筹各村（社区）注资5000万元，集中参投“张创投”暨阳基金二期项目。乡村发展公司还承接政府绿化管护业务，通过联盟携手、抱团发展开辟强村富民新通道。

【德积街道村级集体经济发展推进会】 2月21日，德积街道村级集体经济发展推进会在街道办事处101会议室召开。会议指出，要在抢抓政策机遇上敢为人先，聚力提速全域振兴步伐；要在强村兴业富民上敢闯新路，精心绘就共同富裕图景；要在加强“三资”监管上敢破敢立，高点打造规范发展样板。会议分析街道2022年村级经济发展情况，提出2023年加快村级集体经济发展的工作思路、年度目标和工作路径。

（张格玮）

2月21日，德积街道村级集体经济发展推进会召开

## 城乡一体化管理

【概况】 德积街道对集镇区主要道路落实网格化管理，每个路段队员负责指定路段市容日常巡查，针对管辖路段商铺店外经营、流动摊贩、车辆乱停放等问题进行劝阻整改；另设3名小组长负责责任路段的巡查督导，及时发现并督促解决环境卫生和市容秩序等方面存在的问题，针对屡劝不听、拒不整改的疑难问题，及时上报区域负责执法队员依法查处，使城市管理各项工作落地见效。通过“三色管理”、

小微执法等专项行动，推动门店“门前五包”责任落实，市容环卫责任书百分百签订并公示，全年整改门店秩序543家，对12家门店赋色（黄牌5家、红牌7家），查处非机动车违停651起，机动车违停贴单1852起。8月21日德积街道城市管理委员会成立后，定期召开工作例会，通报城市管理工作情况，统筹协调解决城市管理难题，开展环境综合整治“百日提升”七大行动，结合“12345”小微执法联动机制，推动整改乱停车、乱堆放、乱扔垃圾等问题，提升城市精细化管理水平。

**【人居环境整治专项会议】** 年内，德积街道召开人居环境整治专项会议2次。2月14日，德积街道大环境（农村人居环境、垃圾分类）整治专题部署会在街道办事处101会议室召开。会议总结2022年工作，部署2023年工作，全面启动“365整治提升行动”。德积街道通过走访基层、查看现场、现场办公等形式，点对点布置各村（社区）农村人居环境、垃圾分类工作，全面提升大环境面貌，共建文明洁美的江畔德积。8月4日，德积街道城市精细化管理暨生活垃圾分类工作专题推进会在街道小剧场会议室举行。会议传达保税区城市管理工作相关会议精神，部署城市精细化管理工作、生活垃圾分类工作。街道综合行政执法局、农村工作办、建设管理办负责人作交流发言。会议聚焦城市管理和垃圾分类工作推进，强调要认清形势，统一思想，扛起奋起直追的使命担当；要扎实举措，精准发力，掀起集中攻坚的行动热潮；要优化机制，压实责任，提升协同高效的工作合力。

**【违章建筑治理】** 2023年，德积街道围绕“零增长”和“减存量”两条主线，优化城镇空间布局。持续推进“减存量”工作，拆除复垦土地面积1.1万平方米。违章建筑治理面积8.8万平方米（平台销项面积7.6万平方米），违章建筑专项整治点位44处。美丽乡村建设方面，8月完成一处苏州重点项目——美丽乡村特色亮点永兴村朱家埭精品示范点位，项目拆违面积约1万平方米，有效提升乡村融合城市环境。提升集镇容貌方面，完成一处小明沙村西片十组1号、24号、26号、45号侵占公共空间点位，打造民心工程口袋公园。环境整治方面，改善双丰村长江中路343—353号门面房，提升雨污分流的常态化成效，完成一起千禧南路36—58号重点消防通道堵塞拆违项目工程，打通生命通道。配合区重点工作方面，完成永兴村、双丰村、新套村“三优三保”的复垦验收工作。全年完成违章建筑宣传9篇，其中省级媒体宣传1篇。2023年德积街道违法建设工作获市违章建筑专班认可。

德积街道大环境“365整治提升行动”后的永兴园桥景色

**【环卫管理】** 2023年，德积街道保洁道路31条，保洁总面积61.98万平方米，绿化带保洁面积14.83万平方米、机动车道面积24.87万平方米、非机动车道面积7.33万平方米、道板面积14.95万平方米。全年道路、绿化、垃圾收运等环境卫生长效保洁由市大德物业管理有限公司服务，服务费用296万元。

**【垃圾分类与收运】** 德积街道完善垃圾分类设施，设置垃圾分类亭（房）92个，配有厨余垃圾和其他垃圾二分类桶的农村家庭2829户，配备分类收运车辆36辆，元丰社区、德丰社区全面启动4个垃圾分类称重系统，推进学前社区智慧网格平台建设，完善有害垃圾暂存库，配置有害垃圾计量采集系统，完善分类收运系统，德丰社区华申苑无人督导人工智能垃圾房完成立项，占地面积350平方米的大件暂存点完成建设。生活垃圾、收运和处理体系基本全覆盖，分类设施覆盖率100%。开展督导宣教行动，通过微信公众号、宣传栏、广场活动等形式进行垃圾分类宣传，受众累计5.3万人次，发放宣传手册10000份，入户宣传8900次，提高居民分类准确率和垃圾分类意识。常态化开展周四宣教执法日行动，全年查处未按规定分类投放生活垃圾案件840起，现场开展宣教，督促辖区内居民、企业抓好源头整改。完善垃圾分类整治长效管理机制，每周开展全覆盖检查，以工单形式抓好销号整改，全年下派130份整改通知单。至年末，街道累计处理餐厨垃圾8760吨、建筑（装修）垃圾13560吨、农贸市场有机垃圾730吨、大件垃圾172吨、有害垃圾6.5吨、可回收物758吨、家庭厨余垃圾2920吨，焚烧和填埋其他垃圾22265吨，生活垃圾回收率33%，厨余垃圾、其他垃圾分出率40%。

**【户外广告管理】** 2023年，德积街道推进户外广告设施整治提升接续工作，清理各类乱张贴、不规范橱窗广告及立柱广告635处；落实安全责任主体，加强户外广告安全管理，拆除大型封窗、灯箱等不规范户外广告设施14处，督促南海路佐敦涂料、十字港桥龙天广告2处大型户外广告完成安全鉴定更新，东海粮油高炮广告签订安全承诺书，并严格落实专人每月两次打卡制度；统一规划改造长江东路沿线236家商户店招标牌，10月23日起承接店招标牌设施设置审批事项，规范审批流程，审批前勘验、设置时指导、设置后核实，办结店招标牌审批许可案件30件。

（张　燕　周　倩　蒋东荣　丁誉伟）

# 农　业

## 综　述

**【概况】** 2023年，德积街道有耕地面积923公顷，实现农、林、牧、渔业总产值3.2亿元，粮食、蔬菜、水产品总产量分别为11829.3吨、6155.33吨、31.4吨。落实“十四五”高标准农田改造提升部署要求，规划建设高标准农田91.73公顷，总投资780万元。养殖业以猪、鸡、鹅等畜禽养殖为主，年存栏0.6万羽（头）。朝南村的两种金花菜——小叶金花菜（菜苜蓿）和大叶金花菜（菜苜蓿）获绿色食品认证，上市农产品抽检合格率100%，重点基地产品追溯率100%。农机保有量439台套，全年农机投入200.95万元，农业保险投入110.5万元。水稻统一供种面积752公顷，供种量45吨；小麦统一供种面积822公顷，供种量154吨。农药实行零差价配送，做好测土配方肥料配送工作，农药配送销售201.61万元，配送销售肥料757吨。

**【农业基础设施建设】** 2023年，德积街道开展高标准农田改造提升项目建设。项目建设面积91.73公顷，总投资780万元。工程主要建设内容包括新建渠道9.09千米、生态排水沟4.15千米、电灌站5座、机耕路4.51千米，土地平整7.53公顷。

**【现代农业】** 2023年，德积街道北荫村与江苏善港生态农业科技有限公司深入合作，围绕农业高质量发展、智能化农机装备持续推进智慧农业建设，扬州大学农学院等高校提供技术支持，率先使用“机艺融合数字化九工序耕种”技术，实现施肥、双轴分层切削深耕、匀混秸秆全量还田、平整、镇压、开种沟、宽带控深播种等九道工序一次性完成，推动稻麦种植向无人化、数字化、精准化方向发展。

（穆丽霞　吴敏佳　顾晓艺）

## 种植业

**【概况】** 2023年，德积街道主要粮食作物为水稻和小麦。种植水稻面积752公顷，其中南粳5055品种占71.36%，南粳3908品种占22.63%，宁香粳9号品种占比4.29%，另有少量南粳46品种和苏香粳100品种。种植以机插秧为主，占种植总面积的98%，其余为机直播。种植小麦面积822公顷，镇麦15品种占78.7%，镇麦18品种占13.6%，扬麦23品种占7.7%。播种以机直播为主，搭配人工撒播。街道8个涉农村均集中育秧，有超过0.67公顷的集中育秧田1个。年内，街道稻麦核心丰产方种植面积29.33公

朝南村高标准农田

农作物病虫绿色防治

顷，小麦种植品种为镇麦15，每公顷产量6.75吨；水稻种植品种为南粳3908号，每公顷产量9.3吨。街道常年菜地最低保有量100公顷，蔬菜冬春季以叶类蔬菜为主，生产方式以设施大棚为主、露地季节性蔬菜为辅。街道特色果品为草莓和西瓜，其中草莓连续两年获得张家港市冬季果品品鉴会金奖。全年粮食总产量11829.3吨、油料总产量204吨、蔬菜总产量6155.33吨、果品总产量101.2吨，种植业总产值6614.11万元。

**【育种】** 2023年，街道有1公顷以上标准化集中育秧点3个，总育秧面积7.8公顷，供秧田面积787公顷，采用硬盘基质流水线育秧模式建设露地集中育秧，集中育供秧面积占街道水稻生产总面积98%。下发育秧基质补贴42.8万元。朝南村农机专业合作社育秧点面积2.07公顷，购买基质400立方米；德积村股份经济合作社育秧点面积0.67公顷，购买基质150立方米；福民村股份经济合作社育秧点面积0.79公顷，购买基质165立方米；小明沙村股份经济合作社育秧点面积0.86公顷，购买基质200立方米；新套村股份经济合作社育秧点面积0.82公顷，购买基质150立方米；永兴村股份经济合作社育秧点面积1.55公顷，购买基质292.5立方米；江苏善港生态农业科技有限公司育秧点面积1.27公顷，购买基质292.5立方米；湾道（张家港）生态农业发展有限公司育秧点面积0.27公顷，购买基质67.5立方米。

**【农作物病虫绿色防治】** 2023年，德积街道全面推广病虫害绿色防控技术，实行农药统一配送制度，主推低毒、高效、无残留农药品种。水稻机插育秧全程无纺布覆盖，田埂种植显花作物、香茅草等诱防虫害，田间放置性诱瓶，使用生物农药和低毒低残留高效农药，推广稻麦种子处理技术。全年发放小麦、水稻、蔬菜病虫害防治告农户书10次，及时发布病虫害防治信息，关键时期群发短信到各村大户。农药年使用量25.79吨，比上年减0.27%。年内，针对外来有害生物防治进行有效控制，防治加拿大一枝黄花40公顷，人工捕捉福寿螺500千克。

表35　2023年德积街道各村种植情况表

| 村名 | 种植户与面积 | 粮食 | 蔬菜 | 水果 | 花卉苗木 |
|---|---|---|---|---|---|
| 福民村 | 户数（户） | 9 | 4 | 4 | — |
| | 面积（公顷） | 93.30 | 4.00 | 8.00 | — |
| | 设施面积（公顷） | — | 2.73 | 3.30 | — |

续表

| 村名 | 种植户与面积 | 粮食 | 蔬菜 | 水果 | 花卉苗木 |
|---|---|---|---|---|---|
| 小明沙村 | 户数(户) | 7 | 2 | 2 | — |
| | 面积(公顷) | 91.30 | 1.76 | 1.77 | — |
| | 设施面积(公顷) | — | 1.76 | 1.77 | — |
| 朝南村 | 户数(户) | 21 | 6 | 5 | 1 |
| | 面积(公顷) | 182.80 | 12.80 | 4.20 | 0.33 |
| | 设施面积(公顷) | — | 6.80 | 4.20 | 0.33 |
| 新套村 | 户数(户) | 9 | 2 | 3 | — |
| | 面积(公顷) | 86.50 | 4.67 | 4.20 | — |
| | 设施面积(公顷) | — | 4.67 | 4.20 | — |
| 德积村 | 户数(户) | 7 | 7 | 2 | — |
| | 面积(公顷) | 47.80 | 7.40 | 0.73 | — |
| | 设施面积(公顷) | — | 5.06 | 0.73 | — |
| 永兴村 | 户数(户) | 7 | 2 | — | — |
| | 面积(公顷) | 125.00 | 3.00 | — | — |
| | 设施面积(公顷) | — | 3.00 | — | — |
| 双丰村 | 户数(户) | 6 | — | — | — |
| | 面积(公顷) | 21.40 | — | — | — |
| | 设施面积(公顷) | — | — | — | — |
| 北荫村 | 户数(户) | 1 | — | — | — |
| | 面积(公顷) | 156.50 | — | — | — |
| | 设施面积(公顷) | — | — | — | — |

表36　　2023年德积街道各村农业承包大户及农业企业一览表

| 村名 | 主体名称 | 主营产品 | 村名 | 主体名称 | 主营产品 |
|---|---|---|---|---|---|
| 北荫村 | 江苏善港生态农业科技有限公司 | 稻麦 | 朝南村 | 陈建新 | 西瓜 |
| 永兴村 | 张家港市盛茗生态农业有限公司 | 稻麦 | 朝南村 | 丁文军 | 莲藕 |
| 朝南村 | 陈冬 | 莴笋 | 朝南村 | 丁云生 | 稻麦 |
| 朝南村 | 陈惠成 | 稻麦 | 朝南村 | 韩昌娟 | 普通白菜 |
| 朝南村 | 陈火堂 | 稻麦 | 朝南村 | 胡可瑞 | 葡萄 |
| 朝南村 | 陈幸福 | 稻麦 | 朝南村 | 梁华能 | 稻麦 |

续表

| 村名 | 主体名称 | 主营产品 | 村名 | 主体名称 | 主营产品 |
|---|---|---|---|---|---|
| 朝南村 | 卢永安 | 稻麦 | 福民村 | 范明会 | 西瓜 |
| 朝南村 | 沐方保 | 稻麦 | 福民村 | 顾正浩 | 草莓、普通丝瓜 |
| 朝南村 | 孙茂留 | 稻麦 | 福民村 | 黄振 | 草莓、西瓜 |
| 朝南村 | 孙业义 | 稻麦 | 福民村 | 刘洪燕 | 西瓜 |
| 朝南村 | 孙照勇 | 稻麦 | 福民村 | 孙群肆 | 稻麦 |
| 朝南村 | 谈常正 | 稻麦 | 福民村 | 汪名培 | 稻麦 |
| 朝南村 | 王必志 | 稻麦 | 福民村 | 王必志 | 稻麦 |
| 朝南村 | 王洪祥 | 普通白菜、黄瓜 | 福民村 | 王合群 | 西瓜、普通丝瓜 |
| 朝南村 | 夏明付 | 稻麦 | 福民村 | 王余存 | 鲜食番茄、普通丝瓜 |
| 朝南村 | 徐祥富 | 稻麦 | 福民村 | 魏军东 | 稻麦 |
| 朝南村 | 顾海军 | 西瓜 | 福民村 | 武海民 | 西瓜 |
| 朝南村 | 袁之发 | 稻麦 | 福民村 | 夏军冬 | 稻麦 |
| 朝南村 | 张满华 | 稻麦 | 福民村 | 谢克程 | 西瓜 |
| 朝南村 | 张末郎 | 普通白菜、普通丝瓜 | 福民村 | 邢兵稳 | 草莓 |
| 朝南村 | 左玉林 | 草莓 | 福民村 | 杨新伟 | 草莓 |
| 德积村 | 陈火良 | 稻麦 | 福民村 | 张勇刚 | 桃 |
| 德积村 | 陈雪松 | 稻麦 | 福民村 | 郑秋实 | 普通白菜 |
| 德积村 | 陈玉兴 | 草莓、黄瓜 | 小明沙村 | 蒋昌好 | 稻麦 |
| 德积村 | 郝井伟 | 鲜食辣椒 | 小明沙村 | 李桂清 | 稻麦 |
| 德积村 | 陆金良 | 平菇 | 小明沙村 | 梁华友 | 稻麦 |
| 德积村 | 马名华 | 西瓜 | 小明沙村 | 刘汉林 | 稻麦 |
| 德积村 | 沐方静 | 稻麦 | 小明沙村 | 王小军 | 稻麦 |
| 德积村 | 沐俊东 | 稻麦 | 小明沙村 | 王学忠 | 草莓、西瓜 |
| 德积村 | 瞿小忠 | 稻麦 | 小明沙村 | 严军平 | 草莓、西瓜 |
| 德积村 | 沐方保 | 稻麦 | 小明沙村 | 翟连凯 | 稻麦 |
| 德积村 | 王宜举 | 黄瓜 | 小明沙村 | 翟年华 | 稻麦 |
| 德积村 | 谢菊明 | 黄瓜、普通丝瓜 | 新套村 | 邢星星 | 稻麦 |
| 德积村 | 薛琪 | 鲜食番茄 | 新套村 | 丁云生 | 桃 |
| 德积村 | 闫生华 | 稻麦 | 新套村 | 李文生 | 鲜食番茄、黄瓜、普通丝瓜 |
| 德积村 | 杨德福 | 黄瓜、普通丝瓜 | 新套村 | 瞿小忠 | 稻麦 |
| 德积村 | 张惠平 | 稻麦 | 新套村 | 王伯年 | 鲜食番茄、黄瓜、普通丝瓜 |
| 福民村 | 陈增仁 | 普通白菜、黄瓜、普通丝瓜 | 新套村 | 夏军冬 | 稻麦 |
| 福民村 | 杜守万 | 普通白菜 | 新套村 | 邢朝文 | 稻麦 |

续表

| 村名 | 主体名称 | 主营产品 | 村名 | 主体名称 | 主营产品 |
|---|---|---|---|---|---|
| 新套村 | 袁之发 | 稻麦 | 永兴村 | 梁华友 | 稻麦 |
| 新套村 | 闵健 | 稻麦 | 永兴村 | 沈雪根 | 稻麦 |
| 新套村 | 周明珠 | 草莓 | 永兴村 | 王卫兴 | 鲜食番茄、黄瓜 |
| 新套村 | 范贤春 | 稻麦 | 永兴村 | 杨丙才 | 普通白菜、普通丝瓜 |
| 新套村 | 樊卫忠 | 萝卜、普通白菜 | 永兴村 | 杨金根 | 鲜食番茄、黄瓜 |
| 新套村 | 李杰 | 稻麦 | 永兴村 | 展玉明 | 稻麦 |
| 新套村 | 闵锦顺 | 稻麦 | 双丰村 | 曹秀平 | 稻麦 |
| 永兴村 | 陈林松 | 稻麦 | 双丰村 | 张惠平 | 稻麦 |
| 永兴村 | 丁银才 | 稻麦 | 双丰村 | 张满华 | 稻麦 |
| 永兴村 | 李雪军 | 稻麦 | | | |

**【绿色种养循环农业试点】** 年内，德积街道推进240.53公顷绿色种养循环农业试点项目，建立“统一收集、集中发酵、定向配送、机械施用”粪污还田利用经营模式，实施“政府引导、市场运作”粪肥还田服务。全年粪肥还田240.53公顷，施用腐熟粪肥795吨、商品有机肥450吨。

**【耕地地力保护】** 年内，街道水稻、小麦全部实施机械化秸秆处理，处理总面积1559.21公顷，其中秸秆机械化还田1287.95公顷、生态型犁耕深翻144.59公顷、秸秆机械化离田126.67公顷，处理率100%。推广使用商品有机肥450吨，绿色种养循环农业试点粪肥还田240.53公顷。

（穆丽霞）

## 养殖业

**【概况】** 2023年，德积街道肉类总产量48.86吨，蛋产量77.53吨，总产值309.6万元，比上年增加94.3万元。畜牧业主要养殖品种为猪、羊、鸡、鸭、鹅等。辖区全年有生猪养殖户1家，生猪存栏366头，其中能繁母猪17头、肉猪149头；羊存栏451只，其中20只以上养羊户3家，存栏408只；家禽存栏1.5万羽，其中200羽以上养禽户8家，存栏8759羽。全年生猪、羊、家禽出栏量分别为81头、693头、1.32万羽。按“种养结合、畜地平衡”和“源头减量、过程控制、末端利用”原则，街道统筹协调环境保护和畜牧业协调发展，推动畜牧业转型升级，畜禽粪污资源化利用率达到98%。朝南村张家港市德积朝阳养殖场创成2023年度苏州市规模以下畜禽养殖户美丽牧园，通过2023年度苏州市兽用抗菌药使用减量化行动养殖场减抗效果验收，成为区街首家成功创建苏州市级兽用抗菌药减量化行动示范养殖场。

**【动物防疫与监管】** 2023年，动物防疫站将所有养猪场及家禽存栏200羽以上、羊存栏20头以上的养殖场户纳入监管，签订防疫及畜产品质量安全责任书。做好日常程序化免疫工作，组织开展春秋两季集中免疫和夏季补防等“三大免疫行动”，规模养殖场口蹄疫、高致病性禽流感、小反刍兽疫等重大动物疫病免疫密度均达到100%，牲畜耳标佩戴率100%，春秋防散养禽免疫做到能免尽免，全年未发生重大动物疫情和养殖环节农产品质量安全事故。全年累计免疫牲畜口蹄疫691头次、猪瘟231头次、猪蓝耳病245头次、猪链球菌69头次、羊小反刍兽疫266只次、羊痘85只次，家禽禽流感、新城疫免疫分别为2.8万羽和2.56万羽，犬猫狂犬病643只；累计监测采集畜禽血样、病原学样品276份，免疫抗体合格率超90%，无布鲁氏菌病、非洲猪瘟、高致病性禽流感等病原检出。严格做好养殖环节兽药、饲料等投入品监管，启用省农产品质量监管追溯系统，通过手机App实现现场监管实时上传，完善各类养殖台账记录管理，确保各类生产活动追溯可查，全年现场督查畜禽养殖场户、农贸市场及商超肉类销售摊位等场所262场次；每季度开展猪羊“瘦肉精”专项监测抽样行动，全年抽检7户次50份尿样，均为阴性；加强兽药规范化使用宣传，对12家规模畜禽场发放畜禽养殖规范使用兽药告知书、肉牛肉羊防止误用“瘦肉精”等禁用物质技术性指导意见、鸡蛋易检出问题药物风险提示单等资料，督促养殖过程规范使用兽药，指导养殖场户做好生物安全措施，加强科学饲养管理，推进兽用抗菌药减量化，指导张家港市德积朝阳养殖场创成2023年度苏州市兽用抗菌药使用减量化行动达标养殖场；监督养殖场按“四不一处理”规定做好病死畜禽无害化处理工作，杜绝病害肉流入市场，全年养殖环节累计无害化处理病死生猪67头、家禽137羽。

**【淡水养殖】** 2023年，街道水产养殖面积15公顷，水产品养殖总产量31.4吨，常规鱼养殖总产量16.9吨，虾蟹养殖总产量4500千克，年产值约60万元。池塘规模养殖面积13.8公顷，养殖户6户，户均养殖面积2公顷以上。

**【朝阳养殖场】** 德积朝阳养殖场位于朝南村，2011年注册成立，固定资产100万元，是一家集生态养殖、林果种植、实体和网络营销为一体的专业种养牧场，主要养殖贵妃鸡、麻羽绿壳蛋鸡、三黄鸡等品种，年可上市优质散养林地鸡5000—8000羽，特色贵妃鸡蛋、绿壳蛋5吨。养殖场占地面积1.4公顷，其中樱桃、无花果等林地面积1.2公顷，发酵床养殖大棚700平方米，采用“林地散养+发酵床”养殖模式，家禽白天采用原生态林地放养的模式饲养，晚上栖息在发酵床上，不仅降低疾病发生率，还提高肉蛋品质。公司注册“沙洲凤雁”牌商标，所售肉蛋产品多次参加苏州市、张家港市优质农产品展销会，获产品畅销奖。特色家禽品种贵妃鸡肉质鲜美细嫩，油而不腻、营养丰富，富含人体所需的17种氨基酸、十余种微量元素和多种维生素，硒、锌含量是普通禽类的3—5倍，所产贵妃鸡蛋外壳雪白，蛋白细腻、蛋黄亮丽，卵磷脂、卵黄素、胆碱、硒元素含量远高于普通鸡蛋。公司2011年取得动物防疫条件合格证，2023年入选苏州市规下畜禽养殖户美丽牧园名单，并通过2023年度苏州市兽用抗菌药使用减量化行动养殖场减抗效果验收，为区街首家。

（顾晓艺　徐晶军　吴敏佳）

## 农业服务

**【概况】** 2023年，德积街道有3家农业企业和107户种植大户列入农产品质量安全重点监管对象。年内，指导督促食用农产品生产经营主体和种植大户使用农产品质量安全追溯系统，及时录入相关信息，农产品追溯系统和农产品追溯标签使用率100%。监管巡察食用农产品生产单位36家次，巡察种植户428户次，未发现使用违禁农药现象；巡察农资经营单位24家次，检测室抽检农药残留快速检测457批，上级主管部门监管抽检和风险监测69批次，未出现不合格情况。扶持各类农业服务组织发展，提升农作物病虫害统防统治、农资集中统一配送、水稻集中育秧、农机农艺融合、动物防疫等农业服务社会化专业化水平。扩大农业保险参保范围，科学指导农民购买农业保险。构建网络田间双平台，全年发布技术指导信息80余次，农技人员下乡指导农业生产100余次，发布涉农综合补贴及“三农”工作奖励补助管理规范的相关文件。

【农机服务】 2023年，德积街道农业机械总动力12671千瓦，有农用机具439台（套），农业机械净值1455万元。年内，新增各类农机具33台（套），其中大中型拖拉机2台、收割机2台、高地隙植保机1台、高速插秧机8台、侧深施肥装置6台、导航辅助驾驶5台、旋耕机6台、无人植保机2台、小麦复式条播机1台。农机资金投入200.95万元，其中农机化市级以上财政投入52.01万元、镇级财政投入12.4万元、农民个人投入136.54万元。有农机专业合作社1家、“全程机械化+综合农事”服务中心1家、三级维修网点1处。有农机从业人员156人，其中获农机职业技能证书人员2人，全年培训农机操作人员172人次。

【农资供应】 2023年，街道有农业生产资料供应点1家，年供应农药化肥985.61吨。推进农药化肥减量增效，使用市植保站推荐名录农药，农药统一配送至种植大户，降低滥用农药风险；农用化肥施用量757吨，比上年降0.6%；推广使用商品有机肥450吨，绿色种养循环农业试点粪肥还田240.53公顷。开展农药化肥包装废弃物回收与农膜回收行动，按《张家港市废旧农膜回收利用（处置）实施意见》，研究制定德积街道地膜回收办法，回收废旧农膜毛重3774千克、净重1887千克，农药废弃包装物145361只，回收金额2.48万元，回收率100%。

【惠农补贴】 2023年，街道对主栽作物水稻、小麦实行良种补贴政策，稻麦良种覆盖率超98%。水稻统一供种面积752公顷，供种量45吨，每亩优惠12元；小麦统一供种面积822公顷，供种量154吨，每亩优惠18元。小麦价外补贴发放62万余元，水稻价外补贴发放95万余元。发放稻谷补贴112万余元，粮食生产实际种植户一次性补贴23.9万元。农业保险总保费110.5万元，保险险种涵盖钢管大棚、稻麦、露地果树、水产等种类，完善农业灾情援助机制，联合市农业农村局、保险公司对发生的灾情及时响应，补贴受灾农户。

（穆丽霞　吴敏佳　顾晓艺）

# 商贸服务业

## 商贸·市场

【概况】 德积街道规模以上服务业企业有5家，全年实现营业收入2.26亿元，比上年降26.34%；规模以上批发零售企业有4家，全年实现限额以上商品销售总额3.75亿元，比上年降35.23%。其中，规模以上服务业企业包括江苏清源国际货运代理有限公司、张家港市翔顺运输有限公司、江苏张皋汽渡有限公司、张家港市沙洲医院有限公司和张家港市港联危险品运输有限公司，营业收入分别为11710万元、3649万元、2680万元、2314万元和2247万元。

【吉麦隆生活卖场（德积店）】 吉麦隆生活卖场（德积店）位于德积街道友邦东路19号，2014年9月开业，建筑面积2000平方米，主要经营鲜肉、水产、蔬菜、水果、食品、日用百货、化妆品等。2023年卖场实现销售额1276万，提供就业岗位80余个。

【元丰菜场】 元丰菜场始建于2005年，总投资4200万元，占地面积14000平方米。拥有农副产品摊位180个，是德积街道最大的农贸市场。2023年成交额2亿元，比上年增0.05%。

（丁　玲）

## 餐饮住宿

【概况】 德积街道有1家规模以上餐饮企业——张家港市天顺元餐饮有限公司，该企业全年实现营业额406.8万元，比上年降22.42%。有德积闸西饭店、聚丰园酒楼、江荷别院时尚餐厅等一定规模的个体户；有正宗手撕鸡、药膳光头鸡、杨国福麻辣烫、荣江猪脚饭、山东饺子馆、兰州拉面、沙县小吃、重庆小面、陕八客面馆等经典小吃店；有小夫妻鸡蛋灌饼、江南小吃、德丰小吃、比比蒸包、张家杂粮煎饼等特色早餐店；有卤江南、绝味鸭脖、孙记天下卤味等卤菜店；有美好时光、朵瑞思烘焙、蜜工坊、瑞可甜心等中西式糕点店；有曼可基、华莱士、爱芝榴莲披萨等西式快餐店；还有蜜雪冰城、瑞幸咖啡、古茗奶茶、半角纤茶、凝香柠等饮品店。

【江边人家时尚餐厅】 江边人家时尚餐厅位于永兴园路永兴生态园东50米，毗邻长江岸堤，经典园林掩映着精致四合院落，亦是各式打卡拍照“网红”取景点。清净优雅的中式包厢，内含8至10人大桌，装修典雅大气，周边环境雅

江边人家时尚餐厅

静。餐厅建立严格的食材质量保鲜管理机制，投入专业人才和设备，按实际情况甚至高于国家食材审核标准进行管理，并聘请国际联号的品牌厨师团队，用最传统的方法进行烹饪，保证营养丰富、口味纯正。既有薄饼酥肉、澳洲牛肉、干蒸鸡、蟹钳、烧汁香芋等特色菜品，亦有鸡汁黄鱼、红烧杂鱼、鮰鱼汤、螃蟹豆腐等江鲜美味。

【**夷雅安耘度假酒店**】 夷雅安耘度假酒店占地面积0.66公顷，投资6000万元，位于张家港湾核心区永兴村，是生态保护与乡村振兴的重要示范。通过“线下核心项目+线上平台”的建设，推进张家港湾区域内文旅度假体系的完善，为区域内文旅项目的引进和发展提供配套服务。酒店自2022年6月开建，2023年餐饮及民宿一期全部完工，二期民宿工程预计2024年12月完工。其中餐饮区有新中式江南韵味的独立餐饮包厢15个，兼容洗手间、新媒体电视、棋牌桌、茶台等多项设施，满足不同规格的接待宴请需求；有配备音响、投影等设备的宴会厅2个，采用一体新中式设计风格，既可容纳80—100人同时用餐，又可作为百人会议或团建使用，参与者能享受商务宴请、企业团建、会展会议等全方位服务。民宿区有3幢民宿，设有套房、大床房、标间及亲子主题套房等客房43间。房间内部功能先进齐全，房务工作细致完善，给游客带来星级服务的体验。 （丁　浩　丁　玲）

夷雅安耘度假酒店

# 文化·体育

## 综　述

**【概况】** 2023年，德积街道有文化团队4个，参加市级各类文化活动近十场。年内，开展"德惠"文化服务行公共文化配送服务560余场，参加市级体育比赛十余场，各类小规模群众性体育活动十余场。10月，首次举办2023年"我家住在长江边"德积街道全民运动会。

**【公共志愿服务】** 德积街道推动文化志愿服务精准化、常态化、便民化、品牌化发展，有志愿者团队17个，注册志愿者2800余人，全年开展活动1021次，活动人次6979人次，活动时长15429小时，其中街道举办"志愿有我，德善同行"志愿服务活动98场。

**【永兴村朱家埭入选苏州市传统村落名录】** 3月6日，第二批苏州市传统村落和苏州市村镇传统建筑（组群）名录公布，永兴村朱家埭入选苏州市传统村落名录。朱家埭形成于清朝道光十年（1830），由朱家埭与海坝埭组成，居民来源于如皋、靖江、江阴等地，有24条河道和17座古桥。近年，朱家埭先后获全国休闲农业与乡村旅游三星级园区、江苏省四星级乡村旅游景区、江苏省乡村旅游重点村等30余项称号。

（唐　镇）

## 文化阵地

**【概况】** 2023年，德积街道有公共图书馆、24小时图书馆驿站、农家书屋7家，小游园17个。

**【福民村24小时图书馆驿站】** 2023年，福民村24小时图书馆驿站面积102.5平方米，配有图书22种，4500册，配有报纸、期刊15种，其中党报、日报2种；配有可联网的电子音像设备4

永兴村朱家埭

台，可阅读读物2.8万种。配有阅读桌9张、座椅23张，同时开放“爸爸的书房”读书角，增加亲子阅读、咨询功能。图书馆标识清楚，管理制度规范、统一，出版物登记造册、分类归类、便于查找。同时，建有一支志愿服务、推广阅读的志愿者团队，每月举办各类阅读推广活动1次，每年举办科普类活动1场、法律宣教类活动1场。

5月16日，德积市民广场竣工投用暨群众文艺展演

**【朝南村24小时图书馆驿站】** 2023年，朝南村24小时图书馆驿站面积80平方米，配有电子阅读设备和自动化借还设备3台，藏书3000余册，为辖区村民提供全天候的阅读条件。驿站实现无人值守和智能控制，提供自助化服务，让村民享受到“家门口的图书馆”便利，提高驿站的图书流通量，促进全民阅读。依托该驿站，朝南村每月至少开展1场阅读活动，提高辖区村民，特别是青少年的阅读兴趣。2021年，驿站获评张家港市最美公共文化空间。

**【元丰社区24小时图书馆驿站】** 2023年，元丰社区24小时图书馆驿站面积75平方米，藏书4000余册，阅览座席8个。具有办证、图书借阅、图书消毒、咨询等功能，是坐落在社区居民身旁的一处免费阅读休闲空间。驿站采用开放阅读方式，实行零门槛进入、24小时自助服务。站内图书由市图书馆统一调配、统一流转，与全市各级公共图书馆、图书馆驿站实行资源共享，数字阅读平台共享市图书馆数字资源，并常年通过文化志愿者参与日常管理，为读者提供咨询、求助等各项服务。

**【德积市民广场竣工投用】** 5月16日，德积市民广场提升改造项目竣工投用，该项目于2022年10月初开工，广场占地面积近1公顷，总投资600万元，新建面积285平方米小剧场，增设德美小屋、健身步道、百姓舞台等场所，满足不同年龄段市民群众休憩、健身、娱乐需求，在功能风格、整体形象、综合效用上实现多方面提升，使广场成为集生态、休闲、科普、人文为一体的开放式公园。竣工当晚，德积街道党工委副书记、办事处主任孙亮主持竣工投用仪式并宣布广场启动，“和美江湾·双丰戏曲票友会”开展群众文艺展演。至年末，德积街道市民广场开展“村村演、周周演”公益文艺巡演、移风易俗主题文艺巡演、小戏小品群众文艺展演、“唱响江畔”职工歌会、文明集市等惠民活动十余场。

（唐　镇）

## 文化活动

**【概况】** 2023年，德积街道有文化团队4个，包括德积街道芯声合唱团、百合舞蹈队、夕阳红腰鼓队、江湾戏曲票友会。街道文化团队参加各类活动近10场。9月3日，百合舞蹈队参加“大地欢歌”2023年张家港市乡村文艺星级团队大展演暨张家港市第四届广场舞展示活动，获评2023年张家港市乡村文艺三星级团队；11月16

日，德积街道参加“张闻明”之歌——张家港市群众合唱大赛，获合唱大赛第二名。年内，德积街道开展“千场优秀电影进基层”公益放映活动，放映150余场；举办新时代文明实践“夜模式”八大系列活动20余场，开展文化惠民、锡剧惠民等公共文化配送服务563场。

**【朝南村举办第三届“乡园文化节”】** 6月28日，德积街道朝南村举行“我家朝南，幸福家园”第三届“乡园文化节”暨“美家美院·一‘稻’来朝南”庭院提升行动仪式。本届“乡园文化节”延续前两届的乡村趣味运动会、乡村趣味田野跑、乡村农产品欢乐集市三大特色活动，新增乡村“耕耘日”及乡村“长桌宴”两个项目。其中，乡村“耕耘日”开展插秧和“浑”水摸鱼农耕竞技比赛，以特色农耕体验传承稻米文化、田园文化、农耕文化；乡村“长桌宴”，即乡贤回家日，带领乡贤游览定心圩至苏三堂农耕路线风光，品尝长桌宴的“五谷丰登”，重温故土乡情乡愁。活动现场，朝南村还发布“美家美院”“三美”文明实践计划，即朝南庭院美——“庭院四季·变形记”、朝南家乡美——“寻味朝南·视频展”、朝南人文美——“美村埭跑团·志愿行”。

6月28日，“我家朝南，幸福家园”第三届“乡园文化节”暨“美家美院·一‘稻’来朝南”庭院提升行动仪式在朝南村举行

**【德积街道“唱响江畔”职工歌会首演举行】** 8月16日晚，德积街道新时代文明实践“夜模式”系列活动暨“唱响江畔”职工歌会首演在市民广场举行。活动现场，职工代表的小合唱《奋斗吧我们》、百合舞蹈队的舞蹈《美丽的心情》以及彩虹乐团的精彩助唱，让观众们沉浸于歌舞之中；“德美集市”各个摊位开展反诈与垃圾分类宣传、全民阅读推广等。（唐　镇）

## 文化产业

**【概况】** 2023年，德积街道辖区内有网吧2家、歌舞厅1家、健身房2家、文体培训机构15家，对1家印刷企业下发市局加强印刷发行行业安全生产工作有关事项提示，累计巡查20余次。开展印刷企业危化品治理、文明创建网吧市场巡查、出版物市场检查、复打印点专项治理、“小耳朵”专项整治、艺术培训、文化娱乐经营等场所用气端燃气安全等专项行动十余次。

**【文化市场管理】** 2023年，德积街道牢固树立安全发展理念，强化红线、底线意识，落实安全生产责任，履行部门监管和行业监管职责。邀请安全条线联合执法5次，检查文化娱乐场所20次；联合市文体广旅局对辖区内旅游景区、民宿安全排查4次；开展扫黄打非等联合执法行动3次。

**【版权工作】** 2023年，德积街道宣传文明办运用各种平台载体，全方位、多形式地宣传街道版权运用、保护、管理重要举措。以“4·26”世界知识产权日为契机，开展版权周宣传活动。利用“美在德积”微信公众号平

8月16日，德积街道新时代文明实践“夜模式”系列活动暨“唱响江畔”职工歌会首演在市民广场举行

台号召大家读好书、读正版书，保护版权。各村（社区）利用LED大屏幕，滚动播放版权保护公益宣传片和宣传标语，利用QQ群、微信群等方式向辖区门店、企业发送版权保护相关视频。8月，组织相关单位人员参加版权知识培训，提升版权工作能力和服务水平。结合推进实施“文化惠民”工程，在文化娱乐场所、出版物经营点、网吧等场所张贴版权保护相关标识和图片，利用“村村演”文艺演出，营造宣传版权保护良好氛围和环境。深入企业进行版权宣传及登记申报指导，激发自主创作热情。年内，街道宣传文明办组织各村（社区）开展版权宣传活动10场，一般著作权登记600件，其中版权作品登记20件以上企业1家。（陆　恒）

## 群众体育

**【概况】** 2023年，德积街道组织运动员参加市级比赛十余场。4月6日，参加2023年张家港长江马拉松联赛——亲子马拉松赛。6月20—21日，参加张家港市第八届体育运动会、张家港市第六届划菱桶精英赛，街道获划菱桶精英赛团体二等奖，街道龙舟队获区镇街道组亚军。8月8日，参加张家港市第九届全民健身大比拼比赛。9月16日，承办张家港市第八届体育运动会（老年组）太极剑比赛。11月3日，参加2023年“中国农民丰收节”江苏省农民趣味运动会。11月24日，参加张家港市第六届沙上体育运动会和张家港市《国家体育锻炼标准》达标赛。年内，举办2023年“我家住在长江边”德积街道首届全民运动会。

**【体育设施】** 2023年，德积街道完善“10分钟体育健身圈”路线，辖区全程11个点位约75分钟，新增体育路径2套，维修、迁移器材10件，新增健身步道1套，挖掘培育一线社会体育指导员33人。常态化开展街道公共设施安全每月巡检，确保各类健身器材安全正常使用。至年末，街道有健身路径17套、羽毛球场2个、乒乓球场2个、篮球场4个。

**【德积街道首届全民运动会】** 10月14日，2023年“我家住在长江边”德积街道首届全民运动会开幕式在德积小学举行。此次比赛设置传统体育类与趣味运动类两大类，涵盖田径、篮球（三人制）、羽毛球、乒乓球、沙包投壶、稻米接力、齐心协力、喜提丰收、稳向定点、乡村徒步等19个项目，近1200人报名参加。其中特色乡土项目以丰收为主题，体现田园特色，如“稻米接力”项目，由三人组队接力完成急速剥玉米、蒙眼喂香蕉和挑担运粮食；“喜提丰收”项目，让参赛选手从起点一堆农产品中，自行选择装入箩筐，并抱送至终点进行称重，以计时时长最短、重量最接近20斤者获胜。28日，运动会闭幕，现场对参加本届运动会的获奖个人及团队进行颁奖，其中朝南村、护漕港中学和福民村分获团体一、二、三名。

**【2023年张家港长江四分马系列赛(保税区站)开跑】** 4月16日，张家港市第八届体育运动会马拉松赛暨2023年张家港长江四分马系列赛(保税区站)开跑，这是首次在张家港湾举办的马拉松比赛。此次完赛奖牌提取张家港湾的地标建筑鱼篓为核心创作元素，融入张家港城市剪影。赛道沿线设置5个医疗站点、3辆急救车，20名医护志愿者、30名蓝天救援队(每500米就有一位专业的急救志愿者)、40名急救跑团和收尾车为赛事提供应急救援保障，投入400名志愿者和300名安保工作人员。本次赛事设置半程马拉松赛(全程21.1千米)和四分马精英赛(全程10.55千米)两个竞赛项目，2000余名运动员参加，男子与女子半程马拉松赛和四分马精英赛各评出前三名。

**【德积街道承办市第八届体育运动会(老年组)太极剑比赛】** 9月16日，市第八届体育运动会(老年组)太极剑比赛在德积街道德丰社区广场举行。本次赛事由市政府主办，市文体广电和旅游局和德积街道办事处承办，市老年人体育协会、市武术运动协会和德丰社区居民委员会共同协办。比赛项目为42式太极剑国家规定套路，杨舍镇、大新镇、乐余镇、锦丰镇、德积街道、后塍街道等各镇区9支比赛队伍参加。杨舍镇老年队、后塍街道健身队和南丰镇风韵健身队分别获团队一、二、三名。 (唐　镇)

# 卫生健康

## 综　述

【概况】 2023年，德积街道各社区卫生服务机构履行基本医疗、公共卫生服务职能，全年门急诊18.84万人次，中医门诊6.81万人次，开出中医处方7.16万人次，提供健康咨询293人次，开具个性化健康处方195张，提供优先预约就诊168人次、检查54人次。年内，街道社区卫生服务机构新建居民健康档案225份，累计50337份，建档率92.59%，档案动态使用率62.86%。全年服务18.8万人次，比上年增9.6%；业务收入1026.7万元，比上年增5.8%；人均处方53.1元，比上年增0.3%。落实家庭医生签约，大病困难群众和计生特殊困难家庭签约149户，签约率97%；全市“点单式”健康管理综合签约服务签约人数478例；老年人、高血压、糖尿病、孕产妇、0至6周岁儿童等重点人群累计签约22300人，其中高血压、糖尿病人群签约7457人。二级以上医院专科医生提供面对面服务298人次。

【健康教育】 2023年，德积街道指导各村（社区）更新健康教育专栏96版次，对常见病、多发病防治进行广泛宣传。在医院、村（社区）、活动场所发放多种健康教育折页、海报、书册14648份，通过各村（社区）的电子显示屏进行健康教育宣传300余次；邀请中医院等专家进行健康教育讲座48次，累计听课2400余人次；结合街道卫生主题活动为群众测血压、测血糖，开展健康咨询9次，受益群众近6万人次；推进健康素养促进行动，开展健康素养监测和烟草流行监测。

【老年人健康管理】 2023年，德积街道、村（社区）组织65周岁及以上居民免费健康体检7272人。动态关注体检情况，对体检过程中发现有异常的老年人建议定期复查，追踪复查结果，对确诊的原发性高血压、2型糖尿病患者及时纳入健康管理，落实干预措施。

【慢性病健康管理】 2023年，各村（社区）卫生服务站为辖区内35周岁及以上常住居民进行血压、血糖测定，对疑似高血压急症、血压控制不佳、可疑继发性高血压患者、难以控制的高血糖、糖尿病并发症患者及时转诊。全年开展高血压人群筛查2250人，发现新发病例147例，新病人发现率6.5%；糖尿病高危人群筛查2250人，发现新发病例39例，新病人发现率1.7%。按要求开展随访管理，开展高血压、糖尿病患者随访评估、分类干预和健康体检，对连续2次血压和（或）血糖控制不满意的患者及时转诊。

【红十字救护】 2023年，德积街道红十字会设会长、副会长、秘书长各1人，理事6人。开展“红十字博爱送万家”困难群众慰问，援助困难家庭67户，发放慰问金3.25万元、价值3000元物资。开展“博爱在港城，人道万人捐”活动，组织社会各界爱心人士募捐5.09万元。年内，德积街道红十字会开展“生命教育+生命接力”无偿献血和造血干细胞、遗体及人体器官捐献宣传活动，累计献血247人次、献血量7.22万毫升、造血干细胞采样登记入库4人、遗体及人体器官捐献志愿者登记4人。（蒋梓屹）

## 爱国卫生

【概况】 德积街道统筹推进爱国卫生重点项目建设，开展省级卫生村复审，学前社区、德丰社区通过苏州市健康村（社区）专家验收。以爱国卫生月、世界无烟日、健康城市月为契机，开展健康教育与健康促进活动。推进城乡环境综合整治与爱国卫生专项活动，全年开展宣教活动149次，清理归整乱堆乱放1884处，清理农村陈年生活垃圾、建筑垃圾及河岸垃圾等758立方米，清理村内河塘沟渠、排水沟152处，整治农村河道213条。实施病媒生物防制，规范开展春冬季灭鼠、夏秋季灭蚊蝇蟑专项季节消杀活动，完善公共场所毒饵站、捕蝇袋等基础防制设施建设，开展“健康进万家”公益灭蟑行动，邀请专家现场业务指导与过程质控，建立基层有害生物防治队伍，推进职业化培训。

**【健康城市建设】** 德积街道定期开展“乡医有约”健康服务，组织对接市中医医院、第二人民医院及相关牙科诊所进村（社区）开展讲座、义诊、干预等活动。推进“健康‘管’家”与“健康‘益’家”服务项目，多形式开展健康文化活动，举办全民运动会，定期开展二十四节气“食”光药膳养生课堂、“银龄健康快线”老年趣味运动等健康文化活动。街道因地制宜打造“家门口”的健康步道，营造健康支持性环境。推行科学精准的健康管理，组织入户摸排，建立健康档案，针对居民高血压、心脑血管疾病、青少年肥胖、龋齿等问题开展健康调研。

**【灭“四害”行动】** 5月，德积街道以学前社区为试点，启动“健康进万家”公益灭蟑行动。依托街道、社区网络，发动楼道长、党员、志愿者等力量，采取窗口发放与上门服务等方式，向居民免费发放灭蟑套装400份。德积街道落实“统一组织，统一行动，统一药物，统一时间”要求，开展冬季灭鼠及越冬蚊蝇消杀行动。以各村（社区）村委楼房、平房、绿化带、垃圾收集点和各企事业单位等公共区域为重点，设立醒目的毒饵廊，坚持环境治理为主、药械控制为辅的综合防治，先清理后投药。建立全覆盖毒饵站1098个，安全投放鼠药21千克。（周　倩）

## 计划生育服务

**【概况】** 2023年，街道户籍人口出生69人，出生率1.17‰，人口自然增长率-7.87‰，常住人口出生政策符合率100%，常住人口出生性别比86.49。三孩及以上出生人数2人，占出生总数的2.89%。落实计划生育家庭利益导向政策，全年新增农村部分计划生育奖励家庭78人，办理独生子女证30份，审核企业退休人员一次性奖励金对象481人。

**【人口计生】** 2023年，德积街道推行育龄妇女分类管理，以户口为基准，做好随访服务、孕情跟踪、免费发放避孕药具等工作。全年有育龄妇女12326人，其中已婚育龄妇女8068人，生育登记158人。家庭只有一个孩子的3563人，年内新生儿出生69人，其中一孩30人、二孩37人、三孩及以上2人，应落实已落实措施的5287人。

**【政策服务】** 2023年，德积街道落实计划生育奖励扶助政策，累计发放农村部分计划生育家庭奖励扶助金88.29万元，计划生育特殊家庭惠及85户138人，发放独生子女死亡伤残家庭特别扶助金128.21万元。向481个持独生子女父母光荣证企业退休人员发放一次性奖励173.16万元。深化养老关爱帮扶活动，对85户计划生育特殊困难家庭按季度实施“亲情牵手·关爱暖心”公益项目，发放慰问物资4.9万元；组织计划生育特殊困难家庭特扶人员开展暖心活动5次，服务142人次，开展计划生育特殊家庭春节慰问，发放慰问金4.73万元；计划生育特殊家庭联系人制度、家庭医生签约服务、绿色就医通道便利服务3个制度覆盖率均为100%。（蒋梓屹）

# 社会民生

## 劳动就业

【概况】 2023年,德积街道高度重视劳动就业工作,2月17日,开展“春风行动”暨就业援助月现场招聘会,现场设立社保、医保、公积金、司法、工会等政策咨询服务台,为求职者提供就业指导、权益保障、法律咨询等服务。张家港富瑞重型装备有限公司、江苏宏宝集团有限公司、张家港天铭纺织印染有限公司等35家企业参会,涵盖机械制造、服装纺织、新材料科技等行业,提供就业岗位1200余个,吸引1500余人进场求职、咨询,初步达成就业意向300余人。精准扶持13位创业人员成功创业,带动就业54人。开展创业就业政策宣讲系列活动,发放宣传单300余份,解答群众咨询260余次。年内,新增应届高校毕业生224人,提供就业“131”服务,集中为失业人员及高校毕业生开展就业帮扶,实现应届毕业生就业率100%。

【就业创业服务】 德积街道对应届高校毕业生实行实名制管理,年内新增应届高校毕业生224人。通过宣传各类线上线下招聘会、各类型高校毕业生就业双选会,转载就业岗位招聘信息等,为高校毕业生提供就业机会及政策宣传服务。

【职业技能培训】 2023年,德积街道围绕机械操作、叉车作业、编程技巧等方面,开办高技能人才企业培训班,协助企业开展高技能人才自主评价,完成新增高技能人才197人。

【劳动争议受理】 2023年,德积街道书面审查用人单位260家,随机抽查用人单位80家,累计接待职工660批1090人次,登记受理、办结劳动争议案件380余件,帮助清欠职工工资270万元。全年接收欠薪线索43条,接收本地线索31条,调解成功31条,成功率100%。德积街道有A级以上劳动保障诚信企业59家。 (蒋梓屹)

## 社会保障

【概况】 德积街道为民服务大厅人社窗口持续做好城乡居民基本养老保险、灵活就业人员参保、退休人员管理、医保报销、征地安置等业务,累计办理业务1800件,审核办理医保事后报销业务506件196万元。年内,德积街道新增缴存单位35个、自由职业者缴存145人,净增缴存职工500人。2022年、2023年,德积街道连续两年获评苏州市级15分钟医保服务圈示范点。

【养老保险】 2023年,德积街道办理城保退休审批190人次,办理农保退休审批118人次,办理一次性退保15人次,办理城保死亡受理93人次,办理农保退休丧葬费181人次,开展春节慰问21人、重病慰问41人、亡故慰问213人、重阳节慰问640人,累计发放各类慰问金45.75万元。

【医疗保险】 2023年,德积街道完成参保医保30916人的费用收缴,其中城镇职工医疗保险18600人、城乡居民医疗保险12316人。完成苏州市“15分钟医保服务圈”建设。年内,街道人社服务中心办理门诊报销304次、金额64.28万元,办理住院报销112人次、金额95.37万元。全年组织退休人员免费健康体检1万人。

【住房公积金管理】 3月,德积街道召开灵活就业人员办理公积金专题推进会,通过分发宣传折页、现场演示操作，宣传《国务院公积金管理条例》《苏州市住房公积金管理办法》，贯彻灵活就业人员公积金开户补贴这一优惠政策，真正把惠民政策送到每个人的身边，全年公积金扩面净增501人，完成率100%。（蒋梓屹）

## 社会救助

**【概况】** 2023年，德积街道落实社会救助，为各类困难群众及时足额发放生活救助金和节日慰问金，全年累计发放13389人次733.52万元。其中，向22大类761户及690名困难群众发放春节慰问金235.33万元，向354人次困难对象发放劳动节和国庆节慰问金3.54万元，困难群众服务保障覆盖率100%。

**【最低生活保障】** 年内，德积街道有在册低保对象101户143人、特困供养人员7户7人、低保边缘家庭19户50人、其他困难家庭15户39人，全年发放低保（含低保边缘、特困人员）生活救助金204.78万元，为临时救助对象12户29人发放临时救助金4.82万元。

**【扶困助学】** 2023年，德积街道有各类困境儿童28人，其中事实无人抚养儿童5人、重病儿童4人、重残儿童19人；困境儿童应保尽保率100%，困境儿童个案服务全覆盖；开展困难家庭学生慈善助学项目，发放慈善助学金14.3万元，惠及26人，完成困难家庭学生学习用品发放25份；年内，街道未保站开展品牌服务10次，受益1176人次；开展各类主题活动48次，受益1357余人次。

**【走访慰问】** 春节前夕，德积街道慰问困难群众家庭761户1451人，送上米、油等生活用品和慰问金；“七一”前夕，党工委成员带领有关人员走访慰问老党员，关心他们生活；“八一”前夕，街道组织走访慰问军属、烈属；重阳节前夕，向老年人送上长寿糕。全年累计发放春节慰问金235.33万元，其中市财政102.31万元、街道财政133.02万元。

**【社会福利】** 2023年，德积街道在册困境儿童28人，其中事实无人抚养儿童5人、重病儿童4人、重残儿童19人，全年发放困境儿童基本生活费补贴39.03万元。在册享受困难残疾人生活补贴222人、重度残疾人护理补贴396人，全年发放残疾人“两项补贴”302.79万元。

**【慈善公益】** 2023年，德积街道联合润英联（中国）有限公司开展“润童心，联童意”困境儿童关爱项目，联合德丰社区开展“德美环保益起来”慈善项目，“爱满港城”慈善募捐150.78万元，其中网络募捐7.41万元、企业募捐143.37万元。11月，在元丰社区邻理庭一楼西侧建成慈善超市，12月投入运营，提供款物募集、商品销售、困难群体救助、慈善文化宣传等服务，依托线上慈善超市小程序“微心愿”捐助等功能，打造线上线下一体化慈善综合服务平台。

（蒋梓屹）

## 民政专项事务

**【概况】** 德积街道下辖8个村、3个社区，有村委会8个、居委会3个。年内，街道加强社区工作者队伍建设，做好22名全员全科社工考试选拔工作，通过考试20人。引导社会组织参与社会服务，开展街道第三届“社区服务社会化”项目，德丰社区以服务缓和矛盾，探索“德美德丰”——德丰社区多元共治社区治理模式。对辖区道路街巷“有地无名”问题进行排查，更换部分不符实际的路牌，帮助企业尽快完成营业

10月21日，德积街道“全员全科社工”上岗考试举行

执照等相关证件办理。深化“微自治”“民生微实事（社区党组织为民服务）”和“全员全科社工”等社区治理品牌，学前社区“‘前’意识安全教育营”项目获评张家港市2023年度“民生微实事（社区党组织为民服务）”优秀项目。9月21日，德积街道成立社工站党支部，建立健全“站室联动”机制，实现村（社区）社会工作室全覆盖。年内，德丰社区社会工作室被评为2023年度张家港市优秀村（社区）社会工作室。

【社工管理】 年内，德积街道组织全国社工考试考前培训，日常监督打卡学习，开展“关爱‘一老一小’·我在行动”社工日主题活动，传播社工知识。至年末，各村（社区）持证社工43人，其中初级社工32人、中级社工11人。街道开展年度全科社工上岗考试和资格复评，全员全科社工102人。

【村（社区）治理】 年内，德积街道加强村（居）民委员会规范化建设，健全村（居）民自治机制，每季度召开村（居）民代表大会，保障村（居）民合法权益。年内，通过居民议事会商议的“民生微实事（党组织为民服务）”项目17项，落地实施项目16项，其中工程类项目10项、服务类项目6项，预算总额90余万元，社区覆盖率100%，预算完成率100%。推行“五社联动”，实践社区与社会组织、社会工作者、社区志愿者、社会慈善资源联动机制。

【殡葬事业】 3月16日，德积街道召开清明祭扫服务保障工作协调会。街道机关各科室、综合执法局、各村（社区）、德积派出所等工作人员于3月21日至4月5日做好祭扫保障工作，线下祭扫3万余人次，祭扫工作平稳有序。年内，街道有集中文明办丧9户，获政府给予的文明办丧补贴1.8万元。

【区划地名管理】 2023年，德积街道做好辖区内道路街巷“有地无名”问题排查工作，对部分不符实际的路牌进行更换，做好天妃路、天字圩路、东金城路、德盛路及耕耘路5条道路的命名申请及批复。挖掘红色地名资源，护漕

3月31日，“关爱一小一老·我在行动”社工日主题活动开展

港、永兴村入选张家港市首批红色地名名录。配合做好德积街道与金港、后塍街道行政区域界线勘定工作，解决因界限不清引起的边界纠纷隐患。

【新市民管理】 2023年，德积街道登记在册新市民32194人，比上年降0.79%。其中16周岁及以上男性17362人，占53.93%；16周岁及以上女性11347人，占35.25%；16周岁以下3485人。从文化素质看，初中及以下学历26239人，占92.06%；高中和中专学历1736人，占6.09%；大专及以上学历526人，占1.85%。从就业情况看，第一产业（农业）124人，占0.57%；第二产业（工业与建筑业）18581人，占85.46%；第三产业（服务业）2654人，占12.21%；投资经商384人，占1.77%。从民族看，登记少数民族新市民1573人，包括蒙古族、回族、土家族、彝族等30个少数民族。从出租类型看，登记出租房屋4922户，其中，出租房个人出租2755户，占55.97%；单位出租183户，占3.72%；自购房1953户，占39.68%；借住31户，占0.63%。至年末，网格员联合社区民警完成4904户出租户评定，其中，三星级（放心户）4566户，二星级（一般户）326户，一星级（关注户）12户。德积街道流动人口信息采集率从96.8%提高至97%、准确率从97.8%提高至99%。街道积分申请入学186人，其中获积分入学资格新市民子女121人，准入率65.05%。（蒋梓屹）

## 残疾人事务

【概况】 年内，德积街道有残疾1005人，其中多重残疾41人、精神残疾92人、视力残疾116人、听力残疾71人、言语残疾8人、肢体残疾526人、智力残疾151人。3月，街道“残疾人之家”建成投用，通过政府购买服务形式，委托第三方专业社会组织华夏乐龄服务发展中心运营，配备持证社工2人，购买服务合同金额9.96万元（主要包括从业人员经费、办公消耗品等）。

【残联】 德积街道残疾人联合会成立于2022年10月，街道党工委副书记、办事处主任孙亮任残联名誉主席，谭涛任残联主席，朱桂芬任街道残联执行理事会理事长。5月31日，在张家港市残疾人职业技能比赛中，德积街道残联获最佳组织者荣誉称号，张立平获咖啡师项目第四名。

【残疾人补贴发放】 全年发放社保补贴、春节慰问、“99公益”、流量补贴、助学补贴等各类补贴13万余元，其中社保补贴36人68000余元、春节慰问5人10000元、“99公益”1人物资5000元、流量补贴42人14340元、助学补贴20人29600元。

【残疾人康复】 年内，德积街道通过“残疾人之家”载体，在二楼设康复训练室，配备康复器材和辅助器具，满足辖区残疾人的康复需求；定期邀请专业医生开展康复知识普及推广，为残疾人提供专业康复指导，全年为残疾人开展康复指导和康复训练1853人次。

【残疾人就业】 2023年，德积街道有就业年龄段的残疾人427人，至年末，272名残疾人完成就业，就业率为63.7%。“残疾人之家”有日托残疾人16人，链接2家企业资源，辅助性就业人员11人，获得就业收入近8000元，3人通过“残疾人之家”辅助就业，找到正式工作。

【残疾人文体活动】 2023年，德积街道有残疾人文体团队1个，全年开展各类活动50余次，服务残疾人3000余人次。组织4名残疾人参加张家港市第八届体育运动会残疾人组，比赛6项，获1金1银1铜。做好“康复体育进家庭”工作，为残疾人申请合适的康复体育器材，让他们在家就能实现康复锻炼并提升体育技能，年内，上报4户，申请器材4件。在爱耳日、国际残疾人日、全国助残日等重要节日，开展健康宣讲、畅游江湾、结对帮扶等活动，积极倡导残健共融，引导社会扶残助残。

【残疾人之家建成】 1月，德积街道残疾人之家建立，3月20日正式运行，位于德丰社区东北侧，建筑面积约300平方米，总投入19万元，建有辅助就业室、日间照料室、学习娱乐室、心理咨询室、多媒体室、技能康复室等功能区域，是一个综合性残疾人服务场所，有社工2人。全年开展各类活动16次，服务残疾人2075人次。（蒋梓屹）

3月，德积街道“残疾人之家”建成投用

## 养老服务

【概况】 德积街道户籍人口中有60周岁及以上老年人12324人，占户籍人口的31.96%。其中，70—79周岁4328人，占老年人口50.83%；80—89周岁1936人，占老年人口15.71%；90—99周岁243人，占老年人口1.97%；100周岁及以上2人。

【居家养老】 2023年，德积街道有标准型居家养老服务中心4家、居家养老服务点2家、老年人助餐点3家。有承接养老中心的社会组织3家，职工11人；提供上门服务的社会组织1家，职工32人，居家养老服务1.89万人次，惠及1920名居家老年人，占老年人口15.58%。年内，向65周岁及以上老年人发放尊老金622.2万元，惠及110318人次。实施银龄互助志愿服务项目，有服务对象98人，低龄老年志愿者51人，志愿服务1512次。9月，朝南村标准型居家养老服务中心改建完成并投入运营。

【尊老敬老活动】 年内，德积街道出资1.4万元开展走访慰问百岁老人、困难老人活动。开展“情暖金秋，悦享重阳”为主题的敬老月活动，惠及230人次；各村（社区）开展敬老月主题活动累计21次，惠及1.18万人次。（蒋梓屹）

# 村（社区）

## 福民村

【概况】 福民村位于德积街道西南部，东与新套村交界，南与德积村毗邻，西与保税区、扬子江国际化学工业园接壤，北依长江，村域面积6.02平方千米。1999年7月至2004年4月，新光村、福海村、天妃村相继并入福民村。2001年7月，福民村党委成立。2023年，全村有户籍人口1872户5187人，设40个村民小组；流动人口4253人，少数民族人口9人。1月，村获评2022年度张家港市健康城市优秀实践基地。3月，村本色党群服务中心获评2022年度市级"海棠花红"先锋阵地。4月，村农家书屋获评2022年度张家港市全民阅读五星级示范农家书屋。8月，村舞蹈队获评2023年"人社杯"健身秧歌团体一等奖、2023年"人社杯"健身球操团体一等奖。

村级经济 2023年，福民村有张家港市港城针织有限公司、张家港天铭纺织印染有限公司、苏州捷斯芬化妆用品有限公司、张家港市恒景纱业有限公司等企业50家，其中规模以上企业21家、重点企业6家。全村耕地面积126.33公顷，种植水稻78.56公顷、小麦92.36公顷；水稻产量415.6吨、小麦产量353.8吨、油菜产量1600千克、桃子产量360吨、草莓产量56吨。年内，福民村新增投资9000万元，收益率均在5%以上。其中，出借张家港保税区长顺给排水有限公司7000万元，收益率5%；出借张家港市德积乡村发展有限公司1000万元，收益率5%；购买暨阳创业投资基金1000万元，预计收益率8%。村集体拥有商业用房福民商住楼5幢2200平方米和千禧南路门面12间2614平方米。至年末，村集体年总收入2450.92万元，其中经营收入945.22万元、投资收益859.32万元、补助收入185.54万元、其他收入460.84万元；村级可用财力1783.4万元，比上年增7.18%。村集体总资产1.9亿元，村民人均纯收入7.2万元。

社会事业 2023年，村集体出资29.6万元帮助4229人实施"福村宝"村民医疗互助项目，理赔642人次37.43万元；为全村60周岁及以上1860人发放中秋节、重阳节、春节福利299.38万元；为参加居民基本医疗保险的1727人补助8.64万元；为112户家庭发放困难救助资金9.3万元；为12名高等学校新生发放奖学金2.6万元。年内，村投入23.78万元运营福民村居家养老服务中心社会化项目，投入48.36万元开展河道疏浚、道路沿线垃圾清理等农村长效保洁项目。推进"庭美"建设，打造一批美丽庭院和最美庭院，获评苏州市美丽庭院1户、保税区最美

2月3日，"灯谜喜乐会聚元宵"活动在福民村举办

庭院6户、保税区最美家庭1户。

村务管理　2023年，福民村党委下设10个党支部，在册党员225人。召开村“两委”班子成员会议12次。各支部开展主题党日活动12次，开展联建结对活动6场，参加支部活动的党员累计162人。6月，天妃党支部发展预备党员1人。下半年，福民村党委班子调整。8月，蒋小芳任村党委副书记；9月，赵新浩任村党委书记。通过村“两委”班子集中学、支部党课共同学、幸福之声理论宣讲等方式，组织党员群众开展党的二十大精神学习会、“品读习语金句”宣传等活动25场。开展惠民服务活动152场，惠及周边居民8000余人。年内，福民村成立“乡村幸福+”行动支部，开展“文明育人，文化兴村”村风民风提质活动，深入推进文明创建，广泛开展社会主义核心价值观教育活动，组织党员、志愿者开展“洁美港城”周末义务劳动26次。依托“12345”政务服务平台、张家港市廉勤监督平台，不断优化基层治理，全年累计解决群众急难愁盼问题204个，“331”合规化改造出租房126家、“九小场所”56家。

**【“红网格引领微治理”党建项目】** 2023年，福民村实施“红网格引领微治理”党建项目，通过“红网格+海棠邻先锋”“红网格+庭院畅聊日”“红网格+综治同心圆”“红网格+乡村好声音”，优化网格综合治理，完善网格信息体系，做好网格事务处置，加大网格新风宣传力度。以“红网格+”服务模式，重点打造百姓家门口的“公共客厅”村民服务中心，配套村务服务、志愿服务、养老服务、卫生服务、文化服务、休闲娱乐、民康理疗等功能，推进基层党建与网格治理同频共振，构建村党组织和党员群众之间的新桥梁、新纽带，促进为民服务实效化、精准化、精细化，推动广大党员在基层治理中释放红色动能。同时，福民村链接社工、护漕港中学、民警、志愿者等资源，开展我和我的乡村2.0、健康“益”家、幸福“润苗”暑托班、红色陪伴等项目，累计开展活动96次，受益3820人次。（孙晓慧）

## 小明沙村

**【概况】** 小明沙村位于德积街道中心地带，东与朝南村以太字圩港为界，南邻新套村、福民村，西与永兴村接壤，北临长江，拥有长江岸线800米。村域面积4.5平方千米，耕地面积约90公顷，村内有小明沙路、灿香路、千禧路、天霸路、德申路、友邦路、沿江公路等公路和太字圩港、太丰港、思贤港、护漕港等河道，村委会驻地在友邦路与小明沙路交界处。全村辖27个村民小组，有户籍人口1323户6635人，常住人口875户2842人，暂住人口3236户7856人，有少数民族人口24人。年内，获评张家港市文明村标兵。

村级经济　2023年，小明沙村粮食种植面积约100公顷，其中水稻种植86公顷，产量782吨；小麦种植92公顷，产量419吨；油菜种植约3公顷，产量150千克；各类水果、蔬菜种植4公

11月27日，小明沙村第一网格支部在明心小栈开展“赋能绿色，净美满屋”主题活动

项。投资500万元，与福民村、朝南村、新套村等共同投资暨阳基金项目；投资高端氨纶纱产业园等经营性载体建设项目近2300万元。全年村集体总资产9649万元，总收入1343万元，可用财力1237万元，比上年增40%。

社会事业　2023年，小明沙村为59名参加居民养老保险人员发放缴费补助15970元；投入100余万元用于中秋节、重阳节、春节老年人慰问和困难家庭慰问；投入31.14万元用于"福村宝"医疗互助计划，惠及514人次，理赔金额24.82万元。为高校新生16人发放奖学金2.3万元。投入7万元为441名75周岁及以上老人购买"医惠保1号"。补贴村民合作医疗18万余元，投入17.5万元为村民购买重大疾病保险，全年受益65户。

村务管理　2023年，小明沙村党委下辖党支部10个，党员191人。开展主题党日活动12次，党课6次。年内，针对"牛皮癣"、楼道堆积物、飞线充电、环境卫生等问题，组织力量集中整治，累计开展各类宣讲78场，义务劳动清理垃圾等86吨、清除小广告102处。调解各类矛盾45起，"瓶改电"实施率达到89%，每月开展消防夜查10次，累计排查整治出租户（含群租房）、企业安全生产（含"厂中厂"）等900余家，整治消防安全隐患150余处，安排专业电工免费为38户村民进行电线穿管，安装烟雾报警器400余只，全年未发生重大安全事故。开展灿香路三角景点拆违整治行动，拆除违章建筑面积243平方米。

**【"沙上明灯"品牌建设】**　2023年，小明沙村新时代文明实践站推进"沙上明灯，照亮三色花开"品牌建设，以"一份承诺、一封家书、一颗初心"为建设目标，依托村党群服务中心，开展"红、绿、蓝'三色小明'在身边"志愿服务项目。以明心小栈的一条板凳为桥梁，定期组织"红色小明"开展村民"家访"活动，征集"微"心愿289条、群众诉求164件；组织"绿色小明"成立环境监督管理小组，监督检查村民人居环境状况，开展环境卫生志愿服务活动56次；组织"蓝色小明"开展安全科普教育，对公共设施完损情况、道路安全隐患进行检查，修复公共设施23处。整合消防、银行、派出所、科技馆、医保局等社会资源，发动各类志愿者238人次，开展各项活动100余场，吸引1000余户家庭参与。年内，小明沙村新时代文明实践站获评保税区最美新时代文明实践站"最佳创意奖"。

**【小明沙村探索基层治理下沉红网格模式】**
2023年，小明沙村坚持党建引领基层治理，针对城中村人员居住范围广、流动性大、综合治理难等问题，围绕"下沉、赋权、扩能、增效"，探索综合治理下沉红色网格新模式。构建"党委—网格党支部—明心小栈—党员中心户—海棠先锋"的组织架构，整合综合网格和党建网格，深化"支部建在网格上"服务内容，形成上下联动、条块融合的工作格局。年内，通过理论学习、交流研讨、技能演练、实境课堂等，围绕社区治理、纠纷调解、安全防范、法律知识、急救技巧等内容，开展海棠先锋专场培训24次，全面提升海棠先锋综合素质和履职能力。以网格为单位，打造红网格"明心小栈"服务阵地，常态化收集处置群众诉求建议，制定关于整治飞线充电、乱堆乱放、环境卫生等服务清单5类18项，成功化解矛盾13起，帮助特殊群体帮代办事项5项。全年走访独居老人、低保户、残疾人等社会弱势群体和重点人群145户255人，发放慰问金及慰问品100余万元。链接消防站、派出所、李剑英口腔诊所等，结合党建、网格、志愿者等力量，优化治理"供给侧"，深入开展"乡村便民服务日""周末义务劳动日""小明在身边"等网格志愿活动45次。以网格化为基础，构建"1234"红色宣讲模式，即成立1个"明心闪耀"宣讲团，借助"线上+线下"2个宣讲平台，采取"互动交流""集中宣讲”“经典诵读”3种宣讲形式，构建“红色小明讲党史”“绿色小明美万家”“蓝色小明保平安”“橙色小明传乡风”4种模式。通过“民情恳谈会”“村民来聚”“村民来议”等形式，组织党员、村民代表、乡贤等骨干力量，开展各类网格议事会15场。制定生态文明、理论宣讲、移风易俗等活动清单，开展“汇聚明心小栈同频”“赋能绿色净美满屋”“家喻户习声入明心”等活动12次，服务群众586人次。　（嵇荷莉）

## 朝南村

【概况】 朝南村位于德积街道东南部，以驻地自然村朝南圩得名，东邻大新镇朝东圩港村，西与小明沙村、新套村以太字圩港为界，南接大新镇桥头村，北依长江，沿江公路、晨德公路、张皋路贯穿全境，村域面积5.64平方千米。全村辖38个村民小组，有户籍人口1749户5966人，常住人口5100人，有少数民族人口9人。年内，获苏州市特色田园乡村、苏州市和美乡村、苏州市美丽庭院特色村、苏州市新时代文明示范站和苏州市三星级康居乡村等荣誉。

村级经济　2023年，全村耕地面积298.87公顷，土地承包流转面积264.3公顷，粮食种植面积186.03公顷，其中水稻种植面积181.5公顷，产量1650吨；小麦种植面积195.5公顷，产量880吨；油菜种植面积35公顷，产量70吨；各类果蔬种植面积16公顷。年内，村集体投资乡村发展公司、暨阳基金、下属公司投资国弘家建元基金累计1001.67万元；各类租赁收入1732.25万元，其中房屋租金175.28万元、土地租金986.18万元；村集体经济总收入2069万元，可用财力1826万元，比上年增47.16%；村集体总资产9515.41万元；村民人均可支配收入4.8万元。

社会事业　2023年，朝南村铺设腰河埭、苏三堂中心路、长明三组中心路三条沥青道路1830米，硬化修缮长明四组、贵妃鸡养殖基地东侧水泥路380米，新增太阳能路灯46盏，建设朝南路停车场、尤家岸西头停车场、白云学校北侧停车场、大桥展示厅停车场，共新增车位90个。办理居民社保退休业务19人，办理医保补缴及退休信息采集业务21人，组织社保退休人员进行体检1301人。合作医疗及“福村宝”补贴37.8万元，为全村村民购买惠民保险23.3万元，发放奖学金3.6万元，照顾困难户支出3万元，春节老年人慰问支出51.82万元，中秋节、端午节及重阳节发放物资福利130万元，全年累计福利支出196万元。年内，朝南村定心圩、苏三堂创

11月，朝南村定心圩获评苏州市特色田园乡村（特色精品乡村）

成苏州市特色精品乡村点位，腰河埭创成苏州市三星级康居乡村，新建退役军人服务站。

村务管理　年内，朝南村党总支下辖党支部6个，有党员166人。开展主题党日活动12次，党课6次。村党群服务中心、新时代文明实践站、居家养老服务中心、退役军人服务站及3个网格驿站开展各类活动138场，惠及群众6000余人。村志愿服务队有志愿者168人，开展“朝南小农人”暑托班等志愿服务活动68次，年志愿服务总时长189.5小时。全年整治家前屋后环境152家、卫生死角185处，清理各类乱堆放213余处，整治凌乱“三线”85处、各类小广告100余处，清理垃圾及杂物156车332吨，清除河道围网、地笼180余个，清理河道35千米。对67家村管企业开展安全检查500余次，完成整改100余处，组织26名企业安全员进行安全培训并获合格证书。持续开展“331”专项行动整治，检查并整改出租房250户、“九小场所”5家。

**【朝南村新时代文明实践站获评苏州市新时代文明实践示范站】** 年内，苏州市文明办发布了2023年度苏州市新时代文明实践工作优秀带头人、优秀项目、示范所（站）评选结果的通报，朝南村新时代文明实践站获评2023年度苏州市新时代文明实践示范站。近年，朝南村新时代文明实践站以“我家朝南”品牌打造为引领，聚焦村民实际需求，结合“红耕课堂”“田园课堂”等活动，将理论宣讲教育、市民教育、文化教育、健康教育、科技与科普教育送到百姓家门口，带动村民参与，倡导乡村文明新风尚。以“一室八厅”（以新时代文明实践站为“一室”，定心圩东首智趣游园、渔乐园、埭上家委会、滨水步道九曲桥、苏三堂智慧农业区、稻香蛙鸣邮局、南风草堂、顶海圩张靖皋大桥展示馆为“八厅”）点位为依托，将服务延伸至每个埭组，在每个自然埭设置一处或多处新时代文明实践站点，让村民享受“5分钟新时代文明实践服务圈”，全年开展活动96场。同时，“我家朝南”品牌在抖音平台上线，推出南风窗主播、寻味朝南家常美味直通车、寻迹朝南线上新农人推荐等栏目，将朝南村特色亮点进行多平台推送宣传，扩大村级文明新风品牌影响力，全年抖音号累计获点赞量4.2万次，有“粉丝”1.2万人。12月，朝南村新时代文明实践站获评苏州市新时代文明实践示范站。

（闻梦颖）

## 新套村

**【概况】** 新套村位于德积街道东南部，东依太字港，与朝南村接壤，西靠福民村，南邻华昌化工集团，北与小明沙村交界。村名因新套沿而得名，村委会驻新套沿北首。1999年7月，原和字村并入新套村。全村辖26个村民小组，有户籍人口936户3262人，流动人口248人，村域面积3.1平方千米。年内，获评张家港市文明村、保税区乡村振兴示范村。

村级经济　2023年，全村耕地面积126公顷，其中高标准丰产方20公顷；水稻种植面积73.3公顷，产量500吨；小麦种植面积86.67公顷，产量400吨。与华昌化工、东华能源、江苏德丰建设集团有限公司合作，开展编织袋供货和盘扣式构件租赁项目。依托抱团发展平台德积乡村发展有限公司，向德积高端纺织产业园投资1267万元，年收益60余万元。年内，村集体总资产16115.51万元，比上年增10.15%，村级可用财力2007.4万元。

社会事业　2023年，新套村投入19.1万元整治环境卫生、疏浚河道；开展“洁美家园”专项整治行动23次，清理卫生死角60余处。全村有低保家庭3户、重残对象4人、特扶对象14人。年内，出资11.2万元为2800名村民购买“港城惠民”民生保险，出资4.63万元为293名70周岁及以上村民购买“医惠保1号”保险，实现在册村民村级民生保险全覆盖；出资18.25万元为2607名村民缴纳“福村宝”，全年理赔15.78万元；合作医疗补助1075人、28.32万元；发放中秋节、重阳节、春节老年人慰问金88.15万元；为10名高校新生发放奖学金1.3万元。全年党群服务中心、便民服务中心、新时代文明实践站、退役军人服务站等开展政策咨询、为老为小服务、关爱退役军人等服务50场，惠及群众1000余人。农家书屋藏书2561册，免费向群众开放。

10月19日，新套村“村民回家日”活动开展

村务管理　年内，新套村有党支部3个，其中农村支部2个、企业联合支部1个，党员66人。围绕“理‘润’新套”，组织开展党的二十大精神、习近平新时代中国特色社会主义思想等理论学习活动10场。开展“感悟思想伟力，汲取奋进力量”“学思践悟二十大，清廉之风润心田”等主题活动12次。村志愿服务队有志愿者57人，全年开展环境整治、巡河护河、健康知识普及、反诈宣传等志愿服务活动26次，参与145人次，年志愿服务总时长291.5小时。对村内15家企业开展消防安全检查130余次，完成整改30余处，未发生安全事故。结合消费者权益日等开展普法、禁毒、反诈等宣传活动5次，调解矛盾纠纷12起。

【新套村“红色行动”书记项目】 年内，新套村党总支实施红色堡垒、红色头雁、红色服务、红色治理四大“红色行动”书记项目，助力基层治理和乡村振兴。强化队伍建设，成立党员先锋队，构建书记引领、支部推动、党员带动、群众参与的协同工作机制，在文明建设、安全保障、环境治理等领域发挥“头雁”效应。搭建红色共享阵地，推进村村共建、村社联动、村企联建，拓展“党群服务圈”。组建红色理论宣讲联盟，通过讲学、领学、促学、游学等形式，筑牢党员群众思想根基。开设四“心”课堂，提升村干部、支部书记及海棠先锋队伍履职效能。“红色帮帮团”和“海棠伙伴”2支志愿服务队开展暖心义诊、少儿课堂、法律援助、矛盾调解和文明创建等志愿服务50余次，服务村民600余人。每月开展“便民服务日”活动，为居住偏远、行动不便的村民提供保险缴费、救助申请、政策宣传等服务25项，实现服务零距离。“海棠先锋”队伍每月开展“书记走访日”“村干部坐班日”“党员服务日”“村民回家日”等活动，常态化入户走访，推行“为民三问”议事工作法，建立村民需求清单，全年收集意见建议30条，解决民生问题25个。

（张晓玲）

## 德积村

【概况】 德积村位于德积街道南部，东依护漕港与新套村接壤，西靠扬子江国际化学工业园，南枕缪家港与后塍街道晨阳村相接，北与福民村交界。数年间经历多轮项目、环境保护动迁，至2017年完成整体动迁。全村辖28个村民小组，户籍人口1031户3533人，村域面积1.56平方千米。年内，获评张家港市文明村。

村级经济　2023年，德积村耕地面积79公顷，其中高标准丰产方12公顷；水稻种植面积56.3公顷，产量46.5吨；小麦种植面积73公顷，产量38.3吨。年内，有结构性存款3000万元，年均收益率2.8%；借款1000万元，收益率5%。落实苏州敦行聚港一号基金项目，通过下属单位张家港德亿企业管理有限公司出资1000万元，按6%年化率分配，超额收益按2∶8比例在普通合伙人与有限合伙人之间进行分配；向德积氨纶纱高端产业园投资1266万元，年收益率5%；向张家港湾生态建设有限公司投资800万元，占股10%，根据项目进度认缴出资额的40%（320万元）；新增暨阳创业投资基金600万元，收益率6%。2023年，村集体总资产13382万元，经济总收入1231万元，可用财力1163万元，比上年增19.8%。

社会事业　2023年，德积村围绕“一村一美”助力农业生产，出资23万元改建10组、11组农田沟渠；投资3万元在德丰社区新时代文明实践阵地建设“百姓社场”，定期组织开展村民座谈会和各类文化娱乐活动23场。组织65周岁及以上的950人组织体检；为生活困难家庭学生5人发放助学金6000元；贴补农村合作医疗及“福村宝”55万元，其中“福村宝”报销464人次26.34万元；为村民购买惠民保险14万元，报销81人次30万元；投入13万元，为60—74周岁老人购买“苏惠保”、为75周岁及以上老人购买“苏医保”1号项目。全年累计发放各类福利93.1万元，其中中秋节11.6万元、重阳节23.2万元、春节52万元，奖学金1.3万元，死亡人员家属慰问金5万元。

村务管理　2023年，德积村党总支有党支部4个，其中行政党支部1个、农村党支部2个、金红鹰企业党支部1个，党员87人。德积村各支部开展主题党日活动12次。村志愿服务队有志愿者46人，全年开展环境整治、巡河护河、健康知识普及等志愿服务活动27次，参与151人次，志愿服务总时长325小时。年内，德积村全面排查氨纶纱企业安全隐患，“瓶改电”实施全覆盖，整治消防安全隐患70余处，一键消防报警器安装全覆盖。对村内3家企业开展消防安全检查36次，整改各类隐患7处。开展普法、禁毒、反诈等宣传活动5次，调解矛盾纠纷6起。

**【德积村打造“同心圆”党建品牌】**　年内，德积村与德积街道德丰社区、后塍街道塍德社区联合打造“百姓社场”和“幸福号”小火车2个共建阵地，不定期开展组织生活、党群议事、志愿服务和座谈交流等活动56次，其中面对面交流活动16次，收集并解决问题建议62条。共建单位推行“1+1”走访模式，赋予海棠先锋“宣传员”“联络员”“调解员”等身份，畅通村民反映问题渠道，打通协商议事、解决问题途径。融合党建、文明创建等工作，以理论联学、党群联管、活动联办等形式，同德积街道德丰社区、元丰社区及后塍街道塍德社区共同实施“1+3语润入

11月2日，德积村“1+3语润入心”理论宣讲项目发布

心”理论宣讲、“协商诸葛汇”、党员冬训特色课堂等党建项目，形成资源共享、优势互补、互相促进、共同提高的党建工作新格局。（陈　冬）

## 永兴村

【概况】 永兴村位于德积街道东北部，是张家港湾生态湿地公园核心区，东至小明沙村，南至交通路，西至护漕港，北至江堤沿线。全村辖16个村民小组，有户籍村民1296户3444人，外来人口1830人，村域面积2.92平方千米。2023年，永兴村获评中国乡村振兴服务优秀单位、江苏省绿美村庄、苏州市第二批红色地名录、苏州市乡村休闲旅游农业精品村、苏州市特色田园乡村等称号。

村级经济　2023年，全村耕地面积127.66公顷，土地承包流转面积124.3公顷，其中水稻、小麦种植面积123.33公顷，水稻、小麦产量分别为832.5吨、647.5吨。村集体投资德积氨纶纱高端产业园项目1276.67万元，收益率不低于5%；投资暨阳基金500万元。各类租赁收入450万元。村内企业20余家，三次产业总产值3亿元。至年末，村集体总资产6911.98万元，经济总收入1200万元，村级可用财力900万元，比上年增11%，农民人均可支配收入4.8万元。

社会事业　2023年，永兴村铺设朱家埭、沙泥圩3条主干沥青道路1275米，建设朱家埭和沙泥圩停车场6处。整治家前屋后环境125家、卫生死角165处，清理各类乱堆放185处，整治凌乱“三线”68处、各类小广告100余处，清理垃圾及杂物116车、265吨。清除河道围网、地笼1200余个，清理河道20千米。办理居民社保退休业务11人，办理医保补缴及退休信息采集业务45人，组织965名社保退休人员进行体检。合作医疗及“福村宝”贴补26.3万元，为全村村民购买惠民保险12.4万元，发放奖学金1.1万元，照顾困难户支出8.5万元，春节老年人慰问支出16.7万元，中秋节、端午节和重阳节发放物资福利30.8万元，全年累计福利投入98万元。年内，永兴村朱家埭、沙泥圩创成苏州市特色精品乡村点位、江苏省绿美村庄。

村务管理　年内，永兴村党总支下辖党支部8个，有党员111人。各党支部开展主题党日活动96次，党课32次。村党群服务中心、新时代文明实践站、退役军人服务站及3个网格驿站全年开展各类活动96场，惠及群众3000人。村志愿服务队有志愿者364人，开展江村美邻、一茶一座共话江村新发展、逐梦少年等志愿服务活动52次，年志愿服务总时长510.5小时。对33家村管企业开展安全检查300余次，整改隐患80余处，组织13名企业安全员进行安全培训并获合格证书。全年开展消防安全专项行动，检查并整改出租房200余户、“九小场所”18家。

永兴村晨景

【永兴村“最美江村”建设】 年内，永兴村整合“张家港湾”文旅资源，围绕江湾同程农文旅项目、“一核双环三街四区”和“江村十境”红色旅游线路布局，引进优势人才，挖掘多元江畔文化，加速文旅产业孵化。永兴村与张家港湾实现“串点连线成片”区域旅游联合发展，满足多元化客群需求，设有五彩鱼篓、长江生态文化馆、万亩芦苇、亲江栈道、焱昃亭、明清园、忆乡林、湖心垂钓、江湾锋光美学馆、江湾露营等一批特色景点和旅游项目，建有具有江情特色的餐饮民宿集群，是集旅游度假、美食娱乐、团建研学、亲子互动、商务会议、聚会住宿等功能为一体的沉浸式滨江旅游体验目的地。深挖团建市场，与苏州村政学院等开展合作，提升团建研学培训服务品质。至年末，夷雅安耘度假酒店全面完工，一期江景民宿、会务中心试营业，二期江景民宿建设项目启动。全年承接文旅团建服务百余场，创收约30万元；永兴生态园接待游客超10万人次，景区各商业点位营业总收入约800万元。
（丁　浩　姚汉彬）

## 双丰村

【概况】 双丰村位于德积街道集镇区域，东与小明沙村、永兴村接壤，南邻福民村，西邻保税区化工园区，北邻张家港湾。2001年6月，与原金城村合并。2023年，村域面积3平方千米，辖24个村民小组，有户籍人口1298户4081人、流动人口5540人。

村级经济　2023年，双丰村耕地面积24公顷，其中水稻种植面积10.93公顷，产量98.4吨；小麦种植面积21.47公顷，产量96.6吨。腾退低效工业企业占地面积8公顷，挖掘千禧北路东侧、双来路西侧土地资源，发展以西瓜种植为主的设施农业1.67公顷，建设以小麦、水稻种植为主的标准农田十余公顷。村域内有企业76家，涉及氨纶纱、机械密封件等产业。年内，投资1276万元参与高端纺织产业园项目，出借资金2300万元给江苏德丰项目管理有限公司用于投资江苏德积高端纺织产业园有限公司股权，投资暨阳基金理财项目500万元。完成工业开票销售收入10.5亿元，集体经济总收入941万元，村级可用财力942万元，较上年增长12.4%。

社会事业　2023年，双丰村办成一批惠民实事，出资整治河道十余条2000余米，铺建村民便道500余米，2组、3组48户农房沿河建设围墙300余米，种植树木800余株，安装太阳能路灯60余盏，改造公共厕所1个，建设公共便民停车场3个，更换分类垃圾桶300余个，建造农村自建标准出租屋2000余间。年内，村集体出资53.07万元慰问老年人3499人次；出资11.3万余元慰问困难村民、特殊群体165人；出资13.84万元补贴村民合作医疗1384人；出资24.72万元对村民购买“福村宝”补贴3531人；出资12.24万元购买“和谐港城、惠民保险”。

村务管理　2023年，双丰村党总支下辖党支部12个，党员161人。开展主题党日活动12次，党员大会4次，组织党员集中学习习近平新时代中国特色社会主义思想和党的二十大精神20余次，参与党员886人次。双丰村党群服务中心、居家养老服务站、农家书屋等，为党员群众提供民政、社保、妇联、综治调解等一站式服务，全年服务群众6000余人次。组织村民开展迎新春、庆元宵、包粽子、非遗技艺传承等活动60余次。农家书屋藏书3000余册，免费向群众开放。年内，建立村民议事厅、网络微客厅，完善“1+N”网格化管理制度，组建以村干部、党员、网格员为主的网格“红管家”队伍，通过村民议事，集中商议解决村民急难愁盼问题，并邀请援村律师及时解答群众涉法问题，为村民提供法治援助，全年调解纠纷十余起。开展“和美家庭”评比活动，评出“和美家庭”5户。完成长江路商住楼屋后违章建筑拆除，联合街道综合执法局用15天时间打通消防通道50余米，动迁违章建筑面积500平方米。开展出租屋安全隐患整治，对2组、3组、6组、10组村民自建出租房进行合规化改造，完成全域出租房合规化改造三年行动目标，累计投入村级资金近200万元，通过市农村自建出租房安全治理考核验收。排查辖区200余家“九小场所”和80余家企业安全隐患情况，整改消防安全隐患438处，“九小场所”“瓶改电”“瓶改管”工作完成30余家。

**【双丰村“和美你我”新时代文明实践品牌打造】** 年内，双丰村以党建引领“和美双丰”建设，以“五和五美”为愿景，打造“和美你我”新时代文明实践品牌。“家庭和气生活美”，围绕“传播优良家风家训”“建立和谐家庭关系”“培养优秀家庭美德”等主题，组织200余人培育5支志愿服务队，即“和美双丰”志愿服务队、草根讲师志愿服务队、文艺志愿服务队、文明宣传志愿服务队、“红管家”志愿服务队，为村民提供家电维修、入户宣讲、环境整治、文艺汇演等服务200余次。“邻里和睦乡风美”，打造“和美小院”，为村民搭建沟通议事平台，开展“我传你，我帮你，我带你”移风易俗“传帮带”系列活动10次，培育淳朴民风、文明乡风。“百姓和乐人文美”，以文化活动和志愿服务活动为载体，实施和美“丰”车新时代文明实践项目，开展健康教育、普法宣传等各类讲座和送戏下乡、智能手机教学、趣味运动会等“快乐·益趣汇”主题活动30次，丰富村民精神文化生活；开展护苗行动、非遗文化、垃圾分类、情绪管理、网络安全、手工制作等“快乐·青春记”主题活动20次，丰富青少年业余生活；结合“我们的节日”，开展春节、元宵节、清明节、端午节、七夕节、中秋节、重阳节等“快乐·丰彩节”传统节日主题活动7次，营造浓浓节日氛围；组织党员开展红色故事会、观看视频等“快乐·留声机”主题活动20次，推动党的创新理论与党的二十大精神宣讲覆盖到每家每户。“社会和谐治理美”，探索“党建引领+结对帮带+村民自治+网格支撑+乡贤助力”的基层治理“共同体”建设，通过党支部与村民小组结对、党员与村民结对，在村民家风家训、环境卫生、安全管理等方面进行引导，开展乡风文明户户访、消防安全巡查、美丽家园行动等活动18次。“百业和顺发展美”，以产业发展为乡风文明建设重要抓手，打造产业配套、商业配套、田间地头3种模式；以德积高端纺织产业园项目为契机，结合村实际因地制宜提供生产性、生活性配套服务；以双丰疏导点辐射周边商业，优化营商环境，打造更接地气的商业经营模式；在“三优三保”腾退100余亩低效工业用地的基础上，优化产业结构，发展设施农业，提升村级集体经济保障村级各项事业发展质效。（沙　青　高　瑜）

双丰村风貌

## 北荫村（学前社区）

**【概况】** 北荫村（学前社区）西、北毗邻长江，东、南分别与双丰村、福民村接壤，村与学前社区实行以村带居一体化管理。1999年7月，协星村并入北荫村。2004年2月，拦门村并入北荫村；3月，学前社区成立。2019年，村民完成整体搬迁。2023年，村域面积6.18平方千米，辖48个村（居）民小组，有户籍人口2631户6536人，流动

北荫村高标准农田稻田画

出资1.06万元为51名居民补助基本养老保险；出资91.02万元为1779名60周岁及以上老年人发放春节、中秋节、重阳节慰问金；出资3.3万元奖励高校新生23人。

人口1657人。学前社区成立于2004年，前身为德积镇居委会，社区面积0.15平方千米，是德积街道最早的安置小区。年内，获苏州市健康社区称号。

村级经济　2023年，全村耕地面积207.5公顷，粮食种植面积156.5公顷，全部流转承包给善港生态农业科技有限公司。其中水稻种植面积156.45公顷，产量1429吨；小麦种植面积146.45公顷，产量824吨；油麦菜种植面积10公顷，产量24吨。年内，北荫村投资市德积乡村发展公司项目1776.67万元，投资市长乐物业管理有限公司项目7500万元。村集体参与各类投资项目收益522.42万元，其中高端产业园股权收益50万元，市长乐物业管理有限公司借款收益375万元，滩上村借款收益24.75万元，结构性定期存款利息72.67万元。北京路两侧氨纶纱企业厂房及千禧路门面房租金收益377.55万元。2023年，村级经济收入1520.8万元，可用财力1253.9万元，比上年增10%，村集体总资产1.22亿元，村民人均可支配收入4.51万元。

社会事业　年内，北荫村集体出资12.8万元安装电瓶车充电棚；出资20万元改造学前社区楼道及外墙立面彩绘；出资75.86万元进行人居环境整治、垃圾清运及河道保洁；出资21.08万元为5269名村民购买"和谐港城"惠民保险；出资36.44万元为4555名村民购买"福村宝"；

村务管理　2023年，村党委下辖支部10个，党员202人。北荫村党群服务中心、居家养老服务站、新时代文明实践站，为居民开展各类服务180余次、惠及2700余人次。北荫村落实"三会一课"制度，党员参学率80%。有志愿服务团队1支，志愿者478人，开展各类活动78次，服务群众2300余人次，年志愿服务总时长401小时。以文明楼道建设为抓手，开展"文明楼道，美丽家园"专项行动，打造"垃圾分类""家风家训""健康生活""文明新风"等示范楼道22个。年内，学前社区25幢一单元、二单元"家风家训"主题楼道获评市美丽楼道，村志愿服务队获评保税区最美志愿服务团队，严志泉家庭获评保税区最美家庭，居民孙荷芬获评保税区最美志愿者。北荫村持续开展消防安全整治工作，排查整治出租户（含群租房）248家，整治消防安全隐患200余处，安装烟雾报警器150个，建成微型消防站1个，完成餐饮场所"瓶改管""瓶改电"工作40家，未发生重大安全事故。全村4名网格员每天开展走访巡查工作，全年上报民情日记240余条，处理违章事件260余件。结合消费者权益日、国家安全日、国家宪法日等节点开展线下普法宣传活动8次，通过微信公众号、电子屏、宣传栏等媒介做好消防、平安建设等信息推送80条。年内，北荫村有101篇信息被苏州市级以上媒体录用。

**【学前社区"健康社区"建设项目】** 年内，北荫村将健康社区建设纳入年度工作计划，成立领导小组，明确职责分工，定期召开工作例会，研究建设过程中遇到的突出问题并制定应对措施。完善健康阵地，铺设健康步道600米，在步道附近增设箱式绿化100组，安装健康指示牌，帮助居民在潜移默化中学习健康知识。在村部办公区域及社区活动室实行禁烟，营造无烟环境。邀请市中医医院、市第二人民医院等于每月20日为居民开展健康义诊服务和健康讲座。持续开展高血压、糖尿病、肿瘤和骨质疏松筛查活动，服务居民3000余人次。在村部大楼、社区卫生服务站和5个健康中心户家中设置健康自助监测点，配备血压计、身高体重计、血糖仪等设备，方便居民自我监测健康状况。学前社区配备食品安全专管员，对农家宴和门店的食品安全进行核实并及时上报。形成由"五老"组成的健康生活方式指导员队伍和由医疗专家志愿者组成的"荫为爱"健康志愿服务队。北荫村以居民住宅外立面为载体，普及《中国公民健康素养66条——基本知识与技能》内容。在爱国卫生月、世界无烟日等开展健康主题活动，组织"万步有约"居民健走大赛、健康膳食设计大赛、健康家庭评比等活动，倡导健康生活方式，帮助群众树立正确的健康价值观。年内，学前社区卫生服务站建成江苏省示范卫生室，学前社区建成苏州市健康社区，学前社区"建设健康社区，共享美好生活"项目获评健康苏州建设典型案例。（陈　琳）

## 元丰社区

**【概况】** 元丰社区位于德积街道东部，东临德丰社区，南接福民村天霸路，西至护漕港河，北靠友邦氨纶纺织有限公司。占地面积0.3平方千米。2004年3月，元丰社区居委会成立。2023年年末，元丰社区有房屋81幢、住房2195套，常住人口9680人，其中新市民2270人。年内，元丰社区获张家港市文明社区标兵、张家港市最美志愿服务社区、张家港市青年文明号、张家港市健康"益"家优秀实践基地等荣誉。

社会事业　社区党群服务中心面积2000平方米，设有党建、民政、退役军人事务、社会保障等一站式服务大厅，以及新时代文明实践站、红堡阵地、青年之家、网格化服务管理中心、青少年之家、微型消防站、24小时图书馆驿站、卫生服务室、家长学校、小元姐姐工作室等特色服务功能室。年内，新增三期公厕，复绿修护三期河道周边绿化450米，增装一期彩虹便民椅84个、三期大理石便民椅130个，建成新能源汽车充电桩9个。社区"邻理庭"涵盖居家养老服务站、邻理议事庭、心理咨询室、慈善超市等，满足居民议事、休闲小憩、交流学习等需求。全年办理灵活就业35人、下岗失业人员社保补贴8人、低保低边人员政府扶贫19人及亡故、重病慰问16人；组织社保退休体检915人、农保退休体检115人；新增独生子女奖扶6人，办理孕前优生检查3对、生育登记36对，独生子女父母光荣证企业退休人员一次性奖励金申领66人、独生子女父母奖励金发放185人24.31万元。年内，社区有低保14户、低保边缘重病困难对象7户、无固定收入重度残疾17人、持证残疾145人、困境儿童4人。社区落实惠民政策，扩面慰问195人，发放9.3万元；报销"福村宝"272人15.8万元；发放合作医疗补贴538人15.9万元、尊老金916人58.8万元。

社区治理　2023年，社区党总支下辖4个党支部，党员107人。元丰社区围绕"邻理元丰"推进基层治理工作。聚焦群众急难愁盼问题，打造"聚理"论坛，举办主题论坛12场；打造"理"响元丰宣讲品牌，落实"学习接力"计划，开展学习活动12场；围绕"邻理聚'力'·引领元丰社区治理新高度""'邻理学堂'聚理自治服务项目""友邻社群，与'理'同行社会工作岗位服务项目"等先锋实践项目，开展活动35次，惠及居民3000余人次；构建"三班督导员+

6月30日，“理响元丰，让党声润民心”学习接力活动开展

全天保洁员+日班巡检员+夜班保障员+视频监控员”闭环制度，成立楼道巡护队伍及“邻理元丰”基层治理行动支部，开展网格化巡查和“洁美家园”活动50余次，参与2100余人次；组织“居家养老服务中心托管项目”“小元邻理暑托班”“乐享夕阳，耆乐融融”“‘丰’迷悦读圈·元丰社区多元化全民阅读新模式”“趣文化·聚邻理”等新时代文明实践项目，开展各类文明实践活动320余场，居民参与4500余人次；开展健康义诊、扶贫帮困、科普讲座、电影下乡、法治宣传、理事议事等活动60余场，结合社区“邻理”文化，开展“我们的节日”系列主题活动20余场，累计服务群众近2600人次；扎实开展日常矛盾调处工作，办结信访事项54件、党群诉求46件；针对社区“九小场所”、出租房等，开展安全隐患排查110次，完成“瓶改电”9家、“瓶改管”2家，开展消防安全宣传讲座6场，参观消防站、组织消防演练2次，发放用电用气消防安全折页3600份，惠及居民4500人次。

**【元丰社区“邻理庭”乡邻共治系列党建项目】** 2023年，元丰社区实施“邻理庭”乡邻共治系列党建项目，通过“邻理道”“邻理庭”“邻理营”三大板块传播“远亲不如近邻”邻理文化，听民意、解民忧、办实事。推出“开议码”互动发声云平台，收集民情民意176条；启用红、黄、蓝三色信箱，收集居民群众矛盾诉求25件、治理建议20余件、先锋事例8件；组建“琐事快处理”“难事细审议”两大专班，成立以党员、乡贤、青年为主的“元宿庭”“元贤庭”“元青庭”三支“理事庭”团队，建立“征集—汇总—评议—公示—反馈”五步理事机制，细分积怨、新愁、民忧、民意、实事、难事六类清单，形成“邻理庭”工作法。通过邻理论坛、邻理课件、邻理优展台、案例发布组成“邻理营”项目，发布“噪声扰民”“楼层渗漏”“新业态新就业群体自助”等共性案例6个，供居民解决同类问题参考使用，推动社区事务从“你事我办”单向服务向“大家事大家办”共同参与转变，实现社区共建、共治、共享。（徐梦煜）

## 德丰社区

**【概况】** 德丰社区成立于2006年12月，是全市建成较早、规模较大的动迁安置小区。社区占地面积0.65平方千米，总建筑面积65万平方米，住宅楼181幢，居民总户数4033户，入住居民12179人，其中常住人口9062人，含户籍人口3385人、流动人口3117人。年内，德丰社区获中国社会组织评估等级AA（2023—2027年）、苏州市健康社区、张家港市文明社区、张家港市生活垃圾分类“优秀单位”、张家港市儿童友好社区、2023年张家港优秀村（社区）社会工作室、2023年度张家港巾帼志愿服务十大优秀社区等荣誉。

社会事业　德丰社区居民委员会位于德积街道灿香路东侧，设有一站式服务大厅、居家养老服务站、退役军人服务站、新时代文明实践站、红堡阵地、童伴小管家等功能场所，提供民政、计生、法律咨询等民生服务。年内，增设彩虹休闲长椅52张，新建电动汽车充电桩24个，铺设连心步道38条，持续推进雨污分流改造工程，完成廉洁文化长廊（二期）建设，新增休闲点2处、整治“三线”单元233个，清洁粉刷华申苑单元楼道35个，更新阀门井盖636个。至年末，社区有低保19户、低保边缘重病困难对象7户、持证残疾162人，其中享受重残救助15人，困境儿童7人。落实民生救助政策，发放扩面慰问金12.74万元、春节慰问金1.65万元，组织226名农保退休人员体检。全年发放残疾人子女及残疾学生助学补助5800元，发放慈善助学金15000元、爱心学习用品2500元；服务虚拟养老院10人120余次，服务时长300余小时；办理孕前优生检查7对，生育登记83对，独生子女一次性奖励金发放49人，独生子女父母奖励金发放384人11520元。“爱满港城”慈善募捐1.5万元。

社区治理　年内，德丰社区党总支下设党支部5个，党员85人。社区各支部召开支委会议12次、党员大会4次、党课2次、主题党日活动12次。实施“蜂巢”党建治理模式，统筹社会组织、社会公益慈善、社工、社区志愿者、社会新阶层等形成“六社联动”力量，设立“多联多管”同商共议机制，每月召开联席会议，链接李剑英口腔、派出所、消防救援站、农商行等社会资源，开展活动50余次，处理居民意见180条，居民参与1600人次。打造文明示范楼道20个；与德积村共建“百姓社场”，与德丰集团合作共建张育诚委员工作室。更换公益广告295处，清理乱堆乱放、乱晾乱晒、乱画乱贴1000余处，清理杂物约1100车，更换窨井、路牙275处，维修房屋185户，更换灯头1500余套。排查整治显性隐患，完成出租房合规化改造350家，餐饮门店“瓶改管”“瓶改电”35家，排查整治出租车库35间。

【德帮送“餐”服务品牌】　2023年，德丰社区创新服务模式，将社区便民服务、文化活动、趣味课堂、百姓故事会、公益志愿活动等下沉至基层网格，形成德帮送“餐”服务品牌。实行“收集问题—梳理问题—研究协商—推进落实—结果反馈”的闭环处置工作机制，每月开展“楼道畅聊”活动，并通过微信群交流、入户走访等方式，畅通“网格长—楼道长—居民”之间联系，及时掌握民情民意，收集群众诉求建议，制定新声理论餐、情暖民生餐、绚丽文化餐、居民自治餐、智慧科普餐五大服务“套餐”清单。启用“网格巴士号”，设立思想引领站、科普文化站、民情征集站、分类指导站、志愿服务站、居民议事站、助困助残站、五微党课站、金融服务站、文明新风站10个“停靠站点”。年内，各站点开展理论宣讲、文明楼道畅聊、垃圾分类宣传、健康义诊等活动128场，服务居民5100余人次。挖掘社区能人、有特长的党员群众资源，新增包括维修、园艺、健身等在内的23名“能人”加入德丰社区志愿服务团队，开展周末志愿服务活动38次，参与624人次。　（施　佩）

德丰社区网格巴士驿站

# 人物·先进集体

新闻人物

逝世人物

先进个人

先进集体

## 新闻人物

**黄　强**　1982年1月生，张家港市杨舍镇东莱人，大专学历，中共党员，高级工程师、特级技师。张家港港务集团有限公司港埠分公司起重操作部“黄强组”组长、门机司机。“中国好人”。2000年8月，黄强从上海港湾学校毕业后至张家港港务局港埠公司电机队任门机司机。2003年12月至2007年3月，任张家港港务集团有限公司港埠分公司电机队门机三组组长、门机司机。2007年3月至2019年11月，任张家港港务集团有限公司港埠分公司起重操作部“黄强组”组长、门机司机。2019年11月起，任江苏省港口集团第一届工会联合会兼职副主席、张家港港务集团有限公司港埠分公司起重操作部“黄强组”组长、门机司机。作为港口产业工人的杰出代表，黄强坚持“一生一事、一事一生”的信念，以精湛技艺打造装卸作业品牌，独创以“稳、准、快，一钩准、无声响”为精髓的“黄强门机操作法”。2012年8月，张家港港务集团有限公司成立以黄强名字命名的“黄强工作室”。黄强带领工作室团队累计开展工艺革新和技术创新60余项，获国家实用新型专利17项、国家软件著作权9项，为企业创造效益近1000万元，推动传统件杂货码头向数字化、无人化、智能化转变，率先实现件杂货门机远程操控。他感恩企业，热心公益，积极参加志愿服务，向慈善总会捐款捐物、捐资助学，用实际行动践行自己的入党誓言。黄强曾获评全国优秀共产党员、全国劳动模范、全国第十一届金锚奖、“全国最美港口人”、全国交通技术能手、全国交通建设工匠、江苏省劳动模范、江苏工匠、江苏省交通工匠、江苏省交通技术能手、“江苏省最美交通人”、江苏省企业首席技师、江苏省有突出贡献的中青年专家，被授予江苏省五一劳动奖章，2022年当选党的二十大代表。2023年6月，被中央文明办授予“中国好人”称号。　　（倪彬彬）

**王进法**　1972年5月生，张家港市金港街道人，本科学历，中共党员。市第七中学党支部书记、校长，正高级教师。第十批省市优秀援疆干部人才。1996年8月参加工作，1996年8月至2021年7月，先后任张家港市崇真中学（后塍高级中学）课程中心德育副主任、课程中心主任、副校长。2021年8月至2023年6月，赴新疆巩留县援疆支教，担任张家港市援疆教师领队，挂职巩留县高级中学副校长。其间，2021年12月，他成功申报“王进法校长工作室”。2022年1月4日，工作室挂牌成立。4月20日，工作室组织援疆教师开展送教下乡活动。2023年8月起，王进法任张家港市第七中学党支部书记、校长。他坚

黄　强

王进法

持“全员发展、全面发展、特色发展”的育人理念，推动课程校本化改革和创新实践，先后开设各级展示课、专题讲座15次，主持或参与省级、市级规划课题4项，在《江苏教育》等省级以上刊物发表论文6篇。援疆期间，他带领团队传帮带、抓落实，2022届、2023届张家港班二本上线率均为100%，助推巩留县高级中学再创佳绩。王进法担任巩留县王进法校长工作室领衔人，抓骨干教师培养，促学校结对交流，有效推动张家港和巩留两地教育交流交往。王进法先后被评为伊犁州优秀援疆教师、苏州市优秀教育工作者、巩留县优秀专家人才工作室领衔人、巩留县“四有”好老师和“张家港市十佳班主任”等。2023年4月，王进法被中共新疆维吾尔自治区委员会、新疆维吾尔自治区人民政府评为第十批省市优秀援疆干部人才，并记功一次。（徐晓艳）

**王　进**　1989年4月生，张家港市德积街道人，大专学历，中共党员。西藏军区某部一级上士。部队二等功获得者。2008年12月入伍，王进多次出色完成急难任务，先后在各类重大演训、比武竞赛等活动中取得佳绩，在全军区范围内掀起学习热潮。连续多年获评“四有”优秀士官，获团嘉奖，2015年荣立个人三等功。2023年11月，因其在工作中表现突出，经所在部队上一级党委批准荣立二等功。（张　敏）

王　进

## 逝世人物

**顾秉钧**　1928年10月生，张家港市德积街道人。1949年2月加入中国共产党。张家港市政协原主席。1949年2月参加革命工作，至1963年，历任中共江阴县委晨阳区组织干事、晨阳区丰亨乡政治指导员，江阴县农会组织部部长，江阴县花山区委书记、青阳区委书记，江阴县人民委员会副县长、北乡党委书记、共青团江阴县委书记。1963年至1981年援藏，历任西藏自治区“五反”“四清”办公室干事、工作队队长，马查拉煤矿党委书记兼矿长，昌都发电厂党委书记兼厂长，昌都地区工业局局长、党组书记。1981年回沙洲县工作，1981年至1990年，历任沙洲县革委会副主任、沙洲县副县长和沙洲县（张家港市）政协第三、四、五届主席，1990年离休。顾秉钧对党忠诚，敢于担当。中华人民共和国成立前，他出生入死，先后秘密开展抗日宣传发动、党的地下革命、组织“抗丁、抗粮、抗税、抗捐”、帮助受压迫群众等工作。援藏18年，其中7年在海拔5千米以上的矿场工作，所在煤矿、发电厂均获评西藏先进单位。到政协工作后，他克己奉公、尽心尽职，围绕全市（县）中心工作，积极建言献策，为全市经济社会各项事业发展发挥积极作用，并为促进地方政协各项工作的规范化、制度化开展作出了突出贡献。离休后，他积极参加党的各项组织活动，努力为全市经济社会发展献计献策；坚持学习研究，热心公益事业，毕生积蓄基本都用于慈善捐款、

顾秉钧

扶贫助学，曾多次获评江苏省离退休干部先进个人、苏州市最美老干部。2022年8月，顾秉钧决定将个人藏书3500余册以及珍贵手稿、工作物品，捐赠给张家港市政协。2023年2月17日，张家港市政协书房·顾秉钧藏书室揭牌启用。2月28日，顾秉钧因病去世。（谭 晔）

# 先进个人

表37　2023年保税区（街道）获国家条线表彰的先进个人一览表

| 姓 名 | 荣誉称号 | 授予单位 | 工作单位 |
|---|---|---|---|
| 黄 强 | 中国好人 | 中央文明办 | 张家港港务集团 |
| 陈 喜 | 全国技术能手 | 人力资源和社会保障部 | 中粮东海粮油工业（张家港）有限公司 |
| 陆志坚 | 全国技术能手 | 人力资源和社会保障部 | 中粮东海粮油工业（张家港）有限公司 |
| 程 烨 | 2023年度全国海关特殊监管区域统计工作先进单位及个人 | 中国保税区出口加工区协会 | 保税区发展改革局 |

表38　2023年保税区（街道）获省条线表彰的先进个人一览表

| 姓 名 | 荣誉称号 | 授予单位 | 工作单位 |
|---|---|---|---|
| 顾天缘 | 2023年江苏省特种设备安全监察人员技能竞赛起重机械安全监察技能竞赛三等奖 | 江苏省市场监督管理局、中共江苏省委省级机关工作委员会、江苏省总工会、共青团江苏省委员会 | 江苏省张家港保税区市场监督管理局 |
| 刘 斌 | 全省市场监管系统“铁拳”行动成绩突出个人 | 江苏省市场监督管理局 | 江苏省张家港保税区市场监督管理局 |
| 李 锋 | 2023年度危化品安全监管先进个人 | 江苏省应急管理厅 | 保税区安全环保局 |
| 刘 涛 | 江苏省优秀工会工作者 | 江苏省总工会 | 中粮东海粮油工业（张家港）有限公司 |
| 黄 强 | 江苏最美工匠 | 江苏省人力资源和社会保障厅 | 张家港港务集团有限公司 |
| 黄 强 | 长三角大工匠 | 上海市总工会、江苏省总工会、浙江省总工会、安徽省总工会 | 张家港港务集团有限公司 |
| 初 蕾 | 2023年省级“暖心之星”工作者 | 江苏省卫生健康委员会、江苏省计划生育协会 | 金港街道 |
| 赵俐敏 | “福彩杯”江苏省村（居）儿童主任实务技能竞赛个人赛三等奖 | 江苏省民政厅 | 中港社区 |
| 陈 靓 | 优秀民情观察员 | 国家统计局江苏调查总队 | 元丰社区 |

续表

| 姓　名 | 荣誉称号 | 授予单位 | 工作单位 |
|---|---|---|---|
| 施　念、陈杜铭瑄 | 江苏好少年 | 江苏省少工委 | 港区小学 |
| 黄蓦然、黄昱嘉 | 江苏好少年 | 江苏省少工委 | 金港中心小学 |
| 卞　玥、曹宣滟、许育豪 | 江苏好少年 | 江苏省少工委 | 南沙小学 |
| 吉俊隆、吉梓灵 | 江苏好少年 | 江苏省少工委 | 港区初级中学 |

表39　　2023年保税区（街道）获苏州市级和苏州市条线表彰的先进个人一览表

| 姓　名 | 荣誉称号 | 授予单位 | 工作单位 |
|---|---|---|---|
| 印松平 | 优秀民兵工作者 | 苏州市人民政府、苏州军分区 | 金港街道 |
| 钱　博 | 2022年度全市"生态环境保护工作"先进个人 | 中共苏州市委办公室 | 金港街道 |
| 吴　虹 | 苏州政务服务系统第五届"双争双创"先进工作者 | 苏州市行政审批局 | 保税区行政审批局 |
| 陈嘉炜 | 2023年度危险化学品安全监管工作先进个人、应急指挥工作先进个人 | 苏州市应急管理局 | 保税区安全环保局 |
| 殷志波 | 苏州市2023年度免疫规划工作先进个人 | 苏州市疾病预防控制中心、苏州市预防医学会 | 张家港市金港社区卫生服务中心 |
| 顾天缘 | 2023年江苏省特种设备安全监察人员技能竞赛苏州市选拔赛个人第三名 | 苏州市市场监督管理局 | 江苏省张家港保税区市场监督管理局 |
| 罗飞鹏 | 2023年江苏省特种设备安全监察人员技能竞赛苏州市选拔赛个人第七名 | 苏州市市场监督管理局 | 江苏省张家港保税区市场监督管理局 |
| 谷树明 | 2023年全市市场监管系统"执法办案能手" | 苏州市市场监督管理局 | 江苏省张家港保税区市场监督管理局 |
| 叶乾州 | 2023年度全市标准化工作成绩突出个人 | 苏州市标准化工作联席会议办公室 | 江苏省张家港保税区市场监督管理局 |
| 周　辉 | 2023年度全市市监系统理论研究先进个人 | 苏州市市场监督管理局 | 江苏省张家港保税区市场监督管理局 |
| 陆佳瑜 | 2023年度"苏州好青年" | 中共苏州市委宣传部、中共苏州市委统一战线工作部、中共苏州市委网络安全和信息化委员会办公室、共青团苏州市委员会、苏州市青年联合会 | 国家税务总局张家港保税区税务局 |

续表

| 姓　名 | 荣誉称号 | 授予单位 | 工作单位 |
| --- | --- | --- | --- |
| 匡小斌 | 2023年苏州市五一劳动奖章 | 苏州市总工会 | 张家港保税区长江国际港务有限公司 |
| 钱荣政 | 2023年苏州市五一劳动奖章 | 苏州市总工会 | 佐敦涂料(张家港)有限公司 |
| 徐　玲 | 2023年苏州市五一劳动奖章 | 苏州市总工会 | 张家港保税区城乡发展局 |
| 彭学东 | 第四届苏州时代工匠提名奖 | 苏州市总工会、苏州市人力资源和社会保障局 | 威胜生物医药(苏州)股份有限公司 |
| 严吉产 | 全市职工“安全隐患随手拍”活动优秀案例 | 苏州市总工会 | 张家港保税科技(集团)股份有限公司 |
| 张　梅 | 2023年度苏州市“最美巾帼科技人物” | 中共苏州市委人才工作领导小组办公室、苏州市科学技术局、苏州市人力资源和社会保障局、苏州市妇女联合会、苏州市科学技术协会 | 威胜生物医药(苏州)股份有限公司 |
| 张　梅 | 2023年度苏州市三八红旗手 | 苏州市妇女联合会 | 威胜生物医药(苏州)股份有限公司 |
| 陆佳瑜 | 2023年度苏州市三八红旗手 | 苏州市妇女联合会 | 国家税务总局张家港保税区税务局 |
| 方鸿宇 | 苏州市“能手网格员” | 中共苏州市委政法委员会 | 元丰社区 |
| 方鸿宇 | 苏州市青少年暑托班优秀班主任 | 苏州市委宣传部、苏州市教育局、苏州市民政局、苏州团市委 | 元丰社区 |
| 沈东平 | 苏州市人民调解工作先进个人 | 苏州市司法局 | 元丰社区 |
| 徐关兴 | 苏州市“最美五老” | 苏州市关心下一代工作委员会 | 后塍街道关心下一代工作委员会 |

表40　　2023年保税区(街道)获张家港市级表彰的先进个人一览表

| 姓　名 | 荣誉称号 | 授予单位 | 工作单位 |
| --- | --- | --- | --- |
| 缪　飞 | 2023年度担当作为好干部 | 中共张家港市委、张家港市人民政府 | 保税区招商局 |
| 吴　虹 | 张家港市“现代化建设先锋年”先进个人 | 中共张家港市委、张家港市人民政府 | 保税区行政审批局 |
| 程　烨 | 张家港市“现代化建设先锋年”先进个人 | 中共张家港市委、张家港市人民政府 | 保税区发展改革局 |
| 汪　娜 | “工伤预防能手”职工组一等奖 | 张家港市人民政府 | 苏州利是云讯企业服务有限公司 |
| 何晓东 | “创新转型加速年”先进个人 | 中共张家港市委员会、张家港市人民政府 | 金港街道中圩社区 |
| 胡强龙 | “工伤预防能手”职工组二等奖 | 张家港市人民政府 | 南港(张家港保税区)橡胶工业有限公司 |

续表

| 姓 名 | 荣誉称号 | 授予单位 | 工作单位 |
|---|---|---|---|
| 屈冬静 | “客户服务管理师”职工组二等奖 | 张家港市人民政府 | 旭化成聚甲醛(张家港)有限公司 |
| 尚 园 | “客户服务管理师”职工组三等奖 | 张家港市人民政府 | 张家港保税区长源热电有限公司 |

说明：张家港市条线表彰的先进个人不予收录

# 先进集体

表41　　2023年保税区(街道)获国家条线表彰的先进集体一览表

| 获得单位 | 荣誉称号 | 授予单位 |
|---|---|---|
| 沙洲优黄文化园 | 国家级工业旅游示范基地 | 文化和旅游部 |
| 江苏张家港酿酒有限公司 | 农业产业化国家重点龙头企业 | 农业农村部 |
| 金港街道 | 中国计生协2023年计生家庭维权项目执行单位 | 中国计划生育协会 |
| 金港街道长江村 | 第三批全国乡村治理示范村 | 农业农村部、中央宣传部、司法部 |
| 张家港港务集团港盛分公司设备保障部 | 第21届全国青年文明号集体 | 共青团中央 |
| 金港街道长山村少先队长风中队 | 2023年度全国红领巾中队 | 全国少工委 |
| 金港中心小学六(1)中队(刘胡兰中队) | 2023年度全国红领巾中队 | 全国少工委 |
| 金港街道金都社区 | 团中央伙伴计划示范项目 | 共青团中央社会联络部 |
| 金港街道马桥社区 | 2023年全国示范性老年友好型社区 | 国家卫生健康委、全国老龄办 |
| 长江国际大酒店餐饮部 | 全国巾帼文明岗 | 全国妇联 |

表42　　2023年保税区(街道)获省条线表彰的先进集体一览表

| 获得单位 | 荣誉称号 | 授予单位 |
|---|---|---|
| 江苏省张家港保税区建设工程质量监督站 | 2023年江苏省青年文明号 | 江苏省创建青年文明号活动组委会 |
| 江苏长顺集团有限公司 | 江苏省五一劳动奖状 | 江苏省总工会 |
| 张家港保税科技(集团)股份有限公司 | 江苏省模范职工之家 | 江苏省总工会 |
| 张家港湾海棠驿益空间服务点位 | 2023年度全省“最美工会户外劳动者服务站点” | 江苏省总工会 |

续表

| 获得单位 | 荣誉称号 | 授予单位 |
| --- | --- | --- |
| 金港街道康复驿站 | 省级精神障碍社区康复服务示范点 | 江苏省民政厅 |
| 张家港市金港街道"'金'彩一夏、与'星'成长"青少年暑托班 | 2023年"爱心暑托班"省突出单位优秀示范点 | 江苏省希望工程办公室 |
| 长山村 | 2022年度江苏省生态宜居美丽示范村 | 中共江苏省委农村工作领导小组办公室 |
| 柏林村 | 2021—2022年度江苏省五星级示范农家书屋 | 江苏省新闻出版局 |
| 马桥社区 | 2022年度江苏省老年友好型社区建设单位 | 江苏省老龄办 |
| 马桥社区 | 江苏省"在你身边"文明实践巾帼志愿阳光站 | 江苏省妇女联合会、江苏省精神文明建设指导委员会办公室 |
| 长江润发(张家港)浦钢有限公司轧钢车间甲班 | 江苏省工人先锋号 | 江苏省总工会 |
| 永兴村朱家埭 | 江苏省绿美村庄 | 江苏省林业局 |
| 永兴村沙泥圩 | 江苏省绿美村庄 | 江苏省林业局 |

表43　2023年保税区(街道)获苏州市级和苏州市条线表彰的先进集体一览表

| 获得单位 | 荣誉称号 | 授予单位 |
| --- | --- | --- |
| 张家港保税区安全环保局 | 2022年度苏州市"生态环境保护工作"先进集体 | 中共苏州市委、苏州市人民政府 |
| 张家港保税区安全环保局 | 2023年度危险化学品安全监管工作先进集体 | 苏州市应急管理局 |
| 江苏扬子江国际化学工业园管理办公室 | 2023年度应急指挥工作先进集体 | 苏州市应急管理局 |
| 张家港保税区安全环保局 | 2023年苏州市"安全生产月"活动先进单位 | 苏州市应急管理局 |
| 张家港保税区行政审批局 | 为民服务工作先进集体 | 苏州市行政审批局 |
| 张家港市金港社区卫生服务中心 | 苏州市2023年"创优同行"儿童预防接种示范门诊展评活动一等奖 | 苏州市预防医学会、苏州市疾病预防控制中心 |
| 江苏省张家港保税区市场监督管理局 | 2023年苏州市食品生产行业优秀组织奖 | 苏州市市场监督管理局 |
| 江苏省张家港保税区市场监督管理局 | 2023年江苏省特种设备安全监察人员技能竞赛苏州市选拔赛团体第二名 | 苏州市市场监督管理局 |

续表

| 获得单位 | 荣誉称号 | 授予单位 |
| --- | --- | --- |
| 江苏省张家港保税区市场监督管理局特种设备监管科 | 苏州市二星青年文明号 | 共青团苏州市委员会 |
| 江苏省张家港保税区市场监督管理局市场监管综合执法大队 | 2023年全市市场监管系统“执法先锋团队” | 苏州市市场监督管理局 |
| 中粮东海粮油工业（张家港）有限公司 | 第二批苏州工匠实训基地 | 苏州市总工会 |
| 陶氏张家港生产基地工会委员会 | 2023年度苏州市模范职工之家示范单位 | 苏州市总工会 |
| 陶氏张家港生产基地 | 2023年度苏州市女职工康乃馨服务站 | 苏州市总工会 |
| 中粮东海粮油工业（张家港）有限公司物流部筒仓部粮筒仓 | 2023年苏州市工人先锋号 | 苏州市总工会 |
| 苏州中远海运化工物流有限公司 | 苏州市职工书屋示范点 | 苏州市总工会 |
| 保税区总工会 | 苏州市职工法治素养锦标赛优秀组织奖 | 苏州市总工会 |
| 后塍街道 | 苏州市2023年金牌劳动人事争议调解组织 | 苏州市人力资源和社会保障局 |
| 江苏张家港酿酒有限公司 | 2023年度苏州市五一劳动奖状 | 苏州市总工会 |
| 沙洲优黄文化园 | 党群办苏州市职工（劳模）疗休养活动点 | 苏州市总工会 |
| 后塍街道关工委 | “五有五好”基层关工委先进单位 | 苏州市关心下一代工作委员会 |
| 三角滩村 | 苏州市女职工康乃馨服务站 | 苏州市总工会 |
| 朱家宕村 | 首批苏州市级“三全”家庭教育指导服务示范点 | 苏州市妇女联合会 |
| 永兴村 | 苏州市传统村落 | 苏州市人民政府 |
| 永兴村朱家埭 | 2023年度苏州市特色田园乡村（特色精品乡村） | 中共苏州市委、苏州市人民政府 |
| 永兴村沙泥圩 | 2023年度苏州市特色田园乡村（特色精品乡村） | 中共苏州市委、苏州市人民政府 |
| 朝南村苏三堂 | 2023年度苏州市特色田园乡村（特色精品乡村） | 中共苏州市委、苏州市人民政府 |
| 朝南村定心圩 | 2023年度苏州市特色田园乡村（特色精品乡村） | 中共苏州市委、苏州市人民政府 |

续表

| 获得单位 | 荣誉称号 | 授予单位 |
| --- | --- | --- |
| 永兴村 | 苏州市第二批红色地名录 | 苏州市民政局、苏州市委党史工作办公室、苏州市退役军人事务局、苏州市地方志编纂委员会办公室 |
| 永兴村 | 苏州市乡村休闲旅游农业精品村 | 苏州市农业农村局 |
| 永兴村 | 苏州市青年志愿服务实践教学点 | 共青团苏州市委员会、江苏省青年志愿服务培训基地（苏州） |
| 朝南村 | 苏州市美丽庭院特色村 | 苏州市妇女联合会、苏州市农业农村局 |
| 朝南村 | 苏州市级“三全”家庭教育指导服务示范点 | 苏州市妇女联合会 |
| 朝南村 | 苏州市新时代文明实践示范站 | 苏州市文明办 |
| 学前社区 | 苏州市健康社区 | 苏州市爱国卫生运动与健康促进委员会办公室 |
| 德丰社区 | 苏州市健康社区 | 苏州市爱国卫生运动与健康促进委员会办公室 |

表44　2023年保税区（街道）获张家港市级表彰的先进集体一览表

| 获得单位 | 荣誉称号 | 授予单位 |
| --- | --- | --- |
| 后塍街道 | 张家港市“创新转型加速年”先进集体 | 张家港市委、市政府 |
| 金香社区 | 张家港市“创新转型加速年”先进集体 | 张家港市委、市政府 |
| 金香社区 | 张家港市首批小区、自然村标杆支部 | 张家港市委办公室 |

说明：张家港市条线表彰的先进集体不予收录

# 附　录

报告和文件选录

组织机构及其负责人名录

# 报告和文件选录

## 锚定发展目标 聚力攻坚突破 为打造中国式现代化县域先行区贡献力量

——保税区、街道年度工作报告

2024年1月

今天，我们在这里召开保税区、街道年度工作会议，主要任务是：坚持以习近平新时代中国特色社会主义思想为指导，深入学习贯彻党的二十大、二十届二中全会精神和习近平总书记对江苏、苏州工作重要讲话重要指示精神，全面落实市委十二届六次全会、市“两会”部署安排，回顾总结2023年工作成效，研究部署2024年目标任务，动员区街上下与时俱进大力弘扬张家港精神，紧扣“高质量发展突破年”工作主题，聚力“135”年度目标任务，进一步扛牢“龙头板块”责任担当，彰显经济大镇使命作为，以高质量发展的过硬业绩，为全市加快推进“强富美高”新江苏现代化建设张家港实践、打造中国式现代化县域先行区勇挑重担、争作贡献！

下面，根据党工委、管委会研究的意见，我报告四个方面。

**第一个方面，承压奋进、拼抢争先，开局之年步履稳健，奠定了向更高层次迈进的坚实基础**

2023年是全面贯彻落实党的二十大精神的开局之年，是三年疫情防控转段后经济恢复发展的一年，也是保税区“而立之年再出发”的奋进之年。一年来，面对复杂严峻的发展环境和超出预期的风险挑战，党工委、管委会始终紧扣“现代化建设先锋年”工作主题，聚焦“高质量发展”首要任务，认真贯彻市委常委会专题调研保税区工作会议精神，团结带领区街广大干部群众，锚定“当好全市高质量发展排头兵、改革创新先行军”目标定位，凝心聚力，拼抢争先，有力有序推进各项工作，取得了来之不易的工作成效。

这一年，催人奋进的是，经济运行保持了向好态势。我们始终把稳增长放在突出位置，努力以自身发展的确定性对冲外部环境的不确定性，明确委领导领办课题11项、区街重点工作46项，实施挂图作战，强化有效落实，以重点突破带动全局提升。全力加强经济指标组织调度，全年完成一般公共预算收入60.5亿元，规模以上工业总产值1603.9亿元，工业投资59.4亿元，实际利用外资1.1亿美元，进出口总额200亿美元，限上批发销售额4993.9亿元，主要经济指标均占全市1/4以上，其中五项指标完成总量位列全市第一。持续深化领导干部挂钩联系企业机制，“一企一档”“一企一策”保障企业稳定运行。组建保税区商会，凝聚企业家力量，提振企业发展信心。全年纳税超2000万元企业80家，同比增加11家，超5000万元企业48家，同比增加4家，超5000万元企业占全市37%，工业企业占全市的一半；“四上”企业新增入库313家，占全市51%，增量、增幅均列全市第一；新增上市企业1家，累计11家。

这一年，让人振奋的是，项目建设筑牢了发展根基。牢固树立“大抓项目、抓大项目”的鲜明导向，在全市率先开展招商体制改革，突出“四新”产业方向，持续拓展项目渠道，引进天齐锂业、博腾医药2个超30亿元项目，新签约超亿元项目25个。深化实施重大项目并联审批和“245”统筹推进机制，编制重大项目开竣工指南，新建重大项目开工平均用时压减至163天，杜邦、海虹老人等36个项目建成竣工，瓦克、百胜等35个项目开工建设，大族激光项目一期主体封顶、二期加快清场交地，华盛锂电、置田、国恒等一批项目实现“五证齐发”，22个列入三级重大的计划新开工项目三季度全部开工，项目数和年度总投资列全市第一。扬子江化工园在全省首批通过复核认定，入选全省首批“无废园区”建设试点。深化“中华路、华达路、香山北”三大产业转型空间布局研究，获批建设扬子江高端装备产业园，新增允许建设区47.93公顷，完成供地超66公顷，整治提升产业用地超20公顷。

这一年，使人鼓舞的是，创新发展激发了强劲动能。坚持把创新放到决胜未来的核心位置，全年完成科技招商项目超400项，其中重点类项目25项；获评国家级人才工程7个，位居全市第一；新增认定高新技术企业104家，同比增长86%；规模以上工业企业研发经费投入超28亿元。泛半导体产业园全面竣工投用，科创园三期完成主体建设，南科大联合创新中心正式揭牌，化工中试基地启动报建。长华化学、欣诺科获评国家级专精特新“小巨人”企业。润邦、凡赛特获评省潜在独角兽企业。菲镭泰克牵头实施国家重点研发计划，灿勤科技获评江苏专利奖（银奖），均为全市唯一。华昌新材料获评省智能制造示范工厂，长华化学获评省工业互联网标杆工厂，均实现保税区“零的突破”。3家企业入围国家二手车出口试点，全年完成出口超900辆，出口量居苏州之首。

这一年，令人欣慰的是，民生福祉实现了新的提升。持续推进村级经济五年倍增计划，德积高端纺织产业园一期竣工投用，村均集体经营性收入1346万元，增长8.6%。启动实施后塍中北街地块城市更新。文昌小学建成投用，香山小学开工建设。文昌二期三期、金南花苑安置房即将竣工交付，安置房办证实现欠账清零。深入推进房票安置，发行房票100张。新增口袋公园6个。政务服务大厅全年实现“零投诉”。完成第二轮中央、省环保督察反馈问题整改销号。金港片区水质净化厂开工建设。各级考核断面水质优Ⅲ比例均达100%，$PM_{2.5}$平均浓度实现五连降。双山香山深度推进文旅融合，全年接待游客人次同比增长36%。张家港湾精品示范区通过苏州验收，获批省级水利风景区。沙洲优黄文化园获评国家工业旅游示范基地，苏州唯一。深化开展文明创建，金港文化中心获评江苏最美公共文化空间。严格落实“防风险、守底线”工作要求，确保社会大局安全稳定。

这一年，暖人心怀的是，管党治党得到了全面加强。扎实开展主题教育，进一步扛牢政治责任，筑牢信仰之基。启动“红链锋范”工程，建立6个产业链联合党委，高标准实施39个重点党建项目。出台激励干部担当作为的若干意见，区街上下干事创业、争作贡献的氛围日益浓厚。打造“初任培训+青年学堂+菁英创造营”培养体系，激发年轻干部队伍活力。坚定不移推进全面从严治党，扎实推进巡视巡察反馈意见整改，在全市率先实施“廉洁开发区”建设，全力维护风清气正的政治生态。

在肯定成绩的同时，我们也要清醒地认识到，当前发展仍然面临一些问题和挑战。一是产业能级仍需提升。土地、环境等资源要素的约束日益加大，近几年签约落地的旗舰型、龙头型项目还不多，化工产业作为硬支撑，发展质效还需提档，装备产业作为新赛道，尚未形成大的突破。二是创新生态有待优化。科创型企业规模不大，科创载体集聚项目的支撑还不强；企业研发和技改投入不足，自主创新能力还需强化。三是企业运行依然承压。外部环境不稳定不确定因素较多，部分中小微企业生产运行还面临不少困难，绿色发展、安全生产等领域风险隐患不容忽视。四是民生领域还有短板。新老城区还存在发展代差，优质公共服务供给不足，城市品质有待提升。对此，我们要树牢问题导向，采取有效措施，切实加以解决。

**第二个方面，锚定目标、狠抓落实，为港城高质量发展贡献更大力量**

在市委十二届六次全会上，韩书记提出要坚持高质量发展，实现突破性提升，加快推进“强富美高”新江苏现代化建设张家港实践，并把今年确定为“高质量发展突破年”，明确了“135”年度目标任务。进入2024年，苏州和张家港市都以“新年第一会”的形式召开新型工业化推进大会，昭示了以新型工业化助推高质量发展的鲜明导向和坚强决心。会上，苏州明确了未来三年“345”发展目标，即GDP突破3万亿，形成4个万亿级主导产业，规上工业总产值达5万亿。张家港市也明确了未来三年“451”奋斗目标，即GDP超4000亿，形成5个千亿级产业集群，工业产值超1万亿。苏州和张家港市的一系列部署安排，为我们做好下一步工作明确了方位、提供了遵循。保税区也立足实际，确定了未来一段时期的发展目标，即聚焦化工和装备两大产业，全力打造2000亿级化工园区和500亿级装备产业集群；在此基础上，我们还细化了2024年需要重点攻坚的20项任务。方向已经明确，奋斗正当其时。接下来，我们要按照市委、市政府决策部署，拿出分秒必争的劲头、舍我其谁的担当，锚定目标、狠抓落实，为推进“强富美高”新江苏现代化建设张家港实践作出更大贡献。

（一）锚定目标、狠抓落实，必须坚定信心、勇毅前行，昂扬争先斗志。敢于争先是张家港精神的核心要义，也是保税区干部必须具备的鲜明特质。一直以来，市委、市政府对保税区寄予厚望、充满关爱，希望我们为全市发展勇挑大梁、多作贡献。在张家港市“两会”上，韩书记又提出，保税区作为全市“龙头板块”，要扛起责任、体现担当，当好产业升级、改革创新、民生幸福“三个标杆”。树牢标杆意识，体现龙头作为，就是要勇立潮头、敢为人先，就是要争当表率、争做示范。新的一年，我们要牢记市委重托，强化龙头意识，提振“样样工作争一流”的进取精神，以“咬定青山不放松”的坚韧执着，不管形势如何变化，不管任务如何艰巨，都要敢与优者对标、与强者比拼、与快者赛跑，不仅要在规模总量、份额增量上积极担当，更要在贯彻新发展理念、推动高质量发展上展现更大作为，做到“干就要干最好、走就走在前列”，更好在争先率先中展现标杆定位、扛起龙头担当、作出更大贡献。

（二）锚定目标、狠抓落实，必须担责尽责、砥砺前行，提增干事本领。担当是履职之要，能力是成事之基。只有本领过硬，才有敢于担当的底气，才能在困难面前豁得出、关键时刻顶得上。近年来，面对复杂严峻的发展环境，保税区仍然保持了向好的发展势头，最为根本的原因，就是我们有一大批“想干事、能成事”的优秀干部。踏上新征程，我们要战胜风险挑战、赢得发展主动，不仅要增强敢于担当的思想自觉，更要涵养善于担当的专业能力。大家要紧扣干事创业所需、岗位职责所要，以时不我待、只争朝夕的紧迫感加强学习、提升本领，更好练就干事创业的硬功夫、真本事。要自觉到项目推进、改革创新、城乡建设第一线去磨砺锻炼，在应对挑战、克服困难中锻造担当作为的硬脊梁、铁肩膀。党工委、管委会将旗帜鲜明激励担当作为，切实为担当者担当、为负责者负责、为干事者撑腰，让愿担当、敢担当、善担当在区街上下蔚然成风。

（三）锚定目标、狠抓落实，必须勠力同心、携手前行，汇聚奋进合力。力量源自团结，事业成于合作。面对前进道路上形形色色的“拦路虎”和“绊脚石”，只要我们心往一处想、劲往一处使，就没有战胜不了的困难，就没有完成不了的任务。要切实提升大局观念，主动把保税区的工作放在全市发展中去思考谋划，找准找实自身目标路径和发展重点，特别是对市委、市政府的部署要求，要第一时间落实到位、汇报到位。要不断增强协作意识，面对兄弟板块，既要讲竞争，更要讲合作，要主动对接优质资源，学习借鉴经验做法，充分发挥保税区港口码头和功能政策辐射带动作用，一起把蛋糕做得更大。要坚决克服本位主义，对于涉及多个部门的工作，牵头部门和配合部门要始终做到目标一致、方向一致、步调一致。对于全局工作、难点工作，要采取委领导领办、专班推进、集中攻坚等方式方法，切实凝聚起克难奋进的强大合力，推动区街发展不断实现新的突破。

**第三个方面，聚焦实干，聚力突破，推动保税区高质量发展迈上新台阶**

2024年是中华人民共和国成立75周年，是全面完成“十四五”规划目标的关键一年。做好新一年工作，责任重大、意义重大。我们要坚持以习近平新时代中国特色社会主义思想为指导，在市委、市政府的坚强领导下，牢牢把握“稳中求进、以进促稳、先立后破”的鲜明导向，与时俱进大力弘扬张家港精神，紧扣“高质量发展突破年”工作主题，全力推动“发展更聚焦、创新增活力、城市提能级”，以“走在前、做示范”的过硬实绩，当好产业升级、改革创新、民生幸福“三个标杆”，奋力书写好高质量发展保税区答卷，为全市实现“135”年度目标任务作出应有贡献。

基于市委擘画的奋斗目标，结合区街发展实际，我们明确2024年区街主要经济指标预期目标是：一般公共预算收入保持60亿元以上，规模以上工业总产值1700亿元、增长6.3%，工业投资67亿元、增长13%，实际利用外资2亿美元，进出口总额、限上批发销售额保持平稳。重点做到“五个聚焦、五个突破”：

（一）聚焦重点抓项目，在产业转型上加快实现新突破。牢固树立“项目为王”理念，以更大决心、更足干劲、更硬举措，推动更多大项目、好项目落地见效。一是更加精准谋项目。坚定不移走新型工业化之路，推动扬子江化工园壮大体量、提升质量，抓好产业规划、空间规划，积极对接中石化、恒力、巴斯夫等化工链主企业，加快规模型重大项目落地，确保年内化工园营业收入增长15%；启动扬子江高端装备产业园建设，聚焦新能源汽车零部件、自动化装备、大型工程装备等领域，全力推动装备行业产值、企业、投资、亩均“四个倍增”，确保年内产值增长20%。二是更大力度引项目。持续深化招商体制改革，突出开展小分队精准招商，抓好“扩产投产、引进推进”，做到外资内资并举、增量存量并重，着力引进一批标志性重大产业项目，力争全年签约落地优质重大项目15项，其中超10亿元项目5项，30亿元至50亿元项目2项，百亿元项目1项。三是更高效能建项目。建立健全“签约抓落地、拟开抓保障、开工抓进度、竣工抓投产、投产抓达产”的全周期项目调度体系，坚持不懈抢进度、拼速度，紧盯65个三级重大项目，高效实施重大项目并联审批和“245”统筹推进机制，加快大族激光、天齐锂业等项目建设，释放龙头项目带动效应，确保26个拟开工项目三季度全部开工，19个续建项目尽早竣工投产，20个储备项目能早则早、能快则快，形成更多投资量和实物工作量。

（二）聚焦活力抓创新，在动能转换上加快实现新突破。坚持以科技创新为引领、以深化改革为动力，不断积蓄高质量发展新势能。一是强化科技创新赋能。突出技术先进性、人才引领性、市场前瞻性，着力引进一批产业匹配高、示范带动强的科技项目和领军人才，持续加大高企培育，全年招引重点类科技招商项目不少于40项，新增上级人才不少于25人，年末有效高企超230家。支持企业加大研发和技改投入，着力提升自主创新能力，培育更多省级以上“专精特新”企业、省级智能制造示范车间、省级潜在独角兽企业。加快集聚一批高能级功能性机构和平台，年内新增省级跨国公司地区总部1家，苏州市级以上功能性机构2家。二是提速功能创新步伐。积极融入上海大都市圈建设，有效承接长三角区域优质资源要素。强化对上争取和政策研究，推动综保区尽快获批。深化保税物流园东区转型，打造具有区域竞争力的物流贸易中心。积极推动传统市场向“线上平台”发展，加快引育新经济、新业态，培育更多优质税源，打造经济新增长极。三是释放体制创新活力。持续优化区街一体化管理体制，探索制定优秀编外干部职级晋升办法，最大限度释放激励效应。深化国资国企改革，推动金港资产集团化发展、产发集团实体化运行，构建“2+N”的国资运营新格局，有效提升国企竞争力和盈利能力。

（三）聚焦高效抓服务，在营商环境上加快实现新突破。紧扣发展所向、企业所需，统筹提升营商环境“软实力”，涵养企业发展“好生态”。一是提升服务体验。大力弘扬企业家精神，以最高礼遇为企业家赋能。常态化实施领导干部挂钩服务重点企业、重大项目机制，持续提升经济运行分析的精准度、时效性，帮助解决实际困难，提振企业发展信心。建设企业服务综合平台，打造“企乐保”服务品牌，形成“走访调研、发现问题、解决问题、跟踪问效”一站式解决方案。坚持“多设路标、不设路障”，探索实施安全环保检查“白名单”制度，为企业减负增效。二是提档载体空间。积极对接融入苏州实验室，开工建设化工中试基地，建强用好泛半导体产业园、智能装备产业园、科创园三期、南科大联合创新中心等载体平台，全力推动与南工大共建材料化学工程全国重点实验室。推动“中华路、华达路、香山北”三大产业转型空间布局落地实施，大力推进产业用地更新，全年盘活连片用地66.67公顷，全面启动自主更新，加强产业用地统筹，完善准入评审机制，提高土地节约集约利用水平。三是提质要素保障。聚焦企业所想、所盼，修订完善产业创新高质量发展扶持政策，切实增强政策获得感。不断优化审批程序，压缩办结时限，推动重大项目审批平均用时再提速10%。积极链接金融资源，开展股权投资，支持企业进军资本市场，实现更大发展。

（四）聚焦品质抓更新，在城乡面貌上加快实现新突破。坚持一体协调，内外兼修，大力提升城乡环境面貌，做优城市功能品质。一是抓实文明创建。紧扣全国文明城市“七连冠”必成目标，优化区街城管委运行机制，精准高效解决文明创建难点问题，持续提升城市精细化管理水平，打造一批高辨识度的文明阵地，助推更高水平文明城市创建。二是厚植生态底色。坚决扛牢长江大保护政治责任，加快推进重点行业节能降碳技术改造，打造更多省级绿色工厂。紧盯VOCs治理、国省考断面达标、无废园区创建，深入打好污染防治攻坚战。系统推进双山香山一体化保护和修复，持续做优张家港湾精品示范区建设品质，不断提升山岛湾生态颜值。三是加快城市更新。坚持新城开发与老城更新同步推进，统筹抓好69个城建项目。加快金港路、华达路、南海路等道路工程建设，进一步拉开城市开发框架。提速后塍中北街等重点地块更新步伐，加快德积氨纶纱行业提档升级，因地制宜布局一批口袋公园，以优的功能、高的品质塑造人居环境更佳风貌。

（五）聚焦幸福抓民生，在增进福祉上加快实现新突破。深入践行以人民为中心的发展思想，坚持尽力而为、量力而行，以温暖小切口实现幸福大民生。一是推动强村富民更高质量。深化实施村级经济五年倍增计划，加快长山重装园、南沙工业集中区、后塍新能源装备产业园、长埭智能物流产业园等重点村级载体建设，突出头雁引领，深化抱团发展，强化弱村帮扶，确保村均集体经营性收入保持稳定增长。二是推动公共服务更加均衡。抓好江湾花苑、塍星小区等安置房建设，完成文昌二期三期、金南花苑等安置房交付。推进香山批发市场升级改造。加快香山小学等学校建设，持续深化“131”卓越教师培养工程。加强区域医共体建设，聚焦“一老一小”，优化老年人健康服务，试点建设儿童养育照护驿站。三是推动社会治理更富成效。牢固树立总体国家安全观，统筹高质量发展和高水平安全，持续推进重点领域安全生产专项整治，确保不发生较大及以上安全生产事故。坚持和发展新时代“枫桥经验”，扎实做好信访维稳，坚决维护社会大局稳定。建立完善保税区人大代表联席会议制度，更好做到问政于民、问需于民、问计于民。

**第四个方面，巩固拓展主题教育成效，以高质量党建引领高质量发展**

习近平总书记强调，“推动高质量发展，必须坚持和加强党的全面领导、坚定不移全面从严治党”。我们要深入学习贯彻习近平总书记关于党的建设的重要思想，全面贯彻新时代党的建设总要求，不断提高党的建设质量和水平，为高质量发展提供坚强政治引领和政治保障。

（一）拥护“两个确立”，筑牢忠诚之本。坚持不懈用习近平新时代中国特色社会主义思想凝心铸魂，坚定拥护“两个确立”、坚决做到“两个维护”，切实把主题教育成果转化为攻坚克难、干事创业的强大动力。全面落实意识形态工作责任制，加强各类意识形态阵地建设和管理，始终把握正确政治方向、价值取向和舆论导向。严格执行民主集中制，不断提升科学决策、民主决策、依法决策水平。

（二）建强基层堡垒，夯实执政之基。深化基层党建“1+3+4”工作体系，探索出台更为细化的责任清单考核办法、党员发展全流程实施办法等工作制度。提升“书记项目秀”平台内涵，打造一批紧扣中心、服务大局的党建项目。加快培育产业链党建服务中心等一批红色标杆，完善半导体等六大产业链党建格局，提升企业支持参与党建热情。实施党务干部能力提升工程，常态化开展思想赋能、工作实务培训等教育。深化党群一体化运行，构建“同心同行”服务体系，优化关心关爱举措，凝聚更强党群合力。

（三）狠抓干部队伍，激发担当之能。推动区街干部跨条线、跨领域交流任职，形成适应高质量发展需要的干部统筹调配机制。建立健全“能岗匹配”干部评价机制，确保人岗相适。统筹用好各年龄段干部，做好年轻干部引进储备，进一步健全“初任培训+青年学堂+菁英创造营”培养链条，更好助推年轻干部成长成才。加强“三项机制”实践运用，更大力度激励干部担当作为，锻造能挑重担、善打硬仗、充满活力的新时代干部队伍。

（四）深化廉政建设，弘扬清正之风。全方位加强监督体系建设，健全区街协作监督机制，推动党内监督与其他各类监督协调贯通，形成同向发力、综合发力的监督格局。持续深化廉洁开发区建设，推进清廉单元建设，示范带动、以点带面，形成崇廉尚廉的良好风尚。严格落实中央八项规定精神，持之以恒纠“四风”、转作风、树新风，扎实做好巡视巡察整改“后半篇文章”，全面提升成果运用质效，推进作风建设常态化长效化。

同志们，使命呼唤担当，奋斗成就梦想。让我们在市委、市政府的坚强领导下，与时俱进大力弘扬张家港精神，以更加饱满的热情、更加昂扬的斗志、更加务实的作风，撸起袖子加油干，心无旁骛抓发展，续写保税区高质量发展更加精彩篇章，在加快推进“强富美高”新江苏现代化建设张家港实践、打造中国式现代化县域先行区的新征程上，展现保税区更大担当、作出保税区更大贡献！

# 金港街道办事处工作报告

## ——2024年1月24日在金港街道第一届议政代表大会第三次会议上

杜锁军

### 一、2023年工作回顾

刚刚过去的2023年，是全面贯彻党的二十大精神的开局之年，是实施"十四五"规划承上启下的关键一年。街道上下坚持以习近平新时代中国特色社会主义思想为指导，深入学习贯彻习近平总书记对江苏、苏州工作重要讲话重要指示精神，在市委、市政府，保税区和街道党工委的坚强领导下，始终紧扣全市"现代化建设先锋年"工作主题，牢牢聚焦街道"125"年度目标任务，持续深化乡村振兴发展，持续优化城乡环境品质，持续保障改善民生福祉，持续提升基层治理效能，较好完成了第一届议政代表大会第二次会议确定的主要目标任务，各项工作呈现出新变化新气象。获评苏州市重点中心乡镇。

这一年，我们以动能增动力，着力夯实振兴基础，乡村发展迸发新活力。*村级经济转型增量*。强化载体升级、产业转型、项目提速"三轮驱动"，村均可用财力预计超2300万元，增幅10%以上。南沙工业集中区载体更新完成规划设计，长欣科创园提档升级分期推进改造，张家港市禾福新材料科技有限公司、江苏聚艺鸿新材料有限公司等高科技企业入驻投产。中央广场二期主体封顶，香山学校项目顺利开工，香山农副产品批发市场项目按计划推进。有序实施"五经普"清查、村集体审计等工作任务。长江村获评省乡村振兴示范村。巫山村获评苏州市智慧农村。4个村上榜江苏百强股份经济合作社。香名扬家庭农场获评苏州市示范家庭农场。*乡村建设提质增颜*。融入全市乡村振兴"4+N"示范片区规划，跨村域实施金港湾示范片区建设，新建高标准农田12.13公顷，长阳路、东山南路完成改造提升。长欣路获评苏州市美丽农村路。突出"强村美居"品牌，获评苏州市农村人居环境整治提升典型案例提名奖。超额完成农房更新年度任务，中苑张大圩岸、长山朝东岸组团翻建做法得到全市推广。长山村实施茶香故里特色田园乡村建设，获评省生态宜居美丽示范村，冯家埭、六圩里获评苏州市特色康居乡村。东山村月里湖公园获评苏州市"十佳"美丽乡村健身公园。

这一年，我们以品质提品味，着力推行精管善治，城乡融合展现新形象。*城市建管更加精细*。统筹实施老旧小区改造和市政设施更新，累计完成外立面翻新1.2万平方米、三线整理1.2万米、绿化补种5000平方米。张家港河、巫山君秀等3个口袋公园建成投用。常态化开展重点路段、背街小巷、集贸市场等专项治理，建成智能停车场1个，施划非机动车停车区域34个，拆除违建18万平方米、违规广告6600平方米。中兴片13个老旧小区引入市场化物业服务。垃圾分类归集点称重信息化系统实现全覆盖。在金都社区试点开展无人督导"5G+AI"智能化垃圾分类小区，建成垃圾分类五星小区1个。*生态治理更加系统*。高质量完成第二轮中央、省生态环境保护督察反馈问题整改。张家港河顾家桥断面水站完成迁址，国省考断面、市绩效考核断面水质优III比例保持100%。深化河长制、林长制、路长制工作，协同完成排水达标区建设年度任务，年内完成排口整治65个，治理劣V类水体13条，规范企事业单位、“小散乱”门店排水许可管理1040家。全面完成辖区遗留地块土壤污染调查，重点建设用地安全利用率100%。

这一年，我们以民生聚民心，着力改善服务供给，人民福祉迈上新台阶。社会保障有力有效。组织“春风行动”“人才夜市”等现场招聘会4场，提供就业岗位4076个，建成多功能“家门口的就业服务站”。稳妥推进社保、医保、公积金扩面工作。新增高技能人才1198人。发放低保金、特困供养金、优抚优待金及各类补助资金1400万元，惠及困难群众2万人。成功申报“中国计生协2023年计生家庭维权项目”。街道社会工作站获评苏州市优秀红色社工站，康复驿站建成省级精神障碍社区康复服务示范点。民生服务更加均衡。高标准实施民生实事工程，99个“民生微实事”（社区党组织为民服务）项目高效落地，镇山社区“小楼道大变身—服务惠民新通道”项目获评全市十佳优秀民微项目。累计开办青少年暑托班19个，“育见心世界”心困未成年人保护项目初见成效，街道未保站建成省级示范点、市级儿童关爱之家示范点。长江“爱心餐点”、金都“银发餐桌”建成运行，“3+X”老年人就餐服务圈不断扩大。完成适老化改造148户，获评苏州市老年人家庭适老化改造先进集体。马桥社区获评全国示范性老年友好型社区。中德社区获评苏州“一刻钟便民生活圈”。

这一年，我们以创建促创优，着力深化品牌内涵，文明实践彰显新风尚。持续擦亮文明品牌。常态化开展“金港文明眼”督察，深化新时代文明实践阵地培优、路径提质和项目创新，以“金文明”六百工程为抓手，全力寻访百名“乡风文明带头人”、打造百个“金港典范楼道”、培育百间“金港最美庭院”、拓展百家“同创共建伙伴”、推进百项“美丽攻坚行动”、做亮百个“文明特色品牌”，累计开展文明实践志愿服务活动3000场次。深化“爱在长山，长恋金港”婚俗改革示范点建设，长山结婚颁证基地落地启用。长江国际大酒店餐饮部荣膺全国巾帼文明岗。郁霞秋、郁敏芳联合工作室获评省三八红旗手示范工作室。马桥社区获评省“在你身边”文明实践巾帼志愿阳光站。持续丰富文化生活。举办“感受经典 传承文明”张家港市清明诗词品鉴大会。长三角全民健身大联动传统体育项目展示暨“金港杯”石锁邀请赛、长江马拉松亲子赛、第三届民俗运动会等如期举行。香山石锁、大秦珠宝淡水珍珠加工工艺分别入选省、苏州非物质文化遗产代表性项目名录。创排小品《瓜》荣获第五届苏州市群众文化“繁星奖”戏剧类作品金奖。

这一年，我们以实干增实效，着力排解风险隐患，治理效能得到新提升。安全生产夯实基础。持续深化危化品、冶金等工贸企业、城镇燃气、消防安全等重点领域专项整治，闭环整改各类风险隐患2462条，完成政府挂牌督办重大隐患2个。既有建筑危房整治率100%。561家餐饮门店完成“瓶改”工作，对低保对象、特困供养人员以及政府购买养老服务人员等全部落实“管灶阀”免费检查更换。获评苏州市城镇燃气管理工作先进单位。社会大局和谐稳定。深化综治、司法、网格化工作，辖区网格驿站、“援法议事”服务站实现全覆盖。深化“一格三员”反诈大走访工作机制，开展警网银联动入户走访15133家。组建街道矛盾纠纷调处化解中心，建成“枫桥式村（社区）”达标单位16个，妥善化解重点信访事项6件，专班化推动金桥花园小区办证遗留问题稳妥办结。长江村获评全国乡村治理示范村，“长江长治”被中组部列为全国村党组织书记（主任）培训案例。

一年来，我们切实加强政府自身建设，坚持不懈用习近平新时代中国特色社会主义思想凝心铸魂，紧扣“学思想、强党性、重实践、建新功”总要求，推动主题教育走深走实。坚持党的全面领导，严格落实中央八项规定，驰而不息纠

“四风”,“三公”经费支出保持在合理区间。坚持依法行政,自觉运用法治思维和法治方式推动工作,自觉接受人大监督、民主监督和社会监督。按时办复人大建议7件、政协提案1条、保税区“民生面对面”意见建议35件,答复率、办结率均达100%,满意率进一步提高。此外,双拥共建、退役军人、民族宗教、史志档案等工作取得了新成绩,工会、妇女、青年、老龄、慈善、科协、残疾人、红十字等事业实现了新发展。街道获评“爱满港城”慈善网络募捐活动最佳组织奖,长江润发集团获评“张家港慈善奖”最具爱心捐赠企业。金都社区入选团中央示范项目实施社区。占文村民兵营获评苏州军分区民兵工作先进单位。

各位代表,回首过去一年,我们栉风沐雨、一往无前,工作难中求成,成绩来之不易。这些成绩的取得,离不开上级党委政府、街道党工委的坚强领导和科学决策,离不开各级人大、政协的有效监督和鼎力支持,离不开广大干部群众的接续拼搏和苦干实干。在此,我谨代表街道办事处,向所有关心、支持、参与金港发展的各位代表、广大干部群众和社会各界人士,表示衷心的感谢,并致以崇高的敬意!

同时,我们也清醒地认识到,当前发展中还存在一些问题和挑战:一是镇村工业载体产业层次较低,新旧动能转换相对滞后,乡村振兴发展任重道远;二是城乡发展不平衡,城市精细化管理水平还不高,社会民生领域还存在不少短板;三是生态环境、安全生产、社会稳定等领域风险隐患不容忽视;四是一些干部应对复杂局面的能力不足,政府行政效能还需进一步提升。对于这些问题,我们将直面挑战,采取有力举措,系统加以解决。

## 二、2024年工作安排

各位代表,今年是中华人民共和国成立75周年,也是实现“十四五”规划目标任务的关键一年,做好全年工作意义重大。市委十二届六次全会暨市委经济工作会议将2024年确定为张家港“高质量发展突破年”,号召全市上下紧扣“135”年度目标任务自加压力、攀高比强。市十五届人大三次会议进一步明确了政府工作总体要求和八个方面的重点任务。街道上下要深刻领会、精准把握、抓好落实。根据党工委部署安排,今年工作的总体要求是:坚持以习近平新时代中国特色社会主义思想为指导,深入学习贯彻党的二十大、二十届二中全会精神和习近平总书记对江苏、苏州工作重要讲话重要指示精神,按照上级和街道党工委决策部署,紧扣“高质量发展突破年”工作主题,与时俱进大力弘扬张家港精神,明晰发展定位,对标改革增效,聚力提升治理体系和治理能力现代化水平,努力当好区街乡村振兴示范赋能主阵地、城乡品质涵养提升主阵地、文明善治特色彰显主阵地,接续谱写“实力金港、美丽金港、幸福金港、文明金港”现代化建设新篇章。

围绕上述要求,我们将重点抓好七方面工作:

(一)坚持促转型、稳增长,更大力度推动村级经济发展。强化载体能级提升。坚持市、镇、村三级联动,以“城市更新”为路径,持续开展低效镇村工业集中区优化整治,推动存量产业用地连片更新。重点启动南沙工业集中区载体更新,深化村企共建,立足“退二优二”,探索“工业上楼”,提升载体产业布局和土地集约利用率。继续实施长欣科创园改造提升,深化招商定制,引育更多高新材料、高新装备等优质企业入驻,持续提升亩均效益。强化优质项目支撑。树牢“转型升级”导向,在推动香山学校、香山农副产品批发市场等存量项目落地见效的基础上,推动凌虹地块开发利用准备,审慎收购优质资产,增加项目储备,强化要素保障,全力支撑村集体由单一租金收入转向多元化创收转型,不断壮大新型农村集体经济。力争2024年村均可用财力达2550万元,增幅10%以上。

(二)坚持优功能、提品质,更实举措改善城乡宜居环境。深化城市精细管理。加强区街跨部门联动,统筹推进老旧小区、背街小巷微改造。量力而行推进城市更新,启动实施江海路西侧民房翻建试点。深化城管网格化监管,聚焦车辆乱停、门店占道、广告违规、存量违章等突出问题,持续攻坚整治,通过“小切口”撬动“大提升”。研究优化道路绿化一体保洁机制,探索垃圾分类“2.0版本”过时投放举措,示范引领打造一批精管道路、星级小区。建成省生态宜居美丽乡村、省健康村(社区)、苏州市美丽街区各1个。深化和美乡村建设。学习运用“千万工程”经验,以金港湾乡村振兴示范片区为抓手,推动“多规合一”村庄规划全覆盖,实施高标准农田建设42.67公顷,建成金港农事服务中心,支持福吉佳、江海粮油等积极申报农业产业化重点项目。以“一部、四沿、五旁”为重点,深化全域净美的农村人居环境整治专项行动,因地制宜打造一批“美丽庭院、美丽菜园、美丽村景”。持续擦亮长江殷家埭、长山茶香故里2张“特田”名片,更大力度推进农房自主更新、组团翻建,规划启动长江村中心区、柏林村西庄窑上等点位更新,以点带面提升乡村整体形态和特色风貌。

(三)坚持治污染、优生态,更严要求加强生态文明建设。持续强化环境治理。深入打好蓝天、碧水、净土三大保卫战,认真抓好上级生态环保督察交办反馈问题“回头看”,确保不发生较大以上环境安全事故。动态开展“散乱污”排查整治,抓好$PM_{2.5}$和臭氧“双控双减”,持续提升空气优良比率。坚定不移推动入河排污口排查治理,推动辖区劣V类水体全部整治销号,确保国省考断面、市绩效考核断面水质100%稳定达标。推进“无废城市”建设,加强土壤污染风险管控,严格规范危险废物、一般工业固废管理处置。持续深化生态建设。把长江大保护作为重中之重,持续打好“十年禁渔”攻坚战、持久战。加强沿江码头现场管理,规范实施废弃宕口生态修复。优化张家港河滨水绿廊建设。统筹抓好河长制、林长制、路长制工作,系统化落实治河、护林、养路联防联管,推动工作从“有名有责”向“有能有效”转变。健全全社会力量参与机制,激发全社会共同保护生态环境的内生动力,创建省级生态文明示范街道。

(四)坚持办实事,守初心,更深感情提升群众幸福指数。兜牢基本民生保障。落实落细就业优先政策,突出抓好农民工、退役军人、高校毕业生等重点群体就业,争创苏州市级“家门口的就业服务站”。深入实施全民参保计划,巩固提升参保覆盖率。健全社会救助对象定期核查、社会救助主动发现机制,加大特殊群体、困难家庭兜底保障力度。深化慈善超市“自营+慈善”运营模式,高标准做好“爱满港城”慈善募捐工作。深化双拥共建,推动军民和谐发展。均衡公共服务供给。高质量办好民生实事工程、“民生微实事”项目。倾力守护“一老一小”“一病一残”,街道示范性综合养老服务中心、殡仪服务中心建成投用。持续推进老年人家庭适老化改造。探索“老年助餐+社会餐饮”联运模式,推动“3+X”老年人就餐服务圈提质增效。深化“三位一体”心困未成年人服务项目实施,实施好国家级计生家庭维权服务项目。争创省级儿童关爱之家示范点,指导金香社区、马桥社区争创苏州市儿童友好社区。深化老旧小区物业全覆盖,拓展社区“一刻钟便民生活圈”,支持阳光绿城小区争创省级红色物业示范点。

(五)坚持固品牌、促融合,更高标准推动全域文明实践。文明创建提升质效。立足争创全国文明单位,统筹推进文明培育、文明实践、文明创建,指导长江村复评、长山村争创全国文明村镇。以“金文明”品牌提亮为目标,深化领导包干、街村联动、商企助力、群众参与的“创建共同体”,实施“金港文明眼”查改问题、“乡风带头人”寻善见美等系列行动，扩面推动文明实践进楼道、进村埭、进家庭，重点培育一批美好楼道、文明家庭，促进城乡精神文明建设融合发展。文化体育亮出名片。坚持点面结合，完善农村公共文化服务，培育长山巷里书屋、金都睦邻小栈等特色文化空间，通过项目融入、服务优化运营好24小时图书驿站，持续擦亮“书式金港”品牌。强化香山石锁等本土非遗文化保护传承，持续放大“金港杯”石锁邀请赛作为长三角区域赛事的知名度和影响力，做精做优民俗运动会、亲子马拉松等品牌项目。聚焦“家庭美德、移风易俗”等主题，组织“亮村规、晒家训”网络文化活动，制定推广移风易俗倡导规范，全年开展文艺巡演、天天书场等文化惠民活动1000场。

（六）坚持防风险、守底线，更优路径筑牢社会治理体系。防微杜渐抓好安全生产。紧扣“基础提升突破年”主题，围绕“六个不发生”目标，深入开展“安全生产治本攻坚三年行动”，强化镇村工业集中区和出租厂房安全生产规范化管理，严格隐患挂牌整改、风险评估预警、双重预防机制，督促落实安全生产十五条措施，抓好“全员化”“实体化”“手册化”建设，确保事故起数、死亡人数实现“双下降”。巩固“瓶改”工作成果，深化推进车库瓶改、燃气进户、老线改造、小区充电等工作，优化小型工程、装饰装修等备案巡查机制，防范潜在隐患，提升安全水平。积极主动防范化解风险。认真践行总体国家安全观，增强忧患意识，防范风险挑战。深化党建引领“1+N”网格化工作，推广“长江长治”“睦邻合伙人”“百姓议事会”等群众自治做法，以品牌优化提升基层治理效能。坚持和发展新时代“枫桥经验”，健全矛盾纠纷源头预防、排查预警、多元化解机制，加大信访积案、重复信访化解力度。深化实施“八五”普法，塑树一批法治示范典型。常态化开展扫黑除恶斗争，严厉打击网络诈骗、非法集资等违法犯罪行为，全力维护社会和谐稳定、人民安居乐业。

（七）坚持铸忠诚、强担当，更严作风加强政府自身建设。筑牢绝对忠诚的根基。把坚持党的全面领导贯彻到政府工作各方面全过程，坚持不懈用习近平新时代中国特色社会主义思想凝心铸魂，深刻领悟“两个确立”的决定性意义，增强“四个意识”、坚定“四个自信”、做到“两个维护”，不折不扣贯彻各级党委决策部署，坚持抓党建促进乡村振兴、引领基层治理，以实际行动彰显忠诚本色。提升依法行政的水平。深入践行习近平法治思想，严格落实重大行政决策程序，自觉运用法治思维和法治方式开展工作。认真办理人大代表建议和政协提案，依法接受人大监督，自觉接受政协民主监督和社会舆论监督，确保权力在阳光下运行。树立担当实干的导向。始终把务实高效作为政府工作的自觉追求，提振“精气神”，奋力“拼闯干”，在实践中增长才干，在落实中提升本领。要大力弘扬“四下基层”，直面矛盾克难不畏难、干事不避事，一件一件抓推进、一项一项求突破，以推动发展的成果说话，以担当干事的实绩交卷。恪守清正廉洁的准则。严格落实全面从严治党主体责任，始终将纪律规矩挺在前面，紧盯关键领域、关键岗位，强化廉政风险管控。严格落实中央八项规定及其实施细则精神，锲而不舍纠“四风”、树新风，习惯过“紧日子”，把宝贵资金用在刀刃上、紧要处。

各位代表，潮头登高再击桨，无边胜景在前头。让我们更加紧密地团结在以习近平同志为核心的党中央周围，在市委、市政府，保税区和街道党工委的坚强领导下，与时俱进大力弘扬张家港精神，紧盯“一个目标、三个主阵地”年度目标任务，与时间赛跑，用奋斗作答，咬定青山不放松，脚踏实地加油干，以各项工作的率先突破，为加快推进“强富美高”新江苏现代化建设张家港实践、打造“物质文明和精神文明相协调”的中国式现代化县域先行区贡献“金港”更大力量！

# 后塍街道办事处工作报告

## ——在2024年后塍街道第一届议政代表会第三次会议上

陈 立

### 一、2023年工作回顾

2023年，是全面贯彻落实党的二十大精神的开局之年，也是张家港打造“物质文明和精神文明相协调”的中国式现代化县域先行区的起步之年。面对严峻复杂的外部环境和艰巨繁重的改革发展稳定任务，我们始终保持战略定力，坚定发展信心，在市委、市政府，保税区党工委、管委会和街道党工委的正确领导下，聚力聚焦全市“现代化建设先锋年”工作主题，与时俱进大力弘扬张家港精神，在“敢为、敢闯、敢干、敢首创”的火热实践中真抓实干、紧抓快干、以学促干，奋力谱写街道高质量发展的新篇章。

**（一）多措并举壮大村级经济，明路径破难题求突破**

深入挖掘村级经济发展潜能，街道全年实现村级总收入1.5亿元，总量较去年增长10%。村级项目有序推进，晨阳村、学田村共同出资5230万元成功收购久盛船业10%的股权，进一步拓宽了村级资产投资重点优质项目的渠道；后塍新能源装备产业园项目成功获批，目前已完成一期立项，2024年一季度正式开工建设；三角滩村文昌“两校”项目于2023年9月实现正常办学，为后塍三个抱团村增加可用财力1000万元。坚持大力发展农文旅融合产业，以国家级工业旅游示范基地沙洲优黄文化园为核心，依托朱家宕江苏省级特色田园乡村和苏州市级“醉美香村”特色康居示范区资源，大力发展休闲采摘、亲子研学和乡村观光旅游等新兴业态，朱家宕村龙角堂获评江苏省、苏州市两级中小学劳动教育实践基地。“酒的故事·沙洲优黄文化园”项目荣获第六届苏州市农村创业创新项目创意大赛成长组二等奖，并入选2023年苏州市农村创业创新项目“十佳典型案例”名录。2023年农历三月十四，街道与农业产业化国家重点龙头企业张家港酿酒公司联合打造的“沙洲喜事”非遗文化游园会，重现了后塍老节场的繁华盛况，引燃了五一本土旅游市场，累计接待各地游客12万人，直接带动消费超200万元。

**（二）上下合力狠抓文明创建，补短板强弱项固基础**

建立并落实后塍街道城管委联席会议制度和文明创建专班“日查日清”管理制度，充分发挥城管委的牵头抓总作用，紧盯争创“苏州市文明镇（街道）”目标，大力开展“文明美塍”专项攻坚行动，完成辖区主要路段两侧3万余平方米的外立面修复，对主干道沿线961个空调外机加装围挡，增划机动车停车位460个、非机动车停车区域162处。将酒香路打造成无烟头示范道路，常态化对农贸市场、学勤广场、沙洲优黄文化园等创建重点区域开展督察，累计完成保税区反馈问题整改15批次共1415个，张家港文明创建天气图问题42个，整改率100%。新建2处文明口袋公园，重点打造2个新时代文明实践站（高桥村、学田村）、塍德社区“幸福小火车”新时代文明实践微站和袁家桥村“袁栋里”新时代文明实践点。后塍街道办事处获评江苏省健康机关和苏州市健康单位，学田村获评省级健康村，晨阳村、袁家桥村、善政社区获评苏州市健康村和健康社区。新塍村“扎根数字健康 为民主动服务”获评健康苏州建设优秀案例。三角滩村文星桥、高桥村腰沟埭、高桥村朝东埭3个自然村获评张家港市特色宜居乡村。封庄村金丰社区29幢、塍德社区2区218幢、文昌社区59幢获评张家港市美丽楼道。大力推进“席地而坐”城市客厅建设，建立城市公共区域快速保洁动态反应机制，确保公共休憩区域整洁美观，完成集镇区13座公厕的无障碍改造，推动城乡环境由“一时美”向“时时美”转变。

**（三）千方百计促进民生提档，办实事暖民心增福祉**

完成89.6公顷高标准农田建设和澄杨路、文星路、新塍农贸市场改造等民生实事工程，集镇区4千米天然气主管道铺设实现了居民小区的全覆盖，目前已开户通气900余户，争取春节前完成开通1000户的目标任务。完成塍德社区垃圾中转站建设，扎实开展既有建筑隐患排查和整治，10幢危房全部完成解危。其中，西墩新村21幢危房恢复性重建项目，是苏州首个居民自筹资金的危房恢复性重建试点项目，为全市范围内老旧建筑更新工作积累宝贵经验，预计今年一季度完成竣工验收和交房使用。街道将“15分钟医保服务圈”提档升级为“15分钟全域便民惠企服务圈”，深入开展稳岗惠企和就业帮扶活动，全年实现新增就业1100人，新增灵活就业公积金扩面240人，医保参保总完成26806人，完成率达102%，医惠保参保人员达2800人以上。街道劳动人事争议调解中心获评苏州市金牌调解组织。袁家桥村、后塍中心社区、塍德社区居家养老服务点升级为中心，新建塍德社区、文昌社区老年人助餐点，辖区内122户家庭完成适老化改造，街道残疾人之家正式运行，建成袁家桥村红十字会博爱家园阵地。街道社工站获评苏州市社会组织党建工作示范点、苏州市优秀红色社工站。投入184.6万元实施27个“民生微实事”（社区党组织为民服务）项目，解决社区小急难问题，全面打通了服务基层群众的最后一公里，2023年群众满意度测评位列全市各板块第一。

**（四）持之以恒保障安全稳定，党建引领深化基层治理**

深入开展主题教育，坚持以学促干，不断擦亮“塍心话坊”党建引领基层治理品牌，将党的建设、社会治理、安全维稳等事项纳入基层网格，实现“多网合一、一网统筹”。全面加强法治政府和平安后塍建设，党政主要负责人严格履行推进法治建设第一责任人职责。新建社会治理综合服务中心，进一步夯实依法治街硬件基础。做好常态化扫黑除恶、国家安全、反诈防诈等宣教工作，有力保障社会秩序和谐稳定。不断优化网格化管理水平，涉街道网格化工单实现100%高效处置，年内街、村两级共开展矛盾纠纷调解920余次，化解率99%。严重精神障碍患者服务管理工作有序推进，以奖代补发放率达99%。2023年街道信访考核蝉联全市第一，消防安全绩效取得满分佳绩，考核排名跃升全市第一方阵。进一步完善安全生产责任体系，安委会定期开展风险研判，持续推进瓶装液化气减量和“九小场所”消防安全整治行动，检查各类场所1100余家次，发现、整改隐患问题320余处，“瓶改管”“瓶改电”整体完成率94.5%。认真开展“安全生产月”活动，组织应急演练5次、开展主题宣讲8场，发放宣传资料2000余份，联合市安培中心举办了5场安全生产专题培训，切实提升辖区企业本质安全水平。

各位代表，成绩来之不易，发展振奋人心。这些成绩的取得，离不开市委、市政府，保税区党工委、管委会和街道党工委的坚强领导、科学决策，离不开街道人大、政协工委的有效监督和各村社区的鼎力支持，离不开街道全体干部群众的齐心协力、团结奋斗。在此，我谨代表街道办事处，向全体议政代表，并通过你们向街道广大干部群众以及所有关心、支持后塍经济社会发展的各界朋友表示衷心的感谢和崇高的敬意!

在充分肯定成绩的同时，我们也要清醒认识到，在“百年后塍，从新出发”的发展道路上，还存在着不少矛盾问题和挑战，主要为：一是文明创建任务艰巨，城市管理还有弱项，城乡面貌亟待提升，生态环保任重道远；二是村级经济发展还需突破，对标先进模范村仍有差距，区、街乡村振兴政策红利未得到充分释放，项目建设仍需提速、载体建设仍需提升；三是民生保障仍待加强，养老、扶弱等民生领域仍有不足，公共服务阵地建设还需进一步完善，社区治理、配套服务仍需优化。对此，我们将采取更加有力的措施，认真加以解决。

## 二、2024年重点工作安排

各位代表，2024年是全面贯彻落实党的二十大精神承上启下的关键之年，站在新的发展起点上，我们要坚持以习近平新时代中国特色社会主义思想为指导，深入学习贯彻习近平总书记对江苏、苏州工作重要讲话重要指示精神，认真落实中央、省、苏州、市委和保税区党工委决策部署，紧扣全市“高质量发展突破年”工作主题和“135”年度目标任务，全方位提升格局思维，以“作示范，勇争先”的担当和作为，在新发展阶段、新发展格局中找准定位、提升站位。

2024年发展思路是：大力挖掘“百年后塍”深厚底蕴，确保“苏州市文明镇(街)”首创必成，通过“五聚焦五提升”，奋力描绘乡村产业兴、文化旅游旺、人居环境美、满意指数高的“幸福宜居后塍”新画卷。为张家港市加快推进“强富美高”新江苏现代化建设张家港实践，打造“物质文明和精神文明相协调”的中国式现代化县域先行区作出新的更大贡献。

### (一)聚焦协调发展，奋力实现文明创建新提升

一是持续抓好更高水平文明城市建设。围绕创建苏州市文明镇(街)目标，深化落实后塍街道城管委联席会议制度和文明创建专班“日查日清”管理制度，持续开展“文明美塍”行动，认真对照创建标准做好网上材料申报和实地迎检准备，指导各相关单位做好文明村(社区)、文明单位创建工作，对农贸市场、学勤广场等重点区域实行全天候高标准动态管理，并以点带面向全域辐射，全面提升集镇区市容环境，确保“首创即成”。二是加快后塍街道新时代文明实践所建设。进一步加强所、站、点联动，结合理论宣讲、教育、文化、科技与科普、健身与体育“五大平台”组织开展新时代文明实践系列活动不少于1500场次，不断做大做亮“塍室漫读”优质文明实践品牌。三是扎实推进城市精细化管理。推动户外广告和店招店牌的规范有序设置，实现主次干道违法广告基本清零。重点做好垃圾分类专项治理和违法建设挂牌督办项目，2024年全力争取户外广告、市政设施单项考核全市第一，违法建设和垃圾分类考核街道排名第一，生活垃圾分类测评确保85分以上，向90分冲刺，人居环境整治提升力争跻身全市第一等次。

### (二)聚焦产业融合，奋力实现经济转型新提升

一是“三资”管理常抓不懈。坚持问题导向，紧盯薄弱环节加强督导，不断完善村级资产管理、财务审计、收支预决算等制度，实现资产处置、合同签订、资金结算、财务公开等关键环节一网管理，为促进村级经济健康发展提供坚强保障。二是全力保障重大项目建设。利用区位优势，围绕物流运输、人力资源、餐饮商超等领域积极谋划争取后塍工业集中区(大族激光)和华达路科创园载体的配套服务项目。全力配合做好澄杨路低效产业用地更新，加快租户腾

退，尽快启动“蓝园”文旅产业园项目。同时充分发挥“蓝园”项目带动作用，盘活、引进更多优质文化资源，做优做强文旅文创产业，扩大后塍农文旅融合发展的知名度和影响力。加强后塍新能源装备产业园项目的全过程管理和跟踪式服务，争取一期项目早日开工。加速推进三角滩村文昌邻里中心项目建设，指导使用村集体资金收购文昌社区门面房资产，预计每年可增加村级收益100万元。积极推进总投资2亿元的袁家桥村老村委地块城市更新项目，完善更新设计方案，组建项目平台公司，确保2024年开工建设一期项目，重点围绕新材料、高端装备产业集群、大族激光上下游产业链进行项目招引，通过项目载体的“落地花开”，全面推动村级经济可持续发展。三是妥善处理涉农矛盾。重点对村级二次分配加强监督管理，全面压紧压实村领导班子责任，督促村（社区）做好“三类人员”数据比对，杜绝出现“三类人员”参与二次分配发放的情况。对一些历史遗留问题，要吃透政策，摆正态度，积极主动与村民见面沟通，妥善化解矛盾纠纷。

**（三）聚焦共同富裕，奋力实现民生福祉新提升**

一是加快城市更新项目建设。进一步加快后塍街道综合服务中心、梵创人才公寓、西墩新村21幢等城市更新项目建设，综合服务中心是集党群服务中心、新时代文明实践所、综合养老服务中心、老年大学、社区卫生服务分中心、预防接种门诊、儿童保健门诊等为一体的综合性民生服务阵地，为街道群众提供党员活动、文体娱乐、养老助餐、社区教育、基本医疗、未成年人保护等全方位服务，全面提升居民群众的幸福感和获得感。二是全力攻坚农村大环境整治提升。提高长效管理能力，不断巩固环境整治成果，2024年全力创建苏州市宜居宜业和美镇（街），争创省级健康村2个、宜居宜业和美乡村1个，苏州市级健康村2个、健康社区1个、宜居宜业和美村1个、特色康居乡村2个，市晴榜村2个。三是高质量完成民生实事工程。认真组织实施集镇区下穿通道安全提升工程，华达路、金港路南延新建工程，塍德、塍丰、金丰、文星、文昌等老旧小区改造工程，街道便民服务大厅改造工程，殡葬服务站升级改造工程等民生实事工程建设。分阶段有序推进后塍中北老街及周边区域的修复和改造，努力改善集镇区整体面貌。

**（四）聚焦安全稳定，奋力实现社会治理新提升**

一是坚持法治思维推动信访化解。依托社会治理综合服务中心“一站式”政法工作平台，提升初信初访化解成效。通过领导包案、专题会办、个案督办等方式推动信访积案有效化解。吸纳律师、人民调解员、乡贤等社会力量建立“信访评理员”专家库，构建多元化社会矛盾纠纷化解格局。二是争创苏州市级“法治文化建设示范点”。提档升级后塍中心社区法治广场，完善阵地设施、更新展示内容，打造主题文化鲜明、法治氛围浓厚的法治宣教场所，实现后塍街道市级法治文化阵地零的突破。对照市枫桥式村（社区）建设标准，加大推进力度，确保全年超90%建成率。三是坚持抓早抓小持续巩固安全环保防线。纵深推进重大事故隐患专项排查整治行动，坚决守住安全生产底线红线，扎实做好消防安全风险源头管控和“散乱污”企业整治“回头看”，全面提升本质安全水平，力争2024年不发生生产安全责任事故，工伤事故起数较2023年下降10%，安全生产绩效考核位列全市优秀等次，排名街道第一。继续深化“水美后塍”建设，2024年街道全面消除劣V类河道并成功创建1条苏州市级幸福河湖和3条县级以上幸福河湖。

**（五）聚焦自身建设，奋力实现服务效能新提升**

一是强化思想政治引领。深入学习贯彻党

的二十大精神和习近平对江苏、苏州工作重要讲话重要指示精神，深刻领悟“两个确立”的决定性意义，坚定不移把“四个意识”融入血脉、“四个自信”植入灵魂、“两个维护”化为行动，不断提高政治判断力、政治领悟力、政治执行力，始终把政治建设贯穿政府工作的各领域、全过程。二是扎实推进依法行政。坚持把法治思维贯穿始终，深入推进法治政府建设，严格履行重大行政决策法定机制，持续加强政务公开，自觉接受纪检、司法、社会监督和人民群众评判，高质量办好代表建议和委员提案，确保政府权力始终在法治轨道上有序有效运行。三是始终坚持务实高效。永远把人民对美好生活的向往作为奋斗导向，持续深化基层一线走访，保持“时时放心不下”的责任感，站在街道群众立场想问题、做决策、办事情，主动察民情解民忧暖民心。紧盯街道年度目标任务和高质量发展考核，大力弘扬“马上就办、真抓实干”的优良作风，推动街道各项工作落地见效。

各位代表，蓝图绘就，正当扬帆破浪；重任在肩，更须策马加鞭。让我们紧密地团结在以习近平同志为核心的党中央周围，紧紧围绕全市、区、街发展大局，在市委、市政府，保税区党工委、管委会和街道党工委的坚强领导下，在街道人民的大力支持下，凝心聚力、抢抓机遇、接续奋斗，加快推动街道高质量发展迈上新台阶、实现新跨越，为谱写港城现代化建设新篇章、争当现代化建设排头兵而不懈奋斗！

# 德积街道办事处工作报告

## ——2024年元月2日在街道第一届议政代表大会第三次会议上

孙 亮

### 一、2023年工作回顾

2023年，是全面贯彻落实党的二十大精神的开局之年，也是区街“而立之年再出发”的首征之年。面对严峻复杂的外部环境和艰巨繁重的改革发展稳定任务，我们始终保持战略定力，坚定发展信心，坚持以习近平新时代中国特色社会主义思想为指导，认真学习贯彻总书记参加江苏代表团审议、亲临江苏考察重要讲话重要指示精神，在市委、市政府，保税区党工委、管委会及街道党工委的正确领导下，聚力聚焦全市“现代化建设先锋年”主题主线，与时俱进大力弘扬张家港精神，在“敢为、敢闯、敢干、敢首创”的火热实践中真抓实干、紧抓快干、以学促干，奋力写就了“宜居宜业美德积”坚实、有力、可期的发展篇章！

**一年来，我们坚持发展是“第一要务”，抓项目、谋创新，在产业转型和乡村振兴中取得新突破。**

重大项目合力推进。张靖皋大桥南航道桥南主塔承台完成混凝土浇筑，“世界第一高悬索桥索塔”拔节长高，世界最大锚碇基础地连墙施工完成，大桥主体工程进入施工“快车道”。对照“100年一遇高潮位设计、300年一遇高潮位校核”的太字圩港花园式闸站改建工程焕颜出新，辖区防洪排涝、引水灌溉能力进一步增强。苏州首批且唯一临江的张家港湾特色精品示范区高分通过实地验收，接下来将整合自然景观、优势产业、历史文化等资源要素争创省级示范。全市首个由爱心企业捐建捐赠的大型社会公益类项目——德积街道乡村融合发展中心主体工程全面完工，年后将导入室内工程，下半年运营投用。

富民强村多点突破。抱团公司平台载体功能进一步放大，制定"3+N"村级经济提质脉络，牵头八村一社区参投暨阳创投基金5000万元，锁定年化净收益6%以上。接续围绕保税区科创园C2地块、人才公寓规划建设、优质资产议价收购定向发力，推动新套村深化开展华昌化工、东华能源等化工企业服务配套，德积村完成敦行基金项目二期注资，小明沙村明方环境承接产业园物业管理，朝南村张靖皋大桥展示馆建成投用，北荫村张家港湾农业设施用房顺利竣工。全年村均可用财力突破1200万元，连续第二年实现两位数增长。

产业质态有效提升。高端纺织产业园项目一期全面竣工，北京北路街景提升及北侧桥梁配套工程顺利收尾，首批6家龙头企业中已有3家实现投产，近期将视情举行产业园启动开园仪式。牵头开展包芯纱产业发展现状调研，上报认定国家高新技术企业9家，做好德积街道工业上楼企业自主更新三年行动前期规划，推动福民村福民路沿线企业试点先行。全力支持辖区包芯纱企业16支技改项目，预计完成工业投资9.72亿元。全力服务辖区密封件企业稳中求进、稳中有进。全力保障恒美纺织新厂区、金红鹰纺织园运营达产。首创包芯纱领域"涡流纺"运用场景，工艺制程大幅优化、生产效率提升10倍以上。瑞天再生资源获评江苏省废旧纺织品综合利用示范基地，参与国家标准制定。

文旅融合雏形显现。依托江湾江村联盟体系，探索推进"长江之境"片区化联动发展。围绕张靖皋大桥展厅、太字圩港花园式节制闸、永兴村、张家港湾等特色点位，串点成线打造江海第一湾东线精品路线。北荫村引入善港生态农业公司合作打造"休闲农业""景观农业"，朝南村定位张家港湾东入口规划，探索打造"乡园文化"、做好"土特产"文章。永兴村荣获"中国乡村振兴服务优秀单位"，全年接待游客超10万人次，集体旅游创收达300万元，农民人均收入增幅明显。朱家埭、沙泥圩获评省级绿美村庄，夷雅安耘度假酒店、江楠院子特色餐饮、42套江景民宿等一批项目建成投运。

**一年来，我们坚持民生是"第一工程"，夯基础、补短板，在文化惠民和实事便民中展现新作为。**

民生实事按时兑现。始终坚持把有限的财政经费最大程度投向改善和发展民生，有序实施了投资总额达4721万元的年度十大民生实事项目。占地一万多平方米的市民广场以开放式、便民化、景观性建成投用。全力整改环宇南路违章搭建、加强流摊管控，"方寸之间"口袋公园靓颜出新。推动实施德申路、友邦路西段黑色化提升，全面完成学前路拓宽、老菜场雨污分流等改造工程，挖潜增设主街干道停车泊位267个，解忧民生新建公共卫生间2座，创立并高效运作德积街道"残疾人之家"。

保障体系日益健全。主动认领省法定权力事项48条，承接审批服务事项34条，全面建成域内15分钟便民服务圈。高效推进年度15个"民生微实事"项目，持续加大对街道困难家庭、弱势群体、特种人群的关爱帮扶力度，累计发放各类补贴约2092万元，惠及困难群众超11万人次。在全市率先发布了军人军属优待礼遇办法20条，拥军优属蔚然成风。组织超1.3万人参加免费健康体检，联系提供就业岗位700多个，上门开展居家养老服务4800余次，产生困境儿童个案服务234次。群众满意度测评并列全市第一，较去年大幅提升。

城市管理趋于精细。整合推进大环境"365整治提升行动"、文明创建"13510"创建机制，深入开展综合执法效能“1111”工程，提升小微联动执法效能，建成文明示范楼道55个，整改“散乱污”企业26家，归整乱堆乱放983处，对未按规定分类投放生活垃圾案件的单位和个人立案调查540起，查处占道经营、无证无照经营案件197例，清理流摊893个、河道垃圾超143吨。街道一季度苏州市级村庄环境长效管理检查位列苏州大市8个板块、16个镇街第一，朝南村“三美三亮”获评市级农村人居环境整治提升典型案例。

*文体活动繁荣开展。*成功举办街道首届全民运动会，设置19个传统竞技体育和极具地域特色的趣味项目，吸引参赛群众超1200名，“我家住在长江边”的赛事主题和乡土情怀深入人心。创作产出群众文艺作品10件，《长江边的耕读者》获评苏州市级“我们在阅读”微视频创作二等奖。《美美永兴，与长江和鸣》获评“学习强国”全国平台航拍“我的美丽家乡”短视频征集活动优秀作品奖，全市唯一。创新举办新时代文明实践“夜模式”八大系列活动20余场，开展文化惠民、锡剧惠民560余场，举办“志愿有我，德善同行”志愿服务活动98场。全市首家两岸美丽乡村交流中心在永兴村忆乡林建成投用。

**一年来，我们坚持稳定是“第一关口”，防风险、守底线，在治理体系和治理能力上体现新担当。**

*安全治理更具力度。*统筹开展压降生产安全事故、重大隐患动态清零整治等专项行动，深化包芯纱行业火灾隐患整治，组织开展纺织企业消防安全知识轮训轮练，全面推行微型消防站在重点领域、重点企业全覆盖。打通“生命通道”87处，消除火灾隐患719个，查改中小企业、出（群）租房、“9+1”场所4765家次，整改各位隐患2400余处。拆除各类违建29宗，计8.8万平方米。双丰村提前完成出（群）租房全量治理并通过验收，集镇区172家餐饮场所完成燃气“瓶改”，辖区77家工业企业通过三级安全生产标准化评审。

*生态治理更显深度。*深入打好蓝天碧水净土“三大保卫战”，大气环境质量优良天数比例超83%，太字圩港省考断面III类水质稳定达标，域内劣V类河道实现减量增效，4条村组河道被命名为市级幸福河湖，严子港获评省级县乡生态河道。全面提升街村宜居生活质感，学前社区、德丰社区、朝南村分别获评苏州市级健康社区、苏州市级和美乡村。大力推进自然村组美村创建，年内创成苏州市级特色田园乡村4个、市级特色康居乡村2个、市级特色宜居乡村9个。

*社会治理更有温度。*深入开展普法扫黑、禁毒反诈和“援法议事”，做强做实司法支撑，打造共享法庭融诉驿站，配备36个网格“法律明白人”。“扫黄打非”工作获评苏州市级优秀站点，元丰社区、德丰社区建成市级公共法律服务站示范点，基层民主法治更加规范。常态化做好信访综治，年内调处各类纠纷50余起，处办各种信访案件20余件，与6名重点人员签订停诉息访承诺书，一批陈案积案得到实质性化解。

**一年来，我们坚持作风是“第一动力”，提效能、优形象，在凝聚合力和机制保障上呈现新气象。**

*思想指引更加有形、更具实效。*策划开展“党音民声·‘典’亮德积”系列活动，组建“求是领学辅导员”“学习接力员”“江畔民声讲师团”队伍，开展各类宣讲近300场，接力学习19353人次。用活用好“美在德积”宣传阵地，讲好德积故事、传播德积声音、展示德积形象，发布原创文章373篇，其中被苏州市级以上媒体录用225篇。

*发展合力更加凝实、更富朝气。*组织“有事好商量”协商议事活动十余次，深入开展“人大代表立新功见行动”调研活动，收集处办群众意见300余条。启动“德Young·引航”德积街道年轻干部培养计划，组织开展“江畔研习社”第二期、新入职人员“系扣计划”、“三学三亮”作风效能提升等重点项目，年轻干部的“四敢”精气神更加饱满。

廉勤机制更加完善、更添后劲。持续打造"一村一品"监督品牌、"晓德廉兵"纪检干部队伍品牌，纵深推进"六廉共建"，组织廉政谈话5批120人次，开展自查自纠专项监督50余次，运用"第一种形态"41人次，帮教治本20人次，立案审查调查各类违纪违法行为7人次，完善做好省委巡视、苏州巡察整改落实，完善相关制度15项。从严从实抓好纪检监察建议问题整改落实，农村基层权力规范运行。

与此同时，工会、共青团、妇联等群团组织作用进一步发挥，民族宗教、统计档案、人武退役、老干部、关工委等工作取得新的进步。

各位代表，众力并则万均举，人心齐则泰山移。回首一年来的工作，我们对标先进砥砺前行，我们靶向发展团结奋进，在复杂多变的宏观形势和持续低迷的产业态势中，我们不止一次地感受到：越是艰难困苦、越是玉汝于成，越到发展潮头、越要踏浪前行。

各位代表，成绩来之不易，发展振奋人心。这些成绩的取得，是市委、市政府，保税区党工委、管委会以及街道党工委坚强领导的结果，是街道人大、政协工委和社会各界关心支持的结果，是街道全体干部群众团结奋斗、合力求为的结果。在此，我谨代表德积街道办事处，向全体代表并通过你们，向奋战在各条战线上的一线基层干部，向关心支持街道经济社会高质量发展的社会各界人士和广大市民朋友们，致以衷心的感谢和崇高的敬意！

2024年是中华人民共和国成立75周年，也是全面完成"十四五"规划目标任务的关键一年，更是街道上下试点推进工业企业自主更新、加快建设"宜居宜业美德积"的突破之年。在新征程新形势中想要突破重围、争得主动、赢得未来，必须认真答好3道必答题：

我们的底气何在？——德积是毗邻广阔长江的江南美地。五百多年的成陆历史几经变迁，红色文化、长江文化、沙上文化在这里交融汇聚，滋养了德积人民艰苦奋斗的人格品质和敢为人先的开放精神，拥有厚重的人文底蕴。德积是中国包芯纱名城、再生针织包芯纱生产基地，"一根纱"用30多年带动德积集聚发展，形成了总产量三分全国、总产值近150亿元的产能规模，拥有丰沃的发展土壤。我们正铆足干劲、抢抓机遇，以建设"宜居宜业美德积"作船，用拼抢争先的德积速度和共建共享的惠民温度为帆，在新时代新征程中乘风破浪，推动产业变革、空间再造，拥有无前的信心决心。

我们的挑战何在？——我们清醒地看到，德积经济社会发展还面临不少矛盾和问题。一是支撑高质量发展的基础还不牢固。包芯纱等支柱产业行情仍显低迷，村级资产投资渠道单一、收益有限的问题依旧凸显。各村之间农文旅发展不均衡现象较为突出。二是推动城市更新的举措还不完善。在集镇功能配套、便民设施短板、产业发展业态上任重道远，人居环境、城市管理、燃气安全、文明创建等民生关切问题与先进板块间横向差距较大。三是机制队伍建设仍需挖潜增效。在深化改革创新、提升社会治理、推动城市更新等方面亮点还不多，村（社区）一把手梯队建设还需加强。四是政府自身建设还需纵深推进。个别科室部门廉政教育不够重视，少数党员干部不同程度地存在"躺平""空喊"等问题，违纪违规现象还时有发生。

我们的突破何在？——市委第十二届六次全会将2024年明确为"高质量发展突破年"，号召全市上下要紧紧围绕高质量发展这个首要任务，坚持"稳中求进、以进促稳、先立后破"，努力实现质的有效提升和量的合理增长，以高质量发展的突破性成效守护城市荣誉地位、惠及百万港城人民。这也是我们统筹资源、对标先进、奋起直追的催征号角，必须要树立时不我待、只争朝夕的责任感使命感，在发展改革浪潮中推动振兴之门越开越大、转型之窗越擦越亮、发展之路越走越宽，以更加自信的姿态拥抱产业、拥抱发展、拥抱时代。

## 二、2024 年重点工作安排

2024年办事处工作的总体要求是：以习近平新时代中国特色社会主义思想为指导，进一步贯彻党的二十大精神，全面落实中央和上级决策部署，把坚持高质量发展作为新时代的硬道理，紧紧围绕全市"高质量发展突破年"工作部署和"135"年度目标任务，主动校准"宜居宜业美德积"发展愿景，以更坚定的信心、更有力的作为，对标街道党工委"1234"年度总体发展思路，为全市加快推进"强富美高"新江苏现代化建设张家港实践、打造中国式县域先行区作出新的更大贡献。

重点是做好五个方面工作：

**（一）坚持"以产促兴"，聚力打造业兴人旺的"潜力德积"**

以开放之势积蓄发展之能，毫不动摇推动传统产业转型变革，帮促提升村级经济高质量发展。

*推动平台载体做强做优。*向高端纺织产业园聚集更多龙头企业和优势资源，加快选商入驻、完善设施配套、深化运营管理，推动产业园达产见效、争创标杆。做好商会平台支撑，支持包芯纱产业定向家纺产业延链补链。主动融入保税区工业集中区规划编制，探索推动神通工业园、星亚工业园整体更新。启动实施、全力推进街道工业上楼企业自主更新三年行动计划，扶持引导福民路沿线连片企业先行先试。在做强做大包芯纱产业的同时，全力争取上下游产业配套入驻。

*推动村级经济向稳向好。*坚持"因村施策、一村多策"，盘活各村闲置资金、存量土地、低效厂房，多措并举实现高效增值。支持抱团公司以"资产参股、资金入股"参投保税区C2地块、街道支柱产业工业上楼等优质项目，主动参与产业发展配套建设及管理服务。引导各村全力对接大企业、大项目，加强与辖区本土头部企业、世界500强外资公司合作交流。大胆实施"走出去、引进来"跨域合作，全力构建一村一品、多元发展的集体经济发展局面。

*推动农文融合宜游宜玩。*2024年是街道文旅工作全面发力的一年，街道将全面融入全市农文旅三年行动计划，瞄准永兴村打造全国旅游乡村重点村目标，整合片区生态资源、产业资源、红色资源，抓牢张家港湾特色精品示范区争创省级示范区契机，串联示范区全线深化"长江之境"文旅品牌。探索放大乡村融合发展中心溢出效应，全力引进肯德基等知名品牌及电影院、运动场所、电商平台、农产品展示等商业配套。支持永兴村举办"永兴文旅节"，鼓励各村因村制宜打造特色采摘、观光农业、开心农场等项目，形成"新农人研学线路"，持续强化片区化联动发展模式。

**（二）紧扣"城乡提质"，探索打造文明善治的"宜居德积"**

以必胜信念推进必行之举，驰而不息抓好"绣花工程"，推动集镇区域形象改观、面貌提升。

*积极拓展文明内涵。*压茬推进省级文明镇村考评，持续深化"13510"文明创建工作机制，针对背街小巷、三线落地、文明养犬等热点难点问题开展专项督改，畅通专班巡查、定期通报、重点曝光、督促整改、遏制回弹的闭环举措。推动"德善"志愿活动常态开展，推进"千店百言，文明相牵"成果运用。

*有效提升生活质感。*加快推进城市更新和美村建设，快速构建完善城乡环境一体化保洁体系，鼓励支持村民住宅连片翻建，重点推动道路翻新黑化、绿化补植补种、老旧小区改造等基础设施配套更新。深化推进生活垃圾分类"关键小事"，引导全民参与、抓好"源头分类"，着力推动人居环境提档升级。全力争创省级生态文

明示范街道，支持朝南村争创苏州市美丽庭院示范村、学前社区争创江苏省健康社区。

持续精细城市管理。持续提升“城警联动”“三色管理”“小微执法”工作质效，加大市容集中整治、渣土专项夜查、户外广告监管等行动频次，动态管控占道经营、车辆乱停、乱堆乱放等高频违规问题。有序推进德申路创建城商协作道路，以点带面打造城市管理精品样板。谋划增设电子违停抓拍系统，探索打造全天候、立体化智能执法体系。

**（三）践行人民至上，统筹打造群众满意的“幸福德积”**

更优举措镌刻民生温度，千方百计增进民生福祉，让现代化发展成果、体制改革红利惠及更多人民。

完善公共服务体系。推进社保、公积金提质扩面，提升基层审批服务效能，更好实行“一站式服务”“一门式办理”。优化困难群众动态监测、主动发现等长效机制，提升急难救助、专项救助能力。依托未保站、社工站、残疾人之家等平台阵地，持续关注“一老一小”和残疾人士，构建更优关爱帮扶体系。扎实开展工会、妇女、红十字、慈善工作，持续提升街道人民群众获得感、满意度。

落实民生实事项目。高质量实施2024年城建计划和实事工程，重点做好“江湾花苑”滨水公园及交房分配、“德积便民专线”公交线路开通运营等一系列民生实事和“微实事”项目。规划协调街道殡葬服务中心选址投建，全力统筹做好经费保障，坚持项目清单化管理，确保项目快实施、早见效，真正把实事办到群众心坎上。

丰富群众文体活动。深化开展“德惠”文化服务行，不断丰盈街村文化底蕴、充实群众精神文化生活。孵化培育本乡本土的文体和戏曲团队，高标准推进筹建街道文联。大力推进全民阅读纵深发展，持续做优“德阅”乡间书集，项目化推动“爸爸的书房”更好开展。进一步丰富全民健身活动，探索扩充体育指导员队伍，建设完善10分钟体育健身圈。

**（四）守护安全稳定，着力打造人民放心的“平安德积”**

更大力度统筹发展和安全，一以贯之抓实抓细各项举措，着力营造平稳可靠的发展根基。

毫不松懈抓好安全生产。压紧压实安全生产主体责任，推动安全生产治理模式向事前预防转型。深化推进包芯纱行业火灾隐患整治，进一步打通“两个通道”。扩面建设覆盖更多、更广的微型消防站，探索提升“授渔计划”教育监管新模式。持续开展工业集中区和中小型企业两个“规范化”建设，推动重点整治事项动态“清零”。持续加强防灾减灾救灾能力建设，全面提升本质安全水平。

全力以赴做好除患安居。加大城镇燃气、既有建筑、出（群）租房等重点行业领域排查整治力度，全力压降各类风险隐患。抓实既有建筑安全管理、兜牢危房解危工作底线，紧盯在建工程、小微工程和零星工程，扎实推进违法建设专项治理。深化落实出（群）租房、餐饮场所隐患整治，积极争取燃气管网更多覆盖，推动燃气隐患见底清零。

坚定不移巩固稳定大局。全面贯彻落实总体国家安全观，持续深化平安和谐街道建设，常态化推进普法、扫黑、禁毒、反诈等重点工作。更大力度运用“枫桥经验”，严格落实依法治街和政务公开，全力做好矛盾钝化化解和信访稳控吸附，加快推进街道矛调中心建成投用，维护一方和谐稳定。

**（五）加强自身建设，奋力打造干事创业的“有为德积”**

更高标准推进作风转变和效能提升，持之以恒打造法治、高效、廉洁的服务型政府。

强化政治引领。深入学习贯彻党的二十大精神和习近平总书记对江苏、苏州工作重要讲话重要指示精神，深刻领悟“两个确立”的决定性意义，坚定不移把“四个意识”融入血脉、“四个自信”植入灵魂、“两个维护”化为行动，不断提高政治判断力、政治领悟力、政治执行力，始终把政治建设贯穿政府工作的各领域、全过程。

严格依法行政。坚持把法治思维贯穿始终，深入推进法治政府建设，严格履行重大行政决策法定机制，持续加强政务公开，推动行政执法与刑事司法有效衔接。自觉接受纪检、司法、社会监督和人民群众评判，高质量办好代表建议和委员提案，确保政府权力始终在法治轨道上有序有效运行。

坚持廉勤高效。持续加强政府自身建设，把人民对美好生活的向往作为奋斗导向，驰而不息纠治“四风”，深化“崇德积廉”品牌内涵。紧盯年度目标任务和高质量发展考核，站稳群众立场想问题、做决策、办事情。聚焦安全生产、民生工程、农村集体“三资”和基层“小微权力”规范运行等重点领域开展专项监督，做好巡察整改后半篇文章。

各位代表，跋山涉水不改一往无前，山高路远但见风光无限。站在蓄势待发的全新起点，让我们更加紧密地团结在以习近平同志为核心的党中央周围，在市委、市政府，保税区党工委、管委会和街道党工委的坚强领导下，不怕困难、不畏艰险，勇于斗争、敢于胜利，为港城大地深入实践“强富美高”新江苏现代化建设、打造“物质文明和精神文明相协调”的中国式现代化县域先行区而努力奋斗，在长江之畔迸发更激昂、夺目的时代华彩！

表45　　2023年张家港保税区党工委部分文件目录

| 日　期 | 文　号 | 题　名 |
|---|---|---|
| 1月10日 | 张保党发〔2023〕1号 | 关于印发《2023党工委、管委会领导领办重点工作》的通知 |
| 1月10日 | 张保党发〔2023〕2号 | 关于印发《保税区、街道2023年重点工作》的通知 |
| 1月28日 | 张保党发〔2023〕4号 | 关于表彰张家港保税区、街道2022年度先进集体和先进个人的决定 |
| 1月28日 | 张保党发〔2023〕5号 | 关于印发《2022—2023年度保税区基层党员冬训工作实施方案》的通知 |
| 4月25日 | 张保党发〔2023〕7号 | 印发《张家港保税区党工委关于苏州市委第一联动巡察组反馈意见的整改工作方案》的通知 |
| 5月16日 | 张保党发〔2023〕8号 | 印发《关于在保税区各级党组织和广大党员干部中大兴调查研究的实施方案》的通知 |
| 5月18日 | 张保党发〔2023〕12号 | 关于印发《张家港保税区常态化、近距离考察研判工作的实施办法》的通知 |
| 5月18日 | 张保党发〔2023〕16号 | 关于印发《“激情奋进新时代，而立之年再出发”激励干部担当作为的若干意见》的通知 |
| 5月19日 | 张保党发〔2023〕9号 | 关于印发《“海棠聚能‘四敢’争先”保税区基层党建“1+3+4”工作体系实施方案》的通知 |
| 6月8日 | 张保党发〔2023〕18号 | 关于印发《张家港保税区“廉洁开发区”建设实施方案》的通知 |
| 9月7日 | 张保党发〔2023〕24号 | 关于印发《张家港保税区党工委关于深入开展学习贯彻习近平新时代中国特色社会主义思想主题教育的实施方案》的通知 |

续表

| 日 期 | 文 号 | 题 名 |
| --- | --- | --- |
| 11月7日 | 张保党发〔2023〕25号 | 关于印发《张家港保税区全面依法治区委员会工作规则》《张家港保税区全面依法治区委员会办公室工作细则》的通知 |
| 12月15日 | 张保党发〔2023〕26号 | 关于印发《张家港保税区"廉洁机关"建设实施方案》《张家港保税区"廉洁企业"建设实施方案》《张家港保税区"廉洁村(社区)"建设实施方案》《张家港保税区"廉洁窗口"建设实施方案》的通知 |

表46　　2023年保税区管委会部分文件目录

| 日 期 | 文 号 | 题 名 |
| --- | --- | --- |
| 1月19日 | 张保发〔2023〕1号 | 关于健全保税区领导挂钩服务重点企业重大项目工作制度的通知 |
| 2月10日 | 张保发〔2023〕3号 | 关于印发《张家港保税区关于加快发展高端装备制造产业的实施意见》的通知 |
| 3月17日 | 张保发〔2023〕5号 | 关于建立张家港保税区重大项目"245"统筹推进机制的通知 |
| 5月8日 | 张保发〔2023〕9号 | 关于做好保税区、街道第五次全国经济普查工作的通知 |
| 6月12日 | 张保发〔2023〕10号 | 关于印发《保税区、街道房屋征收(搬迁)定向房票安置实施办法》的通知 |
| 7月25日 | 张保发〔2023〕11号 | 关于印发《2023年度保税区科技招商工作实施方案》的通知 |
| 8月4日 | 张保发〔2023〕13号 | 关于成立保税区、街道城市管理委员会的通知 |
| 8月11日 | 张保发〔2023〕14号 | 关于印发《2023年度保税区、街道绩效指标任务分解表》的通知 |
| 8月11日 | 张保发〔2023〕15号 | 关于印发《2023年度金港、后塍、德积街道绩效考核办法》的通知 |
| 9月7日 | 张保发〔2023〕16号 | 关于奖励2022年度张家港保税区科技人才创新成果的决定 |
| 9月12日 | 张保发〔2023〕17号 | 关于印发《张家港保税区融入长三角区域一体化发展工作要点(2023—2024年)》的通知 |
| 9月19日 | 张保发〔2023〕18号 | 关于印发《张家港保税区政务服务管理办法》的通知 |
| 9月25日 | 张保发〔2023〕20号 | 关于印发《张家港保税区暨扬子江国际化学工业园"无废园区"建设工作方案》的通知 |
| 10月8日 | 张保发〔2023〕19号 | 关于印发《保税区党政主要负责人履行推进法治建设第一责任人职责清单》的通知 |
| 11月20日 | 张保发〔2023〕21号 | 关于奖励2022年度张家港保税区产业创新高质量发展扶持政策项目的决定 |
| 12月15日 | 张保发〔2023〕23号 | 关于公布保税区"最美文明"系列评比结果的通知 |

表47　　2023年中共张家港市金港街道工作委员会部分文件目录

| 日 期 | 文 号 | 题 名 |
|---|---|---|
| 1月13日 | 张金街委发〔2023〕1号 | 关于印发《2022—2023年度金港街道基层党员冬训工作实施方案》的通知 |
| 1月29日 | 张金街委发〔2023〕2号 | 关于表彰2022年度金港街道“最美的你”的决定 |
| 2月21日 | 张金街委发〔2023〕7号 | 关于调整街道领导班子挂钩联系村（社区）分工安排的通知 |
| 2月22日 | 张金街委发〔2023〕8号 | 关于印发金港街道开展“干部敢为、地方敢闯、企业敢干、群众敢首创”大讨论大走访大落实建设“文明善治美丽宜居新金港”主题活动的实施意见的通知 |
| 6月9日 | 张金街委发〔2023〕10号 | 关于在金港街道各级党组织和广大党员干部中大兴调查研究的实施方案 |
| 7月1日 | 张金街委发〔2023〕11号 | 关于评选金港街道“优秀海棠先锋”“优秀党务工作者”“优秀先锋阵地”“党建共建金伙伴”的决定 |
| 9月21日 | 张金街委发〔2023〕15号 | 关于党政主要负责人履行推进法治建设第一责任人职责清单实行动态管理的通知 |
| 9月25日 | 张金街委发〔2023〕16号 | 金街道党工委关于深入开展学习贯彻习近平新时代中国特色社会主义思想主题教育的实施方案 |
| 11月28日 | 张金街委发〔2023〕21号 | 关于印发《司法所所长列席街道党政工作会议规定》的通知 |
| 12月21日 | 张金街委发〔2023〕26号 | 关于开展2023年度基层党组织书记抓基层党建述职评议考核工作的通知 |

表48　　2023年张家港市人民政府金港街道办事处部分文件目录

| 日 期 | 文 号 | 题 名 |
|---|---|---|
| 2月3日 | 张金街发〔2023〕1号 | 关于印发2023年金港街道民生实事项目的通知 |
| 2月3日 | 张金街发〔2023〕2号 | 关于印发金港街道办事处2023年工作目标任务的通知 |
| 2月21日 | 张金街发〔2023〕3号 | 关于印发《金港街道林长制工作实施方案（试行）》的通知 |
| 3月3日 | 张金街发〔2023〕4号 | 关于印发金港街道餐饮场所“瓶改管、瓶改电”集中改造工作实施方案的通知 |
| 3月7日 | 张金街发〔2023〕5号 | 关于印发《2023年张家港河国考断面及重点关联河道综合整治工作清单》的通知 |
| 3月7日 | 张金街发〔2023〕6号 | 关于印发《金港街道人居环境整治提升（垃圾分类）工作考核办法（试行）》的通知 |
| 4月10日 | 张金街发〔2023〕7号 | 关于印发金港街道2022年度“三农”工作奖励补贴的通知 |
| 5月12日 | 张金街发〔2023〕8号 | 关于印发《金港街道2023年度治理噪声异味污染进一步提升人民群众获得感专项行动工作方案》的通知 |
| 5月15日 | 张金街发〔2023〕10号 | 关于印发《金港街道重点行业领域安全生产风险专项整治巩固提升年行动工作方案》的通知 |

表49　　2023年中共张家港市后塍街道工作委员会部分文件目录

| 日　期 | 文　号 | 题　名 |
|---|---|---|
| 1月13日 | 张塍街委发〔2023〕1号 | 关于认真组织开展2022—2023年度后塍街道基层党员冬训工作的通知 |
| 1月31日 | 张塍街委发〔2023〕3号 | 关于表彰后塍街道2022年度先进集体和先进个人的决定 |
| 2月8日 | 张塍街委发〔2023〕5号 | 关于印发《后塍街道组织系统宣传信息积分管理办法》的通知 |
| 5月10日 | 张塍街委发〔2023〕9号 | 关于印发《中共张家港市后塍街道工作委员会2023年度党的建设工作要点》的通知 |
| 5月15日 | 张塍街委发〔2023〕10号 | 关于印发《关于加强海棠先锋（微网格联络员）队伍建设的实施办法》的通知 |

表50　　2023年张家港市人民政府后塍街道办事处部分文件目录

| 日　期 | 文　号 | 题　名 |
|---|---|---|
| 2月13日 | 张塍街发〔2023〕1号 | 关于印发《2023年后塍街道河长制工作要点》的通知 |
| 2月10日 | 张塍街发〔2023〕2号 | 关于印发《后塍街道餐饮场所“瓶改管、瓶改电”集中改造工作实施方案》的通知 |
| 3月17日 | 张塍街发〔2023〕3号 | 关于同意成立张家港市爱启社会工作服务中心的批复 |
| 6月15日 | 张塍街发〔2023〕7号 | 关于印发《后塍街道城镇燃气行业领域安全生产风险专项整治巩固提升年行动工作方案》的通知 |
| 8月5日 | 张塍街发〔2023〕8号 | 关于印发《2023年后塍街道城市管理整治提升行动方案》的通知 |
| 9月25日 | 张塍街发〔2023〕9号 | 关于印发《后塍街道拆迁安置小区物业管理服务绩效考核办法》的通知 |
| 10月25日 | 张塍街发〔2023〕11号 | 2023年度后塍街道大事记 |

表51　　2023年中共张家港市德积街道工作委员会部分文件目录

| 日　期 | 文　号 | 题　名 |
|---|---|---|
| 1月11日 | 张德街委发〔2023〕3号 | 关于表彰德积街道2022年度基层党建好项目的通知 |
| 11月6日 | 张德街委发〔2023〕20号 | 关于做好2023年度党建项目绩效评估及2024年度项目申报工作的通知 |

表52　　2023年张家港市人民政府德积街道办事处部分文件目录

| 日　期 | 文　号 | 题　名 |
|---|---|---|
| 3月16日 | 张德街发〔2023〕6号 | 关于印发《德积街道林长制工作实施方案》（试行）的通知 |
| 5月5日 | 张德街发〔2023〕11号 | 关于印发2023年德积街道粮食和油料生产目标的通知 |
| 5月20日 | 张德街发〔2023〕14号 | 关于印发2023年德积街道生活垃圾分类宣传方案的通知 |
| 7月18日 | 张德街发〔2023〕19号 | 关于印发《德积街道城镇燃气行业领域安全生产风险专项整治巩固提升年行动工作方案》的通知 |
| 8月14日 | 张德街发〔2023〕20号 | 关于印发《德积街道进一步加强城镇污水排入排水管网许可管理工作实施方案》的通知 |

# 组织机构及其负责人名录

## 保税区

### 中共张家港保税区工作委员会

书　记　韩　卫
副书记　蔡剑峰（8月任）　陆崇珉
委　员　季　冬
　　　　季　峰
　　　　顾卫彬
　　　　黄晓伟（4月任）
　　　　沈　琳（9月免）
　　　　刘东兴（5月免）
　　　　陆定峰
　　　　陈雪明

### 张家港保税区管理委员会

主　任　蔡剑峰（8月任）
副主任　陆崇珉
　　　　季　冬
　　　　季　峰
　　　　顾卫彬
　　　　黄晓伟
　　　　沈　琳（9月免）
　　　　刘东兴（5月免）
　　　　陈雪明
　　　　沈晓波

### 张家港保税区党政办公室（宣传文明办公室）

主　任　金　鑫（11月免）　肖　锋（11月任）
副主任　仇治君
　　　　徐卫凤（女）
　　　　严海燕（女）
　　　　翟　宁

### 张家港保税区外事办公室

主　任　张卫星

### 张家港保税区组织人事局

局　长　肖　锋（11月免）
副局长　李　云

### 张家港保税区机关党委

书　记　肖　锋（11月免）

### 张家港保税区非公企业党工委

书　记　仇治君（2月免）　李　云（2月任）

### 张家港保税区纪工委（监察工委）

书　记（主　任）　陆定峰
副书记（副主任）　孙朝枫

### 张家港保税区发展改革局（重大项目办公室）

局　长　刘忠华
副局长　陆炜炜（女，5月免）
　　　　封　皎（女）
　　　　谢　海
　　　　严正斌
　　　　薛　雪

## 张家港保税区招商局

局　长　张奎军（5月免）　缪　飞（5月任）

## 张家港保税区科技人才局

局　长　宓灏文
副局长　沙　建
　　　　花　放

## 张家港保税区物流贸易局（服务业办公室）

局　长　缪　飞（5月免）　张　俊（7月任）
副局长　任　琰（女）
　　　　倪　军（11月免）

## 张家港保税区财政局

局　长　施　靖（女）
副局长　吴晓春
　　　　张祖宇（9月免）
　　　　叶浩翔（9月任）
　　　　孙广磊（11月任）

## 张家港保税区规划建设局

局　长　孟伟言
副局长　秦　瑜
　　　　黄国华
　　　　王一澄
　　　　周冠宇

## 张家港保税区安全环保局

局　长　王卫东
副局长　徐　舟
　　　　叶　楠（11月免）
　　　　刘　畅

## 江苏扬子江化学工业园管理办公室

主　任　邵　浒（10月免）　邱仲生（11月任）
副主任　殷益敏
　　　　徐　吉

## 市自然资源和规划局保税区自然资源所

所　长　闻　炯
副所长　朱勇俊
　　　　黄伟慧（女，12月免）
　　　　吴丽萍（女，12月任）

## 张家港保税区企业服务管理局

局　长　龚锦乾（2月任）
副局长　宋　波（女）
　　　　唐建岳

## 张家港保税区投资服务中心

主　任　张　俊
副主任　陈　洋（7月任）
　　　　李闻笛（女，9月任）

## 张家港保税区城乡发展局

局　长　袁达新
副局长　陆　剑
　　　　李群慧
　　　　周　峰（9月免）
　　　　毛东兴（9月任）

## 张家港保税区政法和社会管理办公室

主　任　沈　军（2月免）　陆银佳（2月任）
副主任　张国良
　　　　仲爱军

徐卫峰

### 张家港保税区行政审批局（政务服务中心）

局　长　周国新
副局长　樊立锋（5月任）
　　　　惠　涛
　　　　王子硕（5月免）

### 张家港保税区市场监督管理局

局　长　谷晓晖
副局长　王　敏
　　　　陆　钧
　　　　高　攀

### 张家港港区管理办公室

主　任　沙豫华（9月任）
副主任　瞿　伟（9月任）

### 张家港保税区税务局

局　长　段　兵（5月免）　谭　军（10月任）
副局长　何晓宇
　　　　侯建峰
　　　　康青卿（10月任）
　　　　陈　葺（10月任）

### 张家港保税区金港资产经营有限公司

董事长　丁　琪

### 张家港保税区产业发展集团有限公司

总 经 理　孟菁菁（女）
副总经理　陈亚宏
　　　　　袁　建
　　　　　毕　亮
　　　　　杨晓虎
　　　　　高　峰（9月任）
　　　　　陈　强（11月任）

## 金港街道

### 中共张家港市金港街道工作委员会

书　记　奚卫明
副书记　杜锁军　张惠锋　何兴娟（女）
委　员　包金华　曹　军　袁金良　包建兵
　　　　柏　杨（女）　钱小潇
　　　　蒋铭明（兼，9月任）

### 市人大常委会金港街道工作委员会

主　任　彭　烨
副主任　张惠锋（12月任）

### 市政府金港街道办事处

主　任　杜锁军
副主任　单松萍（女）　谭晓维

### 市政协金港街道工作委员会

主　任　张惠锋（兼）
副主任　柏　杨（女，兼）

### 金港街道综合服务中心

主　任　黄　卉（女，9月任）

## 后塍街道

### 中共张家港市后塍街道工作委员会

书　记　糜　正

副书记　王金武（3月去世）
　　　　陈　立（5月任）　程艳杰（女）
　　　　杨　彬（11月免）　张　平（11月任）
委　员　毛东兴（9月免）　周　峰（9月任）
　　　　倪　军（11月任）　徐　红（女）
　　　　黄　超（5月免）　周凯燕（女，5月任）
　　　　杨　旭（兼，9月任）

### 市人大常委会后塍街道工作委员会

主　任　沙卫军
副主任　徐　红（女，兼，12月任）

### 市政府后塍街道办事处

主　任　王金武（3月去世）　陈　立（5月任）
副主任　孟　伟（11月任）　李杏珍（女）
　　　　奚　涛（9月免）　叶浩翔（9月免）
　　　　侯立涛（11月任）

### 市政协后塍街道工作委员会

主　任　程艳杰（女，兼）
副主任　倪　军（兼，12月任）

### 后塍街道综合服务中心

主　任　陈　立（兼，8月任）

## 德积街道

### 中共德积街道工作委员会

书　记　王苏嘉
副书记　孙　亮　陆云松
委　员　廖祚根　黄晓旻　戴志钊
　　　　王　浈（女）　李　杰
　　　　缪　峰（兼，9月任）

### 市人大常委会德积街道工作委员会

主　任　丁萍芬（女）
副主任　黄晓旻（兼，12月任）

### 市政府德积街道办事处

主　任　孙　亮
副主任　孟　伟（11月免）
　　　　谭　涛
　　　　叶　楠（11月任）
　　　　赵新浩

### 市政协德积街道工作委员会

主　任　陆云松（兼）
副主任　王　浈（女，兼）

# 索　引

条目索引

表格索引

随文图片索引

## 说　明

一、索引采用主题分析法编制，大部分选用关键词。

二、索引设有条目索引、表格索引、随文图片索引三个分目，按标引词首字的汉语拼音音序排列，首字相同按第二字音序排列，以此类推。

三、由类目、分目提取的索引用黑体字标明。标引词后的阿拉伯数字表示内容所在的页码，数字后面的a、b分别表示从左至右第一、二栏。

四、媒体聚焦、大事记、附录下面的内容未作索引。

五、为便于读者检索，张家港市的企事业单位以及在张家港市发生的事件名称，除易产生歧义外，省略"张家港市"或"张家港"。

# 条目索引

## A



## B

## D

## E



## F

## G



## H

## J

## M



## N

## T



## W

## X

## Y



## Z

## 表格索引

### C



### D



### G



### H



### J



### K



### S



### X

## Y



## Z



# 随文图片索引

## A



## B



## C



## D

## F



## G



## H

## J



## K



## L



## M



## N



## P



## Q

## R



## S



## T



## W



## X

## Y



## Z